LE CODE DU TRAVAIL GABONAIS COMMENTÉ

Collection Etudes Eurafricaines
Dirigée par André Julien Mbem

Le Sahara et la Méditerranée, frontières entre l'Afrique et l'Europe, sont aussi des passerelles par lesquelles, depuis des siècles, au-delà des tragédies et des drames, se rapprochent et se remodèlent ces deux ensembles géographiques et leurs civilisations. La collection « Etudes Eurafricaines » encourage la diffusion d'études historiques et prospectives sur les symbioses dont cette partie du monde est l'antique théâtre.

Déjà parus

Amine IDRISS A. KARAMA, *Le Paradoxe CEMAC. Entre extractivisme et informalité, repenser l'économie politique d'une région en mutation*, 2025
YOUSSOUF Youssouf Mahamat, *L'administration électronique et la modernisation de l'État en Afrique subsaharienne francophone*, 2025.
YAOUBA Abdoul-Aziz- et TASSE Rodrigue (dir.), *La francophonie 50 ans après. Bilans et perspectives*, 2025.
BOAFO Rodrigue Komikuma, *Pour un humanisme intégral. Voyage dans les temps avec les papes Jean-Paul II, Benoît XVI et François*, 2025.
MAWUSI WAYIKPO Kuamivi, *La place des savoirs locaux et du patrimoine culturel immatériel dans les systèmes éducatifs togolais et marocains. Approche Comparative, 2025.*
AMOR NNANGOMO Diane Monique, *La contribution des partenaires internationaux au développement du volontariat national au Cameroun*, 2025.
EFFOSSOU Yannick, *Mercenariat et conflits armés en Afrique. Le cas de la guerre civile angolaise (1975-2002)*, 2024.
MVOU KOUNTA Sidina Noël, *Les Etats et la construction des gendarmeries africaines au XXe siècle. Le cas du Gabon (1945-1969)*, 2024.
BOUBE Salifou, *La dialectique de l'appartenance et de la distanciation. Un exemple paradigmatique : le cousinage à plaisanterie*, 2024.
YOUGBARE Wendyam Franck Elvis, *Le juge administratif et le contentieux des élections politiques en Afrique noire francophone. Etudes comparative entre le Burkina Faso et la Côte d'Ivoire*, 2024.
KELMA Manatouma Nicodème, *Identifier les individus au Tchad. Politiques et pratiques des papiers d'identité*, 2024.
AGBEMEDI Yawavi Makafui, *Les usages sociaux de la plage dans le Grand Lomé (Togo) et le Greater Accra (Ghana). Pratiques, logiques, enjeux*, 2024.

Augustin Emane
Thelma Bendome-Emane

LE CODE DU TRAVAIL GABONAIS COMMENTÉ

L'Harmattan

Des mêmes auteurs

Augsutin Emane, Thelma Bendome-Emane, *Code Du Travail Malien Commenté*, Yaoundé, Muntu Institute Press, 2024

Augustin Emane, *Le droit du travail au Gabon : Code du travail commenté, Guide pratique, Principaux textes*, Libreville, Ed. Raponda Walker, 2013

(Sous la direction de Augustin Emane et Katerine Bermudez A.*) La realidad del contrato de trabajo y su situación en Suramérica*, Bogota, Ed. Universidad Externado, 2020,

5-7, rue de l'École-Polytechnique – 75005 Paris

www.editions-harmattan.fr

ISBN : 978-2-336-51766-7
EAN : 9782336517667

ABREVIATIONS

AUSCGIE : Acte Uniforme sur les Sociétés Commerciales et les Groupements d'Intérêt Economique
AUPSRVE : Acte Uniforme Portant Organisation des Procédures Simplifiées de Recouvrement et des Voies d'Exécution
B.C.E.A : Basic Conditions of Employment Act
BGB : Bürgerliche Gesetzbuch (Code civil allemand)
Bull. Civ. : Bulletin civile des arrêts de la Cour de cassation
Cass. Soc. : Cour de cassation française, Chambre sociale
C.A. : Cour d'appel
C.E. : Conseil d'Etat
CEDH : Cour Européenne des Droits de l'Homme
CEMAC : Communauté économique et monétaire de l'Afrique centrale
C.L. : Codigo Laboral (Cap Vert)
CLT : Consolidaçao das Leis do Trabalho (Brésil)
C.O. : Code obligations (Suisse)
C.S. : Cour Suprême (Gabon
CSM : Cour Suprême du Mali
C.S.S. : Code de sécurité sociale
CST : Código Sustantivo del Trabajo (Colombia)
C.T. : Code du Travail
CTTOM : Code du Travail des Territoires d'Outre-Mer
D. : Dalloz
D.O. : Revue Droit Ouvrier
Dr. soc : Revue Droit Social
JCP : Jurisclasseur périodique
JSL : Jurisprudence Sociale Lamy
L.G.T. : Lei Geral do Trabalho (Angola)
L.T. : Lei do Trabalho (Mozambique)
RJS : Revue de Jurisprudence Sociale
R.I.T. (ILR) : Revue International du Travail
S.G.F.P. : Statut général de la Fonction publique
Soc. : Cour de cassation gabonaise, chambre sociale
TzBfG : Teilzeit und Befristungsgesetz (la loi sur le temps partiel et les contrats à durée déterminée)

DÉDICACES

À mes parents, Sylvie et Augustin sources d'amour et d'inspiration

A Théo

*****

A Gaby parti si tôt et à qui je dédierai jusqu'à la fin chacun de mes écrits

A Marina Maestrutti si loin, mais si présente par les héritages légués

A Homonyme, Djibo, Nelson et Thelma, pour la source permanente de motivation

A Point Sud, cette famille qui m'a choisi et qui me porte intellectuellement

A tous ceux qui m'ont fait l'honneur et le privilège de m'appeler « Papa » ou « Tonton »

A mes parents Edouard Djon et Agnès Djon née Bendome, à mes tantes et à mes oncles pour la dette inestimable à leur égard.

REMERCIEMENTS

Onze ans déjà après le premier exercice du genre qui était une aventure individuelle, ce Code du travail gabonais commenté répond à l'exigence morale de la transmission des connaissances en accueillant comme coauteur Thelma Bendome-Emane. Sans son abnégation et ses éclairages en droit comparé, ce projet n'aurait sans doute jamais été mené à terme. D'autres personnes et non des moindres ont également eu raison de mes réticences et de mes lassitudes passagères. Il serait difficile de les citer toutes, mais qu'il me soit permis d'en mentionner quelques-unes.

Au-delà de cet ouvrage, l'ensemble des travaux que je mène sur le Gabon n'aurait pas été rendu possible sans la présence dans ma vie de mon frère, mon complice Arcadius Allogo. Son investissement et sa force de persuasion ont toujours réussi à m'obliger à persévérer, même quand le découragement et l'indifférence pouvaient m'envahir. J'y associe mon jeune frère que la providence a mis sur mon chemin nantais, Jean « Evivi » Nguema, pour les discussions toujours riches, et l'aide à la maîtrise des outils technologiques pour donner de la visibilité à mon activité de chercheur. Qu'ils trouvent ici le témoignage de mon immense reconnaissance.

A mes frères Aristide Nyamat Bantsiva, Henri Moutendi Mayila, Olivier Minko M'Obame, votre appui sous des formes diverses, et votre amitié sont des réconforts sans prix. Il en va de même pour les professeurs Mamadou Diawara de la Goethe Universität de Francfort, Elisio S. Macamo de l'Université de Bâle, Justin Kalulu Bisanswa Kalulu de l'Université Laval pour être les modèles qu'ils sont, et leur accompagnement discret, mais ô combien fécond.

Cet ouvrage est plus que tout le fruit de nombreux échanges. C'est le lieu de citer ici Madame Marie-Christine Mandjedi épouse Lebama, pour ses vibrants et précieux encouragements, alors qu'elle était Présidente du tribunal de travail de Libreville. A l'ensemble des magistrats de cette juridiction, et en particulier à son vice-président Jean-Gaël Doumbeneny, je leur sais gré pour la richesse des échanges qui, je l'espère, se poursuivront bien après la parution de cet opus. Sans eux, l'urgence de la parution de ce livre ne se serait pas révélée la même.

Le Cabinet Mayila nous aura également été d'un grand concours en mettant à notre disposition non seulement une abondante jurisprudence, mais aussi un confort matériel pour travailler. Que Maître Cécile Maguy Mayila en soit abondamment remerciée. Qu'il nous soit donné ici de saluer la mémoire de ce pionnier que fut Maître Louis Gaston Mayila, et que cet ouvrage soit reçu comme un hommage posthume pour lui, en même temps que le produit de son cabinet.

À mes collègues des Masters 1 et 2 Droit social, de la Faculté de droit de Nantes, et notamment Jean-Yves Kerbourc'h, pour les constructions théoriques dans ces laboratoires que sont les exposés-discussions, j'exprime toute ma gratitude. Je pense autant au « Camarade » Philippe Auvergnon dont le concours inestimable m'a permis de bâtir tant de ponts avec des collègues africains. Je ne peux pas oublier les étudiants de B.B.S. de Libreville (Licence 3, promotion 2023-2024) dont les questions et les interpellations m'ont permis d'explorer de nouvelles hypothèses, en même temps qu'elles donnaient du sens à ma mission.

Que la Deutsche Forschungsgemeinschaft (DFG) trouve dans ces lignes l'expression des sentiments qui se passent d'éloquence. Grâce aux séminaires doctoraux soutenus en Afrique depuis 2009 par cette institution, j'ai pu accéder à une meilleure connaissance des droits du travail dans différents pays du continent. J'y associe le Point Sud Institute de Bamako, ce lieu où la nécessité de penser l'Afrique différemment est un puissant stimulant pour tous ceux qui ont la chance d'y séjourner.

Enfin, au Professeur Joseph Tonda, à la fois maître, aîné et collègue, un modèle d'intégrité et de rigueur qui rend tellement vrai ce propos maintes fois véhiculé : « Le savoir n'est connaissance utile que s'il est transmis ».

SOMMAIRE

INTRODUCTION

Après avoir été annoncé pendant de nombreuses années (Ministère de l'Emploi, de la Fonction Publique, du Travail et de la Formation professionnelle, *Le projet de réforme du Code du travail expliqué au grand public*, Libreville, 2021), et succédant aux législations de 1962, 1978 et 1994, le quatrième Code du travail gabonais depuis l'Indépendance est devenu effectif, avec la promulgation de la loi n° 022/2021 du 19 novembre 2021.

Évolution des législations de travail dans les États de la CEMAC

Cameroun	Congo	RCA	Tchad	Guinée Equatoriale
Loi no 67-LF-6 du 12 juin 1967 portant Code du travail.	Loi n° 45-75 instituant un Code du travail de la République populaire du Congo.	Loi no 61-221 du 2 juin 1961 instituant le Code du travail.	Loi no 7/66 du 24 mars 1966 portant Code du travail et de la prévoyance sociale.	Ley núm. 11 sobre ordenamiento general del trabajo., 1984
Loi no 74-14 du 27 novembre 1974 portant Code du travail.	Loi n° 6-96 du 6 mars 1996 modifiant et complétant certaines dispositions de la loi n° 45/75 du 15 mars 1975 instituant un Code du Travail.	Loi n° 09-004 du 29 janvier 2009 portant Code du travail de la République centrafricaine.	Loi n° 38/PR/96 du 11 décembre 1996 portant Code du Travail.	Ley núm. 2/1990, de 4 de enero de 1990, sobre ordenamiento general del trabajo.
Loi n° 92/007 du 14 août 1992 portant Code du Travail.				Ley núm. 10/2012, de 24 de diciembre, que sanciona el Ordenamiento General de Trabajo
				Ley Núm. 4/2021, de fecha 3 de diciembre, General de Trabajo en la República de Guinea Ecuatorial

Comme le relevait le Pr Jean-Louis Thireau : « *Toute législation nouvelle impose le retour aux textes, un examen littéral nécessaire pour en préciser le sens et en définir la portée (...)* » (in, *Introduction historique au droit*, Paris, Flammarion, 3ème éd., 2009, p. 323). C'est l'ambition ici affichée, dans un contexte fortement impacté par le coup d'État du 30 août 2023. Cet événement a fait éclater au plan social, la réalité d'une grogne d'une ampleur impensable, avec un risque d'apparition de potentiels foyers de conflits collectifs (A. Emane, « De la tentation du père Noël au risque de désillusion », Gabonreview, 19 septembre 2023). Dès le 31 août 2023, la Fédération des Entreprises du Gabon (FEG) a proposé d'amender le code pour favoriser l'emploi avec notamment l'exigence de flexibilisation, terme aux contours non définis. Pour leur part, les syndicats de travailleurs ont depuis lors entrepris la remise en cause partielle ou intégrale de la loi du 19 novembre 2021.

Les dispositions examinées ultérieurement s'inscrivent dans une histoire déjà ancienne de la codification du droit du travail au Gabon. Comme dans tous les pays francophones d'Afrique, et même si des tentatives avaient été enregistrées bien avant (P. F. Gonidec, M. Kirsch, *Droit du travail des territoires d'outre-mer*, LGDJ, 1958, n° 31 et s.), il faut en situer l'origine effective en 1952 avec la loi n° 52-1322 instituant un Code du Travail dans les Territoires d'Outre-Mer et Territoires associés (CTTOM). Mais, contrairement à une opinion largement répandue, cette législation n'était en rien la reproduction du Code du travail en vigueur en France métropolitaine. Certes, des auteurs comme Gonidec et Kirsch estiment que le CTTOM riche de 247 articles s'inspire du droit métropolitain (P. F. Gonidec, M. Kirsch, *op. cit.*, n° 36).

Toutefois, les différences avec ce dernier sont quand même significatives.

- Toutes les institutions métropolitaines n'ont pas été intégrées dans le CTTOM. C'est le cas notamment des comités d'entreprise.
- Des institutions ont fait l'objet d'une transposition particulière comme les tribunaux de travail et l'inspection du travail.
- Un large pouvoir d'adaptation est laissé aux autorités coloniales dans des matières telles que les allocations familiales, la formation professionnelle, les salaires.

L'accession à l'indépendance le 17 août 1960 n'a nullement modifié la donne (A. Emane, « Droit du travail gabonais : modèles et transferts de normes », *Bulletin de droit comparé du travail et de la sécurité sociale*, 2005, p. 206 et s.). Pour Guy de Lusignan, « *l'accession à la souveraineté nationale n'a pas provoqué de bouleversements aussi profonds que lorsque le colonialisme était intervenu en force en Afrique et notamment dans des pays aux forêts denses comme le Congo, le Gabon ou le Cameroun* » (G. de Lusignan, *L'Afrique Noire depuis l'indépendance*, Fayard, Paris, 1970, p. 50). Pour Ndong Obiang cette situation s'explique par le fait que l'accession du Gabon à l'indépendance s'opère, *« dans une situation d'impréparation totale, les principales organisations politiques (...) ayant constamment considéré la "séparation" d'avec la France comme un retour à la barbarie (...)* » (Ndong Obiang, « Le Parti Démographique Gabonais et l'Etat », *Revue Penant*, n° 780 (avril-juillet), 1983, p. 143). Le juge gabonais a, pour sa part, entériné cette logique en rappelant que : « *L'indépendance du Gabon, n'a pas eu pour conséquence de remettre en cause les textes promulgués lors de la souveraineté française, mais de les nationaliser au sens gabonais* » (Cour d'appel de Libreville, 8 janvier 1963, *Revue Penant*, p. 548).

Il n'est alors pas surprenant que la loi n° 88/61 du 4 janvier 1962 instituant le premier Code du travail en République gabonaise post-indépendance ne contredise pas le propos suivant d'Edgard Pisani : « *La législation en vigueur est une accumulation stratifiée des textes coloniaux anciens et de textes de circonstance, souvent improvisés* » (in E. Pisani, *Pour l'Afrique*, Ed. Odile Jacob, Paris, 1988, p. 162). D'un point de vue formel, comme l'a montré Philippe Auvergnon, et à l'instar de ce que l'on observe au Cameroun et au Sénégal, le législateur reprend « *parfaitement la classification linéaire du code de 1952* » (P. Auvergnon, « Modèles et transferts normatifs en droit du travail de pays africains », *Bulletin de droit comparé du travail et de la sécurité sociale*, 2005, p. 125). Dans le fond, il est également difficile de trouver de réelles différences entre le nouveau code gabonais et celui promulgué 10 ans plus tôt. Les principales modifications sont les suivantes : Article 2, ajout d'un alinéa ; Titre II, Chapitre II, retrait de l'article 19 du CTTOM ; non reprise du Chapitre VI sur les associations professionnelles ; inversion de numérotation des Titres IV et V du CTTOM (mais dont les contenus ne changent pas).

Ce code a ensuite été réformé par les lois n° 5/78 du 1er juin 1978, 3/94 du 21 novembre 1994 et 022/2021 du 19 novembre 2021, sans renoncer à une fidélité architecturale à 1952, à travers de nombreuses continuités dans l'agencement des dispositions et même leur contenu. C'est ce que l'on peut observer dans le tableau qui suit s'agissant du volet architectural.

Code du Travail des Territoires d'Outre-Mer	**Loi n°88/61 du 4 janvier 1962**	**Loi n°5-78 du 1er juin 1978**	**Loi n°3/94 du 21 novembre 1994.**	**Loi n°022/2021 du 19 novembre 2021**
Titre I. Dispositions générales	Titre I. Dispositions générales	Titre I. Dispositions générales	Titre I. Dispositions générales	Titre I. Des Dispositions générales
Titre II. Des syndicats professionnels	Titre II. Des syndicats professionnels	Titre II. Du contrat de travail	Titre II. Du contrat de travail	Titre II. Du contrat de travail
Titre III. Du contrat de travail	Titre III. Du contrat de travail	Titre III. Des conditions générales de travail	Titre III. Des conditions générales de travail	Titre III. Des conditions générales du travail
Titre IV. Du salaire	Titre IV. De la conclusion ou de l'exécution du contrat	Titre IV. Hygiène, sécurité et médecine du travail,	Titre IV. Sécurité et santé au travail	Titre IV. Sécurité et santé au travail
Titre V. Conditions du travail	Titre V. Du salaire	Titre V. Des organismes et moyens d'exécution	Titre V. Des organes et des moyens d'exécution	Titre V. Des organes et des moyens d'exécution
Titre VI. Hygiène et sécurité- Service médical	Titre VI. Conditions de travail	Titre VI. Des organismes professionnels	Titre VI. Des organismes professionnels	Titre VI. Des organismes professionnels
Titre VII. Des organismes et moyens d'exécution	Titre VII. Hygiène et sécurité-Service médical	Titre VII. Des différends du travail	Titre VII. Des différends du travail	Titre VII. Des différends du travail
Titre VIII. Des différends de travail	Titre VIII. Des différends du travail	Titre VIII. Des pénalités	Titre VIII. Des dispositions transitoires et finales	Titres VIII. Des dispositions transitoires et finales
	Titre IX. Pénalités	Titre IX. Dispositions transitoires		
	Titre X. Dispositions transitoires			

Evolution des législations du travail dans quelques Etats de la CEEAC

Angola	São Tomé	RDC	Rwanda
Lei nº 6/81: Lei Geral do Trabalho.	núm. 6/92, pela qual se estabelece o regime jurídico das condições individuais de trabalho.Lei	Ordonnance-loi no 67-310 du 9 août 1967 portant Code du travail.	Loi du 28 février 1967 portant Code du travail.
Lei nº 6/81: Lei Geral do Trabalho, num. 2/00.	Código do Trabalho (Lei n.º 6/2019, de 16 de novembro de 2018, que aprova o Código do Trabalho)	Loi n° 015/2002 du 16 octobre 2002 portant Code du Travail.	Loi n° 51/2001 du 30 décembre 2001 portant Code du travail.
Lei nº 7/15, de 15 de junho de 15, que aprova a Lei Geral do Trabalho e revoga a Lei nº 2/00, de 11 de fevereiro de 2000, bem como qualquer outra lei contrária às suas disposições.		Loi n° 16/010 du 15 juillet 2016 modifiant et complétant la loi n° 015-2002 portant Code du travail.	Loi n° 13/2009 du 27 mai 2009 portant réglementation du travail au Rwanda.
Decreto Presidencial n.º 154/16, de 5 de Agosto, que estabelece o regime de multas por violação das disposições da Lei n.º 7/15, de 15 de Junho, da Lei Geral do Trabalho e legislação complementar.			Loi n° 66/2018 du 30 août 2018 portant réglementation du travail au Rwanda
Decreto Presidencial nº 29/17, de 22 de fevereiro, que aprova a lista de trabalhos proibidos e condicionais para mulheres			Loi n° 027/2023 du 18 mai 2023 modifiant la loi n° 66/2018 du 30 août 2018 portant réglementation du travail au Rwanda.
Decreto Presidencial nº 40/17, de 6 de março, que aprova os modelos de contratos de trabalho por tempo determinado e indeterminado.			
Lei geral do trabalho, lei nº *12*/2023 de 27 de 2023 dezembro			

Evolution des législations de travail ailleurs en Afrique

Côte d'Ivoire	Sénégal	Nigeria	Maroc	Mozambique	Mali
Loi n° 64-290 du 1er août 1964 portant Code du travail.	Loi n° 61-34 du 15 juin 1961 instituant un Code du travail (version consolidée au 1er janvier 1988).	Labour Act (Cap L1 LFN 2004). (Cap. 198) (1974 No. 21)	Dahir du 2 juillet 1947 portant réglementation du travail. [tel que modifié en dernier lieu par le décret royal portant loi du 3 juin 1966]	Lei 8 de 14 de de dezembro de 1985, Lei do trabalho	Loi du 8 août 1962
Loi n° 95-15 du 12 janvier 1995 portant Code du travail.	Loi n° 97-17 du 1er décembre 1997 portant Code du Travail.		Dahir n° 1-03-194 du 11 septembre 2003 portant promulgation de la loi n° 65-99 relative au Code du travail.	Lei 8/98, de 20 de julio de 1998, Li do trabalho	Ordonnance n° 33-CMLN du 30 avril 1975
Loi n° 97-400 du 11 juillet 1997 modifiant la loi n° 95-15 du 12 janvier 1995 portant Code du Travail.	Loi n° 2003-23 modifiant les articles L 24 et L 25 du Code du Travail et ajoutant un article L 85 bis au même Code.			Lei 23/2007 de 1 de agosto de 2007, Lei do trabalho	Loi n° 84-57 du 29 décembre 1984
Loi n° 2015-532 du 20 juillet 2015 portant Code du travail.				Lei 13/2023, de 25 de Agosto de 2023, Lei do trabalho.	Loi n° 88-35 du 8 février 1988
Ordonnance n° 2021-902 du 22 décembre 2021 modifiant la loi n° 2015-532 du 20 juillet 2015 portant Code du travail.					Loi du 23 septembre 1992
					Loi du 12 juin 2017

I. Le contexte

Aux dires des autorités gabonaises, la présente législation du travail a une ambition : s'adapter aux évolutions du marché du travail. La ministre du travail de l'époque revendique également une méthode : la concertation (Ministère de l'Emploi, de la Fonction Publique, du Travail et de la Formation professionnelle, « Les enjeux du projet du Code du travail. Le résultat d'une vaste et transparente concertation », Libreville 2020). À la lecture des différentes plaquettes publiées par l'administration du Travail, et qui relèvent d'un véritable inventaire à la Prévert, le nouveau Code du travail est porteur de tous les espoirs.

Dans une brochure intitulée « Le projet de réforme du Code du travail expliqué au grand public », on peut retenir que cette législation, « consacre le dialogue social en entreprise », « lutte contre les discriminations », « ouvre le marché du travail formel à de nouvelles catégories de travailleurs », « protège les travailleurs de la précarité », « rapproche le monde de la formation professionnelle du monde de l'emploi », « protège des mesures de suspension abusive des contrats », « accorde de nouveaux droits en lien avec l'évolution de la société », « assouplis des cas particuliers de procédures de licenciements, pour mieux les adapter aux réalités économiques », « favorise l'emploi des nationaux », « renforce les obligations en matière d'hygiène et de santé au travail », « encadre les organisations syndicales, leur rôle et représentativité, et l'obligation de service minimum ».

Lancé en janvier 2021, le Plan d'accélération de la transformation de l'économie gabonaise (plan triennal avec lequel le Gabon devait relancer véritablement son économie affaiblie par la crise économique doublée de la crise sanitaire) n'est pas en reste. On y retrouve « *la vision stratégique pour le secteur du Travail et de l'Emploi déclinée en 4 objectifs stratégiques* » : « *Rendre attractif le marché du travail en renforçant la flexibilité des procédures ; réformer le dispositif national de formation professionnelle et le cadre de l'emploi ; réformer le Code du travail pour s'adapter aux enjeux du marché du travail ; continuer à moderniser le dispositif facilitant l'accès à l'emploi des jeunes* ».

Ce code devait emporter l'adhésion de tous, puisque la méthode privilégiée pour l'adopter était un large et patient dialogue social dont les premières phases se sont déroulées dès 2015 (sur cette notion voir, A. Emane, « Le dialogue social au Gabon, entre affirmations et perspectives », in sous la direction, de P. Auvergnon, C. Kénoukon, *Dialogue social dans les pays de l'espace OHADA et ailleurs dans le monde*, L'Harmattan, 2018, pp. 161-181). L'objectif était alors de passer en revue les propositions de réformes précédentes, les relire, et les réécrire afin de les adapter aux défis actuels rencontrés par le Gabon : diversification de l'économie, croissance des emplois, employabilité des jeunes. Jusqu'en 2019, la concertation « *(...) a porté sur la réécriture de certains articles et a conduit à une concertation avec les partenaires sociaux en août 2019* » (Brochure Ministère de l'Emploi, de la Fonction Publique, du Travail et de la Formation professionnelle, op. cit.). En 2020, cette volonté ne s'est pas démentie avec la tenue d'une troisième phase. Celle-ci, en plénière, a impliqué plus de 300 partenaires et abouti, toujours selon les documents gouvernementaux, à la validation de 81 % du projet de code. Sans atteindre de telles altitudes, un responsable de la Cosyga estime que : « *La transparence a prévalu, lors des travaux, plus de 60 % de nos propositions ont été prises en compte. Nous sommes satisfaits au regard des conclusions* » (Jocelyn Louis Ngoma, à l'époque Secrétaire général adjoint de la COSYGA).

Quid du résultat finalement ?

Pour la ministre du Travail de l'époque, « *Le nouveau Code du travail est un code progressiste qui protège les droits des travailleurs et garantit la croissance des emplois* » (*Gabonreview*, 11 mars 2021, https://www.gabonreview.com/le-nouveau-code-du-travail-protege-les-droits-des-travailleurs-et-garantit-la-croissance-des-emplois-madeleine-berre/). Elle déclare encore : « *Une transformation s'est opérée dans le Code du travail pour en faire un levier facilitant l'accès des jeunes au marché de l'emploi et renforçant la protection des travailleurs. L'ancien cadre réglementaire rigide a laissé place à un nouveau Code plus adapté aux exigences et réalités du marché du travail avec des dispositifs innovants en matière d'insertion, de réinsertion et/ou de reconversion professionnelles* » (ibid. *Gabonreview*, 11 mars 2021). Au-delà de cet enthousiasme de bon aloi, que contient cette réforme ?

II. Le texte

En s'en tenant à une approche purement quantitative, le bilan de cette réforme paraît pour le moins mitigé. Sur les 413 articles que contient le nouveau code, 341 sont des reprises intégrales ou partielles de la législation précédente. Ces modifications touchent de manière inégale le code. Alors qu'on aurait pu s'attendre à une réforme de grande ampleur du Titre II « Du contrat du travail », du fait des débats auxquels il donne (et continue à donner) lieu, il n'en est rien. Sur ses 150 articles, 115 sont des reprises. Il en est de même du Titre III « Des conditions générales de travail », avec seulement 28 articles impactés sur les 93 qu'il recèle. Que dire encore de la Sécurité et de la santé au travail, annoncé comme un des axes majeurs de la réforme ? Le Titre IV reprend 28 articles sur les 37 qu'il a. Finalement, il n'y a que le Titre VII qui a fait l'objet d'un réel toilettage avec seulement une reprise de 25 articles sur 61.

TITRES	ARTICLES	REPRISES
Titre I	1-18	15 sur 20 articles
Titre II	19-168	115 sur 150
Titre III	169-233	65 sur 93
Titre IV	234-270	28 sur 37
Titre V	271-301	24 sur 31
Titre VI	302-350	41 sur 49
Titre VII	351-411	25 sur 61
Titre VIII	412-413	

Toutefois, il serait exagéré et injuste de se limiter à cette approche quantitative. Des innovations et de nouvelles figures juridiques sont à relever. Au titre de la protection des droits fondamentaux, il y a la reconnaissance du harcèlement moral (article 6), réclamé depuis de nombreuses années maintenant (le harcèlement sexuel fait l'objet d'une loi depuis 2016). Le Titre II se voit enrichi de nombreux contrats de travail à terme défini ou incertain. Cela participe certainement de la flexibilisation des relations de travail souvent évoquée dans les discussions précédant l'adoption du code. Cette flexibilisation semble s'être faite *a minima*. Quand on évoque ce thème, c'est souvent pour aller dans le sens de l'allègement des formalités d'embauche, mais surtout les modalités de résiliation du contrat de travail. Or, dans la loi du 19 novembre 2021, si on peut surtout retenir la création de la rupture amiable (article 62) comme une marque de flexibilisation, le maintien de l'autorisation administrative, dans le cas du licenciement économique comme le souhaitaient les syndicats de travailleurs, ne va pas du tout dans le même sens.

A l'inverse, considérer que la nouvelle législation marque une « nouvelle ère radieuse pour les droits des travailleurs » peut sembler un brin exagéré. Si l'on peut saluer le fait qu'il a été mis fin aux controverses sur la durée du CDD, le nouvel article 24 n'aplanit pas vraiment toutes les divergences d'interprétation sur le renouvellement de ce contrat. Ce qui se donne à lire et à voir également, c'est plutôt le risque d'une certaine précarisation des travailleurs avec l'ensemble des nouveaux contrats que l'on retrouve aux articles 29 à 44. Ce sentiment est renforcé par le fait que, dans l'ordonnancement du code, s'agissant de la durée du contrat, c'est d'abord le CDD qui apparaît à l'article 23. C'est seulement 5 articles plus loin qu'on voit émerger le CDI. Demeure-t-il le droit commun ? Le législateur ne le dit pas expressément même si on serait enclin à le penser avec la sanction de la requalification frappant le CDD.

Dans le même Titre II, il y a lieu de relever encore les nombreuses nouvelles dispositions relatives à l'apprentissage au Chapitre II et à la formation professionnelle au Chapitre III. Mais, paradoxalement, alors qu'elles ont été annoncées comme devant apporter des solutions concrètes aux problèmes d'emploi, si l'on s'en tient aux relevés des discussions tripartites, ce n'est pas un sujet qui a été particulièrement au cœur des échanges.

Le Chapitre V sur l'emploi des travailleurs étrangers recèle par contre quelques nouveautés avec l'assouplissement des formalités d'emploi de cette catégorie de salariés. Quelles que soient les raisons que l'on peut mettre en avant, de telles mesures participent au renforcement d'une porosité du marché du travail ne priorisant pas l'emploi des nationaux. C'est ce qui ressort par exemple de la lecture de l'article 144. Cette tendance porte à croire que le concept de gabonisation des emplois serait devenu désuet. C'est la question que l'on peut parfois se poser au regard des évolutions du marché de l'emploi. D'autres critiques peuvent être faites s'agissant de la protection des droits des travailleurs étrangers. Ceux-ci ne peuvent pas obtenir de dommages-intérêts ainsi que le prévoyait l'ancien code en son article 107 en cas de nullité du contrat. Ces vides juridiques représentent souvent un casse-tête pour le juge.

Alors qu'elle devait être un volet phare de la réforme, il est difficile de cerner réellement les innovations en matière de santé et sécurité au travail, contrairement à ce qui est affirmé dans les documents du ministère du Travail. Au total, il n'y a que 9 nouveaux articles sur les 37 que compte ce Titre. On peut retenir que le nouvel article 246 crée une obligation pour les salariés de subir des examens médicaux. Peuvent également être relevées des dispositions sur la médecine du travail, même si leur mise en application ne peut manquer d'interroger au regard de la situation de ce secteur aujourd'hui.

Au final, c'est le Titre VII qui a été le plus impacté par cette réforme. Pour autant, il est à craindre que ce ne soit pas dans le sens du renforcement des droits salariés. Ce qui apparaît clairement c'est plutôt l'encadrement renforcé de l'exercice du droit de grève (le préavis passe de 5 à 10 jours), attitude correspondant malheureusement à une inclination que l'on retrouve dans la plupart des pays d'Afrique francophone.

III. Les incertitudes et les attentes

Deux ans après son adoption, et surtout au lendemain du coup d'Etat du 30 août 2023, qu'en est-il de ce code et de son application ?

Poser cette question, c'est se livrer à un exercice assez inhabituel au Gabon, à savoir l'évaluation d'une loi (C.-A. Morand, *Formes et fonctions de l'évaluation législative*, Presses de l'Université de Saint Louis, 2019, p. 207-227). Cette démarche a deux volets : d'abord s'assurer que les normes juridiques sont correctement appliquées, et ensuite vérifier que les objectifs assignés à la loi ont trouvé un début de réalisation.

A. Le grief du défaut d'application du Code du travail

En consultant la presse écrite gabonaise ou en regardant la télévision gabonaise, force est de noter que l'application du Code du travail nourrit moult attentes et frustrations (A. Emane, « De la tentation du père Noël au risque de désillusion », 19 septembre 2023, *https://gabonmediatime.com/augustin-emane-la-liberte-dexpression-sest-imposee-au-sommet-du-pantheon-gabonais-depuis-le-coup-detat/ ;https://www.gabonreview.com/tribune-de-la-tentation-du-pere-noel-au-risque-de-desillusion/*). Le Dialogue National organisé en avril 2024 n'a pas, loin de là, démenti ce constat. Dans ses conclusions relatives à l'emploi, et s'agissant du Code du travail, on retrouve entre autres les préconisations suivantes : « *Révision tripartite de tout ou partie du Code du travail ; rendre effective l'application du C.T. par les inspecteurs du travail ; renforcement de l'autorité des inspecteurs du travail ; gaboniser les emplois et rendre contraignante l'application des textes sur la nationalisation du travail (...)* ».

Le fait que les textes ne soient pas appliqués s'explique par plusieurs raisons. La première tient à la fétichisation de la loi que l'on observe au Gabon. L'une des meilleures illustrations, en ce sens, est la demande insistante des syndicats pour la réécriture du Code du travail. Il ne s'agit pas de se demander pourquoi ce texte ne répond pas aux attentes de la population cible, on pense simplement qu'il suffit de produire un nouveau texte pour que tout aille pour le mieux. Comme cela a déjà été signalé plus haut, l'une des failles les plus importantes que l'on peut relever dans les normes du travail salarié au Gabon, c'est le défaut ou la pauvreté des textes d'application (nous en avons recensé près de 80 qui devraient être pris). En fait, l'on ne va que rarement au bout du processus de production du droit. En son temps, le Pr Jean-Pierre Laborde avait évoqué un droit inachevé s'agissant du CTTOM (J.P. Laborde, « Retour sur la loi n° 52-1322 du 15 décembre 1952 instituant un code du travail dans les territoires et territoires associés relevant du ministère de la France d'Outre-mer », in *De l'esprit du droit africain, Mélanges en l'honneur de Paul-Gérard Pougoué,* Kluwer Law International, pp. 437-449, 2014). Ce caractère inachevé ne renvoie pas seulement aux textes d'application, il peut toucher également des dispositions légales (voir notamment les observations sous l'article 18 par exemple).

Les syndicats seraient en effet bien inspirés à prendre la part qui est la leur dans la production des normes du travail. Dans la période actuelle, la négociation collective peut être un espace de production de normes adaptées aux particularismes des entreprises. L'article 148 du Code du travail renvoie au tronc commun des Conventions collectives datant de 1982, et qui apparaît totalement hors de propos par rapport aux enjeux d'aujourd'hui. Plutôt que d'être une reprise de la loi ou des décrets du moment, le Tronc commun se doit d'être un cadre normatif permettant aux employeurs et aux salariés d'organiser leurs relations, et faire en sorte que la Convention collective devienne une véritable source de droit. Pour atteindre cet objectif, il conviendra de réécrire totalement le Tronc commun (ce qui est de la responsabilité des partenaires sociaux) qui sera en fait une convention-cadre s'appuyant sur le Chapitre VI du Titre II du Code du travail, avec des déclinaisons dans les différentes conventions sectorielles qui remontent pour la plupart d'entre elles aux années 1980.

Il est également reproché, entre autres, les violations flagrantes de la législation du travail, mais également la quasi-absence de sanctions. Que l'on trouve exagérés ou non ces propos, ils ne sont pas à négliger dans la mesure où ils sont une indication de la manière dont l'opinion publique perçoit cette législation.

Cette situation s'explique avant tout par la faiblesse des moyens humains. A l'heure actuelle le Gabon compterait environ 250 inspecteurs et contrôleurs du travail. La modestie de ces chiffres permet de comprendre aisément la cruelle faiblesse des moyens humains. Ce qui est dit des inspecteurs vaut également pour les juges.

Aujourd'hui, seule Libreville dispose d'un tribunal de travail. Dans le reste du pays, ce sont les tribunaux de première instance qui sont compétents pour connaître du contentieux du travail. Quand on connaît la place que le droit du travail occupe dans les programmes de formation aussi bien à l'école de magistrature que dans certaines facultés de droit, ce n'est pas le grief de l'inapplication du Code du travail qui se trouve légitimé.

B. Le bilan

Au-delà des difficultés d'application du présent code, il y a lieu de revenir sur les objectifs assignés à ce texte. Pendant toutes les discussions qui ont précédé son adoption, la question de l'emploi était au cœur des préoccupations. Il y avait également dans les propos des autorités le crédo d'un nouveau mode de production du droit basé sur la concertation. Même si cette exigence ne s'est pas beaucoup traduite dans le Code où on ne retrouve, *expressis verbis*, le dialogue social qu'aux articles 97 et 337.

Le Code du travail a-t-il été un outil permettant de favoriser l'emploi ? Nul ne peut le dire de manière certaine. A cela une raison : l'absence ou l'incertitude de l'outil statistique au Gabon. Quel crédit accordé en effet aux chiffres officiels quand on sait les conditions dans lesquelles ils sont produits ?

L'autre objectif du Code de 2021 c'était à la fois de « *bâtir une relation employeur-travailleur plus humaine dans l'intérêt de la Nation* », et aussi, comme c'est le cas de toute législation, de garantir dans les relations de travail, la sécurité juridique. Si le premier souhait relève de l'incantation, le second mérite plus d'attention. Pour Bernard Pignerol, la sécurité juridique « (...) *résulte d'un système de normes dont la relative stabilité et simplicité permet une prédictibilité de la règle applicable et du comportement social. Force est de constater que la prédictibilité du caractère légal ou régulier d'un comportement relève de plus en plus d'un calcul aléatoire du risque du contentieux* » (in B. Pignerol, « Le crépuscule des Lumières : Excès de droit, abus de droit », in M. Doat, J. Le Goff, et Ph. Pedrot (dir.), *Droit et complexité – Pour une nouvelle intelligence du droit vivant*, PUR, coll. L'univers des normes, 2007, p. 63). Sur cette visée de réduire le risque de contentieux, si l'on s'en tient à différents témoignages recueillis auprès de juges ou d'avocats, rien n'est moins certain. Pour autant, ce jugement doit être nuancé. La hausse du contentieux peut également correspondre à une meilleure connaissance du droit, et à une plus grande confiance dans les juridictions.

S'il y a un point qui peut être critiqué sans conteste, et qui contredit largement ce qui était affirmé en 2021, c'est cette production du droit issu d'une large concertation. Certes, personne ne peut être hostile à la promotion du dialogue social. Ce que l'on peut regretter par contre, c'est le caractère pour le moins restrictif de la concertation, le Code du travail semblant être la chasse gardée du gouvernement, du patronat et des syndicats de salariés. Pourquoi ne pas avoir associé à ces concertations des praticiens du droit comme les avocats, les magistrats et même des universitaires ? Leur apport aurait certainement enrichi un texte qui en avait besoin parfois, et surtout permis d'éviter des maladresses ou quelques omissions (voir par exemple observations sous les articles 15, 18, 21, 158 notamment).

Avant de s'arrêter à un mode qui serait original de production du droit, il eût été peut-être plus judicieux que le législateur indiquât les différentes sources du droit. Qui en décide d'ailleurs ? La doctrine ? Elle est quasi inexistante ! La jurisprudence ? Le juge gabonais ne brille pas particulièrement par ses audaces conceptuelles. Autant alors que le législateur qui exprime la volonté de tous se prononce sur ce point! Il aurait pu d'ailleurs pour cela solliciter également le droit comparé qui « sert à perfectionner le droit positif » (B. de Loynes de Fumichon, *Introduction au droit comparé. Association de législation comparée de pays du Pacific*, 2013, p. 6.). Cette démarche lui aurait permis de constater que c'est ce qu'ont fait ses collègues, entre autres, au Mozambique (art. 19 Lei do Trabalho), en Argentine (art. 1er, Ley de contrato de trabajo), en Espagne (art. 3 *Ley del Estatuto de los Trabajadores*).

De plus, dans un pays où, comme cela se voit ailleurs en Afrique, ne cesse de se poser la question de la prise en compte du contexte socioculturel africain, il est curieux que des débats ne prospèrent guère à ce sujet. Le paradoxe suivant est même à relever : alors que le grief de l'inadaptation du droit est central dans les travaux universitaires, dans les discussions parlementaires ou même avec les syndicats, cette revendication du respect des « us et coutumes » ou d'un « droit véritablement gabonais » est quasiment absente, contrairement à ce que l'on peut relever en droit civil par exemple.

Au Mozambique, le législateur n'a pas hésité à accepter des pratiques et coutumes de travail de chaque profession, secteur d'activité ou entreprise comme sources du droit du travail, pour autant qu'elles ne soient pas contraires à la loi et au principe de bonne foi. Il en est de même des codes de conduite établis entre les parties comme source de droit du travail.

En conclusion, pour l'avenir, et pour répondre à la demande d'application rigoureuse du code formulée par le plus grand nombre, le législateur devrait davantage faire de la place au droit pénal du travail. Ce que l'on observe parfois, c'est le renvoi à des sanctions pénales qui n'existent pas (voir par exemple observation sous art. 6), ou, pire, des dispositions pour lesquelles aucune sanction n'est prévue. Il peut en ce sens prendre en modèle son collègue ivoirien qui consacre un titre 10, riche de 16 articles aux dispositions répressives (C.T., art. 110.1 à 102,15). Le législateur est allé dans le même sens en prévoyant des sanctions pour chaque violation d'une norme (A. Emane, T. Bendome-Emane, *Code du travail malien commenté*, MIP, Collection « Droit du Travail et de la Sécurité Sociale », Yaoundé, 2024).

Pour faire face aux carences observées dans le processus de production des normes du travail, eu égard à la faiblesse des moyens humains relevés plus haut, une idée à envisager et qui a fait ses preuves ailleurs serait de constitutionnaliser le droit du travail. Il est étonnant que durant le Dialogue National cette suggestion n'ait pas été faite. L'intérêt aurait été de renforcer l'autorité des normes du travail, et de garantir un meilleur contrôle de leur applicabilité. La présente loi portant Code du travail a fait l'objet d'une saisine de la Cour constitutionnelle, sans grand succès, il faut l'avouer. Cette juridiction s'est en effet déclarée incompétente sur de nombreux points.

L'Amérique du Sud est une terre d'élection de cette constitutionnalisation du droit du travail (C. M. Duran Ujueta, C. R. Marcucci Diazgranados, *El neoconstitucionalisme y la constitucionalización del derecho al trabajo*, Librería jurídica Sanchez R. Ltda, 2012). En Colombie par exemple, voici une liste des matières sur lesquelles la Cour constitutionnelle se prononce régulièrement et abondamment: Egalité des chances pour les travailleurs (droit au travail et égalité des chances ; définition des égalités d'opportunités ; Portée du droit à l'égalité pour les travailleurs) ; une rémunération minimale vivante et mobile, proportionnelle à la quantité et à la qualité du travail (le retard du paiement du salaire est une atteinte grave aux droits du travailleur en particulier à ceux relatifs aux conditions de travail dignes et justes ; le paiement du salaire est un droit inaliénable de la personne et une obligation du patron) ; irréductibilité -non renonciation- des prestations minimales établies dans les normes du travail (en matière de sécurité sociale ; non-renonciation des droits minimaux du travail et à la dignité humaine) ; le pouvoir de régler et de concilier les demandes incertaines et litigieuses ; situation plus favorable au travailleur en cas de doute dans l'application et l'interprétation des sources formelles de la loi ; primauté de la réalité sur les formalités établies par les sujets des relations de travail ; garantie de sécurité sociale (principe de progressivité et interdiction de régression des droits économiques, sociaux et culturels).

TITRE I : DES DISPOSITIONS GÉNÉRALES

<u>Article 1er</u> *: La présente loi, prise en application des dispositions de l'article 47 de la Constitution, régit les relations de travail entre travailleurs et employeurs, ainsi qu'entre ces derniers ou leurs représentants et les apprentis et stagiaires placés sous leur autorité.*
L'Etat reconnaît l'importance du rôle de l'employeur et du travailleur dans le développement de l'économie nationale. Il favorise l'intégration et la promotion du travailleur au sein de l'entreprise, ainsi que sa participation à la planification et à la gestion de la production.

Observations

I. Le champ d'application

L'alinéa 1er de l'article 1er apparu dans sa rédaction actuelle dans le Code de 1978 (la référence à la Constitution est le seul ajout), s'inspire de l'article 1er de la loi du 15 décembre 1952 portant Code du Travail des Territoires d'Outre-Mer (CTTOM). Cette disposition vient préciser le champ d'application de la loi. Dans le Code de 1952, c'était à la fois l'application territoriale, dans le temps et quant aux personnes. En toute logique, avec l'Indépendance, seule demeure l'application quant aux personnes, à savoir les travailleurs, les apprentis et les stagiaires.

Par ailleurs, l'alinéa 1er pose comme principe que les relations de travail ne sont pas régies par le droit commun, mais uniquement par le Code du travail. Ce dernier s'applique non seulement aux contrats de travail expressément désignés ainsi, mais également à toute relation où est engagée la personne du travailleur. En cas d'incertitude, c'est au juge qu'il appartiendra de statuer, d'où l'importance de la jurisprudence. La compétence du code s'agissant des relations de travail n'a guère varié depuis 1962. Elle correspond à celle que l'on retrouve dans la plupart des législations d'Afrique francophone qui n'ont fait elles-mêmes que reprendre l'article 1 alinéa 2 du CTTOM (Burkina Faso, art. 2 ; Cameroun, art. 1er, 2 ; Congo, art. 2, al. 1er ; Côte d'Ivoire, art. 2, al. 1 et 2 ; Mali, art. L.1 ; Niger, art. 2 ; Sénégal, art. L.2, al. 2 ; Togo, art. 2, al. 1er).

II. Le débat sur l'informel

La tentation est souvent grande de considérer que le secteur informel se situerait en dehors du champ d'application du Code du travail. Elise Panier dit à ce propos : « *Quant à la distinction entre le secteur formel et le secteur informel de l'économie, elle sous-entend souvent en droit du travail de considérer que le secteur informel ignore le salariat, ou que, inversement, le champ d'application du droit du travail ne contient pas le secteur informel* » (E. Panier, « Une approche des relations de travail en Afrique en termes de mobilisations du droit. L'exemple du contrat de travail au Togo », *Droit et société*, 2015/2, N° 90, p. 376). Pourtant si l'on en croit un responsable kenyan lors de la 14ème Conférence Internationale des Statisticiens du Travail (CIST), ce débat n'a pas lieu d'être dans la mesure où, « *les activités du secteur informel, loin de se cacher, s'exercent en plein jour et qu'il n'y a pas, de la part de ces opérateurs, une volonté délibérée d'éviter de se soumettre aux obligations légales et au paiement des taxes. Il s'agit bien plutôt d'une certaine incapacité ou d'un manque de volonté de la part de l'Etat, à faire appliquer ses propres réglementations, peut-être parce que, dans bien des cas, celles-ci se révèlent inadaptées et inapplicables* » (http://info.worldbank.org/etools/docs/library/218175/IIES%20Secteur%20Informel.pdf). Au-delà de la question de l'effectivité de la législation du travail, il y a d'abord à en rappeler le champ d'application.

Enfin, et même si le législateur n'a pas été explicite sur ce point, les relations de travail s'entendent aussi bien des relations individuelles, que des relations collectives. Par contre, comme cela s'observe dans l'ensemble des législations du travail en Afrique, l'objet du code qu'est le travail ne se trouve pas défini. Seul le législateur de la Guinée équatoriale s'y est risqué à l'article 1er de *l'Ordenamiento general de trabajo*, repris en 2021 à l'article 2 de la Ley General de Trabajo : « *Le travail aux termes de la présente loi est toute activité humaine, consciente et volontaire, fournie de manière dépendante et rémunérée pour la production de biens et de services* ».

Le second alinéa de cet article 1er, qui est la reprise de l'article 7 du code de 1994 (article 5 du code de 1978), constitue tout de même une curiosité et suscite toujours les mêmes interrogations. Reconnaître l'importance de l'employeur et du travailleur ne crée ni droits ni obligations. Pourquoi ne pas avoir inséré cette disposition dans l'exposé des motifs de la loi, comme cela s'est fait d'autres pays africains ? De même, qu'en est-il de cette intégration et de cette promotion au sein de l'entreprise que l'Etat favorise et comment le fait-il ?

Favoriser, c'est en effet traiter avec une bienveillance particulière, mais sans garantie d'une quelconque obligation pour l'Etat. Le Code du travail et ses dispositions ne suffiraient pas pour organiser l'intégration et la promotion du travailleur dans l'entreprise ? Pour favoriser la participation à la gestion et à la planification de l'entreprise, l'Etat dispose pour cela d'un moyen qui est la création des normes. Pourquoi ne pas le faire ? Au final, cette disposition n'a-t-elle pas qu'un simple effet déclaratoire ?

III. Les illustrations en Droit comparé

Colombie, CST, art. 1er : « *L'objet principal du présent Code est de réaliser la justice dans les relations entre employeurs et travailleurs, dans un esprit de coordination économique et d'équilibre social.* »

Pérou, Decreto Legislativo n° 276, art. 2 : « *Les objectifs de la présente loi sont les suivants :*

a) Promouvoir l'accès massif à l'emploi productif dans le cadre de la politique économique globale du pouvoir exécutif et par le biais de programmes spéciaux de promotion de l'emploi ;
b) Améliorer sensiblement les niveaux d'emploi adéquats dans le pays et lutter contre le chômage et le sous-emploi, en particulier chez les jeunes ;
c) Encourager la pleine utilisation de la capacité installée existante des entreprises, dans le cadre des programmes de relance économique ;
d) Stimuler l'investissement productif dans le secteur privé, en particulier dans les branches d'activité ayant la plus grande capacité d'absorption de main-d'œuvre ;
e) Garantir la sécurité de l'emploi et des revenus des travailleurs, en respectant les normes constitutionnelles de stabilité de l'emploi ;
f) Contribuer à une interconnexion adéquate et efficace entre l'offre et la demande sur le marché du travail ;
g) Promouvoir la formation et l'éducation des travailleurs en tant que mécanisme d'amélioration des revenus et de la productivité du travail ;
h) Encourager le transfert des personnes employées dans des activités urbaines et rurales à faible productivité et à faible revenu vers d'autres activités à productivité plus élevée ;
i) Unifier les règles de recrutement de la main-d'œuvre et consolider les prestations sociales existantes ».

Article 1er-1 *: Est considérée comme employeur, au sens de la présente loi, toute personne physique ou morale, de droit public ou de droit privé qui utilise les services d'une ou plusieurs personnes en vertu d'un contrat de travail.*
Les administrateurs, gérants, directeurs généraux et mandataires sociaux qui exercent des fonctions d'administration ou de direction sont considérés comme des représentants de l'employeur dans leurs relations avec les travailleurs et dans le cadre de leurs attributions.
Ils sont à leur tour considérés comme des travailleurs dans leurs relations avec l'employeur qu'ils représentent à condition qu'ils cumulent un contrat de travail et que la révocation ad nutum ne soit pas de nature à emporter la résiliation de leur contrat de travail.
Est considérée comme travailleur, au sens de la présente loi, quels que soient son sexe et sa nationalité, toute personne qui s'est engagée à mettre son activité professionnelle, moyennant rémunération, sous la direction et l'autorité d'une autre personne physique ou morale, publique ou privée, appelée employeur.
Pour la détermination de la qualité de travailleur, il ne sera tenu compte ni du statut juridique de l'employeur, ni de celui de l'employé.
Est considérée comme apprenti, au sens de la présente loi, toute personne, sans distinction de sexe, admise à temps plein ou en alternance dans une entreprise, un établissement, auprès d'un artisan ou d'un façonnier, dans le but d'acquérir ou de compléter ses connaissances professionnelles théoriques et pratiques lui permettant d'entrer dans la vie active ou d'obtenir une certification professionnelle.
Est considéré comme stagiaire, tout élève d'une école technique ou professionnelle ou d'une grande école spécialisée, appelée, de par le statut de son établissement, à passer un certain temps dans l'entreprise en vue de faire asseoir, par la pratique, les connaissances théoriques acquises au cours de sa scolarité antérieure.
Est également considéré comme stagiaire, l'élève ou l'étudiant, âgé d'au moins 16 ans, en cursus scolaire ou universitaire souhaitant bénéficier d'une expérience professionnelle sans que cela ne soit rattaché à un cursus de validation de diplôme et à une convention de stage dans la limite maximale de trois mois, pendant la période des vacances scolaires, moyennant ou pas le versement d'une allocation.

Observations

Les articles 1er-1 et 1er-2 sont les deux grandes innovations de ce code, avec notamment la volonté de définir les différentes parties engagées dans des relations de travail. C'est l'employeur, le travailleur, l'apprenti et le stagiaire.

I. L'employeur

Jusqu'à la présente législation, il n'y avait pas de définition légale de l'employeur, pas plus que dans le CTTOM ou de nombre de législations africaines s'en inspirant. Les seules exceptions notables en ce sens sont le Burundi (art. 15-c, C.T.) et la République centrafricaine (art. 3, C.T.), dont la définition donnée de l'employeur est exactement la même que celle du législateur gabonais.

Tout en saluant le souci louable du législateur de préciser un certain nombre de termes pour rendre l'interprétation et l'application des normes moins incertaines, il est difficile de cerner le réel apport de cette définition. Dans la relation de travail, c'est la subordination du salarié qui est déterminante, comme l'indique l'alinéa 5 du même article (repris lui-même de l'ancien article 1er al. 3).

II. Les administrateurs gérants (reprise de l'ancien article 1er al. 6)

Cette reprise de l'ancien article 1er alinéa 6 ne fait que confirmer une situation juridique consacrée dans de nombreuses législations antérieures. Un administrateur de société peut avoir la qualité de travailleur. Par ailleurs, le droit OHADA admet le cumul des fonctions d'administrateur salarié ou de dirigeant salarié, à la condition que le contrat de travail corresponde à un emploi effectif. Voir articles 489 et 426 AUSCGIE.

Voir, également, CCJA, 1ère Ch. Arrêt n° 003/2015 du 12 février 2015, Aff. Banque Nationale d'Investissement dite BNI C/Monsieur Akobe Georges Armand : « *Attendu qu'il n'est pas discuté que sieur Akobe, en sa qualité de directeur général adjoint, était lié à la BNI par un mandat social ;*
Attendu que pour retenir l'existence d'un contrat de travail entre les parties, le juge d'appel a simplement énoncé : « considérant qu'au soutien de son action, Akobe Georges Armand a produit un contrat de travail qui n'a pas été annulé par une décision devenue définitive ;
Attendu qu'en se déterminant ainsi, sans rechercher si le contrat de travail excipé par Akobere remplit les conditions fixées par les dispositions susvisées, la Cour d'appel a méconnu lesdits textes ».

Voir encore, CCJA, 1ère Ch., arrêt n° 013/2012, 8 mars 2012, Aff. Elton Oil Company c/ Papa Mactar Sarr ; CCJA, 2ème Ch., arrêt n° 130/2017, 18 mai 2017, Aff. Dame Aza Ngu Otay c/Société Ecobank Cameroun S.A. ; CCJA, 1ère Ch., arrêt n° 033/2016, 29 février 2016, Aff. Société AES Sonel S.A. c/ Monsieur Niat Njifendji Marcel.

Néanmoins, si la cessation des fonctions d'administrateur ou de dirigeant est soumise au régime de la révocation *ad mutum* des dirigeants en droit OHADA, comme le prévoient les articles 469, 475, 483 et 492 de l'AUSCGIE, la même situation s'agissant d'un salarié relève des règles du Code du travail. En cas de cumul de fonctions, « *la Cour Commune de Justice et d'Arbitrage est compétente pour connaître d'un litige en rapport avec un contrat de travail signé entre une société anonyme et son directeur général en application des dispositions de l'acte uniforme sur les sociétés commerciales* » (F.B.D. Mayoue, S.H. Apiembomve, *Code du travail annoté et commenté, Cameroun*, Editions Juriafrica, édition 2022, p. 21).

III. Les travailleurs (ancien article 1er al.2)

Au regard de la volonté affichée par le législateur de faciliter la compréhension d'un certain nombre de termes, il aurait pu prendre exemple sur le droit brésilien où la CLT dispose que le travailleur est une personne physique. Le contrat de travail ne peut donc pas réunir deux personnes morales.

A. La notion de travailleur

Ce terme est directement repris du CTTOM. Dans les discussions qui précédaient l'adoption de ce Code, les termes, « employé » et « salarié » étaient également évoqués. Dans l'esprit du législateur de 1952, le terme travailleur était préférable à celui de salarié dans la mesure où il ne cantonnait pas l'application de la loi aux seules personnes engagées dans des contrats de travail. L'accent était plutôt mis sur l'existence d'un lien de subordination. Le choix de travailleur s'explique aussi par le souci d'être fidèle à un usage international (l'OIT évoque les travailleurs). L'objectif affiché par le législateur de 1952 était que celui qui se considérait comme travailleur puisse se prévaloir de la législation du travail. Le CTTOM avait ainsi pour mission, même si cela n'était pas formellement affirmé, de lutter contre le travail familial et le travail coutumier.
Après le premier Code du travail de 1962, le législateur gabonais a enrichi l'article 1er d'un alinéa 3 qui définit le stagiaire dans celui du 1er juin 1978. Ce mouvement est poursuivi par la loi du 21 novembre 1994 portant Code du travail qui ajoute l'apprenti. Il est permis aujourd'hui de s'interroger sur la pertinence du maintien du travailleur qui peut se retrouver dans des situations résultant d'actes unilatéraux comme la réquisition. De même, alors que le prisonnier n'est pas engagé dans une relation contractuelle, le droit le considère parfois comme un travailleur. Il suffit pour s'en convaincre de lire les différentes interventions de l'OIT sur ce sujet. Du reste, lorsque cette

organisation parle du travail ou des travailleurs, elle ne se limite pas aux seuls titulaires d'un contrat de travail.

Dans une telle conception centrée sur le travailleur, le Code du travail et le droit du travail ont un objet beaucoup plus large qu'il n'y paraît, puisqu'ils ne s'arrêtent pas qu'aux contrats de travail. Ils intègrent toute convention ou toute situation de fait par laquelle une personne s'oblige à mettre son activité professionnelle à la disposition d'une autre personne, ce qui inclut, comme exprimé plus haut, les activités du secteur informel.

Voir en droit comparé camerounais, C.S., chambre judiciaire, section sociale, Arrêt n° 34/S/CJ/CS du 28 avril 2022 : « *Que l'identification de l'employeur est importante et doit se faire par l'analyse du processus débouchant sur le contrat de travail, et de ce fait est employeur celui qui a accepté l'offre d'emploi présenté par le candidat au travail. Aussi, en tout état de cause, l'exercice de toute activité à titre professionnel sous la direction, la surveillance et l'autorité de l'employeur confère la qualité de salarié sans qu'il soit besoin de distinguer selon que le travail est exercé traditionnel ou dans le cadre d'une entreprise informelle ou structurée (...)* ».

Pour autant, et malgré cette conception qui peut paraître particulièrement large, il n'y a pas lieu d'y intégrer les activités libérales ou encore l'artisanat.

B. La diversité des situations

Dans les faits, le terme travailleur renvoie à une diversité de situations. Il y a d'abord celle du salarié qui est le travailleur dépendant par excellence, quel que soit son secteur d'activité (industrie, services, agriculture, activités maritimes et aériennes, etc.). La difficulté qui peut se poser parfois est celle de travailleurs qui bénéficient dans le cadre de leur activité d'une autonomie plus ou moins grande comme c'est le cas des cadres supérieurs ou même des dirigeants d'entreprise. L'alinéa 2 du présent article 1er règle leur sort en les considérant comme des travailleurs. Dans le domaine maritime, le capitaine se trouve dans une situation voisine de celle qu'évoque le Code du travail. Par analogie, le capitaine est à la fois le représentant de l'employeur en même temps qu'il est lui-même un travailleur. Aux termes de l'article 304 du Code CEMAC de la Marine marchande, la capitaine a une fonction commerciale en tant que mandataire de l'armateur. Toutefois, l'article 307 du même code prévoit que le capitaine, qui a sous son autorité l'ensemble de l'équipage du navire, est lui-même affilié au régime de sécurité sociale des salariés. Pour le personnel navigant aérien, voir le Règlement n° 10/00-CEMAC-066-CM-04 du 21 juillet 2000 portant adoption de l'aviation civile des Etats membres de la CEMAC, art. 242 et s.

En élargissant ensuite cette analyse, des interrogations apparaissent avec la prise en compte des travailleurs domestiques. Elles tiennent notamment à l'absence de définition du travail domestique par le législateur, lacune que comble la Convention C189 de l'OIT adoptée le 16 juin 2011, mais le Gabon ne l'a pas ratifiée. Dans le Code du travail, on retrouve l'expression « personnel de maison » pour évoquer le licenciement de cette catégorie de travailleurs, et encore cela ne concerne que le licenciement à l'article 66. De même, des décrets mentionnent les « gens de maison » ou les « domestiques » s'agissant du réajustement de leur salaire minimum (Décret n° 373/PR-MTAS, J.O. août 1968, p. 512), de la fixation de leur salaire (Décret n° 1378/PR-MTSS, J.O. 1978, janvier n° 2 ; Décret n°572/PR/MTE du 3 juin 1981, J.O. 1981, août, n° 15).

Le travailleur familial lui peut difficilement être considéré comme relevant du Code du travail, à cause de l'absence de l'élément essentiel qu'est la subordination juridique (Voir note sous article 18). Il relève en effet davantage de l'entraide. De même, ne peut pas être considéré comme un travailleur, celui qui ne fait qu'échanger un service dans le cadre d'un groupe social (Pauvert, « La notion de travail en Afrique noire », Présence africaine, n°, 13, p. 92 et s. ; D'Almeida-Topor H., Lakroum M., Spittler G., *Le Travail en Afrique noire : Représentations et Pratiques à l'époque contemporaine*, Karthala, Paris, 2003).

Malgré tout, il n'y a pas un usage exclusif du terme travailleur. Plusieurs dispositions du Code du travail contiennent également les termes employé et salarié, comme dans les législations africaines suivantes :

- Pour les francophones, les codes du travail du Bénin, du Burkina Faso, du Cameroun, du Congo, de la Côte d'Ivoire, du Mali, de la Mauritanie, du Rwanda et du Sénégal.
- Chez les anglophones, on utilise *worker* ou *employee*. Voir notamment, *Employment Act* du Botswana, Labour Act du Ghana, Employment Act du Kenya, *Basic Conditions of Employment Act* d'Afrique du Sud, *Labour Law* d'Egypte.
- Le législateur algérien a choisi lui le terme « travailleur salarié » dans la Loi sur les relations de travail.
- Chez les lusophones on emploie le seul *trabalhador*. Voir notamment *Lei Geral do Trabalho* (LGT) de l'Angola, *Codigo laboral* (CL) du Cap Vert.

Le législateur gabonais n'a pas du tout envisagé la situation des travailleurs des plateformes qui, si elle est encore marginale, n'en est pas moins appelée à un essor (dans les transports urbains notamment). On peut les définir comme des travailleurs qui, pour l'exercice de leur activité professionnelle, recourent à une plateforme, chargée d'organiser l'articulation entre l'offre et la demande de biens et services.

En droit comparé français, ce sont généralement des indépendants, exerçant une activité économique de façon autonome, en leur nom et pour leur propre compte. Pourtant, certains peuvent être des salariés liés par un contrat de travail, une convention par laquelle le salarié effectue une prestation de travail, moyennant une rémunération et sous la subordination de l'employeur (Cass. Soc., *Bardou*, 6 juillet 1931). Dès lors, les travailleurs indépendants des plateformes peuvent apparaître quand même *« économiquement dépendants »* (P. Gruny et L. Harribey, « Travailleurs de plateformes : pour un cadre européen protecteur et adapté », Rapport d'information du Sénat français n° 27, déposé le 5 octobre 2022) des plateformes en ne bénéficiant toutefois pas des mêmes droits que les salariés. De fait, la question de l'adéquation de leur statut avec la réalité de leur situation est très débattue, à tel point qu'un besoin d'instaurer un cadre juridique protecteur et commun à l'Union européenne s'est fait ressentir.

En Australie, dans la loi *Fair Work Legislation Amendment Act* du 26 février 2024 (Ministère australien du Travail et des Relations sur le lieu de Travail, mars 2024), les travailleurs des plateformes pourront être assimilés à des salariés s'ils remplissent au moins deux critères parmi les suivants :

- faible pouvoir de négociation ;
- faible autonomie dans l'exécution de leur travail ;
- rémunération égale ou inférieure à celle d'un salarié effectuant un travail équivalent.

C. La rémunération

Est travailleur la personne qui reçoit une rémunération qu'elle soit en nature ou en espèces. A défaut de cet élément, la loi de 2021 n'a pas à s'appliquer dans la relation de travail. Pourtant, la rémunération peut parfois s'avérer difficile à caractériser (à la tâche, aux pièces, aux temps. Voir à ce propos note sous article 181). Vont donc échapper à l'application du Code du travail, toutes les prestations gratuites.

D. L'apprenti

Le souci déjà signalé plus haut du législateur de préciser les termes employés se retrouve une fois de plus dans cette définition de l'apprenti que l'on ne

retrouvait pas auparavant. Dans le Chapitre II du Titre II, l'apprenti est présenté comme un salarié lié à l'employeur par un contrat particulier qui est le contrat d'apprentissage.
Voir observations sous l'art. 99 et s.

E. Le stagiaire

Dans le code de 1994, s'il se posait parfois la question de savoir si le stagiaire était un salarié (A. Emane, *Code du travail commenté*, op. cit., note sous art. 1er), le doute n'est plus permis dans le présent code. Ce qui est important à savoir ici, c'est que le Code du travail est opposable au stagiaire, qui peut bénéficier de ses dispositions. La jurisprudence s'était déjà prononcée dans le même sens depuis longtemps. Voir en ce sens, C.A. Judiciaire de Libreville, Ch. Soc., Arrêt du 27 juin 2000, Rôle n° 148/98-99, Répertoire n° 96/99-00 :

« *Attendu qu'il résulte de l'examen des pièces du dossier notamment de l'attestation de stage et des bulletins de paie, mention de ce que le susnommé était engagé en qualité de stagiaire à la SBL.*

Attendu qu'est considéré comme stagiaire au sens de la loi, tout élève ou étudiant d'une école technique ou professionnelle ou grande école spécialisée, appelé, de par le statut de son établissement, à passer un certain temps dans l'entreprise en vue de faire asseoir par la pratique ses connaissances théoriques acquises au cours de sa scolarité antérieure.

Mais que, n'étant pas réglementé par le Code du travail, on suppose que sa cessation peut intervenir à tout moment par la volonté de l'une des parties sans aucune formalité particulière, qu'il échet en conséquence d'infirmer le jugement querellé en ce qu'il a reconnu l'existence d'un contrat de travail à durée indéterminée et déclaré abusif le licenciement de A. ».

Article 1er-2 : *Ne sont pas soumis aux dispositions de la présente loi, les agents publics régis par le statut général de la fonction publique ou les statuts particuliers, à l'exception de ceux mis en position de détachement au sein des entreprises du secteur privé ou des services publics personnalisés de l'Etat.*
Lorsque l'agent public, en position de détachement, est démis de ses fonctions ou nommé à d'autres fonctions conformément aux formes prévues par les textes en vigueur, il bénéficie du paiement des droits légaux en application des dispositions du Code du Travail. Par exception aux règles encadrant la cessation du contrat, les parties sont libérées du délai de préavis ou de l'indemnité y relative.

Tout travailleur du secteur privé, nommé à une fonction publique dont le contrat est suspendu, bénéficie des avantages liés à la progression de sa carrière au moment de sa reprise dans son entreprise d'origine. En cas d'impossibilité de le réintégrer à un poste équivalent ou similaire à celui occupé avant la nomination, l'employeur peut, après avoir exploré, en accord avec le travailleur, toutes les possibilités de reclassement initier une procédure de licenciement. Toutefois, au-delà d'une période de deux (2) ans de suspension, le travailleur doit manifester sa volonté de maintenir sa suspension à défaut, l'employeur est en droit de mettre un terme au contrat.

Observations

I. L'exclusion de l'application du Code du travail

Le premier alinéa de cet article (Reprise partielle de l'ancien article 1 al. 7) prévoit une exclusion pour les travailleurs nommés à un emploi public. Cette formule est également reprise du CTTOM. Sont ainsi exclus du champ d'application de la loi du 19 novembre 2021, les fonctionnaires stricto sensu c'est-à-dire les agents publics permanents tels que le prévoit le Statut général de la Fonction publique (S.G.F.P.). Aux termes de l'article 10 de celui-ci : « *Ont la qualité d'agent public permanent, les personnes nommées à un emploi permanent d'un service public et titularisées dans un corps de la hiérarchie statutaire, pour assurer à titre permanent et à temps complet ou partiel, directement et personnellement, une tâche relevant d'une mission de service public, conformément au statut dont elles relèvent* ».

A contrario, sont considérés comme des travailleurs, les agents publics non permanents définis à l'article 12 S.G.F.P. : « *Ont la qualité d'agent public non permanent, les personnes recrutées en vertu d'un contrat, à temps complet ou à temps partiel* ». Cet article peut toutefois faire naître quelques difficultés d'application au regard de la compétence des tribunaux de travail. Les agents non permanents sont-ils tous régis par le droit du travail ?

Le statut général de la Fonction publique n'est pas clair sur ce point a priori. Toutefois, l'article 182 évoque la résiliation du contrat de l'agent contractuel sans indemnité, en cas de faute lourde « *conformément au droit du travail* ». Pour autant, il serait hasardeux de conclure à l'application du Code du travail pour ces agents publics. Nombre d'entre eux sont, d'après une doctrine autorisée, « *soumis à des textes spéciaux qui leur sont propres, mais qui sont incomplets* (…) » (cf. J. Pélissier, A. Supiot, A. Jeammaud, *Droit du travail*, Dalloz, 23ème éd., n° 169). En droit comparé français, le Conseil d'Etat retient des « *principes généraux issus du droit du travail pour les appliquer à ces agents lorsque leur statut légal est insuffisant* ».

Le législateur est resté silencieux sur les autres catégories professionnelles exclues du champ d'application du présent code.

Au Cameroun, l'article 3 du Code du travail exclut de son champ d'application : le statut général de la fonction publique, le statut de la magistrature, le statut général des militaires, le statut spécial de la sûreté nationale, le statut spécial de l'administration pénitentiaire.

En Espagne, Estatuto de los trabajadores, art. 1er, 3° : « *Exclus du champ d'application de cette loi :*

a) *Les relations de service des fonctionnaires, qui sont régies par les règles légales et réglementaires correspondantes, ainsi que celles du personnel au service des administrations publiques et d'autres entités, organismes et agences du secteur public, lorsque, sous la protection d'une loi, ces relations sont régies par des règles administratives ou statutaires.*
b) *Prestations personnelles obligatoires. Activité qui se limite purement et simplement au simple exercice de la fonction d'administrateur ou de membre des organes d'administration dans des sociétés ayant la forme juridique d'une société et à condition que leur activité dans la société ne comporte que l'exécution de tâches inhérentes à une telle fonction.*
c) *Travail effectué dans un esprit d'amitié, de bienveillance ou de bon voisinage.*
d) *Travail familial, sauf si le statut de salarié de la personne effectuant le travail est prouvé. À cette fin, les membres de la famille sont considérés comme des proches, à condition qu'ils vivent avec l'employeur, le conjoint, les descendants, les ascendants et les autres parents par le sang ou par affinité, jusqu'au deuxième degré inclus et, le cas échéant, par adoption.*
e) *L'activité des personnes qui participent à des transactions commerciales pour le compte d'un ou de plusieurs entrepreneurs, à condition qu'elles soient personnellement responsables du succès de la transaction à leurs propres risques* ».

II. La situation du fonctionnaire en détachement

L'alinéa 2 vient régler une situation qui se présente régulièrement dans les relations de travail au Gabon, surtout lorsque celles-ci se terminent. Le fonctionnaire en détachement va donc jouir des mêmes droits que le salarié à ce moment, et les mêmes règles lui sont opposables à l'exception de celles qui concernent le préavis.

Il s'agit en fait de la reprise de la position déjà adoptée par la jurisprudence qui considérait que le fonctionnaire « *en détachement auprès d'un organisme privé et qui accomplit un travail pour le compte de celui-ci, dans un rapport de subordination, se trouve lié à cet organisme par un contrat de travail* » (Soc., 24 janvier 2002). Ce fonctionnaire est donc un travailleur qui doit se soumettre au Code du travail.

Néanmoins, à la fin de cette relation, il ne peut pas bénéficier des règles relatives à la rupture du contrat de travail puisqu'il réintègre la fonction publique. Voir, Soc., 11 avril 2013, arrêt n° 28/2012-2013 : « *Le fonctionnaire détaché est lié à son employeur, personne privée, par un contrat de travail de droit privé et sa rupture ne s'analyse en un licenciement sans cause réelle et sérieuse que lorsque la fin du détachement est imputable à celui-ci ;*
C'est donc à bon droit qu'une Cour d'appel a débouté, de ses demandes d'indemnisation, un fonctionnaire détaché par décret auprès d'une personne morale de droit privé, et dont le détachement a été mis fin par un autre décret ».

En droit comparé sénégalais, une solution contraire a été retenue dans un arrêt de la chambre sociale de la Cour de cassation le 8 juin 2005, arrêt n° 35 : « *Un fonctionnaire en position de détachement ne peut bénéficier d'un contrat de travail. N'a pas donné de base légale à sa décision, la Cour d'Appel qui, pour retenir que les rapports entre les parties relevaient de la juridiction sociale, a énoncé qu'un fonctionnaire en position de détachement dans un organisme privé peut bénéficier d'un contrat de travail s'il est apporté la preuve d'un lien de subordination* ».

III. Le salarié détaché dans un emploi public

L'alinéa 3 est une nouvelle disposition. Le régime juridique qui s'applique à ce salarié est celui de la suspension du contrat de travail, et ce pendant une durée de deux ans. Au-delà de cette période, l'employeur peut mettre fin au contrat de travail. La question qui se pose est celle de savoir s'il y a automaticité, et quelle sera la qualification juridique retenue. Le législateur n'en a pas dit plus sur ce qui est visiblement une condition résolutoire, et qui aurait pu être inséré à l'article 62.

<u>Article 2</u> : *Toute personne, y compris la personne vivant avec un handicap, a droit au travail. L'exercice d'une activité professionnelle est un devoir national.*

La formation professionnelle est une obligation pour l'Etat et pour les employeurs.

Observations

Le législateur s'est contenté de reprendre in extenso l'ancien article 2 du Code de 1994 qui n'avait d'ailleurs subi aucune modification avec l'ordonnance du 25 février 2010. Il est à regretter que l'article 216 al. 1 ne vienne pas compléter la formulation lapidaire de l'article 2 ci-dessus, et ne permet pas de répondre à la question suivante : qui est considéré comme travailleur handicapé ?
Voir en ce sens Observations sous articles 216 et s.

A l'inverse, la formation professionnelle a été davantage enrichie par les articles 121 et suivants. Régulièrement présentée comme l'un des défis les plus importants auxquels le Gabon est confronté aujourd'hui, elle a deux volets : former des jeunes à leurs emplois futurs en fonction des besoins du pays, et permettre au salarié de s'adapter à son emploi, mais également de maintenir ou d'accroître sa capacité professionnelle. C'est sur ce second volet que beaucoup reste à faire.
Voir en ce sens Observations sous articles 121 et s.

I. La proclamation du droit au travail

Alors que le législateur camerounais prévoit expressément que le droit au travail est un droit fondamental, son collègue gabonais ne va pas aussi loin. Néanmoins, la Constitution gabonaise de 1991 a également consacré le droit au travail en intégrant la Déclaration Universelle des Droits de l'Homme (art. 23) : « *Toute personne a Droit au Travail, au libre choix de son travail, des conditions équitables et satisfaisantes de travail et à la protection contre le chômage* ». A l'heure où il est sans cesse question de dialogue social et de production du droit par les partenaires sociaux, cet article vient rappeler également que la mise en œuvre de ce droit nécessite comme le disent Mayoue, S.H. Apiembomve, *« l'intervention en amont de l'Etat qui doit créer les conditions favorables à la création et à la sécurisation des emplois »* (F.B.D. Mayoue, S.H. Apiembomve, *op. cit,* p. 29).

II. La notion de formation professionnelle

Le Titre préliminaire de la Constitution traitant des droits fondamentaux prévoit notamment que : « L'Etat garantit l'égal accès de l'enfant et de l'adulte à l'instruction, à la formation professionnelle et à la culture ». L'article 121 est venu en donner une définition qu'on ne retrouvait pas dans l'ancien code. Voir en ce sens Observations sous article 121.

A. La nature de l'obligation de formation professionnelle.

Le droit à la formation professionnelle pour le travailleur n'a pas la même nature selon que l'Etat ou l'employeur en est le débiteur.

B. L'obligation de formation professionnelle de l'Etat

L'obligation de formation professionnelle a été introduite dans le Code du travail en 1978. Dans le premier Code du travail de 1962, cette obligation n'était pas prévue, pas plus que dans le CTTOM. La loi de 1952 s'est contentée de préciser le statut de l'apprentissage dans les entreprises publiques ou privées (art. 52 et s.), et de renvoyer à des décrets du Président de la République pour organiser la formation professionnelle (art. 236). Le décret du 4 avril 1957 indique seulement que les dépenses relatives à la formation professionnelle sont obligatoires.

C. L'inscription dans la Constitution

L'obligation de formation professionnelle qui pèse sur l'Etat est d'abord contenue dans le Titre préliminaire de la Constitution portant sur les droits fondamentaux (art. 1er-18°). Reconnu dès la première Constitution gabonaise du 21 février 1961, il en ira de même dans celle de 1991, où le droit à la formation professionnelle est élevé au rang de droit fondamental à l'article 1er-18° : « *L'Etat garantit l'égal accès de l'enfant et de l'adulte à l'instruction, à la formation professionnelle* ». Peut-on pour autant, l'assimiler à un véritable droit de créance pour le citoyen ? La réponse n'est pas aisée.

Rien n'indique en effet que le juge judiciaire gabonais soit enclin à faire une application directe des dispositions du Titre préliminaire de la Constitution affirmant des droits fondamentaux. Le même raisonnement vaut pour nombre de dispositions du même Titre, comme la garantie de la protection de la santé. Qui peut exiger de l'Etat, l'exécution de cette obligation devant les tribunaux ?

C'est plutôt une norme à caractère programmatique à l'attention des pouvoirs publics (C. Grewe, H. Ruiz Fabri, *Droits constitutionnels européens*, PUF, Paris, 1995, p. 166, § 130.). Cette disposition ne peut donc être considérée comme étant d'applicabilité directe (cf. A. Roblot-Troizier, « L'applicabilité directe du Préambule de la Constitution de 1946 », in Y. Gaudemet (ss la dir. de), *Le Préambule de la Constitution de 1946*, Ed. Panthéon Assas, 2008, p. 29). Le Conseil Constitutionnel français évoque « une exigence constitutionnelle » (2016-558/559 QPC, 29 juillet 2016, cons. 7, JORF n° 0177 du 31 juillet 2016 texte n° 35). A propos de celles-ci, Thomas Dubut écrit : « *En effet, les « exigences constitutionnelles » ne sont pas des exigences à proprement parler, tout d'abord car le concept ne subsume pas seulement des normes de commandement, c'est-à-dire des interdictions ou des obligations, et ensuite car, il n'existe pas, sur le plan constitutionnel, de mécanismes permettant d'en sanctionner toujours la violation* » (in T. Dubut, « Le juge constitutionnel et les concepts. Réflexions à propos des « exigences constitutionnelles » », *Revue française de droit constitutionnel*, vol. 80, no. 4, 2009, p 760).

L'autre catégorie juridique que l'on peut évoquer à propos de l'obligation de formation professionnelle, ce sont les objectifs à valeur constitutionnelle, qui font naître de simples obligations de moyens. L'obligation de formation ne porte pas sur un résultat précis ou déterminé dans la mesure où elle ne peut pas être intégralement réalisée. Pour le Pr Pierre Montalivet, « *Certains auteurs estiment que les objectifs de valeur constitutionnelle ne constituent pas vraiment des normes, mais seraient plutôt des orientations, des finalités assez générales, une technique d'interprétation ou encore une simple technique d'assouplissement des textes* » (in *Les objectifs de valeur constitutionnelle*, Dalloz, 2006, p. 323, n° 575).

D. L'inscription dans le Code du travail

Le constat fait à la lecture du Titre préliminaire de la Constitution peut être repris, en analysant l'alinéa 2 de l'article 2 du Code du travail qui ne fait que reprendre l'article 1er-18°. Mais, comme le rappelle le Doyen Vedel, « *l'imprécision d'une prescription n'en supprime pas le caractère normatif* » (G. Vedel, « La place de la Déclaration de 1789 dans le "bloc de constitutionnalité" », in *La Déclaration des droits de l'homme et du citoyen et la jurisprudence*, colloque des 25 et 26 mai 1989 au Conseil constitutionnel, Paris, PUF, 1989, p. 55. Voir également, R. Chapus, « De la soumission au droit des règles autonomes », *D.* 1960, Chron. p. 120). Il n'y a donc pas lieu de contester la valeur normative de l'article 2, alinéa 2 malgré son caractère purement déclaratoire. Par contre pour sa juridicité, c'est-à-dire la possibilité de l'invoquer devant un tribunal, les chances de succès des justiciables sont très limitées. Pour Gérard Sutter, « *Sur le plan contentieux, la principale limite des objectifs à valeur constitutionnelle est de ne pas pouvoir, en principe, être invoqués par les justiciables. Leurs effets sont seulement "horizontaux", c'est-*

à-dire limités aux droits et devoirs qu'ils représentent pour les pouvoirs publics, et non pas "verticaux", ce qui exclut que les justiciables puissent s'en prévaloir contre l'État » (G. Sutter, « Utilité et limites des objectifs de valeur constitutionnelle sur le plan contentieux », Titre VII [en ligne], n° 8, Les catégories de normes constitutionnelles, avril 2022. URL complète : https://www.conseil-constitutionnel.fr/publications/titre-vii/utilite-et-limites-des-objectifs-de-valeur-constitutionnelle-sur-le-plan-contentieux.)
L'obligation ainsi créée par le législateur est une obligation de moyens. S'il avait voulu donner corps à cette obligation, il avait la possibilité de le préciser. La critique de l'ancien président du Conseil constitutionnel français Pierre Mazeaud mérite donc d'être reprise ici : « *La loi n'est pas faite pour affirmer des évidences, émettre des vœux ou dessiner l'état idéal du monde (en espérant sans doute le transformer par la seule grâce du verbe législatif ?). La loi ne peut pas être un rite incantatoire. Elle est faite pour fixer des obligations et ouvrir des droits. En allant au-delà, elle se discrédite* », JCP A 2005, n° 3, p. 265.

Devant cette carence législative, c'est vers le juge qu'il faudra se tourner pour qu'il tranche cette question, et pour qu'il précise la portée de cette obligation. Les articles 8, alinéa 3 du Code civil et 12 alinéa 2 de la loi organique fixant l'organisation, la composition, la compétence et le fonctionnement des juridictions de l'ordre judiciaire obligent en effet le juge à statuer même en cas de silence, d'obscurité ou d'insuffisance de la loi sous peine d'être sanctionné pour déni de justice.

E. L'obligation de formation professionnelle de l'employeur

Pour l'employeur, la nature de l'obligation de formation professionnelle n'est pas plus claire. Dans le Code de 1994, la formation professionnelle se résumait quasiment à l'apprentissage alors qu'il s'agissait de réalités différentes. Dans la précédente législation, l'apprentissage avait seulement un âge minimum (16 ans). Son champ pouvait donc rejoindre celui de la formation professionnelle puisque leurs finalités sont les mêmes (Voir en ce sens les articles 99 et 121).

A la simple lecture du Code du travail, il n'est pas permis d'appréhender la nature de l'obligation de formation professionnelle qui pèse sur l'employeur. Le travailleur ou un syndicat peuvent-ils saisir le juge pour faire condamner l'employeur n'y ayant pas satisfait ?

Les conventions collectives ne sont pas plus précises. L'article 15.1 du Tronc commun des conventions collectives évoque, « *les parties contractantes reconnaissent l'utilité et la nécessité de la formation professionnelle* ».

L'article 15.3 du même texte renforce le sentiment d'une licence pour l'employeur dans les termes suivants : « *Lorsqu'elle est prise en charge par l'entreprise, la formation professionnelle s'adresse aux travailleurs désignés par l'employeur en fonction de leurs aptitudes et motivations d'une part, des besoins et moyens de l'entreprise d'autre part* ». En s'attachant à cette rédaction, on peut imaginer qu'un employeur considère qu'aucun salarié n'est apte à bénéficier d'une formation professionnelle. Le droit du travailleur ne pourra s'exercer dans cette optique qu'en fonction des besoins et des moyens de l'entreprise. La convention collective des banques est encore plus radicale : il n'y est nullement question de l'obligation de formation professionnelle. Il ressort de ce qui précède que l'obligation de formation professionnelle qui pèse sur l'employeur correspond à une obligation de moyens très relâchée.

L'OIT pourrait éventuellement permettre d'accroître l'effectivité du droit à la formation professionnelle, avec la Convention n° 140 sur le congé-éducation, et la Convention n° 142 sur la mise en valeur des ressources humaines. Le congé-éducation est ainsi défini par l'article 1er de la Convention n° 140 : « *(...) l'expression congé-éducation payé signifie un congé accordé à un travailleur à des fins éducatives pour une période déterminée, pendant les heures de travail, avec versement de prestations financières adéquates* ».

L'article 2 dispose : « *Tout Membre devra formuler et appliquer une politique visant à promouvoir, par des méthodes adaptées aux conditions et usages nationaux et au besoin par étapes, l'octroi de congé-éducation payé à des fins* :

a) de formation à tous les niveaux ;
b) d'éducation générale, sociale ou civique ;
c) d'éducation syndicale ».

La convention n° 142 prévoit quant à elle en son article 5 que : « *Les politiques et les programmes d'orientation et de formation professionnelles seront élaborés et appliqués en collaboration avec les organisations d'employeurs et de travailleurs et, le cas échéant, conformément à la loi et à la pratique nationales, avec d'autres organismes intéressés* ».

Le travailleur gabonais ne peut invoquer aucune de ces conventions faute de ratification. Il serait alors peut-être utile de s'inspirer du droit comparé guinéen où il est prévu que : « *Tout employeur, au sens du présent Code, occupant au moins dix salariés doit contribuer au développement de la formation professionnelle continue et de l'apprentissage en participant chaque année au financement des actions de formation, de perfectionnement et de reconversion professionnelle* » (C.T., art. 45-a).

Ce ne serait que la reprise d'une disposition déjà connue au Gabon. Le décret du 4 avril 1957 prévoyait en effet que les dépenses relatives à la formation professionnelle étaient obligatoires.

Article 3 *: Le travail est une source de valeur. Il exige que les libertés et la dignité de celui qui l'exerce soient respectées. Les conditions dans lesquelles il est accompli doivent permettre au travailleur et aux membres de sa famille de subvenir normalement à leurs besoins, de protéger leur santé et de jouir de conditions de vie décentes.*

Observations

Déjà présente dans les mêmes termes depuis le Code de 1978, cette disposition soulève des interrogations. L'article 3 a en effet inscrit le droit du travail dans le droit commun des libertés et des droits fondamentaux, à une période où cette tendance n'était pas généralisée. Même s'il y avait la Déclaration de Philadelphie de 1944, c'est seulement 1998 que l'OIT adopte sa Déclaration relative aux principes et droits fondamentaux au travail. Un an plus tard, le Directeur général de l'OIT publie un Rapport sur le travail décent.

Cet article 3 semble directement inspiré par l'Encyclique *Rerum Novarum* du 15 mai 1891. Le Pape Léon XIII y affirmait le principe de la dignité du travailleur et des droits inhérents quant à la protection de sa santé et de son « juste salaire ». Au-delà du caractère surprenant et avant-gardiste de cet article, il y a des interrogations quant à son applicabilité directe. Eu égard à son imprécision, il est en effet difficile de concevoir qu'un travailleur puisse l'invoquer devant le juge.

I. Le respect des droits et libertés du travailleur

S'il n'y a pas lieu de s'arrêter particulièrement sur l'affirmation selon laquelle « *le travail est une source de valeur* », qui doit être prise pour ce qu'elle est, à savoir une simple réaffirmation d'un principe, il en va différemment de l'exigence du respect des libertés et de la dignité des travailleurs. Certes, le législateur n'a défini ni les libertés du travailleur ni sa dignité. Néanmoins, les relations de travail au quotidien apportent de nombreuses illustrations permettant de mieux appréhender ces deux notions, et légitimant leur invocation devant le juge.

Les libertés du travailleur sont collectives ou individuelles. Pour P. Waquet, « *Les libertés (...) du salarié sont vagues et laissent place à une interprétation large* » (in « Libertés et contrat de travail », *RJS* 2009, p. 347). Dans cette catégorie, on inclut non seulement les droits et libertés propres au travailleur et que l'on retrouve dans le Code du travail (droit d'expression, liberté syndicale), mais également tous les droits et libertés que consacre le droit gabonais dans son ensemble (en y incluant les textes auxquelles la Constitution se réfère comme la Déclaration des droits de l'homme et du citoyen de 1789, la Déclaration universelle des droits de l'homme, ou encore la Charte africaine des droits de l'homme).

Les libertés individuelles sont celles qui permettent de disposer de son intégrité physique et morale. Parmi celles-ci, il y a notamment, la liberté de se déplacer, la liberté vestimentaire, la liberté d'expression, la liberté de pensée ou d'opinion, la liberté de religion. Les libertés collectives renvoient pour leur part à l'action collective. C'est le cas de la liberté d'association, de réunion, de manifestation, de faire grève.

II. Le respect de la dignité

Au-delà des libertés du travailleur, l'article 3 prévoit également le respect de la dignité du salarié. Ce principe a, d'après Sébastien Guillen, « *envahi notre système juridique* » (cf. « Dignité de la personne humaine et police administrative. Essai sur l'ambivalence du standard », in *La dignité de la personne humaine*. Mélanges offerts à Christian Bolze, Economica, 1999, p. 175).

Parmi les atteintes à la dignité ou aux droits fondamentaux, il y a notamment le harcèlement sexuel et le harcèlement moral, introduits à l'article 6 du présent code. Ces atteintes relèvent également du droit pénal. Ce qui incombe au droit du travail, c'est de sanctionner leurs conséquences dans la relation de travail. C'est ainsi que la rupture du contrat de travail à la suite d'un harcèlement moral sera de la compétence du juge du travail.

Ailleurs en Afrique, le respect de la dignité est également pris en compte :

- L'article 6 de la loi algérienne sur les relations de travail évoque le respect de l'intégrité physique et morale ainsi que de la dignité du travailleur.
- Le Préambule du Code du travail marocain souligne qu'il « *n'est permis en aucun cas d'exercer le travail dans des conditions portant atteinte à la dignité du travailleur* ».
- L'article 4 de la LGT angolaise n'est pas en reste. Il énonce que : « *Les conditions dans lesquelles le travail est effectué doivent respecter les libertés et la dignité des travailleurs, en leur permettant de satisfaire leurs*

besoins normaux et ceux de leur famille, de protéger leur santé et de bénéficier de conditions de vie décentes ».

- L'exposé des motifs de la Ley sobre Ordenamiento general del trabajo de Guinée Equatoriale du 4 janvier 1990 dispose que : « *Le travail intellectuel, manuel et mixte, élément essentiel de production, acte du libre arbitre de l'homme, ne peut être considéré comme marchandises exclusivement soumis à la loi de l'offre et de la demande. Son objectif est de permettre à l'homme de réaliser son propre destin consciemment pour le plus grand progrès de lui-même, de sa famille et de la société dans laquelle il vit. L'employeur doit assurer par conséquent au travailleur les conditions d'une existence digne et fructueuse* ».
- L'article 4 de la Charte africaine des droits de l'homme rappelle que : « *la personne humaine est inviolable. Tout être humain a droit au respect de sa vie et à l'intégrité physique et morale de sa personne* ».
- Voir encore art. 38 du Code du travail burkinabè ; art. 5 du Code du travail ivoirien ; art. 5, 7 et 8 du Code du travail guinéen ; art. 7, 13 et 55 de la Lei do trabalho du Mozambique.

En droit comparé espagnol, l'Estatuto de los trabajadores prévoit en son article 18, l'inviolabilité de la personne du travailleur : « *Les fouilles ne peuvent être effectuées sur la personne du travailleur, dans ses casiers et ses effets personnels, que si elles sont nécessaires à la protection des biens de l'entreprise et des autres travailleurs de l'entreprise, sur le lieu de travail et pendant les heures de travail. La dignité et la vie privée du travailleur sont respectées dans toute la mesure du possible et il est assisté par un représentant légal des travailleurs ou, en leur absence du lieu de travail, par un autre travailleur de l'entreprise, dans la mesure du possible.* »

Dans la même législation l'article 39-1 énonce que : « *La mobilité fonctionnelle au sein de l'entreprise s'effectue en fonction des qualifications académiques ou professionnelles requises pour effectuer le travail et dans le respect de la dignité du travailleur.* »

Article 4 : *Le travail forcé ou obligatoire est interdit.*
Au titre de la présente loi, on entend par travail forcé ou obligatoire tout travail ou tout service exigés d'un individu sous la menace d'une peine quelconque, et pour lequel ledit individu ne s'est pas offert de son plein gré.
Toutefois, les dispositions de l'alinéa ci-dessus ne s'appliquent pas, sous certaines conditions :
- au travail ou service exigé en vertu des lois sur le service militaire et consistant dans l'exécution des tâches d'un caractère purement militaire ou,

dans le cas des objecteurs de conscience, de tâches proposées en substitution du service militaire ;

- *au travail ou au service exigé d'un individu dans le cadre du travail pénitentiaire ou en exécution d'une décision prononcée par une autorité judiciaire, à la condition que ce travail ou service soit exécuté sous la surveillance et le contrôle des autorités publiques, et au profit de la collectivité ;*
- *au travail ou service exigé dans le cas de force majeure à la suite d'événements notamment, guerres, inondations, famines, épidémies, épizooties, invasions d'animaux, d'insectes ou de parasites nuisibles et, d'une façon générale, toutes circonstances mettant en danger ou susceptibles de mettre en danger la vie ou les conditions normales d'existence de l'ensemble ou d'une partie de la population ;*
- *aux menus travaux communaux, départementaux ou de villages, tels qu'ils sont définis et votés par le Conseil Municipal, Départemental ou Conseil de village et qui peuvent être considérés comme des obligations civiques normales incombant aux membres desdites collectivités, jusqu'à un maximum de six jours par an, à condition que la population elle-même ou ses représentants directs aient le droit de se prononcer sur le bien-fondé de ces travaux.*

Un arrêté pris par le Ministre chargé du Travail définit les modalités et les conditions de mise en œuvre des présentes exceptions.

Observations

Le travail étant une activité libre, nul ne peut être contraint de travailler. Cette règle vaut pour tous, même pour les prisonniers.

Condamné depuis la Convention n° 29 de l'O.I.T. du 26 juin 1930, le travail forcé est défini comme « *tout travail ou service exigé d'un individu sous la menace d'une peine quelconque et pour lequel ledit individu ne s'est pas offert de son plein gré* ». Il ne semble plus d'actualité. Comme l'avait déjà fait l'article 3 du CTTOM, toutes les législations africaines l'interdisent. Voir : Angola, art. 5, LGT ; Botswana, Employment Act, art. 71 ; Cameroun, art. 2-3 C.T. ; Congo, art.4 C.T. ; Djibouti, art. 2 C.T. ; Ghana art. 116 Labour Act : ; Guinée, art. 2 C.T. ; Kenya, art. 4 The Employment Act ; Madagascar, art. 4 C.T. ; Mali, art. L.6 C.T. ; Maroc, art. 10 C.T. ; Mauritanie, art. 3 C.T. ; RCA, art. 7 C.T. ; RDC, art. 2 C.T. ; Rwanda, art. 4 C.T. ; Sénégal, art. L. 4 C.T.

Cette pratique a connu ses heures de gloire pendant la première moitié du vingtième siècle. Le travail obligatoire est présenté alors comme une étape transitoire, une étape dans la prise de conscience de l'indigène. C'est ce que pense notamment le Gouverneur général de Madagascar en 1931 « *Les adversaires du travail obligatoire pourraient vérifier aisément que la liberté du travail n'entre dans les lois d'un pays qu'après que l'obligation du travail est entrée dans les mœurs* » (in P. Guillaume, *Le monde colonial XIX-XX*, A. Colin (coll. U), Paris, 1974, p.236. Voir également P. Dareste, *Traité de droit colonial*, sans éd., Paris, 1932, p. 535 ; M. Londadjim, *Administration publique et développement : Analyse de l'exemple tchadien*, Th droit, Nantes, 1988., p. 40). Pour la mise en valeur des colonies, l'administration accordait des concessions dont la durée était d'au moins trente ans à des compagnies. Celles-ci se voyaient en général dotées de larges prérogatives qui pouvaient aller jusqu'aux fonctions de police, c'est ainsi qu'elles disposaient de véritables milices pour recruter des travailleurs. Du fait de leur importance, l'administration n'avait que très peu de pouvoirs face à elles. On peut citer à ce propos la Société du Haut Ogooué qui se vit accorder le monopole des activités économiques et surtout commerciales sur une superficie égale au 2/5 du Gabon actuel (A. Emane, « Droit du travail gabonais, modèles et transferts des normes, Bull. de droit comparé du travail et de la sécurité sociale, 2005, p. 203).

Dans une période récente, le Gabon a toutefois fait régulièrement l'objet d'observations de la part de la Commission d'experts pour l'application des conventions et recommandations de l'OIT (la CEACR est un organe juridique chargé d'examiner le degré d'application des conventions et recommandations par les Etats Membres de l'OIT. Son examen a lieu sur la base de rapports transmis périodiquement par les gouvernements, suivant des formulaires détaillés préparés par le Conseil d'administration du BIT. La Commission d'experts tient une session par an). Il était reproché au Gabon de ne pas appliquer les conventions n° 29 sur le travail forcé et n° 105 sur l'abolition du travail forcé. Deux dispositions du droit gabonais étaient incriminées.

La première disposition en cause est contenue dans la loi n° 22/84 du 29 décembre 1984 fixant le régime du travail pénal, les articles 3 et 4 sont en effet en contradiction avec les conventions susmentionnées. L'article 3 prévoit que le travail pénal, qui comprend des travaux intérieurs et des travaux extérieurs, est obligatoire pour tous les condamnés, sous peine de sanctions. L'article 4 de la même loi précise que, dans le cadre dudit travail pénal, les condamnés peuvent être cédés à des personnes privées, physiques ou morales, à condition que cette main-d'œuvre ne concurrence pas la main-d'œuvre libre. Pour saisir la pertinence des observations du CEACR, il faut se rappeler que l'article 2 l, paragraphe 2 c), de la Convention n° 29 interdit qu'une personne condamnée soit mise à la disposition de particuliers, compagnies ou personnes morales privées. En 2007, le CEACR annonçait : « *Dans son rapport, le gouvernement indique qu'il a pris note de l'observation de la commission et des conditions devant être remplies pour que la main-d'œuvre pénale puisse être cédée à des personnes privées et qu'il s'engage à prendre toutes les mesures afin d'adapter la loi aux exigences de la convention. La commission prend note de cet engagement et veut croire, compte tenu du nombre d'années depuis lesquelles elle formule ses commentaires, que le gouvernement prendra promptement les mesures nécessaires à cette fin. La commission souhaiterait également que le gouvernement fournisse des informations sur l'utilisation dans la pratique de la concession de la main-d'œuvre pénale aux personnes privées* ».

La seconde disposition régulièrement dénoncée par le CEACR relevait de l'ancien Code de la marine marchande de 1963 (loi n° 10/63 du 12 janvier 1963). Dans celui-ci, il était prévu qu'aux termes de l'article 153, paragraphes 1, 4, 5, et des articles 169, 186 et 188, certains manquements à la discipline commis par les marins pouvaient être punis de peines d'emprisonnement comportant l'obligation de travailler (en vertu de la loi no 22/84 du 29 décembre 1984 fixant le régime du travail pénal) ? Dans son rapport de 2010, le CEACR annonçait : « *Le gouvernement indique que le Code communautaire de la marine marchande, adopté dans le cadre de la Communauté économique et monétaire de l'Afrique centrale (CEMAC), qui est en vigueur au Gabon, abroge toutes les dispositions contraires tant nationales que communautaires, rendant ainsi caduques les dispositions du Code de la marine marchande gabonais de 1963. La commission prend note de cette information et constate avec satisfaction que le Code communautaire de la marine marchande ne prévoit pas de peines de prison pour sanctionner les manquements à la discipline* ».

Article 5 *: Il est également interdit :*
- *de contraindre ou tenter de contraindre, par violence, tromperie, dol ou promesse, un travailleur à s'embaucher contre son gré ou de l'empêcher de s'embaucher ou de remplir les obligations imposées par son travail ;*
- *de faire usage d'un contrat fictif ou de tout autre document contenant des indications inexactes pour se faire embaucher ou se substituer volontairement à un autre travailleur.*

Observations

A priori, l'article 5 se situe dans le droit fil de l'article 4 puisqu'il réaffirme la liberté du travail. Néanmoins, les interdictions que l'on y relève renvoient davantage à la formation du contrat. En ce sens, elles mériteraient de figurer au Titre II « Du contrat de travail », et notamment à l'article 20 sur la conclusion du contrat de travail. Ces interdictions issues du droit civil et du droit pénal ont ici un caractère surabondant.

I. Les proscriptions issues du Code civil

Le premier tiret de l'article 5 reprend des vices de consentement du Code civil : le dol (art. 1109), l'erreur (art. 1110), la violence (art. 1111 à 1114). Au regard de l'article 4 du Code du travail qui l'envisage déjà avec l'interdiction du travail forcé, la référence à la violence n'est pas d'une grande utilité ici. Le législateur aurait été mieux inspiré de l'intégrer dans les dispositions relatives à la résiliation du contrat de travail. Le salarié peut en effet être parfois contraint d'accepter qu'il soit mis fin à la relation de travail (Voir en droit comparé français : Cass. Soc., 5 juill. 1965, Bull. civ. IV, n° 545 ; 30 oct. 1973, n° 73-40.23).

A. Le dol

L'article 1109 du Code civil gabonais énonce que : « *Il n'y a point de consentement valable si le consentement n'a été donné que par erreur ou s'il a été extorqué par violence ou surpris par dol* ». L'article 1116 précise lui que : « *Le dol est une cause de nullité de la convention lorsque les manœuvres pratiquées par l'une des parties sont telles, qu'il est évident que, sans ces manœuvres, l'autre partie n'aurait pas contracté* ». Néanmoins, il reste difficile à imaginer dans une relation de travail, dans la mesure où l'article 5 ne mentionne que le dol de l'employeur.

En jurisprudence, dans les rares cas où le dol est mentionné, c'est l'employeur qui l'invoque. Le salarié peut en effet user d'un certain nombre de manœuvres pour emporter le consentement de l'employeur. Il peut s'agir de renseignements inexacts du salarié lors de l'embauche (Voir en droit comparé français : Cass. Soc., 14 décembre 2022, 21-15.601 ; Cass. Soc., 23 juin 2021, n° 19-25338). La sanction dans ce cas est la nullité du contrat. Mais, sur quel fondement l'employeur peut poursuivre le salarié coupable de dol, sachant que le Code du travail ne renvoie pas expressément au droit commun ? Doit-on considérer simplement que le droit spécial ne s'applique que si un texte le prévoit, et que dans le silence présent, c'est le droit commun qui l'emporte ? (B. Attias, « Le contrôle renouvelé des clauses du contrat de travail par le droit commun », *JCP*, S, 2018, 1413 ; P.Y. Verkindt, *Les nullités en droit du travail : la sanction en droit du travail*, éd. Panthéon-Assas, 2012, 206)

Par contre, cette disposition aurait pu avoir toute sa place à la suite de l'article 77 qui institue ce nouveau mode de rupture des relations de travail qu'est la rupture amiable. Le risque de manœuvres de la part de l'employeur pour que le salarié accepte la fin de la relation de travail (et éviter ainsi de passer par la case licenciement), y est beaucoup plus grand en effet.

Voir en ce sens, Soc., 19 février 2015, arrêt n° 21/2014-2015 : « *Il résulte de l'article 1116 du Code civil gabonais ancien, que les manœuvres dolosives pratiquées par l'une des parties ne sont une cause de nullité de la convention, que lorsqu'il apparaît de manière évidente que sans elles, l'autre partie n'aurait pas contracté ; elles ne se présument point, elles doivent être prouvées ;*
Viole donc cette disposition, une cour d'appel qui ignore une convention de départ négocié mettant fin au contrat de travail entre un employeur et un travailleur, alors que préalablement, elle n'a pas mis en lumière des agissements malhonnêtes de l'employeur ayant déterminé le salarié dans la signature de ladite convention ».

Dans le dol portant sur la personne du co-contractant, il s'agirait d'un employeur se faisant passer pour ce qu'il n'est pas, ou pour un autre. Outre le fait qu'il y a lieu de se demander quel serait l'intérêt d'une telle conduite, il ne faut pas oublier que le salarié est quand même tenu de se renseigner a minima sur l'employeur ou l'entreprise qui le recrute. L'hypothèse plausible serait celle de l'entreprise qui maquillerait ses chiffres pour se présenter sous les meilleurs atours. Mais on serait là en présence d'une infraction pénale, et d'autres moyens de droit seraient à la disposition du salarié.

B. L'erreur

L'erreur est quant à elle, encore plus difficile à envisager au regard de ce qu'en dit l'article 1110 du Code civil : « *L'erreur n'est une cause de nullité de la convention que lorsqu'elle tombe sur la substance même de la chose qui en est l'objet.* » L'objet du contrat de travail étant la prestation de travail, ce n'est que sur elle que l'erreur peut porter. La situation en cause serait celle d'un salarié qui pensait s'être engagé pour telle tâche, alors qu'il se retrouve à en effectuer une autre. Il n'y a donc pas à retenir ce vice du consentement pour la simple raison que l'entrée en vigueur du contrat de travail est précédée par une période d'essai (article 45 du présent code). Durant celle-ci, le salarié n'a même pas à se justifier sur les mobiles de la rupture, et n'a donc pas besoin d'engager l'action prévue à l'article 1117 du Code civil : « *La convention contractée par erreur, violence ou dol, n'est point nulle de plein droit ; elle donne seulement lieu à une action en nullité ou en rescision, dans les cas et de la manière expliqués à la section VII du chapitre V du présent titre.* »

II. Les proscriptions tirées du droit pénal

L'article 5 ne fait que reprendre le champ d'application du faux, tel que l'envisage l'article 116 du Code pénal : « *Constitue un faux, toute altération frauduleuse de la vérité de nature à causer un préjudice et accomplie par quelque moyen que ce soit, dans un écrit ou tout autre support d'expression de la pensée, qui a pour objet ou qui peut avoir pour effet d'établir la preuve d'un droit ou d'un fait ayant des conséquences juridiques* ». Le salarié qui recourt à de tels procédés encourt selon l'article 117 du Code pénal, les peines de l'article 115 soit cinq ans d'emprisonnement et une amende de 5 millions de francs au plus.

Article 6 : *On entend par harcèlement, le fait d'exercer sur une personne, quelle que soit sa position au sein de l'entreprise à savoir employeur ou travailleur du fait de la relation de travail sur le lieu ou en dehors du lieu de travail, des pressions, violences verbales, physiques ou morales en vue de l'obtention d'une satisfaction ou d'une faveur personnelle au profit d'un tiers, ainsi que tout comportement physique ou non verbal subi par une personne, ayant pour objet ou pour effet de porter atteinte à la dignité de cette personne et de créer un environnement intimidant, hostile, dégradant, humiliant ou offensant, de nature à compromettre son avenir professionnel ou sa situation professionnelle.*

On distingue deux formes de harcèlement :

- *le harcèlement moral : Tous agissements de harcèlement moral qui ont pour objet ou pour effet une dégradation de ses conditions de travail susceptible de porter atteinte à ses droits et à sa dignité, d'altérer sa santé physique ou mentale ou de compromettre son avenir professionnel ;*
- *le harcèlement sexuel, soit :*
  1) tout fait constitué par des propos ou comportements à connotation sexuelle qui, soit porte atteinte à sa dignité en raison de leur caractère dégradant ou humiliant, soit crée à son encontre une situation intimidante, hostile ou offensante ;
  2) tout fait assimilé consistant en toute forme de pression grave, même non répétée, exercée dans le but réel ou apparent d'obtenir un acte de nature sexuelle, que celui-ci soit recherché au profit de l'auteur des faits ou au profit d'un tiers.

Les actes et attitudes constitutifs de harcèlement s'appliquent :
- *aux relations entre les travailleurs et toute personne exerçant un pouvoir ou occupant une position hiérarchique ;*

- *aux relations entre travailleurs de même niveau hiérarchique.*

Tout employeur ou travailleur ayant procédé à des agissements de harcèlement moral ou sexuel est passible d'une sanction disciplinaire ou de poursuites judiciaires.

Sous peine des sanctions prévues par la présente loi et/ou le Code, aucun travailleur, aucune personne en formation, stagiaire ou apprenti :
- *ne doit subir, sur le lieu ou à l'occasion du travail, des agissements constitutifs de harcèlement moral ou sexuel ;*
- *ne peut être sanctionné, licencié ou faire l'objet d'une mesure discriminatoire, directe ou indirecte, notamment en matière de rémunération, de formation, de classement, d'affectation, de qualification, de promotion professionnelle, de mutation ou de renouvellement de contrat pour avoir subi ou refusé de subir des agissements de harcèlement moral ou sexuel ou pour avoir témoigné contre ou relaté de tels agissements.*

Le travailleur, le stagiaire ou l'apprenti qui s'estime victime de harcèlement peut saisir, sous pli confidentiel, les délégués du personnel, l'employeur, ou l'inspecteur du travail.

La charge de la preuve des faits constitutifs de harcèlement incombe à la victime. Il revient alors à la partie défenderesse de prouver que ces agissements ne sont pas constitutifs de harcèlement.

Les délégués du personnel et les délégués syndicaux dans l'entreprise disposent d'un droit d'alerte.

Toute organisation syndicale représentative ou toute association légalement déclarée peut, avec l'accord écrit du travailleur, engager toute action en son nom devant les autorités ou juridictions compétentes.

Observations

Contenus dans le même article, le harcèlement moral et le harcèlement sexuel font l'objet de dispositions communes. Certes, ces deux notions se distinguent par leurs éléments constitutifs, mais elles se rejoignent dans nombre de situations. C'est ainsi qu'il est rare qu'un harcèlement sexuel ne soit pas doublé d'un harcèlement moral. Par ailleurs, ces deux formes de harcèlement renvoient à la même exigence de respect de la dignité de la personne ou encore à la lutte contre les discriminations, notamment celles fondées sur le genre. Certains auteurs sont allés jusqu'à se demander si au final le harcèlement sexuel ne serait qu'une forme particulière de harcèlement moral (Dreyer,

« Que veut-on protéger au titre du harcèlement sexuel », *JCP* 8 oct. 2012, n° 1057).

I. La réalité de la violence et du harcèlement au travail

D'après des données de l'OIT, « *La violence et le harcèlement au travail sont très répandus de par le monde, plus d'une personne en emploi sur cinq (22,8 %, ou 743 millions de personnes) ayant subi au moins une forme de violence et de harcèlement au travail au cours de sa vie professionnelle. Environ un tiers (31,8 %) des victimes ont déclaré avoir été soumises à plus d'une forme de violence et de harcèlement, et 6,3 % des victimes ont été confrontées aux trois formes de ce phénomène au cours de leur vie professionnelle : – Près d'une personne en emploi sur dix (8,5 %, ou 277 millions de personnes) a été victime de violence et de harcèlement d'ordre physique au travail au cours de sa vie professionnelle. Les hommes sont plus susceptibles que les femmes de signaler être victimes de violence et de harcèlement d'ordre physique. – Ce sont la violence et le harcèlement d'ordre psychologique au travail qui ont été dénoncés le plus couramment par les hommes et les femmes, près d'une personne en emploi sur cinq (17,9 %, ou 583 millions de personnes) en ayant fait l'expérience au cours de sa vie professionnelle. – Une personne en emploi sur quinze (6,3 %, ou 205 millions de personnes) a été victime de violence et de harcèlement d'ordre sexuel au travail au cours de sa vie professionnelle. Les femmes y sont particulièrement exposées. Des trois formes de violence et de harcèlement, l'écart le plus marqué entre les genres en termes de statistiques a trait à la violence et au harcèlement d'ordre sexuel (8,2 % de femmes, contre 5 pour cent d'hommes)* » (*Expériences de violence et de harcèlement au travail : Une première enquête mondiale,* Genève, OIT, 2022).

C'est d'abord le harcèlement sexuel qui a été pris en compte dans un certain nombre de législations il y a plus de 40 ans maintenant (D. Nagasaila, "Sexual Harassment as Sex Discrimination", *Economic and Political Weekly* 26, n° 34, 1991: 1965–67 ; C. MacKinnon, *Sexual Harassment of Working Women*, Yale University Press, 1979). Dans la Convention C111 (ratifié par le Gabon en 1961), l'OIT y traite du harcèlement sexuel comme une manifestation grave de discrimination sexuelle et une violation des droits humains.

Pour ce qui est du harcèlement moral, il y a une réelle difficulté à l'appréhender du fait de la multitude de situations qu'il peut concerner (O. Neuberger, *Mobbing, Übel mitspielen in Organisationen*, Munich, 1999, p. 3 et suiv.). On le voit notamment sur le plan sémantique avec la pluralité des termes en usage : aux Etats-Unis, "employee abuse" (abus commis sur des travailleurs) ou "workplace terrorism" (terrorisme sur le lieu de travail) ; en Allemagne, en Italie et en Suède, "mobbing" (persécution) ; au Royaume-Uni, "workplace bullying" (harcèlement moral sur le lieu de travail), ou simplement "bullying" (harcèlement) comme au Nigeria ou en Afrique du Sud.

C'est la Suède qui est, en 1993, le premier pays au monde à légiférer à ce sujet (O. Neuberger, *Mobbing, Übel mitspielen in Organisationen*, Munich, 1999, p. 3 et suiv). La loi sur la victimisation au travail reconnaît le harcèlement comme délit, et permet aux inspecteurs du travail d' intervenir dans les entreprises où de tels comportements sont signalés. Ils ont également le pouvoir de prescrire des changements et de contrôler ensuite si ceux-ci ont été menés. En Afrique, ce mouvement est plus récent, avec des intensités différentes. Dans le cas du Nigeria par exemple, le harcèlement est d'abord envisagé comme une forme de discrimination, et il doit être interdit à ce titre : Section 34 de la Constitution, code pénal (sections 281, 282, 285, 351, 352 et 360), *Violence Against Person Prohibition Act* (46, 47) de 2015 et loi de 2007 sur l'interdiction de la violence domestique dans l'État de Lagos (P.A. Ejembi, A. Aina-Pelemo, O. Ejembi & I. Aina, "The Trajectory Of Nigerian Law Regarding Sexual Harassment In The Workplace", *African Journal of Law and Human Rights*, 4(2), 2020, 1-9).

En Afrique francophone, à partir des années 2000, un certain nombre d'Etats ont introduit le harcèlement dans leur législation du travail : Congo R.D., C.T., art. 73 et 74 ; Côte d'Ivoire, harcèlement moral ou sexuel, C.T. art. 5 ; Guinée, harcèlement moral, C.T., art. 7 ; Niger, harcèlement sexuel, C.T., art. 45 ; Madagascar, art. 5 C.T. ; Togo, C.T., art. 40. D'autres l'ont fait dans les législations pénales : Cameroun, C.P., art. 302-1 ; Congo R.D., C.P., art. 174 ; Sénégal, C.P., art. 319 bis. Il y a enfin des pays qui ont des lois spéciales comme le Bénin, avec la loi n° 2006-19 du 5 septembre 2006 portant répression du harcèlement sexuel et protection des victimes en République du Bénin, et la loi n° 2011-26 du 9 janvier 2012 portant prévention et répression des violences faites aux femmes.

Au Gabon, la reconnaissance du harcèlement intervient dans trois textes :

- La loi n° 10-216 du 5 septembre 2016 portant sur la lutte contre le harcèlement professionnel ;
- La loi n° 006/2021 du 6 septembre 2021 portant élimination des violences faites aux femmes
- L'article 6 du présent Code.

Ces textes définissent tous le harcèlement et le distinguent sous deux formes : le harcèlement sexuel et le harcèlement moral. S'agissant de l'article 6 du Code du travail, il prévoit également le régime juridique du harcèlement, en même temps qu'il en donne les critères.

II. La notion de harcèlement

Fidèle au même ordonnancement que l'article 2 de la loi n° 10/2016, l'article 6 du Code du travail n'en est pas pour autant une réplique exacte. L'un des changements notables est le retrait du caractère répétitif pour constituer le harcèlement, que l'on retrouve également à l'article 2, al. 13 de la loi n° 006/2021 du 6 septembre 2021 portant élimination des violences faites aux femmes : « *(...) constitue un acte de harcèlement le fait d'imposer, de façon répétée, des propos ou comportements qui, soit portent atteinte à la dignité de la personne en raison de leur caractère dégradant ou humiliant, soit créent à son encontre une situation intimidante, hostile ou offensante ;* ». De même, alors que la loi de 2016 évoquait un environnement se limitant au milieu professionnel, l'article 6 du Code du travail a une portée plus large. Les faits de harcèlement peuvent en effet se dérouler sur le lieu de travail, mais aussi en dehors de celui-ci.

A l'inverse, alors que la loi de 2016 détaillait le harcèlement moral, l'actuel Code renvoie à une tautologie « harcèlement moral : tous agissements de harcèlement moral ». Il eût été plus simple de reprendre la rédaction de 2016 en retirant simplement le caractère répétitif.

Les définitions retenues par le législateur gabonais correspondent globalement à celles que l'on retrouve ailleurs. Voir notamment la Convention C190 sur la violence et le harcèlement (non ratifiée par le Gabon) ; directive n° 2002/73/CE du Parlement européen et du Conseil du 23 septembre 2002 définissant le harcèlement sexuel (JOCE n° L 269/15, 5 oct.) ; Afrique du Sud, Code de bonne pratique sur la prévention et l'élimination du harcèlement sur le lieu de travail ; Cap Vert, C.L., art. 410 ; Guinée, C.T., art. 7 et 8 C.T. ; Mozambique, L.T., art. 68 ; Niger C.T., art. 45.

III. Le champ d'application

A. Les personnes concernées

Au regard de l'intitulé de la loi n° 10/2016 et de l'article 6 du présent code, la victime des faits de harcèlement ne peut être qu'une participant aux relations de travail, sauf s'il s'agit d'une femme par application de la loi n° 006/2021 du 6 septembre 2021 portant élimination des violences faites aux femmes. Quelles sont donc les personnes couvertes par cet article 6 ?
La réponse à cette question est loin d'être aisée à la lecture de l'alinéa 1er d'une part, et des alinéas 8, 9 et 10 d'autre part. Le premier alinéa de l'article 6 renvoie en effet à toutes les personnes mentionnées à l'article 1er alinéa 1er du présent code à savoir : les travailleurs quelle que soit leur ancienneté (y compris ceux en période d'essai), les employeurs, les apprentis et les stagiaires. De cette disposition, l'enseignement à en tirer est qu'un employeur peut poursuivre son salarié pour des faits de harcèlement qu'il soit moral ou sexuel. Cette interprétation se heurte, toutefois, à ce qui est écrit aux alinéas 8 à 10 qui restreignent le bénéfice de la loi au « harcèlement horizontal » (de la part d'une personne de même rang) et au « harcèlement vertical descendant » (de la part d'un supérieur hiérarchique). Avec la formulation choisie par le législateur à l'alinéa 8 (les actes constitutifs de harcèlement…), toutes les formes de harcèlement sont concernées, ce qui est excessif.

S'agissant du harcèlement moral, la restriction peut s'entendre, dans la mesure où, les personnes exclues disposent d'un pouvoir hiérarchique, leur permettant de sanctionner les salariés coupables d'agissements répréhensibles. Par contre, l'exclusion du harcèlement sexuel ne peut manquer de surprendre. Comme le dit Dina Maria Smit : « *Les brimades peuvent se produire de haut en bas, de bas en haut ou horizontalement* » (D. M. Smit, *Bullying in the workplace : towards a uniform approach in South African labour law*, Thèse doctorat en droit, University of the Free State, 2014, p. 450). C'est pourtant la position adoptée par le législateur français il y a une trentaine d'années, allant même jusqu'à exclure le simple collègue de travail (Circ. DRT n° 93-2 du 11 févr. 1993 sur l'application de la loi n° 92-1179 du 2 nov. 1992 relative à l'abus d'autorité en matière sexuelle dans les relations de travail ; Dr. ouvrier 1993. 410). Depuis la loi de modernisation sociale du 17 janvier 2002, l'exigence d'un abus d'autorité a disparu de la définition du harcèlement sexuel, et le « harcèlement vertical ascendant » est reconnu. Même si 99 % des personnes condamnées pour violences sexuelles sont des hommes (La lettre de l'Observatoire national des violences faites aux femmes, n° 13, nov. 2018), le harcèlement sexuel de la part d'une femme n'est pas à exclure (Metz, 25 juin 2019, RG n° 17/02171 ; Aix-en-Provence, 1er févr. 2019, RG n°

16/21072 ; 15 nov. 2018, RG n° 16/06350). C'est ce que n'hésite pas à faire le droit colombien dans la loi 1257 de 2008 qui est destiné à éradiquer les cycles de la violence au travail à l'encontre des femmes. Dans ce texte, le harcèlement sexuel au travail est considéré comme l'une des formes de violence à l'égard des femmes.

Si l'on ne souhaite pas abandonner la référence à l'abus d'autorité, le droit mozambicain peut servir de modèle. L'article 69-4 de la Lei do Trabalho prévoit en effet une peine plus sévère en cas de « harcèlement vertical descendant ».

B. Les critères

Quelle que soit la forme de harcèlement, le premier critère à retenir est le cadre de travail. Une question se pose alors s'agissant du tiers à cette relation. S'agissant du harcèlement sexuel, le droit français l'a reconnu dans ce cas de figure (Riom, 28 juin 2022, n° 20/00220 ; Paris, 29 juin 2017, RG n° 14/05786 : harcèlement sexuel de la part d'un supérieur hiérarchique et d'un responsable de la société cliente de l'employeur ; Douai, 29 oct. 2004, RG n° 2003/02723 : harcèlement par le responsable d'une entreprise cliente).

1° Le harcèlement moral

L'alinéa 4 de l'article 6 qui est consacré au harcèlement moral, ne caractérise pas celui-ci. Il se concentre uniquement sur ses effets, à l'inverse de l'alinéa 5 sur le harcèlement sexuel qui est lui beaucoup plus explicite. Il faut donc revenir à la définition du harcèlement que l'on retrouve à l'alinéa 1er du même article 6, et qui est loin d'être satisfaisante. Il en ressort que la cause du harcèlement concerne des comportements physiques ou non produisant les effets mentionnés à l'alinéa 4 précité. La loi étant silencieuse sur la notion d'agissements, c'est au juge du fond qu'il appartiendra souverainement de les apprécier, comme le rappelle quasi systématiquement le législateur français par exemple, ce qui simplifie la tâche des juges.

Pour Matthiesen et Einarsen, « *Le harcèlement moral sur le lieu de travail est une situation dans laquelle une ou plusieurs personnes perçoivent systématiquement et pendant une longue période qu'elles font l'objet d'un traitement négatif de la part d'une ou plusieurs personnes, dans une situation dans laquelle la ou les personnes exposées au traitement ont des difficultés à se défendre contre ce traitement.* » (S. B. Matthiesen, S. Einarsen, « S. MMPI-2 configurations among victims of bullying at work», *European Journal of Work and Organizational Psychology*, 10 -4-, 2001, 467–484). Einarsen et

Skogstad évoquent eux : « *une situation dans laquelle un ou plusieurs individus, sur une période donnée, se perçoivent de manière persistante comme étant la cible d'actes négatifs de la part d'une ou plusieurs personnes, dans une situation où ils éprouvent des difficultés à se défendre contre ces actes négatifs* » (S. Einarsen & A. Skogstad 1996: 185, 1996. "Bullying at work: epidemiological findings in public and private organisations », *European Journal of Work and Organisational Psychology*. 5, 1996, p. 185).

Enfin, le professeur Heinz Leymann, expert du harcèlement moral au travail, parle de harcèlement moral lorsque l'un ou plusieurs des 45 actes détaillés, regroupés dans les rubriques suivantes (H. Leymann, *The Mobbing Encyclopaedia*, (http://www.leymann.se/English/12100E.HTM) :

- atteintes à la possibilité de s'exprimer (subir des paroles criées ou des réprimandes, subir des critiques incessantes à propos de son travail, menaces verbales, etc.) ;
- atteintes aux relations sociales (transfert dans un local éloigné des collègues, être ignoré par des collègues) ;
- effets sur la réputation sociale (dénigrer la personne visée, se moquer d'un handicap, atteintes aux opinions politiques ou religieuses de la personne visée, se moquer de la vie privée de la personne visée, la personne visée est forcée d'accomplir des tâches qui blessent sa confiance en soi, sa productivité est jugée de façon fallacieuse ou insultante) ;
- atteintes à la qualité de la vie professionnelle (absence de tâches assignées, la personne visée est désœuvrée parce qu'elle ne reçoit pas de tâches à accomplir, des fonctions inutiles lui sont assignées, on lui assigne des tâches qui ne correspondent pas à ses qualifications, on lui assigne des fonctions qui dépassent ses qualifications afin de discréditer sa réputation) ;
- atteintes physiques ayant des effets sur la santé (obligation d'effectuer des travaux insalubres, menace de recours à la force physique, application de pressions légères dans le but de donner une leçon à une personne, des dégâts matériels sont infligés au domicile ou au poste de travail, attouchements sexuels).

Malgré tout, ce manque de précision de la loi n'est nullement préjudiciable pour appréhender le harcèlement moral. Cela tient au fait qu'en la matière, les agissements sont moins définis par leur contenu que par leurs effets sur la santé, l'atteinte à la dignité et (ou) les conditions de travail. En d'autres termes, est constitutif de harcèlement tout acte qui conduit aux conséquences de l'alinéa 4. A l'analyse, il n'est même pas exigé la réalisation de celles-ci. Il suffit que l'effet de l'agissement soit « *susceptible de* » produire lesdites conséquences. C'est ainsi qu'une simple possibilité d'une dégradation des conditions de travail sera suffisante pour caractériser le harcèlement moral. Rappelons qu'ici comme ailleurs, l'existence d'un préjudice et l'évaluation de celui-ci relèvent du pouvoir souverain d'appréciation des juges du fond.

Dans le harcèlement moral, l'élément intentionnel ne joue aucun rôle. C'est le cas dans ce que des auteurs appellent le « harcèlement managérial » (P. Adam, « La figure du harcèlement managérial », *SSL* 2011, n° 182, p. 4). Ce harcèlement résulte des méthodes de gestion mises en œuvre par l'employeur, et qui ont pour effet d'entraîner la dégradation des conditions de travail contraire à la dignité pour un ou plusieurs salariés (Cass. Soc., 10 nov. 2009, n° 08-41497, Bull. civ. V, n° 248 ; Dr. soc. 2010. 110, obs. Radé ; Cass. Soc., 15 nov. 2011, n° 10-10.687, Bull. civ. V, n° 259 ; JCP, S, 2012, n° 1061, note Leborgne-Ingelaere ; Cass. Soc., 9 sept. 2020, n° 19-10.364). Il n'y a donc pas lieu de prouver une quelconque volonté de harceler, il suffit qu'il s'agisse d'agissements non souhaités. C'est ainsi qu'on ne peut pas se retrancher derrière sa liberté d'expression et la volonté de plaisanter pour échapper à la qualification de harcèlement moral (Cour d'appel Saint-Denis de la Réunion, 8 déc. 2022, n° 21/00630).

Toutefois, tous les agissements ne sont pas susceptibles de constituer un harcèlement moral pour Dina Maria Smit : « *Tous les types de brimades ne donnent pas lieu à des actes illégaux, mais même si des brimades mineures se poursuivent au fil du temps, elles peuvent avoir de graves conséquences négatives. En raison des nouveaux développements numériques dans le domaine de l'emploi, la gestion de la cyberintimidation, en tant que forme d'intimidation sur le lieu de travail, complique encore davantage le dilemme juridique* » (Smit, *op. cit.*, p. 450). De même, alors que le harcèlement au travail est un facteur de stress, ces deux notions ne doivent pas être confondues. La loi gabonaise ne traitant pas du stress au travail, on peut faire appel au droit comparé pour l'évoquer ici. La Cour de cassation française rappelle que l'exercice d'une activité professionnelle peut être à l'origine de contraintes, de difficultés relationnelles ou de stress sans que les problèmes de santé qui en découlent soient forcément rattachés à des situations de harcèlement moral (Cass. Soc., 9 oct. 2007, n° 06-42.350 : *JurisData* n° 2007-040837 *; JCP S 2007, 1937,* note C. Leborgne-Ingelaere ; CA Chambéry, *18 mars 2008, n° 07/01338.* Voir également, I. Mathieu, « L'évolution de la notion de harcèlement, la montée en puissance du stress : un parallèle à faire ? », JSL 2010, n° 271).

Il y a d'abord la rédaction de l'alinéa 4 qui soulève des interrogations avec l'abandon de l'exigence de la répétition des actes (présente dans la loi de 2016). Le pluriel ayant été retenu, doit-on en tirer la conclusion que la commission d'un acte unique n'est pas constitutive du harcèlement ? C'est la solution qui est souvent retenue en droit comparé français (Cass. Soc., 24 sept. 2014, RJS, 12/14, n° 829). Néanmoins, l'article 1er-1 de la Convention C190 de l'OIT sur la violence et le harcèlement dispose que : « *l'expression «violence et harcèlement» dans le monde du travail s'entend d'un ensemble de comportements et de pratiques inacceptables, ou de menaces de tels comportements et pratiques, qu'ils se produisent à une seule occasion ou de manière répétée, qui ont pour but de causer, causent ou sont susceptibles de causer un dommage d'ordre physique, psychologique, sexuel ou économique, et comprend la violence et le harcèlement fondés sur le genre (...)* ». Un acte unique peut donc constituer un harcèlement moral. Mais cette disposition n'est pas applicable en droit gabonais faute de ratification.

Par ailleurs, la frontière entre celui-ci et les comportements problématiques n'est pas toujours aisée à déterminer. Le manque d'égards pour le salarié se retrouve parfois en droit comparé français. Le juge estime que celui-ci ne peut pas être assimilé à un harcèlement (Cour d'appel de Paris, 3 avril 2003, *RJS* 11/03, n° 1252, 3ème esp.). De même un salarié ne saurait se prévaloir d'un harcèlement moral pour des faits qui concernent un collègue (Cass. Soc., 20 oct. 2010). Enfin, l'exercice du pouvoir disciplinaire ne peut pas se confondre avec le harcèlement moral : c'est l'hypothèse de la rétrogradation d'un salarié. Les protestations réitérées de ce dernier n'entraînent pas la qualification de harcèlement moral. C'est ce que l'on peut relever en droit comparé sénégalais.

Voir, Cour suprême, 28 décembre 2016, 57 : « *Que ce que qualifie la Cour d'Appel de "harcèlement" est en réalité le pouvoir de direction de l'employeur, conformément aux dispositions précitées de l'article L2 du Code du Travail.*

Que le supérieur hiérarchique direct de la dame Ak Y, agissant au nom et pour le compte de Al Ah, employeur à l'époque de la dame Ak Y, avait parfaitement le droit d'exercer son pouvoir de direction, comme il l'entendait sur son employée à partir du moment où ce pouvoir ne s'appliquait que dans un cadre purement professionnel »).

2° Le harcèlement sexuel

Pour Dina Maria Smit, « *L'approche juridique initiale du harcèlement sexuel était également fragmentée, en ce sens qu'il était soit couvert par la législation sur l'égalité des chances, soit spécifiquement interdit, soit traité dans le cadre de la législation du travail, tandis que dans certains pays, il était considéré comme une violation du droit pénal, un délit civil ou traité comme une faute délictuelle, voire comme un licenciement abusif* » (D. M. Smit, *op. cit.*, p. 91.

Voir notamment pour la qualification de discrimination à caractère sexiste : Directive U.E. n° 2006/54 du 5 juill. 2006 et loi colombienne 1257 de 2008. C'est d'ailleurs la voie reprise par la loi n° 006/2021 du 6 septembre 2021 portant élimination des violences faites aux femmes.

Pour autant, le présent Code du travail est allé bien au-delà de la discrimination puisque l'article 6 vise également les comportements à connotation sexuelle.

La loi n° 10/2016 de 2016 a prévu quant à elle deux formes de harcèlements sexuels que l'on retrouve aux alinéas 6 et 7 de l'article 6 ici envisagé :

- A l'alinéa 6 (art. 2, al. 5 de la loi de 2016), pour qu'il y ait harcèlement sexuel, les propos ou comportements imposés à la victime doivent soit avoir porté « *atteinte à sa dignité en raison de leur caractère dégradant ou humiliant* », soit avoir créé à son encontre « une situation intimidante, hostile ou offensante ». C'est une infraction matérielle. Pour Cyrille Duvert, « *Trois composantes peuvent alors être identifiées dans l'élément matériel de l'infraction, lesquelles s'enchaînent ainsi : le harcèlement moral est constitué par des propos ou comportements répétés entraînant ou, simplement, visant à entraîner une dégradation des conditions de travail de la victime, cette dégradation devant elle-même être susceptible de lui porter préjudice* » (C. Duvert, « Fasc. 20 : Harcèlement moral », *Jurisclasseur Pénal Code*, Art. 222-33-2 à 222-33-2-2. Voir également : D. Guirimand, *Droit pénal et droit du travail,* in J.-C. Saint-Pau (dir.), *Droit pénal et autres branches du droit. Regards croisés,* Éditions Cujas *2012).*

En droit comparé français, il y a le cas d'un harceleur ayant déposé sur le bureau de la victime des ouvrages et des articles à caractère ou contenu sexuels, tout en ayant multiplié les remarques, invitations ou propositions sexuelles parfois accompagnées de gestes déplacés. Pour le juge, « *ces agissements ont eu pour conséquence de porter atteinte à la dignité de Mme Z... par leur caractère offensant ou dégradant* » (Crim. 13 déc. 2017, n° 17-80.563).

Néanmoins, il ne s'agit pas pour le droit pénal de s'immiscer dans les relations amoureuses, auquel cas ce serait une atteinte au droit au respect de la vie privée. Celui-ci implique en effet la possibilité de nouer des relations avec ses semblables (CEDH, gr. ch, 5 sept. 2017, n° 61496/08, *Barbulescu c/ Roumanie*, § 70, AJDA 2017. 1639 ; *ibid.* 2018. 150, chron. L. Burgorgue-Larsen ; D. 2017. 1709). Voir également en droit comparé français, une affaire dans laquelle les juges ont estimé que le comportement reproché au prévenu consistait en « de simples signes sociaux conventionnels, lancés de façon espacée les uns des autres dans le temps, de façon à permettre d'exprimer la manifestation, non fautive sur le plan pénal, d'une inclination pouvant être sincère » (Cour d'appel de Douai, 10 sept. 1997, Juris-Data n 990026).

La situation de l'employeur n'est pas forcément facile. Responsable de la sécurité du personnel, il est tenu de mettre fin aux actes de séduction qui mettraient en péril la santé d'un salarié. Mais, se mêler d'une relation qui ne le concerne en rien, c'est aussi porter atteinte à la vie privée des salariés (B. Geniaut, « De quel droit ? La relation amoureuse au prisme du droit et du non-droit du travail », *Dr. Soc.* 2023, p. 941.

- A l'alinéa 7 (art. 2, al. 6 de la loi de 2016), la finalité de l'acte interdit peut consister à « *obtenir un acte de nature sexuelle, que celui-ci soit recherché au profit de l'auteur des faits ou au profit d'un tiers* ». Ici point n'est besoin d'obtenir le résultat espéré. C'est à ce type de harcèlement que s'applique, l'article 257 du Code pénal relatif aux atteintes aux mœurs qui sont : « *tout comportement, attitude ou parole assidue ou suggestive répétés, directement ou indirectement imputable à une personne qui, abusant de l'autorité ou de l'influence que lui confèrent ses fonctions ou son rang social, a pour but d'obtenir des faveurs sexuelles d'un individu de l'un ou l'autre sexe* ».

IV. Régime juridique

A. Les règles de preuve

La difficulté à laquelle seront confrontées les victimes est la charge de la preuve, surtout qu'il n'y a qu'une disposition qui en traite pour les deux types de harcèlement. L'alinéa 16 de l'article 6 indique en effet que la charge de la preuve incombe à la victime, et ce quelle que soit la nature du harcèlement. Doit-on comprendre ici que c'est à la victime (ou au syndicat qui engage une action en son nom) et à elle seule de démontrer l'existence du harcèlement ? Il est difficile d'y répondre par l'affirmative dans la mesure où la deuxième phrase du même alinéa 16 prévoit que, la partie défenderesse doit prouver que les agissements visés ne sont pas constitutifs de harcèlement.

La jurisprudence gabonaise étant encore embryonnaire à ce sujet, et cette deuxième partie de l'alinéa 16 étant la réplique de l'article L. 1154-1, al. 2 du code du travail français, il peut être intéressant de s'inspirer des solutions retenues dans ce pays. Le juge français considère que : « *En matière de harcèlement moral, le salarié doit établir des faits objectifs qui permettent de présumer l'existence d'un harcèlement en se fondant sur des témoignages, des attestations, des certificats médicaux, le contenu de la lettre de licenciement notifiée à l'auteur des faits, etc.* » (Cass. Soc., 13 nov. 2014, n° 13-17.459, F-D, *La Semaine Juridique* - Social n° 48 du 25 novembre 2014). Pour autant, la charge de la preuve ne repose pas que sur la victime dès lors que le présumé harceleur doit démontrer que les agissements dénoncés ne sont pas constitutifs de harcèlement.

Le juge français est même allé encore plus loin dans la protection de la victime en considérant qu'il y a « *lieu de juger que le salarié qui dénonce des faits de harcèlement moral ne peut être licencié pour ce motif, peu important qu'il n'ait pas qualifié lesdits faits de harcèlement moral lors de leur dénonciation, sauf mauvaise foi, laquelle ne peut résulter que de la connaissance par le salarié de la fausseté des faits qu'il dénonce* » (Cass. Soc., 19 avr. 2023, n° 21-21.053*)*. En d'autres termes, le juge peut dorénavant retenir l'existence d'une dénonciation de harcèlement moral et en tirer toutes les conséquences qui s'imposent, quand bien même les mots *« harcèlement moral »* n'ont pas été mentionnés dans les propos du salarié. D'un point de vue procédural, il n'y a donc pas de risque d'*ultra petita.*

Dans la législation gabonaise, il y a aussi à relever le silence sur le rôle de l'employeur à la suite de la dénonciation des faits de harcèlement. L'employeur détenant le pouvoir disciplinaire, c'est à lui qu'il revient de sanctionner son collaborateur qui s'est rendu coupable des agissements dénoncés. Mais quel va en être le mode opératoire ? Diligenter une enquête est un passage obligé, mais quelles seront les garanties dont disposeront les uns et les autres ?

S'agissant du cas spécifique du harcèlement sexuel, il faut retenir qu'en droit du travail, l'exigence de l'élément intentionnel est sans objet. Voir en droit français : Cass. Soc., 25 mars 2020, n° 18-23.682, D. 2020. 772

Il aurait été plus judicieux pour le législateur, et pour que le juge soit parfaitement à l'aise de reprendre également l'alinéa 3 de L. 1154-1 du Code français qui dispose : « *Le juge forme sa conviction après avoir ordonné, en cas de besoin, toutes les mesures d'instruction qu'il estime utiles* ». Dans un arrêt du 10 juillet 2024, le juge français est encore allé plus loin en considérant que la déloyauté d'un moyen de preuve n'entraîne pas nécessairement son rejet des débats.

Une salariée secrétaire comptable soutenait avoir subi un harcèlement moral et un licenciement abusif. Elle saisit la juridiction prud'homale, demandant le paiement de dommages et intérêts. Pour soutenir ses requêtes, elle a présenté plusieurs pièces, dont une retranscription d'un enregistrement d'un entretien avec son employeur, réalisée à l'insu du concerné. Le tout visait à démontrer qu'elle avait subi des pressions pour signer une rupture conventionnelle, ainsi que des menaces de licenciement en cas de refus de sa part. La Cour d'appel avait écarté cette pièce des débats, estimant qu'elle était *« contraire au principe de la loyauté dans l'administration de la preuve »* et que l'atteinte portée aux principes protégés en l'espèce n'était pas strictement proportionnée au but poursuivi. La Cour de cassation considère au contraire qu'un enregistrement, même obtenu clandestinement, peut être produit s'il est indispensable à l'exercice du droit à la preuve du harcèlement moral allégué et si l'atteinte au respect de la vie personnelle de l'employeur est strictement proportionnée au but poursuivi (Cass. Soc., 10 juillet 2024, n° 23-14.900, publié au Bulletin).

B. Les sanctions

Le harcèlement moral et le harcèlement sexuel sont des délits qui exposent leurs auteurs à des sanctions aussi bien disciplinaires (voir observations sous article 146) que pénales.

L'article 6 mériterait quelques clarifications surtout en son alinéa 11 qui indique l'auteur d'agissements de harcèlement est passible d'une sanction judiciaire ou de poursuites judiciaires. Le droit français s'est retrouvé confronté à la même difficulté avec le harcèlement sexuel qui était sanctionné à la fois dans le Code du travail et dans le Code pénal. La question que l'on se pose est celle du concours entre les deux infractions. Aujourd'hui il n'y a qu'une qualification pénale qui se retrouve dans le Code pénal. L'article L. 1153-1 interdit les faits constitutifs de harcèlement sexuel, mais il n'y a pas de peine prévue. Il aurait été plus logique d'opérer un renvoi au Code pénal. Dans le cas du Gabon, si le harcèlement sexuel ne pose pas de problème en tant que tel puisqu'il y a une distinction entre la sanction disciplinaire et la sanction pénale, il en va autrement pour le harcèlement moral. Le Code pénal ne prévoit aucune sanction a priori pour ces agissements. Il n'y aurait donc aucun intérêt à déposer une plainte pour harcèlement moral.

La réponse est moins aisée depuis la loi n° 005/2021 du 6 septembre 2021 portant modification de certaines dispositions de la loi n° 006/2020 du 30 juin 2020 portant Code pénal. Elle punit d'un emprisonnement de 2 ans au plus et d'une amende de 5 millions de francs CFA au plus, les coupables de harcèlement moral en milieu professionnel. Si les coupables de discrimination encourent la même peine, les employeurs quant à eux encourent jusqu'à 60 millions de francs CFA en plus d'amendes en cas de discrimination. Il y a un toutefois un bémol à apporter ici s'agissant de cette législation : elle ne porte que sur l'élimination des violences faites aux femmes. Dès lors, un homme peut-il s'en prévaloir ? Par ailleurs, vu qu'il s'agit du droit pénal, l'élément intentionnel qui est ignoré en matière de sanction disciplinaire sera-t-il pris en compte ici ?

Par ailleurs, l'article 402 du Code pénal, tel que modifié en 2018, dispose ce qui suit : « *Constituent des atteintes aux mœurs : [...] 3° tout comportement, attitude ou parole assidue ou suggestive répétés, directement ou indirectement imputable à une personne qui, abusant de l'autorité ou de l'influence que lui confèrent ses fonctions ou son rang social, a pour but d'obtenir des faveurs sexuelles d'un individu de l'un ou l'autre sexe. [...] Quiconque se rend coupable de harcèlement sexuel visé au point 3 du présent article est puni d'un emprisonnement de six mois au plus et d'une amende de 2 000 000 FCFA au plus* ».

La loi a également prévu une protection pour ceux qui dénoncent des faits de harcèlement. C'est ainsi que l'alinéa 14 de l'article 6 prévoit que le salarié qui a relaté ou témoigné des faits de harcèlement moral bénéficie quant à lui d'une immunité spécifique aux termes de laquelle il ne peut en aucun cas être sanctionné, licencié ou encore faire l'objet d'une mesure discriminatoire, directe ou indirecte. Le licenciement d'un tel salarié est ainsi nul de plein droit. En droit comparé français, la nullité est également encourue sauf mauvaise foi du salarié (Cass. Soc., 10 juin 2015, n° 13-25.554), ce qu'il incombe à l'employeur de prouver. Et la seule circonstance selon laquelle les faits allégués ne sont pas établis ne permet pas de caractériser la mauvaise foi du salarié (Cass. Soc., 13 févr. 2013, n° 11-28.339).

C. Le risque de dénonciation calomnieuse

Le salarié qui prétend faussement avoir été victime d'agissements de harcèlement moral de la part d'un collègue ou de son employeur peut être poursuivi pour dénonciation calomnieuse. Elle est définie à l'article 282 du Code pénal : « *Quiconque a, par quelque moyen que ce soit, dénoncé contre une personne déterminée ou contre plusieurs personnes déterminées, aux officiers de police judiciaire ou administrative ou à toute autorité ayant le pouvoir d'y donner suite ou de saisir l'autorité compétente, ou encore aux supérieurs hiérarchiques ou aux employeurs du dénoncé, des faits de nature à entraîner des sanctions disciplinaires, administratives ou judiciaires et que l'on sait totalement ou partiellement inexacts, est puni d'un emprisonnement de cinq ans au plus et d'une amende de 1 000 000 de francs au plus, ou de l'une de ces deux peines seulement* ».

V. La gestion du harcèlement

Si le législateur s'est fortement préoccupé de l'interdiction du harcèlement au point que l'on se retrouve avec trois lois à ce sujet, et qu'il faut saluer le fait que des garanties aient été prévues pour des victimes, il n'en demeure pas moins que des insuffisances demeurent. Il aurait été plus judicieux par exemple, de placer les dispositions sur le harcèlement dans le Livre IV consacré à la santé et à la sécurité au travail, et les intégrer ainsi dans les mesures relatives à la prévention des atteintes à la santé au travail. Par ailleurs, une fois le harcèlement survenu ou soupçonné comment le gérer ? En droit comparé français, une procédure de médiation est prévue à l'article L. 1152-6 du Code du travail :

« *Une procédure de médiation peut être mise en œuvre par toute personne de l'entreprise s'estimant victime de harcèlement moral ou par la personne mise en cause.*
Le choix du médiateur fait l'objet d'un accord entre les parties.
Le médiateur s'informe de l'état des relations entre les parties. Il tente de les concilier et leur soumet des propositions qu'il consigne par écrit en vue de mettre fin au harcèlement.

Lorsque la conciliation échoue, le médiateur informe les parties des éventuelles sanctions encourues et des garanties procédurales prévues en faveur de la victime. »

De la même manière, la loi ne dit rien sur ce que doit faire l'employeur accusé de harcèlement moral. Comme pour toutes les autres personnes dans cette situation, ce sera à une enquête de faire la lumière sur ces accusations. Mais, qui mènera cette enquête ?

En droit comparé français, l'obligation d'organisation d'une enquête interne, après un signalement de harcèlement, a pour fondement juridique les dispositions des articles L. 1152-4 et L. 1153-5 du Code du travail . Même en l'absence de harcèlement moral avéré, la Cour de cassation considère que l'absence d'enquête interne, après la révélation d'un harcèlement, constitue une violation par l'employeur de son obligation de prévention des risques professionnels, laquelle cause nécessairement un préjudice à l'intéressé. La loi étant silencieuse sur les modalités de l'enquête, il est recommandé de faire appel à une personne extérieure à l'entreprise comme un avocat enquêteur par exemple.

En droit belge, la loi du 26 octobre rend obligatoire la désignation d'une personne de confiance pour la prévention des risques psychosociaux pour les employeurs qui occupent 50 travailleurs ou plus. Pour les employeurs qui occupent moins de 50 travailleurs, la désignation est facultative. Sa mission est de faciliter le traitement des risques psychosociaux en se rendant disponible et à l'écoute des salariés. En effet, ceux-ci pourront s'adresser à elle s'ils éprouvent la nécessité de partager une situation difficile, afin de trouver une solution.

Ses missions :

- concertation régulière avec le conseiller en prévention des aspects psychosociaux : ceux-ci ont le droit et même l'obligation d'entretenir tous les contacts utiles à l'accomplissement de leurs missions ;
- transmission par écrit, au moins une fois par an, au conseiller en prévention des risques psychosociaux des données anonymes relatives aux incidents répétés qu'elle a traités ou pour lesquels elle a délivré un conseil. L'objectif est de permettre une évaluation de la politique de prévention des risques psychosociaux ;
- tenue du « registre des faits de tiers ». Il s'agit d'un document de prévention spécifique en matière de violence et harcèlement moral ou sexuel au travail. Lorsqu'un salarié estime être victime de violence ou de harcèlement de la part d'un tiers, il doit pouvoir inscrire une déclaration dans ce registre ;
- participation à l'élaboration de la procédure interne de traitement de la situation signalée par le salarié ;
- participation, avec voix consultative, aux réunions du comité pour la protection et la prévention au travail lorsque l'ordre du jour porte sur des sujets liés à la prévention des risques psychosociaux.

La personne de confiance exerce ses fonctions en toute autonomie. Cela signifie qu'elle agit seule dans les situations qu'elle traite sans que personne ne puisse lui donner d'ordres. Elle ne bénéficie pas d'une protection spécifique contre le licenciement. Cependant, elle ne peut pas subir de préjudice en raison des activités liées à cette fonction.

Article 7 : *Avant l'âge de 16 ans, les enfants ne peuvent être employés à des travaux qui ne sont pas appropriés à leur âge, à leur état de santé ou à leur condition physique et psychique, à leur développement ou qui les empêchent* *de recevoir l'instruction scolaire obligatoire, sauf dérogations prévues en application de la présente loi.*

Observations

Contrairement à ce qui est souvent avancé, le travail des enfants n'est pas interdit en tant que tel. Ce qui est prohibé, c'est le double fait de les employer à des travaux qui sont considérés comme pénibles et dangereux pour eux d'une part, et qu'en les faisant travailler ils soient empêchés de suivre une scolarité normale. L'innovation de cet article 7 qui reprend l'ancien article 6, c'est que l'âge de l'enfant est précisé. Pour autant, cette disposition et l'article 214 font doublons

.

Voir Observations sous article 214.

<u>Article 8</u> *: L'Etat récompense le mérite à l'ancienneté des travailleurs par la distinction nationale dénommée médaille du travail.*
La médaille du travail comprend trois échelons :
- *la médaille de bronze accordée après dix ans de services continus auprès du même employeur ;*
- *la médaille d'argent accordée après vingt ans de services continus auprès du même employeur ;*
- *la médaille d'or accordée après trente ans de services continus auprès du même employeur.*

Les dépenses afférentes à l'achat de la médaille du travail sont inscrites au budget de l'Etat.
Le Ministère du Travail est le seul dépositaire de la médaille du travail.
Un arrêté du Ministre chargé du Travail fixe la contribution au titre de droit d'enregistrement des entreprises.
Toute personne qui se rend coupable de détention frauduleuse de la médaille du travail est passible d'une amende de cinq millions (5 000 000) de francs CFA au moins et de dix millions (10 000 000) de francs CFA au plus.
En cas de récidive, cette amende est portée au double et un emprisonnement de six mois sera automatiquement prononcé. L'amende, objet du présent article, s'applique à chaque échelon de la médaille.

Voir également, Décret n° 986 du 23 octobre 1970 : « *Peuvent obtenir la médaille du travail, les salariés travaillant au Gabon, qu'ils soient gabonais et étrangers* ».

Observations

L'obtention de la médaille du travail peut résulter d'une proposition de l'employeur ou d'une candidature du travailleur. Toutefois, alors que l'obtention de cette médaille est directement liée à la durée de présence dans l'entreprise, la formulation de l'article 8 paraît curieuse. La loi ne pose en effet aucune condition relative au mérite. Il suffit donc d'avoir accompli le nombre d'années de service requis pour postuler à cette distinction. Une exception est à relever pour les travailleurs mutilés. La médaille du travail peut en effet récompenser, sans condition de durée de service, les mutilés dont le taux d'incapacité est au moins égal à 75 %. Par ailleurs, si le taux d'incapacité est inférieur à 75 %, mais supérieur à 50 %, la durée de service exigée pour l'attribution de la médaille d'honneur du travail est réduite de moitié.

Par ailleurs, même si l'article 8 énonce que les dépenses afférentes à l'achat de la Médaille du travail sont inscrites au budget de l'Etat, les employeurs contribuent également aux frais d'acquisition de celle-ci. Concomitamment à la réception de la médaille qui est une reconnaissance morale, une reconnaissance financière est possible, le salarié bénéficiant d'une gratification à la charge de l'entreprise. Cette gratification n'a pas un caractère obligatoire. Elle peut être prévue soit par une convention d'entreprise, soit par le règlement intérieur, soit par les usages.

Il peut paraître surprenant que si le législateur a prévu des sanctions pour le salarié, il n'y en ait pas pour l'employeur. L'article 16 de ce même code qui prévoit les peines aux auteurs d'infractions aux dispositions du Titre I ne fait nullement mention de l'article 8. Le droit comparé camerounais peut constituer alors une excellente source d'inspiration. Il y est considéré que la médaille d'honneur du travail étant une récompense faite par l'employeur à l'employé lorsque les conditions légales de temps sont remplies, c'est à celui-ci d'initier et d'effectuer les formalités administratives y relatives, le départ du travailleur de ses services ne le dispensant pas de ces obligations. Voir en ce sens, Cour Suprême, arrêt n° 175/S du 29 juin 2000, affaire Chococam / Olomo Essama (J.M. Tchakoua – sous la direction de-, *Les grands arrêts du droit du travail et de la sécurité sociale*, Jusprint, 2016, p. 273). Pour Alain-Douglas Wandji Kamga, « *l'esprit éventuellement rancunier d'un employeur à l'endroit de son employé ne saurait faire perdre à ce dernier une récompense méritée, du fait de nombreuses années de travail effectuées* » (Voir J.M. Tchakoua, op. cit., p. 275). Il en découle que : « *En présence d'un dossier conforme d'un employé qui réunit toutes les conditions légales ainsi que les avis favorables, le ministre ne saurait refuser la médaille* » (J.M. Tchakoua, op. cit., p. 280).

Article 9 *: Tous les travailleurs sont égaux devant la loi et bénéficient de la même protection et des mêmes garanties.*
Toute discrimination en matière d'offre d'emploi, de sélection, de recrutement, de conditions de travail, de rémunération, de gestion de la carrière professionnelle et de licenciement fondé notamment sur la race, la couleur, le sexe, l'état de grossesse, la religion, l'opinion politique, l'affiliation et/ou l'activité syndicale, l'ascendance nationale, l'origine sociale ou l'état de santé supposé ou réel est interdite.
Par discrimination, on entend, au sens de la présente loi, toute distinction, exclusion ou préférence ayant pour effet de détruire ou d'altérer l'égalité des chances ou de traitement en matière d'emploi ou de profession.
Lorsque l'appartenance à l'un ou l'autre sexe répond à une exigence professionnelle essentielle et déterminante, pour autant que l'objectif soit légitime et l'exigence proportionnée, les interdictions prévues à l'alinéa 2 ci-dessus ne sont pas applicables.
Afin d'assurer l'égalité professionnelle entre les femmes et les hommes, l'employeur est tenu de mettre en place les objectifs et mesures visant à établir l'égalité des chances notamment en matière de suppression des écarts de rémunération, d'accès à l'emploi, de formation professionnelle, de déroulement de carrière et de promotion professionnelle, de conditions de travail et d'emploi. Ces mesures résultent :
- *soit de dispositions réglementaires prises dans les domaines du recrutement, de la formation, de la promotion, de l'organisation et des conditions de travail ;*
- *soit de stipulations de conventions de branches étendues ou d'accords collectifs étendus ;*
- *soit de l'application du plan pour l'égalité professionnelle entre les femmes et les hommes.*

Observations

Les décisions de l’employeur doivent être prises en fonction de critères professionnels et non sur des considérations d’ordre personnel fondées sur des éléments extérieurs au travail comme peuvent l’être la race, le sexe, la religion. Une telle hypothèse correspond à une discrimination. Celle-ci peut renvoyer à l’embauche, à l’exécution du contrat (rémunération notamment), et enfin lors de la rupture du lien contractuel.
Dans le Code de 1994, l’article 8 ne rassemblait que les deux premiers alinéas de l’actuel article 9. Comme le lui demandait d’ailleurs le B.I.T., en 2021, le législateur est allé plus loin en définissant la discrimination, et en prévoyant des objectifs pour assurer l’égalité hommes-femmes.

Observation (CEACR) - adoptée 2020, publiée 109ème session CIT (2021), Convention (n° 111) concernant la discrimination (emploi et profession), 1958 - *Gabon (Ratification: 1961)*

« Article 1, paragraphe 1, de la convention. Définition de la discrimination. Législation. La commission accueille favorablement l'insertion dans le projet de nouveau Code du travail d'une définition de la notion de « discrimination » identique à celle de la convention.
Article 1, paragraphe 1 a), et article 3. Discrimination fondée sur le sexe. Législation. Faisant suite à son précédent commentaire concernant l'inadéquation de certaines dispositions du Code civil en vigueur (art. 253, 254 et 261) avec les dispositions de la convention, la commission note l'indication du gouvernement dans son rapport selon laquelle le Code civil est toujours en cours de révision et que les commentaires de la commission seront examinés. La commission rappelle que les lois régissant les relations personnelles et familiales qui n'assurent pas encore l'égalité de droits entre hommes et femmes continuent également de nuire à l'égalité entre travailleurs et travailleuses dans le domaine du travail et de l'emploi (voir Étude d'ensemble de 2012 sur les conventions fondamentales, paragr. 787).
En ce qui concerne le travail de nuit des femmes réglementé par les articles 167 et 169 du Code du travail, la commission note que, dans le projet de nouveau Code du travail, les dispositions interdisant le travail de nuit des femmes en général ont été supprimées, et les mesures de protection ne concernent que les femmes enceintes, ce qui n'est pas incompatible avec la convention, tant qu'elles sont strictement limitées à la protection de la maternité et non fondées sur des stéréotypes concernant leurs capacités et leur rôle dans la société. *Tout en accueillant favorablement le retrait des dispositions interdisant par principe le travail de nuit des femmes dans le projet de nouveau Code du travail, la commission prie le gouvernement d'examiner la possibilité d'adopter en parallèle des mesures d'accompagnement permettant d'assurer, lors du travail de nuit, la sécurité des travailleurs, hommes et femmes, et des mesures concernant le développement de moyens de transport adéquats ».*

Demande directe (CEACR) - adoptée 2020, publiée 109ème session CIT (2021), *Convention (n° 111) concernant la discrimination (emploi et profession), 1958 - Gabon (Ratification: 1961)*

« Discrimination fondée sur l'ascendance nationale, la race, la couleur ou la religion. En réponse à la demande de la commission de s'assurer que la politique de « gabonisation » des postes ne conduit pas dans les faits à des pratiques discriminatoires prohibées, le gouvernement affirme que cette

politique n'est nullement discriminatoire, car elle repose sur la politique du plein emploi pour la réduction du fort taux de chômage, tout en respectant les standards internationaux en la matière. La commission se voit obligée de souligner à nouveau que c'est la manière dont cette politique est appliquée dans la pratique qui pourrait aboutir à des pratiques discriminatoires fondées sur l'ascendance nationale, la race, la couleur ou la religion. *La commission prie donc le gouvernement : i) de réexaminer périodiquement les effets de la politique de « gabonisation » des emplois sur l'embauche et/ou le licenciement de ressortissants gabonais qui, en raison de leur origine étrangère, race, couleur ou religion, pourraient être traités comme des non-ressortissants ; et ii) de fournir des données sur le nombre d'emplois concernés par la politique de « gabonisation » des emplois chaque année. »*

I. La prohibition des discriminations dans les conventions de l'OIT

Le Gabon a ratifié la Convention n° 111 sur la discrimination (emploi et profession) de 1958 dont les dispositions suivantes méritent d'être rappelées.

- L'art. 1.1-a définit les discriminations « *toute distinction, exclusion ou préférence fondée sur la race, la couleur, le sexe, la religion, l'opinion politique, l'ascendance nationale (...)* ».
- L'art. 1.2 énonce : « *Aux fins de la présente convention, les mots emploi et profession recouvrent l'accès à la formation professionnelle, l'accès à l'emploi et aux différentes professions, ainsi que les conditions d'emploi* ».

A la lecture de cette convention, aucune restriction ne devrait être apportée à l'embauche de salariés étrangers. Toutefois, la Convention n° 143 sur les travailleurs migrants précise que, « *(...) la définition du terme discrimination dans la convention concernant la discrimination (emploi et profession), 1958, n'inclut pas obligatoirement les distinctions fondées sur la nationalité* ». Cette dernière convention n'a pas été ratifiée par le Gabon.

II. La pluralité des discriminations

Les discriminations auxquelles l'on pense le plus à l'heure actuelle sont celles qui portent sur le genre. Elles occupent d'ailleurs une place importante à l'article 9. Mais d'autres discriminations toutes aussi répréhensibles existent.

A. Discriminations directes ou indirectes

La discrimination peut être directe ou indirecte. La première renvoie à une situation dans laquelle une personne sur le fondement de son appartenance ou de sa non-appartenance à une race, à une ethnie, un sexe, etc., est traitée de manière moins favorable qu'une autre ne l'est, ne l'a été ou ne l'aura été dans une situation comparable. Voir notamment, Algérie, Loi sur les relations de travail, art. 6 et 17 ; Angola, LGT, art. 4 et 28 ; Botswana, Employment Act, art. 138 ; art. 31.2, C.T., Côte d'Ivoire ; Ghana, Labour Act, art. 87.

La seconde discrimination découle plutôt de l'application uniforme d'une norme, d'une politique, d'une règle ou d'une pratique, neutre à première vue, ayant néanmoins un effet discriminatoire auprès d'un individu ou d'une catégorie d'individus en leur imposant des obligations, des peines ou des conditions restrictives non imposées à autrui. En droit comparé, la Cour de justice de l'Union européenne a constaté qu'accorder un régime complémentaire de pensions de retraite aux seuls employés ayant travaillé à temps plein, durant 15 années au moins, sur une période totale de 20 ans pouvait aboutir à une discrimination sexiste indirecte dès lors qu'il est démontré que 29,9 % des femmes travaillent à temps partiel (CJCE 6 décembre 2007 aff. C-300/06 Ursula Vob c/Land Berlin). De même, exiger pour un recrutement, une taille minimale supérieure à 1 m 70 conduit à écarter les femmes de façon significative lorsque l'on sait que 70 % d'entre elles se situent en dessous de ce seuil. Il reste alors à déterminer si une telle exigence pour l'obtention d'un emploi est, ou non, objectivement justifiée au regard du poste.

Par contre, ne sont pas considérées comme des discriminations, les différences de traitement fondées sur le diplôme ou la qualification. Dans la chaîne des décisions d'un employeur, toute distinction ne constitue pas une discrimination, toute différence de traitement ne peut être qualifiée de discrimination. Autrement dit, si l'employeur peut différencier, il ne doit pas discriminer.

B. La discrimination fondée sur l'âge

La loi impose d'engager des salariés à partir de l'âge de 16 ans, et de mettre fin à la relation de travail lorsqu'ils atteignent l'âge de 62 ans. Dans le droit gabonais, hormis cette proclamation de l'article 9, il est difficile d'imaginer comment le législateur envisage de lutter contre ce type de discriminations.
Ne pourrait-il pas s'inspirer du législateur danois qui, à la suite de la conclusion, en octobre 2021, d'un accord tripartite contre la pénurie de main-

d'œuvre prévoyant plusieurs actions pour soutenir l'emploi des seniors, a adopté un amendement à la loi sur la discrimination. Il prescrit expressément, depuis le 1er juillet 2022, l'interdiction de demander l'âge et la date de naissance d'un candidat lors du processus de recrutement (*Ministère danois de l'Emploi / Business Chief - juillet-septembre 2022*).

C. La discrimination fondée sur la nationalité

Sur la compatibilité de ces conventions et des textes gabonais sur l'emploi des étrangers (Voir observations sous article 139).

D. La discrimination fondée sur le genre

La lutte contre les discriminations a fait l'objet de plusieurs initiatives de pouvoirs publics comme l'institution d'une « décennie de la femme » en 2015, et l'adoption d'un Programme pour l'égalité des chances dont un des axes importants portait sur l'égalité des chances pour les femmes. Cette volonté s'est également traduite par l'adoption de la loi n° 006/2021 du 6 septembre 2021 portant élimination des violences faites aux femmes. Pour autant, cette prise en compte des droits des femmes ou de leur spécificité ne s'est pas tellement traduite dans les dispositions du Code du travail. Seule la femme enceinte est envisagée ici par le législateur (voir Observations sous articles 207 et s).

E. La discrimination fondée sur la religion

Dans son rapport à la Conférence Internationale du Travail en 2011, le Directeur général de l'OIT présentait ainsi les discriminations religieuses : « Le droit à la protection contre la discrimination fondée sur la religion englobe celui de ne pas révéler sa confession à son employeur ou aux autorités. L'accès à l'emploi peut être entravé si les candidats sont obligés de révéler leur religion. Si les considérations religieuses influent sur les décisions relatives à la promotion, à la rémunération, au maintien en poste ou à d'autres décisions relatives à l'emploi, certains travailleurs risquent d'être désavantagés, voire stigmatisés.

F. La discrimination fondée sur l'origine sociale

Le BIT présente ainsi cette discrimination : « On peut conclure à une discrimination fondée sur l'origine sociale lorsque l'appartenance à une classe, une catégorie socioprofessionnelle ou une caste conditionne ou affecte la situation professionnelle d'un individu, lui interdisant l'accès à certains postes ou activités ou le cantonnant au contraire à certains emplois. Les manifestations aiguës du problème sont moins fréquentes aujourd'hui, mais les préjugés et les préférences fondés sur l'origine sociale persistent même là où il n'y a plus de stratification sociale rigide. Même dans les sociétés ouvertes, où l'ascension sociale est habituelle, différents mécanismes empêchent toujours certains groupes de jouir d'une égalité des chances véritable, et ce malgré les mesures adoptées pour promouvoir la mobilité sociale et l'accès de tous aux mêmes possibilités » (BIT, Egalité dans l'emploi et la profession, étude d'ensemble, 1988, chapitre I: Champ d'application personnel, définition et critères de discrimination.).

G. La discrimination fondée sur les opinions politiques

Pour la CEACR (BIT, *Egalité dans l'emploi et la profession, étude d'ensemble de la Commission d'experts pour l'application des conventions et recommandations*, Conférence internationale du Travail, 75e session, Genève, 1988, paragr. 57) : « *La protection contre la discrimination fondée sur les opinions politiques concerne généralement les activités d'opposition aux principes politiques établis ou simplement l'expression d'une opinion différente. C'est un droit qui est inextricablement lié à la protection de la liberté d'expression, elle-même censée inclure l'expression d'opinions politiques afin de permettre aux individus et aux groupes d'influencer les décisions de politique sociale et économique* ».
(Voir documents OIT sur Droits fondamentaux)

H. La discrimination antisyndicale

Il s'agit là d'une demande des syndicats et qui avait été acté lors des travaux de la plénière tripartite sur la révision du code du travail du 3 au 10 février 2020.

I. La discrimination fondée sur l'état de santé

L'exemple du droit colombien pendant la pandémie de la COVID. Certains employeurs suspendirent les contrats de travaillés frappés de pathologie et qui avaient droit à une stabilité de l'emploi renforcée. La Cour constitutionnelle a considéré que les mesures adoptées par le gouvernement national pendant l'état d'urgence économique, social et écologique généré par le COVID 19 pour protéger les travailleurs du secteur privé relevaient de la force majeure (Cour constitutionnelle, 7 décembre 2021, T 430-21).

III. Les objectifs à atteindre

Ce que prévoit le législateur semble bien séduisant, toutefois, le risque est que ces belles intentions se heurtent à une réalité qui est plus que bien connue. L'article 9, comme d'autres dispositions de ce code, devrait être complété par des normes réglementaires et conventionnelles, dont l'adoption tarde toujours à venir.
Il est prévu des outils d'évaluation, mais comment celle-ci va se dérouler ?

Article 10 : *Les employeurs ont l'obligation d'organiser rationnellement le travail pour favoriser les bonnes relations au sein de l'entreprise et contribuer au maintien de la paix sociale.*

Observations

Cette disposition qui est une reprise de l'ancien article 9 a un caractère purement déclaratoire (Sur cette notion, voir note sous article 3). En quoi consiste concrètement l'obligation pour l'employeur d'organiser le travail, et comment sera sanctionnée sa violation ?
Il est à noter que l'article 16 du Code du travail qui sanctionne des infractions aux dispositions du Code du travail ne mentionne pas parmi celles-ci, l'article 10. Pourtant, cet article pourrait servir de fondement à la lutte contre les phénomènes de harcèlement qu'il soit sexuel ou moral.

Article 11 : *Toute renonciation, limitation ou cession par voie d'accord ou autre des droits reconnus aux travailleurs par la présente loi est nulle et de nul effet sauf les cas de rupture amiable et transactionnelle librement convenus entre les parties prévues par la présente loi.*
Tout licenciement ou autre mesure de représailles pris contre un travailleur au motif que celui-ci a exercé un droit ou s'est acquitté d'une obligation qui lui est conférée ou imposée par la présente loi, une convention collective ou par son contrat de travail, est nulle de plein droit.

Observations

L'article 11 illustre parfaitement le propos du juriste anglais (d'origine allemande) Otto Kahn-Freund : « *L'objectif principal du droit du travail est de réguler, renforcer et limiter le pouvoir du management et le pouvoir des organisations des travailleurs* » (in *Labour and the Law*, Sweet and Maxwell Ltd, 3ème éd., 1983. Cet article pose également la question de la nature des dispositions du Code du travail. Du fait de l'autonomie du droit du travail, la tentation est grande de les considérer comme relevant d'un ordre public absolu. Pourtant, il n'en est rien.

Pour Said Wais, « *l'ordre public absolu renvoie à une technique de résolution des conflits entre normes, très traditionnelle. La norme au champ d'application plus vaste, principalement la loi et accessoirement le règlement, doit être respectée et évince toute règle contraire* » (I. Saïd Wais, *Droit du travail et de la sécurité sociale en République de Djibouti*, L'Harmattan, 2021, p. 33.). Certes, quelques normes sont impératives. C'est le cas par exemple de celles qui régissent la compétence de l'inspecteur du travail ou des juridictions du travail, la forme écrite des CDD, etc. Néanmoins, selon Antoine Mazeaud, l'ordre public social est un ensemble normatif auquel on ne peut déroger que dans un sens plus favorable au salarié : c'est le principe de faveur (A. Mazeaud, *Droit du travail*, Montchrestien, p. 33). Le salarié va ainsi pouvoir choisir la norme qui lui sera la plus favorable. Dans certaines hypothèses, le salarié peut renoncer à l'application des dispositions du Code du travail. C'est le cas lors de la rupture du contrat de travail où il peut choisir d'autres voies que celles prévues à l'article 49 (licenciement, démission, rupture à l'amiable, départ à la retraite, décès du travailleur). La question se pose souvent à propos du recours à la transaction. Celle-ci, faut-il le rappeler, a pour fonction de mettre fin à un litige. Elle ne peut donc intervenir en principe qu'à partir du moment où un licenciement a été prononcé. C'est ce que rappelle fort justement le juge français, en affirmant que la rupture devient définitive « *par la réception, par le salarié, de la lettre de licenciement dans les conditions requises par l'article L. 1232-6 C.T.* » (Cass. Soc., 21 mars 2000, RJS 5/2000, n° 528). La transaction ne peut donc être valablement conclue par le salarié licencié que lorsqu'il a eu connaissance effective des motifs du licenciement par la réception de la lettre prévue à l'article L. 1232-6. De ce fait, le salarié ne peut transiger et renoncer à une partie de ses droits résultant du licenciement que lorsque ceux-ci sont nés c'est-à-dire lorsque le licenciement a été notifié.

L'existence de concessions réciproques est une condition de validité de la transaction. Si l'employeur doit par exemple verser au salarié une somme inférieure au montant prévu par le Code du travail alors qu'il ne s'agit pas d'un licenciement pour faute (indemnité de licenciement et indemnité de préavis). Il apparaît dans ce cas que l'employeur n'a fait aucune concession. Le salarié peut revenir sur la transaction lorsqu'il apparaît par exemple qu'il n'a pas compris la signification et la portée de la transaction (salarié ne sachant pas lire le Français par exemple).

Néanmoins, s'il considère que les dispositions du Code du travail sont plus favorables, le salarié peut toujours revenir sur son engagement, tant qu'il n'y a pas prescription (le délai au-delà duquel il ne peut plus agir). Il ne peut donc pas être sanctionné pour avoir exercé un droit qui lui est garanti par le Code du travail. En 2018, la Cour de de cassation estimait que : « Mais attendu que pour statuer comme elle l'a fait, la Cour d'appel a rappelé, à juste titre, les dispositions de l'article 10 du Code du travail, aux termes desquelles « toute renonciation, limitation, ou cession par voie d'accord ou autre des droits reconnus aux travailleurs par le présent code, est nulle et de nul effet » (Soc., 12 juillet 2018, 003) ;

C'est ainsi que, même s'il y a une lettre de démission, il peut toujours contester la rupture de son contrat de travail. C'est ce que rappelle la Cour d'appel de Port-Gentil dans un arrêt du 22 novembre 2004 : « *Attendu que la Compagnie des services D. allègue que dans sa lettre de démission du 1er juillet 1992, Sieur N. a renoncé à tout recours contre elle au titre de ses fonctions, emplois ou affectations dans cette société ; (...) Mais attendu qu'aux termes des dispositions de l'article 10 du code du travail, toute renonciation par voie d'accord ou autre, des droits reconnus aux travailleurs est nulle et de nul effet. (...) Qu'il en résulte que la transaction dont se prévaut D. S. doit être déclarée nulle et de nul effet et par voie de conséquence l'exception d'irrecevabilité fondée sur ce chef doit être rejetée* ».

L'article 11 vise à la fois, les renonciations, les limitations et les cessions de droit. S'agissant des premières, elles peuvent concerner tous les droits.

Voir en ce sens, C.A. Judiciaire de Port-Gentil, Ch. Soc., 22 novembre 2004, Rôle n° 08/03-04 Répertoire n° 07/04-05 : « *Attendu que la Compagnie des services DOWELL SCHLUMBERGER allègue que dans sa lettre de démission du 1er juillet 1992, Sieur NTOUTOUME a renoncé à tous recours contre elle au titre de ses fonctions, emplois ou affectations dans cette société ; Mais attendu qu'aux termes des dispositions de l'article 10 du code du travail, toute renonciation par voie d'accord ou autre, des droits reconnus aux travailleurs est nulle et de nul effet.*

Qu'il en résulte que la transaction dont se prévaut DOWELL SCHLUMBERGER doit être déclarée nulle et de nul effet et par voie de conséquence l'exception d'irrecevabilité fondée sur ce chef doit être rejetée ».

Il peut s'agit également d'un salarié qui a accepté la limitation de ses droits comme l'a rappelé la Chambre sociale de la Haute juridiction gabonaise le 12 juillet 2018 (arrêt n° 3) : « *Mais attendu que pour statuer comme elle l'a fait, la Cour d'appel a rappelé, à juste titre, les dispositions de l'article 10 du Code du travail, aux termes desquelles « toute renonciation, limitation, ou cession par voie d'accord ou autre des droits reconnus aux travailleurs par le présent code, est nulle et de nul effet ;*
Qu'en effet, cet article ne distingue pas selon le moment où la renonciation a eu lieu ; qu'il suffit qu'elle porte sur des droits reconnus aux travailleurs, peu importe qu'on soit pendant ou après l'exécution du contrat de travail ; qu'au surplus, en énumérant dans son champ d'application, "les renonciations faites par voie d'accord", l'article 10 du Code du travail vise, sans ambigüité aucune, les transactions conclues entre employeurs et salariés, de sorte que les dispositions générales des articles 2044, 2052 et 1134 du Code civil ancien dont se prévaut la société PERENCO, ne pouvaient recevoir application en l'espèce ».

Le Tribunal de travail de Libreville a fait également application de ce même article s'agissant toujours de la limitation des droits du salarié et a requalifié la rupture du contrat en licenciement abusif (Voir, Tribunal du travail de Libreville, 4 août 2022, répertoire n° 789/2021-2022).

« *(...) que dans ledit protocole la requérante avait perçu uniquement les congés et l'indemnité compensatrice de préavis ;*
Qu'il appert dès lors que les droits de la requérante étaient limités ;
Que surabondamment ledit protocole n'a pas été homologué par le tribunal ;
Que mieux, la signature de la requérante n'est pas lisible au regard du document ;
Qu'il sied d'annuler ledit protocole »

Le pouvoir d'initiative du juge est particulièrement important ici comme le montre l'arrêt du 10 décembre 2007 de la Cour d'appel de Port-Gentil (Répertoire n° 37 07-08) : « *Attendu toutefois qu'en raison du caractère particulier de la législation du travail, tel qu'elle résulte des dispositions de l'article 10 du Code du travail, le juge ne fait pas mauvaise application de la loi en accordant au travailleur, par voie d'évocation, des droits qui lui sont reconnus par la loi, lors même qu'il ne les aurait pas réclamés* ».

Notons enfin que le salarié peut également revenir sur son engagement au motif que la procédure de rupture du contrat de travail n'a pas été parfaitement respectée. Sur la forme, la fin des relations de travail nécessite la production d'un écrit. C'est ce que prévoit également le Tronc commun des conventions collectives (art. 30.1) : « *La partie qui prend l'initiative de la rupture du contrat de travail doit le notifier par écrit à l'autre partie* ».

Article 12 : *Tout cas non expressément prévu dans la présente loi est réglé conformément au principe de l'équité.*

Observations

Cette disposition est d'une grande utilité pour les juges, surtout ceux du fond qui sont parfois confrontés à des difficultés d'application de la loi, du fait des insuffisances ou des imperfections de celle-ci. Le législateur laisse donc au juge la possibilité de statuer en équité. Ce qui va donc le guider ici, c'est réellement son intime conviction.

Article 13 : *En cas de doute sur l'interprétation des dispositions légales, réglementaires ou conventionnelles en matière de travail et de sécurité sociale, l'interprétation la plus favorable au travailleur prévaudra.*

Observations

I. L'application du principe de faveur

En droit du travail, en cas de conflit de normes, il doit être retenu et appliqué la norme la plus favorable au salarié : c'est l'application du principe de faveur (I. Said Wais, *op. cit.*, p. 31). Le juge aussi bien que l'employeur sont tenus d'appliquer ce principe. Néanmoins, cette rédaction réduit quelque peu la portée du principe de faveur tel qu'il était prévu dans la rédaction de l'article 12 avant l'ordonnance de 2010. Le législateur avait en effet disposé que : « *En cas de doute sur l'interprétation des dispositions légales, réglementaires ou conventionnelles en matière de travail et de sécurité sociale, l'interprétation la plus favorable au travailleur prévaudra* ». La conséquence qui en découle, c'est que dès lors qu'il y a une norme quelle que soit son origine, l'article 13 oblige à retenir la norme la plus favorable.

II. Droit comparé

En droit comparé, il se pose de plus en plus la question du conflit entre les normes d'origine légale et les normes d'origine conventionnelle. En droit français, art. L. 2251-1 C.T. : « *Une convention ou un accord peut comporter des stipulations plus favorables aux salariés que les dispositions légales en vigueur. Ils ne peuvent déroger aux dispositions qui revêtent un caractère d'ordre public* ». Voir à ce propos, F. Petit, « L'ordre public dérogatoire », *RJS* 2007, 39 ; F. Bocquillon, « Que reste-t-il du "principe de faveur" ? », *Dr. Social* 2001, 255 ; A. Supiot, « Un faux dilemme : la loi ou le contrat », *Droit social*, 2003, pp. 59-71. Toutefois, on voit de plus en plus apparaître dans les contrats de travail des dispositions qui prévoient des clauses moins favorables au nom de la liberté contractuelle.

Des droits supérieurs à ceux prévus dans la loi sont possibles dans certaines législations :

- Bénin, C.T., art. 7 : « *Les travailleurs définis à l'article 2 conservent les droits consentis par décision unilatérale patronale, convention collective, contrat individuel de travail ou usage lorsque ces droits sont supérieurs à ceux que leur reconnaît le présent code* ».
- Mozambique, Lei do Trabalho, art. 17
  1. Les règles non impératives de la présente loi ne peuvent être écartées que par des instruments collectifs de réglementation du travail et des contrats de travail, lorsque ceux-ci établissent des conditions plus favorables pour le travailleur.
  2. Les dispositions de l'alinéa précédent ne s'appliquent pas lorsque les règles de la présente loi ne le permettent pas, à savoir lorsqu'il s'agit de règles impératives.

<u>Article 14</u> : *Le travailleur défini à l'article 1er-1- conserve les droits consentis par l'employeur, la convention collective, les accords d'entreprise ou d'établissements, le contrat individuel de travail ou les usages lorsque ces droits sont supérieurs à ceux que lui reconnaît la présente loi.*

Observations

Reprise de l'ancien article 13.

<u>Article 15</u> : *L'Etat garantit la liberté et l'exercice du droit syndical, de même qu'il reconnaît le droit de grève.*

Toutefois, la grève de solidarité dénuée de toute transversalité est interdite.
Les organisations professionnelles d'employeurs et de travailleurs s'abstiennent de tous actes d'ingérence des unes à l'égard des autres dans leur formation, leur fonctionnement et leur administration.
Aucun employeur ne doit user des moyens de pression à l'encontre ou en faveur d'une organisation syndicale de travailleurs.
L'employeur est tenu de mettre à la disposition des délégués du personnel un exemplaire du Code du Travail dans tout établissement ou entreprise employant habituellement plus de dix travailleurs.

Observations

La liberté syndicale renvoie aux droits et libertés suivantes :

- Le droit des travailleurs et des employeurs, sans distinction d'aucune sorte ni autorisation, de constituer des organisations.
- Le droit des travailleurs et des employeurs de constituer des organisations de leur choix et de s'y affilier.
- Le droit au libre fonctionnement des organisations syndicales.

Pour le gouvernement, cet article illustre s'il en est besoin le caractère progressiste de la réforme de 2021 avec cette reconnaissance du droit de grève dans les dispositions générales du Code. Toutefois, on peut une fois de plus s'interroger sur la raison d'être de cette disposition, ce droit étant déjà consacré à l'article 4 de la Constitution. Pourquoi ce droit se retrouve ici au même niveau que le droit syndical ? Quid de ce parallèle fait avec le droit syndical ?

Il y a pourtant des dispositions régissant la grève au Titre VII. La logique à l'œuvre ici paraît difficile à cerner à moins que ce ne soit une maladresse. Pourquoi alors ne pas évoquer toutes les grèves ?

Article 16 *: Les auteurs d'infractions aux dispositions des articles 4, 5, 6, 7 et 9 sont passibles des peines prévues par le Code Pénal et les autres textes en vigueur.*
Concernant les dispositions de l'article 15, les auteurs d'infractions sont passibles d'une amende d'un million (1 000 000) de francs CFA à trois millions (3 000 000) de francs CFA.
En cas de récidive, ces peines sont portées au double.

Observations

Reprise de l'ancien article 16.

Cette disposition a été très critiquée par les syndicats dans leur mémorandum, au motif qu'il y aurait une dépénalisation de certaines sanctions (voir ce qui en est du harcèlement moral). En fait, avec ce nouveau code, ces faits peuvent tomber sous le coup du harcèlement moral. Le reproche que l'on peut faire peut-être c'est celui de l'individualisation. De quels moyens les syndicats disposent-ils ?

Article 17 *: Lorsqu'une amende est prononcée en application de la présente loi, elle est encourue autant de fois qu'il y a eu d'infractions, sans que le montant total des amendes infligées puisse excéder vingt-cinq fois les taux maxima prévus.*

Article 18 *: Tout projet de réforme portant sur les relations individuelles et collectives du travail, de l'emploi et de la formation professionnelle et qui relève du champ de la négociation nationale ou interprofessionnelle fait l'objet d'une concertation préalable avec les organisations syndicales de travailleurs et d'employeurs les plus représentatives au niveau national ou interprofessionnel.*

Observations

Ce nouvel article confirme l'importance donnée désormais au dialogue social, expression omniprésente dans les débats sociaux au Gabon. Pourtant, cette disposition est doublement critiquable. Dans son contenu d'abord, elle pose la question de l'autonomie du système juridique gabonais à l'égard du modèle français. L'article 18 ne fait que reprendre en effet l'article L.1. du Code du travail français issu de la loi n° 2008-67 du 21 janvier 2008. Ce phénomène d'emprunt ou de copie n'est ni récent ni blâmable dans l'absolu. Il y a ensuite que l'application de cette disposition va relever quasiment du leurre quand on connaît l'état des corps intermédiaires au Gabon. Il est d'ailleurs curieux qu'alors que cette disposition renvoie en France à une imprégnation du droit du travail par la démocratie sociale, cette expression ne soit jamais en usage au Gabon.

I. Un mimétisme approximatif

L'article 18 constitue à n'en point douter une maladresse. Quid de l'objectif poursuivi par les rédacteurs de ce texte ?

Il ne s'agit nullement de critiquer l'association des syndicats de travailleurs et des organisations patronales à l'élaboration des normes, bien au contraire. Mais, encore faut-il que toutes les conditions de réussite d'un tel projet soient réunies ? Au regard de cette rédaction, rien n'est moins sûr.

Emprunter des dispositions de la législation française semble être une des marques de fabrique du droit gabonais depuis l'Indépendance (A. Emane, « Droit du travail gabonais, modèles et transferts de normes », Bulletin de droit comparé du travail et de la sécurité sociale, 2005, p. 207 ; E. Gasparini. « Quelques réflexions sur le sort du droit privé français dans l'Afrique subsaharienne francophone », Romain Bareau éd., *Que faire du droit privé étranger dans un territoire libéré ? Approches historiques et comparatives.* Presses universitaires de Rennes, 2022, pp. 341-353).

Le Gabon n'en a pas l'exclusivité, les exemples étant nombreux de par le monde (R. David, « Les sources du Code civil éthiopien », *Revue internationale de droit comparé,* Vol. 14 n° 3, juillet-septembre 1962. pp. 497-506 ; M. Issad, « Rapport Algérie », in *La circulation du modèle juridique français / Journées franco-italiennes [de l'Association Henri Capitant, Nice et Gênes, 1993,* Tome XLIV, Litec, 1994, pp ; 221- 234C. Jauffret-Spinosi, « La circulation du modèle juridique français en Amérique (Rapport introductif) », *ibid.,* p. 109 ; A. Wald « Rapport Brésil », *ibid.*, p. 125). Pour que cette entreprise ne soit pas sans risques, il convient de s'entourer d'un certain nombre de précautions garantissant ensuite son effectivité, ce qui est quand même l'objectif recherché quand on produit une norme.

Il ne suffit pas en effet de prévoir que les partenaires sociaux seront associés à tout projet de réforme en droit du travail, pour que tout aille pour le mieux dans le meilleur des mondes. Après cette belle annonce, le législateur demeure silencieux sur les conditions dans lesquelles cette concertation va se dérouler : il n'est même pas prévu de renvoi à un texte réglementaire ou conventionnel. Mais si l'on prend le parti de copier le texte français, autant bien le faire. La période coloniale décrite par Eric Gasparini apporte un éclairage intéressant à ce propos : « *La législation française n'était pas imposée aux colonies dans son intégralité. Seules les règles adaptées à la situation coloniale s'y appliquaient* » (E. Gasparini, *op. cit*., p. 341). Dans le cas d'espèce, le législateur s'est contenté de recopier l'alinéa 1er de l'article L.1 du code français. Doit-on comprendre que seul celui-ci était adapté à la situation gabonaise ? Pourtant, dans cette situation précise, il aurait été plus judicieux de lire et de le reprendre in extenso tel qu'il apparaît ci-dessus :

« *Tout projet de réforme envisagé par le Gouvernement qui porte sur les relations individuelles et collectives du travail, l'emploi et la formation professionnelle et qui relève du champ de la négociation nationale et interprofessionnelle fait l'objet d'une concertation préalable avec les organisations syndicales de salariés et d'employeurs représentatives au niveau national et interprofessionnel en vue de l'ouverture éventuelle d'une telle négociation.*
A cet effet, le Gouvernement leur communique un document d'orientation présentant des éléments de diagnostic, les objectifs poursuivis et les principales options.
Lorsqu'elles font connaître leur intention d'engager une telle négociation, les organisations indiquent également au Gouvernement le délai qu'elles estiment nécessaire pour conduire la négociation.
Le présent article n'est pas applicable en cas d'urgence. Lorsque le Gouvernement décide de mettre en œuvre un projet de réforme en l'absence de procédure de concertation, il fait connaître cette décision aux organisations mentionnées au premier alinéa en la motivant dans un document qu'il transmet à ces organisations avant de prendre toute mesure nécessitée par l'urgence. »

On aurait pu également s'inspirer toujours dans le Code du travail français de l'article L.3 : « *Chaque année, les orientations de la politique du Gouvernement dans les domaines des relations individuelles et collectives du travail, de l'emploi et de la formation professionnelle, ainsi que le calendrier envisagé pour leur mise en œuvre, sont présentées pour l'année à venir devant la Commission nationale de la négociation collective, de l'emploi et de la formation professionnelle. Les organisations mentionnées à l'article L.1 présentent, pour leur part, l'état d'avancement des négociations interprofessionnelles en cours ainsi que le calendrier de celles qu'elles entendent mener ou engager dans l'année à venir. Le compte rendu des débats est publié.*
Chaque année, le Gouvernement remet au Parlement un rapport faisant état de toutes les procédures de concertation et de consultation mises en œuvre pendant l'année écoulée en application des articles L. 1 et L.2, des différents domaines dans lesquels ces procédures sont intervenues et des différentes phases de ces procédures ».

L'avantage de cette suggestion est de faciliter l'application de l'article 18. Point ne sera alors besoin de rechercher des normes réglementaires ou conventionnelles pour mettre cette disposition en pratique.

II. Une valeur incantatoire

L'expression dialogue social est omniprésente dans le langage des acteurs sociaux et politiques gabonais depuis un certain nombre d'années sans qu'on sache réellement ce qu'elle recouvre. Dans le Plan Stratégique Gabon Emergent, il est prévu : « *Le renforcement du dialogue social. Cette action a pour ambition de favoriser et encourager le dialogue social en renforçant les mécanismes et les cadres de concertation sociale. Le ministère du Travail mettra en place les dispositifs qui permettront d'intensifier la communication consultative. Une promotion accrue sera entreprise pour développer les Comités permanents de concertation économique et sociale au sein des entreprises (CPCES). Par ailleurs, le Gabon consolidera sa position au sein des instances de dialogue et de concertation sociale sous-régionales et internationales en renforçant sa participation aux divers événements organisés* » (*PSGE, Vision 2025 et orientations stratégiques 2011-2016*, Libreville, juillet 2012, Action 156).

Alors que durant les étapes qui ont précédé l'adoption du présent code, l'expression dialogue social était omniprésente dans les débats et dans les écrits (A. Emane, « Le dialogue social au Gabon, entre affirmations et perspectives », *op. cit.*), il est surprenant qu'elle ne soit mentionnée qu'à deux reprises dans la mouture finale (articles 97 et 337). Pourtant, dans un document de présentation de la réforme, on peut lire : « *Le nouveau code permet d'inscrire le dialogue social dans la loi gabonaise (...)* ». Et ensuite, pourrait-on se demander ? L'article 18 participe assurément à la promotion de ce dialogue social. Mais on ne peut que regretter qu'il ne s'agisse une fois de plus que d'un vœu pieux.

La concertation prévue dans cet article 18 relève-t-elle des possibles ou alors sa fonction est purement cosmétique ? Au regard de ce que l'on sait de la situation gabonaise, il est difficile d'envisager concrètement son organisation.

Quid des participants à cette production des normes en effet alors que la question de la représentativité est loin d'être réglée ? Sans faire injure à ces participants, peut-on savoir quel est l'état de la négociation collective au Gabon ? Combien d'accords sont signés tous les ans ? Par ailleurs, alors qu'il est fait référence aux différents champs de la négociation, ceux-ci ne sont nullement définis par les textes en vigueur (Voir observations sous articles sous articles 316 et s).

TITRE II : DU CONTRAT DE TRAVAIL

CHAPITRE I : DU CONTRAT INDIVIDUEL DE TRAVAIL

Section 1 : Des dispositions communes

Article 19 *: Le contrat individuel de travail est une convention par laquelle une personne s'engage à mettre son activité professionnelle sous la direction et l'autorité d'une autre personne qui s'oblige à lui payer en contrepartie une rémunération.*
Le contrat de travail se distingue du contrat de prestation de services, lequel n'est pas soumis aux dispositions de la présente loi.
On entend par rémunération, au sens de la présente loi, le salaire ou traitement de base avec tous les avantages et accessoires.
Les avantages et accessoires de salaires sont payés directement ou indirectement, en espèces ou en nature par l'employeur au travailleur, en raison de l'emploi de ce dernier. En cas de paiement en nature, le consentement du travailleur est requis.

Ordonnance n° 020/20O7/PR portant réglementation de l'activité de mise à disposition du personnel en République Gabonaise.

Observations

Le présent article 19 dans son alinéa 1er reprend l'ancien article 18 du code de 1994 qui lui-même était une copie d'une disposition du code de 1978. Auparavant il n'y avait pas de définition du contrat de travail, que ce soit dans le code de 1962 ou dans le CTTOM. Le législateur se contentait de rappeler, comme dans le code français, que le contrat de travail est soumis aux règles du Code civil (article 1108 à l'époque). Sa validité dépend alors des quatre éléments suivants : le libre consentement des parties, la capacité de contracter, un objet certain et une cause licite.

Le législateur a jugé utile de réunir dans le même article, outre la définition du contrat du travail, la distinction à établir avec le contrat de prestations de services, les parties au contrat ainsi que ses éléments constitutifs.

I. La définition légale du contrat de travail

La rédaction du premier alinéa permet de simplifier le travail du juge qui n'a plus à caractériser le contrat de travail, la loi s'en chargeant. D'autres pays francophones ont connu la même évolution (Voir en ce sens. Bénin C.T., art. 9 ; Burkina Faso, C.T. art. 38 al. 2 ; Cameroun, C.T. art. 23 – 1 ; Congo, C.T. art. 26 ; Djibouti, C.T. art. 7 ; Guinée, C.T. art. 3 ; Mali, C.T. art. L. 13 ; Tchad, C.T., art. 48 ; Tunisie, C.T. art. 6.). Contrairement à ce que l'on pense dans la société gabonaise, ce qui caractérise le contrat de travail, ce n'est pas l'existence d'un écrit.

Dans l'espace lusophone, l'article 2 de la LGT angolaise définit les différents contrats de travail, alors que les articles 10 à 13 portent sur la capacité des parties, l'objet du contrat et son contenu. Voir également Cap-Vert, C.L., art. 26 ; Mozambique, L.T., art. 18 ; São Tomé, C.T., art. 2.

En Guinée-Equatoriale, l'article 7 de la LGT définit ainsi le contrat du travail : « *1. Le contrat de travail est une convention en vertu de laquelle une personne physique s'engage à effectuer un travail ou à fournir un service pour le compte d'une autre personne et sous la direction d'une autre personne physique ou morale appelée employeur, en échange d'une rémunération* ». Par contre est exclue de la qualification de contrat de travail : « *Le travail effectué par le conjoint de l'employeur, ou par ses ascendants, descendants ou frères et sœurs, à condition qu'il soit effectué dans des entreprises exclusivement familiales qui emploient moins de cinq personnes, y compris le chef de famille* » (LGT, art. 5-5).

Dans les législations anglophones, il n'y a pas en tant que telle une définition du contrat de travail. L'accent est davantage mis sur les obligations des parties, et les formes du contrat (oral ou écrit).

Voir Ghana, Labour Act, art. 12-2 : « *Le contrat de travail exprime en termes clairs les droits et les obligations des parties* ». Le Botswana Employment Act ne le définit même pas alors qu'il est l'objet de sa Partie III. Il en est de même au Kenya (Employment Act), en Afrique du Sud (Labour Relations Act) ou encore en Tanzanie (Employment Act).

Hors du continent, en Allemagne, le § 611a du BGB dispose : « *Par le contrat de travail, l'employé au service d'un autre est tenu de fournir un travail soumis à des directives et à une dépendance personnelle. Le droit de donner des instructions peut concerner le contenu, l'exécution, le temps et le lieu du travail. Est soumis à des directives celui qui n'est pas essentiellement libre d'organiser son activité et de déterminer son temps de travail. Le degré de dépendance personnelle dépend également de la nature de l'activité concernée. Pour déterminer s'il s'agit d'un contrat de travail, il convient d'examiner l'ensemble des circonstances. Si l'exécution effective de la relation contractuelle montre qu'il s'agit d'une relation de travail, la désignation dans le contrat n'est pas importante* ».

En Suisse, à l'article 319, alinéa 1 du Code des obligations (CO), le contrat de travail est celui par lequel « *le travailleur s'engage, pour une durée déterminée ou indéterminée, à travailler au service de l'employeur et celui-ci à payer un salaire, fixé d'après le temps ou le travail fourni (salaire aux pièces ou à la tâche)* ». Il n'est soumis à aucune forme spéciale (art. 320 al. 1 CO).

II. Les caractéristiques du contrat de travail

A. La qualification de contrat de travail

Dans les discussions tripartites précédant l'adoption du Code du travail, la formulation suivante avait été proposée par les travailleurs : « *Le contrat de travail se distingue du contrat de prestation de services, qui lui est un contrat commercial régi par le code du commerce* ». Fort heureusement, elle n'a pas été retenue. En effet, un contrat de prestations de services peut également relever du Code civil, et il n'appartient pas au Code du travail de statuer sur des contrats qui ne relèvent pas de son champ.

Par ailleurs, la qualification de contrat de travail n'est pas laissée à la libre détermination des parties. Si le juge est saisi d'une demande de qualification en contrat de travail, il ne se fiera pas à la volonté des parties ni à la dénomination du contrat sous l'empire duquel elles ont placé leur relation. Il se prononcera uniquement au regard des conditions concrètes.
Voir notamment en droit comparé français, Cass. Soc., 20 janvier 2010, La Croix Glorieuse, n°08-42.207, PBR : « *L'existence d'une relation de travail salarié ne dépend ni de la volonté exprimée par les parties ni de la détermination qu'elles ont donnée à leur convention, mais des conditions de fait dans lesquelles est exercée l'activité des travailleurs* ».

De nombreux contrats ont ainsi été requalifiés par le juge français en contrat de travail.

Voir par exemple, contrat de location de véhicule équipé de taxi (Cass. Soc., 19 déc. 2000) ; présomption de salariat pour les artistes sauf lorsqu'ils sont établis dans un Etat de l'UE et viennent exercer leur activité en France comme prestataires de services (CJCE, 15 juin 2006, loi 30 janvier 2008, art. L. 7121-3 et s. C.T.) ; participants à une émission de « télé réalité » (C.A. Paris, 12 février 2008 ; Cass. Soc., 3 juin 2009).

B. L'objet du contrat de travail

Le contrat de travail naît d'un accord entre deux personnes et chacune d'entre elles s'engage à faire quelque chose. Le salarié promet de mettre son activité au service de l'employeur et sous son autorité. Dans les faits, le salarié va obéir à l'employeur, et faire ce que celui-ci exige de lui au regard de ses compétences professionnelles. L'activité doit donc se faire au profit de l'employeur. Celui-ci, pour sa part, doit donner du travail au salarié, et le payer une fois qu'il l'a accompli. Dès lors que l'on est en présence d'un tel engagement réciproque, il s'agit d'un contrat de travail, peu importe que l'on soit dans le secteur formel ou dans le secteur informel. C'est ce qui permettra au travailleur de s'adresser au juge en cas de mauvaise exécution (par exemple le non-versement des salaires) du contrat par l'employeur. Celui-ci pourra, pour sa part, mettre fin au contrat si le travailleur ne fait pas le travail pour lequel il s'est engagé.

C. Les parties au contrat

L'employeur et le travailleur ou salarié sont les deux parties au contrat de travail. C'est le schéma que l'on retrouve partout dans le monde, si l'on excepte le contrat de groupe que prévoit le droit angolais (LGT, art. 3-m).

1. L'employeur

Le législateur gabonais n'a pas défini l'employeur. Dans les faits, ce peut être une personne physique (individu) ou morale (entreprise individuelle ou collective, Etat), privée ou publique.

Conformément au droit commun, l'employeur doit avoir la capacité de contracter. Dans le CTTOM, il était prévu que l'enfant de moins de seize ans ne pouvait pas contracter sauf dérogation. Aujourd'hui, un incapable ayant le droit d'accomplir des actes d'administration peut conclure des contrats de travail. Pour les autres, ce sera à leur représentant légal de le faire. S'agissant des personnes morales, le syndic peut conclure des contrats de travail au nom du failli. Par ailleurs, le débiteur peut, assisté du liquidateur, conserver le droit de conclure les contrats en cas de liquidation judiciaire.

En droit comparé, le législateur a parfois défini l'employeur.

Au Burundi, l'article 15-c C.T. dispose : « *Un employeur est toute personne physique ou morale, de droit public ou de droit privé, qui utilise les services d'un ou de plusieurs travailleurs en vertu d'un contrat de travail* ». Au Maroc, l'article. 6 C.T. prévoit : « *Est considérée comme employeur, toute personne physique ou morale, privée ou publique, qui loue les services d'une ou plusieurs personnes physiques* ».

Voir également R.C.A., art. 3 C.T : « *Employeur : toute personne physique, ou morale de droit public ou privé qui utilise les services d'un ou de plusieurs travailleurs en vertu d'un contrat de travail ;*
Entreprise : toute entité économique de forme juridique déterminée et constituée pour une production de biens destinés à la vente ou pour la fourniture de services rémunérés.
Une entreprise peut comprendre plusieurs établissements ;
Établissement : un groupe de personnes travaillant en commun en un lieu déterminé (usine, local ou chantier) sous une autorité commune ».

En dehors du continent, en droit brésilien on trouve la définition suivante à l'article 2 de la CLT : « *On considère comme employeur, l'entreprise individuelle ou collective qui, en assumant les risques de l'activité économique, rémunère le salarié et dirige sa prestation de travail* ». Dans cette définition, on retrouve à la fois ce qui caractérise l'employeur et les obligations qui sont les siennes.

2. Le travailleur

Le travailleur, même si cela n'est pas précisé, ne peut être qu'une personne physique, sa prestation étant personnelle. Aux termes de l'article 214 de ce code, aucun mineur de moins de seize ans ne peut s'engager par contrat de travail avant l'âge de seize ans, sauf dérogation édictée par décret. Pour les autres incapables, le législateur est silencieux. Dans les faits, on peut considérer que rien ne s'oppose à ce qu'un incapable conclue un contrat de travail sauf s'il a perdu toute lucidité. Dans cette hypothèse, il ne pourra le faire qu'avec l'autorisation de son tuteur. Enfin, le travailleur peut être un étranger sous réserve du respect des dispositions des articles 137 et s.

D. Les éléments constitutifs du contrat de travail

1. L'engagement du salarié : Une prestation personnelle de travail

a) La notion de prestation

Pour qu'il y ait contrat de travail, il faut que le travailleur mette sa force de travail à la disposition de l'employeur. Il doit le faire personnellement, c'est-à-dire qu'il ne peut pas se faire aider ou remplacer par un tiers, à moins que l'employeur ne l'autorise. Le caractère personnel de la prestation permet de distinguer le contrat de travail du contrat de mandat.

Dans le contrat de travail, la prestation consiste en des actes matériels, alors que ce sont des actes juridiques dans le mandat. Pour Durand, « *le mandat a pour objet la conclusion d'actes juridiques en lieu et place du mandant. Le contrat de travail n'a pour fin que l'accomplissement d'actes matériels* » (P. Durand et A. Vitu, *Traité de droit du travail*, tome 2, Dalloz, 1950, n° 14). Dans les faits, ces deux contrats sont parfois difficiles à distinguer. Une même personne peut accomplir des actes matériels et des actes juridiques, et les deux activités peuvent même être indivisibles. C'est le cas par exemple d'un dirigeant de société qui serait également administrateur de la même société. L'article 1er al. 6 C.T. est toutefois sans ambigüité. Voir note sous article 1.

Dans le contrat de travail, la prestation qui doit être fournie peut être physique, intellectuelle, sportive ou artistique, peu importe qu'il s'agisse d'une période déterminée ou indéterminée. L'article 37 du CTTOM prévoyait que « *le travailleur est tenu à la bonne exécution des services convenus* ». Même si le Code du travail est silencieux à ce sujet, il y a inclus dans le contrat de travail une obligation de bonne foi qui pèse sur le salarié dans l'exécution de sa prestation. Il doit par exemple s'abstenir de tout acte de concurrence envers l'employeur.

Dans les faits, cette obligation de loyauté peut avoir une portée assez large. C'est d'abord une loyauté professionnelle. Tout salarié est débiteur d'une obligation de loyauté envers son employeur (par exemple ne pas révéler les secrets de fabrication des produits de l'entreprise, voir également le rôle des clauses d'exclusivité). Il peut s'agit aussi d'une « loyauté civique », c'est-à-dire envers la société au sens large, puisqu'il existe des principes, des valeurs, communément défendues par la société (par exemple la démocratie). On a enfin vu émerger une « loyauté personnelle » qui correspond à la loyauté envers ses propres valeurs. Il s'agit alors d'être en accord avec ses propres principes, ceux que l'on promeut et auxquels on s'identifie (P. Cailleba, « Le lanceur d'alerte : la chance du capitalisme ? », *Futuribles*, 432, 2019).

En droit comparé espagnol l'article 5 de l'Estatuto de los trabajadores prévoit que :

« *Les travailleurs ont les devoirs fondamentaux suivants :*

(a) Se conformer aux obligations spécifiques de leur emploi, conformément aux règles de bonne foi et de diligence ;
b) Observer les mesures adoptées pour la prévention des risques professionnels ;
c) Se conformer aux ordres et instructions de l'employeur dans l'exercice régulier de leur pouvoir de direction ;
d) Ne pas concurrencer l'activité de l'entreprise, dans les conditions fixées par la présente loi ;
e) Contribuer à l'amélioration de la productivité ;
f) Celles dérivées, le cas échéant, des contrats de travail respectifs. »

b) Le cadre de la prestation

L'existence du contrat de travail est caractérisée par la réunion des éléments suivants qui sont organisés par l'employeur : horaires fixes de travail, outillage fourni par l'établissement, soumission permanente aux ordres de la société, absence d'initiative du travailleur. Le juge gabonais considère depuis de nombreuses années (C.S., 13 février 1984, n° 17) que l'absence d'initiatives caractérise le contrat de travail. De même, la Cour d'appel de Libreville a estimé que la relation entre un entraîneur et un club de football ne pouvait pas être considérée comme un contrat de travail dès lors que l'entraîneur « *n'était nullement astreint à un horaire fixe, prévu par X., ni privé d'initiatives personnelles, éléments essentiels au contrat de travail (...)* » (Voir 27 juin 2000, n° 102/99-00). Voir encore, Soc., 1er mars 2016, arrêt n°12/2015-2016 : « *L'existence d'une relation de travail salarié ne dépend ni de la volonté exprimée par les parties, ni de la dénomination qu'elles ont donnée à leur convention, mais des conditions de fait dans lesquelles est exercée l'activité du travailleur, notamment la liberté dans l'exécution du travail, la liberté de ses horaires, une rémunération en fonction du travail fourni, etc. ; Fait une bonne application de ces principes, une cour d'appel qui, après avoir relevé qu'un consultant exécutait ses prestations en dehors de toute contrainte horaire et de toute subordination, conclut qu'il n'était pas lié par un contrat de travail salarié* »).

Le législateur ayant intégré le télétravail désormais, la subordination change de nature et de perspective. De même, à l'heure de l'ubérisation, ces éléments sont-ils toujours pertinents (A. Emane, « As novas formas de trabalho e o direito do trabalho, questionamentos e perspectivas. O caso das plataformas digitais », in (coord. Rosemary de Oliveira Pires Afonso), *Anais do Congresso Internacional de Direito Material e Processual do Trabalho:as relações laborais na era tecnológica, (Em homenagem ao Ministro do TST Guilherme Augusto Caputo Bastos)*, Belo Horizonte, MG: RTM, 2023, pp. 71-85 ; T. Pasquier, « Le droit social social confronté aux défis de l'ubérisation », D.

2017, 368, T. Sachs, S. Vernac, « Pouvoir et responsabilité au sein des plateformes : de la fiction au réalisme », Dr. Soc., 2021, 216 ; T. Slee, « Uberizaçao, a nova onda de trabalho precarizado », Editora Elefante ; 1ª edição, 2019)

2. L'engagement de l'employeur

Le travail qui est fourni doit être respectueux de l'ordre public et des bonnes mœurs comme tout contrat de droit commun. C'est ainsi qu'il n'est pas possible de proposer un contrat de travail dont l'objet serait par exemple un meurtre.

Deux obligations pèsent sur l'employeur : fournir le travail et fournir le salaire (C.A. Judiciaire de Libreville, 2ème Ch. Soc., 11 nov. 2008, n° 203/07-08 : « *La rémunération du salarié est l'une des obligations essentielles et/ou substantielles de l'employeur* »).

a) La fourniture du travail

Elle consiste en l'obligation de placer le travailleur dans les conditions propres à lui permettre d'exécuter le travail convenu en lui fournissant ledit travail. Ces conditions s'entendent également du respect de la santé du travailleur, tout comme celui de ses droits et libertés. L'employeur qui ne remplit pas cette obligation est fautif, et la rupture qui interviendrait lui sera imputable.

L'employeur doit fournir au travailleur les moyens nécessaires pour exécuter le travail qui lui est demandé : outils, matières premières, personnel, etc. Le *Labour Act* du Ghana formule clairement cette exigence en son article 9-a. La fourniture du travail passe également par l'obligation de former le salarié pour lui permettre de suivre l'évolution de son métier, de même que par l'obligation de l'informer (convention collective applicable par exemple).

b) L'information du salarié

En droit comparé allemand par exemple, avec la loi du 20 juillet 2022 transposant la directive 2019/1152 relative à des conditions de travail transparentes et prévisibles dans l'Union européenne, l'employeur doit désormais informer son salarié, par écrit, des éléments suivants, en plus de ce qui était déjà prévu dans la loi : la durée de la période d'essai, le cas échéant ; les temps de repos et de pause ; les modalités de réalisation du travail posté, le cas échéant ; s'il en a été convenu ainsi, la possibilité de demander la réalisation d'heures supplémentaires, sous quelles conditions, et les modalités de leur rémunération ; en cas de travail sur appel, le nombre minimal d'heures rémunérées, la période pendant laquelle le travail peut être demandé et le délai dans lequel le salarié est informé de son planning de travail ; un éventuel droit à la formation mis en place par l'employeur ; si l'employeur fait bénéficier à ses salariés d'un régime de retraite professionnel par l'intermédiaire d'un organisme de retraite, le nom et l'adresse de celui-ci. Cette obligation d'information ne s'applique pas si l'organisme de retraite est lui-même tenu de fournir ces éléments.

Par ailleurs, l'employeur doit compléter certaines informations qu'il devait déjà fournir en application de la législation précédemment en vigueur :

- durée du CDD : la date de fin du contrat ou sa durée prévisible ;
- lieu de travail : l'indication du lieu de travail ou, à défaut de lieu fixe, le principe selon lequel le salarié sera amené à travailler à plusieurs endroits, ou la possibilité de choisir son lieu de travail ;
- composition de la rémunération : la composition et le montant de la rémunération, y compris la rémunération des heures supplémentaires, les suppléments, les indemnités, les primes et les paiements spéciaux, ainsi que les autres éléments de rémunération, qui devront être indiqués séparément, de même que leur échéance et leur mode de paiement ;
- rupture du contrat de travail : outre le délai de préavis, le salarié doit être informé de la procédure de rupture du contrat à son initiative et à celle de l'employeur.

Les délais de transmission des informations diffèrent selon leur nature :

- les informations concernant l'identité des parties, la rémunération et la durée du travail sont à transmettre au salarié au plus tard au cours du premier jour de travail ;
- celles concernant la période d'essai, le travail sur appel, et la réalisation des heures supplémentaires au plus tard le septième jour après le début du contrat ;
- les informations restantes au plus tard (Ministère allemand du Travail et des Affaires sociales / Loi du 20 juillet 2022 transposant la directive (UE) 2019/1152 - juillet 2022)

En Espagne, l'employeur est tenu d'informer les travailleurs sur les points suivants :

- le type de contrat ;
- les données d'identification de l'entreprise et du travailleur ;

- le siège de l'entreprise et du lieu de travail ;
- si le travailleur est mobile ou itinérant ;
- la date d'entrée en fonction, la date de fin (si contrat à durée déterminée) ;
- le groupe professionnel, une description du poste de travail et des fonctions du travailleur, suffisamment complète pour que celui-ci ait connaissance du travail spécifique à réaliser ;
- le salaire de base, les compléments de salaire et la périodicité du paiement ;
- le temps de travail et sa répartition ;
- la durée des congés et les raisons de leurs attributions dans certains cas, etc. ;
- la durée et les conditions de la période d'essai
- les délais de préavis mutuels en cas de cessation de la relation de travail ;
- la convention collective applicable.

c) Le paiement du salaire

C'est le paiement du salaire qui donne au contrat de travail son caractère onéreux, et permet de le distinguer de l'activité bénévole. Son absence fait perdre à la convention la qualification de contrat de travail. Ce principe se retrouve dans l'ensemble des législations du monde entier. Il permet. C'est ainsi que même si la rémunération est faible, la qualification de contrat de travail sera retenue. Et le fait de ne pas verser de salaire ne retire rien à la qualification de contrat de travail, pas plus qu'il n'éteint les obligations à l'égard des organismes de protection sociale.

L'employeur doit donc payer le salaire convenu et faire bénéficier le travailleur de tous les avantages sociaux prévus par la loi (comme l'indique l'alinéa 3 de cet article 19) et les conventions collectives. Le mode de rémunération importe peu : argent, logement ; de manière fixe ou sous forme de commissions.

Par contre si le salarié n'effectue pas sa prestation de travail, il n'a aucun droit à la rémunération à l'exception de la situation prévue à l'article 54, 3. Voir, Tribunal du Travail de Libreville, 4 août 2022, répertoire n° 775 :

« *Attendu que le salaire est la contrepartie d'un travail effectif, suivant l'article 18 du Code du travail ;*
Attendu que Sieur N. (...) s'est abstenu de se rendre à son poste de travail, qu'il n'a donc pas travaillé, que dans ces conditions, il convient de le débouter de sa demande »
Application de *l'exceptio non adimpleti contractus* qui joue dans les contrats synallagmatiques. Les obligations étant interdépendantes, si l'une n'est pas exécutée l'autre ne le sera pas.

Ce donnant-donnant peut-il fonctionner de la même manière si l'employeur n'a pas versé la rémunération. Dans les faits, c'est beaucoup plus compliqué avec le risque de la qualification de démission.

En droit comparé camerounais, le juge rappelle que la production de bulletins de salaire ne suffit pas à elle seule à caractériser le contrat de travail. C'est un élément essentiel, mais pas suffisant.

Voir en ce sens, C.S., chambre judiciaire, section sociale, Arrêt n° 34/S/CJ/CS du 28 avril 2022 : « *Que le poste de vigile n'existe pas et n'a jamais existé au sein du groupe scolaire Ab B Y. Qu'ainsi, il est reproché à l'arrêt querellé d'avoir considéré le défendeur au pourvoi comme étant au service de la concluante pour avoir seulement produit deux bulletins de salaire sans toutefois démontrer le lien ou la relation de travail qui existerait entre les parties ; Que la présentation de deux bulletins de salaire ne peut pas être les seuls éléments qui déterminent qu'il y'a effectivement relation de travail, Qu'en motivant uniquement sa décision sur la production de 2 bulletins de salaire sans toutefois démontrer la prestation qu'aurait fournie remployé, le juge d'appel a violé les dispositions de l'article 1 de la loi n° 92/007 du 14 août 1992 portant code du travail* ».

3. L'existence d'un lien de subordination juridique

a) Le pouvoir souverain d'appréciation du juge

L'appréciation du lien de subordination relève du pouvoir souverain d'appréciation, c'est ce que rappelle la Cour de cassation (Voir Soc., 1er mars 2016, n°12/2015-2016 : « *L'existence d'une relation de travail salarié ne dépend ni de la volonté exprimée par les parties, ni de la dénomination qu'elles ont donnée à leur convention, mais des conditions de fait dans lesquelles est exercée l'activité du travailleur, notamment la liberté dans l'exécution du travail, la liberté de ses horaires, une rémunération en fonction du travail fourni, etc. ;* »).

L'existence d'un lien de subordination juridique présume l'existence d'un contrat de travail. Pour le juge, s'il n'y a aucune preuve de l'existence d'un lien de subordination juridique, la qualification de contrat de travail est écartée, et l'incompétence du tribunal du travail prononcée (Voir en ce sens, C.S., 29 octobre 1984, absence de lien de subordination, incompétence du tribunal du travail : « *Attendu que s'il est de jurisprudence constante que le cumul des qualités de salarié et de dirigeant social est possible au Gabon, il appartient néanmoins à la Cour de rechercher dans chaque cas d'espèce l'existence du seul critère distinctif du contrat de travail à savoir le lien de subordination, tel qu'il est défini à l'article 1er du Code du travail ; que la rémunération à elle seule ne suffit pas à conférer à celui qui la reçoit la qualité de salarié dès lors que ce dernier ne se trouve pas dans un rapport de subordination à l'égard de celui qui l'emploie... c'est à bon droit que le premier juge a écarté l'existence d'un contrat de travail et déclaré le tribunal de travail incompétent* »).

L'article 1er al. 2 du Code du travail précise que le lien de subordination est constitué par le fait de « *mettre son activité professionnelle, moyennant rémunération, sous la direction et l'autorité d'une autre personne physique ou morale, publique ou privée, appelée employeur* ». Pour Gonidec, la subordination juridique correspond « *au droit pour l'employeur de donner des directives et des ordres au salarié, de surveiller son travail, de réprimer par des sanctions disciplinaires ses manquements aux ordres et directives* » (P.F. Gonidec, *Droit du Travail des Territoires d'Outre-Mer*, L.G.D.J., 1958, p. 180). Ce critère permet de distinguer le contrat de travail d'autres contrats comme le contrat d'entreprise. Dans celui-ci, l'entrepreneur organise son travail comme il l'entend, alors que dans le contrat de travail le salarié a un pouvoir d'initiative très limité. Toutefois, la subordination varie en fonction de l'emploi occupé. Elle n'aura pas la même intensité pour un ouvrier ou pour un cadre.

L'existence de cette subordination ne dépend pas de la seule volonté des parties. Il appartient aux juges du fond qui ont un pouvoir souverain d'appréciation en la matière de rechercher les critères de cette subordination (Voir à cet égard, Cass., 2ème Ch. Soc., 3 juin 2004, n° 10/2002-2003 : « *Mais attendu que dans l'exercice de son pouvoir souverain d'appréciation de la valeur et de la portée des éléments de preuve qui lui sont soumis, la Cour d'Appel, par adoption des motifs des juges du fond et en faisant référence à l'article 18 du Code du travail, a mis en évidence l'existence des liens de subordination qui prévalaient entre les deux parties en cause au moment de l'exécution du contrat* ». C.A. Port-Gentil, 22 novembre 2004 : les juges ont considéré qu'un prestataire de service avait en réalité la qualité de salarié au sein de l'entreprise pour laquelle il effectuait des prestations de service, compte tenu du contrôle exclusif qu'exerçait le dirigeant de cette entreprise sur son activité. L'existence du contrat de travail est exclue par la Cour d'appel de Libreville dans un arrêt du 14 janvier 2000, n° 27/99-2000 : « *Attendu que le trait caractéristique du contrat de travail est le lien de subordination juridique existant entre les concluants ; qu'à défaut de ce lien on se trouve en présence d'un contrat d'entreprise (...) que Y. n'était nullement astreint à un horaire fixe, prévu par l'OPT, ni privé d'initiatives personnelles, éléments essentiels au contrat de travail* »).

b) Les critères de la subordination

Du fait de la subordination juridique, l'employeur a plusieurs pouvoirs à sa disposition : pouvoir de direction, pouvoir de sanction et pouvoir normatif. C'est ce dernier qui permet à l'employeur de créer des normes unilatéralement dans l'entreprise. Il y a celles par lesquelles il s'oblige, ce sont les engagements unilatéraux, et celles qui obligent le salarié comme le règlement intérieur.

1° Le pouvoir de direction

L'employeur seul juge dans l'entreprise. C'est lui qui promeut et affecte les salariés. Ce pouvoir n'est pas sans limite certes. Mais il ne revient pas à un salarié d'imposer à l'employeur des conditions que la loi ne prévoit pas pour se soustraire au pouvoir de celui-ci. Voir, Tribunal du Travail de Libreville, 4 août 2022, répertoire n° 775 : « *Attendu qu'il ressort du dossier notamment des déclarations du requérant, qu'il ne pouvait regagner son affectation du fait de l'état de santé de son épouse ; qu'attendu à Franceville, il persistait en dépit de son affectation de se présenter à son ancien poste, que son salaire était par la suite suspendu, qu'au regard de la précarité, il a obtenu un nouvel emploi au sein de l'administration publique ; Que pour des convenances personnelles, il s'était abstenu de travailler, que l'employeur étant seul juge dans l'entreprise peut décider de l'affectation de ses employés dans l'intérêt de la société aux différents emplois* ; ».

2° Le pouvoir de contrôle et le pouvoir disciplinaire

Le pouvoir de donner des ordres, de contrôler l'exécution du travail et de sanctionner le salarié. La subordination juridique existe lorsque c'est l'employeur qui fixe unilatéralement les conditions (modalités selon lesquelles le travail doit être fait, horaires de travail) et le lieu du travail (Voir, C.A. Libreville, 1ère Ch. Soc., 16 janvier 2007 : « *Attendu que les articles 2 et 4 du contrat versé aux débats et présenté comme un contrat d'entreprise mettent en évidence les conditions d'organisation et d'exécution du travail définies par le X. auxquelles Dame L. était assujettie notamment l'horaire et la rémunération mensuelle ; (...) Qu'il s'agit là des éléments attestant l'existence d'un lien de subordination entre les deux parties (...) »).* Voir Observations sous articles 145 et suivants.

3° Le pouvoir normatif

- Élaboration du règlement intérieur. Voir Observations sous article 145 et suivants.

- Adoption d'engagements unilatéraux, qui sont des normes patronales reconnues par la jurisprudence. C'est une catégorie assez large regroupant toutes les normes patronales créatrices de droit pour les salariés (Voir en droit comparé français : Cass. Soc., 4 avril 1990, 86-42.626). On retrouve des engagements unilatéraux proclamés, des engagements unilatéraux négociés, des engagements unilatéraux nés de la pratique.

Section 2 : De la conclusion et de la durée du contrat de travail

Sous-section 1 : De la conclusion du contrat de travail

Article 20 : *Le contrat de travail est conclu librement soit verbalement, soit par écrit, en langue officielle, sous réserve de la production obligatoire d'un certificat médical attestant que le candidat à l'emploi considéré est indemne de toute maladie contagieuse et physiquement apte à occuper l'emploi auquel il est destiné.*
Le contrat de travail lorsqu'il est écrit est exempt de tous droits de timbre et d'enregistrement.
En l'absence d'un écrit, la preuve peut être apportée par tout moyen.

Observations

Reprise de l'ancien article 19 à l'alinéa 1er du présent article.

Les relations entre un employeur et un salarié naissent par un contrat. Chaque partie est libre de le conclure ou non. En principe, les pouvoirs publics n'ont pas à intervenir dans la conclusion du contrat en obligeant par exemple un salarié à s'engager auprès d'une entreprise déterminée. De même, un employeur peut recruter un travailleur sans qualification professionnelle, et il est le seul juge de ses capacités. Les seules limites sont constituées d'une part par les règles relatives à la discrimination à l'embauche, et d'autre part par les règles portant sur l'âge minimal d'embauche.

Le principe qui prévaut est que le contrat de travail n'est soumis à aucune condition de forme. Dès lors que l'employeur et le salarié sont d'accord sur le travail que celui-ci exécutera, et la rémunération qu'il recevra, le contrat est formé. Il n'y a donc pas besoin d'un écrit pour qu'il y ait contrat de travail, sauf si la loi l'exige, dans le souci de protéger le salarié. Toutefois, le Tronc commun des conventions collectives exige que l'embauche d'un salarié soit constatée par un document comme une lettre d'engagement par exemple.

I. Le consensualisme

Depuis le CTTOM, le contrat du travail est valable du seul fait de l'échange des consentements, c'est un contrat consensuel. Contrairement aux contrats solennels, il n'est pas nécessaire de recourir à un formalisme particulier. Le législateur gabonais n'est pas revenu sur cette exigence. C'est une situation que l'on retrouve également dans d'autres pays africains. Voir Algérie, Loi sur les relations de travail, art. 9 ; Angola, LGT, art. 12 ; Bénin, C.T., art. 10 ; Burkina, C.T., art. 38 ; Cameroun, C.T., art. 23-2 ; Congo, C.T., art. 27 ; Kenya, The Employment Act, art. 8 ; Mali, C.T., art. L. 14 ; Sénégal, C.T., art. L. 31.

Pour le juge, l'absence d'écrit ne fait pas obstacle à la reconnaissance du contrat de travail (Voir en ce sens, C.A. Port-Gentil, 26 novembre 2007).

- Formalisme ad probationem. L'écrit n'est pas une condition de validité du contrat, mais une condition de preuve. Il peut s'agir du contrat lui-même, mais également de la lettre d'engagement (cf. art. 11-3 du Tronc commun des conventions collectives), du bulletin de salaire, du certificat de travail, etc (C.A. Libreville, 1ère Ch. Soc., 16 janvier 2007 ; C.A. Libreville, 1ère Ch. Soc., Arrêt du 18 avril 2006 Rôle n° 102/2003-2004 Répertoire n°.../2005-2006 : « *Attendu qu'en l'espèce AZONLEGBE KOUASSI a produit aux débats à la demande de l'employeur l'original de la lettre d'engagement signée des parties* »).

- Sur la lettre d'engagement, voir encore art. 11-3 Tronc commun des conventions collectives : « *L'engagement doit toujours être constaté par l'établissement d'une lettre d'engagement ou de tout autre document en tenant lieu indiquant : Le nom ou la raison sociale de l'employeur et son adresse ; Les nom, prénom, nationalité, âge, sexe, situation de famille, qualification professionnelle, classification, salaire, lieu de recrutement et lieu d'emploi du travailleur, ainsi que les conditions et la durée de la période d'essai ; La date du recrutement* ».

- Sur la preuve du contrat par tous moyens. Voir les illustrations en droit comparé (Mali, Cour suprême, section judiciaire, chambre sociale, 21 mars 2005, arrêt n° 3 : « *Que cependant s'il est constant que la preuve de contrat de travail peut se faire par tous moyens, l'appréciation de son existence est une question de fait qui échappe au contrôle de la haute juridiction* ». Sénégal, Cour de cassation, chambre sociale, 12 mai 2004 : « *Mais attendu qu'en relevant « qu'il n'est pas contesté que les appelants travaillaient dans le cadre du GIE ; qu'il est produit au dossier un bulletin de paie ou leur contrat de travail ; qu'ils ont tous les trois reçu une lettre de licenciement pour faute grave servie par l'IFP ; qu'il leur a été délivré un certificat de travail établi par l'IFP avec la mention : « a été employé dans mon établissement en qualité de professeur ».*

II. La liberté contractuelle

A. Les limites au principe

La liberté contractuelle qui est proclamée par le Code du travail est pratiquement un leurre. Les parties doivent en effet lorsqu'elles s'engagent tenir compte d'un certain nombre de normes et leur liberté est rigoureusement encadrée. Comme l'observe le Pr Antonmattei, « *le Code du travail (...) tantôt organise, tantôt interdit, tantôt impose des clauses* » (in, P.-H. Antonmattei, *Les Clauses du contrat de travail*, Ed. Liaisons, 2009, p. 10). Les marges de manœuvre de l'employeur puisque c'est lui qui a l'initiative du contrat de travail sont assez limitées dans l'insertion de clauses puisque celles-ci ne doivent pas constituer des limitations aux libertés individuelles ou collectives. Il doit de ce fait respecter un certain nombre d'impératifs qui trouvent leur source dans les instruments et outils suivants :

- Constitution avec notamment, l'article 1er-7 du Titre 1er intitulé, « Des principes et des droits fondamentaux ». Il y a en effet une disposition impérative à laquelle l'employeur ne peut déroger : « *Chaque citoyen a le devoir de travailler et le droit d'obtenir un emploi. Nul ne peut être lésé dans son travail en raison de ses origines, de son sexe, de sa race, de ses opinions* ».
- Conventions OIT.
- Code du travail (avec notamment les dispositions impératives sur les contrats écrits, voir note sous art. 10).
- Règlements, Conventions collectives, usages, etc.

La liberté de contracter ne peut pas davantage justifier que l'employeur exige du travailleur des renseignements relevant de l'intimité de sa vie privée (statut matrimonial, nombre d'enfants, grossesse, orientation sexuelle, etc.). Il doit s'en tenir uniquement aux questions qui lui permettent d'apprécier les qualités du salarié en tant que travailleur.

De même, des dispositions d'ordre public interdisent de contracter avec des enfants ou limitent le recours à la main-d'œuvre étrangère. Enfin, le Code du travail prévoit parfois une obligation de contracter avec le droit de priorité en faveur des travailleurs licenciés pour motif économique. Ce droit peut être exercé pendant un an à compter du licenciement (art. 60 C.T.).

B. Le contenu du contrat

Les législations des pays lusophones vont encore plus loin dans la limitation de la liberté contractuelle en prévoyant le contenu du contrat de travail.
En Angola, l'article 13 de la LGT liste les éléments que doit contenir le contrat de travail : « *Identification et résidence habituelle des parties contractantes ;classification professionnelle des travailleurs et catégorie professionnelle ;lieu de travail ; heures de travail hebdomadaires normales ;montant, forme et période de paiement des salaires ; mention des services auxiliaires ou complémentaires et de ceux attribués en nature, avec indication de leur valeur ou de leur base de calcul ;entrée en vigueur et durée du contrat ; lieu et date de conclusion du contrat ; signature des deux contractants (...) les contrats de travail à durée déterminée doivent indiquer les motifs du contrat, la date précise de sa conclusion ou la période pour laquelle il est conclu ou les conditions auxquelles sa durée est soumise.* »

Au Mozambique, l'article 39 de la L.T. dispose : « *Le contrat de travail doit être daté et signé par les deux parties et contenir les clauses suivantes : l'identification de l'employeur et de l'employé ; la catégorie professionnelle, les tâches ou les activités convenues ; le lieu de travail ; la durée du contrat et les conditions de son renouvellement ; le montant, la forme et la fréquence du paiement de la rémunération ; la date de début du contrat de travail ; l'indication du délai et de sa raison d'être justification, dans le cas d'un contrat à durée déterminée ; la date de conclusion du contrat et, s'il s'agit d'un contrat à durée déterminée, la date de sa résiliation* ».

C. L'exemption des droits de timbre

Le Code du travail s'applique à tous les contrats de travail qui s'exécutent au Gabon. Cette disposition garantit l'égalité entre les salariés. Les obligations et les rémunérations des uns et des autres sont donc les mêmes. La seule exception en l'espèce concerne les salariés expatriés venant au Gabon pour des missions de courte durée. Le problème qui se pose alors est celui de conditions salariales plus favorables que les salariés engagés au Gabon. De plus, la loi est muette sur le fait que ces missions de courte durée peuvent être renouvelées, et constituer ainsi un excellent moyen de contourner l'application du Code du travail. On peut imaginer un salarié recruté par une entreprise dans son pays et qui est envoyé régulièrement au Gabon pour de telles missions.

III. L'exigence sanitaire

La rédaction de cet article ne manque pas de surprendre au regard des obligations qui pèsent sur l'employeur au Livre IV du présent code. Doit-on comprendre qu'il revient au demandeur d'emploi de fournir ce certificat médical attestant qu'il est apte à occuper l'emploi sollicité ? En d'autres termes, doit-on considérer que c'est sur le salarié que pèse cette obligation ? Le substantif production pourrait le faire croire. Pourtant, au Livre IV, l'article 245 prévoit lui aussi un examen médical d'aptitude à l'embauche, et l'article 248 relève en son dernier alinéa que les examens prévus à cette section sont à la charge de l'employeur. Quelle sera alors l'articulation des articles 20 et 245 ?

Par ailleurs, dans le cas de l'article 20, le législateur ne dit rien sur le médecin compétent pour établir le certificat exigé au salarié. En toute logique, c'est le médecin du travail qui est le médecin de l'aptitude au travail, comme le suggère l'article 263 de ce code.

Enfin, alors que le thème de la santé mentale s'est imposé dans les débats, et a même été pris en compte dans le présent code avec la reconnaissance du harcèlement moral, l'article 20 ne semble pas se préoccuper de cette question. A la décharge du législateur gabonais, il faut reconnaître qu'ailleurs dans le monde, s'il est vrai que cette question est prise en compte pendant l'exécution du contrat de travail (il est question alors de la préservation de la santé mentale), elle se pose rarement au moment de l'embauche.

Article 21 *: Quels que soient le lieu de sa conclusion et la résidence de l'une ou l'autre partie, tout contrat de travail conclu pour être exécuté en totalité ou en partie sur le territoire national est soumis aux dispositions de la présente loi.*
Toutefois, cette disposition n'est pas applicable dans le cas de travailleurs introduits au Gabon pour une mission temporaire n'excédant pas trois mois. Dans ce cas, l'employeur est tenu de présenter un ordre de mission ou tout autre document justifiant la réalité de la mission temporaire.
L'exception ci-dessus n'est pas applicable au travailleur étranger introduit sur le territoire dans le cadre d'un régime de travail en rotation, lequel est, au-delà de la période de trois mois cumulés sur une année civile, soumis aux formalités liées à l'emploi de la main-d'œuvre étrangère.

Observations

Reprise de l'ancien article 21 avec quelques rajouts relatifs aux travailleurs étrangers et aux travailleurs en rotation.

Par application du principe de territorialité, le Code du travail s'applique à tous les contrats de travail qui s'exécutent au Gabon, quelles que soient les nationalités des parties. Cette disposition garantit l'égalité entre les salariés. Les obligations et les rémunérations des uns et des autres sont donc les mêmes. La seule exception en l'espèce concerne les salariés expatriés venant au Gabon pour des missions de moins de trois mois. Le problème qui se pose alors est celui de conditions salariales plus favorables que les salariés engagés au Gabon.

Sous-section 2 : De la durée du contrat de travail

Observations

Ce nouveau code a-t-il une typologie des contrats ? Peut-il y avoir d'autres contrats en dehors de ceux prévus dans le code ? En d'autres termes, le droit gabonais accepte-t-il des contrats autres que ceux prévus par le présent code ?

Pour le Ministère du Travail dans sa présentation du code dominait cette idée : « La réforme du Code du Travail introduit davantage de souplesse, en codifiant plusieurs formes contractuelles d'embauches qui n'avaient pas encore de statut, et qui sont plus adaptées au nouveau marché de l'emploi, telles que :

- Consécration de la notion de contrat de travail à terme incertain ;
- le contrat saisonnier (art. 27) ;
- le contrat d'intérim et le contrat de mission (art. 29 à 39) ;
- le contrat à temps partiel (art. 40) ;
- le contrat intermittent (art. 38 à 41). »

Le gouvernement a mentionné la suppression des CDD de courte durée sans que l'on sache à quoi cela correspond réellement. Les contrats journaliers et hebdomadaires semblent pourtant attester du contraire. Au-delà d'ailleurs de ce que le code consacre, d'autres figures contractuelles peuvent apparaître comme le travail en rotation dans le secteur pétrolier notamment, la possibilité de cumuler plusieurs contrats de travail avec le contrat à temps partiel.

En droit angolais, LGT, art. 3 : contrat de travail, contrat d'apprentissage, contrat de prestations de services, contrat de stage, contrat de travail à domicile, contrat de travail rural, contrat de travail à bord d'un navire, *Contrat de travail à bord d'un aéronef, Contrat de travail sportif, Contrat de travail domestique (*Préparation des repas et cuisine, lavage et traitement des vêtements, nettoyer et ranger la maison, surveiller et soigner les personnes âgées, les enfants et les malades, effectuer des travaux de jardinage, service d'aide au transport familial, Coordination, supervision ou exécution de tâches du type mentionné au point précédent).

En droit anglais : *permanent employment contract* (contrat à durée indéterminée), *fixed term contract* (équivalent du contrat à durée déterminée), *temporary contract* (équivalent au contrat d'intérim), *zero hour contract* (contrat zéro heure).

En droit allemand : *Unbefristeter Arbeitsvertrag* (CDI), *Befristeter Arbeitsvertrag* (CDD), *Anstellungsvertrag für Teilzeitkräfte* (Contrat d'embauche pour les employés à temps partiel), *Anstellungsvertrag für Geschäftsführer* (Contrat d'embauche pour les directeurs), *Ausbildungsvertrag* (Contrat de formation), *Lehrvertrag* (contrat d'apprentissage), *Praktikumsvertrag* (Contrat de stage).

En droit colombien (CST, art. 45) : Contrat à durée déterminée ; contrat à durée indéterminée ; contrat de travail ou de main-d'œuvre, contrat civil de prestation de services ; contrat d'apprentissage ; contrat de travail occasionnel.

En droit brésilien (CLT, art. 443) : contrat à durée déterminée ; contrat à durée indéterminée ; contrat de travail occasionnel ; contrat d'essai ; contrat de télétravail ; contrat intermittent ; les contrats d'auto-entrepreneur.

Article 22 *: Le travailleur ne peut engager ses services à vie. Le contrat peut être à durée déterminée ou indéterminée.*

Observations

Reprise intégrale de l'ancien article 22.

Ce sont les parties au contrat qui vont décider librement et en fonction de leurs besoins, de la durée de celui-ci, dans le cadre de ce que la loi prévoit. Il peut être à durée indéterminée ou déterminée. La seule limite imposée est l'interdiction des engagements perpétuels conformément au droit commun.

Chaque partie peut donc y mettre fin à tout moment sous réserve du respect des conditions posées par la loi.

1) Du contrat de travail à durée déterminée

Observations

Sous ce titre la nouveauté ne se limite pas aux inversions des anciens articles 23 et 24 qui deviennent ici 24 et 23.

Il y a un droit commun du CDD et les régimes particuliers suivants :

- contrat journalier ou hebdomadaire. Cela existait déjà dans l'ancien Code sous le vocable travail journalier ou travail hebdomadaire
- CDD à terme incertain qui a également un régime particulier pour l'emploi des étrangers.

Article 23 *: Le contrat de travail à durée déterminée, quel que soit son motif, ne peut avoir ni pour objet ni pour effet de pourvoir durablement un emploi lié à l'activité normale et permanente de l'entreprise.*
Lorsque le contrat à durée déterminée est arrivé à son terme et se poursuit par la volonté, même tacite des parties, cette prolongation confère au contrat le caractère de contrat à durée indéterminée, nonobstant toute clause prohibant la tacite reconduction. Toutefois, en cas d'absence du travailleur, la notification du terme du contrat est faite aux délégués du personnel.
Le contrat de travail peut comporter un terme fixé avec précision dès sa conclusion, ou un terme résultant de la réalisation de l'objet pour lequel il est conclu.

Observations

I. Le recours au CDD

En droit gabonais il n'y a pas d'encadrement rigide des critères du recours au CDD. Le Code du travail et le Tronc commun des conventions collectives sont silencieux sur ce point. Cette situation peut être de nature à entretenir une certaine insécurité juridique. On peut parfaitement imaginer qu'un employeur engage systématiquement des travailleurs sous CDD, sans que ceux-ci « pourvoient durablement » à un emploi. La seule limite que l'on a à cet égard ne concerne que la mise à disposition du personnel. Les articles 6, 7 et 8 de l'ordonnance du 21 août 2007 portant réglementation de l'activité de mise à

disposition du personnel en République gabonaise, précisent les cas de recours aux salariés d'une entreprise de mise à disposition.
Il est étonnant lorsque l'on consulte les comptes rendus des travaux tripartites sur la révision du Code du travail que les syndicats des salariés ne se soient pas davantage mobilisés pour avoir une disposition beaucoup plus contraignante. La prise en compte de la limitation du champ d'utilisation du CDD faisait au contraire partie des conclusions dont lesdits syndicats ont dit se satisfaire (cf. Résumé des travaux de la plénière du 3 au 10 février 2020).

En Afrique des législations ont fait cet effort :

Algérie, art. 12 bis, loi sur les relations de travail : *« Le contrat de travail peut être conclu pour une durée déterminée, à temps plein ou partiel, dans les cas expressément prévus ci-après : lorsque le travailleur est recruté pour l'exécution d'un contrat lié à des contrats de travaux ou de prestation non renouvelables ; lorsqu'il s'agit de remplacer le titulaire d'un poste qui s'absente temporairement et au profit duquel l'employeur est tenu de conserver le poste de travail ; lorsqu'il s'agit pour l'organisme employeur d'effectuer des travaux périodiques à caractère discontinu ; lorsqu'un surcroît de travail, ou lorsque des motifs saisonniers le justifient ; lorsqu'il s'agit d'activités ou d'emplois à durée limitée ou qui sont par nature temporaires (...) ».*

Angola, LGT, art. *15 : « Le CDD peut être conclu seulement dans les situations suivantes : remplacement d'un travailleur temporairement absent ; accroissement temporaire et exceptionnel de l'activité normale de l'entreprise (...) ; réalisation de tâches occasionnelles qui n'entrent pas dans le cadre des activités courantes de l'entreprise ; exécution de travaux urgents nécessaires pour sauvegarder les installations ou les équipements ; travail saisonnier ; lorsque l'activité à exercer est temporairement limitée et que le personnel permanent de l'entreprise ne peut être augmenté ; effectuer des travaux urgents ou organiser des mesures de sauvegarde des locaux, équipements et autres biens de l'entreprise afin de prévenir les risques pour l'entreprise et ses travailleurs ; lancement de nouvelles activités d'une durée incertaine, démarrage d'un travail, restructuration ou extension des activités d'un employeur ou d'un centre de travail ; dans le cas de personnes au chômage depuis plus d'un an, ou de membres d'autres groupes sociaux couverts par des mesures légales d'intégration ou de réintégration dans la vie professionnelle ; exécution de tâches bien déterminées et périodiques dans l'entreprise de l'employeur, mais de nature discontinue ; exécution, direction et surveillance de travaux civils et publics, de montage et de réparations industrielles et d'autres travaux de même nature et de même type ; apprentissage et formation professionnelle pratique* ». La loi angolaise ouvre également la possibilité de

« *conclure un contrat avec le travailleur retraité, en le renouvelant successivement pour la période conclue jusqu'au moment où l'une ou l'autre des parties souhaite y mettre fin* ».

Maroc, C.T., art. 16 : « *Le contrat de travail à durée déterminée peut être conclu dans les cas où la relation de travail ne pourrait avoir une durée indéterminée. Le contrat de travail à durée déterminée ne peut être conclu que dans les cas suivants : (...) : le remplacement d'un salarié par un autre dans le cas de suspension du contrat de travail de ce dernier, sauf si la suspension résulte d'un état de grève ; l'accroissement temporaire de l'activité de l'entreprise ; si le travail a un caractère saisonnier (...)* ».

Tchad, C.T., art. 43 : « *Le contrat de travail à durée déterminée ne peut avoir ni pour objet ni pour effet de pourvoir durablement à un emploi lié à l'activité normale de l'entreprise* ».

En droit malien, l'article L. 23 du Code du travail interdit le recours aux CDD, « dans les six mois qui suivent un licenciement pour motif économique en ce qui concerne les postes supprimés à la suite de ce licenciement, sauf si la durée du contrat non susceptible de renouvellement n'excède pas trois mois ».

En dehors du continent :

En droit français le recours au CDD est également très encadré. Il ne peut être conclu que dans les cas suivants : Accroissement temporaire de l'activité de l'entreprise (exécution d'une tâche occasionnelle ne relevant pas de l'activité normale de l'entreprise) ; remplacement d'un salarié en cas d'absence, de suspension du contrat de travail de départ définitif précédant la suppression du poste, d'attente de l'entrée en service effective du salarié recruté par CDI appelé à le remplacer ; emploi saisonnier (dans les secteurs d'activité obéissant à des variations saisonnières) ; contrats d'usage ; contrats de « vendanges » ; embauche dans le cadre de la politique d'emploi. Cf. art. 1242-1, 1242-2 C.T.

L'article L. 1242 du code français précise : « *Dans les six mois suivant un licenciement pour motif économique, il est interdit de conclure un contrat de travail à durée déterminée au titre d'un accroissement temporaire de l'activité, y compris pour l'exécution d'une tâche occasionnelle, précisément définie et non durable, ne relevant pas de l'activité normale de l'entreprise. Cette interdiction porte sur les postes concernés par le licenciement dans l'établissement.* »

En droit allemand, le recours au CDD est régi par la loi sur le temps partiel et les contrats à durée déterminée du 21 décembre 2000. Elle distingue les raisons objectives et celles qui ne le sont pas pour déterminer le régime des autorisations (§ 620 alinéa 3 BGB et § 14 TzBfG) :

(1) *La limitation de la durée d'un contrat de travail est autorisée si elle est justifiée par une raison objective. Il existe notamment une raison objective lorsque*

1. *le besoin de l'entreprise en matière de prestations de travail n'est que temporaire ;*
2. *le contrat à durée déterminée est conclu à la suite d'une formation ou d'études afin de faciliter la transition du travailleur vers un emploi ultérieur ;*
3. *le travailleur est employé pour remplacer un autre travailleur ;*
4. *la nature de la prestation de travail justifie la limitation de la durée ;*
5. *la durée est limitée à titre d'essai ;*
6. *des raisons inhérentes à la personne du travailleur justifient la limitation de la durée ;*
7. *le travailleur est rémunéré sur les crédits budgétaires affectés à un emploi temporaire et est employé en conséquence, ou que la limitation de la durée est fondée sur une transaction judiciaire.*

(2) *La limitation dans le temps d'un contrat de travail sans raison objective est autorisée jusqu'à une durée de deux ans ; jusqu'à cette durée totale de deux ans, la prolongation au maximum de trois fois d'un contrat de travail limité dans le temps est également autorisée. La limitation de la durée visée à la première phrase n'est pas autorisée si un contrat de travail à durée déterminée ou indéterminée a déjà été conclu avec le même employeur. Une convention collective peut déroger à la première phrase en fixant le nombre de renouvellements ou la durée maximale du contrat à durée déterminée. Dans le champ d'application d'une telle convention collective, les employeurs et les salariés qui ne sont pas liés par une convention collective peuvent convenir d'appliquer les dispositions de la convention collective.*

(2 bis). Au cours des quatre premières années suivant la création d'une entreprise, il est permis de limiter la durée du contrat de travail à quatre ans sans raison objective ; jusqu'à cette durée totale de quatre ans, il est également possible de prolonger plusieurs fois un contrat de travail à durée déterminée.
Le contrat de travail à durée déterminée est autorisé. Cette disposition ne

s'applique pas aux créations d'entreprises liées à la restructuration juridique d'entreprises et de groupes. Le moment déterminant pour la création de l'entreprise est le début d'une activité lucrative qui doit être communiquée à la commune ou à l'administration fiscale conformément à l'article 138 du code fiscal. Le paragraphe 2, phrases 2 à 4, s'applique par analogie à la limitation de la durée d'un contrat de travail conformément à la première phrase.

(3) *La limitation dans le temps d'un contrat de travail sans raison objective est autorisée jusqu'à une durée de cinq ans si, au début de la relation de travail à durée déterminée, le travailleur a atteint l'âge de la retraite, 52 ans révolus et qui, immédiatement avant le début du contrat de travail à durée déterminée, a été sans emploi pendant au moins quatre mois au sens de l'article 138, paragraphe 1, point 1, du livre III du code social, a perçu des indemnités de chômage partiel de transfert ou a participé à une mesure d'emploi bénéficiant d'un soutien public en vertu du livre II ou du livre III du code social. La prolongation multiple du contrat de travail est également autorisée jusqu'à une durée totale de cinq ans.*

(4) *Pour être valable, la limitation de la durée d'un contrat de travail doit se faire par écrit.*

En droit espagnol l'article 15 de *l'Estatuto de los Trabajadores* détermine les conditions du recours au CDD : réalisation d'une tâche déterminée, activité extraordinaire exigée par les circonstances du marché et de l'entreprise, remplacement d'un employé temporairement absent, etc.

Il est à noter que le Décret-Loi Royal 32/2021 est venu limiter le recours aux CDD, en le supprimant pour la réalisation de travaux ou services déterminés. Il y a donc deux possibilités de recours au CDD :

- Le remplacement d'un salarié, pour une durée de 3 mois maximum ;
- Le CDD en raison de circonstances de production (ex : fluctuation imprévisible d'activité), pour une durée de 6 à 12 mois maximum.

Le Décret-Loi met en place un contrat à durée indéterminée intermittent, pour les activités types saisonnières notamment. En effet, le recours au CDD pour les saisonniers n'étant plus possible, le nouveau type de contrat permet aux employeurs de conclure un contrat à durée indéterminée discontinu, c'est-à-dire qu'il y aura des périodes de travail et des périodes sans travail, le temps entre deux missions sera pris en compte dans l'ancienneté et donc comptera pour le calcul des indemnités chômage.

II. La contestation de l'alinéa 2 devant la Cour constitutionnelle

La dernière phrase de l'alinéa 2 du présent article a été contestée par quatre organisations syndicales, qui ont du reste saisi le Conseil constitutionnel pour reconnaître l'inconstitutionnalité de cette disposition, au motif qu'elle « *est en contradiction avec le principe du contrat de travail qui est un contrat synallagmatique entre un employeur et un travailleur, et que la notification de son terme ne peut donc être faite aux délégués du personnel sous prétexte de l'absence du travailleur (...)* ».

Le Conseil constitutionnel a argumenté dans les termes suivants (Décision n°037/CC du 30 septembre 2021 relative aux requêtes présentées par le Premier Ministre, l'Organisation Nationale des Employés du Pétrole, la Confédération Gabonaise des Syndicats Libres, le Syndicat National des Établissements de Crédit et la Confédération Syndicale Gabonaise, tendant au contrôle de constitutionnalité de la loi n° 022/2021 portant révision de la loi n° 03/94 du 21 novembre 1994, modifiée par la loi n° 012/2000 du 12 octobre 2000, modifiée par la loi n° 021/2010 du 27 juillet 2010 portant Code du Travail en République Gabonaise) :
« *7-Considérant que selon les dispositions combinées des articles 329 alinéa 1er et 333 de la loi soumise au contrôle de la Cour Constitutionnelle, les délégués du personnel sont élus par l'ensemble des travailleurs d'une entreprise ; qu'ils ont pour missions, entre autres, de présenter aux employeurs toutes les réclamations individuelles ou collectives qui n'auraient pas été directement satisfaites concernant les conditions de travail et la protection des travailleurs, l'application des conventions collectives, les classifications professionnelles et les taux des salaires ;*

8-Considérant, en d'autres termes, que les délégués du personnel sont les représentants légaux et légitimes des autres travailleurs au sein de l'entreprise, en plus d'être les interlocuteurs par excellence des employeurs dans la défense des intérêts de leurs collègues ; que dès lors, c'est à juste titre que législateur a retenu qu'en cas d'absence du travailleur, la notification de la volonté de l'employeur de poursuivre le contrat de travail à durée déterminée au-delà du terme convenu soit faite à son représentant légal qu'est le délégué du personnel qu'il suit de là que l'inconstitutionnalité invoquée n'est pas établie ; ».

Au-delà des interrogations sur la compétence du Conseil constitutionnel sur cette question, vu qu'il est difficile de cerner la disposition constitutionnelle en cause ici qui justifiait la saisine, la crainte de la remise en cause du caractère intuitu personae du contrat paraît pour le moins exagérée (Voir en droit comparé argentin, la décision rendue le 30 janvier 2024 par un tribunal qui a déclaré l'inconstitutionnalité de la réforme du droit du travail effectuée par décret par le Président Javier Milei, dix jours après son arrivée au pouvoir le 20 décembre 2023. Le juge a estimé que ce décret violait l'article 99 de la Constitution argentine, lequel pose le principe de la séparation des pouvoirs, lesdites mesures relevant en effet de la compétence du pouvoir législatif. Cf. *Cinco dias/ El Economista – janvier 2024).*

La dernière phrase de l'alinéa 2 ne touche pas directement à l'exécution du CDD pour que ledit caractère soit contesté. Comment peut-on imaginer qu'un CDD soit arrivé à son terme et qu'il se poursuive en l'absence du salarié ? Cet alinéa 2 ne peut en fait s'appliquer qu'aux CDD à terme incertain de l'article 27. La solution choisie par le législateur paraît de bon sens dans la mesure où effectivement les délégués du personnel sont les représentants légaux des travailleurs. Dans ces conditions, il est difficile de relever un quelconque recul des droits des travailleurs comme l'avaient prétendu les quatre syndicats.

Article 24 *: Le contrat de travail à durée déterminée dont le terme est fixé avec précision dès sa conclusion et d'accord parties, est obligatoirement écrit et comporte notamment la durée et la définition précise de son objet. Sa durée ne peut excéder deux ans, renouvellement inclus.*
En cas de dépassement de cette période, le contrat est automatiquement requalifié en contrat à durée indéterminée.

Observations

Le législateur n'a fait que reprendre quasiment l'ancien article 23, l'innovation se situant dans la rédaction du renouvellement et la précision salutaire sur la durée : 2 ans maximum, renouvellement inclus.

I. La durée du CDD

La durée maximale de deux ans du CDD se retrouve pour la première fois dans le code de 1962. Elle a un caractère impératif. Le CTTOM qui fait du CDD la norme puisqu'il prévoit que « *le travailleur ne peut engager ses services qu'à temps ou pour un ouvrage déterminé* », ne donne aucune indication sur la durée de ce contrat.

Toutefois, la rédaction de cet article peut faire naître des interrogations. Si la durée du contrat, renouvellement inclus est inférieure à deux ans, celui-ci est-il automatiquement requalifié en CDI ? Si la réponse est négative, il eût mieux valu mettre renouvellement au pluriel. Mieux encore, on aurait pu conserver la rédaction contenue dans les projets initiaux (cf. art. 23, al. 3) : « *Le contrat à durée déterminée inférieure à un an peut être prorogé plusieurs fois dans les mêmes formes et conditions dans la limite de deux ans* ».

La problématique de la durée du contrat est résolue différemment selon les contextes nationaux. Si l'on observe l'évolution des législations des pays voisins ou de l'espace CEDEAO, le renouvellement sans limitation des CDD a été consacré par certains codes comme ceux du Burkina Faso en son article 52 (même si cette possibilité est limitée à certains contrats par l'article suivant) : « *Le contrat de travail à durée déterminée est renouvelable sans limitation sauf cas d'abus laissé à l'appréciation de la juridiction compétente* ». Le code béninois va dans le même sens en son article 13, alinéa 1er. Dans la plupart des autres cas, la durée de deux ans pour un CDD semble être la norme. Voir ce sens : Cameroun, C.T., art. 25 ; Congo, C.T., art. 32 ; Côte d'Ivoire, C.T., art. 14-3 ; Djibouti, C.T., art. 11, Guinée art. 12 ; Madagascar, C.T., art. 8 ; Mauritanie, C.T., art. 10 ; Mozambique, L.T., art. 43 ; São Tomé, C.T., art. 75 ; Sénégal, C.T., art. L.44 al. 2 ; Rwanda, C.T., art. 9.

Toutefois, on note quelques particularités. Au Cap Vert, l'article 360 du Codigo laboral fixe la durée maximale du CDD à 5 ans, comme en Angola (LGT, art. 16). Le législateur angolais a prévu que pour les petites entreprises les contrats pouvaient être renouvelés. Ce maximum est de 4 ans dans les codes tchadiens (C.T., article 43) et togolais (C.T., article 43 al. 2). En République Démocratique du Congo, elle est limitée en fonction du statut matrimonial. C'est ce qui ressort de l'article 41 du Code du travail de ce pays : « *Le contrat à durée déterminée ne peut excéder deux ans. Cette durée ne peut excéder un an, si le travailleur est marié et séparé de sa famille ou s'il est veuf, séparé de corps ou divorcé et séparé de ses enfants dont il doit assumer la garde* ». Le code burundais est lui silencieux sur la durée maximale du CDD. Il en est de même des législations des pays anglophones (Ghana, Kenya, Tanzanie, Botswana notamment).

Hors d'Afrique, la durée maximale du CDD en France est de dix-huit mois, et vingt-quatre mois lorsque le contrat est exécuté à l'étranger (art. L. 1242-8-1 C.T.) ou s'il s'agit d'un départ définitif précédant la suppression du poste de travail du salarié. Au Brésil, elle est de deux ans (art. 445 CLT).

En Allemagne, le CDD conclu avec une raison objective n'est soumis à aucune limitation temporelle légale. La loi du 21 décembre 2000 prévoit même qu'un CDD peut être conclu et renouvelé de façon illimitée sans justification objective si l'employé a plus de 52 ans. Toutefois, s'appuyant sur la directive 1999/70/CE du 28 juin 1999 qui fait du CDI la règle et le CDD l'exception, la CUJE a jugé inconstitutionnelle cette disposition qui fait de l'âge de l'employé un critère pour l'absence de justification d'un CDD (CJUE, 10 mars 2011, Deutsche Lufthansa AG/Gertraud Kumpan).

Au Royaume-Uni, il n'y a aucune exigence de durée. Un CDD est un contrat qui se termine lorsqu'un terme spécifique est atteint, lorsqu'une tâche particulière est remplie ou qu'un événement certain survient. Il n'y a donc pas de limitation aux renouvellements du CDD. Enfin, en Espagne, la durée du CDD dépend des circonstances. Elle peut s'étendre jusqu'à trois ans (*Estatuto de los Trabajadores*, art. 15,5).

En Colombie, CST, article 46 : « *Le contrat de travail à durée déterminée doit toujours être écrit et sa durée ne peut excéder trois ans, mais il est renouvelable indéfiniment* ».

En Australie, à partir du 6 décembre 2023, les entreprises ne pourront plus recourir à un contrat à durée déterminée (CDD) pour une durée supérieure à deux ans (prolongations comprises), renouveler le CDD plus d'une fois ou encore conclure des CDD successifs sur la même fonction ou sur une fonction similaire à celle du CDD précédent lorsqu'une continuité de la relation de travail entre la fin du contrat précédent et le nouveau contrat sera constatée (*Loi de 2022 « secure jobs, better pay » / Gouvernement australien/Département de l'emploi et des relations sur le lieu de travail - octobre 2022).*

II. Le terme du CDD

L'importance de la détermination du terme tient au fait qu'elle permet de marquer la fin non pas de la relation de travail, mais du seul CDD avec les conséquences prévues à l'article 24. Ce terme ne peut être anticipé. C'est ainsi que l'accident du travail ne marque pas la fin du CDD (Voir C.A. de Libreville, 1ère Ch. Soc., 26 juin 2007, n° 221/06-07 : « *Attendu que l'accident du travail ne rompt pas le contrat de travail entre l'employeur et le salarié ; (...) Attendu qu'il n'est pas établi qu'au moment de l'accident du travail subi par X., le contrat de travail qui liait les deux parties, occasionnel et journalier soit-il, était déjà arrivé à son terme, étant donné qu'il y a eu prise en charge* »). De même, la partie qui prend l'initiative de la rupture sera tenue d'indemniser l'autre. La seule circonstance justifiant la fin de ce contrat avant le terme est celle d'une faute lourde ou de la force majeure.

Pour le juge, la gabonisation d'un poste n'est pas une cause de rupture d'un CDD avant son terme. Voir C.S. 27 juin 1983, n° 73 : « *Attendu que la gabonisation d'un poste, motif allégué par la Sté S. ne constitue pas l'une des causes autorisant la rupture prématurée d'un contrat à durée déterminée ; qu'il y a lieu de déclarer injustifiée ladite rupture* ». C'est également dans cette optique que le B.I.T. a demandé aux gouvernements gabonais et congolais, de fournir des informations indiquant que la politique de « gabonisation » ou la politique de « congolisation » ou d'« africanisation » des emplois ne conduiront pas à une discrimination fondée sur l'ascendance nationale (par exemple non embauche de nationaux d'origine étrangère considérés comme des non-ressortissants), ou de prendre des mesures à cette fin (CEACR, demandes directes, 2011).

III. L'exigence d'un écrit

L'exigence d'un écrit a un caractère impératif. Sans elle, la qualification de CDD ne peut être retenue (Voir, C.A. de Libreville, 27 juin 2000, n° 104/99-00).

Cette solution se retrouve également dans tous les droits comparés. Par contre l'absence d'objet n'est pas une cause de requalification. Cela tient au fait que, contrairement à ce qu'on relève en droit comparé, le Code du travail ne prévoit pas les mentions obligatoires que doit contenir le CDD, et que surtout il ne prévoit pas les cas de recours au CDD. Cette omission peut être interprétée comme l'illustration d'une certaine flexibilité du droit du travail gabonais.

Voir ce qu'il en est en droit congolais. Congo, art. 32 C.T. : « *Le contrat de travail à durée déterminée (...) doit comporter les indications suivantes: la définition précise de son projet ; lorsqu'il est conclu dans le cas visé au 3e alinéa de l'article 32-2, l'identité et la qualification du salarié remplacé ; lorsqu'il comporte un terme précis, la date d'échéance du terme et, le cas échéant, une clause prévoyant le report du terme, sans que ce report ait pour effet de proroger le contrat au-delà de deux (2) ans ; lorsqu'il ne comporte pas de terme précis, la durée pour laquelle il est conclu ; la désignation du poste de travail ou de l'emploi occupé ; la durée de la période d'essai éventuellement prévue ; les modalités de paiement et les éléments de la rémunération* ».

En droit français, l'article L. 1242-12 C.T. donne la liste des mentions obligatoires qui doivent être portées sur le contrat de travail : « *Le contrat de travail à durée déterminée est établi par écrit et comporte la définition précise de son motif. A défaut, il est réputé conclu pour une durée indéterminée.*

Il comporte notamment :
1°) Le nom et la qualification professionnelle de la personne remplacée lorsqu'il est conclu au titre des 1°, 4° et 5° de l'article L. 1242-2 ;
2°) La date du terme et, le cas échéant, une clause de renouvellement lorsqu'il comporte un terme précis ;
3°) La durée minimale pour laquelle il est conclu lorsqu'il ne comporte pas de terme précis ;
4°) La désignation du poste de travail en précisant, le cas échéant, si celui-ci figure sur la liste des postes de travail présentant des risques particuliers pour la santé ou la sécurité des salariés prévue à l'article L. 4154-2, la désignation de l'emploi occupé ou, lorsque le contrat est conclu pour assurer un complément de formation professionnelle au salarié au titre du 2° de l'article L. 1242-3, la désignation de la nature des activités auxquelles participe le salarié dans l'entreprise ;
5° L'intitulé de la convention collective applicable ;
6°) La durée de la période d'essai éventuellement prévue ;
7°) Le montant de la rémunération et de ses différentes composantes, y compris les primes et accessoires de salaire s'il en existe ;
8°) Le nom et l'adresse de la caisse de retraite complémentaire ainsi que, le cas échéant, ceux de l'organisme de prévoyance ».

IV. La requalification du CDD en CDI

Rien n'oblige les parties à mettre fin à la relation de travail au terme d'un CDD. Elles peuvent bien entendu le prolonger (sous réserve d'un seul renouvellement), mais elles peuvent également décider que leur collaboration va perdurer, le CDD devient un CDI. Dans la pratique gabonaise, le CDD est souvent un passage obligé pour arriver au CDI, ce qui est contraire à la loi, mais est rendu possible du fait des lacunes de l'alinéa 1er de l'article 23.

La requalification du CDD en CDI peut également être une sanction pour l'employeur lorsque les relations de travail se sont poursuivies au-delà du terme.

Le juge a le pouvoir de requalifier le CDD en CDI comme l'attestent ces illustrations :

- Voir, C.S. 4 juillet 1983, n° 76 : « *Attendu qu'aux termes de l'article 25 al. 2 C.T. lorsque le CDD, arrivé à terme, se poursuit par la volonté même tacite, des parties, cette prolongation confère au contrat le caractère de CDI (...)* ».

- TGI Libreville, Ch. Soc., 3 juin 2004, n° 239/03-04 : « *Attendu que X. a été engagé le 1er mars 1998 par la Société Y pour un contrat à durée déterminée de deux ans, ce contrat a pris fin le 1er mars 2000 ; mais attendu que feu X. a continué à travailler pour la Société Y. après expiration de ce contrat, cette prolongation a conféré au contrat le caractère de contrat à durée indéterminée comme en dispose l'article 24 du Code du travail* ».
- Si le CDD comporte la faculté d'être rompu sous réserve d'un préavis, le juge considère qu'il s'agit d'un CDI (C.S., 16 février 1970, *T.P.O.M.*, 285, p. 6301).

La requalification du CDD en CDI est une solution que l'on retrouve majoritairement dans l'ensemble des droits comparés. Les exceptions notables en l'espèce sont l'Allemagne et le Royaume-Uni. Il y a une originalité à relever en droit suédois, où les contrats à durée déterminée sont requalifiés en contrat à durée indéterminée, lorsque le salarié a été employé chez le même employeur pendant plus de douze mois au cours d'une période de cinq ans ou sur la base de CDD successifs (il peut aussi bien s'agir de CDD que de contrats de travail temporaires ou saisonniers). Le délai de carence entre deux contrats est pris en compte dans le calcul de l'ancienneté en cas de conclusion de trois CDD successifs au cours d'un mois civil. De plus, les salariés en CDD pendant plus de neuf mois au cours des trois dernières années ont un droit prioritaire à la réembauche dans un nouvel emploi en CDD (*Loi sur la protection de l'emploi / Gouvernement suédois / Teknikföretagen (organisation patronale suédoise de l'industrie) - février-mai 2022).*

a) Du contrat journalier ou hebdomadaire

Article 25 *: Est considéré comme travail journalier ou hebdomadaire, l'engagement écrit contracté pour une journée ou une semaine. Le salaire est payé à la fin de cette période. Le contrat peut être renouvelé le lendemain ou la semaine suivante sans excéder un mois à l'exception des travailleurs journaliers ou hebdomadaires exerçant dans les secteurs aéroportuaires ou maritimes dont la spécificité exige l'emploi par plusieurs employeurs affectés aux opérations de déchargement et chargement.*

Au-delà de la période d'un mois, si l'engagement se poursuit par la volonté, même tacite des parties, cette prolongation confère au contrat le caractère de contrat à durée indéterminée, nonobstant toute clause prohibant la tacite reconduction.

Le travailleur journalier ou hebdomadaire est obligatoirement déclaré auprès des organismes de sécurité sociale par le bureau d'embauche. Les modalités pratiques y relatives sont fixées par voie réglementaire.

Le travailleur journalier ou hebdomadaire, quel que soit le secteur d'activité, est tenu de se faire enregistrer auprès d'un bureau d'embauche afin d'encadrer son statut juridique et social.
L'entreprise utilisatrice doit obligatoirement recourir au bureau d'embauche pour tout recrutement d'un travailleur journalier ou hebdomadaire.
Les risques professionnels encourus par le travailleur journalier ou hebdomadaire non enregistré au bureau d'embauche tel que précisé au présent article pendant le temps où il a prêté ses services à l'employeur sont à la charge de ce dernier.
Le bureau d'embauche est créé par voie conventionnelle en accord avec les organisations syndicales d'employeurs et de travailleurs des secteurs utilisateurs.

Observations

L'enseignement que l'on tire de cette disposition est qu'elle a repris l'ancien article 26 avec nombre de rajouts, et une multitude de détails. On peut l'interpréter comme une manière de prévenir le défaut de textes d'application.

Il y a également la création d'un contrat particulier, et du statut du travailleur journalier. Par contre, quelques incongruités apparaissent comme le bureau d'embauche mentionné à plusieurs reprises. Dans les discussions tripartites, les employeurs avaient déjà marqué leur étonnement sur cette notion, et sur les modalités relatives à sa création et à son fonctionnement.

Dans l'absolu, il serait possible d'engager un salarié par écrit pour une journée ou pour une semaine. Toutefois, si l'engagement se poursuit de manière continue au-delà d'un mois, le contrat est requalifié en CDI, à moins de démontrer qu'à chaque renouvellement il y a eu un écrit. Ce sont les activités de manutention portuaire qui sont les plus concernées avec notamment les dockers.

Voir en ce sens, Cass. Ch. Réunies, 8 juillet 2008, n° 3/07-08 : « (…) *Qu'il se déduit des faits et documents ci-dessus que X. était engagé par intermittence, verbalement par la société Y pour le chargement des navires-grumiers, qu'à la fin de chaque chargement ce dernier était remercié verbalement par son employeur ; Que cette relation intermittente, à l'examen des pièces versées au dossier, a fait naître entre la société Y. et X. 46 contrats de travail ;*
Attendu que la société Y. allègue que la relation de travail avec X. relevait d'un contrat pour l'exécution d'un ouvrage ou d'une tâche déterminée ou à défaut des contrats journaliers ou hebdomadaires régis par les dispositions des articles 25 et26 du Code du travail ;

Mais attendu qu'aux termes des dispositions des articles 25 et 26 du Code du travail, le contrat de travail pour l'exécution d'un ouvrage ou d'une tâche déterminée et le contrat de travail journalier ou hebdomadaire sont obligatoirement écrits ;
Qu'à défaut de contrat établi lors de l'embauche, c'est à bon droit que le Premier juge a déclaré que les 46 contrats de travail constatés, conclus verbalement, sont à durée indéterminée, conformément aux dispositions des articles 27 du Code du travail, et A II 4 de la convention collective des transports maritimes fluviaux et connexes de la République Gabonaise (...) ».

Voir également, C.A. de Libreville, 1ère Ch. Soc., 10 avril 2007, n° 161/06-07 : « *Attendu que l'article 26, alinéa 2 du Code du travail dispose qu'au-delà de la période d'un mois, si l'engagement se poursuit par la volonté même tacite des parties, cette prolongation confère au contrat, le caractère de contrat à durée indéterminée ; (...) Qu'en qualifiant le contrat liant les parties de contrat à durée indéterminée, le Premier Juge a fait une bonne application des faits et du droit* ».

Article 26 : *Est passible d'une amende de trois cent mille (300 000) francs CFA par travailleur, le recrutement direct de travailleurs journaliers ou hebdomadaires sans recourir au bureau d'embauche.*
En cas de récidive, l'amende est portée à six cent mille (600 000) francs CFA.

b) Du contrat de travail à durée déterminée à terme incertain

Article 27 : *Le contrat de travail à durée déterminée à terme incertain est celui dont le terme n'est pas connu d'avance par les parties, mais qui dépend des délais d'exécution de l'ouvrage, de la tâche ou de la mission. Il est obligatoirement écrit.*
Sont ainsi considérés comme contrat de travail à durée déterminée dont le terme n'est pas connu d'avance :
- le contrat de travail pour l'exécution d'un ouvrage ou d'une tâche déterminée.
Le contrat de travail conclu pour l'exécution d'un ouvrage ou d'une tâche déterminée est un contrat dont le terme n'est pas connu d'avance, mais qui dépend des délais de réalisation d'un ouvrage, d'une tâche ou d'une mission à réaliser. Il doit mentionner la nature de l'ouvrage ou de la tâche à effectuer. Il est obligatoirement écrit.
-le contrat de travail saisonnier.

Le contrat à durée déterminée peut être également conclu pour la durée d'une saison. Il doit mentionner une durée minimale d'emploi. Il peut être renouvelé de façon successive chaque nouvelle saison.
On entend par travail saisonnier, l'exécution de tâches normalement appelées à se répéter chaque année, à des dates à peu près fixes, en fonction du rythme des saisons ou des modes de vie collectifs, à certains secteurs d'activités dont il est d'usage constant de ne pas recourir au contrat de travail à durée indéterminée en raison de la nature de l'activité exercée et du caractère par nature temporaire de ces emplois.
Pour le calcul de l'ancienneté du travailleur, il est tenu compte de la durée des contrats de travail à caractère saisonnier successifs cumulés au sein d'une même entreprise.
Les modalités d'application, en fonction des secteurs d'activités concernés, seront définies dans le cadre des conventions collectives sectorielles.

Observations

I. La réalisation d'un ouvrage ou d'une mission

Lorsqu'il s'agit d'un contrat conclu pour l'exécution d'un ouvrage ou d'une tâche déterminée, il n'y a pas lieu de mentionner la durée du contrat. La fin de contrat n'étant pas connue, son terme est imprécis et ne dépend pas de la volonté des parties. Mais, contrairement aux CDD, il y a une exigence de précision sur la nature de l'ouvrage ou la tâche à effectuer.

Dans l'absolu, il s'agit souvent de contrats dont la durée excèderait deux ans avec le risque encouru d'une requalification en CDI. On peut les retrouver dans divers secteurs d'activité où la souplesse qu'ils introduisent est particulièrement appréciée. Ils se retrouvent notamment dans la construction des infrastructures. Mais on y a également recours dans les services et même dans la recherche s'agissant de la gestion de programmes dont la durée peut excéder deux ans. La seule limite qui est introduite par la loi, c'est l'interdiction de renouvellement.

Sur un plan pratique, ces contrats de l'article 27 peuvent être considérés comme un modèle de flexibilité des normes contractuelles. Les exigences de forme prévues par la loi ne sont pas en effet particulièrement contraignantes.

En dehors du continent, c'est en Espagne que ces contrats ont connu le plus de succès. Ils y ont représenté jusqu'à 40 % de l'emploi. Le reproche fait à ces contrats est leur caractère temporaire, qui n'est nullement défini. Avec le Décret-loi 32/2021, du 28 décembre, sur les mesures urgentes pour la réforme du travail, la garantie de la stabilité de l'emploi et la transformation du marché du travail, il n'est plus possible de conclure ce type de contrats.

II. Le contrat saisonnier

L'autre figure contractuelle que l'on retrouve à l'article 27 c'est le contrat de travail saisonnier. Si les raisons de sa consécration peuvent se comprendre, le choix de le mettre dans le même article que le contrat pour l'exécution d'un ouvrage étonne. Le terme d'une saison est en effet assez facile à déterminer et de ce fait, ce contrat pouvait tout à fait relever du droit commun des CDD. De plus, pour rajouter à la confusion, il est prévu que ce sont des conventions collectives qui en définiront les modalités d'application.

En pratique quel est l'intérêt d'engager un travailleur saisonnier alors que l'on peut avoir recours à un intérimaire ?

2) Du contrat de travail à durée indéterminée

Observations

Le fait de placer le CDI entre le CDD et des contrats atypiques correspond-il à une volonté de le banaliser ? Certains ne manqueront pas de voir dans cet ordonnancement l'illustration de faire toujours plus émerger ce que l'auteure sud-africaine Elsabé Huysamen nomme des « formes d'emploi atypique », à l'opposé de « l'emploi typique » qui est marqué par la continuité et la certitude (E. Huysamen, "An Overview of Fixed-Term Contracts of Employment as a Form of a Typical Employment in South Africa" *PER / PELJ* 2019(22) - DOI http://dx.doi.org/10.17159/1727-3781/2019/v22i0a4605; R. Le Roux *The World of Work: Forms of Engagement in South Africa*, Institute of Development and Labour Law, University of Cape Town, Rondebosch, 2009.

Certes, l'on note en une croissance continue de l'emploi à durée limitée. Mais, il n'empêche que le CDI demeure largement plébiscité, pour des raisons liées aux droits et aux avantages qu'il offre notamment en matière de formation et de promotion.

Article 28 *: Le contrat de travail à durée indéterminée est celui dont le terme n'est pas fixé à l'avance et qui peut cesser à tout instant par la volonté de l'une ou l'autre partie, sous réserve du respect du préavis et des procédures prévues à la présente loi.*

Observations

I. Le CDI contrat de droit commun

Jusqu'au présent Code, le CDI était le contrat de droit commun. Avec la formulation de l'article 28 en est-il toujours ainsi ? Ce qui caractérise le CDI, c'est que son terme n'est pas fixé à l'avance. Mais, il en est de même du contrat de l'article 27 de ce code qui n'a pas non plus de terme fixé à l'avance, même si ses conditions de forme sont plus contraignantes. Pourtant, alors que la demande de simplification du droit est récurrente, la solution de bon sens aurait été de conserver l'ancien article 27 qui était d'une clarté absolue : « *Tout contrat de travail qui ne répond pas aux définitions des articles 23, 25 et 26 ci-dessus ou à celles des articles 28 et 30 ci-dessous est un contrat à durée indéterminée* ». Le législateur gabonais aurait pu en cela s'inspirer de ce qui se fait ailleurs.

En Afrique du Sud par exemple, le *Labour Relations Act, 1995* considère le CDI comme contrat par défaut. La législation burundaise va dans le même sens, avec l'article 37 du Code du travail qui dispose : « *Le contrat de travail à durée déterminée est la forme normale et générale de la relation de travail* ». L'article 11 de la loi algérienne n° 90-11 du 21 avril 1990 relative aux relations de travail mentionne quant à elle que : « *Le contrat est réputé conclu pour une durée indéterminée sauf s'il en est disposé autrement par écrit. Lorsqu'il n'existe pas un contrat de travail écrit, la relation de travail est présumée établie pour une durée indéterminée.* » (Angola, LGT, art. 14 ; Mali, C.T., art. 19 ; Côte d'Ivoire, C.T. art. 15.10. Pour le Sénégal, A. Kanté, Droit social sénégalais -Droit du travail, Droit de la sécurité sociale-, L'Harmattan, 2017, p. 58).

En Europe, la Directive du 28 juin 1999 concernant l'accord-cadre sur le travail à durée déterminée a prévu que le CDI était la norme communautaire. Il demeure toujours la forme d'emploi la plus importante avec près de 75 % des effectifs.

II. Le régime du CDI

Pour le juge, il y a CDI dès lors que les parties en ont convenu ainsi de manière expresse. Mais c'est également le cas lorsque le salarié a été engagé verbalement, même si par la suite l'employeur lui fait signer un CDD (Voir en ce sens, C.A. de Libreville, 1ère Ch. Soc., 10 avril 2007, n° 164/06,07 : « *Attendu que M. X. a été engagé verbalement le 04 juin 2001 ; Que ce contrat ainsi conclu revêtait le caractère de contrat à durée indéterminée ; Que le contrat à durée déterminée date du 27 juin 2002 dont se prévaut la société Y. et libellé en ces termes : "Nous vous remercions pour votre bonne collaboration et vous informons que le contrat qui vous lie à la société est à durée déterminée". Que pareille attitude relève plutôt d'une mauvaise foi de l'employeur* »).

Il y a encore CDI lorsque les parties n'ont pas respecté les dispositions relatives aux CDD et autres contrats à temps. Il lui appartient en ces différentes circonstances d'user de son pouvoir souverain d'appréciation. C'est pourtant ce qu'il a semblé oublier dans la décision suivante s'agissant de la preuve du CDI (Voir, Tribunal de Travail de Libreville, 24 novembre 2022, répertoire n° 78/2022-2023 : « *Mais attendu qu'il ressort des dispositions de l'article 16 du code de procédure civile qu'il appartient à celui qui fait des allégations d'en faire la preuve ; Que Dame M. allègue (...) qu'elle était liée au défendeur par un contrat à durée indéterminée sans verser au dossier un quelconque document pouvant établir la preuve de cette allégation* »).

A priori, il ne devrait pas être fait application de l'article 16 du Code de procédure civile ici. Le juge, qui a le pouvoir de requalifier un CDD en CDI, ne pourrait pas reconnaître un CDI au motif que le salarié n'aurait pas versé de document au soutien de sa demande ? Mais dans de nombreuses situations (travail domestique par exemple), cela paraît impossible : il n'y a ni contrat écrit, ni bulletin de salaire. Le recours aux témoins est la seule solution dans cette situation. La suggestion à faire en l'espèce est que le juge s'inspire de ce que l'on observe en droit du licenciement, où la charge de la preuve est neutralisée : il revient au juge de se forger sa conviction et non pas de se contenter des preuves rapportées par les parties (Voir par exemple ce qu'il en est en droit français à la lumière de cet arrêt de la Cour de cassation : « *Vu les articles L. 1232-6 et L. 1235-1 du Code du travail dans sa rédaction issue de la loi n° 2015-990 du 6 août 2015 : (...) Selon le second texte, à défaut d'accord devant le bureau de conciliation, le juge, à qui il appartient d'apprécier la régularité de la procédure suivie et le caractère réel et sérieux des motifs invoqués par l'employeur, forme sa conviction au vu des éléments fournis par les parties après avoir ordonné, au besoin, toutes les mesures d'instruction qu'il estime utiles* » (Cass. Soc., 27 janvier 2021, n° 19-16.692).

Voir en ce sens, C.S., chambre judiciaire, section sociale, Arrêt n° 34/S/CJ/CS du 28 avril 2022 : « *Que pour parler de contrat de travail, il faut démontrer les trois) éléments développés supra à savoir la prestation fournie, le lien de subordination et la rémunération que l'arrêt querellé s'est tout simplement contenté de mettre en exergue le salaire qu'aurait perçu le défendeur au pourvoi sans toutefois démontrer un quelconque lien de subordination ou la preuve de la prestation fournie par ce dernier* ».

Pour sa part, le juge camerounais semble aller dans le même sens que le juge gabonais.

La principale caractéristique du CDI est que chaque partie dispose d'une faculté de résiliation unilatérale. Néanmoins, cette rupture doit respecter des règles et des procédures spécifiques. Voir note sous article 63 et s.

3) Du contrat intérimaire et du contrat de mission

Observations

La relation tripartite entre la société d'intérim, la société utilisatrice et l'intérimaire va requérir la conclusion de deux contrats : le contrat de mise à disposition d'une part et le contrat de mission d'autre part.

La première convention lie la société d'intérim à son client. Elle a pour objet de fixer les conditions générales d'exécution de la mission, et doit contenir des clauses obligatoires (le motif du recours à l'intérim, le lieu et la durée de la mission, les travailleurs concernés, leur qualification et leur rémunération), sous peine de nullité du contrat.

Le contrat de mission est conclu entre la société d'intérim et l'intérimaire qu'elle aura recruté pour l'exécution de la mission requise par son client. Ce contrat doit être visé par l'Inspecteur du Travail, et comporter également des mentions obligatoires (cf. art. 34 C.T.*)* sous peine de nullité ou de requalification.

Le droit gabonais aurait pu s'inspirer de la formulation retenue par le législateur malien pour faciliter la compréhension de ces opérations : Du Travail Temporaire et de l'Externalisation (C.T., Titre VII, Chapitre III, Section 4). L'externalisation (encore appelée *Outsourcing*) est en effet, le fait pour une entreprise de confier la réalisation de certaines tâches à des tiers, prestataires externes (Voir encore, Sénégal : décret n° 2009-1412 du 23 décembre 2009 fixant la protection particulière des travailleurs employés par des entreprises de travail temporaire et les obligations auxquelles celles-ci sont assujetties ; Côte d'Ivoire, Décret n° 96-194 du 7 mars 1996 relatif au travail temporaire).

I. Le recours à des tiers pour exécuter des tâches dans l'entreprise

Qu'une entreprise confie des tâches à des tiers n'est pas à vrai dire un phénomène nouveau. On le connaissait déjà dans le Code de 1994 à l'article 113 avec la figure du tâcheron, que n'a pas reprise l'actuelle législation. Dans le secteur informel, le substantif tâcheron est souvent accolé au travailleur occasionnel, engagé pour effectuer ce que l'on appelle communément « des bricoles ». D'un point de vue juridique, le tâcheronnat est davantage un contrat d'entreprise qui se définit comme le contrat par lequel une personne (l'entrepreneur ou locataire d'ouvrage) s'engage envers une autre (le client ou maître de l'ouvrage) à faire un ouvrage en fournissant son travail ou parfois la matière première. Du fait de l'imprécision de l'ancien 113 s'agissant du recours au tâcheronnat, le risque était grand que l'employeur ne cédât une partie de l'activité de l'entreprise à des tâcherons pour éviter de supporter certaines charges sociales. Par la suite, le cadre légal du recours à des tiers, a été renforcé par deux textes : l'Ordonnance n° 020/20O7/PR du 21 août 2007 portant réglementation de l'activité de mise à disposition du personnel en République Gabonaise, et l'Ordonnance n°003/PR/2021 du 26 janvier 2021 portant réglementation de la sous-traitance en République Gabonaise.

II. Le cadre légal

Découlant de l'Ordonnance n° 020/20O7/PR du 21 août 2007, les contrats intérimaires et les contrats de mission sont une innovation majeure de ce code, et renvoient à ce que décrivent ci-après Jean-Yves Kerbourc'h et Xavier Baron : « (...) *de nombreux contrats sont conclus par des entreprises avec des prestataires spécialisés pour la réalisation de services portant sur des fonctions support. Ces tâches sont confiées à des tiers, car les entreprises les considèrent comme accessoires à leur activité principale, coûteuses, et improductives. De ce fait, l'économie générale des contrats procède moins de la volonté de fournir un service de qualité que d'une logique budgétaire de maîtrise des dépenses* » (J.Y. Kerbourc'h, X. Baron, « Organisation du travail - La sous-traitance de services support aux entreprises - De l'achat de prestations au contrat d'intérêt commun », *La Semaine Juridique Entreprise et Affaires* n° 26, 01 juillet 2021, 1341).

C'est surtout dans les activités de production et d'exploration pétrolières que le besoin de faire appel à des tiers va se manifester avec notamment, la fourniture de différents services dans des domaines tels que la maintenance, l'assistance technique en forage, l'exploration sismique, les réparations, la restauration, etc. Pour ces entreprises, l'externalisation relève selon Barthélémy et Donada d'un choix stratégique. Pour ces auteurs, c'est, « *le moyen rapide d'améliorer la performance des entreprises, de réduire les coûts et d'accroître la flexibilité. Sur le long terme, elle est vue comme un choix stratégique majeur permettant aux entreprises de se recentrer sur leur cœur de métier et de redéfinir leurs frontières* » (J. Barthélemy, C. Donada. « L'externalisation : un choix stratégique », *Revue française de gestion*, vol. 177, no. 8, 2007, pp. 97-99). La notion de cœur de métier de l'entreprise peut faire l'objet d'interprétations divergentes, et favoriser toutes les dérives en matière d'externalisation.

Au-delà de ce flou sur la notion de cœur de métier, il y a aussi le caractère inabouti du cadre légal de l'externalisation du travail. Certes, l'Ordonnance n° 003/PR/2021 avait ainsi défini le prêt illicite de main-d'œuvre (assimilable au marchandage de main-d'œuvre de l'article L. 8231-1 du Code du travail français) en son article 4 : « *toute opération frauduleuse qui consiste à faire disparaître la qualité de salarié entre le prêteur et l'emprunteur dans le but de tirer bénéfice sur le prix qu'il aurait dû payer pour l'emploi similaire* ». Mais, il est curieux de relever l'absence de toute sanction, que ce soit dans cette ordonnance ou encore dans le Code du travail. L'article 39 du présent code ne prévoit en effet des sanctions que pour le recours injustifié à des travailleurs intérimaires. Par ailleurs, l'Ordonnance n° 020/2007/PR ayant été largement reprise aux articles 29 et suivants du présent code, doit-on considérer que l'intérim a remplacé la mise à disposition ?

Néanmoins une distinction doit être faite entre l'externalisation du travail avec prêt de main-d'œuvre et celle sans prêt de main-d'œuvre.

S'agissant de la première en dehors de l'intérim qui est régi par le présent code, le législateur est resté silencieux sur des figures comme le travail à temps partagé, le groupement d'employeurs, les associations intermédiaires et les associations de service à la personne.

Voir ce qui en est dit en droit comparé français

- Le travail à temps partagé de l'article L. 1252-1 : « *Le recours au travail à temps partagé a pour objet la mise à disposition d'un salarié par une entreprise de travail à temps partagé au bénéfice d'un client utilisateur pour l'exécution d'une mission* ».
- Le groupement d'employeurs de l'article L. 1253-1 : « *Des groupements de personnes entrant dans le champ d'application d'une même convention collective peuvent être constitués dans le but de mettre à la disposition de leurs membres des salariés liés à ces groupements par un contrat de travail. Cette mise à disposition peut avoir pour objet de permettre le remplacement de salariés suivant une action de formation prévue par le présent code* ».
- Les associations intermédiaires de l'article 5132-7 : « *Les associations intermédiaires sont des associations conventionnées par l'Etat ayant pour*

objet l'embauche des personnes sans emploi, rencontrant des difficultés sociales et professionnelles particulières, en vue de faciliter leur insertion professionnelle en les mettant à titre onéreux à disposition de personnes physiques ou de personnes morales ».

- Les associations de service à la personne de l'article L. 7231-1 qui portent sur les activités suivantes : « *La garde d'enfants ; l'assistance aux personnes âgées, aux personnes handicapées ou aux autres personnes qui ont besoin d'une aide personnelle à leur domicile ou d'une aide à la mobilité dans l'environnement de proximité favorisant leur maintien à domicile ; les services aux personnes à leur domicile, relatifs aux tâches ménagères ou familiales.* »

Ces formes de prêt de main-d'œuvre avec ou sans but lucratif seraient-elles licites au Gabon ?

Sachant que la liberté contractuelle est la norme, et qu'aucune interdiction de principe n'est proclamée pour les autres formes d'externalisation du travail, il sera fait application de l'article 5 de la Déclaration des droits de l'homme et du citoyen, qui dispose : « *(...) Tout ce qui n'est pas défendu par la Loi ne peut être empêché, et nul ne peut être contraint à faire ce qu'elle n'ordonne pas* ».

Le législateur gabonais pourrait également s'inspirer du droit comparé ivoirien dont le Code du travail dispose en son article 11.5 : « *Le prêt de main-d'œuvre à but non lucratif est autorisé. Le prêt de main-d'œuvre à but lucratif ne peut être réalisé que dans le cadre du travail temporaire. Tout prêt de main-d'œuvre à but lucratif qui n'est pas réalisé dans le cadre du travail temporaire est nul. Le travailleur peut faire valoir l'existence d'un contrat de travail le liant à l'utilisateur, sans que cette faculté emporte renonciation aux droits que le travailleur peut avoir à l'encontre du prêteur de main-d'œuvre* ».

III. Au-delà du Code du travail

L'externalisation du travail sans prêt de main-d'œuvre ne relève pas du droit du travail. Deux figures dominent en l'espèce : le contrat d'entreprise régi par le Code civil, et le contrat de sous-traitance de main-d'œuvre qui relève de l'Ordonnance n° 003/PR/2021. Toutefois, la frontière n'est pas toujours aisée à établir entre la sous-traitance et la fourniture illicite de main-d'œuvre. Le secteur pétrolier en fournit d'excellentes illustrations.

Dans l'absolu, il ne devrait pourtant y avoir aucune confusion. Les sous-traitants (pétroliers, car c'est d'eux qu'il est question) ont une expertise sur un corps de métier bien précis. Il y aura par exemple un sous-traitant spécialisé dans la maintenance de vannes et soupapes, ce dernier intervient auprès de l'entreprise pétrolière avec du personnel qui lui est propre et fait sa prestation. Ce personnel ne reçoit pas d'ordre de la société pétrolière, et est toujours sous la subordination de l'entreprise sous-traitante. Et dans l'organisation interne de l'entreprise, souvent la sous-traitance relève du service des achats, ce qui est une preuve supplémentaire de l'extranéité de ces personnels.

Cependant, une autre figure contractuelle dont la croissance est continue a fini par s'imposer. Certaines sociétés insistent en effet pour que la qualification de leurs contrats avec les prestataires soit « contrat de service », mais dans le fond, c'est de la pure mise à disposition du personnel. L'idée qui gouverne ce choix est d'éviter le contrat d'intérim et l'application de l'article 31 du Code du travail, qui établit une coresponsabilité entre l'entreprise de mise à disposition de personnel et l'entreprise utilisatrice. Dans les faits, les prestataires étant souvent de petites entreprises faibles, ayant la crainte de perdre un contrat avec une « Major », elles assument tout. Mais, ce n'est que de la mise à disposition voilée.

a) Des dispositions générales

<u>Article 29</u> *: Le travail intérimaire consiste pour une société appelée société d'intérim à mettre à la disposition d'une autre société dite société utilisatrice temporaire, un travailleur remplaçant appelé intérimaire ou temporaire, ayant une qualification déterminée par la société d'intérim.*
Le recours au travail temporaire a pour objet la mise à disposition temporaire d'un travailleur par une entreprise de travail temporaire au bénéfice d'un client utilisateur pour l'exécution d'une mission.
Chaque mission donne lieu à la conclusion de deux contrats :
-un contrat de mise à disposition dit " contrat d'intérim " entre l'entreprise de travail temporaire et le client utilisateur, dit " entreprise utilisatrice " ;
-un contrat de travail, dit " contrat de mission ", entre le travailleur temporaire et son employeur, l'entreprise de travail temporaire.
Est entrepreneur de travail intérimaire ou temporaire, toute personne physique ou morale dont l'activité exclusive est de mettre temporairement à la disposition d'entreprises utilisatrices, en fonction d'une qualification convenue, des travailleurs qu'elle recrute et rémunère à cet effet.

Ordonnance n° 020/20O7/PR portant réglementation de l'activité de mise à disposition du personnel en République Gabonaise

Article 2 : Au sens de la présente ordonnance, on entend par entreprise de mise à disposition du personnel, toute personne, physique ou morale, dont l'activité exclusive est de mettre à la disposition provisoire d'utilisateurs, dénommées entreprises utilisatrices, des salariés qualifiés qu'elle embauche et rémunère pour l'exécution d'une mission détermine.

Article 3 : Les entreprises de sous-traitance, détenant un savoir-faire reconnu dans un métier ou un ensemble de métiers donnés, sont exclues du champ d'application de la présente ordonnance dans la mesure où elles ne sont pas des entreprises utilisatrices au sens de l'article 2 ci-dessus.

Article 4 : Le contrat de mise à disposition du personnel est un contrat écrit. Il contient les clauses obligatoires ci-après :

- *le motif du recours à la mise à disposition du personnel ;*
- *le nombre de travailleurs concernés et leur qualification ;*
- *le ou les lieux d'exécution de la mission ;*
- *la durée de la mission ;*
- *la description des postes à pourvoir ;*
- *les rémunérations des travailleurs par qualification.*

Observations

Reprenant dans les grandes lignes l'ordonnance de 2007 sur le contrat de mise à disposition, cette disposition, une fois n'est pas coutume, se caractérise par le souci de précision qui l'entoure. A la lecture de l'article 29, il n'y a pas de risque de confondre le travail intérimaire avec d'autres catégories. L'article 30 qui suit va dans le même sens. Pour leur part, les alinéas 3 à 6 sont sans ambigüités sur les instruments juridiques à l'œuvre dans le travail intérimaire : le contrat d'intérim et le contrat de mission. L'avantage ici est que la nécessité des textes d'application ou d'explication se fera alors moins sentir.

Il subsiste toutefois une incertitude sur l'objet dont il s'agit, à la lecture des alinéas 1 et 2. Le premier évoque le travail intérimaire, alors que le second parle du travail temporaire. Doit-on comprendre que pour le législateur ces expressions sont synonymes ? Il serait hasardeux de répondre par l'affirmative à cette question, tout travail temporaire n'étant pas obligatoirement du travail intérimaire, sauf si une fois de plus le législateur gabonais n'a fait que reprendre les catégories du droit français où il est plutôt question du travail temporaire (C. trav., art. L. 1251-2), la doctrine optant pour la synonymité (G. Auzero, D. Baugard, E. Dockès, *op. cit.*, n° 285).

Article 30 *: Il ne peut être fait recours au contrat d'intérim que pour l'exécution d'une tâche précise et temporaire appelée « mission », notamment dans les cas suivants :*

- remplacement d'un travailleur dont le contrat de travail est suspendu ;
- accroissement temporaire de l'activité de l'entreprise ;
- accomplissement de travaux urgents.
Le recours au contrat d'intérim ne peut avoir ni pour objet ni pour effet de pourvoir à un emploi permanent de l'organigramme d'une société.
Le contrat d'intérim ne peut être conclu pour remplacer un travailleur dont le contrat de travail est suspendu par suite d'un conflit collectif de travail ou pour effectuer des travaux particulièrement dangereux.
Sont exclus du champ d'application du contrat d'intérim :
- les travailleurs journaliers ;
- les travailleurs hebdomadaires ;
- les travailleurs saisonniers ;
- les entreprises de sous-traitance.

Ordonnance n° 020/20O7/PR portant réglementation de l'activité de mise à disposition du personnel en République Gabonaise

Article 6 : Le recours aux salariés d'une entreprise de mise à disposition du personnel ne peut avoir pour objet de pourvoir de manière durable à un poste de travail permanent dans l'organigramme de l'entreprise utilisatrice, sauf dans les cas suivants :

- *le remplacement d'un travailleur absent et pendant la durée de cette absence ;*
- *le remplacement d'un travailleur en congé annuel ;*
- *la suspension du contrat de travail, à l'exception du cas de grève ;*
- *le temps d'attente d'un travailleur permanent devant remplacer un travailleur en fin de contrat.*

Les contrats de mise à disposition du personnel et les contrats de mission conclus pour les cas énumérés ci-dessus ne peuvent dépasser six mois. Ils sont renouvelables une fois.

Article 7 : Pour les autres cas de recours aux travailleurs de l'entreprise de mise à disposition du personnel, l'entreprise utilisatrice doit, avant la conclusion du contrat de mise à disposition y relative, obtenir l'avis du Comité Permanent de Concertation Économique et Sociale ou, à défaut, celui concerté des délégués du personnel et des délégués syndicaux. Cet avis, accompagné du contrat de mise à disposition, est joint au dossier de demande de visa du contrat de mission.

Observations

L'article 30 reprend, même si ce n'est pas intégralement, l'ordonnance de 2007, notamment ses articles 6 et 7. Ce que l'on peut surtout retenir de cette disposition c'est que le contrat d'intérim ne peut pas avoir pour objet de répondre à un besoin structurel de main-d'œuvre. Pour autant, les cas de recours mériteraient d'être précisés.

I. Les cas de recours

Pourvoir à un emploi permanent. Cette notion que l'on retrouve souvent dans l'administration est plus difficile à appréhender qu'elle en a l'air. A l'inverse de l'emploi non permanent, l'emploi permanent correspond à une activité normale et habituelle de l'entreprise. Il peut être pourvu à temps plein ou à temps partiel. Or, dans la pratique, on s'aperçoit que le critère qui est prédominant s'agissant de l'interdiction de l'externalisation, c'est celui de l'activité principale, ou encore du métier de ladite entreprise. Il n'est pas pris en compte toutes les activités nécessaires au fonctionnement de l'entreprise. Si tel était le cas, l'externalisation ne serait plus possible. Dans une entreprise, pour ne prendre que cet exemple, les activités de nettoyage génèrent des postes de travail permanent. Pourtant, elles sont souvent confiées à des tiers à l'entreprise. Le raisonnement qui vaut c'est qu'elles ne font pas partie du cœur de métier de l'entreprise. L'enjeu est donc ici de déterminer le périmètre de ce cœur de métier.

1° Le remplacement d'un travailleur absent et pendant la durée de cette absence.

Plusieurs hypothèses sont envisageables :

- salarié absent de l'entreprise ou de son poste habituel,
- salarié passé provisoirement à temps partiel ou dont le contrat de travail est suspendu,
- départ définitif d'un salarié avant la suppression de son poste,
- dans l'attente de l'entrée en service d'un salarié recruté sous CDI,

2° L'accroissement temporaire de l'activité de l'entreprise.

L'accroissement d'activité peut s'inscrire, ou non, dans le cadre de l'activité normale, habituelle de l'entreprise. Dans le premier cas, il s'agira d'une augmentation accidentelle ou cyclique du volume de la charge de travail, augmentation qui ne peut pas être absorbée par l'effectif permanent de l'entreprise. C'est parce que l'effectif de l'entreprise est momentanément insuffisant que l'engagement temporaire de salariés sera justifié ; il est alors de nature quantitative. Dans le second cas, l'entreprise est confrontée à l'exécution d'un travail qui exige pour sa réalisation une qualification que ne possèdent pas ses salariés. Cette tâche n'ayant pas vocation à se perpétuer, l'employeur peut avoir recours à des engagements par contrat à durée déterminée. Dans cette situation, l'accroissement temporaire de l'activité est de nature qualitative.

En droit comparé français, « *Il n'y a pas accroissement temporaire de l'activité lorsque vingt et un contrats de mission successifs ont été conclus sur une période de plus de dix-huit mois, avec pour seules interruptions la période des congés payés et de Noël, contrats motivés alternativement par une surcharge du carnet de commandes pour deux clients ou par la constitution de stocks en prévision des congés d'été ou de fin d'année. La variation du nombre des intérimaires étant par ailleurs ajustée en permanence en fonction du niveau de commandes* » (CA Besançon, Ch. Soc., 16 nov. 2007 : JurisData n 2007-353377). De même, l'accroissement d'activité permettant le recours au travail temporaire n'est pas nécessairement exceptionnel, mais il ne doit pas présenter un caractère durable (Cass. Soc., 21 janv. 2004, Sté Sovab / Ahmet Akin). L'ouverture d'un magasin procède de l'activité normale et permanente de l'entreprise. Un employeur ne peut donc pas invoquer le surcroît d'activité occasionné par cette ouverture pour embaucher une caissière en CDD (Cass. Soc., 5 juillet 2005, n° 04-40.299).

Voir encore, toujours en droit français : « *Il résulte de l'article 56 de la loi n° 2015-994 du 17 août 2015 relative au dialogue social et à l'emploi et des articles L. 1251-5, L. 1251-6 et L. 1251-40 du code du travail que, lorsqu'une entreprise utilisatrice a recours à un salarié d'une entreprise de travail temporaire en violation des dispositions visées par l'article L. 1251-40, le salarié peut faire valoir auprès de l'entreprise utilisatrice les droits correspondant à un contrat à durée indéterminée prenant effet au premier jour de sa première mission irrégulière, y compris lorsqu'il a conclu avec l'entreprise de travail temporaire un contrat à durée indéterminée intérimaire. Il en résulte en outre que, nonobstant l'existence d'un contrat à durée indéterminée intérimaire, la rupture des relations contractuelles à l'expiration d'une mission à l'initiative de l'entreprise utilisatrice s'analyse, si le contrat est requalifié à son égard en contrat à durée indéterminée, en un licenciement qui ouvre droit, le cas échéant, à des indemnités de rupture. Doit dès lors être approuvée la cour d'appel qui a énoncé que, nonobstant la signature d'un contrat à durée indéterminée intérimaire par le salarié, ce dernier pouvait solliciter, d'une part, la requalification des missions qui lui étaient confiées en contrat à durée indéterminée de droit commun à l'égard de l'entreprise utilisatrice, au motif qu'elles avaient eu pour objet ou pour effet de pourvoir durablement un emploi lié à l'activité normale et permanente de celle-ci, d'autre part, à l'égard de l'entreprise utilisatrice, par suite de cette requalification, comme de l'entreprise de travail temporaire en raison de son licenciement dans le cadre du contrat à durée indéterminée intérimaire, diverses sommes au titre des deux ruptures injustifiées, dès lors que l'objet des contrats n'est pas le même, y compris lorsque les ruptures interviennent à des périodes concomitantes après la fin d'une mission auprès de l'entreprise utilisatrice* » (Cass. Soc., 7 février 2024, n°22-20.258 ; n°22-20.321, publié au bulletin)

3° Les travaux urgents

L'entreprise peut faire appel pour la réalisation de ces travaux à une entreprise extérieure qui peut, elle-même, recruter pour cette occasion des salariés sous contrat à durée déterminée. L'information incombe alors à l'entreprise commanditaire des travaux. Peu importe la nature des tâches à effectuer. La seule condition réside dans leur caractère d'urgence et dans leur justification : la sécurité des personnes et des biens, ou les besoins de prévention des risques professionnels imminents.

4° En droit comparé

Le droit nigérien prévoit en l'article 19 du Code du travail : absence temporaire d'un salarié pendant la durée de celle-ci ; suspension d'un contrat de travail pendant le temps de cette suspension ; fin d'un contrat à durée indéterminée dans l'attente de l'entrée en service effective d'un remplaçant ; travaux urgents dont l'exécution immédiate est nécessaire pour prévenir les accidents, organiser les mesures de sauvetage ou réparer les insuffisances du matériel, des installations ou bâtiments de l'entreprise présentant un danger pour les travailleurs ; survenance d'un surcroît exceptionnel de travail. La durée des missions de travail temporaire ne peut excéder six (6) mois, renouvelable une (1) fois.

En droit comparé ivoirien, le Décret n° 96-194 du 7 mars 1996 relatif au travail temporaire liste en son article 33, les travaux pour lesquels ce travail : les travaux souterrains (mines et chantiers souterrains) ; la surveillance et l'entretien des installations électriques ; les travaux de peinture ou vernissage par pulvérisation ; les chantiers de travaux dans l'air comprimé ; l'emploi des explosifs ; les chantiers de carrières par galerie souterraine ; la manipulation d'appareils exposant aux rayons X et au radium.

II. Les exclusions

Le droit gabonais prévoit expressément deux exclusions :

- Le remplacement de salariés grévistes. Ce serait alors une entrave à la grève.
- L'exécution de travaux dangereux. Pour la notion de travaux dangereux, c'est aux textes réglementaires ou aux conventions en fonction des secteurs d'activités de les préciser.

Par contre, il y a un cas de figure que le législateur gabonais n'a pas retenu et qui soulèvera des discussions en pratique, c'est celui du recours à des intérimaires après un licenciement pour motif économique. Ne peut-on pas l'interdire comme c'est le cas dans certains droits comparés qui prévoient un délai de carence avant de pouvoir externaliser certains postes de travail ?

Article 31 *: L'ouverture et le fonctionnement des sociétés de travail intérimaires sont régis par les lois et règlements en matière de création d'entreprise en République Gabonaise.*
Toute société de travail intérimaire doit préalablement au démarrage de ses activités obtenir un agrément délivré par le Ministre chargé du Travail.
Il est établi une coresponsabilité entre l'entreprise d'intérim et l'entreprise utilisatrice. Toute société de travail intérimaire doit également justifier d'une caution bancaire solidaire destinée au paiement des sommes dues aux travailleurs et aux organismes sociaux en cas de défaillance. Ainsi, en cas de défaillance de l'entreprise de travail temporaire et d'insuffisance de la caution, l'entreprise utilisatrice est substituée à l'entreprise de travail temporaire pour le paiement des sommes qui restent dues aux travailleurs temporaires et aux organismes de sécurité sociale ou aux institutions sociales dont relèvent ces travailleurs, pour la durée de la mission accomplie dans l'entreprise.
L'entreprise utilisatrice doit s'assurer par tous les moyens de preuve de la capacité de l'entreprise d'intérim à assumer ses obligations vis-à-vis de ses travailleurs, de l'Etat et des organismes de protection sociale.
Le travailleur lésé dans ses droits dispose d'une action directe contre l'entreprise utilisatrice sans préjudice, le cas échéant, de l'action récursoire reconnue à cette dernière contre l'entreprise d'intérim en cas de non-paiement des prestations dues ou du non-respect des conditions d'hygiène, de santé et de sécurité affectant le travailleur lésé.
Toute activité de travail intérimaire s'exerçant en dehors des dispositions y relatives est interdite, sauf exception prévue par les textes réglementaires.

Ordonnance n° 020/20O7/PR portant réglementation de l'activité de mise à disposition du personnel en République Gabonaise

Article 17 : L'entreprise utilisatrice doit s'assurer par tous les moyens de preuves, de la capacité de l'entreprise de mise à disposition du personnel à assumer ses obligations vis-à-vis de ses travailleurs, de l'État et des organismes de sécurité sociale.
Le travailleur lésé dans ses droits dispose d'une action directe contre l'entreprise utilisatrice sans préjudice, le cas échéant, de l'action récursoire reconnue à cette dernière contre l'entreprise de mise à disposition du personnel.

Article 18 : La co-responsabilité de l'entreprise utilisatrice et de l'entreprise de mise à disposition du personnel résultant des dispositions de l'article 17 ci-dessus s'exerce notamment dans les cas suivants :

- *l'emploi d'un travailleur sous contrat de mission sans le visa prévu à l'article 9 ci-dessus ;*
- *le non-paiement des salaires et accessoires de salaires par l'entreprise de mise à disposition du personnel ;*
- *le non-paiement des cotisations dues aux organismes de sécurité sociale ;*
- *le non-paiement aux travailleurs des diverses prestations auxquelles leur donne droit leur statut d'assurés sociaux ;*
- *l'indemnisation pour licenciement consécutif à une restructuration de l'entreprise utilisatrice.*

Un arrêté du Ministre chargé du Travail détermine, après avis de la Commission Consultative du Travail, les autres cas de co-responsabilité

Observations

Du fait des risques que l'externalisation du travail fait peser sur le salarié à l'égard duquel l'entreprise utilisatrice n'a, en principe, aucune responsabilité, le travail temporaire fait l'objet d'un encadrement juridique plus ou moins contraignant.
De la rédaction de l'article 31 on peut tirer deux principaux enseignements : la facilité avec laquelle on peut créer une entreprise de travail intérimaire d'une part, et des risques qui pèsent sur l'entreprise utilisatrice d'autre part.

I. L'application du droit commun des sociétés

L'alinéa 1er de l'article 31 pose comme principe que c'est le droit commun des sociétés qui régit la création des entreprises de travail temporaire. Celles-ci peuvent adopter les formes prévues par l'Acte uniforme du 30 janvier 2014 relatif au droit des sociétés commerciales et au GIE Code OHADA : Société à Responsabilité Limitée (art. 309 et s.), Société à nom collectif (art. 270 SNC), Société Anonyme (art. 385 et s.) ou Société en commandite simple (art. 293 et s.). Aucun capital minimum n'est donc exigé par la loi. Par ailleurs, il n'y a pas plus de précisions sur l'objet de cette entreprise, et le caractère exclusif de la mise à disposition du personnel sauf si l'on fait application de l'ordonnance de 2007.
Deux contraintes leur sont imposées. La première est, aux termes de l'alinéa 2 de l'article 31, la justification d'une garantie financière qui servira à payer les salariés et les organismes de sécurité sociale en cas de défaillance. Le montant de celle-ci est dans la pratique de 4 millions de francs CFA. La seconde exigence est l'obtention préalable d'un agrément du Ministre du travail pour démarrer les activités.
Pour ce qui est de son fonctionnement, c'est le droit commun des sociétés qui une fois de plus s'applique. Il ne semble pas y avoir un délit particulier comme il en existe en droit comparé français pour les conditions d'exercice de cette activité (C.T., art. L.1255-1).

II. La coresponsabilité, un risque pour l'entreprise utilisatrice

Comme pour juguler les critiques sur la précarisation induite par le recours à l'intérim, le législateur a tenu à organiser une protection pour le salarié intérimaire. Au final, c'est l'entreprise utilisatrice qui avait cherché par l'externalisation à réduire au maximum sa responsabilité à l'égard du salarié qui se retrouve rattrapée. Elle se retrouve d'abord chargée de vérifier que l'entreprise de travail temporaire est en règle (alinéa 4). En cas, de défaillance de celle-ci, l'entreprise utilisatrice sera redevable au salarié des sommes dues pour sa rémunération jusqu'à la fin de la mission. De même, en matière d'hygiène, de santé et de sécurité au travail, sa responsabilité pourra également être engagée. Rien n'empêche donc une victime d'exiger de l'entreprise utilisatrice la réparation de l'accident du travail lorsqu'il ne lui aura pas été fourni une formation renforcée par exemple.

Voir également l'hypothèse du licenciement d'un personnel mis à disposition : Soc., 23 avril 2015, arrêt n° 32/2014-2015 : « *Il résulte de l'ordonnance n° 20/2007 du 21 août 2007, sur l'activité de mise à disposition du personnel, que le travailleur dispose d'une action directe contre la société utilisatrice ;*

Fait donc une exacte application de cette disposition, la Cour d'appel qui déclare recevable, l'action d'un travailleur mis à disposition, licencié, contre la société qui l'utilisait ».

Au-delà de cette coresponsabilité, une autre épée de Damoclès doit être relevée : c'est le risque de requalification du contrat de mission. Lorsque les conditions de l'opération de prêt de main-d'œuvre ne sont pas réunies, le salarié peut en effet saisir le juge pour lui demander de requalifier le contrat de mission en CDI (Voir en droit comparé français, S. Tournaux, « Requalification du contrat de mission et condamnation *in solidum* des entreprises », *Dr. soc.* 2021).

Voir également São Tomé, C.T., art. 129 : « *Le recours illégal à la mise à disposition occasionnelle de travailleurs, ainsi que l'absence ou l'irrégularité des documents qui la justifient, donne au travailleur mis à disposition le droit d'opter pour un contrat de travail à durée indéterminée avec l'entreprise cessionnaire* ».

b) Du contrat d'intérim

Article 32 *: Le contrat d'intérim est un contrat écrit. Il contient les clauses obligatoires ci-après :*
- *le motif du recours à l'intérim ;*
- *le nombre de travailleurs concernés et leurs qualifications ;*
- *le ou les lieux d'exécution de la mission ;*
- *la durée de la mission ;*
- *la description des postes à pourvoir ;*
- *la rémunération du travailleur en fonction de la qualification.*

c) Du contrat de mission

Article 33 *: Le contrat de mission qui lie le travailleur et la société d'intérim ne peut avoir ni pour objet ni pour effet de pourvoir durablement un emploi lié à l'activité normale et permanente de l'entreprise utilisatrice. Il n'est utilisable que pour l'exécution d'une tâche précise et temporaire, dénommée mission.*
Sous peine de nullité, le contrat de mission est obligatoirement écrit et visé auprès de l'Inspecteur du travail du ressort, dans un délai maximum de quinze (15) jours. Il ne peut faire l'objet de cession.
Le contrat de mission doit également comporter un terme fixé d'avance, qui ne peut excéder deux ans, renouvellement compris.

Observations

I. La limitation dans le temps

Le contrat de mission est un CDD conclu pour le temps de la mission motivée par les situations mentionnées à l'article 30. De ce fait, il a une durée maximale de deux ans, la seule incertitude planant sur l'usage du renouvellement. Pour une disposition qui veut flexibiliser les règles, on aurait pu s'attendre à plus de souplesse.
Il est même étonnant que le législateur, au final, ait ainsi cadenassé le contrat de mission. En droit comparé français, en l'absence d'accord de branche étendu, la durée maximale des contrats d'intérim est en principe de 18 mois, renouvellements inclus. Pourquoi ne pas avoir prévu une durée en fonction de la mission voire même en certaines circonstances un terme imprécis ?

En droit comparé portugais, il est désormais possible de renouveler quatre fois maximum un contrat de travail temporaire au lieu de six. De plus, la durée totale des contrats de travail temporaires successifs auprès de différentes entreprises utilisatrices ne peut excéder quatre ans. À défaut, le contrat de travail temporaire sera requalifié en CDI.

Lorsque la durée maximale est atteinte, un délai de carence égal à un tiers de la durée totale des contrats de travail temporaire devra être respecté afin de pouvoir conclure un nouveau contrat de travail temporaire ou un CDD pour le même poste (Loi n° 13/2023 du 3 avril/Code du travail portugais/ Gouvernement portugais/ Sapo – mars 2023).

II. La sanction des conditions de formation

L'alinéa 2 précise que le contrat est obligatoirement écrit et visé par l'inspecteur du travail. La sanction de l'inobservation de ces conditions de forme est la nullité. Comment celle-ci va s'entendre ?
La nullité dont il est question frappe bien entendu le contrat de mission qui de ce fait est anéanti. Pour autant, qu'en est-il de la relation entre l'entreprise de travail intérimaire et le salarié ? La solution qui doit être retenue est celle qui prévaut pour tous les CDD à savoir la requalification en CDI. Mais, le législateur est silencieux sur ce point.

Article 34 *: Le contrat de mission contient les clauses obligatoires ci-après :*
- *la raison sociale et l'adresse de la société de travail intérimaire ;*
- *le numéro d'affiliation aux organismes de protection sociale de la société de travail intérimaire ;*
- *le numéro de l'agrément délivré par le Ministre chargé du Travail ;*

- *le nom et la qualification professionnelle du travailleur ;*
- *le nom de la société utilisatrice ainsi que son adresse ;*
- *la durée de la mission ;*
- *le lieu d'exécution de la mission ;*
- *les modalités de résiliation du contrat de mission ;*
- *le régime du travail avec, le cas échéant, la cadence prévue des récupérations ;*
- *la rémunération détaillée du travailleur.*

Observations

Il sera fait application une fois de plus de la règle en vigueur en matière de CDD : dès lors que les conditions de forme ne sont pas remplies, il y a requalification en CDI.
C'est la solution retenue en droit mozambicain par exemple. Voir LT, art. 89 : « *En l'absence de formulaire écrit ou d'indication des raisons du recours au travail temporaire, le contrat est considéré comme nul et la relation de travail entre l'utilisateur et le travailleur est assurée dans le cadre d'un contrat à durée indéterminée* ».

Article 35 *: Le contrat de mission prend fin au terme de la durée de la mission convenue entre les parties sans formalisme aucun. Il emporte de facto la résiliation du contrat d'intérim signé avec la société de travail intérimaire.*

Ordonnance n° 020/20O7/PR portant réglementation de l'activité de mise à disposition du personnel en République Gabonaise

Article 13 : L'arrivée à terme d'un contrat de mission entraîne la caducité du contrat de mise à disposition pour les postes de travail concernés

d) De la résiliation du contrat de mission

Article 36 *: En cas d'inaptitude physique ou professionnelle ou de comportement fautif du travailleur intérimaire, la société utilisatrice peut demander à la société de travail intérimaire le remplacement immédiat du travailleur concerné.*
Dans ce cas, la société utilisatrice doit notifier à la société de travail intérimaire les raisons et les motifs justifiant le remplacement du travailleur intérimaire.
La société de travail intérimaire doit pourvoir au remplacement du travailleur dans un délai de huit (8) jours maximum à compter de la date de notification de la société utilisatrice.

Article 37 *: L'utilisation des services du travailleur au-delà du terme prévu pour la mission sans avoir conclu avec lui un contrat de travail ou sans un nouveau contrat d'intérim transforme le contrat de mission en un contrat de travail à durée indéterminée avec l'entreprise utilisatrice.*
Dans ce cas, l'ancienneté prise en considération débute à compter du premier jour de la mission du travailleur intérimaire auprès de l'entreprise utilisatrice.

Observations

Voir Observations sous articles 23 et 24.

Article 38 *: Des modalités d'application relatives au contrat d'intérim sont complétées par des textes réglementaires.*

Article 39 *: Est puni d'une amende de dix millions (10. 000. 000) de francs CFA, le recours aux travailleurs d'une société de travail intérimaire afin de pourvoir de manière durable un poste de travail permanent dans la société utilisatrice et en dehors des cas énumérés à l'article 30 ci-dessus.*
En cas de récidive, l'amende est portée au double.

4) Du contrat à temps partiel

Article 40 *: Le contrat de travail à temps partiel est le contrat conclu pour une durée n'excédant pas un cinquième au plus de la durée légale ou conventionnelle de travail. Le contrat de travail à temps partiel doit être obligatoirement écrit et mentionner notamment la qualification du travailleur, les éléments de la rémunération, la durée hebdomadaire ou, le cas échéant, la durée mensuelle prévue et la répartition de la durée du travail.*
Le travailleur à temps partiel est rémunéré proportionnellement à son temps de travail.
Le travailleur à temps partiel, sous contrat de travail à durée indéterminée ou déterminée, bénéficie des droits reconnus aux travailleurs à temps complet par les conventions et accords collectifs.

Observations

Ce contrat fait partie des innovations de ce code. Il trouve certainement son origine dans le Code du travail français dont il ne reproduit qu'en partie les dispositions, ce qui rend son application très difficile au final. En droit français, il est question du travail à temps partiel, ce qui fait qu'au-delà de sa dénomination, il s'agit surtout d'un aménagement de la durée du travail. De ce fait, le contrat à temps partiel peut être à durée déterminée ou à durée indéterminée. Quant au choix du temps partiel, il peut se faire à la conclusion du contrat ou pendant l'exécution du contrat. Durant cette phase, il peut y avoir un passage du temps partiel au temps complet (art. L. 3123-3), et le salarié à temps partiel bénéficie d'une priorité d'accès à l'emploi à temps plein.

Pour sa part, le législateur gabonais est resté silencieux sur ces différentes interrogations. A la lecture de l'article 40, on sait simplement que le champ de celui-ci c'est la conclusion du contrat. Hormis l'exigence d'un écrit comportant un certain nombre de mentions à l'alinéa 1, il y a le rappel d'une évidence à l'alinéa 2 s'agissant de la rémunération. L'interprétation que l'on peut tirer ensuite de l'alinéa 3, c'est la reconnaissance d'une égalité des droits entre les travailleurs à temps plein et ceux à temps partiel. De ce fait, à la rupture du contrat de travail, les règles sont les mêmes pour tous.

La sanction que l'on peut imaginer ici s'agissant des conditions de formation de ce contrat, c'est la requalification. En droit comparé français, l'absence d'écrit mentionnant la durée du travail et sa répartition fait présumer que l'emploi est à temps complet. Il incombe à l'employeur qui conteste cette présomption de rapporter la preuve, d'une part, de la durée exacte hebdomadaire ou mensuelle convenue, d'autre part, que le salarié n'était pas placé dans l'impossibilité de prévoir à quel rythme il devait travailler, et qu'il n'avait pas à se tenir constamment à la disposition de l'employeur (Voir Cass. Soc., 2 mars 2022, n° 20-14.451). Néanmoins, le juge peut refuser de requalifier ce contrat. C'est ainsi que l'invalidité de l'accord collectif prévu à l'article L. 3123-25 du Code du travail, qui est une condition de recours, non au travail à temps partiel, mais à la modulation de la durée de travail, n'emporte pas la requalification du contrat de travail à temps partiel en contrat à temps complet (Cass. Soc., 24 avril 2024, n°22-15.967, publié au bulletin ; Cass. Soc., 7 février 2024, n° 22-17.696).

5) Du contrat intermittent

<u>Article 41</u> *: Le contrat de travail intermittent est un contrat à durée indéterminée qui doit obligatoirement être écrit. Il peut être conclu afin de pourvoir un emploi permanent qui, par nature, comporte une alternance de périodes travaillées et de périodes non travaillées.*
Le contrat de travail intermittent mentionne notamment :
- *la qualification du travailleur ;*
- *les éléments de la rémunération ;*
- *la durée annuelle minimale de travail du travailleur ;*

- *les périodes de travail ;*
- *la répartition des heures de travail à l'intérieur de ces périodes.*

Observations

Cet article reprend l'article L.3123-34 du Code du travail français. « *Le contrat de travail intermittent est un contrat à durée indéterminée.*
Il peut être conclu afin de pourvoir un emploi permanent qui, par nature, comporte une alternance de périodes travaillées et de périodes non travaillées.
Ce contrat est écrit.
Il mentionne notamment :
1° La qualification du salarié ;
2° Les éléments de la rémunération ;
3° La durée annuelle minimale de travail du salarié ;
4° Les périodes de travail ;
5° La répartition des heures de travail à l'intérieur de ces périodes ».

Toujours en droit comparé français, le travail intermittent n'est pas assimilable à du travail à temps partiel. Il correspond plutôt à des emplois permanents comportant une alternance entre périodes travaillées et périodes non travaillées (Cass. Soc., 2 mars 2016, n° 14-23.009 et 14-23.216 : JurisData n° 2016-003572).

Article 42 *: Le contrat de travail intermittent précise obligatoirement la durée annuelle minimale de travail du travailleur concerné. Les heures effectuées au-delà ne doivent pas, sauf accord de l'intéressé, excéder le tiers de la durée fixée par le contrat*

Observations

Cet article ne fait que reprendre l'article L.3123-35 du Code du travail français.

En droit comparé français, la requalification est prononcée lorsque le contrat se limite à indiquer les heures de travail, sans comporter les périodes travaillées et non travaillées (Cass. Soc., 25 mai 2016, n° 15-12.332 : Juris Data n° 2016-009916).

Article 43 *: Le travailleur titulaire d'un contrat de travail intermittent bénéficie des droits reconnus aux travailleurs à temps complet, sous réserve,*

en ce qui concerne les droits conventionnels, de modalités spécifiques prévues par la convention collective ou par une convention ou un accord d'entreprise ou d'établissement.
Toutefois, pour déterminer les droits que le travailleur concerné tient de son ancienneté, il convient également de prendre en compte la totalité des périodes non travaillées.

Observations

Cet article ne fait que reprendre l'article L.3123-36 du Code du travail français.

Article 44 *: Les négociations collectives définissent les emplois permanents pour lesquels ce type de contrat peut être conclu de même que les modalités de rémunération versée au travailleur titulaire d'un contrat intermittent. La rémunération ainsi versée au travailleur est dépendante de l'horaire réel et ses modalités peuvent faire l'objet d'un lissage sur l'année.*
Cette méthode, dite lissage des rémunérations, permet ainsi aux travailleurs titulaires d'un contrat de travail intermittent de percevoir un salaire mensuel d'un montant régulier, indépendant de l'horaire réellement effectué dans le mois.

Observations

Cet article ne fait que reprendre l'article L.3123-38 du Code du travail français. Une fois de plus, c'est une reprise partielle. De plus, elle ne tient pas compte du contexte si bien qu'on peut s'interroger sur l'utilité de la partie du premier alinéa relatif aux relations collectives. En droit français la convention ou l'accord collectif prévoyant le recours au travail intermittent doit désigner de façon précise les emplois permanents qui peuvent être pourvus par la conclusion de contrats de travail intermittent. Le contrat de travail intermittent conclu malgré l'absence d'une telle convention ou d'un tel accord collectif est illicite et doit être requalifié en contrat de travail à temps complet. La sanction dans ce cas est la requalification de ce contrat en CDI à temps complet (Voir Cass. Soc., 13 mars 2024, 22-14.004, publié au bulletin). Par contre, parfois le juge refuse de requalifier le contrat comme dans cet arrêt : Refus de requalification par les juges : « *Il résulte l'application combinée de l'article L. 3123-31 du Code du travail, dans sa rédaction antérieure à la loi n° 2016-1088 du 8 août 2016, des articles préambule et 1 de l'accord du 15 juin 1992 relatif au contrat de travail intermittent des conducteurs scolaires, des articles préambule et 2 de l'accord du 24 septembre 2004 relatif à la définition, au contenu et aux conditions d'exercice de l'activité des conducteurs en périodes scolaires des entreprises de transport routier de voyageurs, de l'article préambule de l'accord du 7 juillet 2009 relatif à l'emploi de conducteur accompagnateur, de l'article 3 D de ce même accord, dans sa rédaction issue de l'avenant n° 2 du 10 juin 2013, attachés à la convention collective nationale des transports routiers et activités auxiliaires du transport du 21 décembre 1950, que la possibilité de conclure un contrat de travail intermittent avec un conducteur en périodes scolaires d'une entreprise de transport routier de voyageurs concerne également les salariés occupant, au sein des entreprises exerçant cette même activité, un emploi de conducteur accompagnateur de transport spécialisé de personnes handicapées et/ou à mobilité réduite qui ne travaille que pendant les périodes scolaires* » (Cass. Soc., 7 juin 2023, n°22-10.125, publié au bulletin).

Section 3 : De l'exécution du contrat de travail

Sous-section 1 : De la période d'essai

L'intitulé de cette sous-section est une illustration de ce qu'a parfois été la réforme du Code du travail. En lieu et place de « L'engagement à l'essai », il y a désormais la formulation actuelle. Qu'apporte-t-elle de nouveau ? Nul ne le sait. L'engagement à l'essai est une expression qui remontait au code de 1952, alors qu'on y trouvait également la période d'essai, intitulé que retient également le Code du travail français.

Pendant l'essai, le contrat étant signé, il est donc valide. Néanmoins, les relations contractuelles sont fragilisées pendant cette période :

- Les parties peuvent en effet rompre le contrat sans formalités particulières (par écrit ou verbalement).
- Elles n'ont besoin d'aucun préavis (Voir, C.S. 14 avril 1980, n° 37 : « *Attendu que R... a été licencié au cours de sa période d'essai, et qu'il ne pouvait prétendre de ce fait à un préavis (...)* ») ;
- La fin de la relation de travail pendant la période d'essai n'ouvre pas de droit à indemnité (à l'exception de l'indemnité de congés payés si le salarié a travaillé plus d'un mois) (Voir en ce sens, C.A. de Libreville, Ch. Soc., 27 juin 2000, n° 095/99-00 : « *Attendu que l'article alinéa 3 du contrat d'engagement signé le 05 février 1997 offre à chacune des parties la faculté de mettre un terme à leurs relations de travail sans préavis ni indemnités pendant la période de 3 mois, durée de l'essai. Attendu que c'est en considération de cette clause contractuelle qui fait office de loi*

entre les parties qu'est intervenue avant le terme de l'essai la rupture du contrat liant les parties »).

En droit comparé français, il est désormais prévu de respecter un délai de prévenance dont la durée varie selon qu'il s'agit de l'employeur ou du salarié et en fonction du nombre de jours de présence de ce dernier (art. L. 1221-25 et 1221-26 C.T.).

Même si le législateur n'évoque pas cette situation, il est permis, au regard de ce que l'on observe en droit comparé espagnol par exemple, de s'arrêter sur la résiliation abusive du contrat pendant la période d'essai. Selon un rapport produit par la Banque d'Espagne, « *(...) plus qu'une fraude à la loi, la résiliation du contrat de travail avant la fin de la période d'essai serait un subterfuge utilisé par les entreprises afin de pouvoir adapter leurs effectifs aux pics d'activités dans les secteurs à forte saisonnalité. Cela aurait été rendu nécessaire depuis la réforme du travail de 2021 qui a rendu plus difficile le recours à des contrats de travail temporaires* » (*Journal ABC*, avril 2024)

L'essai ne doit pas être confondu avec le stage ou l'essai professionnel. Ces deux dispositifs ne sont pas réglementés, et on ne peut pas leur appliquer les dispositions relatives à l'essai.

Voir à ce propos en droit comparé malien, Cour suprême du Mali, section judiciaire, chambre sociale, 19 avril 1999, arrêt n° 7 : « *Il est fait grief aux juges de la Cour d'Appel d'avoir considéré le mémorant comme engagé à l'essai alors que la décision d'embauche n° 84/D.G du 5 juillet 1995 du Directeur général de l'I.N.P.S. ne laisse aucun doute sur le caractère définitif de son embauche ; que la période d'essai de six (6) mois y mentionnée ne peut être qu'une période de stage de formation pratique ; que la qualification d'engagement à l'essai retenue par la Cour d'appel de Bamako procéda d'une fausse application de la loi. Le document dont se prévaut le mémorant est intitulé "Décision d'embauche n° 84". Il est mentionné au premier paragraphe que le mémorant est engagé en qualité de Médecin généraliste par l'I.N.P.S et affecté au C.M.I.E. Sikasso ; le paragraphe II mentionne que recruté à Sikasso, le mémorant bénéficiera en ce lieu de son congé. Les questions suivantes se posent : - quelqu'un embauché comme médecin généraliste peut-il être ensuite dans la même décision engagé à l'essai : - quelqu'un en période d'essai de 6 mois peut-il bénéficier d'un congé de travail ?* »

<u>Article 45</u> *: Tout contrat de travail peut prévoir une période d'essai afin de permettre à l'employeur de juger des aptitudes professionnelles et du*

comportement du travailleur, et à ce dernier d'apprécier les conditions générales de travail, de sécurité et de santé au travail.
L'engagement à l'essai doit être, à peine de nullité, expressément constaté par écrit. Il peut être inclus dans le corps d'un contrat définitif.
Quand la période d'essai est prévue dans un contrat à durée déterminée, la durée de la période d'essai doit être proportionnelle à la durée du contrat dans les conditions fixées par voie réglementaire.

Observations

Les deux premiers alinéas de cet article sont des reprises des anciens articles 28 et 29. Le dernier alinéa en constitue donc l'innovation avec la codification du principe selon lequel en matière de CDD, la période d'essai doit être proportionnelle à sa durée mettant ainsi fin aux abus de certains employeurs.

I. L'exigence d'un écrit

Dès lors qu'un contrat de travail n'a pas la forme écrite, il ne peut pas y avoir période d'essai puisque celle-ci ne se présume pas. Le salarié qui se trouve dans cette situation est donc définitivement engagé, s'il s'agit par exemple d'un contrat à durée indéterminée. Dans le cas d'un CDD, l'absence d'une clause sur la période d'essai n'a aucun effet sur la qualification du contrat. Il n'y a en effet aucune obligation à ce qu'il y ait un essai dans un contrat.

II. L'encadrement de la durée

La loi fixe une durée maximale pour la période d'essai, et ce quel que soit le contrat. Cette période peut être prolongée sous réserve que cette prolongation soit justifiée, et comprise dans les durées fixées par la loi. Les parties ne peuvent donc convenir d'un essai plus long.
C'est aux conventions collectives qu'il revient de préciser ces périodes, et de les adapter en fonction de l'emploi et de la durée du contrat.

Dans la convention collective des banques, l'article A.12.1 dispose : « *Tout agent nouvellement recruté doit accomplir dans l'emploi qui lui est attribué, une période d'essai comptant du jour de sa prise de service et dont la durée est fixée à un mois de service effectif pour les employés ayant déjà travaillé dans un établissement bancaire, et à trois mois pour les employés n'ayant jamais travaillé ou ayant travaillé dans un établissement non bancaire. Cette période d'essai est éventuellement renouvelable* ».

Voir également Convention collective des Assurances (1983), art. A.12 : Convention collective des entreprises minières et assimilées, art. 13 ; convention collective des secteurs portuaires, maritimes et fluviaux (1985), art. 12.

Convention collective CNSS (1986), art. 11 : « *La période d'essai, pendant laquelle le contrat pourra être rompu au gré de l'une ou l'autre des parties sans préavis ni indemnité, doit être stipulée par écrit dans le contrat.*
La durée de cette période est d'un mois pour le personnel d'exécution, de deux mois pour les agents de maîtrise, et trois mois pour les cadres.
La période d'essai est renouvelable une fois en cas de besoin. Les délais de recrutement et de route ne sont pas compris dans la durée de la période d'essai ».

Dans la Convention d'établissement Gabon Telecom de 2007 actuellement en vigueur, l'article 10.3 dispose : « *Tout travailleur nouvellement engagé est préalablement soumis à une période d'essai dont la durée maximale pour les différentes catégories est déterminée comme suit :*

- *Personnel d'exécution : 15 jours renouvelables une fois ;*
- *Personnel de maîtrise : 1 mois et demi renouvelable une fois ;*
- *Personnel cadre : 3 mois renouvelables une fois* ».

<u>Article 46</u> : *La durée de la période d'essai, renouvellement éventuel compris pour chaque catégorie de travailleur, est mentionné dans le contrat.*
La durée de la période d'essai est déterminée conformément aux dispositions de l'article 49 ci-dessous.

<u>Article 47</u> : *Aucun travailleur engagé à l'essai ne peut être classé dans une catégorie inférieure à celle de l'emploi pour lequel il est recruté.*
Tous les avantages liés à sa catégorie doivent lui être accordés.

<u>Article 48</u> : *La période d'essai, suspendue conformément aux dispositions de l'article 54 ci-dessous, reprend cours à compter de la date de reprise possible du travail, et est alors prorogée proportionnellement à la période de suspension.*
La période d'essai suspendue dans les cas prévus par les dispositions de l'article 54 ci-dessous se poursuit à compter de la date de reprise possible du travail pour la durée qui restait à courir au moment de la suspension.

Observations

Il y a ici la reprise de l'ancien article 32 auquel l'on a adjoint un alinéa 2.

Illustration de la règle posée à cet article. Voir, C.S. 4 avril 1977, n° 25 : « *Attendu qu'il y a rupture abusive du contrat de travail, même en période d'essai de l'employé lorsque le licenciement intervient alors que l'exécution du contrat est suspendue, notamment pendant l'absence du travailleur en cas d'accident du travail, reconnu par l'autorité compétente* ».

Article 49 : *Aucun contrat individuel de travail ni convention collective ne peuvent prévoir une durée d'essai, renouvellement compris, supérieure à six mois pour les cadres, trois mois pour les techniciens et agents de maîtrise et un mois pour les employés et autres travailleurs. La durée de la période d'essai s'entend du travail effectif.*

Article 50 : *La prolongation des services après expiration de la période d'essai, sans qu'il y ait établissement d'un nouveau contrat, équivaut à la conclusion d'un contrat définitif prenant effet à la date du début de l'essai, aux clauses et conditions initiales.*

Observations

Reprise de l'ancien article 33.

Lorsque la relation de travail se poursuit au terme de l'essai, le contrat devient définitif. Voir en ce sens, C.S. 31 mars 1980, n° 22 : « *Attendu en ce qui concerne les motifs du licenciement que l'insuffisance professionnelle pendant la période d'essai reprochée à B... ne peut être retenue, étant donné comme l'a dit le premier juge, que la prolongation de la période a été décidée près de deux mois après que celle-ci ait expiré ; que c'est à bon droit que le premier juge a estimé que le P.R... ne pouvait évoquer l'insuffisance professionnelle en cours d'essai pour justifier le licenciement de B... sans préavis* ».

La période d'essai n'ouvre pas droit à une indemnisation en tant que telle.

Les droits burkinabè (C.T., art. 44), tunisien (C.T., art. 22), marocain (C.T. art. 13 dernier alinéa), algérien (art. 20 Lois relatives aux relations de travail) excluent expressément le versement d'une indemnité à la fin de la période d'essai. En droit comparé malien, le droit à allocation de congés payés est acquis pour les travailleurs engagés à l'essai. Le salarié peut également bénéficier de l'allocation prévue à l'article L.162 du Code du travail malien.

Sous-section 2 : De la mobilité du travailleur

L'intitulé de cette section peut prêter à confusion. La mobilité renvoie en effet à plusieurs modalités :

- Mobilité d'un emploi à un autre ;
- Retour à l'emploi pour ceux qui ont interrompu leur activité professionnelle ;
- Mobilité à l'intérieur des établissements ou des filiales de l'entreprise que ce soit au niveau national ou international.

Dans l'absolu, la mobilité du travailleur peut concerner aussi bien ceux qui ont un emploi, que ceux qui veulent essayer de le conserver, ou qui essaient d'en avoir un. Mais dans la présente sous-section, il ne s'agira que de la mobilité pendant l'exécution du contrat de travail. La question qui se pose est plutôt celle de la compatibilité de cette mobilité avec les clauses du contrat de travail, et notamment celles relatives au lieu de travail.

Article 51 *: Dans les entreprises et les groupes d'entreprises, disposant de politique de mobilité, le travailleur peut faire l'objet d'une décision de mobilité à l'initiative de son employeur ou solliciter le bénéfice de cette politique de mobilité sous réserve de l'accord de son employeur.*
On entend par mobilité professionnelle, la faculté pour un employeur d'affecter un travailleur dans un établissement ou une filiale du groupe ou à l'initiative du travailleur.
La période de mobilité est matérialisée par un avenant au contrat de travail, qui détermine notamment l'objet, la date de prise d'effet. Il prévoit également les situations et modalités d'un retour anticipé du travailleur, qui intervient dans un délai raisonnable et qui reste dans tous les cas possibles à tout moment avec l'accord de l'employeur.
A la fin de la période de mobilité, le travailleur retrouve son emploi à un poste ou un emploi similaire à celui occupé pendant la mobilité.
Le travailleur peut choisir de ne pas réintégrer son entreprise d'origine, dans ce cas ce refus est constitutif d'un motif de rupture de contrat de travail.
Lorsque la mobilité est à l'initiative du travailleur, et en cas d'impossibilité de le réintégrer à un poste équivalent ou similaire à celui occupé pendant la mobilité, l'employeur peut, après avoir exploré toutes les possibilités de

reclassement, en accord avec le travailleur, initier une procédure de licenciement.

Observations

Parmi les clauses générales du contrat du travail, il y a celles qui désignent le lieu de travail quand celui-ci n'a pas une nature itinérante. En principe, aucune partie n'a le pouvoir de modifier unilatéralement le contrat. L'alinéa 2 de l'article 51 change la donne de ce point de vue. Il donne le pouvoir à l'employeur, de sa propre initiative ou à la demande du salarié, d'affecter celui-ci dans un autre établissement, ou dans une filiale de son groupe. Cette opération, qui est soumise à un certain nombre de conditions, ne manque pas de soulever des interrogations du fait de la rédaction particulière d'une disposition reprise du Code du travail français.

Il y a lieu de noter que, contrairement aux termes employés, si la mobilité évoquée à l'article 51 est professionnelle, elle demeure et avant tout géographique.

I. La reprise de la mobilité volontaire sécurisée du code français

Quel était l'objectif poursuivi par le législateur lorsqu'il a rédigé l'article 51 ? Le saupoudrage auquel il s'est livré n'arrive pas à masquer l'origine française de ce texte.

Issue de l'ANI du 11 janvier 2013 en France, la mobilité volontaire sécurisée a pour objectif de sécuriser les parcours des salariés qui veulent changer d'emploi en vue de développer leurs compétences. Ce dispositif a ensuite été consacré par la loi du 14 juin 2013 relative à la sécurisation de l'emploi que l'on retrouve dans le Code du travail français. Il permet à un salarié d'une entreprise ou groupe d'entreprises d'au moins 300 salariés d'exercer une activité professionnelle dans une autre entreprise, tout en conservant son contrat de travail qui est suspendu. L'intéressé doit justifier d'une ancienneté minimale de 24 mois, consécutifs ou non. Il doit obtenir l'accord de l'employeur ; un avenant au contrat de travail sera alors établi afin que soient déterminés l'objet, la durée, la date de prise d'effet et le terme de la période de mobilité. Seront également prévues les situations et les modalités d'un retour anticipé du salarié.

Article l'article L. 1222-12 : « *Dans les entreprises et les groupes d'entreprises, au sens de l'article L. 2331-1, d'au moins trois cents salariés, tout salarié justifiant d'une ancienneté minimale de vingt-quatre mois, consécutifs ou non, peut, avec l'accord de son employeur, bénéficier d'une période de mobilité volontaire sécurisée afin d'exercer une activité dans une autre entreprise, au cours de laquelle l'exécution de son contrat de travail est suspendue* ». *On voit ici que l'expression « politique de mobilité* ».

Article L. 1222-13 : « *La période de mobilité volontaire sécurisée est prévue par un avenant au contrat de travail, qui détermine l'objet, la durée, la date de prise d'effet et le terme de la période de mobilité, ainsi que le délai dans lequel le salarié informe par écrit l'employeur de son choix éventuel de ne pas réintégrer l'entreprise.*

Il prévoit également les situations et modalités d'un retour anticipé du salarié, qui intervient dans un délai raisonnable et qui reste dans tous les cas possibles à tout moment avec l'accord de l'employeur ».

Article L. 1222-14 : « *A son retour dans l'entreprise d'origine, le salarié retrouve de plein droit son précédent emploi ou un emploi similaire, assorti d'une qualification et d'une rémunération au moins équivalentes ainsi que du maintien à titre personnel de sa classification. Il bénéficie de l'entretien professionnel mentionné au I de l'article L. 6315-1* ».

Article L. 1222-15 : « *Lorsque le salarié choisit de ne pas réintégrer son entreprise d'origine au cours ou au terme de la période de mobilité, le contrat de travail qui le lie à son employeur est rompu. Cette rupture constitue une démission qui n'est soumise à aucun préavis autre que celui prévu par l'avenant mentionné à l'article 1222-13* ».

La mobilité volontaire sécurisée permet à un salarié en quête de reconversion ou d'évolution professionnelle d'enrichir son parcours professionnel en découvrant une nouvelle entreprise, tout en ayant la garantie de retrouver son emploi d'origine. Il n'est pas sûr que ce soit le même objectif que le législateur gabonais poursuive.

II. Les conditions à remplir pour la mobilité du travailleur

Contrairement à la mobilité volontaire sécurisée, l'article 51 semble avoir pour objectif d'accroître les pouvoirs de l'employeur, et de lui donner la possibilité d'imposer une mobilité interne au salarié, en le dispensant ainsi du recours à une clause de mobilité. Certes, la loi prévoit que ce dernier puisse demander à bénéficier d'une mobilité, mais l'employeur n'a aucune obligation d'y répondre favorablement, et aucune sanction ne le guette en cas de refus.

A. Une notion aux contours flous : la politique de mobilité

De la rédaction de l'alinéa 1, on peut en déduire que la mobilité peut concerner toutes les entreprises, quelle qu'en soit la taille. Mais dans les faits, il ne pourra s'agir que des entreprises ayant des filiales à l'étranger. Dans le cas d'établissements multiples au Gabon, l'entreprise n'aura pas besoin de passer par l'article 51. Il suffira de préciser dans le contrat que celui-ci s'exécutera dans tous les établissements de l'entreprise.

Contrairement au texte français, tous les salariés sont éligibles. La seule exigence que pose la loi pose pour l'entreprise est la pratique d'une « politique de mobilité ». Dans le langage courant et managérial, la politique de mobilité renvoie aux transports et aux déplacements des salariés. Ce n'est pas visiblement ce que visait le législateur. Dans ces conditions, il aurait été préférable de préciser qui pouvait appartenir à ce club nouvellement créé, et surtout comment caractérise-t-on une « politique de mobilité ».

Sous d'autres cieux, cette opération se nomme un détachement tout simplement. Le salarié peut en effet être détaché par son employeur pour une durée limitée, dans un autre pays afin d'accomplir sa prestation de travail, dans une autre société du groupe. Le détachement se conçoit dans deux cas : tantôt l'employeur est établi hors du Gabon et le salarié vient travailler sur le territoire national, tantôt l'employeur est établi au Gabon et le salarié part travailler dans un pays étranger. La mission du salarié est, quoi qu'il en soit, temporaire : le travailleur doit, une fois la prestation de travail accomplie dans le pays qui n'est pas le sien, rentrer dans son pays d'origine auprès de son employeur initial.

B. Exigence d'un avenant au contrat de travail

Si l'employeur a le pouvoir d'affecter le salarié, il doit néanmoins satisfaire à une exigence formelle : un avenant au contrat avec un certain nombre de mentions. Dans l'alinéa 3, cette formalité ne requiert nulle part l'approbation du salarié. En d'autres termes, le salarié ne peut pas s'opposer à cet avenant. S'il s'avisait de le faire, on peut présumer que l'employeur serait en droit de le sanctionner. On n'est donc pas là dans le cas de figure de la mobilité volontaire sécurisée où, c'est au contraire, le salarié qui s'engage en indiquant les éléments suivants : l'objet de la période de mobilité ; la durée, la date de prise d'effet et le terme de cette période de mobilité ; le délai dans lequel le salarié devra informer par écrit l'employeur de son choix éventuel de ne pas réintégrer l'entreprise ; les situations et modalités éventuelles d'un retour anticipé du salarié.

III. Les questions en suspens

L'article 51 s'avère être un patchwork relevant à la fois de la mobilité interne et de la mobilité externe. Dans l'absolu, on a du mal à envisager la mise en place d'une quelconque mobilité externe sur la base de ce texte, puisque l'alinéa 2 précise bien « *dans un établissement ou filiale du groupe* ». Il y a un point positif à retenir toutefois, c'est l'obligation faite à l'employeur de réintégrer le salarié à un poste ou à un emploi similaire. Par contre, dans l'hypothèse d'une mobilité à l'initiative du salarié, l'alinéa 6 ne prévoit pas de garantie similaire. L'aventure peut même se terminer par un licenciement. Malheureusement, et une fois de plus, le législateur est peu disert sur cette rupture. De quelle nature sera-ce licenciement ? Il y aurait lieu de privilégier le caractère économique, surtout après l'impossibilité de reclasser le salarié. Mais, le législateur qui a consacré un nouveau cas de résiliation du contrat de travail avec la rupture amiable, ne pouvait-il pas simplement reprendre celle-ci, à l'initiative de l'employeur dans cette hypothèse ?

Par ailleurs, l'article 51 se contente de prévoir la mobilité, mais sans en dire plus les droits du salarié pendant cette période. Puisqu'il s'agit de mobilité interne, qu'en est-il de la situation du salarié dans l'établissement ou la filiale qui l'accueillent ? Est-on en présence d'une succession de contrat, ou alors il y a mise en veille du premier contrat ?

Le législateur aurait pu s'inspirer du droit européen en la matière et notamment l'article 3, paragraphe 1 de la directive 96/71 du 16 décembre 1996 relative au détachement des travailleurs dans le cadre d'une prestation de services telle que révisée par la directive 2018/957 du 28 juin 2018 : « *les États membres veillent à ce que, quelle que soit la loi applicable à la relation de travail, les entreprises qui procèdent à un détachement garantissent aux travailleurs qui sont détachés sur leur territoire, sur le fondement de l'égalité de traitement, la rémunération, y compris les taux majorés pour les heures supplémentaires, comme prévu par les dispositions législatives, réglementaires, administratives ainsi que par les conventions collectives d'application générale* ».
De manière plus générale, cet article 51 pose la question du sort des clauses de mobilité, du moins pour les entreprises entrant dans le champ d'application de cette disposition. En principe, elles n'en ont pas besoin puisque l'article 51 et ladite clause produisent le même effet : la mutation du salarié devient un simple changement des conditions de travail que l'employeur peut décider unilatéralement dans l'exercice de son pouvoir de direction. En cas de refus de la mutation, le salarié peut être licencié. C'est ce que l'on observe notamment en droit comparé français (Cass. Soc., 31 mars 2016, n° 14-19.711 : JurisData n° 2016-005781 ; JCP S 2016, 1231, note P.-Y. Verkindt ; Cass. Soc., 12 janv.

2016, n° 14-23.290 : JurisData n° 000228 ; JCP S 2016, 1107 , note F. Dumont : licenciement pour faute grave d'un salarié ayant successivement refusé de rejoindre deux affectations en violation d'une clause de mobilité).

Sous-section 3 : De la clause de non-concurrence

Article 52 : *On entend par clause de non-concurrence, toute stipulation interdisant au travailleur d'exercer une activité de nature à faire concurrence de manière déloyale à l'employeur.*
Le travailleur doit toute son activité professionnelle à l'entreprise, sauf dérogation stipulée au contrat de travail.
Est nulle de plein droit toute clause d'un contrat portant interdiction pour le travailleur d'exercer une activité quelconque à l'expiration du contrat. En cas de rupture du contrat, cette clause est valable si la rupture est le fait du travailleur ou résulte d'une faute lourde de celui-ci.
Toutefois, en ces cas, l'interdiction ne peut porter que sur les activités de nature à faire concurrence de manière déloyale à l'employeur.
Cette interdiction ne peut dépasser douze mois et ne peut s'appliquer que dans un rayon de cinq kilomètres autour du lieu de travail.

Observations

I. L'objet de la clause de non-concurrence

Il y a ici une reprise de l'ancien article 34, avec le rajout d'un premier alinéa définissant la clause de non-concurrence. Le reste de la disposition est inchangé, y compris le rayon de 5 km qui avait été porté à 10 km dans une précédente mouture du projet de loi (avant discussion tripartite en 2020).

La clause de non-concurrence a un intérêt évident pour l'employeur. C'est pour lui un outil de dissuasion à l'adresse de ses meilleurs salariés : restreindre leur horizon professionnel ailleurs s'ils s'avisaient de le quitter. Pour autant, cette interdiction n'est pas absolue. Elle est limitée dans le temps et dans l'espace : 12 mois au maximum et cantonnement à une zone géographique. Cette clause ne doit pas être confondue avec l'obligation de non-concurrence. La première s'impose au salarié après la rupture du contrat de travail alors que la seconde couvre l'exécution dudit contrat. Sa violation est sanctionnée par la faute grave voire la faute lourde (Voir par exemple, C.S. 30 janvier 1984, n° 15 : « *Attendu qu'il ressort d'une attestation versée au dossier par l'appelante que X... a travaillé à la société C... comme tâcheron du 1er mai au 2 octobre 1981, donc pendant la période de repos ordonnée par le médecin ; Attendu que le contrat de travail versé au dossier précise en son article 6 que le travailleur "doit toute son activité professionnelle à la société" (...)* »).

Dans la rédaction de l'article 52, il y a une confusion entre ces deux termes. L'alinéa 2 se réfère en effet à l'obligation de non-concurrence. Durant l'exécution du contrat, la loi rappelle que le travailleur doit toute son activité à l'entreprise, sauf si le contrat en dispose autrement. Dans les faits, on ne peut pas être à la fois collaborateur et concurrent de l'employeur. Cette obligation est inhérente au contrat de travail. L'alinéa 3 renvoie, lui, à la clause de la clause de non-concurrence dans le contrat de travail.

La clause de non-concurrence ne doit pas avoir pour objet d'organiser une interdiction générale de travailler à la rupture du contrat de travail. Une telle disposition ne saurait prospérer puisqu'elle va à l'encontre de l'article 2 du Code du travail qui proclame que « L'exercice d'une activité professionnelle est un devoir national ». A contrario, les clauses organisant une interdiction d'exercer certains emplois et pendant une période limitée à la rupture du contrat de travail sont tolérées.

Toutefois, la nullité qui est évoquée au présent article soulève des difficultés. La nullité sanctionne en effet un contrat qui est entaché par un vice de forme ou par une irrégularité. Dès lors, comment une clause qui est considérée comme nulle au moment de la formation du contrat peut être justifiée à la fin de celui-ci par le fait que le salarié aurait commis une faute lourde ? Il convient de préciser que dans cette hypothèse, l'interdiction ne porte que sur des activités de nature à porter concurrence de manière déloyale à l'employeur.

II. Le régime juridique de la clause de non-concurrence

C.A. de Libreville, 1ère Ch. Soc., 30 octobre 2007, n° 06/07-08 : « *Attendu que la compagnie Y. reproche à son ex-employé de s'être rendu coupable de concurrence déloyale ; Mais attendu qu'elle ne verse nullement aux débats la preuve de l'existence d'une clause de non-concurrence à laquelle Monsieur X. se serait engagé ; Qu'on ne saurait dans ces conditions lui opposer une quelconque concurrence déloyale (...)* ».

En droit comparé français (Cass. Soc., 10 juillet 2002), une clause de non-concurrence n'est licite que si :

- Elle est indispensable à la protection des intérêts légitimes de l'entreprise ;
- Elle est limitée dans le temps ;
- Elle est limitée dans l'espace ;
- Elle tient compte des spécificités de l'emploi ;
- Elle comporte l'obligation pour l'employeur de verser au salarié une contrepartie financière.

Toujours en droit comparé français, le non-respect de la clause de non-concurrence libère l'employeur de toute obligation financière envers le salarié, même après la cessation de la violation (Cass. Soc., 22 janvier 2024, n° 22-20.926 ; Cass. Soc., 5 mai 2021, n° 20-10092). Le non-respect de l'obligation de non-concurrence peut avoir des répercussions importantes pour le salarié fautif. En plus de perdre la contrepartie financière prévue, il peut être contraint de rembourser les sommes déjà perçues et de verser des dommages et intérêts à son ancien employeur, sur la base du Code civil (Article 1217). Pour renforcer la dissuasion, les employeurs peuvent insérer une clause pénale dans le contrat de travail (Article 1231-5), spécifiant le montant des dommages et intérêts dus en cas de non-respect de l'obligation de non-concurrence. Cette clause, jugée valable par la jurisprudence, permet à l'employeur d'obtenir réparation sans avoir à prouver un préjudice spécifique.

En droit comparé américain, le 23 avril 2024, la *Federal Trade Commission* (commission chargée aux États-Unis de prévenir les pratiques commerciales déloyales) a publié un nouveau règlement qui interdit les clauses de non-concurrence à l'échelle nationale. Selon la FTC, cette nouvelle mesure vise à protéger la liberté fondamentale des salariés de changer d'emploi et contribue à l'innovation en encourageant la création de nouvelles entreprises (Commission Fédérale américaine du Commerce, avril 2024).

Sous-section 4 : Du télétravail

<u>Article 53</u> *: Le télétravail désigne toute forme d'organisation du travail dans laquelle un travail qui aurait pu être exécuté dans les locaux de l'employeur est effectué par un travailleur hors de ces locaux selon les circonstances en utilisant les technologies de l'information et de la communication.*
Est qualifié de télétravailleur, tout travailleur de l'entreprise qui effectue, soit dès l'embauche, soit ultérieurement, du télétravail tel que défini au premier alinéa du présent article.
Lorsque le travailleur et l'employeur conviennent de recourir au télétravail, ils formalisent leur accord par tout moyen. Lorsque la demande de recours au télétravail est formulée par un travailleur vivant avec un handicap ou un proche aidant, l'employeur motive, le cas échéant, sa décision de refus.

Le travail en télétravail peut être rendu obligatoire en cas de situation de guerre, de force majeure, d'épidémie, de pandémie ou de toutes autres situations rendant impossible le déplacement du travailleur sur le lieu du travail.
Les parties, l'accord collectif ou l'accord d'établissement précisent :
1) les conditions de passage en télétravail, en particulier en cas d'épisode de menace d'épidémie, ou en cas de force majeure ;
2) les conditions et modalités de retour au travail dans les locaux de l'employeur, le mode de notification et le mode de renouvellement du télétravail ;
3) le lieu choisi par le travailleur pour effectuer le télétravail ;
4) les modalités d'acceptation par le travailleur des conditions de mise en œuvre du télétravail, sauf cas de force majeure ou de pandémie ;
5) les modalités de contrôle du temps de travail ou de régulation de la charge de travail ;
6) la détermination des plages horaires durant lesquelles l'employeur peut habituellement contacter le travailleur en télétravail ;
7) les modalités d'accès des travailleurs vivant avec un handicap à une organisation en télétravail.
Le télétravailleur a les mêmes droits que le travailleur qui exécute son travail dans les locaux de l'entreprise.
Outre ses obligations de droit commun vis-à-vis de ses travailleurs, l'employeur est tenu à l'égard du travailleur en télétravail :
1) d'informer le travailleur de toute restriction à l'usage d'équipements ou outils informatiques ou de services de communication électronique et des sanctions en cas de non-respect de telles restrictions ;
2) de lui donner priorité pour occuper ou reprendre un poste sans télétravail qui correspond à ses qualifications et compétences professionnelles et de porter à sa connaissance la disponibilité de tout poste de cette nature ;
3) d'organiser chaque année un entretien qui porte notamment sur les conditions du travailleur et sa charge de travail.
Les modalités pratiques du télétravail sont fixées dans le cadre d'accords collectifs ou d'accords d'établissements en concertation avec les instances représentatives du personnel.

Observations

Jusqu'à l'apparition de la pandémie de la Covid, le télétravail demeurait inconnu dans les législations et les réglementations africaines (Pour l'Afrique du Sud, voir : D. Rammila, *Teleworking in South Africa: laws and challenges in an unequal society*, International Lawyers Assisting Workers (ILAW), 2023, https://www.solidaritycenter.org/wp-content/uploads/2023/10/FINAL-

TELEWORKING-IN-SOUTH-AFRICA.pdf; N. Baard, A. Thomas, "Teleworking in South Africa: Employee benefits and challenges", *SA Journal of Human Resource Management*, Vol. 8, 2010).

Hormis le Gabon, et la Côte d'Ivoire (Décret n° 2022-31 du 12 janvier 2022 fixant les modalités de mise en œuvre du télétravail pour les travailleurs régis par le Code du travail), rares sont les pays africains qui disposent d'un encadrement juridique pour le télétravail. Le Sénégal avec l'ordonnance n° 001-2020 du 8 avril 2020 qui aménage des mesures dérogatoires au licenciement et au chômage technique ne cite pas nommément le télétravail.

I. Le champ du télétravail

Au regard de diverses définitions, dont celle du Code gabonais reprenant fidèlement les articles L. 1222-9 à L. 1222-11 du Code du travail français, le télétravail est un mode d'organisation du travail qui permet à un travailleur de recourir aux solutions et potentialités diverses des technologies de l'information et de la communication, pour exécuter des tâches ou activités à lui confiées par l'employeur. Le télétravail s'exécute à distance du lieu habituel de travail, et sous plusieurs formes :

- Via un réseau intranet. Cette forme de télétravail se fait au sein même de l'entreprise, dans des locaux géographiquement éloignés.
- Dans un local commun où on trouve des télétravailleurs de différentes entreprises ; chacun fait le travail de son entreprise.
- A domicile. C'est la forme de télétravail la plus fréquente, elle peut être organisée selon trois modalités et qui présente un lien étroit avec la dynamique de la construction d'une société de l'information. Pour cette forme, le travailleur doté des équipements appropriés à domicile réalise les activités et les tâches qui lui sont confiées par l'employeur. Le télétravail à domicile peut être organisé autour de trois modalités distinctes :
    - Exclusivement à domicile, tout en disposant de périodes de passages ponctuels dans l'entreprise pour des réunions ou pour rencontrer des clients ou prestataires externes ;
    - En alternance entre domicile et bureau. Dans ce cas, le salarié travaille pendant une période déterminée à domicile et le reste du temps au sein de l'entreprise ;
    - En mode nomade (le travail nomade) qui est la forme permettant au travailleur qui bien que disposant d'un bureau fixe au sein des locaux de l'entreprise, choisit de réaliser une partie de son travail hors de

l'entreprise en tout autre lieu avec la possibilité de rejoindre à tout moment son bureau dans l'entreprise.

La principale caractéristique du travail à distance est que la relation de travail, du début à la fin, s'effectue sous le sceau de l'éloignement au moyen des technologies de l'information et de la communication. Il est mis en place sur la base du volontariat avec les nouveaux salariés ou les salariés déjà en poste. Il y a toutefois un risque de confusion avec le travail à domicile sur lequel le Code du travail est d'ailleurs silencieux, contrairement à ce que l'on observe en droit français. Le télétravailleur doit utiliser les « technologies de l'information et de la communication ». Cette condition est déterminante dans la distinction du télétravail et du travail à domicile, ce dernier n'impliquant pas un échange entre le travailleur et le donneur d'ordre pendant l'exécution de la prestation de travail.

C'est ce que l'on retrouve par exemple en droit comparé colombien où une distinction est faite entre le télétravail (la loi 1221 de 2008 et les décrets 884 de 2012 et le décret 1227 de 2022 qui régissent le télétravail), le travail à distance et le travail à domicile (Voir en sens, Cour constitutionnelle, 15 juin 2022, C-212/22).

II. Le télétravail : une organisation du travail

A l'instar de la législation française, le code gabonais envisage le télétravail comme une organisation de travail. La conséquence que cela emporte est que le télétravail ne constitue pas une modification du contrat du travail. Mais contrairement au droit français qui n'exige plus un avenant, l'alinéa 3 du présent article oblige à formaliser le passage au télétravail, tout en précisant « par tout moyen » ce qui ne peut manquer de surprendre.

Cette organisation est librement choisie par le salarié soit lors de la formation du contrat, soit pendant l'exécution de celui-ci. L'entreprise peut y recourir également à la suite d'un accord collectif ou d'un accord d'établissement (alinéa 5). Enfin, aux termes de l'alinéa 4, le télétravail peut être rendu obligatoire dans les circonstances qu'il énumère.

Étant simplement une organisation du travail, les obligations et les droits individuels ou collectifs du salarié ne changent pas (alinéa 13), malgré quelques particularismes.

III. La spécificité du télétravail

A. Le contrôle du salarié

Le travail se déroulant dans un espace privé et laissant une grande liberté au salarié dans l'organisation de son temps et de ses horaires de travail, des modalités de contrôle particulières doivent être envisagées (alinéa 11), dans un accord collectif ou un accord d'établissement (alinéa 5). À défaut d'accord applicable, c'est, comme l'alinéa 3 le prévoit, un accord formalisé par tout moyen qui s'imposera.

Le télétravailleur étant un salarié comme un autre (alinéa 14), il a droit au même titre au respect de sa vie privée à la fois dans l'entreprise, et en dehors de celle-ci. Même s'il fait entrer son activité professionnelle dans sa sphère privée, le télétravailleur ne voit pas pour autant réduit son droit au respect de la vie privée. C'est pour cela que le contrôle de l'employeur ne doit se cantonner qu'au champ professionnel.

B. Obligations particulières de l'employeur

Annoncées par l'alinéa 15, elles sont de trois ordres :

- Information sur l'usage d'équipement ou d'outils informatiques ;
- Priorité au télétravailleur pour occuper ou reprendre un poste sans télétravail ;
- Organisation d'un entretien annuel.

Par contre le législateur est demeuré silencieux, sur les autres obligations qui pouvaient naître de cette organisation du travail.

C. Les silences du législateur

- Fourniture des équipements. Qui doit supporter le coût de l'équipement lié à cette forme d'organisation du travail ? La réponse a priori est assez aisée si l'on considère que c'est à l'employeur de fournir le travail. Il lui reviendra donc de, non seulement mettre à disposition du salarié les équipements nécessaires au télétravail, mais aussi de les installer et de les entretenir. Mais la question peut se poser différemment dans l'hypothèse de l'alinéa 4 comme on l'a vu avec la pandémie de la COVID, si, exceptionnellement, le salarié utilise son propre équipement. Ce sera alors à l'employeur d'en assurer l'adaptation et l'entretien. Il doit donc prendre en charge les coûts de mise à jour du matériel et des logiciels nécessaires à l'exercice du télétravail.

- Indemnisation du salarié. En droit comparé français, le salarié peut prétendre à une indemnité au titre de l'occupation de son domicile à des fins professionnelles dès lors qu'un local professionnel n'est pas mis effectivement à sa disposition (Cass. Soc., 14 sept. 2016, n° 14-21.893, *JurisData* n 2016-018566 ; *JCP*, S, 2016, 1405, note H. Guyot). Le juge français précise : « *l'occupation à la demande de l'employeur, du domicile du salarié à des fins professionnelles constitue une immixtion dans la vie privée de celui-ci et n'entre pas dans l'économie générale du contrat de travail ; si le salarié [...] accède à la demande de son employeur, ce dernier doit l'indemniser de cette sujétion particulière ainsi que des frais engendrés par l'occupation à titre professionnel du domicile* » (Cass. Soc., 7 avril 2010, n° 08-44.865 ; n° 08-44.866 ; n° 08-44.867 ; n°08-44.868 ; n°08-44.869).

- Santé et sécurité. Les dispositions relatives à la santé et à la sécurité sont applicables au télétravailleur. Il appartient à l'employeur de s'assurer que le télétravailleur respecte les impératifs de santé et de sécurité et, notamment, que les locaux dans lesquels il exerce son activité sont aux normes. La difficulté se pose lorsque le télétravail s'exerce au domicile du salarié. Le contrôle du respect des règles d'hygiène et de sécurité au domicile apparaît très hypothétique en effet (L. Lafourcade, « Repenser la sécurité du télétravailleur », *JCP S*, 2016, 1401 ; P. Berjaud, A. Bounedjoum et M. Van-Labeke, « Le management 2.0 et la santé au travail », *JCP*, G 2015, 549).

- Accident du travail. Il se pose ici la question de l'applicabilité des articles 4 du Code de protection sociale, et 55 du Code de la sécurité sociale. Mais dès lors que l'on considère que le télétravailleur est un salarié comme un autre, rien ne fait obstacle à ce qu'il bénéficie des garanties offertes par ces législations. La présomption d'imputabilité prévue pour les accidents du travail et les maladies professionnelles doit pouvoir jouer dans les plages horaires de travail déterminés par les parties.

-

Section 4 : De la suspension du contrat de travail

Depuis le CTTOM dont l'article 47 prévoyait trois cas de suspension du contrat de travail, l'évolution s'inscrit dans le sens de la reconnaissance de nouvelles situations. L'actuel code qui en dénombre 15 ne fait pas exception, en succédant au Code de 1994 qui n'en retenait que 12. De plus, le législateur gabonais a fait œuvre utile en définissant la suspension du contrat de travail à l'article 54, ce qui devrait faciliter le travail du juge.

<u>Article 54</u> : *La suspension du contrat de travail est une interruption momentanée de tout ou partie des obligations contractuelles, sans qu'il y ait rupture.*

Le contrat de travail est suspendu :

1) en cas de fermeture de l'établissement ou de l'entreprise par suite de l'appel de l'employeur sous les drapeaux ou pour une période obligatoire d'instruction militaire ;

2) pendant la durée du service militaire ou civil obligatoire du travailleur et pendant les périodes d'instruction militaire auxquelles il est astreint ;

3) pendant la durée de l'absence de courte durée du travailleur, limitée à six mois, en cas d'accident ou de maladie non professionnelle ;

4) en cas d'accident ou de maladie du conjoint ou de l'enfant du travailleur, dûment constaté(e) par un médecin, la durée de la suspension est de quinze jours ouvrables. Toutefois, les conventions collectives peuvent prévoir des durées de suspension plus longues par rapport à ce minimum légal ;

5) en cas de maladie de longue durée, dépassant la période de six mois, dûment établie, constatée par un médecin et confirmée par une contre-expertise médicale ;

6) pendant la période d'indisponibilité du travailleur, résultant d'un accident du travail ou d'une maladie professionnelle ou d'une maladie à caractère professionnel dûment attestée par le médecin du travail ;

7) pendant le congé de maternité de la femme travailleuse, tel que prévu par la présente loi ;

8) pendant la période de mise à pied disciplinaire du travailleur qui ne peut excéder huit jours ;

9) pendant la période de mise à pied conservatoire du travailleur bénéficiant de la protection prévue aux articles 209 et 340 ainsi que du travailleur non protégé prévu à l'article 68 de la présente loi ;

10) pendant la durée de garde à vue ou de détention préventive ou non du travailleur, si les faits reprochés à celui-ci sont étrangers au contrat de travail, à condition qu'elle n'excède pas six mois. Au-delà de cette période, le contrat de travail peut être légitimement rompu par l'employeur sans l'exigence de l'exécution du préavis ni de paiement d'une indemnité compensatrice en lieu et place. Dans ce cas, l'employeur n'est pas tenu au respect de la procédure de licenciement pour motif personnel ;

11) pendant la durée de l'exercice par le travailleur d'une fonction syndicale permanente ;

12) pendant la durée d'un mandat électif ou l'exercice par le travailleur d'une fonction politique ou publique ;

13) pendant le congé de paternité de trois jours consécutifs pour le travailleur justifiant d'un certificat de naissance.
Le travailleur qui souhaite bénéficier du congé de paternité doit informer on employeur un mois au moins avant la date présumée de l'accouchement ;
14) pendant la période de congé sabbatique, d'une durée maximale de deux (2) ans qui peut être convenue librement entre les parties. Les conventions collectives peuvent compléter les présentes dispositions ;
15) pendant la durée du chômage technique décidée par l'employeur, après information préalable des représentants du personnel et avis de l'inspecteur du travail du ressort.
On entend par chômage technique, toute suspension du contrat de travail décidée par l'employeur ou son préposé pour des raisons techniques ou conjoncturelles.
Le chômage technique ne peut excéder une durée de six mois renouvellement compris. Si au terme de cette période la situation de l'employeur reste inchangée, ce dernier peut mettre en œuvre la procédure de licenciement pour motif économique.
Les modalités de mise en œuvre du chômage technique sont transmises par l'employeur aux représentants du personnel et font l'objet d'une concertation sanctionnée par un procès-verbal.
Le travailleur perçoit une allocation de chômage technique dont le taux est fixé par les conventions collectives ou accords d'établissements et à défaut, d'un commun accord entre l'employeur et les représentants des travailleurs.
Le dossier de la mise en œuvre du chômage technique doit être transmis à l'inspecteur du travail pour suivi.

Observations

Pendant la suspension du contrat de travail, le travailleur est dispensé d'exécuter la prestation de travail convenue. Néanmoins, il perçoit une indemnité supportée soit par l'employeur soit par la CNSS en fonction des causes de la suspension du contrat. Cette situation ne fait pas perdre au salarié ses avantages acquis auparavant.

Le Tronc commun des conventions collectives prévoit également les cas suivants de suspension du contrat de travail (art. A.22).

- Les absences ayant fait l'objet d'un accord préalable entre l'employeur et le travailleur dénommées absences autorisées (art. A.22.1).
- Les absences fortuites dues à un événement exceptionnel qui peut être soit la destruction de l'habitation du salarié soit la maladie de son conjoint ou de son enfant (art. A.22.2).
- Les absences notifiées à l'employeur dans les quarante-huit heures. Ces absences ne doivent pas cependant dépasser soit huit jours consécutifs soit

quinze jours répartis dans une période d'un an précédant la dernière absence (art. A. 22,3).

- Les absences ni autorisées ni notifiées : « *Lorsque le travailleur ne demande pas une autorisation d'absence à l'employeur, ou lorsque, pendant son absence, il ne l'informe pas des motifs et de la durée de celle-ci, et lorsque l'absence ainsi ni autorisée, ni notifiée, dépasse trois jours consécutifs ou huit jours répartis dans une période d'un an précédent la dernière absence autre que celles prévues aux alinéas 21.1 et 21.2 ci-dessus, le contrat de travail peut être légitimement rompu par l'employeur* » (art. A. 22,4).

Il est à noter que la force majeure n'apparaît ni dans la loi ni dans le Tronc commun, comme une cause de suspension du contrat de travail. Toutefois, l'article 189 du Code du travail évoque, s'agissant de la prise en charge des frais de transport, une rupture du contrat de travail due à un cas de force majeure sans plus de précisions. On peut donc penser qu'il sera fait application du droit commun de l'article 1147 du Code civil.

I. Les causes de la suspension du contrat de travail

Une distinction est à opérer selon que la suspension du contrat de travail est du fait de l'employeur ou de celui du salarié.

A. La suspension du contrat de travail du fait de l'employeur

- Le congé technique : Il résulte d'une décision de l'employeur de fermer l'entreprise pour des raisons techniques ou conjoncturelles, comme la survenance d'une pandémie.
- La fermeture administrative ou judiciaire de l'entreprise : La fermeture de l'entreprise peut être décidée par le juge de référé saisi par l'inspecteur pour une faute de l'employeur en matière d'hygiène et de sécurité (art. 269 C.T.). Elle peut également être ordonnée par l'inspecteur du travail conformément à l'article 267 en cas de danger grave et imminent.
- La fermeture à la suite du départ de l'employeur pour des raisons militaires.
- Le lock-out : C'est la fermeture temporaire de l'entreprise décidée par l'employeur en réponse à un conflit collectif de travail ou à une menace de conflit collectif (cf. art. 387 C.T.).
- La mise à pied qui peut être conservatoire ou disciplinaire. L'ancienne législation ne mentionnait que le travailleur protégé. La nouveauté est que désormais le salarié non protégé relève également de cette disposition.

- La mise à pied conservatoire intervient avant que ne soit prononcée une sanction définitive. Il faut pour cela qu'une faute ait été relevée à la charge du salarié (sur les fautes, voir les notes sous art. 64 et s.).
- La mise à pied disciplinaire est une sanction. Elle interdit momentanément l'accès du lieu de travail au salarié. Sa durée peut être déterminée dans le règlement intérieur puisqu'il n'existe aucune disposition légale en ce sens.

Le juge exclut que l'employeur puisse invoquer d'autres motifs de suspension du contrat de travail.

B. La suspension du contrat de travail du fait du salarié

- La maladie de longue durée qui doit être dûment constatée par un médecin agréé. Désormais une contre-expertise médicale pourra être effectuée par l'employeur qui le souhaite.
- L'accident du travail ou la maladie professionnelle reconnue comme telle par la CNSS.
- Les congés payés.
- Les congés et absences pour formation, avec comme nouveauté le congé sabbatique dont la durée maximale est de deux ans (art. 226).
- Les congés et absences liés à la famille. L'une des nouveautés de ce code est le congé de paternité.
- La grève.
- Les congés liés à l'exercice de fonctions publiques ou de mandats électifs

C. La suspension du contrat de travail en droit comparé

Dans de nombreuses législations africaines, la force majeure justifie la suspension du contrat de travail. Pour le législateur burkinabè (art. 96 C.T.), « *La force majeure est définie comme étant un événement imprévisible, irrésistible et insurmontable empêchant l'une ou l'autre des parties au contrat de travail d'exécuter ses obligations* » (Bénin, C.T., art. 35 ; Burundi, C.T., art. 41-7).

En droit algérien, l'article 64 de la loi sur les relations de travail prévoit, outre les cas que l'on connaît au Gabon, la suspension du contrat de travail par l'effet de l'accord mutuel entre les parties, ou encore par l'effet de la privation de la liberté du salarié tant qu'une condamnation n'est pas devenue définitive. L'article L. 34 du code malien prévoit lui une suspension du contrat « *pendant la période de pèlerinage aux lieux saints* ».

Le droit angolais apparaît comme l'un des plus complets. L'article 267 de la LGT dispose que les faits suivants sont des causes de suspension du contrat de travail : Effectuer un service militaire ou civique en remplacement ; Accident ou maladie professionnelle ou courante ; Congé de maternité ; Exercice d'une fonction publique par voie d'élection au sein d'organes nationaux ou locaux ; Détention provisoire ; Exercice de fonctions syndicales à temps plein ; Purger une peine de prison d'un an au maximum pour un délit qui ne porte pas préjudice à l'employeur et qui ne concerne pas la fourniture d'un travail ; Autres cas de force majeure temporaire empêchant l'exécution des travaux ; Participation du salarié en tant que candidat à des élections générales ou locales, à compter de l'approbation de la candidature par l'organe compétent.

Par ailleurs, l'article 270 de la LGT renvoie à 3 causes de suspension due à l'employeur :

- Vérification des raisons conjoncturelles, économiques ou technologiques de durée temporaire ;
- Calamités, accidents et autres situations de force majeure, telles que l'interruption de l'approvisionnement en énergie ou en matières premières, qui entraînent la fermeture temporaire du centre de travail ou la réduction temporaire de l'activité professionnelle ;
- Fermeture temporaire de l'établissement pour travaux, pour l'installation d'équipements ou sur ordre des autorités compétentes ;

Le droit brésilien (art. 473 CLT) prévoit que le salarié puisse interrompre l'exécution de sa prestation dans les situations suivantes :

- Deux jours consécutifs en cas de décès du conjoint, de l'enfant, du frère, de la sœur ou d'une personne vivant sous sa dépendance économique.
- Trois jours consécutifs en raison de son mariage.
- Un jour durant la première semaine de la naissance d'un enfant
- Un jour tous les douze mois pour don de sang volontaire dûment attesté.
- Jusqu'à deux jours consécutifs pour s'inscrire comme électeur.
- La période consacrée au service militaire.
- Les jours où il passe des tests pour entrer dans un établissement d'enseignement supérieur.
- S'il doit comparaître devant un tribunal.
- Aussi longtemps que nécessaire lorsqu'il prend part comme représentant syndical à une réunion officielle d'une organisation internationale dont le Brésil est membre.

En droit brésilien encore, la Loi n° 14 457 du 21 septembre 2022, une loi amendant la CLT qui prévoit de nouvelles mesures visant à promouvoir l'insertion et le maintien des femmes sur le marché du travail, ainsi qu'à prévenir et à combattre le harcèlement sexuel et d'autres formes de violence sur le lieu de travail a introduit quelques nouveautés. S'agissant des absences justifiées rémunérées, il est désormais possible de s'absenter du travail, pour accompagner sa partenaire à six consultations ou examens médicaux pendant sa grossesse, pendant cinq jours consécutifs en cas de naissance, d'adoption ou de garde partagée d'un enfant. Ces absences sont rémunérées.

En droit portugais, les deux parents peuvent désormais s'absenter du travail durant trois jours consécutifs en cas de deuil périnatal. Ils percevront leur rémunération normale durant ceux-ci (Loi n° 13/2023 du 3 avril/Code du travail portugais/ Gouvernement portugais/ Sapo – mars 2023).

II. Les effets de la suspension du contrat de travail

En principe, pendant la suspension du contrat, celui-ci ne produit plus aucun effet. Pour autant certaines obligations peuvent être maintenues c'est le cas du versement de la rémunération en cas de maladie (Voir, C.A. de Libreville 1ère chambre sociale, 6 novembre 2007, n° 13/07-08 : « *Attendu qu'il ressort de la combinaison des articles 36 paragraphe 3 et 37 alinéa 1 du code du travail qu'en cas d'absence du travailleur limité à six (06) mois pour cause d'accident ou de maladie non professionnelle, le contrat de travail est non seulement suspendu, mais mieux encore l'employeur est tenu de verser au travailleur une indemnité égale au montant de sa rémunération pendant la durée de l'absence, dans la limite maximum du préavis* »).

De même en cas de congé technique, le salarié perçoit une allocation de chômage technique qui, même si la loi ne le dit pas expressément, est versée par l'employeur puisque c'est lui qui décide de cette suspension. Pour autant, la question peut se poser lorsque le congé technique est lié à une pandémie.

Même si le Code du travail ne le précise pas, il va de soi que l'obligation de loyauté qui pèse sur le salarié perdure pendant la suspension du contrat de travail. Dès lors qu'il se met au service d'un autre employeur pendant la suspension du contrat, il commet une faute.

Par ailleurs, la suspension du contrat suppose l'accord de l'employeur qui détient toujours le pouvoir disciplinaire.

Voir en ce sens, en droit malien, CSM, Chambre sociale, arrêt n° 02 du 11 février 2014 dont voici le résumé des faits : des salariés « *se sont absentés du 6 septembre au 13 septembre 2010 inclus et pour une durée qui excède le temps d'absence habituellement accordé pour la célébration des fêtes ; qu'en outre ils ont refusé de répondre à la demande d'explication qui leur a été adressée* ». A la suite de ce comportement, l'employeur décida de mettre fin à la relation de travail ce que les juges du fond entérinèrent.

Le contrat ne peut pas être rompu pendant cette suspension.

Voir sur la grossesse par exemple, C.S.,14 avril 1980, n° 29 : « *Attendu en définitive que la dame F. bénéficiait d'un repos prolongé jusqu'à l'accouchement et qu'ainsi se trouvant en congé de maternité, elle bénéficiait des dispositions de l'article 115 du Code du travail qui stipule notamment que pendant cette période, le contrat est suspendu et que l'employeur ne peut donner congé au travailleur, que le Cours S. qui a procédé au licenciement de sa secrétaire en violation de ce texte a commis un abus de droit, d'où il suit que le renvoi de la dame F. est abusif (...)* ».

C.A. Port-Gentil, 30 juin 2020, n° 25/2019-2020 : « *Qu'il résulte de l'article 36, alinéa 8 du code du travail que, le contrat de travail est suspendu pendant la durée de la garde à vue ou de détention du travailleur, préventive ou non, si les faits sont étrangers au contrat de travail, à condition qu'elle n'excède pas six mois ;*
Que selon la convention collective de leur secteur d'activité, elle ne peut excéder trois (03) mois ;
Mais attendu qu'au regard des faits, sieur NANDA MBOUMBA Arnaud a reçu une suspension sine die, contraire à ce que prévoit la loi ;
Que l'on ne peut se prévaloir du principe selon lequel, le pénal tient le civil en l'état, ce d'autant plus qu'ici il ne s'agit pas d'une rupture qui a été prononcée, mais d'une suspension ;
Que même si la juridiction pénale venait à déclarer coupable sieur NANDA MBOUMBA Arnaud, il n'en demeure pas moins qu'en amont, la loi aurait été violée ; »

Pour autant, certaines obligations peuvent perdurer comme celle de verser sa rémunération au salarié.

La peine d'emprisonnement du salarié ne rompt pas le contrat de travail dès lors qu'elle n'est pas supérieure à six mois, et que les faits pour lesquels le salarié a été condamné sont étrangers à la relation de travail (Voir, C.A. de Libreville, 1ère Ch. Soc., 18 décembre 2007, n° 44/07-08 : « *Attendu que placé sous mandat de dépôt le 20 octobre 2003, sieur X. a été mis en liberté provisoire le 5 avril 2004 ; Qu'étant entendu que son employeur la S.D.V. n'était pas l'initiateur de la plainte et que les faits à lui reprochés n'avaient pas été commis au sein de l'entreprise, sieur X. a vu son contrat de travail suspendu ; Qu'en vertu de l'article 36 du Code du travail, et en raison du fait qu'il a fait moins de six mois de détention préventive, la société Y. se devait de le réintégrer, ou tout au moins, de procéder à son licenciement régulier* ».).

Au-delà des six mois, le contrat peut donc être rompu. Néanmoins, la formulation du 10°) de l'article 15 soulève une difficulté s'agissant de la rupture du contrat. Le législateur autorise l'employeur à rompre le contrat sans préavis et sans indemnité compensatrice à verser au salarié. Il le dispense également du respect de la procédure du licenciement pour motif personnel.

Le Tronc commun des conventions collectives est en contradiction avec la loi à cet égard puisqu'il dispose en son article A. 24.1 que : « *Le contrat de travail est suspendu dans la limite maximale de trois mois pendant la durée de la garde à vue ou de la détention, préventive ou non, du travailleur, à condition toutefois que ce soit pour des faits étrangers à l'exécution du contrat de travail* ».

Article 55 : *Dans le cas visé au point 3 de l'article 54 ci-dessus, l'employeur est tenu de verser au travailleur une indemnité égale au montant de sa rémunération pendant la durée de l'absence, dans la limite maximum du préavis.*
Dans le cas du congé de paternité, la rémunération est maintenue dans la limite de la durée de la suspension.
Les autres cas de suspension du contrat de travail entraînent la suspension de la rémunération, sauf convention contraire entre les parties.
A partir de trois certificats médicaux successifs dans une période de six mois pour la maladie ordinaire non professionnelle, le maintien de la rémunération pourra être conditionné à la réalisation d'une contre-expertise médicale. En cas de refus du travailleur ou si celui-ci ne se présente pas à la convocation du médecin choisi par l'employeur, il sera mis fin au maintien de la rémunération.
En cas de cumul d'absences continues ou discontinues sur une période supérieure à six mois, l'employeur peut soit, examiner le cas de la maladie du travailleur dans le cadre du régime de la maladie de longue durée, sous réserve de la réalisation d'une contre-expertise médicale, soit procéder à la résiliation du contrat du travailleur pour inaptitude physique ou mentale.

Si le contrat est à durée déterminée, ou pour l'exécution d'un ouvrage ou d'une tâche déterminée, la limite du préavis à prendre en considération est celle prévue pour les contrats à durée indéterminée.
Dans les cas visés aux points 4 et 5 de l'article 54 :
- *lorsque l'absence est due à une maladie de longue durée non professionnelle, la perte de salaire consécutive à l'indisponibilité du travailleur est compensée par une indemnité égale au salaire d'activité de l'intéressé pendant une période égale au délai de préavis. Passé ce délai, l'indemnité est réduite de moitié jusqu'à sa prise en charge par la branche invalidité de l'organisme en charge de la sécurité sociale.*

Par maladie de longue durée non reconnue comme maladie professionnelle, on entend une affection de longue durée nécessitant un traitement régulier, et reconnue comme telle par un contrôle médical, ainsi qu'un arrêt de travail de longue durée attesté par un certificat médical contradictoire.
En cas d'absence pour maladie de longue durée, l'indemnité est à la charge de l'employeur durant les six premiers mois de l'indisponibilité.
A compter du septième mois, elle est prise en charge par l'organisme en charge de la sécurité sociale qui en impute le montant au compte de la branche invalidité :
- *lorsque l'absence est due à un accident du travail ou à une maladie professionnelle, l'indemnisation du travailleur a lieu conformément aux dispositions du Code de Sécurité Sociale.*

L'indemnité est due pendant toute la durée de l'indisponibilité jusqu'à la guérison ou la mise à la retraite anticipée dans le cas d'une incapacité physique ou mentale dûment constatée par un médecin du travail.
On entend par salaire d'activité, le salaire brut hors indemnités liées à la fonction.

Observations

Le licenciement pour inaptitude est clairement prévu ici, sans pour autant que l'inaptitude ne soit définie. Il n'est pas davantage question de l'intervention de l'inspecteur du travail. Le terme inaptitude n'apparaît que trois fois dans le code dont deux dans cet article (la 3ème fois, c'est à l'article 113 sur l'apprentissage).

Voir également, l'article 163 du Décret d'application du Code de la sécurité sociale du 18 décembre 1982.

Article 56 : *Pendant les six premiers mois de son indisponibilité, le travailleur continue à bénéficier des droits à l'assistance médicale précédemment acquis dans son entreprise. De même, pendant toute la durée de l'indisponibilité, il* *continue à jouir de tous les droits qu'il a acquis du régime de protection sociale géré par les organismes compétents.*

Observations

Quid du droit à l'acquisition des congés payés pendant le congé maladie ? Doit-on considérer que le salarié voyant sa rémunération maintenue par l'employeur durant cette période ne saurait avoir droit à des congés payés pendant cette période ?

C'est cette solution qui semble être souvent appliquée. En droit comparé français, la loi n° 2024-364 du 22 avril 2024 (J.O. 23 avr., art. 37) a assimilé des absences pour maladie ou accident d'origine non professionnelle à du temps de travail effectif, quelle que soit leur durée, y compris celles qui excèdent un an.

Section 5 : De la résiliation du contrat de travail

Sous-section 1 : Dispositions communes

Article 57 *: La résiliation est le fait par lequel l'une des parties exerce le droit de mettre fin au contrat de travail. Toute résiliation d'un contrat de travail doit être faite par écrit par la partie qui en prend l'initiative.*

Observations

Pour Gérard Cornu dans *Vocabulaire juridique*, la résiliation c'est le « *nom donné à la dissolution du contrat par acte volontaire* ». Si dans l'absolu, au nom de la liberté contractuelle, les parties peuvent prendre l'initiative de mettre fin à leur relation de travail, le Code du travail va encadrer l'exercice de ce droit. Les parties ne peuvent pas par exemple renoncer aux dispositions d'ordre public pour mettre fin au contrat, pas plus que l'employeur et le représentant du personnel ne peuvent conclure un accord en ce sens en dehors des règles légales.

De même, les parties à un contrat de travail ne peuvent pas par avance renoncer à leurs droits en signant une transaction antérieure au licenciement.

Sur la forme, la fin des relations de travail nécessite la production d'un écrit. C'est ce que prévoit également le Tronc commun des conventions collectives (art. 30.1) : « *La partie qui prend l'initiative de la rupture du contrat de travail doit le notifier par écrit à l'autre partie* ».

Sous-section 2 : De la rupture de la période d'essai

Article 58 : *Sauf dispositions conventionnelles plus favorables, la période d'essai peut être rompue avant terme sans formalisme aucun, ni préavis, ni indemnité de rupture à l'exception des congés payés.*

Article 59 : *En cas de rupture de la période d'essai par l'une ou l'autre partie, le voyage retour du travailleur recruté hors du lieu de travail est supporté par l'employeur.*

Observations

Cette hypothèse qui pouvait se vérifier il y a encore quelques années est de plus en plus rare aujourd'hui si l'on excepte le cas de certains cadres recrutés pour travailler dans des circonscriptions de l'intérieur du pays. Cette disposition ne s'applique réellement que pour les travailleurs expatriés qui ont été engagés dans leur pays.

Sous-section 3 : De la résiliation du contrat de travail à durée déterminée

Article 60 : *Le contrat de travail à durée déterminée prend fin à l'échéance de celui-ci sans procédure et sans indemnité de rupture, à l'exception de l'indemnité des congés payés.*
Il ne peut cesser avant terme par la volonté d'une seule des parties que dans les cas prévus au contrat, ou en cas de faute lourde laissée à l'appréciation des juridictions compétentes.
Par dérogation aux dispositions du présent article, le contrat de travail à durée déterminée peut être rompu avant l'échéance, à l'initiative du travailleur, lorsque celui-ci justifie de la conclusion d'un contrat de travail à durée indéterminée. Dans ce cas, le travailleur est tenu de respecter le préavis applicable à la résiliation d'un contrat à durée indéterminée.

Ordonnance n° 020/20O7/PR du 21 août 2007 portant réglementation de l'activité de mise à disposition du personnel en République Gabonaise

Article 25 : Les dispositions du Code du Travail encadrant la résiliation des contrats de travail s'appliquent au contrat de mission.

Observations

Le CDD prend fin à son terme. Le contrat est alors rompu de plein droit sans que cela donne lieu au respect d'un préavis, ou au versement d'une quelconque indemnité de rupture. C'est une reprise de l'ancien article 47 qui devient alinéa 2 ici.

Il est consacré une nouvelle cause de rupture d'un CDD à l'initiative du salarié justifiant de la conclusion d'un CDI sous réserve de respecter le préavis. Cela va dans le sens de la flexibilisation des normes de travail, et du renforcement des droits du salarié. Exceptionnellement, le CDD peut prendre fin de manière anticipée.

I. Les causes de la rupture anticipée

A. La faute lourde

Sur la faute lourde, voir les observations sous art. 63.
Le Code du travail prévoit que la commission d'une faute lourde par l'une ou l'autre des parties puisse empêcher la poursuite du contrat. La faute lourde est communément présentée comme une faute d'une gravité telle qu'elle empêche la poursuite des relations de travail, même pendant la durée du préavis.

B. La force majeure

L'hypothèse de la force majeure n'est pas envisagée par le Code du travail, contrairement à ce que l'on note dans d'autres pays africains. Voir Bénin, C.T. art. 42 ; Burkina Faso, C.T., art. 67 ; Burundi, C.T., art. 46, al. 2 ; Cameroun, C.T., art. 38 ; Mali, C.T., art. L. 25 al. 1er ; Maroc, C.T., art. 33 al. 2 ; Sénégal, C.T., art. L. 48, etc.
La conséquence de la force majeure est l'exclusion de tout droit à indemnisation.

II. Les effets de la rupture anticipée

Lorsque la résiliation est le fait de l'employeur :

- Obligation de payer au salarié le montant des salaires et autres avantages dont il aurait pu bénéficier si le contrat était allé à son terme.
- Octroi de dommages-intérêts au salarié.

Lorsque la résiliation est le fait du salarié, l'employeur peut demander la réparation de son préjudice sauf lorsque le salarié rompt le CDD parce qu'il a obtenu un CDI, aucune réparation n'est due à l'employeur.

Article 61 : *Le contrat de travail conclu pour l'exécution d'un ouvrage ou d'une tâche déterminée prend fin lorsque les travaux pour lesquels il a été conclu sont achevés.*
Toutefois, le travailleur doit être prévenu dans les délais de préavis fixés par la présente loi ou ceux de la convention collective sectorielle.
Pendant l'exécution du contrat, celui-ci peut être rompu par l'employeur en cas de faute du travailleur ou par le travailleur à son gré. Dans l'un et l'autre cas et sauf faute lourde, le délai de préavis doit être respecté.

Observations

I. L'obligation d'information sur le terme du contrat

S'agissant d'un contrat à terme, la survenance de celui-ci met fin à la relation de travail. Néanmoins, le législateur fait peser sur l'employeur une obligation d'information sur la proximité de la fin du contrat dans les délais de préavis. La question que l'on peut se poser et sur laquelle la loi est silencieuse, c'est celle de la sanction du non-respect de cette obligation. Il serait difficile d'envisager ici une requalification du contrat, sauf à créer des différences de traitement entre les entreprises. Dans ces contrats, on retrouve surtout de grands groupes étrangers qui peuvent quitter le pays une fois l'ouvrage achevé. Quelle serait alors l'utilité de la requalification ? Il y a lieu de s'interroger sur la pertinence de cette obligation, sauf à considérer qu'il s'agit ici d'un moyen pour que le salarié puisse se retourner rapidement pour rechercher un nouvel emploi. Il y aurait donc dans cette perspective pour lui un préjudice potentiel s'il n'était pas averti dans les meilleurs délais de la fin de son contrat.

II. La résiliation pour faute

Le législateur mentionne sans autre précision que le contrat peut être rompu en cas de faute du travailleur. S'agissant de la faute lourde, il est seulement

indiqué qu'il n'y a pas de préavis. Doit-on alors considérer que le licenciement obéit ici aux règles de la résiliation du CDI ?
D'autres questions restent en suspens. C'est ainsi que s'il n'y a aucun doute sur la faute lourde du salarié, qu'en est-il de celle de l'employeur ? Peut-elle être reconnue, et en quelles circonstances ? Le non-versement de salaire peut-il en faire partie ?

Sous-section 4 : De la résiliation du contrat de travail à durée indéterminée

Article 62 *: Le contrat de travail à durée indéterminée peut cesser par suite de :*
- licenciement ;
- démission ;
- rupture amiable ;
- départ à la retraite ;
- décès du travailleur.

Observations

I. Portée de l'article 62

Par rapport à l'ancienne législation, une nouvelle cause de résiliation a été introduite, la rupture amiable. Elle rappelle étrangement la rupture conventionnelle du droit français. Pour autant, la question récurrente de l'ancien article 49 demeure : l'article 62 énonce-t-il une disposition d'ordre public à laquelle nul ne peut déroger, ou se contente-t-il de donner une énumération non limitative des cas de résiliation de CDI ? Elle est d'autant plus pertinente que l'article 81 du présent code traitant du préavis indique 7 cas de résiliation du contrat de travail.

Le choix de la première option conduit à considérer qu'en dehors des cas apparaissant à l'article 62, aucun autre ne peut justifier la fin d'un CDI. A l'inverse, militer pour la seconde possibilité permet aux parties de recourir à d'autres modes de rupture du contrat, parmi lesquels on peut citer :

- La rupture par consentement mutuel ou départ négocié, qui se fait soit à l'initiative du salarié, soit à celle de l'employeur ou d'un commun accord. Néanmoins, on peut se demander si ces catégories ne se fondent pas dans la rupture amiable introduite dans le présent code. Le droit français, qui a été copié en l'espèce, distingue la rupture conventionnelle qui obéit à un régime juridique particulier (articles L. 1237-11 à L. 1237-16, R. 1231-1 à R. 1238-7 du Code du travail), et la rupture amiable ou par consentement mutuel. S'agissant du droit gabonais, c'est le flou absolu, surtout au regard de la sécheresse de l'article 77. Qu'en est-il alors de la convention de départ négocié que l'on retrouve parfois dans la pratique (Voir pour la mention de cette convention : Soc., 19 février 2015, arrêt n° 21/2014-2015 ; arrêt n° 19/2014-2015) ?

- La résiliation judiciaire prononcée par le juge à la demande du salarié lorsque l'employeur ne respecte pas ses obligations (par exemple ne pas verser le salaire).
- La prise d'acte, qui permet en droit comparé français au salarié de mettre un terme à son contrat de travail en raison de faits qu'il lui reproche, avec le concours du juge bien entendu.
- La rupture en cas de force majeure, celle-ci étant définie comme un événement rendant impossible l'exécution du contrat de travail, à condition d'être imprévisible, irrésistible ou insurmontable, et extérieur aux parties.

Toutefois, l'épée de Damoclès de l'article 11 peut toujours planer sur les modes de rupture résultant de cette interprétation extensive. C'est dans cette catégorie que l'on peut classer la transaction (voir observations sous art. 354).

Au-delà de ces cas, il y a lieu de relever que l'article 140 al. 3 de ce code prévoit la résiliation du contrat de travail imputable au Ministre du Travail. Le retrait de l'autorisation d'emploi du travailleur étranger met fin au contrat de travail de ce dernier. Mais, la qualification de licenciement ne saurait prospérer en l'espèce puisque la rupture n'est pas imputable à l'employeur.

II. Droit comparé

En droit angolais, l'article 200 de la LGT est consacré à la cessation du contrat de travail d'un commun accord. Cette possibilité est reconnue aussi bien pour les C.D.D. que pour les C.D.I. à la condition expresse que cette décision soit actée par un écrit faute de quoi elle serait nulle. L'article 205 de la LGT prévoit que le licenciement peut être justifié par une cause juste ou pour une infraction à caractère disciplinaire. L'article 206 décline ensuite les situations justifiant le licenciement pour cause juste : absences injustifiées au travail, retards de plus de 15 min au travail plus de cinq fois par mois, désobéissances graves et répétées aux instructions des supérieurs hiérarchiques, offenses verbales ou physiques à l'égard des autres travailleurs, indiscipline grave perturbant l'organisation et le fonctionnement du lieu de la structure de travail, dommages causés intentionnellement ou par négligence grave aux installations, équipements et outils de travail ou à la production, et qui entraînent une réduction ou une interruption du processus de production ou un préjudice grave pour l'entreprise, violation du secret professionnel ou des secrets de fabrication et autres cas de déloyauté entraînant un préjudice grave pour l'entreprise, vol, abus de confiance au détriment de l'entreprise, ivresse ou toxicomanie ayant un impact négatif sur le travail, non-respect des règles et consignes de sécurité sur le lieu de travail et le manque d'hygiène personnelle ou professionnelle, etc.

L'article 210 de la LGT envisage lui un licenciement individuel pour cause objective qui correspondrait au licenciement économique.

En Algérie, l'article 66 de la loi sur les relations de travail dispose que la relation de travail cesse pour les raisons suivantes :

- « *La nullité ou l'abrogation légale du contrat de travail ;*
- *l'arrivée à terme du contrat de travail à durée déterminée ;*
- *la démission ;*
- *le licenciement ;*
- *l'incapacité totale de travail, telle que définie par la législation ;*
- *le licenciement pour compression d'effectifs ;*
- *la cessation d'activité légale de l'organisme employeur ;*
- *la retraite ;*
- *le décès* ».

En droit français, depuis la loi du 25 juin 2008, il est prévu un nouveau dispositif de rupture : « la rupture conventionnelle ». Aux termes de l'art. L. 1237-11 C.T. : « *L'employeur et le salarié peuvent convenir en commun des conditions de la rupture du contrat de travail qui les lie. La rupture conventionnelle, exclusive du licenciement ou de la démission, ne peut être imposée par l'une ou l'autre des parties. Elle résulte d'une convention signée par les parties au contrat* ». Toutefois, cette convention doit être obligatoirement homologuée par la Direction des entreprises de la concurrence, de la consommation, du travail et de l'emploi.

L'intérêt de ce mode de rupture est que le salarié bénéficie des indemnités versées par l'assurance chômage, ce qui n'est pas forcément le cas, lors d'une démission ou lors d'une résiliation conventionnelle de droit commun. Dans cette dernière, il y a toujours le risque d'un vice du consentement comme l'erreur sur les conséquences financières, qui peut entraîner l'annulation de l'accord sur la rupture passée entre le salarié et l'employeur. Enfin, la résiliation conventionnelle est une procédure aléatoire dans la mesure où lorsque le contrat est rompu, il y a un litige né ou à naître. De ce fait, il y a toujours un risque de requalification et d'annulation par le juge.

En droit allemand, le licenciement est régi par la loi sur la protection contre les licenciements (*Kündigungsschutzgesetz*) qui s'applique uniquement aux établissements de plus de 10 salariés. Par ailleurs, la loi ne s'applique qu'aux salariés ayant plus de 6 mois d'ancienneté. Tout employeur doit justifier le licenciement d'un salarié par un des motifs suivants :

- Motif lié au comportement du salarié (« *verhaltensbedingte Kündigung*
- Motif inhérent à la personne du salarié (« *personenbedingte Kündigung* »)
- Motif économique (« *betriebsbedingte Kündigung* »)
- Motif réel et sérieux/faute grave (« *wichtiger Grund* »).

Certains salariés protégés ne peuvent faire l'objet d'un licenciement ordinaire (avec préavis) : les femmes enceintes, les bénéficiaires d'un congé parental, les appelés au service militaire, les personnes handicapées (ainsi que les personnes assimilées aux personnes handicapées) et les représentants du personnel.

Le délai de préavis minimal légal est de 4 semaines avec effet au 15 du mois ou à la fin d'un mois calendaire dans les deux premières années suivant l'embauche du salarié. Si l'ancienneté est supérieure, ce délai de base est allongé (jusqu'à 7 mois) pour l'employeur et le contrat de travail ne peut plus se terminer que le dernier jour du mois.

1) Du licenciement

Article 63 : *Le licenciement est la résiliation du contrat de travail qui résulte de l'initiative de l'employeur. Il est prononcé soit pour motif personnel, soit pour motif d'ordre économique prononcé pour tout motif réel et sérieux sauf pour des raisons :*
-liées à l'exercice des droits légaux ou contractuels du travailleur ;
-liées à son appartenance à une organisation syndicale ;
-discriminatoires.
Le motif d'ordre économique peut résulter de la réorganisation, de la restructuration, de la réduction, de la suppression d'activité de l'entreprise,

ou de la modification de la situation juridique de l'employeur ou de l'établissement.

Observations

C158 Convention sur le licenciement, 22/06/1982, ratifiée le 6/12/1988 : *« Aux fins de la présente convention, le terme licenciement signifie la cessation de la relation de travail à l'initiative de l'employeur ».*

Lorsqu'il prend l'initiative de la rupture d'un CDI, l'employeur ne peut le faire que par un licenciement. Celui-ci peut être prononcé soit pour un motif qui tient au salarié, soit pour des raisons économiques liées à la santé de l'entreprise ou plus largement à la conjoncture économique. Un employeur est donc tout à fait en droit de mettre fin à un contrat de travail, la seule contrainte qui pèse sur lui est de motiver cette rupture en choisissant la qualification adéquate parmi celles que propose le Code du travail.
S'agissant du motif personnel, l'employeur (puisque c'est sur lui que pèse la charge de la preuve) doit prouver que le salarié est dans l'incapacité physique d'exécuter son travail à la suite d'une maladie, d'un accident du travail ou d'une maladie professionnelle. Il peut également mettre fin au contrat en démontrant que le salarié n'a pas les compétences requises et les aptitudes professionnelles pour continuer à occuper le poste qui est le sien. Le licenciement pour motif personnel peut être justifié par la commission d'une faute par le salarié dans l'exécution de sa prestation de travail (vol, injures, etc.).

Le motif économique du licenciement tient à la suppression ou à la transformation d'un emploi. Il peut également être justifié par le refus opposé par le salarié d'accepter une modification d'un élément essentiel de son contrat de travail.

Le défaut ou l'absence de cause réelle et sérieuse est sanctionné par le caractère abusif ou illégitime du licenciement.

I. Les conditions de fond du licenciement

Les parties s'engagent librement dans un contrat, et de la même dernière elles peuvent y mettre fin. Toutefois la rupture s'analyse différemment selon qu'elle est à l'initiative de l'employeur ou du salarié. C'est ce que rappelait du reste Maharafa Traoré dans sa thèse de doctorat en droit : « *(...) le droit pour l'employeur de résilier le contrat de travail à durée indéterminée à tout moment, bien qu'ayant le même fondement juridique que celui du travailleur, n'a pas les mêmes conséquences pratiques. L'exercice de ce droit constitue, sans doute, un danger pour la partie qui subit la rupture, notamment le travailleur privé de son emploi. C'est pourquoi certaines restrictions ont été apportées par les législations sociales modernes à ce vieux principe civiliste (préavis, etc.)* » (M. Traoré, *Les relations individuelles du travail au Mali*, Thèse de droit, Toulouse, 1980, p. 351).

Par ailleurs, contrairement à la formation du contrat qui peut se dérouler en dehors de tout formalisme, la rupture obéit à un certain nombre de règles plus ou moins contraignantes. La première d'entre elle, et qui semble renforcée, est le recours à l'écrit, alors même que la tendance que l'on observe s'inscrit plutôt dans le sens de l'allègement de certaines règles considérées comme des entraves à l'emploi. C'est l'un des enjeux au cœur des réformes de la législation du travail avec cette question récurrente depuis quatre décennies maintenant : comment alléger le formalisme entourant la formation du contrat ainsi que sa rupture ?

Dans le CTTOM, l'article 38 dispose que les contrats prennent fin par la volonté des parties. Néanmoins, la partie qui prend l'initiative de la rupture doit respecter deux conditions : le respect d'un préavis et avoir un motif légitime. Mais, la partie qui veut rompre le contrat ne doit pas abuser de cette faculté auquel cas, il s'agit d'un licenciement abusif. Celui-ci est ainsi évoqué à l'article 42 : « *Les licenciements effectués sans motifs légitimes, de même que les licenciements motivés par les opinions du travailleur, son activité syndicale, son appartenance et sa non-appartenance à un syndicat déterminé, en particulier, sont abusifs* ». Dans les faits, l'employeur peut rompre le contrat pour des motifs qui lui sont propres. Le salarié qui veut contester ce licenciement doit rapporter la preuve de l'abus de droit commis par l'employeur(Pour l'absence de motif valable, cf. Tribunal de Libreville, 9 juillet 1971, T.P.O.M. 333, p. 7369). Si le Code de 1962 reprend fidèlement les dispositions de 1952, en intégrant également la commission de la faute lourde comme cause de rupture de la relation de travail, il faut attendre le code de 1978 pour relever un changement. Ce dernier en son article 41 prévoit en effet que : « *En cas de licenciement, l'employeur est tenu d'indiquer par écrit la ou les causes réelles et sérieuses du licenciement. En cas de litige, l'employeur est tenu de faire la preuve du caractère réel et sérieux du ou des motifs allégués pour justifier le licenciement* ».

L'employeur ne peut plus ainsi mettre fin à la relation de travail pour n'importe quel motif. Il a désormais une obligation de motivation qui est appréciée par le juge. Cette évolution est directement liée à une réforme du droit du licenciement en France, où la loi du 13 juillet 1973 a en effet exigé une cause réelle et sérieuse au licenciement. Par la suite, la loi du 3 janvier

1975 soumet la validité du licenciement économique à l'observance des règles procédurales. Le législateur gabonais reprend ces exigences de forme que l'on ne connaissait pas jusque-là dans le Code de 1978 à l'article 46. Le Code de 1994 ne fera que consacrer cette évolution en renforçant à la fois les conditions de forme et les conditions de fond du licenciement.

II. Les caractères du licenciement

Le rôle du juge est important en la matière du fait de la neutralisation de la charge de la preuve. A cet égard, il peut être fait rappel de l'article L1235-1 C.T. français : « *En cas de litige, lors de la conciliation prévue à l'article L. 1411-1, l'employeur et le salarié peuvent convenir ou le bureau de conciliation et d'orientation proposer d'y mettre un terme par accord. Cet accord prévoit le versement par l'employeur au salarié d'une indemnité forfaitaire dont le montant est déterminé, sans préjudice des indemnités légales, conventionnelles ou contractuelles, en référence à un barème fixé par décret en fonction de l'ancienneté du salarié.*
Le procès-verbal constatant l'accord vaut renonciation des parties à toutes réclamations et indemnités relatives à la rupture du contrat de travail prévues au présent chapitre.
A défaut d'accord, le juge, à qui il appartient d'apprécier la régularité de la procédure suivie et le caractère réel et sérieux des motifs invoqués par l'employeur, forme sa conviction au vu des éléments fournis par les parties après avoir ordonné, au besoin, toutes les mesures d'instruction qu'il estime utiles.
Il justifie dans le jugement qu'il prononce le montant des indemnités qu'il octroie.
Si un doute subsiste, il profite au salarié. ».

Pour que le licenciement soit légitime, il faut qu'il ait un caractère réel et sérieux. Cette exigence est rappelée par le législateur qui pourtant ne donne aucune précision sur ce caractère réel et sérieux emprunté au droit français.

A. Le caractère réel

Le caractère réel du licenciement s'entend de la réunion des éléments cumulatifs suivants :

- Le motif doit être existant. Le juge doit vérifier si les faits invoqués pour justifier le licenciement existent. Si l'employeur n'est pas en mesure de démontrer l'existence de cette cause, le licenciement sera considéré comme abusif pour défaut de cause réelle.

- Le motif doit être exact et précis. La lettre de licenciement doit mentionner avec précision les griefs reprochés au salarié. Voir en ce sens, C.A. Libreville, 1ère Ch. Soc., 22 janvier 2008, n° 54/07-08 : « (…) *Attendu d'une part que cette variation de motifs ne permet pas de saisir les motivations réelles de l'employeur ; Que d'autre part, la preuve du caractère réel et sérieux du ou des motifs allégués n'est pas clairement rapportée, les témoignages versés aux débats du reste imprécis n'éclairant pas suffisamment la Cour en raison non seulement de la qualité des personnes entendues, parce que proches de l'employeur, mais également du fait qu'ils interviennent quatre ans après les faits en cause ;Qu'il y a lieu par conséquent de considérer que le licenciement est intervenu sans cause réelle et sérieuse* » ; C.A. Libreville, 7 mars 2006, qui déclare abusif le licenciement pour absence de preuve des motifs allégués.

- Le motif doit être objectif, « *indépendant de la bonne ou de la mauvaise humeur de l'employeur* », selon l'expression consacrée en droit comparé français. Voir, J.O. (France), *débats* A.N. 30 mai 1973, p. 1619, col. 2.

B. Le caractère sérieux

La définition du caractère sérieux se retrouve dans les débats précédant le vote de la loi française du 13 juillet 1973. Le ministre du travail déclara : « *Une cause sérieuse est une cause revêtant une certaine gravité, qui rend impossible sans dommages pour l'entreprise, la continuation du travail et qui rend nécessaire le licenciement* », in J.O. *débats* A.N. 30 mai 1973, p. 1699, col. 2.

Le caractère sérieux du licenciement se déduit de la faute du salarié ou de l'intérêt de l'entreprise. C'est au juge de rechercher si la cause sérieuse est fautive ou non. Pour ce qui est de l'intérêt de l'entreprise, l'employeur en est le seul juge.

C. La preuve du caractère réel et sérieux

L'article 53 C.T. prévoit que la preuve du caractère réel et sérieux du licenciement incombe à l'employeur.

Soc., 21 mai 2015, arrêt n°36/2014-2015 : « *Il résulte de l'article 53, alinéa 2 du Code du travail que le licenciement d'un travailleur est qualifié de légitime, lorsque l'employeur rapporte la preuve du caractère réel et sérieux du ou des motifs allégués ;*

Fait une exacte application de cette disposition, une Cour d'appel qui déclare le licenciement d'un travailleur, légitime, après avoir relevé que sa participation à une grève illégitime était établie par un constat d'huissier ».

Soc., 23 janvier 2014, arrêt n°34/2013-2014 : « *L'obligation qui incombe à l'employeur de rapporter la preuve du caractère réel et sérieux du ou des motifs qui fondent le licenciement, conformément à l'article 53, alinéa 2 du Code du travail, lui impose de mettre en évidence des griefs précis, matériellement vérifiables et suffisamment sérieux pour justifier la rupture du contrat ;*
Viole donc les dispositions de l'article énoncé, une Cour d'appel qui déclare le licenciement d'un travailleur, légitime pour absences répétées, alors que la preuve du caractère réel et sérieux de ce motif n'a pas été rapportée par l'employeur, le travailleur licencié ayant versé aux débats un dossier médical justifiant que lesdites absences avaient été nécessitées par des problèmes de santé consécutifs à un accident du travail ».

Soc., 31 octobre 2013, arrêt n°4/2013-2014 : « *Il résulte de la combinaison des articles 53, alinéa 2 et 342 du Code du travail, que la grève opère simplement la suspension du contrat de travail et non sa rupture, sauf en cas de faute lourde, prouvée par l'employeur ;*
Ne viole pas ces dispositions, une Cour d'appel qui conclut au caractère abusif du licenciement d'un travailleur gréviste au motif que l'employeur n'a pas rapporté la preuve de son implication personnelle dans les actes de barricades, coupure d'électricité et menace à l'endroit de la Direction ».

Soc., 28 février 2013, arrêt n°21/2012-2013 : « *L'obligation qui incombe à l'employeur de rapporter la preuve du caractère réel et sérieux, du ou des motifs qui fondent le licenciement, conformément à l'article 53, alinéa 2 du Code du travail, lui impose de mettre en évidence des griefs précis, matériellement vérifiables à partir de preuves produites aux débats ;*
Justifie sa décision, une Cour d'appel qui, pour déclarer un licenciement abusif et condamner l'employeur à payer des dommages-intérêts, énonce que la seule énumération des fautes imputées au travailleur ne suffit pas pour les caractériser, d'une part, et relève, d'autre part, qu'aucune preuve des multiples fautes invoquées par l'employeur n'a été rapportée ».

C.A. Port-Gentil, 7 décembre 2018, n°36/2018-2019 : « *Attendu qu'il ressort de l'article 53, alinéa 2 du code du Travail dispose : « en cas de litige, la preuve du caractère réel et sérieux du ou des motifs allégués incombe à l'employeur » ;*
Qu'en la cause, en alléguant l'insubordination de Sieur POULANGOYE Robert, la Société GESPARC n'a pas démontré en quoi la plainte déposée

était constitutive d'une insubordination ; qu'elle s'est contentée de soutenir que cette plainte a contourné la réponse aux demandes d'explications ;
Attendu que le fait pour Sieur POULANGOYE Robert d'avoir porté les faits de diffamation devant Monsieur le Procureur de la République contre l'un de ses supérieurs n'avait pas pour but de nuire à la Société, personne morale, mais d'user d'un droit que lui accorde la loi pour dénoncer une atteinte à sa considération ;
Attendu en outre que, l'analyse des pièces versées par les parties, notamment la lettre de licenciement et les différents avertissements, révèle que le comportement caractérisé par le refus de répondre aux demandes d'explications du 02 juillet 2013, avait en date du 29 juillet de la même année fait l'objet d'un un avertissement à l'endroit de Sieur POULANGOYE Robert ;
Attendu qu'il est de principe en droit qu'une faute ne peut être sanctionnée deux (02) fois ou qu'une même faute ne peut subir deux sanctions ;
Qu'ayant donc subi cet avertissement, il ne pouvait faire l'objet d'un licenciement ;
Qu'ainsi, en ce que le motif du licenciement porte sur la violation d'un droit fondamental, notamment, celui d'ester en justice, en l'espèce le dépôt d'une plainte contre son supérieur hiérarchique, il n'est ni réel, ni sérieux ; »

C.A. Port-Gentil 8 mars 2019, n° 65/2018-2019 : « *Attendu d'une part que la Société SGSI pour justifier le licenciement de l'intimé s'appuie sur le mail pour démontrer l'absence injustifiée de celui-ci ;*
Qu'après un examen minutieux dudit mail, il ressort que ledit mail a été envoyé le 14 novembre 2009, pour une absence ayant eu lieu le 07 du même mois ; qu'il est tout de même curieux que l'employeur ait attendu une semaine après pour faire constater cet état de fait ;
Que mieux, l'employeur soulève le fait que le travail sur site requiert une certaine discipline ; que le refus de se déplacer pour le chantier sans aucune explication ni autorisation constitue un fait grave destiné à perturber le bon fonctionnement du travail ; que justement, cette absence injustifiée aurait amené l'employeur a exigé de son employé une demande d'explication, étant donné que d'après lui celui-ci lui avait fait savoir qu'il devait prendre le taxi pour se rendre à son lieu de travail et cela n'a pas été le cas ;
(...) Attendu que la Cour de Cassation a estimé qu'il appartient au juge d'apprécier la forme probante d'un courrier électronique ; que seul le juge apprécie si l'élément de preuve produit est suffisamment fiable au regard des faits de l'espèce ;
Que dans le litige soumis à notre appréciation, il a été démontré supra que le mail produit ne suffisait pas à lui seul pour justifier le licenciement de sieur RUESCHE Daniel ; que comme l'ont souligné les premiers juges cela pourrait laisser penser que ledit mail a été fait pour les besoins de la cause ;

Qu'eu égard à ce qui précède, il y a lieu de dire que la Société SGSI n'a pas rapporté les motifs réels et sérieux qui l'ont amené à licencier l'intimé ; »

C.A. Port-Gentil, 6 août 2020, n°65/2019-2020 : « Qu'au regard de ce qui précède, les motifs allégués par l'employeur ne sont pas prouvés, ce qui ne confère pas au licenciement un caractère légitime ; »

C.A. Port-Gentil, 30 septembre 2020, n°67/2019-2020 :
« *Attendu que la société ORTEC OSI a licencié sieur BORROMEE Charles pour incitation à la grève illicite et trouble au sein de la société tel qu'il en ressort de la lettre de notification du licenciement, et verse aux débats un procès-verbal de constat ;*
Attendu qu'il n'est nullement mentionné dans ce procès-verbal que le simple fait pour lui d'avoir participé à une grève ne peut à lui seul constituer une cause réelle et sérieuse du licenciement ;
Attendu surabondamment que l'ordonnance déclarant illicite la grève déclenchée par les employés de la société ORTEC OSI été rendue le 03 septembre 2012, soit trois (03) mois après le licenciement de sieur BORROMEE Charles ;
Qu'il y a lieu de dire que le motif allégué par l'employeur n'est ni réel ni sérieux, de déclarer abusif le licenciement ainsi intervenu et de confirmer le jugement querellé sur ce point ; »

C.A. Port-Gentil, 12 août 2010, rôle n° 29/09-10 :
« *Attendu qu'aux termes des dispositions de l'article 53 al. 2 du Code du travail, la preuve du caractère réel et sérieux du ou des motifs allégués, incombe à l'employeur en cas de litige ;*
Que dans le cas d'espèce, les erreurs dénoncées, de nature comptable, ayant été mises en en évidence par un audit, la BICIG avait l'obligation de verser au dossier le rapport qui en est résulté ;
Que ne l'ayant pas fait, elle n'a pas rapporté la preuve, non seulement de la réalité, mais aussi de la gravité des faits dénoncés ».

III. Les motifs du licenciement

A. Le licenciement pour motif personnel

Le motif personnel du licenciement est inhérent au travailleur. Ce motif tient soit à l'inaptitude physique, soit à l'inaptitude professionnelle, soit encore au comportement fautif du salarié.

1. L'inaptitude physique

Deux situations sont à envisager :

- Lorsqu'à la suite d'un accident du travail ou d'une maladie professionnelle, le travailleur ne peut plus exercer ses fonctions, son licenciement est légitime.

- Lorsqu'il est établi par un certificat médical que le travailleur est inapte physiquement à exécuter sa prestation, l'employeur peut légitimement mettre fin à la relation de travail.
  Voir C.S. 27 juin 1983, rép. n° 72 : « *Attendu qu'il est constant que le 7 octobre 1978 M. a été victime d'un accident qui a eu pour conséquence la perte définitive de l'œil droit au point de vue fonctionnel ; qu'à la suite de cet accident il a cessé toute activité pour subir des soins urgents ; qu'il résulte du témoignage du sieur N., chef de cabinet de l'employeur, que ce dernier lui a retiré le camion et a refusé de le recevoir ; qu'en se comportant de la sorte sieur B. a pris l'initiative de la rupture du contrat de travail (...) Attendu qu'en ce qui concerne le licenciement de M., s'il est de jurisprudence constante que l'employeur peut légitimement licencier un salarié devenu inapte physiquement à accomplir les tâches qui lui sont confiées comme c'est le cas de M. qui ne pouvait plus conduire à la suite de la perte de son œil droit, sieur B. aurait dû respecter les conditions de forme exigées par les articles 39 et 41 du Code du Travail qui imposent à l'employeur, qui prend l'initiative de la rupture, d'indiquer par écrit la ou les causes réelles et sérieuses du licenciement ; qu'en omettant une telle formalité, et malgré le caractère justifié au fond de cette mesure, le licenciement est irrégulier en la forme (...)* ».
  C.S. 27 juin 1983, rép. n° 70 : « (...) Attendu cependant qu'une telle rupture est justifiée par l'état de santé et l'incapacité physique du salarié à accomplir les tâches qui lui sont confiées ; qu'une telle rupture est en conséquence légitime ; que c'est à tort que le premier juge a condamné l'employeur à payer à D. des dommages –intérêts ».
  Voir encore, C.A. du Gabon, 5 novembre 1963, *T.P.O.M.*, 118, p. 2619 ; Tb de Libreville, 26 mai 1967, *T.P.O.M.*, 241, p. 5350 pour le cas d'un travailleur âgé.

2. L'inaptitude professionnelle

Pour Kirsch (in *Le droit du travail africain*, Ed. Travail et Profession d'Outre-Mer, Paris, 1975, p. 157 et s), « *L'inaptitude professionnelle se manifeste sous divers aspects* » :

- L'inaptitude professionnelle que l'employeur est le seul à même d'apprécier, même si celle-ci est constatée peu de mois après l'expiration de l'essai.

  Doit-on classer dans cette catégorie le licenciement résultant de l'application de l'article A.15 de la Convention collective d'entreprises de production, transport et distribution d'énergie électrique et d'eau de la République gabonaise ; ibid. Convention collective des secteurs portuaires, maritimes et fluviaux en République Gabonaise : « *Toutefois, si le travailleur a été recruté en vue de sa formation préalablement à toute affectation dans un poste d'organigramme et, si sa période de formation est sanctionnée par un échec, son licenciement par l'employeur est légitime* ».

- L'insuffisance professionnelle.
  C.A. de Libreville, 1ère Ch. Soc., 03 janvier 2006, n° 14/05-06 : « *Attendu que dame X. a été licenciée pour avoir signé des sorties de fonds sans pièces justificatives à l'origine d'un détournement de fonds par un caissier placé sous son contrôle ; Attendu qu'en agissant ainsi, dame X. s'est naturellement départie d'une de ses tâches mentionnées dans la note de service produite au dossier ; Qu'une telle insuffisance professionnelle ayant du reste causé un préjudice à l'entreprise suffit à légitimer son licenciement (...)* ».
  En droit comparé français, l'insuffisance professionnelle du salarié ne peut pas être une cause de licenciement (Cass. Soc., 25 janvier 2006, n° 04-40.310, RJS 5/06, n° 545). L'insuffisance professionnelle est une incapacité objective et durable d'un salarié à exécuter de façon satisfaisante un emploi correspondant à sa qualification. Elle peut être due à une incompétence professionnelle, ou à une inadaptation de l'emploi. En tous les cas, elle est à l'origine d'un travail de mauvaise qualité. Elle doit être distinguée de l'insuffisance de résultats qui est une incapacité à atteindre les objectifs assignés. Pour que l'employeur puisse licencier le salarié pour insuffisance de résultats, il faut qu'il rapporte la preuve soit d'une insuffisance professionnelle, soit d'une faute imputable au salarié. L'insuffisance professionnelle n'est en effet admise que si les objectifs fixés au salarié ne sont pas inaccessibles et qu'il a les moyens d'accomplir la prestation prévue (Cass. Soc., 10 février 2004), ou si la mauvaise qualité du travail résulte d'une abstention volontaire ou de la mauvaise volonté délibérée du salarié (Cass. Soc., 6 janvier 2011, n° 09-67.334). Pour autant, le contrat de travail ne peut pas contenir de clause d'objectifs prévoyant le licenciement si les objectifs assignés n'étaient pas atteints.

- Attitude du travailleur altérant les relations entre l'administration et l'employeur.

- Négligences.

- Mauvaise manière habituelle de servir.

- Mauvaise qualité du travail, à la condition qu'il s'agisse du domaine d'activité du salarié. Voir, Cass. 1ère Ch. Soc, 11 mai 2005, n° 31/2004-2005 : « *Mais attendu qu'après avoir relevé d'une part que les constats faits sont pour la plupart du département électricité qui n'est pas le domaine pour lequel X. avait été embauché, d'autre part que les travaux relevant de son domaine d'activité (eau) ont été bel et bien réceptionnés avec d'infimes réserves émises pour la réception définitive, l'arrêt querellé retient que le licenciement intervenu est abusif, l'employé n'ayant pas fait preuve d'incompétence professionnelle évidente dans son domaine d'activité (...)* ».

- Mauvais rendement.

- Absence de conscience professionnelle.
  Voir C.S. 2 mars 1970, *T.P.O.M.* 285, p. 6307.

On peut y ajouter l'état d'ébriété, le refus de travail, la perte de confiance, l'insubordination, les injures envers un supérieur (Voir R. Lemesle, *Le droit du travail en Afrique francophone*, EDICEF/AUPELF, Paris, 1989, p. 281).

Il est de jurisprudence ancienne et constante que l'inaptitude professionnelle justifie le licenciement du salarié.

Voir, C.S. 29 novembre 1982, rép. n° 10 : « *Attendu qu'il n'est pas contesté qu'à la suite de deux contrôles de caisses succursales, certaines anomalies comptables ont été décelée dans les écritures d'E. ; que certaines erreurs commises par un aide-comptable démontrent que tout au moins chez leur auteur une incompétence professionnelle qui, sans pour autant être qualifiée de faute lourde privative de toutes indemnités de rupture, constitue néanmoins une cause réelle et sérieuse justifiant le licenciement du salarié (...)* ».

L'employeur est le seul juge de l'aptitude professionnelle du salarié.

C.S. 15 novembre 1982, rép. n° 6 : « *Attendu qu'il est de jurisprudence constante que l'employeur reste seul juge des qualités professionnelles et de la manière dont le salarié s'acquitte des tâches qui lui sont confiées ; que c'est à bon droit que le premier juge a déclaré le licenciement légitime ; qu'il y a lieu de confirmer le jugement entrepris (...)* ».

Tribunal de Libreville, 12 juin 1981 : « *Attendu qu'en tout état de cause l'employeur, responsable de la bonne marche de l'entreprise, est seul juge du point de savoir si un salarié s'acquitte de façon satisfaisante, même après une période d'essai, des fonctions qui lui sont confiées ; qu'en licenciant son salarié l'employeur n'a commis aucun abus* ».

En droit comparé djiboutien, l'insuffisance professionnelle doit reposer sur des faits objectifs et vérifiables ou un élément de preuve qui établissent d'éventuels manquements du salarié à ses obligations contractuelles. De ce fait, a été considéré comme abusif par la Cour suprême djiboutienne le licenciement d'un salarié intervenu quelque temps après que ce dernier ait été gratifié d'un poste en raison de ses performances au travail (Arrêt n° 07/S/AG/18 du 20 février 2018).

En droit comparé français, l'insuffisance professionnelle pour légitimer le licenciement doit être fautive. De ce fait, la simple lenteur dans l'exécution du travail ne peut pas à elle seule justifier le licenciement. Il faut qu'elle résulte d'une volonté délibérée du salarié de mal exécuter sa prestation. Cf. Cass. Soc., 6 octobre 2004, n° 02-41.912, RJS 12/04 n° 1266 ; 29 octobre 1998, RJS 12/98 n° 1481).

3. Le comportement fautif

La faute du salarié est constituée en cas de manquement aux obligations contractuelles. Ce manquement peut être un acte positif. C'est le cas d'un salarié employé dans un commerce qui se comporte mal avec un client, ou même du salarié ivre qui menace son employeur. Le manquement peut consister également en une omission ou en une abstention. La situation à laquelle l'on pense spontanément, c'est celle du salarié qui n'effectue pas le travail pour lequel il est sollicité. A cet égard, il est à noter que l'éventail des obligations contractuelles est beaucoup plus large que ce qui est prévu dans le contrat de travail. C'est ce qui ressort de la lecture de l'article 1135 du Code civil gabonais : « *Les conventions obligent non seulement à ce qui y est exprimé, mais encore à toutes les suites que l'équité, l'usage ou la loi donnent à l'obligation d'après sa nature* ». La difficulté est que ces obligations ne sont pas clairement identifiées dans le contrat, et que c'est le juge qui se charge souvent de les déterminer. Comme le font remarquer d'éminents auteurs : « *L'écueil principal paraît en tout cas bien identifié : le pouvoir disciplinaire, tel que conçu par le droit du travail, correspond à une forme d'organisation et d'exercice du pouvoir dans laquelle les obligations de ceux qui le subissent ne sont pas définies par un contrat* » (*Les grands arrêts du droit du travail*, Dalloz, 3ème éd.).

Dans le licenciement pour faute, l'employeur exerce son pouvoir disciplinaire en infligeant au salarié la sanction la plus grave qui soit. Pour cela, il faut que ce soit une faute constituant une cause réelle et sérieuse, une faute grave ou une faute lourde.

Voir C.A. Port-Gentil, Ch. Soc., 10 décembre 2007 : « *Attendu sur le fond que la résiliation d'un contrat à durée indéterminée à l'initiative de l'employeur ne peut être envisagée que pour un comportement fautif du travailleur, rapporté par écrit, et ayant un caractère réel et sérieux* ».

a. La faute constituant une cause réelle et sérieuse

La faute légère ne peut justifier à elle seule le licenciement du salarié. Par contre la répétition ou l'accumulation de ces fautes peut finir par constituer une cause réelle et sérieuse de licenciement. Il appartient au juge de contrôler la motivation de la sanction. Il vérifie ainsi si la faute est avérée, ou encore si la sanction infligée est proportionnelle à la faute commise par le salarié. Le contrôle du juge va s'exercer à un triple niveau.

1°Le contrôle de la réalité de la faute.

Pour qu'il y ait une sanction, il faut au préalable une faute. C'est à l'employeur qu'il appartient d'établir cette réalité.

Voir, C.A. Port-Gentil, 30 janvier 2006 : « *Attendu que la rupture d'un contrat de travail à durée indéterminée est conditionnée par la présence d'une cause réelle et sérieuse à l'encontre de l'employé ; Que le détournement de la marchandise, justificatif de la perte de confiance, n'est ni réel ni sérieux, le juge naturel ayant pouvoir de donner suite ayant sanctionné par une décision de relaxe les faits générateurs du licenciement* ». Il n'y a pas faute lorsque l'employeur évoque une simple perte de confiance. Les juges du droit estiment en effet que le « *licenciement inhérent à la personne du salarié doit être fondé sur des éléments objectifs* ».

Lorsque l'employeur ne prouve pas la réalité de cette faute, le licenciement est qualifié d'abusif.
Voir, C.S. 3 juin 1993 ; C.A. Libreville, 1er juin 1999 ; 29 juin 1999.

La réalité des motifs invoqués par l'employeur ne suffit pas à exclure le caractère abusif du congédiement (Voir en ce sens, C.A. 28 avril 2009, Rôle n° 32/07-08 : « *(...) alors que l'indélicatesse reprochée à M.M. a été commise le 21 janvier 2004, son congédiement pour ce fait n'est intervenu que le*

1er juillet 2004, soit plus de 5 mois après. Voir en ce sens, C.A. 28 avril 2009, Rôle n° 32/07-08 : « *(...) alors que l'indélicatesse reprochée à M.M. a été commise le 21 janvier 2004, son congédiement pour ce fait n'est intervenu que le 1er juillet 2004, soit plus de 5 mois après. Que même si le motif invoqué au soutien du licenciement est réel, la rupture du contrat aurait dû intervenir dans un délai raisonnable* »).

2° Le contrôle de la qualification de la faute

Le juge a toute latitude pour revenir sur la qualification retenue par l'employeur, c'est ce que l'on appelle la neutralisation de la preuve.

Voir, C.A. Libreville du 26 janvier 1999 : « *Attendu qu'il est constant que M. s'est vu infliger plusieurs sanctions dont les justificatifs sont versés au dossier ; Que les motifs réels et sérieux du licenciement étant établis, c'est à bon droit que le tribunal a qualifié de légitime ledit licenciement ; Que cependant, la succession des sanctions entraîne non une faute grave, mais plutôt une faute lourde privative de droits* ».

C.A. Libreville, Ch. Soc., 26 février 2008, n° 76/07-08 : « *Attendu que la société S. fait valoir qu'elle a licencié Monsieur B. aux motifs que ce dernier a entrepris des travaux d'étude de faisabilité d'une route sans l'aval de la Direction générale et d'avoir dépensé de fonds de la société pour régler une avance sur les travaux à la société A. sans pour autant le signaler à la comptabilité (...) Que le licenciement de B. survenu après la première sanction pour les mêmes motifs est dépourvu d'une cause réelle et sérieuse* ».

C.A. Judiciaire de Libreville, 1ère Ch. Soc., 13 février 2007, rép. n° 94/06-07 : « *Mais attendu que si les soupçons portés contre M. W. à la suite des accusations de plusieurs clients dont particulièrement dame T. ne peuvent à eux seuls constituer une cause réelle et sérieuse du licenciement (...)* ».

C.A. Judiciaire de Libreville, 1ère Ch. Soc., 07 septembre 2004, n° 106/03-04 : « *Que c'est à bon droit, que le premier juge exerçant le pouvoir d'appréciation qu'il tient des dispositions de l'article 74 in fine du Code du travail a déclaré que le licenciement survenu ne procédait pas d'une cause réelle et sérieuse (...)* ».

3° Le contrôle de la proportionnalité de la sanction

Le juge vérifie si la sanction de l'employeur correspond à la faute commise. Ce contrôle constitue une importante limitation du pouvoir disciplinaire.

La Cour de cassation a pu ainsi considérer, le 2 juin 2004, que, « (...) *le caractère de la faute commise par X., ne paraît pas avoir une gravité telle qu'elle aurait mérité la sanction suprême du licenciement pour faute lourde (...)* ».
La même solution est retenue en droit comparé brésilien où le juge va systématiquement rechercher si l'employeur n'a pas fait montre d'une rigueur excessive dans la sanction qu'il inflige. De nombreuses décisions ont ainsi annulé des sanctions disciplinaires pour « rigueur excessive » (Voir notamment, Tribunal Superior do Trabalho turma 5ª, 4/10/2006 ; Tribunal Superior do Trabalho. 5ª Turma, 7/08/2002 ; Tribunal Regional do Trabalho 11ª R. - RO 1 094/96 - Ac. 3.197/97 - AM - Relª Juíza Vera Lúcia Câmara de Sá Peixoto, DOEAM 23.09.1997).

4° Pas de lettre, pas de faute.

Voir, C.A. Libreville, 24 mars 2009, Répertoire n° 114/08-09, rôle n° 330/07-08 : « *(...) que le licenciement survenu sans lettre de rupture est manifestement dépourvu d'une cause réelle et sérieuse, car réputé être sans motif* »

b. La faute grave

La définition de la faute grave résulte de la Convention 158 de l'OIT. Elle est « *d'une telle nature que l'on ne peut raisonnablement exiger de l'employeur qu'il continue à occuper le salarié pendant la période du préavis* ».
Nombre de fautes graves constituent des infractions pénales : vol, violence, abus de confiance, etc.

1° Situations constitutives de fautes graves

- Cass. 1ère Ch. Soc., 3 mars 2004, n° 28/2.003-2004 : « *Mais attendu qu'il résulte d'une part des éléments du dossier et notamment des déclarations de l'employeur Y. que X. avait déjà fait l'objet à plusieurs reprises de rappels à l'ordre au sujet de son état d'ébriété sur les lieux de travail avant d'avoir été trouvé une fois de trop dans cet état et que d'autre part, l'employé pour faire amende honorable, a sollicité que la faute par lui commise soit disqualifiée par son employeur en faute grave pour lui permettre compte tenu de son ancienneté de toucher au moins ses droits ; que ledit aveu constitue à n'en point douter une preuve suffisante de sa responsabilité sur les faits qui lui sont reprochés ; que les juges d'appel en qualifiant ledit licenciement d'abusif alors qu'il revêt le caractère d'un congédiement légitime, ont violé la loi et exposé leur décision à la cassation* ».

- C.A. Libreville, 1ère Ch. Soc., 20 mars 2007 : « *Attendu que X. a été licencié pour perte de confiance en raison d'un certain nombre de manquements dans la gestion de l'Hôtel dont il avait la charge ;*
Qu'il est constant, ainsi qu'il en résulte des pièces produites aux débats que X., sans en référer à la hiérarchie, a non seulement acquis du matériel à titre personnel au nom de l'Hôtel, mais aussi engagé l'établissement dans des cotisations destinées à des clubs ;Que de tels agissements, en raison des responsabilités qui étaient les siennes, même s'il envisageait dans le premier cas de régulariser la situation, ne pouvaient qu'ébranler la confiance placée en lui par l'employeur ;
Qu'il y a lieu dès lors de déclarer légitime pour perte de confiance, qualifiée de faute grave par l'employeur lui-même, le licenciement intervenu (...) ».

- C.A. Libreville, 1ère Ch. Soc., 13 mars 2007, n° 150/06-07 : « *Attendu que pour licencier Sieur M., la société D. a invoqué l'état d'ébriété de ce dernier pendant l'exécution d'une mission ; Attendu que le requérant conteste ce motif ; Qu'il reconnaît toutefois s'être endormi au volant de son véhicule pendant la mission à lui confiée par l'employeur tout en imputant son endormissement à la fatigue due au travail ; Attendu dès lors que le fait pour lui de ne plus pouvoir ramener son véhicule à la base et de le confier de surcroît à un collègue dépourvu du permis de conduire de la catégorie du camion considéré est constitutif d'une imprudence, ce qui peut s'analyser en une faute grave (...)* ».

- C.A. Judiciaire de Libreville, Ch. Soc., 4 mars 2003, n° 0033/02-03 : « *Attendu que la sécurité étant une priorité dans le domaine ferroviaire, le principe de la conduite des trains par un conducteur assisté d'un aide procède incontestablement d'une exigence de prévention et de prudence pour pallier éventuellement une défaillance physique du conducteur principal. Que dans le cas d'espèce, en déclarant dans son rapport du 6 août 1996 qu'après avoir attendu en vain l'aide-conducteur programmé, il a jugé utile de partir seul en ligne sans plus aviser le chef de feuille et que par la suite, somnolant, il a perdu la maîtrise de sa machine d'où l'accident, l'appelant a agi avec légèreté comme l'ont relevé les premiers juges, engageant dès lors sa responsabilité personnelle. Que cette attitude d'imprudence constitue une faute grave au regard des conséquences qui en ont résulté et le licenciement intervenu trouve ici toute sa justification, rendant sans intérêt l'interprétation des documents techniques produits* ».

2° Exclusion de la faute grave

- C.A. Port-Gentil, 17 janvier 2020, n°14/2019-2020 : « *Qu'en la cause, la société Robert Marine Services a soutenu que sieur ESSONE Simon-Pierre avait commis une faute grave ayant rendu impossible toute continuité du lien contractuel, car il s'était illustré par un comportement négligent et avait commis une faute professionnelle ; Mais attendu que même s'il est acquis aux débats que sieur ESSONE Simon-Pierre avait été engagé en qualité de matelot, il ressort des pièces du dossier qu'il avait été victime d'un accident de travail qui lui avait valu un aménagement de poste en qualité d'opérateur radio ; Qu'en procédant ainsi, il appartenait à la Direction de la société Robert Marine Services de rédiger une note de service où seraient mentionnées les nouvelles attributions, les tâches et les responsabilités de sieur ESSONE Simon-Pierre ; Qu'or, la société Robert Marine Services n'a pas rapporté la preuve selon laquelle, qu'en sa qualité d'opérateur radio, sieur ESSONE Simon-Pierre devait, en sus, exercer une autre activité ; Attendu que le seul rapport rédigé par sieur OWOWA Waldys, capitaine adjoint de la société Robert Marine Services, ne rapporte pas la preuve de ce que sieur ESSONE Simon-Pierre a eu une attitude d'une personne qui, par négligence ou malveillance, n'a pas respectée ses engagements contractuels ou a eu une attitude de causer à son ex-employeur un dommage* ; »

- C.A. judiciaire de Libreville, 1ère Ch. Soc., 4 décembre 2007, n° 34/07-08 : « *Attendu que pour procéder au licenciement., la société Y. a invoqué le comportement de son ex-employé constitutif de faute grave en énumérant un certain nombre de griefs ; (...) Mais attendu qu'à l'examen des pièces produites aux débats, non seulement, en 14 ans de service, X. n'avait jamais fait l'objet d'un quelconque manquement professionnel avéré, mais encore la nouvelle évaluation en cause du coût du radeau découlant de son intervention du 14 juillet 2002 ne relevait nullement d'une intention délibérée tendant à porter préjudice à l'entreprise d'autant qu'il avait agi après autorisation de la hiérarchie et conformément aux usages ayant cours au sein de cette structure ; (...) Qu'ainsi les faits reprochés au salarié ne peuvent ici justifier l'impossibilité du maintien de ce dernier au sein de l'entreprise tant la certitude de la faute encore moins sa gravité ne paraît pas si évidente (...)* ».

- Voir également en droit malien : Cour suprême, Section judiciaire, 07 novembre 2000, n° 51 : « *Attendu cependant que pour entraîner la légitimité du licenciement les faits évoqués à la base de la perte de confiance par l'employeur doivent être objectifs et établis ; Que selon la jurisprudence, lorsqu'un employé poursuivi devant une juridiction répressive a bénéficié d'un non-lieu ou d'une relaxe, la perte de confiance que l'employeur tire des faits pour justifier le licenciement du travailleur doit nécessairement être confortée par des actes, omissions ou manquements à une obligation dûment prouvée constitutifs de faute professionnelle à la charge de l'employé (...)* ».

En droit comparé français, la faute grave ne peut être admise lorsque le licenciement est prononcé près de deux mois après la connaissance du fait fautif ou lorsque l'employeur a laissé le salarié exécuter son préavis. Voir Cass. Soc., 12 juillet 2005, RJS 10/05, n° 963 ; 1er octobre 2003, RJS, 2/04, n° 185.

En droit comparé algérien, l'article 73 de la loi sur les relations de travail dispose : « *Outre les fautes graves sanctionnées par la législation pénale, commises à l'occasion du travail, sont notamment considérées comme fautes graves et susceptibles d'entraîner le licenciement sans délai-congé ni indemnités, les actes par lesquels le travailleur :*

- *refuse sans motif valable d'exécuter les instructions liées à ses obligations professionnelles ou celles dont l'inexécution pourrait porter préjudice à l'entreprise et qui émaneraient de la hiérarchie désignée par l'employeur dans l'exercice normal de ses pouvoirs ;*
- *divulgue des informations d'ordre professionnel relatives aux techniques, technologies, processus de fabrication, modes d'organisation ou des documents internes à l'organisme employeur, sauf si l'autorité hiérarchique l'autorise ou si la loi le permet ;*
- *participe à un arrêt collectif et concerté de travail en violation des dispositions législatives en vigueur en la matière ;*
- *commets des actes de violence ;*
- *cause intentionnellement des dégâts matériels aux édifices, ouvrages, machines, instruments, matières premières et autres objets en rapport avec le travail ;*
- *refuse d'exécuter un ordre de réquisition notifié conformément aux dispositions de la législation en vigueur ;*
- *consomme de l'alcool ou de la drogue à l'intérieur des lieux de travail* ».

c. La faute lourde

Dans les travaux préparatoires au CTTOM, il avait été énuméré à titre indicatif un certain nombre de cas de fautes lourdes. Dans cette liste on retrouvait comme fautes lourdes de la part du salarié : tout acte de vol, d'abus de confiance, de fraude ou de sabotage caractérisé ; les opérations à caractère professionnel effectuées pour son compte ou pour le compte d'autrui, sans l'autorisation expresse de l'employeur, si ces opérations sont de nature à nuire

gravement à la bonne marche de l'entreprise ; les voies de fait et actes immoraux à l'égard de l'employeur, des membres de sa famille, des autres travailleurs, les offenses graves à son honneur. De la part de l'employeur, les fautes suivantes étaient retenues : toute réduction ou retenue opérée indûment sur la rémunération du travailleur ; le retard réitéré dans le paiement de la rémunération du travailleur ; l'inexécution complète des obligations réglementaires ou contractuelles concernant les fournitures en nature reconnues aux travailleurs ou l'insuffisance caractérisée dans l'exécution de ces obligations ; les voies de fait et actes immoraux à l'égard du travailleur ou d'un membre de sa famille, les offenses graves à son honneur, la tolérance, par l'employeur de tels actes de ses préposés.
Finalement, l'Assemblée nationale avait considéré que seul le juge, sous le contrôle de la Cour de cassation, devait procéder au classement des fautes suivant leur degré de gravité. Le législateur gabonais ne s'est pas départi de cette ligne de conduite. Dans les trois précédents codes que le Gabon a connus, la qualification de la faute a toujours relevé du pouvoir souverain d'appréciation du juge.

Pour une doctrine majoritaire, la faute lourde montre de la part du salarié une intention délibérée de nuire que l'employeur doit prouver. Elle doit être personnellement et directement imputable au salarié (Voir notamment, P.F. Gonidec, *Droit du travail des territoires d'Outre Mer*, L.G.D.J., 1958, n° 190 et s. ; F. Favennec-Héry et P.-Y. Verkindt, *Droit du travail* : LGDJ, 2e éd. 2009 ; A. Mazeaud, *Droit du travail* : Montchrestien, 6e éd. 2008 ; E. Moraes Filho, *A justa causa na rescisão do contrato de trabalho*, 2ème éd., Forense, Rio de Janeiro, 1968, p. 78 ; J. Pélissier, . A. Supiot, A. Jeammaud, Droit du travail, Dalloz, 23ème éd. J.E. Ray, *Droit du travail, Droit vivant, 2012/2013*, Ed. Liaisons, Paris, 2008, n° 461 et s ; *Mémento thématique de droit social*, éd. Fidafrica, Libreville, 2008, n° 376).

1° Faits constitutifs de la faute lourde

- Comportement préjudiciable à l'entreprise :

• C.A. Judiciaire de Libreville, Renvoi de cassation 1ère Ch. Soc., 22 janvier 2008 : « *Attendu qu'à l'examen des pièces produites aux débats notamment la lettre d'explications de X., ses aveux au sujet du détournement de panneau, lorsqu'il reconnaît avoir commis une faute professionnelle, suffisent à caractériser la faute lourde privative de tous droits tel que l'a relevé la Cour de Cassation. Qu'il convient dans ces conditions de déclarer le licenciement intervenu légitime pour faute lourde (…)* ».

- C.S. 30 janvier 1984, n° 14 : « *Attendu qu'il résulte du constat dressé par l'équipe de contrôle n° 3 dirigée par l'agent de maîtrise R. qu'au passage des agents de contrôle il a été constaté que les installations électriques de M. et de la vingtaine de personnes qu'il alimentait fonctionnaient sans que le compteur tourne ; que ce fait suffit à démontrer la fraude de l'agent et son comportement répréhensible constitutif de la faute lourde privative de toute indemnité* ».

- C.S. 13 juin 1983, n° 63 : « *Attendu qu'il résulte (...) que dame D. , qui détenait un poste de responsabilité au sein de la compagnie aérienne, a utilisé ses fonctions pour obtenir certains avantages tant pour son propre compte que pour le compte d'autrui, abusant ainsi de la confiance que son employeur avait en elle ; qu'un tel comportement qui constitue un détournement de pouvoir de la part d'une déléguée commerciale, suffit à lui seul à rendre impossible le maintien des liens contractuels même pendant la durée du préavis ; que c'est à bon droit que le premier juge a retenu contre dame D. la faute lourde (...)* ».

- C.S. 9 novembre 1981, n° 67 : « *Attendu que le salarié reconnaît dans sa lettre du 5 juin 1979 avoir détourné deux camions de gravier ; qu'il y a lieu de relever que les sommes détournées ou le nombre de 1 camion de gravier volé importe peu en l'espèce ; que ce qui compte c'est bien l'acte de vol commis au préjudice de l'employeur par un salarié abusant ainsi de la confiance acquise en raison de l'ancienneté auprès du chef d'entreprise ; qu'il y a là une faute lourde qui ne saurait être atténuée par vingt ans de service (...)* ».

- C.S. 8 décembre 1980, n° 61 : « *Attendu que P., qui était chef d'escale, a commis une faute en laissant, sans contrôle de sa part, ses assistants charger gratuitement sans les peser les bagages de certains passagers à destination de Gamba et en fournissant au pilote un devis de poids truqué. Attendu que cette faute est particulièrement lourde puisque l'excédent de poids, qui en a été la conséquence, était de nature à compromettre la sécurité en vol de l'appareil ; que c'est donc à bon droit que le premier juge a débouté l'appelant de sa demande en paiement de dommages-intérêts pour licenciement abusif* ».

- C.S. 22 décembre 1980, n° 74 : « *Attendu que le fait par un chef magasinier, responsable de la sécurité et de la comptabilité des stocks de marchandises qui lui sont confiés, de ne pas signaler à son employeur les vols commis dans le magasin par le personnel placé sous son autorité , constitue sinon une complicité au plan pénal, mais en tout cas une faute lourde (...)* »

- L'absence injustifiée et prolongée

- C.S. 5 décembre 1983 : « *Attendu qu'il est de jurisprudence constante que l'absence injustifiée et prolongée constitue, de la part du salarié, un abandon d'assiduité et de ponctualité perturbant ainsi la bonne marche de l'entreprise, notamment eu égard à sa qualité de chef de groupe "département vivres frais", poste de responsabilité ; qu'un tel comportement constitue en lui-même la faute lourde privative de toutes indemnités de rupture (...)* ».

- La concurrence déloyale à l'égard de l'employeur

- C.S. 6 juillet 1981, n° 54 : « *Attendu qu'il résulte à l'évidence des documents produits et notamment de la lettre du 6 octobre 1978, ainsi que le mandat du 13 octobre 1978 donné à M. par la Société L. que celui-ci devrait personnellement servir d'intermédiaire entre ladite société et d'éventuels acheteurs de biens immeubles proposés par cette société dans le cadre de ses programmes immobiliers et, moyennant rémunération de 2 % sur les contrats de souscription ; que ces faits sont constitutifs de concurrence déloyale à l'égard de l'employeur qui l'avait engagé comme négociateur (...) ; Attendu en définitive que cet acte de concurrence déloyale est bien constitutif de la faute lourde (...)* ».

- La répétition ou l'accumulation de fautes légères peut aboutir à la qualification de faute lourde

- C.S., 14 mars 1983, n° 36 : « *Attendu que si ces fautes prises isolément, ne pouvaient pas constituer la faute lourde, leurs répétitions et leur cumul en augmentant le caractère de gravité, perturbant sérieusement la bonne marche du service et rendent impossible le maintien du salarié même pour l'accomplissement de son préavis ; que c'est à tort que le premier juge a écarté la faute lourde de X. (...)* ».

- Les manquements professionnels répétés

- C.S., chambre judiciaire, 4 Avril 1996 (in TPOM 1998 n° 870, p. 185) : « *Attendu qu'il est reproché à l'arrêt d'avoir apprécié la faute ayant entraîné le licenciement du travailleur en s'appuyant non sur les circonstances ou les faits susceptibles de caractériser ou d'expliquer la gravité ou la légèreté de la faute, mais sur des considérations liées au nombre d'années passées par NYA au sein de l'entreprise et au nombre de mois mis par l'employeur pour découvrir la faute* ».

- Cameroun, Cour suprême, 25 octobre 2018, 36/SOC

- Violation des dispositions contenues dans le règlement intérieur (vu qu'il s'agit d'un licenciement disciplinaire)

- Tribunal du Travail de Libreville, 24 novembre 2022, Répertoire n° 002/2022-2023 : « *Qu'il ressort des articles 10 et 11 du Règlement intérieur de la Société T. qu'il est strictement interdit au personnel entre autres de manquer de respect ou de proférer des injures ou menaces envers quiconque et que constitue une faute lourde entraînant la résiliation de contrat de travail sans préavis ni indemnité ; (...) il ressort des pièces du dossier notamment des procès-verbaux d'entretien préalable datés du 8 août 2018 et des témoignages recueillis auprès de ses collègues que dame A. a bien proféré des injures à l'endroit de son collègue durant les heures de travail au sein de la société ; Que ces faits constituent à n'en point douter une faute lourde entraînant un licenciement sans indemnité ni préavis au sens des dispositions sus visées* »

2° Exclusion de la faute lourde.

- C.A. de Libreville, Ch. Soc., 12 mai 2022, n° 30/2021-2022 : « *Mais attendu que la faute lourde désigne une intention de nuire à son employeur et à l'entreprise ;*
Qu'à l'examen des pièces versées au dossier, il ne ressort nullement que l'appelante avait une intention et d'ailleurs, la Banque X n'a rapporté aucune preuve semblable comme c'est exigé ;
Que le fait de n'avoir pas suivi une formation en matière d'affacturage ne saurait l'exonérer de sa responsabilité à ne recueillir des données exactes qu'en occupant un tel poste, elle engageait sa responsabilité ;
Qu'au regard de ce qui précède, il convient de dire que le fait qui a entraîné la perte de 466 000 000 F CFA à la Banque X est imputable à dame Y. et constitutif d'une faute grave et non lourde ;
Attendu que les premiers juges, en qualifiant la faute commise par l'intimée de lourde, ont fait une mauvaise appréciation des faits ;
Qu'il y a donc lieu de dire qu'elle a commis une faute grave qui est considérée comme celle imputable directement au salarié ou résultant de son manquement à ses obligations contractuelles ;
Qu'ainsi son licenciement e trouve justifié, donc légitime comme l'ont déclaré, à juste titre, les premiers juges ».

- Cass. 1ère Ch. Soc., 2 mars 2005, n° 11/2.004-2.005 : « *Attendu qu'il résulte de tout ce qui précède que L. ne saurait être tenu entièrement responsable des fautes commises par ses gérants ; Attendu qu'il s'en suit que le caractère des fautes prétendument commises et reprochées au sieur X. ne paraît pas avoir une gravité telle qu'elles auraient mérité la sanction suprême du licenciement pour faute lourde. Qu'en conclusion, il n'y a pas faute lourde bien que le licenciement soit légitime* ».

- C.A. de Libreville, 1ère Ch. Soc., 03 avril 2007, n° 171/07-08 : « *Attendu qu'il est établi de jurisprudence sociale que "si les fautes prises isolément, ne pourraient pas constituer la faute lourde, leurs répétitions et leur cumul en augmentent le caractère de gravité, perturbant sérieusement la bonne marche du service et rendent impossible le maintien du salarié dans l'entreprise". (...) Attendu cependant que les fautes reprochées à Sieur X. ne constituent aucunement un cumul, ni une répétition pouvant entraîner une faute lourde ; Qu'en outre, ces fautes ne présentent pas une cause réelle et sérieuse justifiant une décision aussi grave que le licenciement d'un salarié totalisant 16 ans d'ancienneté sans reproche dans l'entreprise (...)* ».

En droit comparé français, la faute lourde n'est pas retenue lorsque le salarié a proféré des injures en dehors de toute violence.
Voir Cass. Soc., 10 mai 2001, *RJS* 7/01, n° 907. A l'inverse, Cass. Soc., 2 juillet 2014, n°13-12.562 : « *Commet une faute lourde le salarié gréviste ayant personnellement participé à l'action collective au cours de laquelle le directeur des ressources humaines de l'entreprise a été retenu de 11 heures 45 à 15 heures 30 dans son bureau, dont il n'a pu sortir qu'après l'évacuation par les forces de l'ordre des personnes présentes* »

d. La faute de l'employeur

Le juge peut requalifier une rupture du contrat de travail en licenciement lorsque celle-ci résulte d'une faute de l'employeur.

Voir C.S. 22 février 1982 : « *Attendu que le contrat de travail, étant synallagmatique, crée des obligations interdépendantes à la charge de chacune des parties ; que l'inexécution par l'une des parties d'une de ces obligations essentielles peut entraîner la résiliation du contrat au profit de l'autre partie (...)* ».

Quels sont alors les cas constitutifs de fautes de l'employeur ?

- Non-paiement des salaires.
- Voir notamment, C.A. Libreville 2ème Ch. Soc., 18 novembre 2008, n° 19/08-09 : « *Attendu dès lors que la rupture consécutive au non-versement des salaires et le refus de l'employé d'accepter une modification*

substantielle proposée par l'employeur ont toujours été analysés par la jurisprudence comme un licenciement ; qu'il échet de dire et juger la rupture du lien contractuel intervenu imputable à l'employeur ».

- C.A. Libreville 1ère Ch. Soc., 6 novembre 2007, n° 13/07-08 : « *Or attendu que la société Y. en s'abstenant de verser à Monsieur X. la rémunération telle que définie ci-dessus, a créé les conditions de la rupture du contrat de travail ; Que cette rupture lui est alors opposable comme l'a estimé le premier juge* ».
- En droit comparé, C.S. Cameroun, 30 mai 1972, T.P.O.M. 341, p. 7537 ; C.A. Abidjan 19 avril 1968, T.P.O.M. 270, p. 5971 ; C.A. Bangui, 24 février 1965, T.P.O.M. 191, p. 4223 ; Tb Abidjan 4 avril 1972, T.P.O.M. 333, p. 7358.

- Promesse non tenue d'une situation stable (Cf. M. Kirsch, *Le droit du travail africain, op. cit.*, p. 134).

- Refus d'affilier le travailleur à la C.N.S.S. (Voir C.S. 22 février 1982, n° 10 : « *Attendu en l'espèce qu'il résulte des débats que le gérant du restaurant S. n'a pas immatriculé ses salariés à la C.N.S.S., ce qui a privé ceux-ci des prestations servies par cet organisme (...) ; qu'ayant ainsi manqué aux obligations essentielles qui lui incombaient et qui constituaient la base des revendications des travailleurs, il s'est rendu responsable de la rupture de contrat de travail (...)* » ; Voir également, Tribunal du travail Libreville, 8 janvier 1998).

- Refus de délivrer des bulletins de paie. C.S. 22 février 1982, n° 10.

- Méconnaissance des droits fondamentaux du salarié. Voir, C.S. 23 novembre 1981.

En droit comparé français, lorsqu'un salarié considère que son contrat de travail est rompu en raison de faits qu'il reproche à son employeur, cette rupture peut constituer une prise d'acte et produire les effets soit d'un licenciement sans cause réelle et sérieuse si les faits invoqués le justifiaient (licenciement abusif), soit, dans le cas contraire, d'une démission (Cass. Soc., 30 mars 2010 n° 08-44236, Cass. Soc., 3 février 2010, n° 08-44.019 ; *JurisData* n° 2010-051429 ; *Bull. civ.* 2010, V, n° 3, pour le salarié victime de faits de harcèlement moral ou sexuel ; Cass. Soc., 13 décembre 2006 ; Cass. Soc., 29 janvier 2002, n° 99-46.318, pour le défaut de paiement du salaire du mois précédent ; Cass. Soc., 7 mai 2002, n° 00-40.724 pour le non-paiement de complément de congés payés et d'indemnités journalières de maladie).

4. Le cas particulier de la gabonisation

Dans le présent code, et malgré un discours largement relayé dans l'espace public sur la préférence nationale en matière d'emploi, on ne retrouve toujours pas de trace de la « gabonisation ». Dans leur *Recueil de jurisprudence sociale*, MM. Moulin et Chammas l'ont classée comme une cause légitime de licenciement avec la discipline (faute), la compétence professionnelle, l'inaptitude physique et le fait du prince.

Consacrer la gabonisation comme motif de licenciement est contestable, le Code civil prévoyant que le juge statue en droit. Or de quelle catégorie juridique relève la gabonisation ? MM Moulin et Chammas la présentent comme un impératif politique, ce qui n'en fait pas une catégorie juridique. Il est alors tentant de l'assimiler à un principe général de droit ou encore à une règle de droit. Selon G. Cornu (in *Vocabulaire juridique*), « *le principe est une règle ou une norme générale de caractère non juridique dont peuvent être déduites des normes juridiques* ». Pour le même auteur, la règle est « *une norme juridiquement obligatoire quelle que soit sa source, son degré de généralité, sa portée* ».

De prime abord, la gabonisation ne saurait être assimilée en droit du travail à une règle. Si tel était le cas, elle constituerait sans discussion aucune un motif légitime de licenciement. En République du Congo, la loi 23/67 du 21 décembre 1967, modifiée par la loi 022/88 du 17 septembre 1988, autorise l'employeur à remplacer le salarié étranger par un Congolais à tout moment. Or, au Gabon, il n'existe pas de disposition de ce type. La gabonisation ne peut donc être assimilée, à la rigueur, qu'à l'équivalent d'un principe général de droit, ce qui laisse toute latitude au juge pour en organiser l'application. C'est la seule option que l'on peut envisager pour justifier qu'en dehors de toute disposition légale, elle puisse être retenue comme une cause réelle et sérieuse de licenciement en violation flagrante de l'article 9 du Code du travail qui pose un principe général de non-discrimination. Les seules dérogations à ce principe se trouvent au Chapitre IV, Titre II du Code du travail qui a d'ailleurs pour titre : « De l'emploi des travailleurs étrangers ». Les dispositions qui y sont contenues régissent uniquement l'embauche et n'évoquent nullement des motifs particuliers de licenciement.

Dans un arrêt du 18 juillet 1977, la Cour suprême du Gabon considérait que la gabonisation d'un poste était un motif légitime de licenciement qui s'imposait au salarié. Cette solution était justifiée par l'attendu suivant : « *Attendu que A. ne conteste pas que les autorités gabonaises ont demandé la gabonisation de l'emploi qu'il occupait ni que ledit emploi a été effectivement gabonisé* ». L'interprétation que l'on pouvait en tirer était fort simple. Pour que la gabonisation soit une cause réelle et sérieuse de licenciement, deux conditions cumulatives sont requises : d'une part une demande de gabonisation d'un poste émanant des autorités gabonaises, et d'autre part, l'effectivité du remplacement du salarié expatrié par un salarié gabonais.

Trente ans plus tard, avec l'arrêt du 22 avril 2007, la Cour de cassation reste fidèle à cette jurisprudence. Le rejet du pourvoi se justifie par le fait que la société Z ne remplit qu'une des conditions posées par la jurisprudence de 1977 à savoir la gabonisation du poste. Toutefois, elle ne satisfait pas à la seconde condition. Elle n'apporte pas en effet la preuve que cette démarche répondait à une demande des autorités gabonaises. Du fait de cette carence, le licenciement est qualifié, comme le prévoit l'article 74 du Code du travail (de l'époque), d'abusif : « *Mais attendu qu'il est constant que la prérogative de gabonisation d'un poste revient à l'Etat gabonais ; qu'un employeur ne peut s'en prévaloir sauf à établir qu'il avait reçu de celui-ci des instructions écrites à ce sujet ; qu'une telle preuve n'ayant pas été rapportée en l'espèce ; il y a lieu de considérer la rupture intervenue ici sans cause réelle et sérieuse ; qu'il s'ensuit que le pourvoi ne peut prospérer en ce premier moyen ; qu'il échet par conséquent de le rejeter* ».

Voir encore, Cour suprême du Gabon, 23 novembre 1981 ; 19 mars 1984 ; CA Libreville, 1er juin 1999 ; 14 janvier 2000 ; 22 décembre 2000 ; CA Port-Gentil, 26 novembre 2007.

Voir également en droit comparé sénégalais, l'arrêt de la Cour de cassation du 28 avril 1993 : « *Attendu que (...) au regard de la Convention n° 111 du 25 mai 1961 de l'O.I.T. interdisant la discrimination en matière d'emploi (...), le licenciement pour cause de sénégalisation des emplois occupés par les travailleurs étrangers au Sénégal, pour les remplacer par les nationaux, ne peut être légitime que si l'ordre de licenciement donné par les pouvoirs publics constitue une décision administrative légalement prise par les autorités compétentes et ce, dans le cadre de textes législatifs et réglementaires le prévoyant expressément ; qu'en l'absence de textes aménageant le licenciement de travailleurs étrangers pour sénégalisation, c'est à bon droit que la Cour d'appel a pu déclarer qu'en l'état actuel de la législation, les dispositions de l'article 20 de la Constitution et de la convention internationale précitée, interdisant toute discrimination en matière d'emploi, s'imposent à l'Etat comme aux employeurs (...)* ».

En droit tchadien, voir : C.A. Ndjamena 31 mars 2004, arrêt n° 4004.

B. Le licenciement économique

Le licenciement pour motif économique tient à des motifs qui ne sont pas inhérents à la personne du salarié. Il ne peut intervenir que lorsque tous les efforts de formation et d'adaptation ont été réalisés et que le reclassement du salarié dans l'entreprise est impossible (cf. art. 74). À l'instar du licenciement pour motif personnel, le licenciement pour motif économique doit être motivé et avoir une cause réelle et sérieuse. Les difficultés économiques qui justifient ce mode de licenciement doivent s'apprécier au moment où l'employeur envisage de mettre fin au CDI. Pour le juge, le motif économique est légitime par nature.
Voir : C.S. 25 mai 1981.

Le licenciement économique suppose que le motif de la rupture ne soit pas inhérent à la personne du salarié.

C.S. 13 juin 1983, n° 66 : « *Attendu d'une part que s'il est exact d'affirmer que le licenciement qui intervient alors que le salarié est en repos de maladie dûment constatée par un certificat médical comme en l'espèce, est abusif, il est néanmoins de jurisprudence constante que lorsque ce licenciement est justifié par un motif indépendant de la maladie tels le motif économique ou la faute du salarié en cours de maladie ou constatée après cette maladie, ce licenciement est légitime puisqu'il serait intervenu même si le salarié était en période d'activité* »

Il peut être invoqué dans les situations suivantes :

- La compression de personnel, dans le cadre de mesures d'austérité, constitue un motif économique légitime de licenciement. C.S. 12 mai 1980.

- La faillite de l'entreprise. C.S. 25 mai 1981, n° 41 : « *Attendu qu'il n'est pas contesté que la Société S. a été déclarée en faillite peu de temps après le licenciement de C., ce qui démontre qu'elle était en difficulté et que les causes économiques du licenciement étaient réelles et sérieuses* ».

- La cessation d'activité de l'entreprise qui doit être totale et définitive. Voir en droit comparé français, Cass. Soc., 16 janv. 2001, n° 98-44.647. Ce motif est autonome et le juge ne peut déduire la faute ou la légèreté blâmable de l'employeur de la seule absence de difficultés économiques ou, au contraire, déduire l'absence de faute de l'existence de telles difficultés. Il peut en revanche prendre en compte la situation économique de l'entreprise afin d'apprécier le comportement de l'employeur. Voir Cass.

Soc., 1er févr. 2011, n° 10-30.045 à n° 10-30.048 ; JurisData n° 2011-000944 ; JCP S 2011, 1095, note P.-H. d'Ornano.

- La réorganisation de l'entreprise nécessaire à la sauvegarde de sa compétitivité. C.S., 23 novembre 1981, n° 73. Voir en droit comparé français, Cass. Soc., 5 avr. 1995, n° 93-42.690 et n° 93-43.866.
  On peut imaginer la difficulté pour le juge de contrôler le licenciement économique. Force est en effet de reconnaître que la formulation de l'article 63 ne lui facilite pas la tâche. A notre connaissance, le juge n'est pas un expert dans la gestion d'une entreprise. Certes, il a la possibilité d'avoir recours à un avis qualifié, mais dans le contexte gabonais cela paraît assez compliqué faute de compétences avérées en la matière. Le législateur aurait pu alors s'inspirer comme il le fait si souvent, du droit comparé français.

  Selon l'article L. 1233-3 du Code du travail, le licenciement pour motif économique peut être consécutif :

  « 1° A des difficultés économiques caractérisées soit par l'évolution significative d'au moins un indicateur économique tel qu'une baisse des commandes ou du chiffre d'affaires, des pertes d'exploitation ou une dégradation de la trésorerie ou de l'excédent brut d'exploitation, soit par tout autre élément de nature à justifier de ces difficultés.
  Une baisse significative des commandes ou du chiffre d'affaires est constituée dès lors que la durée de cette baisse est, en comparaison avec la même période de l'année précédente, au moins égale à :
  a) un trimestre pour une entreprise de moins de onze salariés ;
  b) deux trimestres consécutifs pour une entreprise d'au moins onze salariés et de moins de cinquante salariés ;
  c) trois trimestres consécutifs pour une entreprise d'au moins cinquante salariés et de moins de trois cents salariés ;
  d) quatre trimestres consécutifs pour une entreprise de trois cents salariés et plus ».

- Le licenciement pour motif économique doit intervenir également lorsque le reclassement (obligation faite à l'employeur qui avant de licencier pour motif économique doit rechercher si le salarié ne pourrait pas occuper un autre emploi) du salarié dans l'entreprise n'a pas pu être opéré. Ce sera notamment l'hypothèse de la modification de la situation juridique de l'employeur ou de l'établissement. En droit comparé français, d'après l'article L. 1233-4 du Code du travail, « *le licenciement pour motif économique d'un salarié ne peut intervenir que lorsque tous les efforts de formation et d'adaptation ont été réalisés et que le reclassement de l'intéressé ne peut être opéré sur les emplois disponibles, situés sur le territoire national dans l'entreprise ou les autres entreprises du groupe dont l'entreprise fait partie et dont l'organisation, les activités ou le lieu d'exploitation assurent la permutation de tout ou partie du personnel* ».

En droit comparé espagnol, l'*Estatuto de los trabajadores*, dispose en son article 51 :

« *On parle de causes économiques lorsque les résultats de l'entreprise révèlent une situation économique négative, dans des cas tels que l'existence de pertes actuelles ou prévues, ou une baisse persistante du niveau des revenus ordinaires ou des ventes. En tout état de cause, la baisse est considérée comme persistante si, pendant trois trimestres consécutifs, le niveau des recettes ou des ventes de chaque trimestre est inférieur à celui du même trimestre de l'année précédente.*
On parle de causes techniques lorsqu'il y a des changements, entre autres, dans les moyens ou les instruments de production ; de causes organisationnelles lorsqu'il y a des changements, entre autres, dans les systèmes et les méthodes de travail du personnel ou dans l'organisation de la production ; et de causes productives lorsqu'il y a des changements, entre autres, dans la demande des produits ou des services que l'entreprise a l'intention de mettre sur le marché ».

En droit comparé français, les difficultés doivent être réelles. L'article L. 1233-3 du Code du travail renvoie, en effet, à une « évolution significative » de la situation économique de l'entreprise. Doit en conséquence être censuré l'arrêt qui, pour dire fondé sur une cause réelle et sérieuse un licenciement pour motif économique, retient que l'employeur produit un tableau faisant apparaître, s'agissant du secteur d'activité en cause, l'existence, nonobstant un chiffre d'affaires en hausse, des pertes en 2015, 2016 et 2017 et en déduit que les difficultés sont avérées, sans rechercher si l'évolution de l'indicateur économique retenu était significative, les motifs retenus étant insuffisants pour caractériser le caractère sérieux et durable des pertes d'exploitation dans le secteur d'activité considéré (Cass. Soc., 18 oct. 2023, n° 22-18.852).

Plusieurs indicateurs économiques sont susceptibles de révéler des difficultés économiques : la baisse des commandes, la baisse du chiffre d'affaires, des pertes d'exploitation, une dégradation de la trésorerie ou une dégradation de l'excédent brut d'exploitation. Ces indices ne sont pas limitatifs puisque le texte précise qu'il est possible de prendre en compte « tout autre élément de nature à justifier ces difficultés ». Les difficultés économiques justifiant un licenciement pour motif économique peuvent être caractérisées par la seule dégradation de l'excédent brut d'exploitation de l'entreprise dès lors que cet indicateur économique présente un caractère sérieux et durable, démontrant ainsi une évolution significative (Cass. Soc., 1er févr. 2023, n° 20-19.661).

Le caractère réel des difficultés économiques suppose que la baisse ou la dégradation de ces indicateurs soit durable. Si un déficit n'est constaté que sur une brève période (un mois), il ne peut justifier un licenciement (Cass. Soc., 3 déc. 2014, n° 13-19.707). En revanche, constatées sur plusieurs mois après rapport du CAC ou de l'expert-comptable, les difficultés sont sérieuses (Cass. Soc., 27 mars 2014, n° 12-27.675).

C. L'indistinction du licenciement

Dans la pratique, il y a de plus en plus de situations où la distinction entre le motif personnel et le motif économique n'est pas toujours aussi nette. C'est le cas où les motifs ne sont ni tout à fait personnels ni tout à fait économiques. Ces situations d'embarras ont été observées notamment en droit comparé français :

- Motif intéressant la modification du contrat de travail. Le déménagement de l'entreprise entraîne une proposition de modification du contrat. Le motif est-il simplement économique, et si le salarié refuse, y a-t-il un motif économique ? Dans un arrêt du 6 octobre 2010, la Cour de cassation a considéré que dans la mise en œuvre d'une procédure spéciale, c'est le motif économique qui devait être retenu, pourtant un mois plus tard, elle a adopté la position contraire en rejetant le motif économique au sens de l'article L. 1233-1 C.T.

- Transfert d'entreprise (rachetée par une autre), ce qui implique des modifications inhérentes au transfert d'entreprise (Effets de l'article L. 1224-1). Comment juger le refus du salarié ? Dans un arrêt de 2016, dans l'hypothèse où il y a refus, cela entraîne un licenciement. Le refus constituait une cause réelle et sérieuse sans pour autant qualifier le licenciement.

- Multiplication des motifs spécifiques qui se sont multipliés avec l'apparition de nouveaux types d'accord de travail (accords de performance, accords de mobilité interne) et le refus du salarié par. Ce refus justifie le licenciement pour motif personnel. Quand l'accord devient une loi, on bascule sur le motif économique.

D. L’occultation du licenciement pour inaptitude

Le licenciement pour inaptitude est passé sous silence dans le présent code. Doit-on entendre par là qu’il n’y a pas d’obligation de reclassement en droit gabonais ?

En droit comparé français, cette question fait l’objet d’un contentieux pléthorique (E. Collob-Lefebvre et F. Patriat, « Actualité de la procédure d’inaptitude », *Cahiers Lamy du DRH*, sept. 2023, p. 11 ; M. Abry-Durand, « Bref panorama jurisprudentiel du licenciement pour inaptitude », *RDT* 2024. 104). Aux termes de l'article L. 1226-2-1 du Code du travail, hormis le cas où l'avis d'inaptitude mentionne l'un des deux cas de dispense légale de reclassement, l'employeur ne peut licencier un salarié déclaré inapte que s'il justifie soit de son impossibilité de proposer un emploi dans les conditions prévues à l'article L.1226-2, soit du refus par le salarié de l'emploi proposé dans ces conditions.

En matière d’inaptitude, consécutive à une maladie ou à un accident professionnel ou non, les articles L. 1226-2 et L. 1226-10 du Code du travail énoncent des principes en grande partie communs, à savoir que :

- Lorsque le salarié victime d’une maladie ou d’un accident est déclaré inapte par le médecin du travail, en application de l’article L. 4624-4, à reprendre l’emploi qu’il occupait précédemment, l’employeur lui propose un autre emploi approprié à ses capacités, au sein de l’entreprise ou des entreprises du groupe auquel elle appartient le cas échéant, situées sur le territoire national et dont l’organisation, les activités ou le lieu d’exploitation assurent la permutation de tout ou partie du personnel ;
- Cette proposition prend en compte les conclusions écrites du médecin du travail et les indications qu’il formule sur les capacités du salarié à exercer l’une des tâches existantes dans l’entreprise ;
- L’emploi proposé est aussi comparable que possible à l’emploi précédemment occupé, au besoin par la mise en œuvre de mesures telles que mutations, aménagements, adaptations ou transformations de postes existants ou aménagement du temps de travail.

a) De la procédure de licenciement pour motif personnel

Observations

Assouplissement des procédures avec plusieurs illustrations :

- Travailleurs incarcérés pour faute professionnelle. La constatation par un huissier remplace la convocation à l'entretien préalable.
- Pour les personnels de maison, le préavis remplace la convocation à l'entretien préalable.

Au regard de ce que l'on peut observer en droit comparé, le droit gabonais à travers l'article 64 est certainement un de ceux qui encadrent le mieux cette procédure.

En droit comparé les situations sont variables. Il y a d'abord Mali (C.T., art. L.40) et le Sénégal (C.T., art. L.50 al. 2 et 3) dont les démarches sont quasiment identiques, avec seulement l'obligation d'un préavis, et le motif de la rupture qui doit figurer dans la notification. Il n'est même pas fait mention d'un entretien préalable, le législateur malien étant à cet égard peu disert sur la notification du licenciement.

D'autres législations prennent mieux en compte l'information du salarié. C'est ainsi qu'au Niger, l'article 79 du Code du travail énonce que : « *Lorsque l'employeur envisage un licenciement pour des motifs liés à la conduite du salarié ou à son aptitude, il doit, avant toute décision, offrir à l'intéressé de se défendre contre les reproches formulés ou de s'expliquer sur les motifs avancés* ».

En droit ivoirien, l'article 17.4 du code impose à l'employeur de notifier par écrit au salarié sa décision de le licencier. De plus, la lettre de licenciement doit contenir des mentions obligatoires (indication du motif de la rupture, le nom ou la raison sociale de l'employeur ; le numéro d'immatriculation à l'Institution de Prévoyance Sociale et l'adresse de l'employeur ; les noms, prénoms, numéro d'affiliation à l'Institution de Prévoyance Sociale, date d'embauche et qualification du salarié licencié ; la date de prise d'effet de la rupture).

Article 64 *: L'employeur qui envisage de licencier un travailleur doit au préalable, convoquer celui-ci à un entretien préalable par lettre remise en main propre contre décharge, par voie d'huissier de justice ou par voie électronique à condition que l'employeur apporte la preuve de la réception du message électronique. Cette lettre indique l'objet de la convocation.*
Le refus par le travailleur de recevoir la lettre de convocation doit être constaté par les délégués du personnel à défaut, par au moins deux représentants désignés par les travailleurs ou par voie d'huissier de justice.
La lettre de convocation doit parvenir au travailleur cinq jours ouvrables au moins avant la date prévue pour l'entretien.

La lettre de convocation à l'entretien, qui émane de l'employeur ou de son représentant, précise la date, l'heure, le lieu de l'entretien, les motifs qui lui font envisager le licenciement, la possibilité pour le travailleur de se faire assister et, éventuellement, de se faire représenter par une personne de son choix appartenant soit au personnel de l'entreprise, soit au syndicat auquel il est adhérent.
Au cours de l'entretien, l'employeur ou son représentant peut être assisté d'un membre dirigeant ou d'un travailleur de l'entreprise. Il expose les motifs qui lui font envisager le licenciement et recueille les explications du travailleur ainsi que les arguments développés par son assistant. La discussion ne peut, en aucun cas, porter sur des motifs autres que ceux mentionnés dans la lettre de convocation à l'entretien préalable.
Un procès-verbal est dressé et signé le même jour en quatre exemplaires, par toutes les parties présentes à l'entretien. Un exemplaire est remis à chaque partie signataire.
Tous les travailleurs de l'entreprise participant à cette réunion sont rémunérés comme s'ils n'avaient pas quitté leur poste habituel de travail.
Les frais de déplacement ou de voyage occasionnés par la participation à l'entretien préalable du travailleur sont pris en charge par l'entreprise.

Ordonnance n° 020/20O7/PR du 21 août 2007 portant réglementation de l'activité de mise à disposition du personnel en République Gabonaise.

Article 26 : Le travailleur sous contrat de mission peut, à sa demande, se faire assister par un ou plusieurs représentants du personnel de l'entreprise utilisatrice au cours de l'entretien préalable au licenciement auquel le convoque son employeur.

Observations

Il y a ici reprise de l'ancien article 51 dans son premier alinéa, mais cette nouvelle mouture est bien plus détaillée, ce qui permet d'éviter un certain nombre de difficultés. Il faut également relever l'introduction de l'usage électronique dans la procédure de licenciement. Dans les faits, l'employeur est tenu de convoquer le salarié à l'entretien préalable par lettre recommandée avec accusé de réception ou remise en main propre. L'absence de notification du licenciement comme celui de toutes les règles de procédure est sanctionné à l'article 67 du Code du travail. Si cette formalité n'est pas observée et que l'entretien a lieu, le licenciement sera quand même considéré comme irrégulier.

I. La tenue d'un entretien préalable au licenciement

La jurisprudence rappelle régulièrement l'obligation d'organiser un entretien préalable au licenciement.

Cass. Ch. Réunies, 8 juillet 2008 : « *Attendu que pour licencier X. à l'occasion de l'exécution d'un contrat de travail à durée indéterminée, la société S. se devait de respecter la procédure de licenciement prévue par les dispositions du Code du travail ; Attendu que ladite procédure n'a pas été mise en œuvre par cette société, notamment en n'organisant aucun entretien avec le salarié et ne lui notifiant pas la lettre de rupture en violation des dispositions des articles 51 et 53 du Code du travail (...)* ». C.A. Port-Gentil, Ch. Soc., 26 novembre 2007. C.A. Libreville, 1ère Ch. Soc., 22 janvier 2008, n° 54/07-08 ; 13 mars 2007, n° 228/06-07.

C.A. Libreville 1ère Ch. Soc., 10 juin 2008, n° 140/07-08 : « *Que c'est donc à bon droit que le premier juge a constaté que la Société Y. n'avait pas convoqué X. à un entretien préalable, ne lui avait pas notifié son licenciement, en violation des dispositions des articles 51 et53 du Code du travail, a déclaré le licenciement du salarié irrégulier et a condamné la Société Y. à lui verser la somme de 938 028 francs CFA conformément à l'article 55 du Code du travail* ».

C.A. Libreville, 1ère Ch. Soc., 10 avril 2007, n° 164/06,07 : « *Mais attendu que les parties étant liées par un contrat à durée indéterminée, l'absence d'un entretien préalable et d'une lettre de licenciement indiquant la faute imputée au salarié sont autant de manquements constitutifs d'un licenciement irrégulier et abusif* ».

C.A. Libreville 1ère Ch. Soc., 4 décembre 2007, n° 37/07-08 : « *Attendu que les dispositions de l'article 51 du Code du travail fait obligation à l'employeur qui envisage de licencier un salarié de convoquer préalablement à un entretien ; Attendu qu'en l'espèce que l'Hôpital Y. a dérogé à cette obligation, c'est donc à bon droit que le premier juge par application des dispositions de l'article sus spécifié, l'a condamné à verser à X., la somme de 255 000 francs représentant trois mois de salaire* ».

C.A. Libreville 1ère Ch. Soc., 03 avril 2007, n° 171/07-08 : « *Attendu qu'il appert des dispositions des articles 51 et55 du code de travail que l'employeur qui envisage de licencier un salarié doit, au préalable, le convoquer par lettre recommandée à un entretien faute de quoi, il est condamné à verser au salarié, une indemnité égale à trois mois de salaire ; Attendu que la société Y. en ramenant les délais prévus aux articles précités à 24 heures alors que le licenciement intervenu est abusif, elle a donc violé la procédure réglementaire* ».

CA. Port-Gentil, Ch. Soc, 22 novembre 2004, n° 07/04-05 : « *Attendu qu'aux termes des dispositions de l'article 55 du Code du travail, l'employeur qui licencie un salarié sans préalablement le convoquer par lettre recommandée à un entretien, entre autres, sera condamné à verser au salarié licencié une indemnité égale à trois (03) mois de salaire ; Attendu que dans le cas d'espèce, il est constant que la Société Y. n'a pas observé cette formalité* ».

C.A. Libreville, Ch. Soc., 27 juin 2000, Rôle n° 025/99-00 Répertoire n° 104/99-00 : « *Attendu que l'article 51 du Code du travail fait obligation à l'employeur qui prend l'initiative de licencier, de procéder à un entretien préalable en convoquant le salarié par lettre recommandée ou remise en main ; Attendu que la Société Y. n'a pas satisfait à cette exigence légale, qu'il y a lieu de la condamner au paiement de l'indemnité y relative correspondant à 3 mois de salaire (...)* ».

Notons qu'en droit comparé malien, le Code du travail dispose en son article L. 40, alinéas 3 et 4 que : « *Tout employeur qui désire licencier un travailleur est tenu d'informer l'inspecteur du travail du ressort par lettre recommandée comprenant les indications relatives au travailleur et à l'employeur et le motif du licenciement. L'inspecteur du travail dispose d'un délai de quinze jours pour émettre un avis* ».

L'employeur doit simplement informer l'Inspection du Travail et non solliciter son autorisation. Voir en ce sens, CSM, Section judiciaire, chambre sociale, 12 octobre 1998, arrêt n° 61 : « *Attendu que depuis l'avènement de la loi n° 92-020 du 23 septembre 1992 qui a innové en la matière et abrogé l'ancien Code du travail l'employeur doit simplement informer l'Inspection du Travail et non solliciter son accord et les juges du fond apprécient souverainement les faits (...)* ».

Un arrêt du 14 juillet 2006 de la même Cour suprême est venu confirmer cette jurisprudence en excluant tout contrôle du motif du licenciement par l'administration. Le tribunal du travail est donc seul compétent pour connaître le motif du licenciement. Pour autant, l'employeur est toujours tenu de saisir l'autorité administrative pour obtenir un avis qui n'a aucune valeur contraignante, faute de quoi le licenciement sera irrégulier.

II. Les délais à respecter

L'article 64 en son alinéa mériterait d'être davantage précisé. Certes, il est aisé de comprendre qu'entre la convocation et l'entretien un délai minimum de 5 jours ouvrables doit être respecté. A la lecture de la présente disposition s'agissant de ce délai, il aurait été plus simple de préciser qu'il courait à partir du jour de la remise de la notification en main propre au salarié, et qu'il expirait à l'issue du cinquième jour (celui-ci pouvant être reporté au premier jour ouvrable suivant).

Le législateur n'a pas du tout envisagé l'hypothèse du report de l'entretien à la demande du salarié. L'employeur doit-il satisfaire à cette demande, dans quelles conditions ? Pourtant, dans les faits, cette situation ne relève pas de l'extraordinaire, si l'on pense par exemple à l'état de santé du salarié.

III. Les mentions obligatoires

La lettre de convocation doit indiquer :

- Les motifs qui font envisager à l'employeur un licenciement. L'employeur doit énoncer le ou les motifs du licenciement dans la lettre de licenciement. L'absence d'énonciation de motif équivaut à une absence de motif.
  Voir, C.A. Port-Gentil Ch. Soc., 11 février 2008 , n° 48/07-08 : « *Mais attendu que de l'examen du dossier , s'il apparaît qu'effectivement X. a été convié à un entretien préalable à son licenciement par lettre datée du 04 octobre 2005 qui du reste n'indique pas le motif de l'entretien, aucune lettre de licenciement n'est en revanche jointe au dossier* ».
  En ce sens, le droit gabonais est allé beaucoup plus loin que le droit français dont il s'inspire souvent. Dans ce dernier, il est simplement exigé que l'employeur indique l'objet de l'entretien, sans avoir à préciser les griefs retenus contre le salarié (Cass. Soc.,, 6 avr. 2016, n° 14-23.198 : JurisData n° 2016-006377 ; JCP S 2016, act. 165).

- La date, l'heure et le lieu de l'entretien. Le législateur est resté silencieux sur le jour de cet entretien. S'il est logique qu'il se déroule pendant un jour ouvré, rien n'est dit sur l'heure. Il peut donc avoir lieu en dehors des heures de travail, ou pendant un jour de repos, de même que pendant une période de congés payés.

- La possibilité laissée au salarié de se faire assister lors de cet entretien par une personne de son choix appartenant à l'entreprise ou au syndicat auquel il est adhérent. Là encore, cette disposition peut dans les faits soulever des difficultés d'application dans le cas où le salarié ne trouverait dans l'entreprise aucun salarié prêt à l'assister. Dans ce cas, il peut solliciter le concours d'une personne extérieure à l'entreprise, mais appartenant au syndicat dont il est adhérent. Or, au vu du faible taux de syndicalisation que l'on relève, tous les salariés ne peuvent pas recourir à cette assistance. N'aurait-il pas été plus opportun de prévoir comme en droit français, que les salariés puissent s'adresser au personnel d'un syndicat voire même à un avocat ?

Voir C.A. Libreville, Ch. Soc., 3 février 2009, n° 0764/08-09 : « *Attendu que ledit article 51 du Code du travail dispose que la convocation à l'entretien préalable qui émane de l'employeur ou de son représentant doit mentionner la possibilité pour le salarié de se faire assister ou se faire représenter par une personne de son choix appartenant soit au personnel de l'entreprise, soit au syndicat auquel il est éventuellement affilié ; Attendu qu'à l'examen de la convocation à l'entretien préalable adressée par la Société Y. à X. le 5 septembre 2003 et versée aux débats, ladite mention figure au paragraphe 3 ;Que dès lors , il convient de déclarer le licenciement de X. régulier (...)* ».

Il est à noter que l'alinéa 5 de cet article 64 envisage la représentation et l'assistance de l'employeur. Il peut s'agir d'un membre dirigeant ou d'un salarié de l'entreprise.

Article 65 *: Le licenciement ne peut intervenir au cours de l'entretien. L'employeur doit observer un délai de réflexion de cinq (5) jours ouvrables suivant l'entretien préalable.*
Lorsque le travailleur ne se présente pas ou ne se fait pas représenter, l'employeur n'est pas tenu d'organiser un autre entretien préalable.
En cas d'exécution par le travailleur d'une peine d'emprisonnement ou si celui-ci est en détention préventive de plus de six mois, l'employeur est dispensé d'observer la procédure d'entretien préalable. Il en est de même en cas d'absence prolongée du travailleur sans autorisation ni justification, sous réserve pour l'employeur de faire constater par acte d'huissier de justice ladite absence.

Observations

Un autre silence à relever ici touche à l'entretien en lui-même. Comment doit-il être mené, en quelle langue, quel en est le contenu ? Sur ces différentes interrogations, le législateur ne répond point. Au moment où le code a été publié, le Gabon avait également choisi comme langue officielle l'anglais. Un entretien peut-il être mené dans cette langue ?

Par ailleurs, l'employeur n'a-t-il pas la possibilité d'invoquer des motifs autres que ceux qu'il a signifiés au salarié pendant l'entretien ? En droit comparé français, devant le juge, l'employeur peut soulever d'autres griefs qui n'avaient pas été évoqués pendant l'entretien (Cass. Soc., 13 déc. 1979, *D.* 1981, 26, note critique M.-J. Brissier Nicolas).

L'employeur qui ne respecte pas le délai de cinq jours risque comme sanction l'irrégularité du licenciement.

Voir : C.A. Libreville 1ère Ch. Soc., 22 janvier 2008, n° 54/07-08 : « *Attendu que la convocation à l'entretien préalable datée du 22 juin 2001 dont se réclame l'employeur pour conclure à la régularité de la procédure de licenciement est libellée comme suit : « Conformément aux dispositions de l'article 51 du Code du travail, je vous convie à un entretien le 23 juin 2001 pour… » ; Attendu cependant qu'en se prévalant de l'article 51, l'employeur se devait d'observer le délai de 5 jours entre la convocation et l'entretien ; Que tel n'a pas été le cas, l'entretien ayant été programmé le lendemain de la convocation, ce que prévoit plutôt l'article 54* ».

De plus, dès lors que le salarié a été régulièrement convoqué à l'entretien préalable au licenciement, le fait qu'il ne se présente pas est sans conséquence sur la poursuite de la procédure par l'employeur.

Article 66 : *L'employeur qui décide de licencier doit notifier le licenciement au travailleur dans les quarante-huit (48) heures ouvrables suivant l'expiration du délai de réflexion après l'entretien préalable. La lettre de licenciement doit indiquer expressément le ou les motifs du licenciement.*
Le refus par le travailleur de recevoir la lettre de notification doit être constaté par les délégués du personnel, à défaut par au moins deux représentants désignés par les travailleurs ou par voie d'huissier de justice.
En l'absence de délégués du personnel, le licenciement du personnel de maison est subordonné à une notification au travailleur, moyennant un préavis. Copie de cette notification doit être adressée à l'inspecteur du travail du ressort.

Observations

I. La notification du licenciement au salarié

L'employeur doit attendre au moins 2 jours ouvrables après l'expiration du délai de réflexion de 5 jours après la date de convocation à l'entretien préalable, avant de pouvoir adresser la lettre de notification du licenciement au salarié. Passé ce délai, il y a à défaut de notification sanctionné par l'irrégularité du licenciement.

C.A. Libreville 1ère Ch. Soc., 16 janvier 2007, n° 65/06,07 : « *Attendu que la rupture d'un contrat de travail à durée indéterminée est soumise aux exigences des articles 51 à 55 du Code du travail ; Qu'en l'espèce, aucune lettre de licenciement n'a été notifiée à Dame X. ; Qu'un tel licenciement est non seulement irrégulier en la forme, mais également abusif au fond* ».

C.A. Libreville 1ère Ch. Soc., 13 mars 2007 : « *Attendu que le licenciement de dame X. intervenu sans lettre de licenciement est non seulement abusif au fond, mais irrégulier en la forme* ».

En droit comparé français (C.T., art. R. 1232-13), le salarié peut, dans les 15 jours qui suivent la notification du licenciement, demander à l'employeur des précisions sur les motifs énoncés dans la lettre de licenciement. L'employeur dispose d'un délai de 15 jours, après réception de la demande du salarié pour apporter les précisions qu'il souhaite.

II. L'énonciation des causes du licenciement

S'il est fait mention de la notification, le législateur ne dit rien sur le contenu de la lettre de licenciement, contrairement à ce qu'il avait fait pour la lettre de convocation à l'entretien préalable. L'article 66 alinéa 1er se contente de renvoyer à une indication expresse du ou des motifs du licenciement sans autre précision. On peut quand même supposer que ces motifs doivent être précis afin d'être vérifiables. Dans la pratique, il s'agit là encore d'une matière où le pouvoir souverain d'appréciation du juge va s'exercer. Il peut en effet considérer que l'absence de motivation dans la lettre de licenciement n'est qu'une irrégularité procédurale et doit être sanctionnée à ce titre ou alors, il peut estimer que cela correspond à une absence de cause réelle et sérieuse. La Cour de cassation a ainsi estimé que : « *le cadre du litige est défini par la lettre de licenciement, de sorte que pour légitimer une rupture, l'employeur ne peut pas invoquer des motifs qui n'y sont pas contenus, et l'obligation de preuve à laquelle il est astreint par (l'ancien) article 53 du Code du travail ne se limite qu'aux seuls motifs invoqués dans la lettre de licenciement* » (Soc., 28 mars 2013, arrêt n° 25/2012-2013).

Voir également, C.A. Libreville 1ère Ch. Soc., 19 février 2008, n° 073/07-08 : « *Attendu en l'espèce que la société Y. a licencié X. par lettre datée du 29 avril*

2004 ; Attendu que ladite lettre ne comporte aucun motif justifiant le licenciement intervenu, il y a lieu de le déclarer abusif ».

C.A. de Libreville, Ch. Soc., 12 mai 2022, n° 30/2021-2022. Sur la régularité de la procédure : « *(...) il ressort des pièces du dossier que l'ex-salariée a été convoquée à l'entretien préalable le 22 décembre 2016 et que celui-ci s'est tenu le 30 décembre 2016 avant de lui notifier la lettre de licenciement le 9 janvier.*
Que tous ces actes sont intervenus dans les formes et délais exigés par l'article susvisé ».

En droit comparé français, la lettre de licenciement doit contenir les mentions suivantes :

- L'énoncé du ou des motifs de licenciement invoqués par l'employeur ;
- La possibilité de demander des précisions sur les motifs du licenciement énoncés dans la lettre dans les 15 jours suivants sa notification ;
- La date d'expiration du préavis ou la mention dispensant le salarié de l'effectuer.

Par ailleurs, toujours en droit français, un décret fixe les modèles que l'employeur peut utiliser pour procéder à la notification du licenciement pour motif personnel. Ces modèles rappellent en outre les droits et obligations de chaque partie. Depuis les ordonnances Macron, la sanction de la motivation est prévue à l'article L. 1235-2, al. 3 du Code du travail qui énonce : « *A défaut pour le salarié d'avoir formé auprès de l'employeur une demande en application de l'alinéa premier, l'irrégularité que constitue une insuffisance de motivation de la lettre de licenciement ne prive pas, à elle seule, le licenciement de cause réelle et sérieuse et ouvre droit à une indemnité qui ne peut excéder un mois de salaire* ».

Article 67 *: En cas de litige, la preuve du caractère réel et sérieux du ou des motifs allégués pour le licenciement incombe à l'employeur.*
Sans préjudice de dommages-intérêts susceptibles d'être prononcés par le tribunal, la violation par l'employeur de l'une de ces règles de procédure expose ce dernier au versement d'une indemnité égale à trois (3) mois de salaire.

Observations

Aux termes de l'article 16 du Code de procédure civile « *Il incombe à chaque partie de prouver, conformément à la loi, les faits nécessaires au succès de sa prétention* ».
La sanction de la violation des règles de procédure est, aux termes de l'alinéa 2, le versement d'une indemnité égale à trois mois de salaire à laquelle peuvent s'ajouter des dommages-intérêts pour le préjudice subi.

En droit comparé :

- Cameroun, article 39-5, C.T. : « *En cas de licenciement légitime d'un travailleur survenu sans observation par l'employeur des formalités prévues, le montant des dommages-intérêts ne peut excéder un mois de salaire* ».
- Sénégal, article 51 C.T. : « *Si le licenciement d'un travailleur survient sans observation de la formalité de la notification écrite de la rupture ou de l'indication d'un motif légitime, ce licenciement irrégulier en la forme ne peut être considéré comme abusif. Le tribunal peut néanmoins accorder au travailleur une indemnité pour sanctionner l'inobservation des règles de forme* ».

Il est à noter qu'en droit allemand, si le licenciement n'est pas justifié ou est irrégulier, l'employeur est tenu de réintégrer le salarié dans l'entreprise ou dans le cas échéant à négocier avec lui un accord transactionnel.

Article 68 : *En cas de faute lourde, et sans déroger à l'obligation d'entretien, les délais de procédure prévus par la présente loi sont ramenés à vingt-quatre (24) heures. Dans ce cas, les délégués du personnel prennent part obligatoirement à l'entretien.*

Observations

Sur la faute lourde, voir les observations sous l'article 63.

Article 69 : *En cas de faits graves commis par le travailleur et rendant impossible son maintien en entreprise, l'employeur peut, sans déroger à l'obligation de l'entretien, interdire par simple notification écrite, l'accès du travailleur dans l'enceinte de l'entreprise jusqu'à sa décision définitive, exception faite le jour de l'entretien. Le travailleur aura droit au maintien de sa rémunération pendant toute cette période.*

Observations

Voir observations sous art. 54 s'agissant de la mise à pied conservatoire.

Article 70 : *Le licenciement des travailleurs protégés est subordonné à l'autorisation de l'inspecteur du travail du ressort. La demande d'autorisation intervient après l'entretien préalable du travailleur. L'inspecteur du travail du ressort dispose d'un délai de quinze (15) jours pour rendre sa décision. Passé ce délai, l'autorisation est réputée acquise à moins que l'inspecteur du travail ne notifie à l'employeur qu'un délai supplémentaire de quinze jours lui est nécessaire pour finaliser son enquête.*
Pendant cette période, le travailleur peut faire l'objet d'une mise à pied conservatoire pendant le délai d'attente de la réponse de l'inspecteur du travail du ressort. Le travailleur a droit au maintien de sa rémunération pendant toute cette période.
La décision de l'inspecteur du travail du ressort est susceptible de recours. Ce recours relève du contentieux administratif.
Les parties disposent d'un délai de vingt jours (20) ouvrables à compter de la date de notification pour intenter un recours hiérarchique contre la décision de l'inspecteur du travail. Une copie de la décision de l'inspecteur du travail est adressée au représentant du personnel.
Elles disposent du même délai après notification de la décision de l'autorité hiérarchique pour intenter un recours juridictionnel.
Un délai d'un (1) mois est accordé à l'autorité hiérarchique pour se prononcer. Si l'autorisation n'est pas accordée, l'employeur est tenu de réintégrer le travailleur protégé à son poste de travail.
Sans préjudice de dommages-intérêts susceptibles d'être prononcés par le tribunal, le refus par l'employeur de réintégrer le travailleur protégé l'expose au versement d'une indemnité correspondant au salaire qu'il aurait dû percevoir au prorata du temps mis hors de l'entreprise jusqu'à la réintégration, sauf en cas de séparation amiable.
En cas de refus de réintégration par le travailleur, le refus est assimilé à une rupture de contrat de son fait.

Observations

Le législateur évoque les travailleurs protégés (une seule fois) sans préciser de qui il s'agit. Soit il considère que c'est une évidence, soit alors, il laisse au règlement ou encore au juge de le préciser. Il en est de même en droit ivoirien où cette expression revient à deux reprises (art. 17.5 et 61.10 C.T.). On peut par analogie avec ce que l'on observe en droit comparé considérer que ce sont les travailleurs que l'on retrouve au Chapitre II du Titre VI du présent code.

- Mali, article L.277, C.T. : « *l'autorisation de l'inspecteur du travail est requise, avant tout licenciement d'un délégué du personnel, titulaire ou suppléant, envisagé par l'employeur ou son représentant. L'autorisation ou le refus de cette autorisation doit être notifié à l'employeur et au délégué du personnel concerné. Le défaut de réponse de l'inspecteur du travail dans les quinze (15) jours du dépôt de la demande vaut autorisation de licenciement, sauf dans le cas où l'inspecteur du travail juge qu'une expertise est nécessaire. Dans ce cas, le délai est porté à 30 jours et l'inspecteur doit informer par écrit l'employeur, avant l'expiration des 15 jours, de sa décision de prolonger le délai* ».
- Côte d'Ivoire, art.61.8, C.T. : « *Tout licenciement d'un délégué du personnel envisagé par l'employeur ou son représentant est soumis à l'autorisation de l'inspecteur du travail et des lois sociales* ».
- Burkina Faso, Cour de cassation, 03 février 2021, 01/2021 : « *En application des dispositions de l'article 175 du Code du travail de 1992, le licenciement d'un délégué du personnel requiert l'avis préalable de l'inspecteur du travail dans un délai de six (06) mois à compter de la date de la demande de l'employeur. Est donc irrégulier le licenciement du délégué du personnel prononcé au mépris de cette disposition et encourt cassation l'arrêt d'une Cour d'appel qui déclare ce licenciement légitime* ».

b) De la procédure de licenciement pour motif économique

Observations

Le législateur a repris l'ancien article 59 avec les critiques qui lui étaient déjà faites s'agissant notamment du plan social (A. Emane, *Code du travail commenté*, op. cit, note sous article 59). Le licenciement économique est soumis au respect scrupuleux de la procédure prévue à l'article 74, faute de quoi il est abusif (voir art. 91 C.T.).

Cette qualification ouvre droit à des dommages-intérêts dont le montant est laissé à l'appréciation du juge contrairement à l'indemnité de trois mois de salaire sanctionnant le licenciement irrégulier. Lorsque le licenciement économique concerne plus de dix salariés, l'employeur est tenu de proposer un plan social, mécanisme emprunté au droit français dont l'objectif est d'en limiter les conséquences. Le plan social contient des dispositions ayant pour but d'éviter les licenciements, et d'autres dont la finalité est de faciliter le reclassement des salariés dont le licenciement ne peut pas être évité. Toutefois, le respect de certaines exigences posées par le Code du travail n'est pas garanti du fait de la carence de certaines institutions représentatives du personnel. Les délégués syndicaux, et les comités permanents de concertation économique et sociale sont en effet absents, de l'écrasante majorité des entreprises gabonaises.

Article 71 : *Tout licenciement individuel ou collectif fondé sur un motif d'ordre économique est subordonné à une autorisation de l'inspecteur du travail du ressort, même en cas de règlement judiciaire ou de liquidation des biens.*
Toutefois, lorsqu'une entreprise procède à un licenciement collectif pour un motif d'ordre économique de plus de dix travailleurs, cette entreprise ne peut y procéder à nouveau avant l'expiration d'un délai de six mois.

Observations

Le licenciement économique est soumis à autorisation de l'inspecteur du travail, contrairement à ce qui avait été annoncé par un document publié par le Ministère du travail ainsi rédigé :

« *L'assouplissement du licenciement économique : en deçà de dix travailleurs, une procédure d'entretien préalable remplace le mécanisme d'autorisation de licenciement (article 59) Cette disposition est une adaptation aux contraintes observées dans la pratique où les inspecteurs du travail ont du mal à répondre à ces demandes d'autorisation, qui, au terme du délai légal d'un mois, sont réputées acquises pour l'employeur* » (https://fonction-publique.gouv.ga/object.getObject.do?id=1597).

Faute de satisfaire à cette obligation, le licenciement sera déclaré abusif. Toutefois, la saisine de l'inspecteur du travail est précédée par la consultation des délégués du personnel et l'établissement d'un ordre des licenciements prévus à l'article 74 C.T.

Sur l'exigence de l'autorisation, voir notamment :

- Cass. 1ère Ch. Soc., 02 mars 2005, n° 13/2.004-005 : « *Attendu qu'après avoir relevé que le Bar X qui dit avoir licencié son salarié pour des raisons économiques n'apporte pas la preuve de la saisine de l'Inspecteur du travail pour information, les juges d'appel ont retenu que la procédure de licenciement pour motif économique n'était pas respectée, avant de conclure au caractère abusif intervenu (...)* ».

- Tribunal de 1ère instance de Port-Gentil, 29 mai 2008, « *Attendu qu'il résulte des dispositions des articles 56 et 74 du Code du travail que tout licenciement fondé sur un motif d'ordre économique est subordonné à une autorisation de l'inspecteur du travail, que tout licenciement intervenu ou décidé en violation des procédures d'autorisation de l'inspecteur est abusif*».

Sur la compétence de l'inspecteur du travail :

- Voir, C.A. Port-Gentil, 30 juin 2020, 22/2019-2020 : « *Attendu que selon l'article 398 du Code de Marine Communautaire, les licenciements des Marins pour motif économique sont autorisés par l'inspecteur des Affaires Maritimes ;*
  Qu'à l'examen du dossier, il apparaît clairement que l'inspecteur général du Travail n'avait pas qualité à autoriser le licenciement contesté par l'appelant ;
  Que conformément à l'article susvisé, et pour une bonne administration de la justice, il convient de renvoyer les parties devant l'inspecteur des Affaires Maritimes pour régularisation de la procédure »

Sur l'effet de l'autorisation de l'inspecteur du travail :

- Soc., 28 février 2013, arrêt n°20/2012-2013 : « *Tout licenciement d'un travailleur protégé, prononcé par l'employeur après l'autorisation de l'inspecteur du travail est légitime ;*
  C'est donc à bon droit qu'une Cour d'appel qualifie de légitime le licenciement d'un travailleur, par ailleurs Délégué du personnel, après avoir relevé, sur la base de correspondances versées au dossier, que l'employeur avait préalablement sollicité et obtenu une autorisation de licenciement ».

<u>Article 72</u> *: L'inspecteur du travail dispose d'un délai maximum de trente jours ouvrables, à compter de la date de réception de la demande d'autorisation de licenciement, pour faire connaître sa décision au requérant.*
L'autorisation est acquise de plein droit en cas de silence de l'inspecteur du travail à l'expiration du délai de trente jours ci-dessus mentionné, récépissé de dépôt de la demande d'autorisation de licenciement faisant foi.
La décision de refus d'autorisation de licenciement partiel ou total doit être motivée.

<u>Article 73</u> *: L'employeur ne peut saisir l'inspecteur du travail d'une demande d'autorisation de licenciement individuel ou collectif pour motif d'ordre économique qu'au terme de la procédure prévue à l'article 74 ci-dessous.*

Article 74 *: L'employeur qui envisage de procéder à un licenciement individuel ou collectif pour motif d'ordre économique est tenu d'adresser aux délégués du personnel, aux délégués du syndicat le plus représentatif et aux membres du comité permanent de concertation économique et sociale, les renseignements utiles sur les licenciements projetés, notamment :*

- la ou les raisons économiques, financières ou techniques du projet de licenciement ;

- le nombre, la qualification professionnelle, la nationalité, l'ancienneté, l'âge et la situation de famille des travailleurs susceptibles d'être licenciés. Ces renseignements doivent être également fournis pour les travailleurs de même qualification, non visés par la mesure de licenciement ;

- les mesures qu'il envisage de prendre pour éviter les licenciements ou en limiter le nombre, d'une part, et pour faciliter le reclassement du personnel dont le licenciement ne pourrait être évité, d'autre part ;

- un plan social ainsi que son financement, établis en accord avec l'organisme national de gestion de l'emploi ou tout autre service d'emploi public qui en assure l'exécution au bénéfice des travailleurs dont le licenciement ne pourrait être évité.

La mise en place par l'employeur du plan social mentionné à l'alinéa ci-dessus n'est obligatoire que dans les cas de licenciement collectif fondé sur un motif d'ordre économique touchant au moins dix travailleurs.

Le coût total de ce plan social ne peut en aucune manière être inférieur au montant total des indemnités dues par l'employeur au titre des articles 67 et 87 de la présente loi, mais peut comprendre des indemnités de départ conventionnelles proposées par l'employeur.

Il appartient au travailleur d'opter soit pour le versement des indemnités de licenciement soit pour le bénéfice du plan social.

Les délégués du personnel, les délégués syndicaux et les membres du comité permanent de concertation économique et sociale ont un délai de huit jours ouvrables pour examiner le projet de licenciement présenté par l'employeur.

Au terme de ce délai, l'employeur doit réunir les délégués du personnel, les délégués syndicaux et les membres du comité permanent de concertation économique et sociale. Cette réunion de concertation doit être sanctionnée par un procès-verbal comportant, outre les avis, suggestions et propositions des délégués du personnel, des membres du comité permanent de concertation économique et sociale et des délégués syndicaux, le calendrier prévisionnel des licenciements.

Les informations mentionnées à l'alinéa 1 ci-dessus ainsi que l'original du procès-verbal de la réunion de concertation doivent être adressés par l'employeur à l'inspecteur du travail en même temps que la demande écrite d'autorisation de licenciement.

Les licenciements ne peuvent être notifiés aux travailleurs concernés qu'après la décision de l'inspecteur du travail ou à défaut, à l'expiration du délai de trente jours prévu à l'article 72 ci-dessus.
Peuvent être licenciés, en premier lieu, les travailleurs présentant les moindres aptitudes professionnelles pour les emplois maintenus et, en cas d'égalité d'aptitudes professionnelles, les travailleurs moins anciens dans l'entreprise, l'ancienneté étant majorée d'une année par enfant à charge.
En cas de règlement judiciaire ou de liquidation des biens, les délais de la procédure ci-dessus définie sont réduits de moitié.
Nonobstant les dispositions des articles 90 et 98 ci-dessous, l'employeur qui aura violé la procédure ci-dessus énoncée sera condamné à verser à chaque travailleur licencié une indemnité égale à trois mois de salaire en plus des indemnités légales dues.

Observations

I. Les institutions concernées

A l'égard des représentants du personnel, l'employeur a une simple obligation d'information alors que s'agissant de l'inspecteur du travail, son autorisation est requise.

A. Réunion et consultation des représentants du personnel

Le Code du travail oblige l'employeur à faire part de son projet de licenciement économique aux délégués du personnel, aux délégués du syndicat le plus représentatif, et aux membres du comité permanent de concertation économique et sociale (qui n'est pas encore opérationnel dans la plupart des entreprises gabonaises). Dans ce document doivent figurer les raisons du licenciement, l'effectif total de l'entreprise, le nombre, les catégories professionnelles, les critères de choix des salariés susceptibles d'être licenciés, les renseignements concernant les travailleurs visés par ce projet, l'ordre des licenciements, les mesures pour limiter le nombre de licenciements ou favoriser le reclassement des salariés et un plan social.

Les représentants du personnel disposent d'un délai de huit jours pour examiner le projet de licenciement envisagé par l'employeur. Au terme de ce délai, il doit réunir les représentants du personnel. Il n'est pas précisé s'il s'agit d'une réunion avec tous les représentants ou avec chaque catégorie de représentants. Mais, quelle que soit l'interprétation retenue, la réunion a pour objet uniquement de recueillir l'avis global des représentants du personnel, même si ceux-ci peuvent rechercher des solutions alternatives aux mesures envisagées par l'employeur. L'avis des représentants du personnel ne lie nullement l'employeur, même si ce dernier peut décider de modifier son projet. Un procès-verbal est établi à la fin de la réunion. C'est ce document qui sera transmis à l'inspecteur du travail. Dans une entreprise qui ne dispose pas de représentants du personnel, l'employeur doit établir un procès-verbal de carence. L'absence de ce document conduit à la qualification de licenciement abusif.

Le projet de licenciement peut également servir au juge pour statuer sur la réalité du motif économique du licenciement.
Voir en ce sens, C.A. Port-Gentil, 2 décembre 2002 : Le salarié ne répondait pas aux critères objectifs retenus par l'employeur permettant d'être frappé par la mesure de licenciement.

Contrairement à ce que l'on observe dans d'autres droits comparés, le Code du travail ne distingue pas, s'agissant des procédures, le licenciement individuel du licenciement collectif. En droit français, à la fin de cette réunion, lorsqu'il s'agit d'un licenciement de moins de dix salariés sur une période de trente jours, l'employeur convoque les salariés retenus pour les entretiens préalables en leur proposant une convention de reclassement personnalisé pour l'entretien préalable et lui notifie ensuite son licenciement. Lorsqu'il s'agit d'un licenciement individuel économique, il n'y a pas de consultation et de réunion des représentants du personnel. La procédure est la même que celle du licenciement pour faute.

III. Les mesures envisagées

B. L'inspecteur du travail

Le licenciement économique est subordonné à l'autorisation de l'inspecteur du travail qui joue un rôle particulièrement important dans ce domaine.
A la fin de la réunion avec les représentants du personnel, l'employeur doit adresser à l'inspecteur du travail une demande d'autorisation de licenciement avec le procès-verbal de la réunion mentionnée plus haut, et tous les documents remis aux représentants du personnel.
Il appartient ensuite à l'inspecteur dans les trente jours qui suivent sa saisine de faire connaître sa décision à l'employeur. En cas de refus total ou partiel, l'employeur doit motiver sa décision. Le silence de l'inspecteur vaut acceptation du projet de licenciement.

La décision de l'inspecteur peut être contestée dans le cadre d'un contentieux de droit public. Voir C.E. 24 juin 2005, n° 37/2004-2005 : « *Considérant*

d'autre part que les formalités impératives édictées par l'article 29 du même code en matière d'autorisation de licenciement ont été manifestement violées ; qu'il résulte des conclusions de l'enquête menée par la Directrice générale du travail que la décision prise par l'employeur de réorganiser l'entreprise et prononcer des licenciements économiques était prématurée ;
Considérant, en conséquence, que l'autorisation de l'Inspecteur du travail et la décision confirmative accordée dans des conditions d'irrégularités flagrantes par le Ministre du Travail sont entachées de vices graves entraînant leur annulation ».

En droit comparé congolais, on retrouve une procédure assez voisine.
Voir C.T., art. 39 al. 5 et 6 : « *En cas de licenciement individuel ou collectif motivé par une diminution de l'activité de l'établissement ou une réorganisation intérieure, l'employeur doit saisir par écrit les délégués du personnel en vue de recueillir leurs suggestions sur les mesures de licenciement qu'il a l'intention de prendre. Pour ce faire il doit mettre tous les documents et renseignements nécessaires pour l'analyse de la situation de l'entreprise. L'ordre des licenciements est établi en tenant compte prioritairement de la qualification professionnelle, de l'ancienneté des travailleurs ensuite et enfin de leur charge de famille.*
Seront licenciés en premiers après autorisation de la commission des litiges présidée par l'inspecteur du travail, les salariés présentant les moindres aptitudes professionnelles pour les emplois maintenus, et en cas d'égalité d'aptitudes professionnelles, les salariés moins anciens dans l'établissement (…) ».

Le droit gabonais apparaît comme particulièrement protecteur avec le pouvoir dont dispose l'inspecteur du travail. Dans de nombreux droits africains, l'inspecteur est seulement tenu de vérifier la régularité de la procédure, il n'a pas à se prononcer sur le fond.
En droit ivoirien, voir article 18.11 du Code du travail (Ordonnance n° 2021-902) : « *Le chef d'entreprise adresse au Conseil national du Dialogue social, pour avis et propositions, aux délégués du personnel et à l'inspecteur du Travail et des Lois sociales du ressort, quinze jours ouvrables au moins avant la réunion prévue à l'article précédent, un dossier précisant les causes du licenciement projeté, les critères retenus par l'entreprise, la liste du personnel concerné et la date du licenciement ainsi que tout document nécessaire à l'appréciation de la situation* ».

Voir également, article 18.12, C.T. : « *La réunion d'information et d'explication prévue à l'article précédent se tient à l'inspection du travail du ressort. L'inspecteur du travail et des lois sociales s'assure que toutes les parties ont été informées* ».

Article 18.13, C.T. : « *Avant le licenciement, l'inspecteur du travail et des lois sociales s'assure du respect des critères établis et de la procédure prescrite par le présent Code.*
En cas de non-respect de la procédure ou des critères fixés, l'inspecteur du travail et des lois sociales le notifie par écrit au chef d'entreprise.
L'inspecteur du travail et des lois sociales signe avec les parties le procès-verbal de la réunion ».

Au Sénégal, voir article L. 62, C.T. : « *Pour les autres travailleurs, l'employeur peut après la réunion avec les délégués du personnel, procéder au licenciement. Dans tous les cas, la liste des travailleurs licenciés et le compte rendu de la réunion susvisée sont communiqués à l'Inspecteur du Travail et de la Sécurité sociale pour information, dans le délai d'une semaine* ».

Au Cameroun, l'autorité ministérielle rend un arbitrage aux termes de l'article 40-6 C.T. :
« *a) Lorsque les négociations prévues ci-dessus n'ont pas pu aboutir à un accord ou si, malgré les mesures envisagées, certains licenciements s'avèrent nécessaires, l'employeur doit établir l'ordre des licenciements en tenant compte des aptitudes professionnelles, de l'ancienneté dans l'entreprise et des charges familiales des travailleurs. Dans tous les cas, l'ordre des licenciements doit tenir compte en priorité des aptitudes professionnelles.*
b) En vue de recueillir leurs avis et suggestions, l'employeur doit communiquer par écrit aux délégués du personnel, la liste des travailleurs qu'il se propose de licencier en précisant les critères de choix retenus.
c) Les délégués du personnel doivent faire parvenir leur réponse écrite dans un délai de huit jours francs maximum.
d) « La communication de l'employeur et la réponse des délégués du personnel sont transmises sans délai au ministre chargé du Travail pour arbitrage ».

L'autorité ministérielle est également saisie au Rwanda sans que l'on sache si c'est seulement à titre d'information. Le Code du travail énonce en son article 29 al. 3 : « *Dans les quinze jours qui suivent cette réunion avec les délégués du personnel, l'employeur transmet au Ministre ayant le travail dans les attributions, le compte rendu de cette réunion accompagné de la liste du personnel touché par cette réduction, de la date et des causes motivées de cette réduction* ».

Dans la plupart des pays européens, les licenciements économiques de plus de dix salariés sont strictement encadrés. La directive communautaire du 20 juillet 1998 concernant le rapprochement des législations des États membres relatives aux licenciements collectifs dispose en son article 2-1 : « *Lorsqu'un employeur envisage d'effectuer des licenciements collectifs, il est tenu de procéder, en temps utile, à des consultations avec les représentants des travailleurs en vue d'aboutir à un accord* ». Au deuxième alinéa du même article, il est précisé : « *Les consultations portent au moins sur les possibilités d'éviter ou de réduire les licenciements collectifs ainsi que sur les possibilités d'en atténuer les conséquences par le recours à des mesures sociales d'accompagnement visant notamment l'aide au reclassement ou à la reconversion des travailleurs licenciés* ». Enfin, l'article 3 de la directive précitée oblige l'employeur « *de notifier par écrit tout projet de licenciement collectif à l'autorité publique compétente* ». A titre d'illustration, en Allemagne, le comité d'entreprise dispose d'un droit de veto s'agissant des licenciements économiques. Aux Pays-Bas, une autorisation est nécessaire auprès de l'UWW (*Uitvoeringsinstituut Werknemersverzekeringen*, caisse d'assurance des salariés).

A. L'ordre des licenciements

L'employeur établit l'ordre des licenciements en tenant compte à la fois des aptitudes professionnelles, de l'ancienneté, et des charges familiales des salariés susceptibles d'être licenciés.

Voir, Mali, article L.48, C.T. « *Si après l'échéance de ce délai de quinze jours, certains licenciements pour motif économique étaient nécessaires, ceux-ci sont soumis aux règles suivantes :*
1°) L'employeur établit l'ordre des licenciements. Cet ordre tient compte, en premier lieu, des travailleurs présentant des aptitudes professionnelles moindres pour les emplois maintenus. En cas d'égalité d'aptitude professionnelle, les travailleurs les plus anciens seront conservés. L'ancienneté dans l'entreprise est majorée, pour établir cet ordre des licenciements, d'un an pour le travailleur marié et d'un an pour chaque enfant à charge au sens de la législation sur les prestations familiales ».

B. Le plan social

1° Une procédure erratique en droit gabonais

L'obligation pour l'employeur de prévoir un plan social pour des licenciements de plus de dix salariés est apparue avec l'ordonnance du 12 octobre 2000. Plus de 20 ans plus tard, des questions demeurent :

- Quid du contenu de ce plan, le flou étant toujours absolu ?
- Quid de la nullité de ce plan ?

- Quid du défaut de plan social ?
- Qui a la compétence pour le sanctionner ?
- Peut-on entrer dans le cadre d'un conflit collectif ici, et envisager qu'un syndicat conteste ce plan social par exemple ?

Pour les sanctions liées à ce plan, et en faisant des conjectures à ce sujet, on peut éventuellement s'appuyer sur le dernier alinéa de l'article 74 qui prévoit une indemnité de trois mois de salaire pour chaque travailleur pour le non-respect de la procédure du licenciement économique, et l'article 98 du présent code.

Le salarié quant à lui a toutefois le choix entre bénéficier du plan social ou recevoir des indemnités de licenciement. L'acceptation du plan social entraîne un certain nombre de conséquences, dont le non-bénéfice des dispositions relatives à la modification du statut juridique de l'entreprise.

Voir en ce sens, Tribunal du Travail de Libreville, 27 janvier 2022, répertoire n° 129/2021-2022 : A la suite de la transformation Le salarié avait en fait accepté d'être inscrit au plan social (application de l'article 95 relatif à la modification juridique de l'employeur). Il avait été payé de ses droits et son certificat de travail lui avait été délivré par le comité de privatisation. Repris par la nouvelle entité, il se plaignait d'avoir subi une baisse de salaire, ce que le tribunal a justifié par le fait que cette rémunération correspondait à ses nouvelles fonctions.

A titre de suggestion, c'est une matière où le droit conventionnel serait d'une utilité et d'une pertinence certaines.

2° La matrice en droit comparé

Le plan social est une procédure empruntée au droit français (loi du 2 août 1989). Depuis, la loi de modernisation sociale du 17 janvier 2002, il est devenu le Plan de sauvegarde de l'emploi (C.T., art L. 1233-61 et s.). Lorsque le licenciement concerne plus de dix salariés sur trente jours dans une entreprise de plus de cinquante salariés, l'employeur est tenu d'établir un plan de sauvegarde de l'emploi comprenant un ensemble de mesures de nature à, d'une part, éviter et réduire le nombre des licenciements, et d'autre part, favoriser le reclassement des salariés licenciés. Ces mesures peuvent être aux termes de l'article 1233-62 du code français :

- Des actions en vue du reclassement interne sur le territoire national, des salariés sur des emplois relevant de la même catégorie d'emplois ou équivalents à ceux qu'ils occupent ou, sous réserve de l'accord exprès des salariés concernés, sur des emplois de catégorie inférieure ;

- Des actions favorisant la reprise de tout ou partie des activités en vue d'éviter la fermeture d'un ou de plusieurs établissements ;
- Des créations d'activités nouvelles par l'entreprise ;
- Des actions favorisant le reclassement externe à l'entreprise, notamment par le soutien à la réactivation du bassin d'emploi ;
- Des actions de soutien à la création d'activités nouvelles ou à la reprise d'activités existantes par les salariés ;
- Des actions de formation, de validation des acquis de l'expérience ou de reconversion de nature à faciliter le reclassement interne ou externe des salariés sur des emplois équivalents ;
- Des mesures de réduction ou d'aménagement du temps de travail ainsi que des mesures de réduction du volume des heures supplémentaires réalisées de manière régulière lorsque ce volume montre que l'organisation du travail de l'entreprise est établie sur la base d'une durée collective manifestement supérieure à 35 heures hebdomadaires ou 1600 heures par an et que sa réduction pourrait préserver tout ou partie des emplois dont la suppression est envisagée.

III. La notification du licenciement

La notification du licenciement ne peut intervenir qu'après le délai de trente jours dont dispose l'inspecteur du travail. Hormis, l'absence d'obligation pour l'employeur de préciser la cause qui a motivé ce licenciement, le Code du travail est muet sur la notification du licenciement économique. L'on est tenté alors de considérer que cette formalité se déroule dans les conditions prévues à l'article 64.

Le juge gabonais considère que le licenciement économique est légitime par nature. Cette position ne fait que consacrer le pouvoir de direction et de contrôle reconnu au chef d'entreprise. C'est lui en effet qui est à même de juger de la nécessité des mesures à prendre pour la sauvegarde de l'entreprise. Ce principe est établi par une jurisprudence ancienne.
Voir C.S. 8 janvier 1983 : « (...) *Le chef d'entreprise seul est juge des raisons d'ordre technique ou financier qui peuvent le déterminer à se priver du concours d'un collaborateur et à organiser ses services de la manière la plus efficace selon les nécessités de la production* ». En droit comparé français, voir également, l'arrêt Brinon, Cass. Soc., 31 mai 1956 : « *L'employeur est seul juge de la gestion de son entreprise* ».

De nombreuses décisions montrent que le motif économique recouvre un éventail extrêmement large de situations.

Voir en ce sens, C.S. 12 mai 1980 et 25 mai 1981.

Pour autant, il ne s'agit pas d'un pouvoir absolu. Le juge continue à exercer un contrôle sur la réalité du motif économique même si cela paraît difficile en dehors de l'hypothèse où la mesure de l'employeur est en fait un licenciement inhérent à la personne. Le risque est grand que le contrôle du juge soit assimilé à une contestation du pouvoir de direction de l'employeur, et à une remise en cause de ses orientations économiques.

La sanction du non-respect des règles de procédure du licenciement est l'irrégularité. Le salarié dont le contrat est rompu dans ces conditions doit recevoir une indemnité correspondant à trois mois de salaire. Le salarié peut également recevoir une indemnisation correspondant au préjudice subi du fait du caractère abusif du licenciement. Le cumul des indemnités est possible.

Voir les illustrations dans les cas suivants :

- Cass. Ch. réunies, 8 juillet 2008, n° 3/07-08 : « *Que cette violation étant constante pour tous les contrats, c'est par juste application de la loi, notamment de l'article 55 du Code du travail, que le Premier juge a condamné la société S., pour chaque contrat aux hoirs X. la somme de 1 012 500 francs représentant trois mois de salaire du défunt* ».

- C.A. Port-Gentil, Ch. Soc., 22 juillet 2008 : « *Attendu que le contrat de travail à durée indéterminée prend fin au terme de l'entretien préalable, par la remise d'une lettre de licenciement contenant les causes réelles et sérieuses justificatives de la rupture* ».

- C.A. Port-Gentil, Ch. Soc., 11 février 2008, n° 48/07-08 : « *Attendu que tout licenciement effectué en violation de la procédure de licenciement prévue aux articles 51 et suivants du Code du travail ouvre droit à l'indemnité de l'article 55 dudit code (...)* ».

- C.A. de Libreville, 1ère Ch. Soc., 18 décembre 2007, n° 44/07-08 : « *Attendu que conformément à l'article 55 du Code du travail, une indemnité est due au salarié en cas de violation par l'employeur de la procédure de licenciement, tel est le cas ; Attendu que l'inobservation de cette procédure ouvre droit à une indemnité au profit de l'employé, égale à trois mois de salaire (...)* ».

- C.A. Port Gentil, Ch. Soc, 22 novembre 2004, n° 07/04-05 : « *Attendu qu'aux termes des dispositions de l'article 55 du Code du travail, l'employeur qui licencie un salarié sans préalablement le convoquer par lettre recommandée à un entretien, entre autres, sera condamné à verser au salarié licencié une indemnité égale à trois (03) mois de salaire (...). Attendu que dans le cas d'espèce, il est constant que le Société Y. n'a pas observé cette formalité (...)* ».

- C.A. de Libreville, Ch. Soc., 27 juin 2000, n° 104/99-00 : « *Attendu que l'article 51 du Code du travail fait obligation à l'employeur qui prend l'initiative de licencier, de procéder à un entretien préalable en convoquant le salarié par lettre recommandée ou remise en main. Attendu que la Société Y. n'a pas satisfait à cette exigence légale, qu'il y a lieu de la condamner au paiement de l'indemnité y relative correspondant à 3 mois de salaire (...)* ».

- Tribunal du travail de Libreville, 4 août 2022, répertoire n° 789/2021-2022, versement de l'indemnité correspondant à 3 mois de salaire.

- Tribunal de 1ère instance de Port-Gentil, 29 mai 2008 : « *Attendu qu'il résulte des pièces du dossier que le licenciement avait été notifié au salarié au mépris des règles de procédure ; qu'au regard de la disposition précitée, il convient de condamner X et S à lui payer la somme de 690 054 F. CFA correspondant à trois mois de salaire* ».

<u>Article 75</u> *: Les travailleurs licenciés de leur emploi pour motif d'ordre économique peuvent faire valoir, pendant une durée d'un an, leur droit à l'embauche prioritaire en cas de réouverture ou de création d'emplois de leurs spécialités dans l'entreprise qui les aura licenciés.*

Observations

Le droit de priorité prévu dans le Code du travail n'est pas aisé à appréhender. Certes, on comprend que c'est une obligation pour l'employeur d'engager prioritairement le salarié à la suite d'un licenciement économique. Pour autant, le Code reste silencieux sur les modalités d'organisation de ce droit à la priorité de réembauche.

S'il est prévu une priorité de réembauche pour le salarié licencié économiquement, rien n'est dit sur l'information de ce salarié. En droit comparé français par exemple, l'employeur doit mentionner dans la lettre de licenciement, cette priorité. Par ailleurs, s'agissant de la spécialité, un flou règne également. S'agit-il de la spécialité qui était celle du salarié au moment du licenciement, ou peut-il s'agit d'une nouvelle spécialité acquise par lui depuis la notification du licenciement ? Enfin, rien n'est dit sur le manquement

à cette obligation, contrairement une fois de plus, à ce que l'on peut relever en droit comparé.
Voir en ce sens le droit français, où il est prévu le versement de dommages-intérêts pour le préjudice subi en cas de non-information, et une indemnité égale à au moins deux mois de salaire si le salarié a au moins deux ans d'ancienneté.

2) De la démission

Article 76 : *La démission est la manifestation par le travailleur de sa volonté de mettre fin au contrat de travail. Elle ne se présume point. Elle doit être expressément notifiée par écrit à l'employeur. Celui-ci doit en accuser réception dans les quarante-huit heures qui suivent la notification.*
Passé ce délai, la démission est réputée effective et l'employeur est tenu de notifier au travailleur les modalités d'exécution du préavis.
Toute démission provoquée par le comportement fautif de l'employeur est assimilée à un licenciement abusif. La charge de la preuve incombe au travailleur par tout moyen.

Observations

Dans la démission c'est le salarié qui prend l'initiative de mettre fin au contrat de travail. Il doit le faire par écrit. Toutefois, le juge va contrôler la réalité de la démission et du caractère non équivoque de la décision du salarié. Une démission peut en effet résulter des manœuvres de l'employeur qui conduisent le salarié à prendre cette décision.

L'article 76 reprend l'ancien article 61 constitué du premier alinéa auquel on a rajouté les deux suivants.

I. La démission non équivoque

La démission doit être formellement exprimée et faire l'objet d'une notification écrite. Le juge exige que la démission résulte d'une volonté non équivoque du salarié.

La démission doit ainsi résulter de la volonté du salarié.

Voir, C.A. Libreville, 1ère Ch. Soc., 30 Octobre 2007, n° 06/07-08 : « *Attendu qu'à l'examen des pièces produites au dossier, les conditions d'une démission comme prévu à l'article 61 du Code du travail ne sont nullement réunies, la volonté expresse et sans équivoque du salarié faisant ici défaut, celui-ci justifiant d'ailleurs sa volonté de quitter l'entreprise par le traitement dont il était l'objet notamment la dévalorisation de ses fonctions* ». Voir également, C.A. Libreville, 27 avril 1992 ; 4 novembre 1991.

La démission ne se présume pas. Des absences même injustifiées ne peuvent être assimilées à une démission.

Voir, Cour de cassation du Gabon, 1ère Ch. Soc., 20 avril 2005, n° 28/2004-2005 : « *Mais attendu qu'après avoir relevé d'une part que le simple fait pour dame X. de n'avoir pas repris son travail après ses congés à supposer même qu'il fût établi qu'elle avait reçu le courrier de son employeur l'invitant à le faire, ne peut donc être assimilé à une démission qu'au contraire, au regard de la lettre de la Société Y. du 08 août 1996 adressée à dame X., c'est l'employeur qui a pris l'initiative de la rupture au motif que l'employée avait abandonné son poste* ».

Une revendication d'ordre salariale ne peut pas correspondre à une volonté de démissionner.

Voir notamment, C.A. Port-Gentil, Ch. Soc., 10 décembre 2007 : « *Attendu que la réclamation par le salarié des droits ne peut s'assimiler à une lettre de démission* ».

La preuve de la démission pèse sur l'employeur, c'est à lui qu'il appartient de rapporter la preuve de la notification écrite du licenciement.

- C.A. Port-Gentil, Ch. Soc., 10 décembre 2007 : « (...) *Que pour produire des effets de droit, il appartenait au salarié de formaliser sa volonté par un écrit ; Attendu qu'en s'affranchissant de cette formalité, par déduction du comportement affiché par le salarié, l'employeur a pris sur lui l'initiative de la rupture du contrat* ».
- C.A. Libreville 1ère Ch. Soc., 4 décembre 2007, n° 37/07-08 : « *Attendu qu'en outre les dispositions de l'article 61 du Code du travail n'ont pas été respectées, l'employeur n'ayant pas rapporté la preuve écrite de la volonté du salarié pour justifier sa démission* ».
- C.A. Libreville, 1ère Ch. Soc., 6 novembre 2007, n° 14/07-08 : « *Attendu toutefois que la démission ne se présume point, qu'en l'absence d'un écrit, l'on ne saurait se prévaloir d'un tel argument comme semble le faire valoir la Société S.* ».

Dans un jugement du Tribunal du travail de Libreville, les juges ont considéré que la démission était non équivoque alors même qu'il y avait absence d'écrit.

On n'est pas dans un cas de figure prévu par l'article 62. S'agit-il d'une catégorie sui generis ?

Voir en ce sens, Tribunal du Travail de Libreville, 4 août 2022, répertoire n° 775 : « *Attendu qu'il ressort du dossier notamment des déclarations du requérant, qu'il ne pouvait regagner son affectation du fait de l'état de santé de son épouse ; qu'attendu à Franceville, il persistait en dépit de son affectation de se présenter à son ancien poste, que son salaire était par la suite suspendu, qu'au regard de la précarité, il a obtenu un nouvel emploi au sein de l'administration publique ; Que pour des convenances personnelles, il s'était abstenu de travailler, que l'employeur étant seul juge dans l'entreprise peut décider de l'affectation de ses employés dans l'intérêt de la société aux différents emplois ; Qu'étant désormais employé dans l'administration publique et ne pouvant être placé sous l'autorité de deux employeurs, il convient de dire que la résiliation du contrat de travail lui incombe* ».

II. La démission provoquée

La démission provoquée est celle qui résulte non pas de la simple volonté du salarié, mais plutôt d'un comportement fautif de l'employeur.

Voir, C.S. 9 juillet 1984 : « *Attendu qu'il résulte des termes de l'article 39 du Code du travail que toute démission donnée en bonne et due forme produit tous ses effets, il reste néanmoins que celle-ci ne doit pas être provoquée par le comportement de l'employeur rendant inévitable le départ du salarié de l'entreprise* ». Le comportement de l'employeur consistait dans ce litige à « *confier à un travailleur ayant plus de dix ans d'ancienneté une tâche différente de celle qu'il avait jusqu'alors exercée, ce qui pour les juges obligeait ledit salarié à rompre le contrat de travail* ». Voir encore, Soc., 30 octobre 2014, arrêt n° 9/2014-2015 : « *Lorsque la volonté du salarié de démissionner est entachée d'un vice du consentement, parce que consécutive à des actes de violence psychologique de la part de l'employeur, la rupture du contrat est imputable à l'employeur et est analysée comme une démission forcée assimilée à un licenciement abusif* ; ».

Voir encore, Soc., 27 décembre 2012, arrêt n° 8/2012-2013 : « *Il résulte de l'(ancien) article 61 du Code du travail que pour caractériser la démission, la décision du travailleur de mettre fin au contrat de travail ne doit pas être la conséquence du comportement fautif de l'employeur ;*
Violent donc cette disposition, les juges d'appel qui déboutent un travailleur de ses demandes d'indemnisation au motif qu'il a mis, lui-même, fin au

contrat, alors que cette décision du travailleur procédait du refus de son employeur de prendre en charge les conséquences de l'accident du travail dont il avait été victime ».

La démission provoquée résulte également du refus par le salarié de la modification de ses conditions de travail.

Voir C.A. Libreville, 2ème Ch. Soc., 18 novembre 2008, n° 19/08-09 : « *Attendu que les premiers Juges ont déclaré que la rupture du contrat de travail en la cause incombait plutôt à M. du fait de sa démission qu'ils ont par ailleurs qualifiée de démission volontaire ; Qu'en décidant ainsi qu'ils l'ont fait sans avoir recherché les causes profondes qui avaient pu pousser M. à rompre la relation de travail d'avec son ancien employeur, alors qu'il est constant celui-ci devait déjà trois (3) mois et demi d'arriéré de salaire et qu'il avait en outre convoqué à une réunion, l'ensemble du personnel et, parmi les points adoptés à l'ordre du jour figurait la réduction des salaires ; Attendu dès lors que la rupture consécutive au non-versement des salaires et le refus de l'employé d'accepter une modification substantielle proposée par l'employeur ont toujours été analysés par la jurisprudence comme un licenciement ; qu'il échet de dire et juger la rupture du lien contractuel intervenu imputable à l'employeur* ».

Voir encore, C.A. Libreville, 1ère Ch. Soc., 30 Octobre 2007, n° 06/07-08 : « *Que s'agissant de la démission forcée, il ressort des éléments du dossier que, saisi des préoccupations de X. au sujet non seulement de la restriction de ses attributions de Directeur général au profit de l'administrateur Directeur général, mais également des propos tendant à le reléguer au rang d'adjoint de celui-ci, conditions l'amenant à envisager un départ honorable, le Directeur de la société Y. se contentait de prendre acte de la volonté manifestée par son collaborateur et l'invitait par ailleurs à le formaliser auprès précisément de l'administrateur Directeur général. Qu'une telle attitude autant, elle accrédite les préoccupations formulées par X., autant elle consacre une modification substantielle du contrat de travail justifiant la rupture des liens contractuels* ».
Dès lors que la démission provoquée est reconnue, le juge la requalifie en licenciement.

III. La requalification de la démission en licenciement

- C.S. 21 mars 1983, les juges estiment que la rupture du contrat par le salarié au motif que l'employeur lui a versé une rémunération inférieure à celle qu'il percevait habituellement n'est pas une démission, mais un licenciement abusif. C'est l'employeur qui viole en effet une obligation essentielle du contrat.

- De même, lorsque le salaire n'est pas versé, les juges requalifient la démission en licenciement économique. Voir C.A. Libreville, 23 janvier 2007 : « *Attendu que la société Z a cessé de verser au salarié X ses salaires ; que cette faute de l'employeur rend ce dernier responsable de la rupture résultant du refus du salarié de poursuivre la relation de travail ; (...) considère que cette démission du salarié est une démission provoquée* ». C.A. Port-Gentil, 10 mai 2007 : « *Estimant insoutenables les conditions de vie et de travail sur ledit chantier, X a démissionné le 7 septembre 2005 et s'est pourvu devant les juridictions compétentes contre son employeur, à qui il impute la responsabilité de sa démission* ».
- En Europe, la Directive 89/391/CEE du 12 juin 1989 concernant la mise en œuvre de mesures visant à promouvoir l'amélioration de la sécurité et de la santé des travailleurs au travail a fait naître une responsabilité nouvelle pour les employeurs sur ce continent. Transposée dans les législations nationales, elle a fait naître dans les droits allemand et français une obligation de sécurité qui est envisagée comme une obligation de résultat par le juge. Le salarié qui met fin à la relation de travail en application de ces règles ne démissionne donc pas.
- En droit comparé français, la prise d'acte est une démission expressément motivée par les manquements patronaux. Voir Cass. Soc., 13 décembre 2006 : « *La démission d'un salarié (sous CDI) en raison des faits qu'il reproche à son employeur s'analyse en une prise d'acte qui produit les effets, soit d'un licenciement si les faits invoqués la justifiaient, soit, dans le cas contraire, d'une démission* ». Voir également, Cass. Soc., 7 mars 2012 : « *(...) qu'en l'espèce l'application défectueuse de la convention collective applicable, le non-paiement de nombreuses heures supplémentaires, la non-communication des disques constituent des manquements de la société Gad; que l'application de la convention collective et le temps de travail effectif étaient en litige entre les parties lorsque les démissions ont été adressées, elles-mêmes suivies quelques semaines plus tard de la saisine du conseil des prud'hommes sur ces difficultés ; que dès lors les démissions sont équivoques et s'analysent en prises d'acte ; que les manquements de l'employeur étant avérés et justifiant la rupture des relations contractuelles, les démissions doivent produire les effets d'un licenciement sans cause réelle et sérieuse* ». Cass. Soc., 8 juin 2011 : « *Attendu, selon l'arrêt attaqué, que M. X... a été engagé courant 2003 par la société Equitum, cabinet d'expertise comptable ; qu'une altercation physique a eu lieu entre le gérant du cabinet et le salarié le 9 février 2007, en raison de laquelle, ce dernier a pris acte de la rupture de son contrat de travail par un courrier du 2 mars 2007 puis a saisi la juridiction prud'homale* ».

3) De la rupture amiable

Article 77 *: La rupture amiable est la manifestation de la volonté commune de l'employeur et du travailleur de rompre la relation contractuelle de travail qui les lie.*
L'employeur et le travailleur conviennent des modalités pratiques de rupture de la relation contractuelle. Cet accord est matérialisé par un écrit daté et signé des parties.
Selon que l'initiative de la rupture amiable émane de l'employeur ou du travailleur, l'employeur sera tenu de verser au travailleur, outre les mesures d'accompagnement, toutes les indemnités légales dues au jour de la rupture de la relation contractuelle.
Une copie de l'accord de la rupture amiable est adressée à l'inspecteur du travail du ressort.

Observations

Pour le Ministère du Travail, la rupture amiable devait apporter satisfaction aussi bien aux salariés qu'aux employeurs : « *La rupture amiable du contrat, qui fait partie des innovations du nouveau Code, avantage autant l'employé que l'employeur. L'entreprise peut envisager la réduction de son effectif pour des raisons diverses et variées. Dans cette optique, l'article 74 du Code engage l'employeur à proposer au travailleur un package social, allant au-delà des droits légaux, qui permette à ce dernier d'opter pour la reconversion professionnelle au travers d'une formation ou d'un projet professionnel* » (Les enjeux du projet du Code du travail, *op. cit.*)

I. Une modalité aux contours imprécis

Nouveau mode de résolution des relations de travailleur, la rupture amiable permet surtout d'éviter le licenciement qui est à l'initiative de l'employeur. Quand l'initiative de la rupture émane du salarié, n'a-t-elle pas les mêmes effets que la démission pour laquelle le salarié bénéficie de l'indemnité prévue à l'article 88 et dont le montant est fixé à l'article 90 de ce code ?
A la lecture de cet article 77, il se dégage surtout un sentiment de grande imprécision comme c'est souvent le cas avec nombre d'innovations dans ce code. Le législateur aurait été mieux inspiré de prévoir simplement un renvoi au droit commun, vu qu'il n'y a aucun régime juridique de la rupture amiable. Rien n'est dit en effet sur la validité de cet accord (en France la validité est subordonnée à l'homologation comme en droit malien). Cela relève-t-il du juge ou de l'inspecteur du travail ? Quid de ces modalités pratiques qu'évoque

l'alinéa 1er de l'article 77 ? Rien n'est davantage dit sur la définition des conditions de la rupture, s'agissant notamment de la date de rupture ou encore du délai de rétractation. Certes, on peut toujours penser que le salarié a à sa disposition l'article 11 sur lequel il pourra toujours s'appuyer (Voir également en supra, les observations sous l'article 5).

II. Des illustrations en droit comparé

Le droit malien paraît de ce point de vue un modèle dont on pourrait s'inspirer avec notamment l'article L. 50 bis du Code du travail qui dispose :
« *L'employeur et le travailleur, lorsqu'ils sont liés par un contrat de travail à durée indéterminée, peuvent convenir d'une rupture conventionnelle, alternative à la démission et au licenciement.*
La rupture conventionnelle peut-être à l'initiative de l'employeur, ou du travailleur.
Elle fait l'objet d'un protocole librement signé par les deux parties.
Le travailleur peut se faire assister, au cours de l'entretien, par un délégué du personnel ou un autre salarié de l'entreprise.
En cas de vice de consentement, la rupture conventionnelle est nulle et de nul effet.
La rupture conventionnelle prend effet à la date fixée dans le protocole sans que l'une ou l'autre des parties ait à observer un préavis.
Le protocole détermine les conditions de la rupture du contrat de travail, notamment le montant spécifique de l'indemnité de départ, qui ne peut en aucun cas être inférieur à l'indemnité légale de licenciement.
Une copie du protocole est transmise à l'inspection du travail du ressort pour information.
Le contentieux sera réglé par l'arbitrage de l'inspection du travail ».

En droit français, les dispositions suivantes régissent la rupture conventionnelle.

Article L. 1237-11, C.T. : « *L'employeur et le salarié peuvent convenir en commun des conditions de la rupture du contrat de travail qui les lie.*
La rupture conventionnelle, exclusive du licenciement ou de la démission, ne peut être imposée par l'une ou l'autre des parties.
Elle résulte d'une convention signée par les parties au contrat. Elle est soumise aux dispositions de la présente section destinées à garantir la liberté du consentement des parties ».
Article L. 1237-13, C.T. : « *La convention de rupture définit les conditions de celle-ci, notamment le montant de l'indemnité spécifique de rupture*

conventionnelle qui ne peut pas être inférieur à celui de l'indemnité prévue à l'article L. 1234-9.
Elle fixe la date de rupture du contrat de travail, qui ne peut intervenir avant le lendemain du jour de l'homologation.
A compter de la date de sa signature par les deux parties, chacune d'entre elles dispose d'un délai de quinze jours calendaires pour exercer son droit de rétractation. Ce droit est exercé sous la forme d'une lettre adressée par tout moyen attestant de sa date de réception par l'autre partie ».
Article L. 1237-14, C.T. : « *A l'issue du délai de rétractation, la partie la plus diligente adresse une demande d'homologation à l'autorité administrative, avec un exemplaire de la convention de rupture. Un arrêté du ministre chargé du travail fixe le modèle de cette demande.*
L'autorité administrative dispose d'un délai d'instruction de quinze jours ouvrables, à compter de la réception de la demande, pour s'assurer du respect des conditions prévues à la présente section et de la liberté de consentement des parties. A défaut de notification dans ce délai, l'homologation est réputée acquise et l'autorité administrative est dessaisie.
La validité de la convention est subordonnée à son homologation.
L'homologation ne peut faire l'objet d'un litige distinct de celui relatif à la convention. Tout litige concernant la convention, l'homologation ou le refus d'homologation relève de la compétence du conseil des prud'hommes, à l'exclusion de tout autre recours contentieux ou administratif. Le recours juridictionnel doit être formé, à peine d'irrecevabilité, avant l'expiration d'un délai de douze mois à compter de la date d'homologation de la convention ».

4) Du départ à la retraite

Article 78 *: Le départ à la retraite est la cessation par le travailleur atteint par la limite d'âge de toute activité salariée. Il intervient à l'initiative de l'employeur ou du travailleur. Cette limite d'âge est fixée à soixante (60) ans. Toutefois, en raison du caractère particulier de certains secteurs d'activité, l'âge du départ à la retraite peut être ramené à 55 ans au moins ou être porté à 65 ans au plus.*
Outre les cas de l'âge de départ à la retraite traités aux paragraphes ci-dessus et ceux prévus par le Code de Sécurité Sociale, les parties au contrat de travail peuvent, en accord avec l'organisme de sécurité sociale, librement convenir des modalités de la retraite anticipée.
Dans les conditions fixées par le Code de Sécurité Sociale, le départ à la retraite ouvre droit au profit du travailleur, à une pension vieillesse ou à une allocation de vieillesse. Toutefois, l'organisme de sécurité sociale détenteur du pouvoir répressif sur l'employeur est solidaire du non-reversement des cotisations sociales par l'employeur. A ce titre, lorsque le travailleur admis à la retraite ne peut prétendre ni à la pension vieillesse ni à l'allocation de

vieillesse du fait de l'employeur et de l'organisme de sécurité sociale, celui-ci est, en cas d'insolvabilité de l'employeur, tenu de verser régulièrement au travailleur admis à la retraite l'allocation ou la pension de vieillesse conformément aux dispositions du Code de Sécurité Sociale.

Observations

Reprise de l'ancien article 62 nouveau (ord. de 2010) avec simplement une inversion des deux derniers alinéas.

L'âge du départ à la retraite constitue un marqueur particulièrement important pour le salarié. Le fait d'atteindre l'âge de 62 ans ouvre le droit au bénéfice des prestations de vieillesse (pension de vieillesse ou allocation de vieillesse). Toutefois, au regard de la rédaction de l'alinéa 1er de l'article 78, peut-on considérer que le départ à la retraite est automatique ? Rien n'est moins sûr en droit.

Certes, le législateur indique qu'il y a une limite d'âge pour toute activité salariée. Il y aurait donc une injonction à s'arrêter de travailler une fois atteint l'âge du départ à la retraite, qui est présentée comme une obligation avant d'être un droit. Pour autant, la loi précise que la cessation du travail intervient à l'initiative de l'employeur ou du salarié. Qu'adviendrait-il alors si aucun des deux ne prenait cette initiative ? Qui pourrait intervenir ici et à quel titre ?

Cette question se révèle encore plus pertinente à la lecture de l'article 158 du Décret d'application de la Code de sécurité sociale, n° 599/PR qui dispose : « *En cas de reprise d'une activité salariée par l'assuré bénéficiaire d'une pension de vieillesse, le paiement des arrérages est suspendu. La Caisse est fondée à demander le remboursement des arrérages déjà versés au prorata du temps d'activité* ». L'hypothèse de la reprise d'une activité salariée par un retraité est clairement envisagée. Peut-on considérer que cette disposition vaut également pour la poursuite de la même activité alors que le salarié aurait atteint l'âge limite de 62 ans ?

En droit comparé français. Pour la Cour de cassation, l'employeur ne peut pas mettre à la retraite d'office un salarié qui était âgé de 70 ans au moment de son embauche. Dans ce cas, la rupture du contrat s'analyse en un licenciement nul. Voir : Cass. Soc., 17 avril 2019, n° 17-29.017.

En Australie, depuis le 1er janvier 2024, la politique d'incitation au travail en Australie, appelée *Work Bonus*, a été modifiée par le gouvernement, afin d'encourager les bénéficiaires de pension de retraite sous condition de ressources à travailler davantage. Le principe de cette politique est d'inciter les personnes à travailler en augmentant le montant auquel peuvent prétendre les retraités une fois atteint l'âge normal de la retraite (67 ans), sans que cela n'affecte pour autant leurs prestations versées sous conditions de ressources (*US Social Security Administration (International Update), – février 2024).*

5) Du décès du travailleur

Article 79 : *Le contrat de travail est rompu en cas de décès du travailleur. A cet effet, les salaires de présence, l'allocation de congés et les indemnités de toute nature acquis à la date du décès, déduction faite des avances et acomptes contractés par le défunt auprès de l'employeur, reviennent de plein droit à ses héritiers ou ayants droit qui doivent justifier de cette qualité.*
En cas de décès au lieu d'emploi d'un travailleur déplacé ou d'un membre de sa famille dont le voyage était à la charge de l'employeur, celui-ci est tenu de rapatrier à ses frais le corps du défunt, la famille ainsi que leurs effets au lieu de résidence habituelle stipulé au contrat.

Observations

Au décès du salarié, il est versé à ses héritiers les mêmes indemnités qu'en cas de rupture : allocation de congés, indemnité de services rendus, etc. Toutefois, le Code du travail reste silencieux sur ceux qui sont considérés comme des héritiers. Ce terme s'entend-il au sens des articles 671 et s. du Code civil : « *La succession légale est dévolue aux descendants, aux père et mère, au conjoint et aux frères et sœurs du défunt, dans l'ordre et les conditions fixés par le présent code* » (Voir également, article 79 C.S.S.) ?

Article 80 : *Pour tous les cas de rupture prévus à la présente sous-section, les conventions collectives sectorielles peuvent prévoir des dispositions plus favorables*

Observations

Une incertitude de plus dans ce code apparaît ici avec ces conventions dont il est fait mention. Dans le Tronc commun des conventions, on n'apprend pas grand-chose. Un accord d'entreprise peut-il régir cette matière ? Visiblement non, puisque ce sont les conventions sectorielles qui sont mentionnées !

Sous-section 5 : Du préavis

Article 81 *: La résiliation du contrat de travail comme prévu aux articles 57, 60, 61 et 74 de la présente loi est subordonnée à un préavis donné par la partie qui prend l'initiative de la rupture.*
Le préavis n'est pas exigé en cas de résiliation du contrat de travail consécutif :

- *au dépassement de la période de suspension pour cause de détention ;*
- *à la démission de la femme enceinte ou allaitant ;*
- *à l'incapacité physique pour cause de maladie ;*
- *à un plan social intégrant une réinsertion professionnelle au sein d'une entreprise ;*
- *à la modification de la situation juridique de l'employeur garantissant la poursuite des emplois ;*
- *à un cas de force majeure rendant impossible l'exécution du préavis ;*
- *à l'accord des parties.*

Toutefois, la partie qui, dans ces cas, résilie le contrat de travail en raison d'une faute lourde de l'autre partie est dispensée de l'obligation de préavis, l'appréciation de la faute lourde étant laissée aux juridictions compétentes.
En cas de non-exécution du préavis, pour quelque raison que ce soit, la résiliation prend effet le jour ouvrable suivant la notification du licenciement ou de la démission. La partie responsable devra verser à l'autre une indemnité compensatrice de préavis. Le montant de cette indemnité correspond à la rémunération et aux avantages de toute nature dont aurait bénéficié le travailleur durant le délai de préavis qui n'aura pas été effectivement respecté.

Observations

Le préavis est le délai qui sépare la notification par l'une des parties de la rupture du C.D.I., du moment où le contrat cesse effectivement de prendre effet. Toutefois, si le terme « dispensé » indique qu'il n'y a plus d'obligation, il n'interdit pas pour autant le préavis même en cas de faute lourde.

Le droit de résilier unilatéralement le contrat n'est pas un droit absolu. La partie qui prend cette initiative doit non seulement informer l'autre, mais également observer un délai avant que la rupture ne soit effective. Il s'agit d'éviter les inconvénients liés à une cessation brutale des relations de travail.

Voir, C.A. de Libreville, 1ère Ch. Soc., 13 janvier 2009, n° 049/08-09 ; Tb de 1ère Instance de Libreville, Ch. Soc., 27 décembre 2007, n° 219007-2008 : « *Attendu qu'un préavis est dû par la partie qui a pris l'initiative de la rupture ; Qu'en l'espèce la SGSIS a violé la procédure ; Elle sera condamnée au paiement de (...)* ».

Il est curieux qu'il n'y ait pas de renvoi à l'article 76. Doit-on comprendre que le préavis n'est pas exigé en cas de démission ? Le dernier alinéa de l'article 82 semble en prévoir une autre interprétation : « *Le préavis commence le lendemain du jour de la notification du licenciement, de la démission ou du départ à la retraite* ».

Article 82 *: La durée du préavis est déterminée en fonction du temps de présence du travailleur dans l'entreprise. Elle est fixée comme suit :*
- *jusqu'à un an : 15 jours ;*
- *de 1 an à 3 ans : 1 mois ;*
- *de 3 ans à 5 ans : 2 mois ;*
- *de 5 ans à 10 ans : 3 mois ;*
- *de 10 ans à 15 ans : 4 mois ;*
- *de 15 ans à 20 ans : 5 mois ;*
- *de 20 ans à 30 ans : 6 mois ;*
- *au-dessus de 30 ans, une majoration de dix jours par année de présence est accordée.*

Les délais ci-dessus sont des minimas obligatoires pour les parties contractantes. Toutefois, les conventions collectives et les contrats individuels de travail peuvent prévoir des dispositions plus favorables en tenant compte de la qualification professionnelle du travailleur.
Le préavis commence le lendemain du jour de la notification du licenciement, de la démission ou du départ à la retraite.

Observations

- C.A. Port-Gentil, 10 décembre 2007, n° 37 07-08 : « La partie qui prend l'initiative de la rupture d'un contrat est astreinte à accorder un préavis pour une durée de droit fixée à l'article 65 du Code du travail ».

- C.A Port-Gentil, Ch. Soc., 26 novembre 2007 : « *Attendu que la partie qui prend l'initiative de la rupture du contrat est astreinte à accorder un préavis pour une durée de droit fixée à l'article 65 du Code du travail (...)* ».

- C.A Libreville, Ch. Soc., 27 juin 2000, n° 104/99-00 : « *Attendu que X. a travaillé pour la deuxième fois au sein de la Société Y. du 1er mai 1995 au 30 octobre 1996 soit pendant 1 an et 6 mois ; que conformément à l'article 65 du Code du travail, il a droit à 1 mois de préavis soit 60 000 francs* ».

Il est étrange que le législateur ait prévu le préavis dans l'hypothèse de la retraite. Celle-ci est pourtant un phénomène normalement prévisible, contrairement au licenciement ou à la démission. Ce préavis en l'espèce remet en cause l'interprétation de la retraite-couperet.

Article 83 *: Sans préjudice de l'application des dispositions légales ou conventionnelles retenant des préavis de plus longue durée, le travailleur licencié de son emploi pour un motif d'ordre économique tel que défini à l'article 63 de la présente loi, bénéficie d'un préavis minimum garanti de trois (3) mois, quelles que soient sa qualification professionnelle et son ancienneté, et de six (6) mois d'allocations familiales avec dispense, s'il y a lieu, de la condition de service effectif prévue par le régime des prestations familiales.*

Article 84 *: Pendant la durée du préavis, l'employeur et le travailleur sont tenus au respect de toutes les obligations réciproques qui leur incombent.*

Observations

I. Le maintien du contrat durant le préavis

Durant le préavis, chaque partie doit continuer à respecter les obligations contractuelles.

Voir en ce sens, C.S. 25 avril 1984, n° 45 : « *(...) qu'en l'espèce, bien que l'employeur ait manifesté au départ sa volonté de dispenser les salariés d'effectuer 15 jours de préavis, rien ne l'empêche de revenir sur sa décision et de demander aux salariés de reprendre le travail pour la période restante du préavis ; qu'en refusant de travailler durant cette période, les trois salariés ont méconnu les obligations nées du contrat de travail liant les parties pour la durée du préavis* ».

II. Dispense d'exécution du préavis

Le salarié est dispensé d'effectuer le préavis en cas de faute lourde. Il en est de même pour la femme après l'accouchement, du travailleur qui, après un congé pour formation syndicale, ne reprend pas son emploi, du travailleur qui, après l'exercice d'un mandat politique ou syndical ne reprend pas son emploi, du travailleur détenu pour des faits étrangers au contrat de travail et qui ne reprend pas son emploi.

En droit comparé français, d'autres dispenses existent pour les femmes enceintes, les salariés qui souhaitent élever leur enfant à l'issue d'un congé de maternité ou d'adoption, les salariés rompant leur contrat à l'issue d'un congé pour création d'entreprise. Le salarié peut également demander à l'employeur de le dispenser de préavis. Celui-ci reste libre d'accéder ou non à cette requête.

Article 85 : *En vue de la recherche d'un autre emploi, le travailleur bénéficie, pendant la durée du préavis, d'un jour de liberté par semaine pris globalement et payé à plein salaire. Les jours de liberté sont choisis et peuvent être décidés d'accord parties en fonction des nécessités de service.*

Article 86 : *Toute rupture du contrat de travail à durée indéterminée, sans préavis ou sans que le délai de préavis ait été intégralement observé, emporte obligation de versement d'une indemnité compensatrice de préavis dont le montant correspond à la rémunération et aux avantages de toute nature dont aurait bénéficié le travailleur durant le délai de préavis qui n'aura pas été effectivement respecté.*
Toutefois, le travailleur congédié qui a effectué au moins la moitié de son préavis et qui trouve un autre emploi peut quitter son employeur, avant l'expiration du délai de préavis, sans lui être redevable d'une indemnité, sous réserve d'un délai de prévenance de quarante-huit (48) heures.
La période de préavis non exécutée n'est pas prise en compte pour le calcul de l'ancienneté ni pour le calcul des indemnités légales de résiliation.

Observations

La rupture du contrat de travail peut être irrégulière parce que l'une des parties n'a pas respecté l'obligation de préavis ou encore le délai du préavis. La partie fautive devra verser à l'autre une indemnité compensatrice qui a la nature juridique de salaire, et dont le montant est égal à la rémunération et aux avantages de toutes natures dont le travailleur aurait bénéficié pendant le délai de préavis ou pendant la période où ce délai n'a pas été respecté.

Voir notamment.

- Cass. Ch. réunies, 8 juillet 2008, n° 3/07-08 : « *Attendu que les contrats passés entre X. et la société Y. étaient des contrats de travail à durée indéterminée ; Attendu en l'espèce, que la rupture des contrats, sans préavis est imputable à la société Y., c'est à bon droit que le Premier juge l'a condamné à payer aux hoirs X. pour chaque contrat (dont l'exécution n'a pas dépassé une durée d'un an), la somme de 168 750 francs au titre de l'indemnité compensatrice de préavis de 15 jours qui était due à X., conformément au tableau institué par les dispositions de l'article 65 du Code du travail (...)* ».

- C.A. Port Gentil, Ch. Soc., 26 novembre 2007 : « *Attendu que la partie qui prend l'initiative de la rupture du contrat, est astreinte à accorder un préavis pour une durée de droit fixée à l'article 65 du Code du travail, et en cas d'inobservation, de verser une indemnité compensatrice dans les dispositions arrêtées à l'article 69 du code susvisé ; Qu'il échet de faire droit à la demande présentée par X., et de lui allouer, en raison d'une durée de travail de quinze mois, la somme de 600 000 francs, correspondant à un mois de salaire (...)* ».

- C.A. Libreville 1ère Ch. Soc., 4 décembre 2007, n° 37/07-08 : « *Attendu que les dispositions de l'article 69 du Code du travail déterminent que la rupture du contrat de travail à durée indéterminée sans préavis ou sans que le délai de préavis soit intégralement observé, que la partie responsable soit condamnée à verser à l'autre une indemnité compensatrice ; Attendu en l'espèce que l'Hôpital Y. est responsable du licenciement survenu, il y a lieu de le condamner à verser à X., la somme de 170 000 francs à ce titre (...)* ».

- C.A. Libreville, 06 mars 2007, n° 021/05-06 : « Que dame X. ayant été déclarée responsable de la rupture du contrat de travail à durée indéterminée, sans préavis ou sans que le délai de préavis soit intégralement observé, emporte obligation, pour la partie responsable, de verser à l'autre, une indemnité compensatrice ».

Sous-section 6 : Des indemnités de rupture du contrat de travail à durée indéterminée et des dommages-intérêts

Observations

Le choix fait en droit gabonais a été de retenir uniquement des sanctions d'ordre indemnitaire. La réintégration n'apparaît nullement comme mode de réparation contrairement à ce que l'on observe parfois en droit comparé.

En Allemagne, si le licenciement n'est pas justifié, l'employeur est condamné à réintégrer le salarié dans l'entreprise ou alors à négocier un accord transactionnel.

Au Cap Vert, l'article 240 du décret législatif n° 5/2007 du 16 octobre, qui approuve le Code du travail du Cap-Vert, est intitulé "*Droits des travailleurs licenciés sans motif valable*". Il dispose : *« Le travailleur licencié sans motif valable a le droit d'être réintégré dans l'entreprise, avec la même catégorie et la même ancienneté, ainsi que le salaire correspondant à la période écoulée depuis le licenciement jusqu'à la réintégration »*. Par ailleurs, la Constitution du Cap-Vert (article 63, paragraphe 3) indique que « le licenciement *sans motif valable est illégal* ». L'illégalité du licenciement implique, en principe, la réintégration du travailleur dans son emploi, avec la même catégorie et l'ancienneté qu'il avait au moment de son licenciement. Il s'agit d'une conséquence logique. Cependant, dans ce système juridique, le droit à la réintégration est fragile, la loi, la doctrine et la jurisprudence donnant ce pouvoir à l'employeur (Voir : S. G. Monteiro, *Dever de Reintegração e de Indemnização em Sede do despedimento Disciplinar Ilícito no Ordenamento Cabo-verdiano*, Almedina, Coimbra, 2009, p. 83).

En droit portugais, l'article 389 du code civil énonce que : « *Si le licenciement est déclaré illégal, l'employeur est condamné à (...) indemniser l'employé pour tous les dommages causés, tant pécuniaires que non pécuniaires ; de réintégrer le travailleur dans le même établissement de l'entreprise, sans préjudice de sa catégorie et de son ancienneté* ».

Au Mozambique, l'article 76 L.T. prévoit lui aussi ce droit à la réintégration quand le licenciement est illicite. Il est précisé que : « *Sur option expresse du travailleur ou lorsque des circonstances objectives rendent impossible sa réintégration, l'employeur doit verser au travailleur une indemnité calculée conformément à l'article 128, paragraphe 2", "c'est-à-dire une indemnité correspondant à quarante-cinq jours par année de service* ».

En France, L'affaire "*Fun & Pro*" a récemment secoué le monde du travail en mettant en lumière les limites de l'alignement culturel en entreprise. Un consultant, embauché en 2011, a été licencié en 2015 sous prétexte d'une insuffisance professionnelle et d'un prétendu "désalignement culturel" avec les valeurs "fun and pro" de l'entreprise. Cependant, la justice a tranché en faveur du salarié, soulignant l'importance de la liberté d'expression au travail. Un licenciement contesté en justice Le licenciement du consultant a été contesté devant le Conseil de Prud'hommes de Paris et la Cour d'appel de Paris. La Cour d'appel, en janvier 2024, a statué en faveur du salarié en ordonnant sa réintégration et en allouant une indemnité de près de 500 000 € pour la nullité du licenciement.

1) Des indemnités de rupture

Article 87 *: Une indemnité de licenciement est versée sans condition d'ancienneté à tout travailleur licencié pour un motif autre que la faute lourde, sauf résiliation intervenue au cours de la période d'essai.*

Ordonnance n° 020/20O7/PR du 21 août 2007 portant réglementation de l'activité de mise à disposition du personnel en République Gabonaise.
Article 27 : Une indemnité de précarité d'emploi est versée à tout travailleur en fin de contrat de mission ou licencié pour un motif autre que la faute lourde. Cette indemnité, qui n'est pas cumulable avec l'indemnité de licenciement prévue par le Code du Travail, n'est pas due en cas de rupture anticipée du contrat de mission à l'initiative du travailleur.

Observations

L'ancien article 70 prévoyait une indemnité de licenciement pour les salariés ayant au moins deux ans d'ancienneté (Voir, C.A. de Libreville, Chambre sociale, 12 mai 2022, n° 30/2021-2022 : « *Attendu que selon l'article 70-1 du Code du travail, une indemnité est versée à tout travailleur ; congédié pour un motif autre que la faute lourde et comptant au moins deux ans d'ancienneté dans l'entreprise* »). Cette condition ayant disparu, désormais, quel que soit le motif du licenciement (économique ou individuel), exception faite de la faute lourde, l'indemnité de licenciement est versée à tout salarié licencié. Quelles que soient les demandes du salarié, dès lors que le licenciement est considéré comme abusif, le juge est tenu de fixer l'indemnisation prévue par le Code du travail sans risquer l'ultra petita (Voir en ce sens, Cour de cassation, chambre sociale, 12 juillet 2018, arrêt n° 3).

« *Mais attendu que pour condamner la société PERENCO à payer à Monsieur A Z Aa, une indemnité de licenciement, ainsi que des montants différents de ceux demandés au titre de la violation de la procédure et du préavis, la Cour d'appel, après avoir visé les dispositions "d'ordre public" de l'article 10 du Code du travail, mais aussi celles des articles 51 et 65 du même code sur les indemnités de violation de la procédure de licenciement et de préavis, ainsi que la convention d'entreprise sur l'indemnité de licenciement qui, non seulement énumèrent les différents droits dus au travailleur licencié abusivement, mais aussi, déterminent leurs règles de calcul, a retenu à bon droit que « le juge est tenu de remplir le salarié de l'ensemble des droits qui lui sont reconnus par le Code du travail, même s'il ne les a pas réclamés » ;*
Qu'en effet, dès lors qu'est constant le caractère abusif du licenciement, tous les droits énumérés par le Code du travail sont obligatoirement dus et calculés conformément à la loi, puisqu'aux termes des dispositions de l'article 10

énoncé par l'arrêt critiqué, aucune renonciation ou limitation n'est permise, que ce soit par voie d'accord, ou par toute autre voie, y compris donc même, par méconnaissance, par erreur ou par oubli » (Voir également : Tribunal du travail de Libreville, 4 août 2022, répertoire n° 789/2021-2022).

L'indemnité de licenciement ne concerne pas les situations comme la démission, la mise à la retraite ou le décès sont donc exclus. Elle doit plutôt être assimilée à une indemnité de fin de contrat. Il s'agit en fait de réparer le préjudice subi par le salarié qui perd son emploi. Elle est automatiquement due par tout employeur qui licencie en dehors de tout procès, et elle est proportionnelle à l'ancienneté du travailleur (cf. art. 90).

L'ancienneté pour l'ouverture du droit à cette indemnité s'apprécie à la date d'envoi de la lettre de licenciement. Toutefois, l'ancienneté pour le calcul du montant de l'indemnité se calcule à la date de la fin du préavis, c'est-à-dire au terme réel du contrat.

En dehors de cette indemnité légale, les parties peuvent s'accorder sur une indemnité contractuelle. De même, la convention collective peut prévoir une indemnité conventionnelle d'un montant supérieur à celui de l'indemnité légale.

Article 88 *: Une indemnité dite de services rendus est due à tout travailleur allant à la retraite, aux ayants droit du travailleur décédé et au travailleur démissionnaire qui justifie d'une ancienneté de deux ans ou bénéficiant d'un départ amiable.*

Observations

Reprise de l'ancien article 71 à l'exception de la condition d'ancienneté.

Sur la justification de l'indemnité de services rendus, voir C.S. 19 janvier 1983 : « *(...) En effet, dans sa nature et son fondement, l'indemnité de services rendus se présente comme une créance acquise à tout salarié ayant une ancienneté au moins égale à deux ans et qui ne peut être perdue qu'en cas de faute lourde. (...) il convient de noter qu'en prenant naissance dès que le salarié atteint deux ans d'ancienneté, l'indemnité de services rendus constitue un capital fictif qui ne peut disparaître hors le cas expressément prévu par la loi ; s'agissant d'un avantage légal accordé à titre compensatoire aux travailleurs* ».

Dans la rédaction de 1994, le travailleur démissionnaire justifiant de cinq années au moins de services continus dans la même entreprise, et qui faisait la preuve que sa démission était la conséquence du comportement fautif de l'employeur, pouvait lui aussi bénéficier de l'indemnité de services rendus. Désormais, elle est versée en cas de démission, de départ (ou de mise) à la retraite, ou de décès.

Voir, C.A. Port-Gentil, 17 janvier 2020, n°14/2019-2020 : « *Attendu que l'appelant a sollicité la condamnation de son ex-employeur à lui payer la somme de 145 726 francs CFA à titre de deux mois d'indemnité de services rendus ;*
Mais attendu qu'il est formulé à l'article 71 du Code du Travail que l'indemnité de services rendus n'est due qu'au travailleur allant à la retraite ou démissionnaire justifiant d'au moins cinq années de services continus dans la même entreprise ;
Que sieur ESSONE Simon-Pierre, pour avoir été congédié par la société Robert Marine Services pour un motif autre que la faute lourde, devait bénéficier d'une indemnité de licenciement, alors et surtout qu'il comptait plus de deux ans d'ancienneté, conformément à l'article 70 du Code du Travail ;
Qu'en l'espèce, il résulte du bulletin de salaire portant solde de tout compte du mois de juillet 2011que sieur ESSONE Simon-Pierre avait déjà bénéficié de cette indemnité ; »
Il est à noter qu'en dehors du Gabon, il n'y a que les droits malien (art. L. 54 C.T.) et tchadien (art. 170 al. 2 C.T.) qui prévoient également une indemnité de services rendus.

<u>Article 89</u> : *L'indemnité de licenciement et l'indemnité de services rendus ne sont pas cumulables*

Observations

S'il dans le cadre d'un licenciement de cumuler un certain nombre d'indemnités, il n'en va pas de même pour ce qui est de l'indemnité de licenciement et l'indemnité de services rendus. L'impossibilité de cumuler ces deux indemnités s'explique par le fait qu'elles couvrent le même champ. C'est ce que précise un arrêt de la Cour suprême du 8 mars 1982 : « *Attendu qu'il convient en outre de préciser que l'indemnité de services rendus prévue par les articles 44 et 45 C.T. est la nouvelle appellation adoptée par le C.T. de l'ancienne indemnité de licenciement prévue par les conventions collectives ; qu'il ne peut y avoir donc cumul entre ces deux indemnités, mais que le salarié a le choix du mode de calcul de cette indemnité qui lui est le plus favorable ;*

qu'en l'espèce l'article 15 de la Convention collective de commerce est plus avantageux que l'article 45 C.T. ».

<u>**Article 90**</u> : *Chacune de ces indemnités est égale à vingt pour cent (20 %) de la moyenne mensuelle du salaire global des douze (12) derniers mois de travail effectif par année de présence continue dans la même entreprise.*
Le taux défini ci-dessus est un minimum obligatoire pour les parties contractantes, les conventions collectives, les conventions d'entreprise et d'établissement ainsi que les contrats individuels pouvant prévoir des dispositions plus favorables.
Pour le calcul de l'indemnité de licenciement ou de l'indemnité de services rendus, les fractions d'années égales à moins de trente jours calendaires sont prises en considération.
Les conventions collectives peuvent prévoir des modalités plus favorables.

Ordonnance n° 020/20O7/PR du 21 août 2007 portant réglementation de l'activité de mise à disposition du personnel en République Gabonaise
Article 28 : Le montant de l'indemnité de précarité d'emploi est égal à 20 % du total de la rémunération du travailleur pendant la durée de la mission.
Pour les missions dont la durée est égale ou supérieure à un an, l'indemnité de précarité est au moins égale à 20 % des salaires perçus pendant les douze derniers mois.
Les contrats individuels de mission ou les conventions collectives peuvent prévoir des pourcentages plus favorables au travailleur.

Observations

L'indemnité de licenciement et l'indemnité de services rendus ont la même règle de calcul. Elles correspondent à 20 % de la moyenne mensuelle des douze derniers mois par année de présence continue dans la même entreprise.
Le montant de l'indemnité de licenciement ne varie pas en fonction du motif du licenciement comme on peut le relever en droit comparé.
En droit français, en cas de licenciement pour motif économique, le montant de l'indemnité est égal au double du montant de l'indemnité légale due en cas de licenciement pour motif personnel.

Sur les conditions à satisfaire par le salarié, voir C.A. Port-Gentil, Ch. Soc., 10 décembre 2007 : « *Attendu que le salarié réclame le bénéfice de diverses primes, notamment au titre de l'ancienneté et de l'assiduité ; Que sans précision supplémentaire sur leur mode de calcul ni sur leurs modalités de perception, la Cour ne peut y faire droit (...)* ».

2) Des dommages-intérêts

Article 91 *: Les licenciements effectués sans fondement, de même que ceux motivés par les opinions du travailleur, son activité syndicale, son état de grossesse, son appartenance ou sa non-appartenance à un syndicat déterminé, ou consécutivement à une réclamation d'un droit dû ou reconnu sont abusifs.*
Sont également abusifs :
-les licenciements individuels ou collectifs décidés en violation des procédures d'autorisation de l'inspecteur du travail instituées par la présente loi ;
-le refus de réintégration du travailleur à l'expiration de la suspension du contrat prévue aux articles 51 et 209 de la présente loi ;
-les licenciements intervenus du fait, par le travailleur, d'avoir déposé une requête ou participé à des procédures engagées contre un employeur en raison de violations alléguées de la législation ou présenté un recours devant les autorités administratives compétentes.
Toute rupture abusive du contrat de travail donne lieu à des dommages-intérêts et, dans le cas des licenciements pour motif d'ordre économique, aux sanctions prévues à l'article 98 de la présente loi.
Le caractère abusif de la rupture est laissé à l'appréciation des juridictions compétentes.

Observations

I. Le caractère abusif

Le caractère abusif du licenciement se déduit de l'absence de motif légitime ou plus largement de l'absence de cause réelle et sérieuse. Dans cette optique, le licenciement d'un salarié en l'absence de faute a un caractère abusif. Le licenciement est également abusif lorsqu'il résulte d'une faute de l'employeur dans l'exécution du contrat de travail. C'est le cas lorsque l'employeur rompt le contrat à la suite d'une faute du salarié dont la gravité ne justifie pas une telle sanction. Il en va de même lorsque le licenciement tient à des motifs liés à la vie privée, ou qu'il est procédé pendant la maladie ou pendant la grossesse.

Le non-respect de certaines conditions de fond donne également au licenciement un caractère abusif. C'est le cas de la violation de la procédure d'autorisation de l'inspecteur du travail dans le licenciement économique. Néanmoins, ce n'est pas au salarié ou à l'inspecteur du travail de décider du caractère abusif du licenciement. Ce pouvoir appartient au juge du travail.

L'absence de cause réelle et sérieuse confère un caractère abusif au licenciement.

- L'absence de faute
  - Voir C.A. Libreville Ch. Soc., 3 février 2009, n° 78/08-09 : « *Attendu que pour procéder au licenciement de ce dernier le 12 juillet 2000, l'employeur se fonde sur la correspondance du Directeur Financier du 9 juin 2000, adressée au Directeur administratif, dans laquelle il fait état des erreurs et lacunes du Sieur M.K. Que la lecture dudit document fait ressortir qu'il est sollicité le remplacement du Sieur M.K. au poste occupé. Qu'en aucun moment il est fait allusion à son licenciement. Qu'il existe une contradiction entre la correspondance du Directeur Financier et la sanction intervenue ; Que dans ces conditions, le licenciement du Sieur M.K. est abusif* ».
  - C.S. 23 novembre 1981, n° 77 : « *Attendu que, conformément à l'article 41 C.T. l'employeur, en cas de licenciement, est tenu d'indiquer par écrit la ou les causes réelles et sérieuses du licenciement (...) l'employeur qui prétend avoir licencié son salarié pour détournement de marchandises n'en rapporte pas la preuve (...) qu'il y a lieu de considérer le licenciement irrégulier en la forme et abusif quant au fond (...)* ».
  - C.S. 2 juin 1980, n° 47 : « *Attendu que M. a rapporté la preuve par témoins qu'il a été licencié par la société E. sur l'intervention de Cr. de l'entreprise L. ou pour le moins à la suite de réflexions désobligeantes de ce dernier ; d'où il suit que le motif pris de l'incapacité professionnelle apparaît comme fallacieux ; que le licenciement de M, intervenu même pendant la période d'essai apparaît abusif (...)* ».
  - On peut penser que le juge gabonais retiendrait également l'hypothèse du licenciement motivé par le statut sérologique du salarié que prévoit le droit burkinabè (art. 80-1 C.T. du Burkina Faso).

- L'absence de gravité de la faute
  - C.S. 19 mars 1984, n° 28 : « *(...) Attendu qu'en tout état de cause la gravité de la faute, même si elle est prouvée est atténuée par dix-sept années d'ancienneté au service de l'employeur ; Attendu que les avertissements versés au dossier sont contestés par la salariée qui ne les a pas émargés ; que c'est à bon droit que le premier juge a déclaré abusif le licenciement d'A. (...)* ».
  - C.S. 19 mars 1984, n° 29 : « *Attendu que le sieur T., chef de service, reconnaît lui-même devant l'Inspecteur du travail avoir pris la somme de un million de francs de la caisse de dame E. sans lui délivrer un reçu ; que s'il n'est pas contesté que Dame E. aurait dû exiger même*

de son chef de service un reçu, une telle négligence, malgré son caractère fautif, ne revêt pas un caractère de gravité suffisant pour justifier une mesure aussi grave que le licenciement ; qu'en outre un tel oubli est intervenu un jour de fin de mois où la salariée est débordée de travail ; qu'enfin la gravité de la faute est atténuée par sept années d'ancienneté sans reproche dont jouit Dame E. (...) »

- La variation dans les motifs.
  - C.A. Libreville, Ch. Soc., 5 décembre 2007, n° 36/05-06 : « *Attendu en droit que les motifs d'un licenciement légitime doivent figurer dans une seule et unique lettre de licenciement dont copie doit être adressée à Monsieur l'Inspecteur du travail. Que la multiplication des lettres et des motifs contradictoires, malgré la présence aux débats d'une décision correctionnelle disculpant K. des chefs de vol, d'abus de confiance et d'escroquerie : constituent là des manœuvres abusives masquant le licenciement* ».

- Le refus de réintégrer le salarié.
  - C.A. Libreville, 1ère Ch. Soc., 18 décembre 2007 : « *Attendu en revanche qu'à partir du 5 avril, l'employeur n'ayant pu établir entre temps la culpabilité de son ex-salarié se devait de le réintégrer, ou à tout le moins procéder à son licenciement régulier* ».

- La limitation des droits du salarié.
  - Tribunal du travail de Libreville, 4 août 2022, répertoire n° 789/2021-2022, voir Observations sous article 11.

- Le motif tenant à la vie privée. Le pouvoir de l'employeur a donc une aire limitée et ne saurait s'étendre à la vie personnelle du salarié.
  - C.S. 10 mai 1982, n° 39 : « *Attendu que, s'il n'est pas contesté que le salarié a commis une faute en agressant violemment sa femme dans son logement, violant ainsi le règlement de la Cité et provoquant un trouble pour les voisins, le motif invoqué par l'employeur est extra-professionnel et demeure étranger aux relations de travail ; que le fait pour un salarié de battre son épouse la nuit à son domicile relève de sa vie privée et familiale et ne peut être pris en considération par l'employeur pour justifier un licenciement ; que seule importe à l'employeur l'exécution correcte du travail convenu (...)* ».
  - En droit comparé mozambicain, le législateur a prévu un droit à la confidentialité de la correspondance. L'article 9 L.T. prévoit que la correspondance du travailleur à caractère personnel et effectuée par un moyen de communication privée est inviolable. Les messages

électroniques par l'adresse personnelle du salarié relèvent de cette catégorie.

- En droit comparé français, l'on évoque davantage la vie personnelle plutôt que la vie privée. Cette notion intègre aussi bien la vie privée que la vie publique. C'est ce qui a permis de considérer dans un arrêt du 22 janvier 1992 que le fait pour une secrétaire d'un garage Renault d'acheter une voiture d'une marque concurrente n'était pas constitutif d'une faute. La justification de cette décision se trouve dans le fait que l'on se trouve dans ce cas d'espèce à une limitation du lien de subordination. Celui-ci s'exerce en effet sur le lieu et pendant le temps de travail. Dès lors que l'on s'en éloigne, le salarié est libre dans sa vie personnelle. C'est ce que la Cour de cassation a rappelé dans son Rapport de 2008 : « *La Cour de cassation réaffirme avec force le principe de la séparation entre les faits relevant de la vie privée, sur lesquels l'employeur ne peut pas s'appuyer pour prononcer une sanction disciplinaire (...)* ». L'employeur n'a donc pas à engager une procédure disciplinaire lorsqu'il s'agit de faits relevant de la vie privée du salarié. En 2001, dans une espèce relative au contrôle des courriels sur le lieu de travail, la Cour de cassation est allée jusqu'à considérer dans l'arrêt Nikon (2 octobre 2001), sous le visa de l'article 9 du Code civil que, « *le salarié a droit même au temps et au lieu de travail au respect de l'intimité de sa vie privée* ». Toutefois, la rupture du contrat de travail est toujours possible lorsque l'employeur prouve que les comportements de la vie personnelle du salarié causent un trouble objectif à l'entreprise. Les situations sont nombreuses dans les faits. On peut citer notamment, l'arrêt du 19 mars 2008 : « *Le fait pour un salarié (VRP) affecté en exécution de son contrat de travail à la conduite d'un véhicule automobile, de se voir retirer son permis de conduire pour conduite sous l'empire d'un état alcoolique, même commis en dehors de son temps de travail, se rattache à la vie professionnelle (...)* ». De même, la religion ne doit pas jouer un rôle dans l'exécution du contrat de travail. Voir en ce sens, Cass. Soc., 24 mars 1998, s'agissant du licenciement d'un vendeur de charcuterie qui, au bout de deux ans, refusait de servir la viande de porc : « *Sauf clause expresse, les convictions religieuses n'entrent pas dans le cadre du contrat de travail. L'employeur ne commet pas de faute en demandant au salarié d'exécuter la tâche pour laquelle il a été embauché* ». La Cour de cassation a encore considéré le 22 mai 2002 que « *les contrôles d'alcoolémie prévus par un règlement intérieur sont licites dès lors que les modalités de ce contrôle en permettent la contestation* ». La Cour européenne des droits de l'homme a estimé quant à elle rejeté l'atteinte disproportionnée à la vie privée invoquée par un requérant, car, il « *est indispensable à la sécurité d'un ferry que les membres d'équipage puissent s'acquitter de leurs fonctions de sauvetage pendant toute la durée du service (...)* » (CEDH, 22 novembre 2002, Affaire Madsen c/Danemark, n° 58341).

- Le non-respect de la procédure d'autorisation de l'inspecteur du travail.
  - Tb de 1ère instance de Port-Gentil, 29 mai 2008, « *Attendu qu'il résulte des dispositions des articles 56 et 74 du Code du travail que tout licenciement fondé sur un motif d'ordre économique est subordonné à une autorisation de l'inspecteur du travail, que tout licenciement intervenu ou décidé en violation des procédures d'autorisation de l'inspecteur est abusif* ».

II. Le pouvoir souverain d'appréciation des juges du fond

Réaffirmation de manière récurrente du pouvoir souverain d'appréciation du juge du fond.

- Tribunal de 1ère instance de Libreville, Ch. Soc., n° 10/2008-2009/GECA/TBL : « *Attendu que toute rupture abusive du contrat de travail donne droit à des dommages-intérêts, conformément à l'article 74 du Code du travail. Attendu qu'en la cause, Sieur X. a demandé la somme de 80 000 000 F CFA à ce titre ; Attendu que cette demande est régulière en la forme et juste au fond quoiqu'exagérée en son quantum ; Qu'il y a lieu de la ramener à la juste proportion de 12 000 000 F CFA et de condamner la société Y. à lui régler ce montant* ».

- C.A. Libreville, 6 mars 2007, n° 119/04-05 : « *Qu'en tenant compte que le salarié victime d'un licenciement abusif a travaillé au sein de la société Y. en qualité de Chef d'exploitation pour une période de deux années, ayant un salaire mensuel de 1 950 000 francs. La Cour au vu des dits éléments d'appréciation dit que la somme de 36 291 650 francs à lui allouer par le Tribunal correspond au préjudice subi par ce dernier conformément à l'article 75 dudit code* ».

- C.A. Libreville, 1ère Ch. Soc., 07 septembre 2004, n° 106/03-04 : « *(...) Que c'est à bon droit, que le premier juge exerçant le pouvoir d'appréciation qu'il tient des dispositions de l'article 74 in fine du Code du travail a déclaré que le licenciement survenu ne procédait pas d'une cause réelle et sérieuse et tenant compte du fait que ce dernier au moment de cette rupture était âgé de 33 ans, avait plus de quatre ans d'ancienneté , marié, technicien supérieur, a condamné le Y. à verser à sieur X. la somme de 9 000 000 francs au titre des dommages-intérêts pour licenciement abusif* ».

- Tribunal du travail de Libreville, 4 août 2022, répertoire n° 789/2021-2022. Il y a souvent un décalage entre ce qui est demandé et ce que le juge accorde. Dans cette affaire, la requérante a demandé 200 millions CFA et le juge n'en a accordé que 3 millions.

III. La sanction du licenciement abusif

Le législateur gabonais a prévu comme seule sanction du licenciement abusif le versement de dommages-intérêts pour le salarié. Il en va différemment en droit comparé où le juge peut prononcer la réintégration du salarié.

Le Code du travail du Burkina Faso prévoit ainsi en son article 79 al. 2 et 3 C.T. que : « *Tout licenciement abusif donne lieu à la réintégration du travailleur et en cas d'opposition à la réintégration, au paiement de dommages-intérêts.*
Toutefois, si le travailleur estime que sa réintégration lui causera un préjudice, l'employeur est tenu de lui payer des dommages-intérêts ».

La loi algérienne sur les relations de travail art. 73-4 al. 2 va dans le même sens : « *Si le licenciement d'un travailleur survient en violation des dispositions de l'article 73 ci-dessus, il est présumé abusif. Le tribunal saisi, statue en premier et dernier ressort, et se prononce soit sur la réintégration du travailleur dans l'entreprise avec maintien de ses avantages acquis soit, en cas de refus par l'une ou l'autre des parties, sur l'octroi au travailleur d'une compensation pécuniaire qui ne peut être inférieure à six mois de salaire, sans préjudice des dommages et intérêts éventuels* ».

Article 92 : *Le montant des dommages-intérêts est fixé en tenant compte de tous les éléments qui peuvent justifier l'existence et déterminer l'étendue du préjudice causé.*

Lorsque la responsabilité incombe au travailleur, le préjudice subi par l'employeur s'apprécie en raison de l'inexécution du contrat.

Lorsque la responsabilité incombe à l'employeur, le préjudice subi par le travailleur s'apprécie en tenant compte, notamment, des usages, de la nature des services engagés, de l'ancienneté, de l'âge, de la situation de famille et des droits acquis, à quelque titre que ce soit.

Les dommages-intérêts ne se confondent ni avec l'indemnité pour inobservation du préavis, ni avec l'indemnité de licenciement, ni avec l'indemnité de services rendus prévue par les articles 86, 87 et 88 de la présente loi.

Observations

Les dommages-intérêts sont destinés à réparer le préjudice subi. Pour autant, il faut que la preuve du préjudice soit rapportée. Dans les faits, le salarié sera souvent incapable de payer ces dommages-intérêts, d'où le recours au mécanisme prévu à l'article 93.

I. La réparation du licenciement abusif

A. Le versement de dommages-intérêts

- C.A. Port-Gentil, Ch. Soc., 22 juillet 2008 : « *Attendu que la rupture abusive d'un contrat à durée indéterminée ouvre droit à des dommages-intérêts au bénéfice de l'employé* ».
- C.A. Libreville, 1ère Ch. Soc., 3 avril 2007, n° 171/07-08 : « *Attendu que toute rupture abusive d'un contrat de travail, donne lieu à des dommages-intérêts* ».
- C.A. Libreville, 1ère Ch. Soc., 20 février 2007, n° 104/06-07 : « *Attendu qu'en raison du caractère abusif du licenciement intervenu, sieur X. est fondé à réclamer des dommages-intérêts en application de l'article 74 du Code du travail* ».

B. Les limites posées par le juge

Ce sont le contexte économique, l'âge du travailleur ou encore sa situation familiale :

- Soc., 28 mars 2013, arrêt n° 22/2012-2013 : « *Il résulte des dispositions de l'article 75 du Code du travail que lorsque la responsabilité de la rupture du contrat de travail incombe à l'employeur, le préjudice subi par le travailleur s'apprécie en tenant compte des usages, de la nature des services engagés, de l'âge, de la situation de famille et des droits acquis à quelque titre que ce soit ;*
  Viole cette disposition, la Cour d'appel de Libreville qui évalue à la somme de 150 millions de CFA, les dommages-intérêts dus à un employé

licencié, sans indiquer les divers éléments qui ont permis cette évaluation ».

- C.A. Libreville, 1ère Ch. Soc., 13 janvier 2009, n° 049/08-09 : « *Attendu que X. a sollicité la somme de 13.000.000F CFA à titre de dommages-intérêts conformément à l'article 74 du Code du travail ; Qu'il convient de recevoir cette demande et de la ramener aux justes proportions de 4 000 000 F CFA compte tenu des usages, de l'âge du requérant qui est de 55 ans et du fait qu'il est père d'une nombreuse famille* ».

- C.A. Libreville 1ère Ch. Soc., 30 octobre 2007, Répertoire n° 06/07-08 : « *Attendu s'agissant des dommages-intérêts pour lesquels Maître Z. sollicite pour son client une augmentation à concurrence de deux cents millions (200 000 000) francs CFA, Monsieur X., quoi qu'occupant les fonctions de Directeur général au moment de son départ de l'entreprise avec un salaire mensuel de trois millions cent quatre-vingt-cinq mille neuf cent quatre-vingt-quatorze francs et totalisant 18 ans de service, a immédiatement trouvé un emploi dans une autre compagnie d'assurances en exerçant les mêmes fonctions. Qu'au regard de ces éléments, la somme de cinquante millions (50 000 000) francs alloués par le tribunal est juste et équitable* ».

- C.A. Libreville, Ch., Soc., 27 juin 2000 n° 098/99-00 : « *Attendu que l'article 74 du Code du travail prévoit que tout travailleur licencié abusivement doit être dédommagé ; que le juge dans l'évaluation du préjudice causé doit tenir compte du contexte économique, de l'âge du travailleur, de sa situation familiale* ».

II. Le cumul avec les autres indemnités

- C.A. Libreville, 1ère Ch. Soc., 4 décembre 2007 : « *Attendu que le licenciement de X. étant irrégulier en la forme et abusif au fond, il y a lieu de recevoir comme fondées sur la base des articles 55, 64, 65, 69, 70, 74, 75, 185, 187 et 188 du Code du travail les demandes d'indemnités de préavis, de licenciement, de congés et au titre de dommages-intérêts formulés par ce dernier* ».

- C.A. Libreville, 1ère Ch. Soc., 10 avril 2007, n° 164/06,07 : « *Attendu que le licenciement étant irrégulier en la forme et abusif au fond, les demandes formulées au titre du préavis et des dommages-intérêts par ce dernier sont alors fondées* ».

Article 93 *: Lorsqu'un travailleur ayant rompu abusivement un contrat de travail engage à nouveau ses services, le nouvel employeur est solidairement responsable du dommage causé à l'employeur précédant dans les trois (3) cas suivants :*
-quand il est intervenu dans le débauchage ;
-quand il a embauché un travailleur qu'il savait déjà lié par un contrat de travail ;
-quand il a continué à occuper un travailleur après avoir appris que celui-ci était encore lié à un autre employeur par un contrat de travail.

Observations

Lorsque la responsabilité de la rupture abusive incombe au travailleur, il appartient à celui-ci de réparer le préjudice subi par l'employeur. Dans les faits, l'insolvabilité du salarié l'empêchera de s'exécuter. C'est certainement pour cette raison que le législateur de 1952 a prévu que le nouvel employeur serait solidairement responsable.

Article 94 *: Le privilège établi par la législation sur les salaires au profit des travailleurs s'étend à l'indemnité pour inobservation du préavis, à l'indemnité de licenciement, à l'indemnité de services rendus et aux dommages-intérêts prévus aux articles 86, 87, 88 et 91 de la présente loi.*

Sous-section 7 : De la modification de la situation juridique de l'employeur

Observations

Lorsqu'il y a changement dans la situation de l'employeur, à la suite d'une vente, d'une succession, d'une fusion, d'une transformation de fonds, d'une mise en société, les contrats de travail sont transférés au nouvel employeur. Ces changements ne modifient en rien la situation des salariés qui vont conserver leur qualification, le même salaire, ainsi que leur ancienneté. Il n'est pas nécessaire qu'il y ait un lien de droit ou un accord sur ce point entre les deux entreprises ou entre les deux employeurs. Le licenciement qui intervient dans ces conditions est nul. Par ailleurs, le salarié ne peut pas refuser de se soumettre aux ordres du nouvel employeur, au risque de se rendre coupable d'un comportement fautif.

Article 95 *: Lorsqu'il survient une modification dans la situation juridique de l'employeur, notamment par succession, vente, fusion, absorption, transformation de fonds, mise en société de l'entreprise, tous les contrats de travail en cours au jour de la modification subsistent entre le nouvel employeur et le personnel de l'entreprise.*
Leur résiliation ne peut intervenir que dans les formes et aux conditions prévues par la présente section.
En cas de liquidation de la société entraînant un transfert d'actifs ou en cas de reprise, l'employeur a la possibilité, après discussion avec les représentants du personnel, de procéder à la résiliation des contrats de travail dans le cadre de la procédure de licenciement pour motif économique ou dans le cadre d'un plan social.
Dans ce cas, l'employeur procède à la liquidation des droits à l'exception de l'indemnité compensatrice de préavis, lorsque le travailleur licencié retrouve un emploi immédiat dans la nouvelle entreprise.
La cessation de l'entreprise, sauf cas de force majeure, ne dispense pas l'employeur de respecter les règles établies par la présente section.
La faillite et la liquidation judiciaire ne sont pas considérées comme des cas de force majeure.
Les parties ne peuvent renoncer à l'avance au droit éventuel de demander des dommages-intérêts en vertu des dispositions ci-dessus.
En cas de modification dans la situation juridique de l'employeur, le mandat des délégués du personnel élus dans l'entreprise ou dans chaque établissement concernés, se poursuit jusqu'à son terme, sauf dans le cas de liquidation de la société, ou de résiliation des contrats.

Observations

I. La mutation dans la situation juridique de l'employeur

L'article 95 déroge au principe civiliste de l'effet relatif des contrats formulé ainsi à l'article 1165 du Code civil : « *Les conventions n'ont d'effet qu'entre les parties contractantes ; elles ne nuisent point au tiers, et elles ne lui profitent que dans le cas prévu par l'article 1121* ». Les contrats de travail se poursuivent alors même que le nouvel employeur n'est pas l'ayant cause de son prédécesseur.

L'article 95 remet également en cause le caractère intuitu personae du contrat de travail. En principe, le choix du contractant s'opère librement. Or, dans cette situation, le nouvel employeur se voit imposer des salariés dont il ne veut peut-être pas. L'un des objectifs du repreneur de l'entreprise est en effet souvent de réduire les effectifs. Néanmoins, le choix du législateur est justifié par le souci de limiter la précarité de l'emploi. Le risque est en effet que les salariés perdent leur emploi à chaque changement d'employeur, d'autant plus qu'il peut s'agir d'un moyen commode de réduire les effectifs.

Cette disposition est déjà fort ancienne puisqu'on la retrouve non seulement dans le Code du travail de 1978 (art. 53), mais également dans le C.T.T.O.M. (art. 46) qui s'est lui-même inspiré d'une loi française du 19 juillet 1928 (voir, M. Kirsch, *Le droit du travail africain*, t. 1, Ed. TPOM, Paris, 1975, pp. 55-56). Pour les législations africaines, voir notamment : Algérie, Loi sur les relations de travail, art. 74 ; Angola, LGT, art. 79 ; Bénin, C.T., art. 60 ; Botswana, Employment Act, art. 29-4 ; Cameroun, C.T., art. 42-1 ; Congo, C.T., art. 45 ; Mali, C.T., art. L. 57 ; Sénégal, C.T., art. L. 66 ; RCA, C.T., art. 137.

II. La continuité du contrat initial

L'avènement d'un nouvel employeur ne change en rien l'économie du contrat. Le salarié conserve sa qualification, sa classification et son salaire. Il en va de même de ses droits acquis et de son ancienneté. Tous les contrats de travail sont concernés qu'il s'agisse des CDI, des CDD, des contrats à l'essai ou des contrats d'apprentissage, même si ce dernier a un fort caractère personnel, ce qui permet une remise en cause par l'apprenti ou ses représentants légaux.
Depuis de nombreuses années, le juge gabonais considère que la modification dans la situation de l'employeur n'affecte pas le contrat de travail du salarié. Voir en ce sens C.S. 15 octobre 1984, n° 17 : « (...) *Attendu qu'il est de jurisprudence constante que le nouvel employeur est tenu de respecter les conditions du contrat de travail et notamment le paiement des salaires et leurs accessoires compte tenu de l'ancienneté acquise avant le transfert* ».

Toutefois, sans remettre en cause l'interprétation de l'ancien article 78, la Cour de cassation a, dans un arrêt du 15 novembre 2011, refusé de reconnaître la continuité des contrats alors qu'il y avait un changement dans la situation juridique de l'employeur. Les juges du droit ont considéré, contrairement à ce qu'avait retenu la cour d'appel, que les faits n'étant constitutifs d'aucune hypothèse prévue par l'article 95, celui-ci n'avait pas vocation à s'appliquer. La qualification juridique du changement d'employeur faite alors par la Cour de cassation paraît pour le moins contestable au regard du caractère d'ordre public des dispositions du Code du travail, et des faits que l'on retrouve dans l'arrêt de la Cour d'appel : « (...) *Au titre des conditions de reprise, stipulées dans une convention de mise à disposition du personnel signée le 9 novembre 2001, la société V. a choisi, et obtenu de l'Etat gabonais, cosignataire du protocole de cession aux côtés de la Compagnie Y., de ne retenir que quatre cents (400) des mil quatre-vingts (1 080) employés, à charge par la puissance publique de répondre des conséquences du plan social, s'agissant des réparations à servir au personnel non retenu (...)* ». Malgré la présence du terme cession, la Cour de cassation a considéré que l'on était en présence d'un acte de gouvernement et qu'il ne pouvait pas être fait de l'application de l'ancien article 78 : « *Mais attendu qu'en raison de la crise financière récurrente que traversait la Compagnie Y. et les mouvements de grèves interminables entretenues par son personnel, l'État gabonais a été conduit à signer les conventions du 09 novembre 2001 et à prendre diverses mesures subséquentes outre qu'elles sont des actes de Gouvernement, insusceptibles par nature de recours contentieux même s'ils statuent sur des droits individuels, comportent cependant des clauses exprimant la volonté des parties et déterminant de manière claire et précise leurs obligations réciproques ; qu'ainsi, ni l'État Gabonais, qui n'a cédé qu'une partie des actifs tout en assurant le passif, ni la société V. qui a accepté d'embaucher une partie des anciens employés et payer le prix correspondant à la partie des actifs à elle cédée, n'ont nullement entendu réaliser une vente au sens de l'article 78 du Code du Travail ; qu'il suit de là qu'en énonçant avec hardiesse, que par l'effet de la cession partielle des actifs, le contrat de travail conclu entre X. et la Compagnie Y. a été transféré de droit à la société CWG ; alors d'une part, que les conventions litigieuses sont des actes de Gouvernement ; que d'autre part, Monsieur X. ne faisait pas partie des 400 agents embauchés par ladite société et donc liés à celui-ci, par de nouveaux contrats de travail ; et qu' enfin, étant resté employé de la Compagnie Y., Monsieur X. a été entièrement rempli dans ses droits, notamment en percevant régulièrement ses salaires payés par le budget de l'Etat ainsi que toutes les autres indemnités inhérentes au licenciement économique dont il fut l'objet, les juges d'appel ont, non seulement dénaturé les conventions susvisées, mais ont également violé ledit article ; que la Cassation est également encourue de ces chefs* ».

En droit comparé français, le juge est fidèle à une interprétation ancienne qui remonte à 1934 en considérant que les contrats subsistent « *(...) dans tous les cas où la même entreprise continue à fonctionner sous une direction nouvelle* ». Voir, Civ., 27 févr. 1934 (Goupy/Société Union hydro-électrique de l'Ouest constantinois), *DH* 1934. 252 ; Gaz. Pal. 1934. 2. 40 ; S. 1934. 1. 179 ; Ass. plén., 16 mars 1990, *Bull. civ., Ass. plén.*, n° 4, *D.* 1990, 305, note A. Lyon-Caen ; *Dr. Soc.*, 1990, 399, concl. H. Dontewille, note G. Couturier et X. Pretot ; *Dr. Ouvrier*, 1990, 317, note E. Wagner. Cass. Soc., 11 mars 2003, Bull. civ., V, n° 86, Dr. Soc., 2003, 474, rapp. P. Bailly).
Certes, quelques revirements ont été relevés au milieu des années 1980 (Voir, Cass. Soc., 12 juin 1986, 505, concl. G. Picca, note G. Couturier ; D. 1986, 461, note J.-P. Karaquillo, JCP 1986, II, 20 705, note G. Flecheux et M. Bazex : *« La modification qui a pour effet de laisser subsister les contrats de travail (...) implique l'existence d'un lien de droit entre les employeurs*

successifs »). Pour autant, sous l'influence du juge communautaire, l'idée dominante demeure la continuité des contrats en cours (Voir, CJCE, 10 févr. 1988, *Tellerup*, 324186, *Rec. CJCE*, p. 747 ; *Dr. Soc.*, 1988, 455, concl. M. Darmon, note G. Couturier, *RTD Eur.* 1988, 715, note P. Rodière ; *D.*, 1989, 174, note P. Pochet ; CJCE, 26 sept. 2000, *Mayeur*, C179/99, *Rec. CJCE*, p. I -7755).

III. La reconnaissance d'un droit de résiliation

Malgré l'article 95, le contrat de travail peut être rompu soit par l'ancien employeur, soit par le nouveau. Lorsqu'il s'agit de l'ancien employeur, la voie du licenciement économique peut être retenue. Les difficultés d'ordre économique qui sont à l'origine du changement dans la situation juridique de l'employeur sont en effet une cause réelle et sérieuse. Toutefois, la perspective de cette mutation n'est pas une cause réelle et sérieuse de licenciement.

La résiliation du contrat de travail par le nouvel employeur est également possible, d'autant plus que la reprise est souvent l'occasion d'une réorganisation de l'entreprise. Dans une telle circonstance, il importe de tenir compte des droits acquis par le salarié auparavant.

IV. Le sort des statuts collectifs

La question se pose aussi bien pour les statuts collectifs non négociés (engagements unilatéraux, usages, règlement intérieur) que pour ceux qui le sont.
S'agissant des premiers, en droit comparé français, ils sont maintenus. Pour le juge français, en cas de transfert d'une entité économique autonome, le nouvel employeur est tenu d'appliquer les usages et engagements unilatéraux pris par l'ancien employeur à l'égard des salariés dont le contrat de travail était en cours au jour du transfert (Cass. Soc., 16 sept. 2015, 14-16.158). Cette obligation à laquelle est tenu le nouvel employeur justifie la différence de traitement qui en résulte par rapport aux autres salariés (Cass. Soc., 11 janv. 2012, n° 10-14.614). Le nouvel employeur ne peut y mettre fin que par une dénonciation régulière ou par substitution d'un nouvel accord collectif portant sur le même objet conclu postérieurement. En revanche, le règlement intérieur qui s'appliquait aux salariés dont le contrat est transféré n'est pas transféré par l'application de l'article L. 1224-1 du Code du travail.

En ce qui concerne la convention d'entreprise, aux termes de l'article 1165 du Code civil, elle est mise en cause en raison du transfert des contrats de travail sans qu'une dénonciation soit nécessaire. Les effets de la mise en cause des accords collectifs sont prévus par l'article L. 2261-14 du Code du travail qui organise la disparition progressive de la convention d'entreprise.

Sous-section 8 : Du certificat de travail

Observations

A la fin du contrat de travail, l'employeur doit délivrer au salarié un certificat de travail. Ce document établit à la fois l'existence de l'ancien engagement du travailleur, et la liberté dans laquelle il se trouve désormais. Il permet au nouvel employeur de vérifier que le travailleur qu'il engage n'est pas lié par un contrat de travail avec un autre employeur. Le certificat de travail de par les mentions qu'il contient (emploi, qualification professionnelle) renseigne également l'employeur sur les qualifications et l'expérience du travailleur.

Article 96 *: A l'expiration du contrat de travail, l'employeur est tenu de délivrer au travailleur, au moment de son départ de l'entreprise, un certificat de travail indiquant la date de son entrée, celle de sa sortie, la nature et les dates des emplois successivement occupés dans l'entreprise et la catégorie professionnelle, à l'exclusion de toute autre mention.*
Dans tous les cas, la remise du certificat de travail au travailleur reste obligatoire, quels que soient la nature et l'auteur de la rupture.
En cas de non-remise ou d'inscription susceptible de porter préjudice au travailleur, l'employeur est passible des sanctions prévues à l'article 98 de la présente loi, sans préjudice des dommages et intérêts. Le certificat de travail est exempt de tout droit de timbre et d'enregistrement.

Observations

Dans le code de 1978 (art. 54), la délivrance du certificat de travail par l'employeur n'était pas obligatoire. Il fallait que le travailleur en fît la demande. Il en était de même dans le code de 1962 (art. 49) et dans le CTTOM (art. 51) qui donnait même au salarié un délai de trente ans pour l'exiger. Désormais, l'employeur a l'obligation de le remettre à l'expiration du contrat de travail.

Sur l'utilité du certificat de travail, voir C.S. 11 avril 1983, n° 44 : « *Attendu en outre que dame M. a perdu son travail pour défaut de présentation dudit certificat dont elle a besoin pour la recherche d'un emploi ; que le préjudice subi est donc certain (...)* ».

I. Le contenu du certificat

Le certificat de travail doit contenir uniquement les mentions suivantes : la date d'entrée du travailleur, la date de sortie, la nature des emplois successivement occupés, la catégorie professionnelle. Il ne doit donc pas contenir d'appréciations défavorables au travailleur ou d'énonciations tendancieuses susceptibles de lui nuire, sa fonction étant de faciliter la recherche d'emploi.
D'autres mentions peuvent apparaître (par exemple sur des formations particulières que le travailleur aurait suivies). Elles peuvent même avoir un caractère élogieux, même si le risque pour l'employeur est que ces appréciations ne remettent en cause le caractère réel et sérieux d'un licenciement par exemple. Ces mentions facultatives ne peuvent être insérées qu'avec l'accord des deux parties.

II. La remise du certificat

Le certificat de travail doit être tenu à la disposition du salarié dans les locaux de l'entreprise. L'employeur est tenu de le remettre au salarié à l'expiration du contrat de travail, à la fin du préavis qu'il soit exécuté ou non.

Si le certificat de travail est irrégulier, le travailleur peut demander au juge d'obliger l'employeur à le rectifier. Voir en droit comparé français, Cass. Soc., 12 décembre 1940, Questions prud'h. 1941, p. 91.

Le défaut de remise du certificat expose l'employeur à des sanctions. Voir notamment.

- Soc., 30 octobre 2014, arrêt n° 4/2014-2015 : « *Il résulte des dispositions de l'article 79 du Code du travail que si des dommages et intérêts sont dus au travailleur licencié en cas de non-délivrance du certificat de travail au moment de la résiliation du contrat, leur montant est laissé à l'appréciation des juges du fond* ».

- Cass. Ch. réunies, 8 juillet 2008, n° 3/07-08 : « *Attendu que la société S., malgré la demande qui lui a été faite le 27 février 2002 s'est abstenue de délivrer ledit acte aux héritiers légaux de X. Que c'est à bon droit que le Premier juge l'a condamnée à payer à ces derniers pour chaque contrat la somme de 100 000 francs au titre des dommages-intérêts pour non-délivrance du certificat de travail, en application des textes légaux susvisés* ».

- Tribunal de 1ère instance de Port-Gentil, 20 décembre 2007 : « *Attendu que le jugement du tribunal de travail de Port-Gentil a rendu le 10 septembre 2003 a condamné la société S. à délivrer les certificats de travail de B. à ses héritiers sous astreinte définitive de 15 000 francs par jour de retard) à compter de la signification dudit jugement et ce nonobstant les voies de recours (...). Attendu que cette société n'a jamais délivré aux hoirs B. les documents requis. Qu'eu égard à ce qui précède, la société S. devrait être condamnée à verser aux hoirs B. au titre de l'astreinte encourue jusqu'au 25 octobre 2007, la somme de 22 095 000 francs (...)* ».

- C.S. 13 juin 1983, n° 64 : « Attendu que dame C. inclut dans sa demande de dommages-intérêts le retard dans la délivrance d'un certificat de travail ; qu'elle ne rapporte pas la preuve d'un préjudice qu'elle a subi à la suite de ce retard ; qu'il y a lieu de la débouter de cette demande (…) ».

Article 97 *: Dans le cadre de la gestion optimale des relations employeurs-travailleurs, tout employeur disposant d'au moins onze (11) travailleurs a l'obligation d'établir annuellement un rapport social, en vue de dresser les statistiques en matière d'emploi, de travail et de relation professionnelle.*
Ledit rapport contient notamment :
-les conditions de travail ;
-le dialogue social ;
-le nombre d'embauches ;
-le nombre de résiliations ;
-la formation ;
-la déclaration trimestrielle de salaires et l'état de paiement des cotisations sociales ;
-la situation de la main-d'œuvre étrangère ainsi que leur position dans l'organigramme ;
-le point de situation des politiques d'hygiène, santé et de sécurité au travail ;
-le nombre des représentants des délégués du personnel et des délégués syndicaux ainsi que les membres du CPCES ;
-les informations sur les mesures garantissant l'égalité hommes-femmes en milieu professionnel.
Ce rapport qui est adressé à l'Inspection du travail du ressort est visé par les instances représentatives du personnel.
Une copie de ce rapport est remise aux représentants du personnel, au conseil d'administration et à l'assemblée générale, aux délégués du personnel, aux délégués syndicaux ainsi qu'aux membres du CPCES.

Observations

Ce rapport social est une innovation du présent code. Dans un document de présentation de la réforme par le Ministère du Travail, il est présenté comme une avancée majeure pour le dialogue social. Néanmoins, comme pour beaucoup d'autres dispositions, il se pose toujours la question de la pertinence et de l'effectivité. Alors que le Ministère du Travail affirme « imposer ce rapport social » aux employeurs, rien n'est dit sur le non-respect des dispositions de l'article 97.

Section 6 : Des pénalités

Article 98 *: Sont passibles d'une amende de cent mille (100 000) à un million (1 000 000) de francs CFA, les auteurs d'infractions visées aux dispositions des articles 74, 93 et 96 ci-dessus.*

CHAPITRE II : L'APPRENTISSAGE

Section 1 : Des dispositions générales

Observations

Apprentissage et formation professionnelle vont souvent de pair et sont même synonymes. Ce rapprochement est ancien. On le retrouve déjà dans le CTTOM. L'idée mise en avant est l'éducation technique du jeune travailleur indigène. La mise en valeur des territoires supposait en effet une main-d'œuvre qualifiée (Voir, R. Durand, « La formation professionnelle et la psychologie des Noirs », *Problèmes d'Afrique centrale*, 1954, II, p. 102 ; P. Pélisson, « Problèmes de formation professionnelle de la main-d'œuvre en A.E.F. », *Bull. de la Soc. belge d'études et d'expansion*, 1955). Cette préoccupation était déjà présente à la Conférence de Brazzaville où il avait été demandé que soient ouvertes « *des écoles professionnelles dans tous les territoires pour former les élites indigènes qui devront être appelées à tenir un nombre de plus en plus grand d'emplois dans le commerce, l'industrie et l'administration* ».

A l'échelon international, l'OIT préconise de prendre des dispositions appropriées « *pour développer progressivement un large programme d'éducation, de formation professionnelle et d'apprentissage, afin de supprimer l'analphabétisme chez les enfants et les jeunes et de préparer efficacement ceux-ci à une occupation utile* » (Recommandation 70 du 12 mai 1944, art. 7). L'apprentissage recouvre un sens extrêmement large ici puisqu'il est assimilé à l'instruction. Comme l'a dit un auteur, l'OIT « *écartait toute formation n'ayant pour but que l'accomplissement du geste utile* » (Cf. P.F. Gonidec, *op. cit*, n° 411).

Aujourd'hui l'apprentissage correspond davantage à la vision que l'on retrouve en droit comparé français dans une brochure du ministère français du Travail : « *L'apprentissage a pour but de donner à de jeunes travailleurs ayant satisfait à l'obligation scolaire une formation générale, théorique et pratique, en vue de l'obtention d'une qualification professionnelle sanctionnée par un diplôme de l'enseignement professionnel ou technologique, un titre d'ingénieur ou un titre répertorié* ».

Dans toutes les entreprises, on retrouve deux formes d'apprentissage : l'apprentissage de fait ou apprentissage sur le tas, et l'apprentissage organisé par le législateur. Le premier se retrouve dans toutes les sociétés du monde. Il consiste pour de jeunes travailleurs à acquérir des connaissances et un savoir-faire auprès de salariés plus anciens. Pour Chort, De Vreyer et Marazyan, « *L'apprentissage est le terme traditionnellement employé pour désigner la transmission d'un savoir-faire technique et professionnel par un maître d'apprentissage au profit d'un jeune apprenti. Cette transmission s'effectue par l'observation, l'imitation et la répétition des gestes du maître d'apprentissage. Ainsi, les apprentis travaillent et assistent leur maître d'apprentissage. La relation entre le maître et son apprenti peut être matérialisée par un contrat, oral le plus souvent, dont la forme est dictée par les normes locales qui indiquent les obligations respectives des deux parties* » (I. Chort, P. de Vreyer, K. Marazyan, « L'apprentissage au Sénégal, déterminants et trajectoires », *Autrepart,* 2014/3 (n° 71), p. 176).

Le second type d'apprentissage est régi par le présent Code du travail.

Article 99 *: L'apprentissage est un type de formation ayant pour but de donner une qualification professionnelle théorique et pratique et une expérience professionnelle aux jeunes âgés de seize (16) à vingt-cinq (25) ans.*
L'accueil des apprentis peut se faire soit auprès d'une personne morale régulièrement constituée, soit auprès d'une personne physique.
L'accueil des apprentis dans les entreprises est libre.
Toutefois, il est fait obligation à toutes entreprises exerçant au Gabon depuis au moins trois (3) ans et employant habituellement plus de vingt (20) travailleurs, en fonction de la taille de l'entreprise, d'accueillir au moins, en apprentissage, un nombre d'apprentis correspondant à cinq pour cent (5 %) de ses effectifs.
Le contrat d'apprentissage peut être mis en œuvre dans tous les secteurs d'activités.
Des textes réglementaires et des accords conventionnels peuvent prévoir des dispositions plus spécifiques en fonction des secteurs.

Tronc commun des conventions collectives, art. 15,2 al. 2 : L'apprentissage comporte une formation d'ensemble alliant une culture générale sommaire à l'acquisition d'une technique professionnelle théorique et pratique.

Observations

Alors que l'ancien article 81 du code se composait du seul premier alinéa, il a été enrichi de quatre alinéas supplémentaires qui illustrent l'importance que les pouvoirs publics ont voulu donner à l'apprentissage comme filière de formation et outil pour favoriser l'insertion des jeunes dans le marché du travail.

Au regard du Code du travail, il y a lieu de distinguer plusieurs formes d'apprentissage.

Formes d'apprentissage	**Cible**	**Rémunération**
L'apprentissage jeune emploi	Jeunes âgés de seize à vingt-cinq ans sans diplôme ni qualifications et inscrits à l'organisme national de gestion de l'emploi.	½ du SMIG les 6 premiers mois et la totalité du SMIG pour la durée restant à courir.
L'apprentissage insertion professionnelle (alternance possible)	Jeunes âgés de dix-huit à trente-quatre ans inscrits à l'organisme national de gestion de l'emploi et scolarisés dans un établissement de formation technique et professionnelle reconnu.	½ du RMM pendant les 6 premiers mois et la totalité pour la durée restant à courir.
L'apprentissage professionnalisation (alternance possible)	Jeunes diplômés, âgés de dix-huit à trente-quatre ans en difficulté d'insertion professionnelle et inscrits à l'organisme national de gestion de l'emploi.	½ du salaire de base catégoriel pendant les 6 premiers mois et la totalité pour la durée restant à courir.
L'apprentissage adaptation professionnelle	Jeunes âgés de vingt-cinq à trente-quatre ans inscrits à l'organisme national de gestion de l'emploi.	¾ du salaire de base catégoriel pendant les 6 premiers mois et la totalité pour la durée restant à courir.

Pour sa part, le législateur tunisien a fait un effort pour définir de manière précise un certain nombre de termes. Voir en ce sens l'article 339 du Code de travail tunisien :

« *L'apprentissage comporte une formation d'ensemble comprenant l'acquisition d'éléments essentiels de culture générale et celle d'une technique professionnelle, théorique et pratique.*

Le perfectionnement professionnel a pour but de donner à tout travailleur la possibilité de s'élever dans la hiérarchie professionnelle par l'acquisition des éléments de culture générale et technique indispensables.

Le reclassement professionnel vise à récupérer le personnel rendu disponible par la diminution d'activité de sa profession d'origine ou devenu inapte à l'exercice de cette profession.

La formation professionnelle accélérée vise à couvrir les besoins extraordinaires de main-d'œuvre de certaines professions ou de certains corps de métier ».

Article 100 *: Peut être apprenti, toute personne âgée de seize (16) ans au moins. Toutefois, des dérogations peuvent être accordées par le Ministère chargé de l'Éducation Nationale aux personnes dont l'âge est compris entre quatorze (14) et seize (16) ans.*
Le maître-apprenti, personne physique ou personne morale, ne peut recevoir des apprentis que s'il remplit les conditions ci-après :
-être âgé de vingt-et-un (21) ans au moins ; être de bonnes vie et mœurs ;
-être qualifié pour donner aux apprentis une formation appropriée ou en mesure de faire donner cette formation par une autre personne à son service, ayant les qualifications requises ;
-disposer d'une entreprise régulièrement constituée et à jour de ses obligations sociales et fiscales.

Observations

Reprise de l'ancien article 82 avec le rajout d'un dernier alinéa.

Article 101 *: L'apprentissage peut également prendre la forme d'un contrat d'apprentissage insertion professionnelle ou en alternance.*
Par apprentissage insertion professionnelle ou en alternance, on entend tout genre d'enseignement théorique et pratique favorisant l'immersion professionnelle inhérente à la délivrance de certificats de qualification professionnelle en collaboration avec un établissement de formation et d'enseignement professionnels agréé.

Article 102 *: L'apprenti bénéficie pendant toute la durée de son apprentissage, d'un statut distinct de celui des autres travailleurs, en ce qui concerne sa rémunération, sa classification et son régime de sécurité sociale.*

Observations

Voir l'article 110 pour la rémunération de l'apprenti.
Voir également l'article 111 qui prévoit que l'apprenti est assujetti uniquement à la branche des risques professionnels et à la branche maladie. Il peut donc recevoir des indemnités journalières.

Section 2 : De la forme du contrat d'apprentissage

Observations

Le contrat d'apprentissage est un contrat de travail particulier qui ne déroge pas aux règles relatives aux contrats de travail envisagées auparavant. Ce qui le singularise c'est sa finalité et la protection particulière dont bénéficie l'apprenti. La différence entre le contrat de travail et le contrat d'apprentissage réside dans l'objet du contrat. Dans l'un, c'est le travail fourni contre un salaire, dans l'autre c'est la formation professionnelle de l'apprenti.

Article 103 *: Quelle que soit sa forme, le contrat d'apprentissage est obligatoirement écrit. Il est signé entre l'apprenti ou son représentant et l'employeur auquel s'ajoute l'établissement de formation d'accueil en cas d'apprentissage insertion professionnelle ou en alternance.*
Ce contrat doit obligatoirement être visé par les services du Ministère du Travail et l'Agence Nationale de Formation et d'Enseignement Professionnels. Il est exempt de tous droits de timbre et d'enregistrement.
Il doit notamment comporter :
-les noms, prénoms, âge, profession du maître, du responsable de l'entreprise d'accueil ou la raison sociale de l'entreprise d'accueil ;
-les noms, prénoms, âge et adresse de l'apprenti ;
-les noms, prénoms, raison sociale de l'établissement de formation et l'indication du contenu de la formation, le cas échéant ;
-la durée de l'apprentissage ;
-les horaires de travail ;
-les conditions de rémunération ;
-l'indication du contenu pratique de l'apprentissage ;
-les modalités de contrôle, de suspension et de résiliation du contrat d'apprentissage.

Observations

Reprise des anciens articles 88 et 89.

Le contrat d'apprentissage doit être conclu par écrit et contenir à peine de nullité, les mentions prévues au présent article 103 C.T. Voir également, Angola, LGT, art. 58 ; Cameroun, C.T., art. 45 al. 1 ; Cap Vert, C.L., art. 250 al. 1 ; Congo, C.T., art. 7 ; Mali, C.T. art. L. 7 ; Mozambique, Lei do Trabalho, art. 250 ; Sénégal, C.T., art. L. 73 al. 2. Il est soumis au visa des services compétents du Ministère du Travail. Voir encore, Congo, C.T., art. 7 al. 2, Sénégal, C.T., art. L. 73 al. 2.

L'apprenti doit être âgé de seize ans au moins. Toutefois des dérogations accordées par le Ministère de l'Education nationale existent, et cet âge peut être ramené à quatorze ans. En droit mozambicain, l'âge minimal est de douze ans.
Il doit être de bonne vie et de bonnes mœurs Le droit comparé burkinabè est plus précis sur ce point. L'article 30 C.T. dispose en effet que : « *Ne peuvent recevoir des apprentis, les individus qui ont été condamnés, soit pour crime, soit pour délit contre les mœurs, soit pour tout autre délit à une peine d'au moins trois mois de prison ferme* ».

Section 3 : De la durée du contrat d'apprentissage et de la période d'essai

Article 104 : *La durée du contrat d'apprentissage peut varier selon la forme d'apprentissage retenue. Toutefois, elle est de six (6) mois minimum et deux (2) ans maximum, selon la spécificité du métier objet de l'apprentissage, sauf si elle est liée à la durée de la formation suivie dans les centres de formation professionnelle.*

Observations

La durée du contrat d'apprentissage est fixée à deux ans comme dans la plupart des pays africains. On aurait pourtant pu s'inspirer d'autres exemples en droit comparé comme en France ou en Allemagne. Dans ces pays, la durée du contrat d'apprentissage est variable de un à trois ans. Elle correspond en fait à la durée du cycle de formation qui fait l'objet du contrat.
Le droit brésilien prolonge également la durée du contrat d'apprentissage jusqu'à trois ans.
Voir CLT art. 428, 445 et 451.

Article 105 : *Le contrat d'apprentissage peut comporter une période d'essai en fonction de la durée du contrat.*
Au cours de cette période, le maître-apprenti ou le responsable de l'entreprise d'accueil et l'apprenti peuvent décider de mettre fin librement au contrat d'apprentissage si l'apprenti estime ne pas être adapté à la formation suivie au sein de la structure d'accueil ou que le maître constate une difficulté d'adaptation de l'apprenti.

Section 4 : Des obligations des parties

Article 106 : *Le maître-apprenti ou l'entreprise d'accueil s'engage à :*
- *soumettre l'apprenti à la visite médicale d'aptitude ;*
- *traiter l'apprenti en bon père de famille. Si l'apprenti ne sait pas lire, écrire et compter, le maître est tenu de lui accorder le temps et la liberté nécessaires pour son instruction. Ce temps qui sera dévolu à l'apprenti d'accord parties, ne pourra excéder une durée calculée sur la base de deux heures par jour de travail ;*
- *assurer ou faire assurer dans la structure d'accueil la formation pratique de l'apprenti ;*
- *fournir les équipements, les documents ou tous autres matériels nécessaires à la réalisation de cette formation ;*
- *garantir la sécurité et la santé de l'apprenti tout au long de la formation ;*
- *prévenir sans retard les parents de l'apprenti ou leurs représentants en cas de maladie, d'absence ou de tout fait de nature à motiver leur intervention ;*
- *évaluer l'apprenti au terme de la formation ;*
- *s'acquitter de toutes les conditions financières liées au contrat d'apprentissage ;*
- *délivrer à l'apprenti, en accord avec les services de la formation professionnelle, un livret ou certificat d'apprentissage mentionnant la qualification professionnelle acquise par l'apprenti ;*
- *s'efforcer de recruter les apprentis en cas de besoin au terme de l'apprentissage.*

Un arrêté du Ministre chargé de l'Emploi complétera le dispositif de délivrance et de validation du certificat ou livret d'apprentissage.

Observations

Deux obligations principales sont à la charge de l'employeur : former l'apprenti et le rémunérer.

I. L'obligation de formation

L'employeur doit assurer au sein de sa structure une formation professionnelle complète à l'apprenti. Toute l'activité de l'apprenti doit être orientée vers ce but. De plus, il ne doit l'employer dans la limite de ses forces qu'aux travaux et services qui se rattachent à l'exercice de la profession. Cette disposition est d'ordre public. C'est ce que le Code du travail traduit aux articles 92 et 93. Dans les débats préparatoires au vote de la loi de 1952 portant CTTOM, il était précisé que si l'apprenti ne savait pas lire, écrire, compter, le maître était tenu de lui accorder le temps et la liberté nécessaires pour son instruction. Cette disposition a été reprise à l'article 91 C.T.

En droit comparé algérien, on retrouve une obligation similaire à l'article 57 al. 2 de la loi sur les relations de travail : « *L'employeur est tenu également, dans le cadre de la législation en vigueur, d'organiser des actions d'apprentissage pour permettre à des jeunes d'acquérir des connaissances théoriques et pratiques indispensables à l'exercice d'un métier* ».

II. L'obligation de rémunération

L'apprenti est certes un apprenant, mais c'est également un travailleur. Son activité comporte une rémunération et des avantages en nature. A ce titre, il bénéficie d'une rémunération qui est adaptée à son statut. Il est tenu compte du fait que l'apprenti tire avantage de sa formation et que le maître engage des dépenses en ce sens. Cette rémunération est progressive et peut devenir égale au SMIG au cours de la dernière année d'apprentissage.

Article 107 : *L'apprenti s'engage à :*
- *se soumettre à la visite médicale d'aptitude ;*
- *exécuter correctement et consciencieusement les tâches auxquelles il sera commis ;*
- *respecter le règlement intérieur, les règles d'hygiène et de sécurité ainsi que les chartes internes en vigueur au sein des entreprises.*

Observations

Dans le cadre de son contrat, l'apprenti est soumis aux mêmes obligations qu'un salarié. Il doit notamment à son maître obéissance et respect. A la fin de l'apprentissage, l'apprenti doit passer un examen devant un jury professionnel (article 115, C.T.). Voir également Sénégal, C.T., art. 74 al. 1. L'alternance désormais prévue par le présent code ne fait pas l'objet de dispositions particulières. Quid des obligations de l'apprenti en l'espèce ? Le législateur étant muet à ce sujet, il faut s'en remettre aux conjectures.

Section 5 : Du suivi et du contrôle d'apprentissage

Article 108 : *L'Agence Nationale de Formation et d'Enseignement professionnels est en charge du suivi de l'exécution du contrat d'apprentissage* *avec l'organisme national de gestion de l'emploi qui, lui, en assure la gestion pour le compte des employeurs.*

L'Agence Nationale de Formation et d'Enseignement professionnels a la responsabilité de :
- procéder aux évaluations des acquis en partenariat avec l'employeur ;
- valider le certificat d'apprentissage délivré au terme de l'apprentissage en accord avec l'employeur ou l'établissement d'accueil.

L'organisme national de gestion de l'emploi a la responsabilité de :
- tenir à disposition des employeurs, le fichier exhaustif des jeunes éligibles au contrat d'apprentissage. Ce fichier devra contenir les offres d'apprentissage par secteur, âge, durée dans la recherche de l'emploi, niveau de qualification, métiers et indiquer ceux sans qualification ;
- veiller à l'adéquation de l'offre d'apprentissage avec le profil du jeune ;
- définir en accord avec les secteurs d'activités, l'offre d'apprentissage et les besoins des entreprises ;
- veiller au suivi de l'exécution du contrat d'apprentissage ;
- désigner un référent conseiller au jeune apprenti qui sera chargé de faire des entretiens de suivi dont le rythme sera fixé en fonction de la durée de l'apprentissage.

L'inspecteur du travail du ressort est chargé du contrôle du contrat d'apprentissage et du respect par chacune des parties des obligations prévues à la présente loi.

Article 109 *: Le règlement des différends pouvant survenir à l'occasion de l'exécution des contrats d'apprentissage entre l'apprenti et la structure d'accueil se fait par voie de conciliation devant l'inspecteur du travail du ressort en présence d'un représentant de l'Agence Nationale de Formation et de Perfectionnement professionnels, du ou des représentants de l'entreprise d'accueil, de l'établissement de formation et de l'apprenti.*

Observations

Le règlement des conflits ne peut se faire que par voie de conciliation.

Section 6 : Des conditions financières et de sécurité sociale

Article 110 : *L'apprenti bénéficiant d'un contrat d'apprentissage perçoit au minimum une allocation correspondant à la moitié du salaire minimum interprofessionnel garanti, en abrégé SMIG, pendant les six (6) premiers mois et à la totalité du SMIG pour la période d'exécution du contrat restant à courir.*
L'apprenti en contrat d'apprentissage insertion professionnelle ou en alternance perçoit au minimum une allocation correspondant à la moitié du revenu minimum mensuel, en abrégé RMM, pendant les six (6) premiers mois et à la totalité du RMM pour la période d'exécution du contrat restant à courir.
L'entreprise d'accueil peut fixer des allocations additionnelles.

Observations

L'apprenti bénéficie de l'ensemble de la législation du travail, des conventions collectives applicables et de la protection sociale. Il reçoit une rémunération déterminée en pourcentage du SMIG, dont il n'est pas précisé si elle est soumise ou non à l'impôt sur le revenu.

Article 111 : *L'apprenti est assujetti uniquement dans la branche des risques professionnels à la Caisse Nationale de Sécurité Sociale en abrégé (CNSS) et à la branche maladie de la Caisse Nationale d'Assurance Maladie et de Garantie Sociale en abrégé (CNAMGS), conformément aux dispositions des textes en vigueur. Les modalités pratiques sont fixées par voie d'arrêté.*

Section 7 : De la suspension et de la résiliation du contrat d'apprentissage

Observations

Ce contrat peut être rompu à l'initiative de l'employeur ou de l'apprenti sans préavis ni indemnité durant les deux premiers mois qui correspondent à une période d'essai.
Comme un CDD, le contrat d'apprentissage prend fin à la survenance du terme. D'autres modalités existent néanmoins. Sous le régime du CTTOM, des arrêtés gubernatoriaux prévoyaient la résiliation de plein droit dans les quatre cas suivants :

- décès du maître ou de l'apprenti ;

- service militaire du maître ou de l'apprenti ;
- condamnation du maître à une peine d'au moins trois mois d'emprisonnement sans sursis ;
- pour les filles mineures, dans le cas de divorce du maître ou dans le cas du décès de l'épouse du maître, ou de toute autre femme de sa famille qui dirigeait la maison à l'époque du contrat.

Article 112 : *A l'arrivée du terme, le contrat d'apprentissage prend fin automatiquement sans préavis ni indemnité de rupture et sans formalisme particulier.*
La cessation du contrat doit être notifiée à l'Agence Nationale de Formation et d'Enseignement professionnels et à l'inspection du travail.

Article 113 : *L'employeur peut mettre fin au contrat d'apprentissage en cas de faute grave, lourde ou d'inaptitude physique et/ou psychique dûment constatée par un médecin du travail.*

Observations

Le maître peut demander la résiliation judiciaire du contrat d'apprentissage en raison de l'incapacité de l'apprenti ou de son inaptitude à exercer le métier auquel il se destinait. Il en va de même en cas d'inconduite habituelle, de désobéissance continuelle, de révélation de secrets de fabrication ou de maladie entraînant une absence de plus de trois mois de l'apprenti.
L'apprenti peut également demander la résiliation judiciaire si le maître n'exécute pas ses obligations légales ou contractuelles, ou s'il change de résidence ou vend son exploitation.
Toute rupture abusive du contrat d'apprentissage peut donner lieu à la condamnation du responsable à des dommages-intérêts.

Article 114 : *Le contrat d'apprentissage peut être suspendu pour cause de maladie de l'apprenti dûment constatée par un médecin du travail. Dans ce cas, la durée de la suspension est une cause de prorogation du contrat d'apprentissage. Toutefois, la durée de suspension ne saurait excéder plus de la moitié de la durée de l'apprentissage. Au-delà, le contrat d'apprentissage initial peut être résilié.*
La suspension du contrat d'apprentissage pour cause de maladie dûment constatée par un médecin du travail inscrit à l'ordre des médecins emporte la suspension de l'allocation au-delà d'une période de sept (7) jours ouvrables.

Article 115 *: L'apprenti, dont le temps d'apprentissage est terminé, passe un examen en vue de l'obtention d'un certificat d'apprentissage validé par l'Agence Nationale de Formation et d'Enseignement professionnels et délivré par le maître-apprenti et/ou le responsable de l'entreprise d'accueil.*
L'apprenti en apprentissage insertion professionnelle ou en alternance, dont le temps d'apprentissage est terminé, passe un examen en vue de l'obtention de son certificat de qualification professionnelle et/ou de diplôme délivré par le centre de formation professionnelle.
Au terme de cette période, le maître-apprenti doit délivrer à l'apprenti un certificat de qualification professionnelle et/ou le diplôme sanctionnant ces qualifications en cas d'apprentissage insertion ou en alternance, délivré par l'établissement de formation.

Observations

A la fin de l'apprentissage, l'employeur doit délivrer un certificat d'apprentissage qui constate l'exécution du contrat. Il est parfois conditionné par le passage d'un examen.

Section 8 : Des pénalités

Article 116 *: L'inobservation des dispositions de l'article 106 ci-dessus est punie d'une amende de trois cents (300 000) à six cent mille (600 000) francs CFA au plus.*

Article 117 *: Des textes réglementaires précisent les conditions d'application des dispositions du présent chapitre.*

CHAPITRE III : DU STAGE ET DE LA FORMATION PROFESSIONNELLE, DU PERFECTIONNEMENT ET DE LA RECONVERSION PROFESSIONNELLE

Observations

Par rapport à l'apprentissage, la formation professionnelle est apparue souvent en arrière-plan dans les textes. Dans le CTTOM, la formation professionnelle renvoyait plutôt à l'enseignement technique. Nombreux sont d'ailleurs les appels dans les années 1950, en faveur du développement de la formation professionnelle, au niveau du secondaire et du primaire. Dans les entreprises, pour pallier la carence des travailleurs qualifiés, va se développer une formation professionnelle rapide. Elle sera reprise et définie en droit gabonais par le Décret n° 159/MT-DT : MOSS du 5 mai 1966, portant organisation de la formation professionnelle rapide au Gabon : « *La Formation Professionnelle Rapide a pour objet de dispenser une formation permettant l'exercice d'un métier, l'adaptation à un nouveau métier ou l'acquisition d'une qualification professionnelle supérieure* ».

Lorsque l'on évoque la formation professionnelle au Gabon, c'est à la formation professionnelle initiale que l'on pense d'abord. L'objectif affiché est d'accueillir des jeunes qui n'ont pas pu s'intégrer dans un cursus scolaire classique. Pourtant, au regard de ce que l'on observe de par dans le monde, la formation professionnelle peut également renvoyer à l'exigence pour le travailleur de se former tout au long de sa carrière. Elle devient dans cette optique un véritable droit pour le travailleur, et son organisation doit se faire dans le cadre des politiques de l'emploi.
Voir ce qu'en disait en 2021, M. Berre ancienne ministre du travail, Gabon 24 (in https://www.youtube.com/watch?v=Nk5c3ln5Zrs).

Par ailleurs, du fait de la situation de l'emploi, avec l'accroissement de la précarité, la reconversion professionnelle devient un enjeu particulièrement important pour les travailleurs. Le licenciement économique est par excellence le moment où cette reconversion a lieu. Dans le plan social, il peut être prévu des mesures d'accompagnement pour que les salariés licenciés se forment à de nouveaux métiers pour accroître les chances d'avoir un nouvel emploi. Cette reconversion peut également intervenir pendant l'exécution normale du contrat de travail avec des actions de reconversion qui favoriseront l'évolution et l'épanouissement du salarié. Malheureusement, dans les faits, ces actions sont encore assez rares.

Si on s'en tient à ce qui est observé dans d'autres pays, la formation professionnelle renvoie pour le salarié à l'exercice de deux droits.

Le premier est le droit à la qualification professionnelle qui est reconnu à tout travailleur ou à toute personne qui s'engage dans la vie active. C'est en ce sens qu'on l'entend couramment au Gabon (Voir par exemple : O. Totombo Boungamou, N. D. Diane Ntsame Ondo Nguema, « La formation professionnelle : une solution pour lutter contre le chômage des jeunes », Gabonews, 26 février 2024, *https://www.gabonews.com/fr/actus/libre-propos/article/la-formation-professionnelle-une-solution-pour*).
Voir en droit comparé français, l'article L. 6314-1 C.T. : « *Tout travailleur engagé dans la vie active ou toute personne qui s'y engage a droit à la qualification professionnelle et doit pouvoir suivre, à son initiative, une formation lui permettant, quel que soit son statut, de progresser au cours de sa vie professionnelle d'au moins un niveau en acquérant une qualification correspondant aux besoins de l'économie prévisibles à court ou moyen terme :1° Soit enregistrée dans le répertoire national des certifications professionnelles mentionné à l'article L. 6113-1 ; 2° Soit reconnue dans les classifications d'une convention collective nationale de branche ; 3° Soit ouvrant droit à un certificat de qualification professionnelle de branche ou interbranche* ».

Le Code du travail portugais prévoit une disposition similaire en ses articles 130 et 131. Le législateur lusitanien insiste davantage sur la fonction de cette formation qui est d'accroître à la fois l'employabilité du salarié et la productivité de l'entreprise.

Le second est le droit individuel à la formation qui ne concerne que les salariés ayant une certaine ancienneté au sein de l'entreprise, et que l'on retrouve également en droit comparé français (compte personnel de formation, art. L. 6111-1, L. 6323-1 à L. 6323-3, L. 6323-8 et L. 6323-9, C.T.). Il permet à son titulaire de suivre des formations en vue de développer des compétences ou d'accéder à un niveau de qualification.

Le droit portugais va encore plus loin en étendant ce droit à la réhabilitation professionnelle lorsque le salarié a été victime d'un accident du travail ou d'une maladie professionnelle (art. 130, C.T.).

La formation professionnelle peut enfin être un enjeu important pour la négociation collective. Du fait de la demande récurrente des salariés en la matière, les partenaires sociaux peuvent avoir tout intérêt à s'emparer de cette thématique pour faire des propositions aux pouvoirs publics.

Section 1 : Du stage

Observations

I. La consécration du stage

Par rapport au précédent code, il y a une légère modification de l'intitulé du Chapitre III du Titre II, avec l'insertion du stage. Curieusement, les initiateurs du présent code ne semblent pas y accorder une importance particulière. Ils se contentent dans *Les enjeux du projet de code du travail* de signaler seulement, « *l'élargissement de la notion de stage aux jeunes en période de vacances pour privilégier l'immersion des jeunes dans l'univers du travail* ». Cette omission paraît d'autant plus étonnante que le stage est envisagé, du point de vue des autorités gabonaises, comme un moyen de familiariser les jeunes avec le monde du travail, et donc l'insertion professionnelle.
Le législateur est demeuré lui aussi silencieux sur le stage, se concentrant uniquement sur le stagiaire. La même configuration se retrouve dans l'ensemble des législations africaines.

A l'inverse, voir en droit comparé français, Code de l'éducation, art. L. 124-1 : « *Les périodes de formation en milieu professionnel et les stages correspondent à des périodes temporaires de mise en situation en milieu professionnel au cours desquelles l'élève ou l'étudiant acquiert des compétences professionnelles et met en œuvre les acquis de sa formation en vue d'obtenir un diplôme ou une certification et de favoriser son insertion professionnelle. Le stagiaire se voit confier une ou des missions conformes au projet pédagogique défini par son établissement d'enseignement et approuvées par l'organisme d'accueil* ».

II. Les limites

De nombreuses insuffisances sont à relever, comme ce silence de la loi sur les conditions d'accueil du stagiaire. Rien n'est davantage dit sur le nombre des stagiaires pour éviter le risque d'une entreprise avec des stagiaires qui effectuent des tâches habituellement dévolues aux salariés.
L'article 9 ne concernant explicitement que les travailleurs, le législateur aurait pu également prévoir des dispositions sur les motifs de discrimination

en l'espèce. Sont-ils les mêmes que ceux des travailleurs ? Peut-on poursuivre un employeur au motif que le refus du stage serait fondé sur une discrimination ? Quid du régime de l'offre de stage ? Doit-on distinguer celle-ci de l'offre d'emploi ?
S'agissant de la durée du stage, là encore c'est le mutisme, contrairement au droit comparé français par exemple où la durée du stage dans une même entreprise est plafonnée à 6 mois par année d'enseignement.

Article 118 *: Est considéré comme stagiaire :*

- *tout élève d'une école technique ou professionnelle ou d'une grande école spécialisée, appelé, de par le statut de son établissement, à passer un certain temps dans l'entreprise en vue de faire asseoir, par la pratique, les connaissances théoriques acquises au cours de sa scolarité antérieure ;*
- *tout élève ou étudiant, âgé d'au moins 16 ans, en cursus scolaire ou universitaire souhaitant bénéficier d'une expérience professionnelle sans que cela ne soit rattaché à un cursus de validation de diplôme et à une convention de stage dans la limite maximale de trois mois, pendant la période des vacances scolaires, moyennant ou pas le versement d'une allocation.*

Article 119 *: Le stagiaire est assujetti par l'employeur à l'organisme en charge de la sécurité sociale dans la branche des risques professionnels. La couverture médicale du stagiaire pour la branche maladie est supportée par l'organisme en charge de l'assurance maladie.*
Le stage est obligatoirement matérialisé par une convention de stage signée entre l'entreprise et l'établissement professionnel et/ou l'étudiant selon les modalités du stage. Il vise à renforcer par la pratique les connaissances théoriques acquises au cours de sa scolarité.
Le stage étudiant est matérialisé par une convention signée entre l'employeur et l'étudiant pour la période de vacances scolaires.

Observations

Sur le statut du stagiaire, hormis l'assujettissement à la branche des risques professionnels de la CNSS et à la CNAMGS, le présent chapitre n'est pas très explicite sur ce sujet. Il convient donc de se référer à l'article 1er-1 du présent code (Voir observations sous art. 1er-1).

Article 120 *: Les stages académiques ou pour la période des vacances scolaires sont en principe non rémunérés.*

Toutefois, l'employeur peut verser au stagiaire une allocation de stage qui a la nature de frais professionnels.

Section 2 : De la formation professionnelle, de la formation continue et de la reconversion professionnelle

Sous-section 1 : Des dispositions générales

Observations

Pour les autorités d'avant le 30 août 2023, la formation professionnelle devait permettre d'accéder au plein emploi. C'est ce qui ressort déjà du Plan Stratégique Gabon Emergent (PSGE) avec l'exigence d'améliorer l'efficacité de la formation professionnelle, le développement des compétences et des programmes d'entrepreneuriat dans des secteurs clés de croissance au Gabon avec les objectifs suivants : « *(i) Améliorer la qualité de l'offre de formation pour atténuer les inadaptations avec le marché de l'emploi ; (ii) Améliorer l'employabilité des jeunes par la mise en place d'un système intégré de formation par apprentissage pour donner une seconde chance aux jeunes déscolarisés sans travail et faciliter leur insertion professionnelle en emplois salariés et en auto-emploi ; et (iii) Accompagner les pouvoirs publics dans la réforme du sous-secteur de l'EFTP et l'opérationnalisation de la loi n°21/2011 sur l'orientation de l'éducation pour améliorer le système de formation professionnelle* ».

Il eut également le Projet de développement des compétences et de l'employabilité (PRODECE), mis en place par le ministère du Travail, de l'Emploi, de la Formation technique et professionnelle et de l'Insertion des jeunes, avec le concours de la Banque mondiale : « *Initialement prévu pour être effectif entre 2016 et décembre 2021, il a été lancé en 2017. Il s'adresse aux jeunes adultes entre 18 et 34 ans n'ayant pas, ou ayant peu, été scolarisés. Ses objectifs sont multiples. Il y a l'amélioration de l'offre d'enseignement et de formation techniques et professionnels avec la création de centres de formation – dont un dans les domaines du bâtiment et des travaux publics et un autre dans celui des nouvelles technologies de l'information et de la communication – et de structures comme les lycées techniques. Il s'agira aussi d'améliorer l'insertion et l'employabilité des jeunes grâce au développement de compétences entrepreneuriales* », in (https://prodecegabon.org/wp-content/uploads/2021/09/Resume-Executif-du-PRODECE-Financement-Banque-mondiale-Consensuel-UCP-31.05.2021_MAJ.pdf).

Dans l'entendement commun au Gabon, la formation professionnelle correspond d'abord à la formation initiale. C'est elle qui permet en effet d'accéder au marché de l'emploi et de répondre aux besoins exprimés par les entreprises. Le revers de la médaille, c'est que la formation continue et la conversion semblent être purement cosmétiques, alors que sous d'autres cieux elles créent de véritables droits. Si l'on s'en tient en effet au contenu des conventions collectives, c'est l'employeur qui a l'initiative en matière de formation continue.

Voir par exemple l'article 15,3 Convention collective des entreprises minières et assimilées de la République gabonaise ; ibid. Convention collective d'entreprises de production, transport et distribution d'énergie électrique et d'eau de la République gabonaise ; ibid. Convention collective des secteurs portuaires, maritimes et fluviaux en République Gabonaise : « *Lorsqu'elle est prise en charge par l'entreprise, la formation professionnelle s'adresse aux travailleurs désignés par l'employeur en fonction de leurs aptitudes et motivations d'une part, des besoins de l'entreprise d'autre part* ».
Voir également, Décret n°0529/PR/MFPIJ du 14 octobre 2015 fixant les conditions de prise en compte de la Validation des Acquis de l'Expérience, art. 21 et 22.

<u>Article 121</u> : *La formation professionnelle est l'une des composantes du dispositif national d'éducation, de qualification et d'emploi.*
Elle a pour but de donner des capacités et connaissances professionnelles pratiques en vue de l'exercice d'un métier ou d'une profession et de faciliter l'accès à des formations ultérieures.
Elle est un devoir pour l'Etat et une obligation pour les entreprises.
Les travailleurs des deux sexes ont le même droit d'accès à tous les organismes de formation, de perfectionnement et de reconversion professionnels.

Observations

Voir observations sous article 2.

<u>Article 122</u> : *La formation professionnelle initiale a pour but de donner une formation générale théorique et pratique, en vue de l'acquisition d'une qualification professionnelle sanctionnée par un diplôme ou un certificat délivré ou reconnu par le Ministre en charge de la Formation Professionnelle.*

Observations

Reprise de l'ancien article 98.

La formation professionnelle initiale se déroule généralement dans les établissements d'enseignement technique. Il peut s'agit des collèges et lycées de l'enseignement technique, mais également des centres de formation professionnelle.

Article 123 *: La formation continue ou le perfectionnement professionnel a pour objet de permettre :*

- *l'adaptation permanente des travailleurs aux changements des techniques et des conditions de travail et de favoriser leur promotion sociale par l'accès aux différents niveaux de qualification ;*
- *l'adaptation des connaissances et savoir-faire aux mutations technologiques et à l'évolution des spécificités de l'emploi.*

Ils contribuent au développement des ressources humaines, à la promotion professionnelle et sociale des travailleurs et à la croissance économique.

Observations

Voir également, article 15 du Tronc commun des conventions collectives, repris par la suite dans la l'ensemble des conventions collectives en leur article.

I. Etat des lieux

Voir OIT, *L'état des lieux, système de formation professionnelle, Gabon*, Genève,52 : « *L'absence de système de formation continue vaut pour l'ensemble de la population. Cela tient à une centration politique et programmatique très nette sur les problématiques des jeunes, ce qui n'est pas surprenant compte tenu des taux de chômage élevés qui existent chez les jeunes (deux fois celui des adultes), quelles que soient leurs caractéristiques (par exemple hommes ou femmes, ruraux ou urbains, dotés d'un haut niveau de certification ou pas). Il existe bien quelques opportunités pour les adultes de reprendre des études à plein temps, comme à l'université continentale de Libreville24, mais la formation continue au sens propre – comme perfectionnement ou mise à niveau sur des périodes courtes et pendant le temps de travail – n'existe pour ainsi dire pas.En outre, les organisations de travailleurs ne s'impliquent que très peu dans la mise à disposition d'un plan de formation de leurs membres. Ils ne disposent pas d'outils pour mieux orienter leurs membres en matière de formation continue* ». (https://www.ilo.org/sites/default/files/wcmsp5/groups/public/@ed_emp/@ifp_skills/documents/publication/wcms_742399.pdf)

II. Le fondement contractuel de l'obligation de formation et d'adaptation

Le fondement contractuel de l'obligation de formation à l'adaptation aux changements des techniques et des conditions de travail est fourni par 1135 du Code civil qui dispose que : « *Les conventions obligent non seulement à ce qui y est exprimé, mais encore à toutes les suites que l'équité, l'usage ou la loi donnent à l'obligation d'après sa nature* ».

La Cour de cassation française a notamment considéré que, le juge ne doit pas *« (...) s'en tenir aux stipulations des parties, mais à s'attacher plutôt à ce que celles-ci font ou ont fait en exécution de leur convention, c'est-à-dire aux données objectives de l'espèce »* (Cass. Soc., 19 décembre 2000, n° 98-40.572, Semaine sociale Lamy, n° 1011, p. 6.).

De ce fait, même si l'article 19 C.T. ne prévoit pas expressément cette obligation de formation, sa présence dans le contrat de travail ne fait aucun doute. Pour s'en convaincre, il suffit de noter que l'employeur ne peut pas sanctionner le salarié pour inaptitude ou pour incompétence dès lors qu'il n'a pas reçu une formation appropriée.

III. Le fondement légal de l'obligation de formation et d'adaptation

Le fondement légal de l'obligation de formation à l'adaptation aux changements des techniques et des conditions de travail ressort de l'article 239, al. 2 de ce code : « *Le travailleur doit recevoir une formation appropriée dans le domaine de la sécurité et de la santé au travail dans le but de l'informer des risques de son travail et des moyens de les prévenir* ». La sanction de la violation de cette obligation est contenue à l'article 268 C.T. La question qui peut se poser, est celle de savoir si la qualification de faute inexcusable peut être retenue, lorsque l'employeur aura manqué à ses obligations à l'égard du salarié, et qu'il se sera produit un accident du travail ou une maladie professionnelle.

Au-delà de l'obligation de formation et du droit à la formation que prévoient les textes, la question du financement de la formation professionnelle n'est jamais évoquée. Or, devant ce silence, il est permis de s'interroger comment peut être prise en charge la reconversion professionnelle qui n'est pas d'un intérêt direct pour l'employeur.

Article 124 : *La formation continue est un mode d'adaptation permanente des travailleurs aux changements des techniques et des conditions de travail dans l'optique de favoriser leur promotion sociale par l'accès aux différents niveaux de qualification.*
La formation continue est une exigence pour toutes les entreprises. Tout au long de l'exécution du contrat de travail, l'employeur a le devoir d'assurer l'adaptation des travailleurs à leur poste de travail. Il doit veiller au maintien de leur capacité à occuper un emploi, au regard de l'évolution des emplois, des technologies et des organisations.
Elle vise le perfectionnement, la reconversion ou l'adaptation professionnelle.
Le perfectionnement professionnel a pour objet de permettre à un travailleur de consolider et d'améliorer dans sa spécialité, les connaissances générales et professionnelles acquises, de les développer et les adapter à l'évolution technologique et des conditions de travail en vue d'une meilleure maîtrise de son poste de travail.
La reconversion professionnelle a pour objet de permettre à un travailleur de changer de spécialité ou d'acquérir d'autres qualifications en vue de l'exercice de nouvelles activités professionnelles.
L'adaptation professionnelle a pour objet de permettre à un demandeur d'emploi de s'adapter à un nouvel environnement professionnel par des formations complémentaires aux fins de favoriser l'insertion professionnelle.
L'Etat, les établissements privés de formation, les organisations professionnelles et syndicales ainsi que les entreprises concourent à la formation, au perfectionnement et à la reconversion professionnelle.

Observations

Reprise de l'ancien article 100 à l'alinéa 5.

I. L'incertitude de la reconversion

La reconversion professionnelle est certainement le domaine où les insuffisances sont les plus criardes aujourd'hui. La solution serait certainement de rendre effectif un droit individuel à la formation. De ce fait, le salarié pourrait bénéficier de formation de son choix soit pour apprendre un nouveau métier soit pour se perfectionner dans le métier qu'il exerce, sans se

heurter à la rigueur de l'article 15.3 précité que l'on retrouve dans nombre de conventions collectives.
Voir également, Observations sous article 51.

A l'heure actuelle, la solution pour faire naître ce droit est la négociation collective qui permettra de tenir compte de la diversité des situations qui peuvent exister d'un secteur d'activité à l'autre.
Dans la reconversion professionnelle, la validation des acquis de l'expérience (VAE) pourrait être intégrée. Elle s'inscrit parfaitement en effet dans l'idée d'acquisitions d'autres qualifications dont les voies de certification sont prévues aux articles 16 à 20 du Décret n°0529/PR/MFPIJ du 14 octobre 2015 fixant les conditions de prise en compte de la Validation des Acquis de l'Expérience. Ce texte avait été adopté dans le cadre des mesures visant à améliorer la formation professionnelle.

Par ailleurs, alors que la Fonction publique a décidé d'expérimenter une Gestion prévisionnelle des emplois et des compétences (GPEC), dans le cadre du projet d'accompagnement des réformes administratives de la Banque mondiale en 2018, le Code du travail est silencieux à ce sujet. Certes, la GPEC entre plus dans le cadre des politiques de protection de l'emploi et/ou encore de prévention de risques de perte de celui-ci. Mais si l'on s'en tient en droit comparé français à l'ANI du 11 janvier 2013 par exemple, « *la GPEC est avant tout un outil d'anticipation qui peut, si l'on en fait bon usage, concilier les besoins de performance des entreprises, aspirations des salariés et sécurisation de l'emploi* ». Dans cette perspective, elle participe largement à l'évolution des carrières des salariés à travers la formation.

II. Les acteurs de la reconversion

Reprise de l'ancien article 101 au dernier alinéa de cet article 124.

Voir également *:* Loi n° 15/2001 du 12 décembre 2001 fixant les principes fondamentaux du service public de l'enseignement et de la formation ; Loi n° 9/2001 du 12 décembre 2001 portant création du Fonds national de la formation professionnelle ; Ordonnance no 8/7 du 27 janvier 1973 portant création d'une agence nationale de formation et de perfectionnement professionnels ; Arrêté n° 720/PM/MTEFP du 28 août 2001 portant institution d'une coordination nationale de la réforme du système d'emploi et de formation professionnelle.

Sous-section 2 : Des formes contractuelles

Article 125 *: Les demandeurs d'emploi, afin de favoriser leur insertion et reconversion professionnelle de même que leur perfectionnement au sein des entreprises, bénéficient de deux formes contractuelles d'insertion, d'immersion et de perfectionnement professionnels.*

Article 126 *: Le contrat de professionnalisation est destiné à favoriser l'insertion professionnelle des demandeurs d'emploi. L'insertion professionnelle s'adresse aux jeunes diplômés, âgés entre dix-huit (18) et trente-cinq (35) ans, en difficulté d'insertion professionnelle et inscrits à l'organisme national de gestion de l'emploi.*

Article 127 *: Le contrat d'adaptation professionnelle ou de reconversion professionnelle est destiné à favoriser l'insertion professionnelle ou la réinsertion des demandeurs d'emploi à un nouvel emploi ou à un type d'emploi en donnant une formation complémentaire ou une immersion en entreprise, pour l'obtention d'une qualification permettant de favoriser l'adaptation ou la reconversion des demandeurs d'emploi.*

Il s'adresse à toute personne ayant perdu son emploi et en recherche d'emploi, inscrite à l'organisme national de gestion de l'emploi en quête de reconversion professionnelle.

Le contrat d'adaptation professionnelle peut s'effectuer en alternance impliquant les périodes de formation en centre théorique ainsi que les périodes d'acquisition de savoir-faire en entreprise sur la base d'un partenariat entre l'établissement de formation et l'entreprise d'accueil.

Article 128 : L'accueil des travailleurs en formation ou des demandeurs d'emploi dans les entreprises est libre. Toutefois, il est fait obligation à toute entreprise exerçant au Gabon depuis au moins trois (3) ans et employant habituellement plus de vingt (20) travailleurs, en fonction de la taille de l'entreprise, d'accueillir au moins un nombre de travailleurs en formation ou de demandeurs d'emploi correspondant à cinq pour cent (5 %) de ses effectifs.
Le contrat d'apprentissage peut être mis en œuvre dans tous les secteurs d'activités.
Des textes réglementaires et des accords conventionnels peuvent prévoir des dispositions plus spécifiques en fonction des secteurs.

Observations

Qu'en est-il de la sanction du non-respect de cette obligation ? Le législateur est demeuré silencieux, et le droit antérieur n'est pas d'un grand secours. Il serait peut-être utile de prévoir une disposition réglementaire en ce sens, comme le mentionne l'article 136 de ce code.

Cette situation paraît d'autant plus paradoxale qu'un choix différent a été fait s'agissant du Chapitre II portant sur l'apprentissage. Des pénalités sont en effet prévues à l'article 116 en cas d'inobservation de leurs obligations par le maître apprenti ou l'entreprise d'accueil.

Article 129 *: L'Etat, les établissements privés de formation, les organisations professionnelles et syndicales ainsi que les entreprises concourent à la formation, au perfectionnement et à la reconversion professionnelle.*

Observations

A rapprocher du droit comparé français, Code du travail, article L. 6111-2 : « *Les actions de lutte contre l'illettrisme et en faveur de l'apprentissage et de l'amélioration de la maîtrise de la langue française ainsi que des compétences numériques font partie de la formation professionnelle tout au long de la vie. Tous les services publics, les collectivités territoriales et leurs groupements, les entreprises et leurs institutions sociales, les associations et les organisations syndicales et professionnelles concourent à l'élaboration et la mise en œuvre de ces actions dans leurs domaines d'action respectifs* ».

L'interrogation s'agissant du Gabon est de savoir comment ces différents acteurs participent à cette mission. Si la réponse est aisée pour l'Etat, et les établissements de formation, il n'en va pas de même pour les organisations syndicales. Par ailleurs, pourquoi le législateur a repris exactement le dernier alinéa de l'article 124 ? Quel est l'apport de cette répétition ?

Sous-section 3 : Des conditions de forme

Article 130 *: Quelle que soit sa forme, le contrat de formation est obligatoirement écrit. Il est signé entre le travailleur ou son représentant, l'établissement de formation et l'employeur.*
Le contrat de professionnalisation ou d'adaptation professionnelle doit faire l'objet d'un dépôt auprès de l'organisme national de l'emploi qui en assure le suivi.

Sous-section 4 : De la durée et de la résiliation du contrat de formation

Article 131 *: La durée du contrat de professionnalisation ou d'adaptation professionnelle est de six (6) mois, renouvelable une (1) fois. Au terme de cette période, l'employeur peut décider de recruter le travailleur.*

Article 132 *: La partie qui souhaite mettre fin au contrat avant le terme convenu doit le notifier par écrit à l'autre partie tout en précisant les motifs, une copie est adressée à l'organisme national de gestion de l'emploi par l'employeur.*
Des accords conventionnels peuvent prévoir des dispositions spéciales en fonction des secteurs.

Sous-section 5 : Des conditions financières et de sécurité sociale

Article 133 *: Le travailleur en formation, quel que soit le type de formation à l'initiative de l'employeur, perçoit la totalité de sa rémunération, à l'exception des primes et indemnités liées à l'effectivité du travail.*

Article 134 *: Le travailleur en contrat de professionnalisation ou d'adaptation professionnelle perçoit, pendant les six premiers mois, selon la convention collective ou l'accord d'établissements, une allocation correspondant à la moitié du salaire de base catégorielle à laquelle il appartient, et soixante-quinze pour cent (75 %) du salaire de base pour la période d'exécution du contrat restant à courir.*

Article 135 *: L'allocation versée au demandeur d'emploi en cas de professionnalisation ou d'adaptation professionnelle, quelle que soit sa forme est exonérée d'impôts et taxes.*
Des avantages fiscaux et des exonérations de cotisations sociales peuvent être consentis aux employeurs dont le seuil de recrutement des demandeurs d'emploi excède le taux de 5 %, dans les conditions fixées par la loi de finances ou des textes régissant la sécurité sociale.

Article 136 *: Des textes réglementaires précisent les conditions d'application des dispositions du présent chapitre.*

CHAPITRE IV : DE L'EMPLOI DES TRAVAILLEURS ÉTRANGERS

Observations

Aux termes de l'article 3 de la loi n° 5/86 du 18 juin 1986 fixant le régime d'admission et de séjours des étrangers en République gabonaise : « *Est considéré comme étranger, tout individu de nationalité autre que gabonaise ou de nationalité inconnue pénétrant sur le territoire national* ». Parmi ces travailleurs étrangers, une distinction est faite entre les visiteurs temporaires et les résidents.

L'article 4 de la loi n° 5/86 du 18 juin 1986 prévoit que : « *les visiteurs temporaires sont les étrangers ou apatrides admis sur le territoire national pour un séjour d'une durée limitée à trois mois* ». On retrouve dans cette catégorie : les visiteurs proprement dits ; les touristes ; les travailleurs temporaires ; les hommes d'affaires ; les propriétaires, rentiers ou pensionnés.

L'article 10 de la même loi dispose que « *sont considérés comme résidents, les étrangers et apatrides qui sont admis à pénétrer sur le territoire national pour une durée de séjour de plus de trois mois* ». L'article 11 énonce les travailleurs concernés : les résidents proprement dits ; les contractuels ; les travailleurs indépendants ; les propriétaires, rentiers ou pensionnés ; les membres de la famille du résident. L'article 13 précise enfin que les contractuels sont : les salariés du secteur privé, les contractuels du secteur public, les personnes de l'assistance technique.

Article 137 : *A l'embauche, à compétence égale, priorité est accordée aux nationaux.*
L'emploi de la main-d'œuvre étrangère doit pouvoir répondre à des compétences non disponibles sur le marché. Les critères de compétence entrant dans l'appréciation doivent notamment tenir compte, selon le secteur d'activité :
- des clauses de mobilité dans les groupes de sociétés ;
- du savoir-faire technique et de l'expertise requise pour l'emploi postulé ;
- des besoins en main-d'œuvre dans les domaines de développement du pays.
Les quotas d'emploi de la main-d'œuvre étrangère ainsi que les frais de dossier et leur affectation sont fixés par décret sur proposition du Ministre chargé du Travail.

Décret n° 0162/PR/MTE du 7 mars 2016 relatif aux modalités d'emploi des travailleurs étrangers en République Gabonais,
Art. 3 : Sous peine d'irrecevabilité, la demande d'autorisation individuelle d'emploi d'un travailleur étranger ou de son renouvellement doit exclusivement :
Viser à pourvoir un emploi pour lequel en raison des qualifications professionnelles requises ou de la nature ou de la localisation des travaux, il ne peut être fait appel à un travailleur national disponible ;
Viser un emploi dit « de haute technicité » pour lequel le nombre de candidatures de travailleurs nationaux est inférieur à 30 % des offres d'emploi sur une période de 3 mois minimum ;
Reposer sur un constat de carence d'une main-d'œuvre gabonaise délivrée par l'organisme national de gestion de l'emploi.

Art. 4 : Aux fins d'application des dispositions du présent chapitre, il est fait obligation à tout employeur de déposer ses offres auprès de l'organisme national de gestion de l'emploi.
Ces offres font l'objet de publication à la charge de l'employeur.

Art. 5 : Le délai maximum de recherche des candidats à l'emploi par les services de l'organisme national de gestion de l'emploi est de six semaines.
Ce délai peut toutefois être réduit à quatre semaines pour tout poste dont la vacance prolongée représente un risque pour l'entreprise, notamment sur la santé, la sécurité et l'environnement.

Art. 6 : A l'expiration du délai prévu à l'article 5 ci-dessus, lorsqu'il n'a pas été trouvé de candidat gabonais répondant aux exigences du poste, l'Office National de l'Emploi délivre, à la demande de l'employeur ou de tout organisme de gestion ou d'emploi intéressé, l'attestation de carence visée à l'article 3 du présent décret.
Cette attestation doit comporter les informations suivantes :
Le nombre de publications de l'offre ;
Le nombre de médias ayant publié l'offre ;
Le nombre de postulants gabonais éventuellement enregistré et les raisons du rejet de ces candidatures.

Art. 7 : L'attestation de carence ouvre la voie au recrutement d'un travailleur étranger.
Elle est délivrée pour un poste et une entreprise déterminés.
Sa validité est de six mois à compter de sa date de délivrance.

Art. 8 : Seuls les travailleurs étrangers faisant l'objet d'une autorisation individuelle d'emploi peuvent se voir délivrer les titres d'entrée et de séjour.

Art. 9 : L'autorisation individuelle d'emploi est délivrée en faveur d'un travailleur étranger se trouvant hors du territoire national au moment de la demande.
Elle peut également à titre exceptionnel, être délivrée à un travailleur étranger se trouvant régulièrement sur le territoire national au moment de la demande.

Art. 10 : Selon la nature de l'emploi, la délivrance de l'autorisation peut être subordonnée à l'obligation faite à l'employeur de former dans la spécialité concernée au moins un travailleur gabonais identifié, appelé « homologue ».
Un arrêté du Ministre chargé du Travail fixe les conditions de désignation, de formation et d'évaluation de l'homologue.

Art. 11 : Le nombre des travailleurs étrangers soumis au régime de l'autorisation d'emploi ne doit pas dépasser 10 % de l'effectif global de l'entreprise, sous réserve des dispositions prévues à l'article 1er ci-dessus.
Toutefois, les dérogations pourront être accordées par le Ministre chargé du Travail, en particulier dans le cas d'apport en personnel étranger pour une durée limitée à l'exécution de travaux spécifiques.

Art. 12 : L'autorisation individuelle est valable pour une durée de deux ans. Elle est renouvelable dans les conditions fixées à l'article 15 ci-dessous.

Art. 13 : Nul ne peut engager ou conserver à son service un étranger dans une profession autre que celle mentionnée sur son autorisation individuelle d'emploi.

Art. 14 : Il incombe à l'employeur de prendre les dispositions devant permettre au travailleur étranger de communiquer en vue de faciliter le transfert de son savoir-faire.
Il lui incombe également de soumettre à l'administration les documents relatifs à l'emploi du travailleur étranger, rédigés ou traduits en français.
Lorsque notamment l'emploi à pourvoir ne peut être désigné que par un terme non français, cet emploi doit faire l'objet d'une description suffisamment détaillée en français pour éclairer l'administration.

Art. 15 : L'autorisation individuelle d'emploi peut être renouvelée lorsque la situation ayant prévalu à sa délivrance persiste, notamment lorsque :
Il n'a pas pu être trouvé de Gabonais répondant au profil du poste ;

La formation de ou des homologues gabonais n'a pas été concluante ou suffisante, à condition pour l'employeur de démontrer que tous les actes positifs et répétés pour recruter et former un gabonais ont été infructueux ;
Le plan de formation raisonnable de ou des homologues gabonais établi lors de la délivrance de la première autorisation d'emploi excède deux ans.

Observations

Malgré le rappel du principe de liberté contractuelle que rappelle l'ensemble des législations de travail en Afrique, des dispositions y limitent fortement cette même liberté pour l'embauche des non-nationaux. Les raisons évoquées varient selon les pays. Elles vont de l'opposition de la situation de l'emploi, en passant par l'exigence d'un visa ou d'une autorisation administrative, jusqu'à l'existence de quotas.

I. L'opposition de la situation de l'emploi

La situation de l'emploi est un argument régulièrement opposé au salarié étranger pour justifier le refus de l'embaucher. Un Etat a vocation à d'abord assurer un emploi à ses ressortissants, ce qui peut parfaitement se comprendre, même si par le passé, il n'en a pas toujours été ainsi.

Dès 1948, la C.F.G. (Compagnie forestière du Gabon) à Port-Gentil recrute au Tchad 375 Saras (qui s'installèrent au Camp Sara) pour satisfaire ses besoins en personnel, faute de main-d'œuvre locale. Par la suite, en 1973, une convention est signée avec le Sénégal pour l'accueil de 5000 travailleurs de ce pays qui participeront (au même titre que les travailleurs pakistanais) à la construction du chemin de fer Transgabonais. Le Cameroun a également accueilli pour les mêmes raisons de nombreux travailleurs nigérians dans les vastes exploitations agricoles de la *Cameroon Development Corporation* (CDC).

Toutefois, dans la situation de crise où se trouvent la plupart des marchés du travail en Afrique depuis les années 1980, les Etats ont pris progressivement des mesures conduisant à limiter l'accès à l'emploi pour des non-nationaux. L'intensité de ces mesures varie selon les pays. C'est ainsi que la loi algérienne du 21 avril 1990 sur les relations de travail prévoit que : « *L'employeur peut procéder au recrutement de travailleurs étrangers dans les conditions fixées par la législation et la réglementation en vigueur lorsqu'il n'existe pas une main-d'œuvre nationale qualifiée* ». Toutefois, le législateur algérien ne précise pas cette notion de main-d'œuvre qualifiée, contrairement à ce qu'a fait son homologue djiboutien. A l'article 28 du Code du travail djiboutien, la liberté contractuelle est limitée, s'il existe sur le marché des travailleurs nationaux aux compétences équivalentes. Le législateur mozambicain s'est engagé dans une direction similaire. Dans la *Lei do trabalho*, il est précisé à l'article 31 al. 3, que le Mozambique peut réserver certains emplois aux salariés nationaux pour des raisons d'intérêt public. Le Sénégal prévoit lui l'interdiction d'employer des travailleurs étrangers aux termes de l'article L. 224 du Code du travail du 1er décembre 1997 : « *Des décrets peuvent déterminer, en fonction des nécessités économiques, démographiques et sociales, les possibilités d'embauchage des entreprises. Ils peuvent, en vue du plein emploi de la main-d'œuvre nationale, interdire ou limiter l'embauchage de travailleurs étrangers, pour certaines professions ou certains niveaux de qualification professionnelle* ».

II. La limitation par les quotas

Voir art. 4 du Décret du 31 mai 1968 réglementant l'emploi des travailleurs étrangers au Gabon : « *(...) Sans préjudice de l'application des dispositions de l'article 2 ci-dessus, la proportion dans l'entreprise des travailleurs étrangers soumis au régime de l'autorisation d'emploi ne doit pas dépasser 10 % de l'effectif global en main-d'œuvre nationale de l'entreprise ou 15 % de l'effectif des travailleurs nationaux classés dans les catégories d'employés ou d'ouvriers hautement qualifiés ainsi que dans les catégories supérieures. Les pourcentages ci-dessus seront réduits de 1 % par année à compter de 1969 jusqu'à atteindre respectivement 5 et 10 %* ». L'article 5 du même décret prévoit des dérogations dans le cas d'apport en personnel étranger pour une durée strictement limitée à l'exécution de travaux de haute technicité.

La circulaire n° 0401 MTE/CAB/CTDNN du 22 juin 2007 précise que l'employeur peut être autorisé à utiliser les services d'un travailleur étranger lorsqu'il n'existe pas, sur le marché du travail de Gabonais spécialisé dans une profession ou un emploi donné, et à condition d'adjoindre à celui-ci un Gabonais à former dans un délai raisonnable. Dès lors que ce sera fait, le Gabonais remplacera le travailleur étranger.

Au Conseil des ministres du 25 juin 2024, un Projet de décret fixant les quotas d'emploi de la main-d'œuvre étrangère dans les entreprises ainsi que les frais des dossiers et leur affectation a été adopté :
« *Pris en application des dispositions de l'article 137 de la loi n° 022/21 du 19 novembre 2021 portant Code du Travail en République Gabonaise, le présent projet de décret participe de la volonté du Gouvernement de la Transition à lutter contre le chômage.*
Ce décret vise un triple objectif, notamment :

- *accorder la priorité d'embauche aux nationaux et valoriser la main-d'œuvre gabonaise ;*
- *restreindre le recours à la main-d'œuvre étrangère à des postes de responsabilité ;*
- *faire coïncider la délivrance des autorisations d'emploi aux besoins du marché.*

En outre, les quotas d'emploi de la main-d'œuvre étrangère sont fixés désormais par catégorie professionnelle ainsi qu'il suit :

- *cadres : 15 % de l'effectif des salariés de la catégorie ;*
- *agents de maîtrise et techniciens supérieurs : 10 % de l'effectif des salariés nationaux de la catégorie ; personnel d'exécution : 5 % de l'effectif des salariés nationaux de la catégorie* ».

En droit comparé, le Mozambique prévoit à l'art. 31 de la *Lei do trabalho* les limites d'emploi suivantes : 5 % de la totalité des travailleurs pour les grandes entreprises (l'article 34 précise que sont les entreprises qui emploient plus de 100 salariés), 8 % pour les entreprises de taille moyenne (de 11 à 100 salariés), et 10 % pour les petites entreprises (10 salariés au maximum). Le législateur de la RDC se contente lui d'afficher une interdiction générale d'avoir dans les effectifs plus de 15 % de nationalité étrangère (article 185, 8° de la loi du 16 octobre 2006). Dans le secteur pétrolier, l'Angola admet jusqu'à 30 % de salariés non nationaux.

III. Un formalisme renforcé

Dans la majorité des Etats africains, le contrat de travail est un contrat consensuel. Il naît de l'accord de volontés. Mais, pour les non-nationaux, le formalisme sera la règle. Il suffit pour s'en convaincre de s'arrêter sur l'exigence du visa. Celui-ci ne peut être apposé que sur un contrat écrit. De ce fait, le contrat de travail dans les pays où le visa est exigé sera obligatoirement un contrat écrit. La question qui peut se poser est celle de savoir si l'on est en présence d'un écrit *ad validitatem* (ou *ad solemnitatem*) ou d'un écrit *ad probationem*.

Pour la loi angolaise, il ne fait aucun doute que l'écrit soit une condition de validité du contrat de travail. C'est ce que l'on peut déduire de la loi n° 13/19 du 23 mai 2019 (art. 15) qui dispose que le contrat de travail passé avec un travailleur étranger est obligatoirement écrit. La même exigence se retrouve dans la loi djiboutienne (art. 9), guinéenne (art. 9 de l'ordonnance du 28 janvier 1988) et rwandaise (art. 7 du Code du travail).

Le second particularisme sur la forme du contrat concerne la durée de celui-ci. Alors que la liberté est la règle en l'espèce, quelques législateurs ont jugé utile de limiter les engagements de salariés étrangers avec des contrats à durée déterminée (CDD). Parmi ceux-ci, le Code du travail du Bénin dont l'article 26 est ainsi rédigé : « *Pendant les deux premières années de sa résidence régulière sur le territoire et sous réserve des dispositions contraires d'un accord ou d'une convention passée par la République du Bénin, tout étranger ou immigrant ne peut exercer une activité salariée qu'en vertu d'un contrat de travail à durée déterminée* ». Quand on sait que le contrat de travail à durée déterminée doit dans la législation béninoise être écrit, il s'agit donc d'une exigence de validité de celui-ci. Au Burkina Faso, l'article 54 du Code du travail pose une limite de 3 ans pour les CDD des non-nationaux (2 ans maximum pour les nationaux).

Dans l'absolu, la loi béninoise n'est pas la plus sévère de ce point de vue puisque, normalement, après cette période de deux ans de résidence régulière, le salarié étranger pourra ensuite pouvoir passer des contrats à durée indéterminée. Il n'en va pas de même à Djibouti. Certes, aucune disposition n'interdit d'engager un salarié étranger pour un contrat à durée indéterminée. Néanmoins, le fait que l'engagement de ce salarié soit soumis à une autorisation administrative, et que celle-ci soit temporaire finit par créer une insécurité juridique pour le salarié étranger. Il se trouve en effet à la merci de l'application de l'article 27 al. 1 du Code du travail qui prévoit que : « *Cette autorisation est temporaire. Elle est délivrée pour une durée d'un an ; elle peut être renouvelée plusieurs fois ; elle doit être présentée à toute réquisition des services du Ministère chargé du Travail ou des services des visas du Ministère de l'Intérieur* ».

Sur le plan des droits individuels, l'égalité salariale est garantie en droit dans l'ensemble des Etats africains. Néanmoins, au Gabon, pendant de nombreuses années, il avait été prévu, par voie réglementaire, une indemnité nationale de sujétion d'un montant de 20 000 CFA réservée aux seuls travailleurs nationaux.

IV. Le risque d'arbitraire à la fin de la relation de travail

Quels que soient les Etats, la fin de la relation de travail se traduit par une incertitude sur la poursuite du séjour du salarié étranger dans son pays d'accueil. Elle peut résulter généralement du non-renouvellement de

l'autorisation de travail. Les raisons pour lesquelles ce refus est prononcé sont non seulement nombreuses, mais également discrétionnaires. Parmi celles-ci, notons la situation de l'emploi que l'on peut toujours évoquer à tout moment, et qui prend des noms différents selon les pays. Dans un passé récent, la gabonisation et la sénégalisation étaient parfois évoquées, même si les juges en ont souvent limité les effets, pour éviter le risque d'arbitraire.
S'agissant du Gabon, dans un premier temps, en 1977, la Cour suprême avait considéré que la gabonisation d'un poste était un motif légitime de licenciement qui s'imposait au salarié. Par la suite, la Cour de cassation est revenue sur cette position dans un arrêt du 22 avril 2007 en considérant, « *qu'un employeur ne peut s'en (la gabonisation) prévaloir sauf à établir qu'il avait reçu de celui-ci des instructions écrites à ce sujet ; qu'une telle preuve n'ayant pas été rapportée il y a lieu de considérer la rupture intervenue ici sans cause réelle et sérieuse* ».

Au Sénégal, la même évolution a été observée. Au lendemain de l'Indépendance, le fait de mettre fin au contrat de travail du salarié étranger pour cause de sénégalisation est considéré comme un motif légitime de licenciement. Toutefois, à partir de 1972, le juge estime qu'en dépit des pressions exercées par le gouvernement, « *en l'absence de texte précis en la matière* », le licenciement pour sénégalisation est abusif. Dans un arrêt du 23 avril 1980, la Cour suprême du Sénégal affirme que le motif tiré de la sénégalisation est illégal, parce que d'une part le Sénégal a signé la Convention n° 111 de l'OIT sur la discrimination (emploi et profession) dont tout justiciable peut se prévaloir et que, d'autre part, l'article 20 de la Constitution du Sénégal va dans le même sens.

Le non-renouvellement peut également être lié au fait que l'employeur n'a pas respecté des dispositions réglementaires, ce dont le salarié ne saurait être tenu pour responsable, mais dont il supportera quand même les conséquences. De plus, l'exigence d'un CDD doit également être considérée comme un facteur annonciateur de lendemains loin d'être radieux pour le salarié étranger. Ce type de contrat ne peut pas en effet être prolongé de manière illimitée. La plupart des législations le limitent à une durée maximale qui ne dépasse pas deux ans. A son terme, le salarié étranger se retrouve sans travail et sans moyen de recours devant le risque d'une expulsion.

Section 1 : De l'autorisation d'emploi

Article 138 : *Les services compétents de la Direction Générale du Travail sont chargés d'instruire et de délibérer sur l'opportunité d'agréer toute* *demande d'autorisation d'emploi ou de son renouvellement et sur le contenu du contrat de travail.*

Observations

La réglementation de l'emploi des travailleurs étrangers en Afrique est loin d'être uniforme. On peut distinguer à cet égard trois groupes de pays.

Le premier ensemble se compose d'États où la question des travailleurs étrangers n'est nullement abordée dans les législations sur le travail. Le *Labour Act* du Ghana et le *Labour Relations Act, 1995 (n° 66 of 1995)* de l'Afrique du Sud qui ne contiennent aucune disposition spécifique dans cette matière, en sont de parfaites illustrations. Cette absence, qui est marquante dans les Etats anglophones d'Afrique, tient au fait que ce sont les textes portant sur l'immigration qui traitent de l'emploi des étrangers. Il y est prévu notamment les documents dont les travailleurs doivent disposer pour exercer une activité salariée.

Dans le deuxième groupe, se retrouvent des pays dont les législations de travail ne font que renvoyer expressément à d'autres textes contenant des dispositions relatives aux travailleurs étrangers. C'est le cas de l'Angola où le régime juridique des citoyens étrangers dans le système juridique angolais se retrouve dans les textes suivants : loi n° 13/19 du 23 mai 2019 ; Décret présidentiel 163/20 du 8 juin 2020.

Dans le dernier groupe enfin, avec le Gabon et la plupart des pays francophones, les législations du travail contiennent des dispositions spécifiques aux travailleurs étrangers. Au cœur de ces dispositions, il y a l'autorisation d'emploi dont l'origine remonte au CTTOM.

Article 139 *: Le recrutement d'un travailleur étranger doit être précédé de la délivrance d'une autorisation d'emploi dans un délai d'un (1) mois, par le Ministre en charge du Travail à compter du dépôt de la demande, après examen de la demande par les services compétents de la Direction Générale du Travail.*

Dans le délai d'examen d'un (1) mois, la décision de rejet de la demande de l'autorisation est notifiée à l'entreprise, laquelle dispose d'un recours auprès du Ministre en charge du Travail.

Le rejet de toute demande d'autorisation d'emploi peut faire l'objet d'un recours auprès du Ministre en charge du Travail qui dispose d'un délai de quinze (15) jours pour réexaminer la demande.

La demande d'autorisation d'emploi incombe à l'employeur.

Le Ministre en charge du Travail peut, par voie réglementaire et selon les circonstances, déléguer sa signature pour l'octroi des autorisations de travail notamment dans les zones d'investissement spéciales.

Décret n° 0162/PR/MTE du 7 mars 2016 relatif aux modalités d'emploi des travailleurs étrangers en République Gabonais,

Art. 19 : Les décisions d'autorisation d'emploi, de renouvellement d'autorisation d'emploi ainsi que celles de refus doivent être motivées et notifiées à l'employeur.
La décision de refus est susceptible de recours gracieux dans les quinze jours de sa notification.
Le silence du ministre dans les deux mois de sa saisine vaut refus.
L'employeur est alors tenu de rapatrier le travailleur étranger dans les conditions prévues à l'article 20 ci-dessous.

Observations

I. L'exigence d'une demande d'emploi

La demande d'autorisation d'emploi est une résurgence de la législation coloniale où c'était à l'employeur de le faire pour des raisons que l'on peut comprendre aisément. Pour l'administration et les services de l'immigration, l'actuelle procédure qui met la charge des procédures sur l'employeur a l'avantage de le rendre également responsable du rapatriement du salarié.
Voir, CA Judiciaire de Libreville, 5 juin 2007, n° 02/06,07 : « *Attendu qu'il résulte de la procédure de conciliation préalable de l'Inspecteur du travail, que l'UPK n'a pas respecté les dispositions de l'article 104 du Code du travail, sur la procédure de recrutement d'un travailleur étranger ;*
Qu'aux termes dudit article, le recrutement d'un travailleur étranger doit être précédé d'une autorisation d'emploi délivrée par le Ministère chargé du travail, et faire l'objet d'un contrat de travail visé par les services du Ministère du travail, la demande d'autorisation incombe à l'employeur ».

C.A. Judiciaire de Libreville, 1ère Ch. Soc., 18 avril 2006 : « *L'allocation des dommages-intérêts sur le fondement de la violation par l'employeur des dispositions de l'article 104 du Code du Travail ne peut être invoquée par le requérant dès lors qu'il a toléré cette illégalité* ».

En droit comparé, c'est plutôt au salarié qu'il revient de demander un permis de travail en présentant une promesse d'embauche. L'Allemagne, l'Angleterre et la France en constituent d'excellentes illustrations.

II. La situation en droit comparé

La validité du contrat de travail du migrant peut se retrouver soumise au visa d'une autorité administrative. Cette exigence, autrefois dans le code gabonais du travail à l'article 106, a disparu du présent code.

Au Burkina Faso, le Code du travail (art. 56) confère cette compétence à l'inspecteur du travail. Le non-accomplissement de cette formalité rend le contrat nul (art. 57, al. 3 et 4). Le Code du travail malien du 23 septembre 1992 (art. L. 26 al. 2) dispose : « *Les contrats de travail des travailleurs étrangers seront, dans tous les cas, constatés par écrit et soumis au visa de la direction nationale du travail* ». Au Tchad (Code du travail, art. 67), c'est l'Office national de l'emploi qui a ce pouvoir.

L'autorité ministérielle a également compétence pour viser les contrats des travailleurs étrangers. C'est le cas au Maroc (Code du travail art. 516), ou encore au Cameroun (Code du travail art. 27-2). Ce pays va encore plus loin en exigeant même de ses nationaux qu'ils produisent un contrat de travail visé par les autorités du pays où ils désirent se rendre. C'est ainsi qu'en mai 1977, dans un accord de coopération signé avec le Gabon, il était stipulé que les travailleurs émigrés recrutés au Cameroun par la partie gabonaise devaient au préalable faire viser leur contrat de travail par le ministre camerounais du travail. Des dispositions similaires existent au Togo (article 45 Code du travail) : « *Sauf dispositions contraires dans le pays d'accueil, le recrutement ou l'affectation d'un travailleur togolais pour l'étranger doit faire l'objet d'un contrat de travail conclu par écrit, préalablement visé par les autorités compétentes du pays d'accueil et approuvé par le directeur général du travail. Tout refus d'une autorisation d'embauchage pour l'étranger doit être motivé* ».

Plutôt que l'obtention d'un visa qui s'opère après la signature du contrat, certains Etats exigent en amont une autorisation administrative. Il faut alors d'abord s'adresser à l'administration compétente pour savoir si on peut engager un travailleur étranger. L'administration a, dans cette hypothèse, toute latitude pour opposer à l'employeur la situation de l'emploi pour justifier son refus. Le régime de ces autorisations n'est pas davantage uniforme. A Djibouti l'article 27 du Code du travail précise que : « *Cette autorisation est temporaire. Elle est délivrée pour une durée d'un an ; elle peut être renouvelée plusieurs fois (...)* ». Le Maroc (art. 516 Code du travail), le Rwanda (art. 10 Code du travail) et le Mozambique (art. 31, al. 4) se contentent de prévoir l'obligation d'obtenir cette autorisation de la part de l'autorité gouvernementale.

Ces deux exigences se cumulent au Togo (art. 46 du Code du travail) et à Madagascar (art. 43 de la loi du 10 juin 2004) : « *Les étrangers ne peuvent occuper aucun emploi à Madagascar sans l'autorisation du Ministre chargé de l'Emploi, après visa de leur contrat de travail par l'Inspecteur du Travail du lieu d'emploi. Un Décret pris après avis du Conseil National du Travail détermine les modalités d'octroi d'autorisation d'emploi des travailleurs étrangers* ».

A ces autorisations administratives, il faut ajouter pour le travailleur l'exigence d'un certificat ou d'une carte de travail. Le Code du travail comorien de 1984 (art. 140) prévoit une carte spéciale de travailleur étranger, indispensable pour être embauché. Dans ce domaine les pays anglophones présentent une certaine homogénéité. A l'instar du Nigeria qui prévoit en effet un certificat de travail dans son *Labour Act* de 1980 (art. 23), l'Ouganda, le Kenya, le Ghana et l'Afrique du Sud auront la même exigence contenue dans des législations générales sur l'immigration.
Dans certains pays, il y a également une taxe sur l'emploi de la main-d'œuvre étrangère.

En France, la taxe sur l'emploi de main-d'œuvre étrangère (EMOE) est due par les employeurs au titre de la première admission au séjour en France, pour l'exercice d'une activité professionnelle salariée, d'un travailleur étranger ou d'un salarié détaché, hors citoyens UE, EEE, Suisse, Monaco, Andorre et Saint-Martin (Code de l'entrée et du séjour des étrangers et du droit d'asile, art. L. 436-10 et s.)

Au Nigeria, il y a eu l'adoption d'une taxe sur l'emploi des expatriés (*Expatriate Employment Levy*) dont l'entrée en vigueur a été ajournée en mars 2024, du fait de l'opposition de nombreuses organisations patronales qui ont dénoncé des conséquences socio-économiques désastreuses ainsi qu'un danger pour le taux de chômage du pays.

Il était prévu que les employeurs de salariés expatriés concernés par le dispositif EEL s'acquittassent d'une somme s'élevant à 9 186 475 CFA par an pour les salariés correspondants aux catégories de managers, et 6 123 870 CFA par an pour les autres catégories de salariés expatriés. En cas de non-déclaration par l'employeur d'un salarié, de falsification d'information fournie dans une déclaration ou d'absence de renouvellement de déclaration sous un délai de 30 jours, les employeurs concernés encouraient une amende d'environ 1 348 000 CFA. Malgré la suspension du dispositif, les employeurs nigérians doivent déjà s'acquitter d'un permis de résidence pour chaque salarié étranger qui s'élève à environ 1 178 000 CFA par an (*Source : Ministère de l'Intérieur nigérian / BBC – mars/avril 2024*).

Article 140 *: L'autorisation d'emploi n'est valable que pour un travailleur, un poste et une entreprise déterminés. Sa durée ne peut excéder deux ans. Elle est renouvelable.*
Les conditions de renouvellement d'autorisation d'emploi sont précisées par arrêté du Ministre en charge du Travail.
Le Ministre en charge du Travail peut mettre fin, avant terme, à la validité d'une autorisation d'emploi après avis des services compétents.
Est interdit, tout emploi d'un travailleur étranger entré sur le territoire gabonais avec une autorisation d'entrée liée aux besoins d'une autre entreprise.
En cas de cessation de la relation de travail, l'employeur a l'obligation d'informer l'inspecteur du travail du ressort ainsi que les services de l'immigration dans les huit (8) jours qui suivent la résiliation du contrat du travail.
L'employeur est tenu de soumettre une demande de cessation de la validité de l'autorisation de travail auprès du Ministre en charge du Travail et d'informer les services de l'immigration, pour le retrait des titres de séjours du travailleur et de sa famille au moment du départ du territoire.

Observations

La loi n'est toujours pas très explicite sur les raisons qui peuvent conduire le ministre en charge du travail de mettre fin avant son terme à une autorisation d'emploi. La décision du ministre est prise sur proposition du comité technique. Dans un passé récent, l'on a assisté à des retraits de ces autorisations d'emploi du fait du séjour irrégulier du salarié étranger au Gabon. voir en ce sens, Lettre n° 0977/MTEPS/SG/DGTMOE du 9 septembre 2010 : « *L'examen du cas de Monsieur C., employé de la société X., dépourvu d'une autorisation d'emploi et auteur d'une rixe pendant la grève, qui aurait pu créer une vive tension sur les lieux de travail, a amené le Comité technique à proposer, au vu de sa situation irrégulière, son expulsion du territoire national, qui se fonde sur les dispositions combinées des articles 104, 107 du Code du Travail et des articles 42,53 de la loi n° 5/86, fixant le régime d'admission et de séjour des étrangers en République gabonaise (...) Le Ministre chargé du Travail a notifié à l'intéressé et à son employeur le caractère irrégulier de son emploi* ».

Le retrait de l'autorisation a également été prononcé pour la commission d'une infraction que l'on ne retrouvait pas dans le Code de pénal à savoir le racisme : « *La Direction Générale de X. entendue et sur recommandation du Comité technique, le Ministre chargé du Travail a procédé au retrait de l'autorisation d'emploi de Madame S., Directeur Administratif et Financier, pour des actes de racisme et de discrimination à l'endroit des autres employés de la société. Cela a entraîné son rapatriement conformément aux dispositions de l'article 104, alinéa 3, du Code du Travail* » (Cf. Procès-verbal de conciliation sanctionnant les négociations Gouvernement/ONEP, 1er octobre 2010)

Article 141 : *La demande d'autorisation d'emploi incombe à l'employeur. Il doit produire, outre les pièces habituellement enregistrées pour la constitution du dossier, un engagement inconditionnel de rapatriement du travailleur étranger et, éventuellement, des membres de sa famille.*
Le dossier de demande d'autorisation doit contenir, à l'exception de la caution de rapatriement, les informations relatives au conjoint, la copie du livret de famille, la carte de séjour du travailleur, les documents attestant de la preuve des intérêts économiques, le certificat d'hébergement ; en cas de demande de renouvellement, l'entreprise doit joindre au dossier l'exécution du plan de formation déposée lors de l'octroi dès la première autorisation.
Les modalités pratiques de ces dispositions sont complétées par voie réglementaire.

Article 142 : *Des modalités particulières d'exemption peuvent être accordées aux travailleurs de nationalité étrangère, notamment :*
- *au travailleur étranger dont le conjoint est de nationalité gabonaise ;*
- *au travailleur disponible sur le marché de l'emploi local, en situation régulière et cumulant au moins quinze (15) ans de résidence sur le territoire national ;*
- *aux personnes en attente de naturalisation attestant de cette situation.*

Ces travailleurs sont soumis aux formalités ci-dessus avec l'obligation de joindre au dossier les informations concernant leurs situations particulières.

Article 143 : *Est passible d'une amende d'un million (1 000 000) à deux millions (2 000 000) de francs CFA et puni d'un emprisonnement de deux (2) à six (6) mois ou de l'une de ces deux peines seulement, toute personne qui emploie un étranger non muni d'une autorisation individuelle d'emploi ou dans un poste de travail ou une entreprise autre que celle pour laquelle l'autorisation a été accordée ou qui ne respecte pas l'obligation d'informer l'inspecteur du travail du ressort après cessation des relations contractuelles.*

En cas de récidive, l'amende est de deux millions (2 000 000) à quatre millions (4 000 000) de francs CFA et la peine de quatre (4) à douze mois (12) d'emprisonnement.

Section 2 : Du régime particulier attaché aux grands chantiers

Article 144 : *Tout investisseur ou opérateur économique étranger disposant d'un grand chantier d'infrastructures avec l'État gabonais peut bénéficier d'une procédure simplifiée en matière de formalités liées à l'emploi de la main-d'œuvre étrangère.*
La qualification d'un grand chantier d'infrastructures est faite par voie réglementaire en fonction du montant de l'investissement.
Le dossier de demande d'autorisation d'emploi de ces travailleurs doit contenir outre les éléments listés à l'article 140 :
- *le projet du contrat de travail du bénéficiaire de l'autorisation d'emploi sollicitée ;*
- *le contrat signé avec l'Etat ou le contrat signé avec un sous-traitant disposant d'un grand marché avec l'Etat ;*
- *le montant de l'investissement.*

L'autorisation est délivrée sous huitaine et sans respect des quotas prévus.
Le régime est limité à la durée du chantier. Le Ministre en charge du Travail définit par arrêté, les modalités pratiques de ces dispositions, notamment le montant des frais et la liste des emplois non concernés par cette dérogation.
Ces frais sont destinés exclusivement à financer les programmes de formations qualifiantes des travailleurs nationaux.

Observations

Les syndicats dans leur mémorandum du 18 juin 2021 ont dénoncé un risque d'embauche massive de main-d'œuvre étrangère. Qu'en sera-t-il réellement ? Il faut déjà attendre la qualification de grand chantier par voie réglementaire. A l'inverse pour le ministère du Travail, cette disposition, « *simplifie les procédures de recrutement de la main-d'œuvre sur les chantiers liés aux gros investissements, et garantis l'attractivité de notre pays et favorise les investissements porteurs d'emplois pour les nationaux* » (Ministère de l'Emploi, de la Fonction Publique, du Travail et de la Formation professionnelle, « Les enjeux du projet du Code du travail. Le résultat d'une vaste et transparente concertation »).

CHAPITRE V : DU RÈGLEMENT INTÉRIEUR

Observations

Le règlement intérieur est avec l'engagement unilatéral l'une des expressions du pouvoir normatif de l'employeur. Il fixe aux salariés des obligations relatives à la sécurité et à la discipline.

En droit comparé français, le règlement intérieur a la nature juridique d'un acte réglementaire de droit privé. Cette qualification a été posée par l'arrêt *« société UNIGRAINS » rendu par la Chambre sociale de la Cour de cassation le 25 septembre 1991 :« la nature juridique du règlement intérieur est un acte réglementaire de droit privé, car il s'impose à tous les membres du personnel comme au chef d'entreprise »* (Voir également : M. Cohen, « Le règlement intérieur et le pouvoir disciplinaire du chef d'entreprise », *Dr. soc.* 1980, p. 165 ; G. Lyon-Caen, « Une anomalie juridique : le règlement intérieur », *D.* 1969, chron. p. 247 ; J. Pélissier, « Le règlement intérieur et les notes de service », *Dr. soc.* 1982, p. 75 ; J. Rivero, « Note sur le règlement intérieur », *Dr. soc.* 1979, p. 1 ; B. Soinne, « Le contenu du pouvoir normatif de l'employeur », *Dr. soc.* 1983, p. 509)
Toujours en droit français, l'engagement unilatéral est une norme patronale reconnue par la jurisprudence comme l'atteste l'arrêt « Maguin » de la chambre sociale de la Cour de cassation (4 avril 1990, 86-42.626) : « *L'employeur n'est en droit de revenir à tout moment sur un engagement unilatéral que si celui-ci a été pris pour une durée indéterminée. Le conseil de prud'hommes qui constate que dans le cadre d'un plan social en vue de la réduction des effectifs, l'employeur s'est engagé à prendre en charge certaines cotisations sociales au profit des salariés licenciés ayant choisi d'opter pour une convention du Fonds national de l'emploi (FNE), justifie sa décision imposant à l'employeur de maintenir aux intéressés le bénéfice de cette mesure jusqu'à la cessation des effets de ladite convention* ».

Depuis plusieurs années maintenant, et notamment dans les grands groupes, les chartes éthiques et les codes de conduite ont fait leur apparition (P.-H. Antonmattéi et P. Vivien, *Chartes d'éthique, alerte professionnelle et droit du travail français : état des lieux et perspectives, Rapport au ministre délégué à l'emploi, au travail et à l'insertion professionnelle des jeunes*, Doc. fr., 2007 ; D. Berra, « La portée juridique des chartes éthiques en droit du travail », in *Éthique économique et droits de l'homme - La responsabilité commune, Actes du X° colloque interdisciplinaire sur les droits de l'homme*,: éditions universitaires Fribourg, 1997, p. 287" ; « Les chartes d'entreprise et le droit du travail » in *Mélanges dédiés au Professeur Despax*, Presses de l'université des sciences sociales de Toulouse, 2002, p. 123 ; N. Caussé, *La valeur juridique des chartes d'entreprise au regard du droit du travail français. Contribution à l'étude de l'aspect social et éthique de l'activité des entreprises*, PUAM, 2000 ; B. Teyssié, « Les chartes éthiques », *JCP*, S, 2021, 1018). Ces instruments, qui sont une des illustrations du développement de la « soft Law », s'intègrent dans le cadre de la responsabilité sociale des entreprises. Voir ce sens, Charte d'éthique et de déontologie de la FEG ; Code de conduite et éthique des affaires, ASSALA Energy, octobre 2022

Article 145 *: Le règlement intérieur est établi par le chef d'entreprise, sous réserve de la communication dont il est fait mention au troisième alinéa du présent article. Son contenu est limité exclusivement aux règles relatives à l'organisation technique du travail, à la discipline, aux prescriptions concernant la sécurité et la santé au travail et aux modalités de paiement des salaires.*
Toutes les autres clauses qui pourraient y figurer, notamment celles relatives à la rémunération, sont nulles de plein droit.
Avant l'entrée en vigueur du règlement intérieur, le chef d'entreprise doit le communiquer, pour avis aux délégués du personnel, éventuellement, au comité permanent de concertation économique et sociale, et pour visa à l'inspection du travail du ressort, qui peut exiger le retrait ou la modification des dispositions contraires aux lois et règlements en vigueur.
Les modalités de communication, de dépôt et d'affichage du règlement intérieur ainsi que le nombre de travailleurs de l'entreprise au-dessus duquel l'existence de ce règlement est obligatoire, sont fixés par arrêté du Ministre en charge du Travail.

Ordonnance n° 020/20O7/PR du 21 août 2007 portant réglementation de l'activité de mise à disposition du personnel en République Gabonaise
Article 30 : Les dispositions du Code du Travail relatives au règlement intérieur sont applicables aux entreprises de mise à disposition du personnel.
Article 31 : Le travailleur sous contrat de mission est soumis au règlement intérieur de l'entreprise utilisatrice pendant l'exécution de sa mission, à l'exception toutefois des cas particuliers expressément prévus par le règlement intérieur de son employeur.

Observations

Le règlement intérieur, source de droit qui est la manifestation de l'autorité patronale, régit son pouvoir disciplinaire. Il ne doit pas être considéré comme

un texte conventionnel, mais plutôt un document où sont décrites les conditions d'exécution du travail par les travailleurs de l'établissement, et les règles d'ordre disciplinaire (fautes et sanctions). Toutefois, s'agissant de sa formation et de son contenu, l'employeur est tenu de respecter des règles de fond et de forme.
Il est obligatoire dans toutes les entreprises de plus de dix salariés, et est établi dans les trois mois qui suivent l'ouverture de l'entreprise.
Notons que le règlement intérieur n'est pas toujours un acte unilatéral de l'employeur. Dans certains pays européens, il est négocié (O. Kaufmann, F. Kessler et P.-A. Köhler, « Le droit social en Allemagne », *Lamy Europe*, 1991, n° 457 ; « Guide pratique du droit social hollandais », *SSL,* n° 595, p. D 28 ; « Guide pratique du droit social belge », *SSL*, n° 564, p. D 41), et cette solution avait même été discutée en France (avant d'être abandonnée) lors de la réforme du 4 août 1982.

I. Le contenu du règlement intérieur

A. Les clauses

1. Les clauses obligatoires

Le règlement intérieur contient obligatoirement les règles relatives à :

- L'organisation technique du travail. Cette disposition qui remonte au C.T.T.O.M., et que l'on retrouve également dans l'ensemble des législations d'Afrique francophone n'a jamais été explicitée.
- La discipline, ce qui permet de sanctionner la non-observation des ordres donnés par l'employeur dans le cadre de l'exécution du contrat de travail. Vont relever de ce domaine, les règles relatives aux horaires de travail, aux obligations de « pointer », de prévenir en cas d'absence, de solliciter une autorisation avant de s'absenter de l'entreprise. Il peut aussi comporter des interdictions d'emporter ou d'utiliser pour son propre compte du matériel de l'entreprise sans autorisation, communiquer des documents appartenant à l'entreprise, de commencer son travail avant l'heure, et le terminer avant l'heure sans l'accord express du responsable hiérarchique).

C'est également le règlement intérieur qui détermine la gamme des sanctions applicables et leur classification. Celles-ci sont en ordre croissant (sans que cette liste soit exhaustive) : l'avertissement ou le blâme, la mise à pied, la mutation, la rétrogradation, le licenciement (Le licenciement pour faute est une sanction disciplinaire.

Voir en ce sens, Tribunal du Travail de Libreville, 24 novembre 2022, Répertoire n° 002/2022-2023 (observations sous article 63.). Toutefois, les sanctions figurant au règlement intérieur peuvent être prises en raison d'obligations non fixées par celui-ci. Mais celles qui n'y figurent pas sont inopposables au salarié.

La difficulté à laquelle on se trouve confronté en la matière est qu'il n'y a pas de définition de la discipline. Dès lors, quid des règles comportementales prévues par les chartes, de même que des règles d'éthique ou de déontologie ?

Enfin, le règlement intérieur doit rappeler les dispositions relatives aux droits de la défense des salariés.

- Aux prescriptions concernant l'hygiène, la sécurité et la santé au travail. L'employeur doit se conformer aux articles 196 et s. C.T. A ce titre le règlement intérieur fixe les mesures d'application de la réglementation en matière de santé et de sécurité au sein de l'entreprise. Toutefois, il y a lieu de se demander si l'employeur peut interpréter de manière extensive la loi. Au nom de la préservation de la santé, l'employeur peut-il interdire la consommation de boissons alcoolisées dans l'entreprise par exemple ? En droit comparé français, ces mesures doivent être proportionnelles au but recherché. Une interdiction générale ne peut être fondée que sur une situation particulière de danger ou de risque (C.E., 12/12/2012, n° 349365, RJS 2/13, n° 118).
- Son entrée en vigueur passe par sa communication préalable aux délégués du personnel ou représentants du comité permanent de concertation économique et sociale.

2. Le domaine de la liberté contractuelle

Alors que le règlement intérieur a une nature institutionnelle, l'employeur peut user de sa liberté pour y insérer certaines dispositions. C'est ainsi qu'au nom de la préservation de la santé et de la sécurité au travail, des clauses relatives à l'usage du tabac ou à la consommation de l'alcool peuvent y être insérées.

En droit comparé français, il est permis de prévoir des dispositions relatives au harcèlement moral ou sexuel. Au nom de la préservation de la santé et de la sécurité du travailleur, il peut être admis que le règlement intérieur sanctionne ce type de comportement.

Voir Cass. Soc., 1er juillet 2008, Bull. civ. 2008, V, n° 145 : « *Attendu que le salarié fait grief à l'arrêt d'avoir décidé que le licenciement était fondé sur une faute grave, alors, selon le moyen :*
1°/ que la faute grave est caractérisée par un comportement rendant impossible le maintien de l'intéressé dans l'entreprise pendant la durée du préavis ; qu'en l'espèce, pour dire fondé sur une faute grave son licenciement, l'arrêt a retenu qu'il a enfreint une interdiction de fumer ; qu'en statuant ainsi, bien que le salarié était depuis 25 ans dans l'entreprise, qu'il avait fumé librement jusqu'au 1er janvier 2003 comme tous les fumeurs de l'entreprise, qu'il était dépendant du tabac, qu'il n'avait pas la possibilité de sortir de l'entreprise pendant son temps de pause pour aller "griller une cigarette" à l'extérieur et que l'employeur avait refusé la mise en place d'un espace spécialement réservé aux fumeurs et n'avait pris aucune initiative pour aider ses salariés fumeurs telles que l'évaluation de la dépendance et la motivation, l'aide aux fumeurs pour arrêter, vraies stratégies d'aide au sevrage, mise à disposition d'un tabacologue au sein de l'entreprise, délivrance de substituts nicotiniques, la cour d'appel n'a pas caractérisé la faute grave du salarié, en violation de l'article L. 122-6 du Code du travail ;
2°/ que nul ne peut apporter aux droits des personnes et aux libertés individuelles de restrictions qui ne seraient pas justifiées par la nature de la tâche à accomplir ni proportionnées au but recherché ; qu'en l'espèce, l'employeur avait refusé la mise en place d'un espace spécialement réservé aux fumeurs et n'avait pris aucune initiative pour aider ses salariés fumeurs ; d'où il suit qu'en déclarant que le salarié avait commis une faute grave, bien que l'interdiction absolue de fumer sans aucune aide apportée aux salariés en état de dépendance fût abusive, la cour d'appel a violé les dispositions de l'article L. 120-2 du Code du travail ;
Mais attendu que la cour d'appel a constaté que le salarié, employé d'une cartonnerie, avait fumé une cigarette dans un local au sein de l'entreprise affecté aux pauses en violation d'une interdiction générale de fumer justifiée par la sécurité des personnes et des biens, imposée en raison du risque d'incendie par l'arrêté préfectoral d'autorisation d'installation classée et figurant au règlement intérieur, portée à sa connaissance tant par l'affichage de ce règlement que par les nombreux panneaux disposés dans l'entreprise, ainsi que par une note interne de rappel mentionnant les sanctions encourues ; que par ces seuls motifs, elle a pu en déduire, sans encourir les griefs du moyen, que le comportement de l'intéressé rendait impossible son maintien dans l'entreprise et constituait une faute grave (...) ».

Il peut également être prévu des dispositions relatives aux droits de la défense des travailleurs, et notamment dans le cas de sanctions disciplinaires.
Enfin, le règlement intérieur peut également contenir des règles propres à la déontologie d'une profession.

B. Les exclusions

- Les mesures attentatoires aux libertés individuelles.
- Les clauses relatives au salaire. Par contre, le règlement intérieur peut prévoir à quel moment et selon quelles modalités les travailleurs vont retirer leur salaire.
- Ce que l'on appelle en droit comparé français, « les dispositions étrangères au domaine du règlement intérieur » (Voir, V. Cohen-Donsimoni, « Fasc. 1-40 : Règlement intérieur et chartes éthiques », *JurisClasseur Travail Traité*, 2023). Ce sont notamment les dispositions relatives à la conclusion du contrat de travail (période d'essai, embauche), à l'exécution du contrat (lieu d'accomplissement du travail, clause de mobilité) ou à la rupture des relations de travail (préavis, obligation de non-concurrence, ordre des licenciements).
- Imposer une tenue de travail alors que l'intérêt de l'entreprise ne le justifie pas. En droit comparé français, le port obligatoire de certains vêtements dans les grands magasins est devenu illégal.

Voir en ce sens, Cass. Soc., 18 février 1998, *Bull. civ.*, 1998, V, n°, 90, p. 65 : « *Attendu, cependant, qu'en vertu de l'article L. 122-35 du Code du travail, le règlement intérieur ne peut apporter aux droits des personnes et aux libertés individuelles et collectives des restrictions qui ne seraient pas justifiées par la nature de la tâche à accomplir ni proportionnées au but recherché ; D'où il suit qu'en statuant comme elle l'a fait, alors que le refus du salarié de porter une blouse blanche pendant le travail ne pouvait être constitutif d'une faute qu'autant que l'obligation du port de ce vêtement fût justifiée par la nature de la tâche à accomplir et proportionnée au but recherché, la cour d'appel, qui s'est abstenue de rechercher si la restriction apportée par l'employeur à la liberté individuelle du salarié de se vêtir était légitime, n'a pas donné de base légale à sa décision (...)* ». ;

- Prévoir des fouilles systématiques des salariés à l'entrée et à la sortie du lieu de travail.
- Prévoir des fouilles de leur espace de travail (armoires, vérification du contenu de leur messagerie). En droit comparé français, l'employeur a le droit de contrôler l'activité des salariés, mais il ne peut mettre en œuvre un dispositif de contrôle qui n'a pas été porté préalablement à la connaissance des salariés.
- Prévoir des mesures qui s'appliquent en fonction de l'orientation sexuelle, de la religion, de l'âge, de la situation familiale ou des origines du travailleur.
- Prévoir des dispositions qui sont contraires aux sources du droit qui sont supérieures au règlement intérieur.
- Prévoir des sanctions pécuniaires. Par contre, comme l'a montré le juge administratif français : « *Si l'article L. 122-42 du même Code (du travail)*

énonce que « les amendes ou autres sanctions pécuniaires sont interdites », cette disposition n'interdit pas à l'employeur de prévoir dans le règlement intérieur une sanction de rétrogradation entraînant une diminution de la rémunération du salarié dès lors qu'une telle sanction consiste à affecter le salarié à une fonction ou à un poste différent et de niveau inférieur à celui qu'occupait l'intéressé » (Cons. d'État, 1re et 4e s.-sect., 10 juillet 1987, req. n° 71338, *La Semaine Juridique - Entreprise et affaires* n° 31 du 13 août 1987)

La sanction prévue par le Code du travail est la nullité de plein droit des clauses interdites.

II. L'élaboration du règlement intérieur

A. Entreprises assujetties

Le législateur gabonais s'est aligné sur le CTTOM. Contrairement à ce qu'on observait en droit métropolitain, il était prévu qu'il appartenait aux autorités locales de fixer le nombre de travailleurs au-dessus duquel le règlement intérieur était obligatoire. Dans les codes gabonais depuis 1962, le législateur ne s'est jamais prononcé sur ce point. C'est le pouvoir réglementaire qui a fixé à onze le nombre de salariés qui rend obligatoire l'établissement d'un règlement intérieur. Voir l'arrêté n° 001/MTE du 14 janvier 1982 fixant les modalités de communication, de dépôt et d'affichage des règlements intérieurs.

L'on observe la même situation dans la plupart des pays d'Afrique francophone.

Voir notamment, Cameroun, C.T., art. 29 al. 4 ; Congo, art. 75 al. 4 C.T. ; Côte d'Ivoire, C.T., art. 16.1. Le code du Burkina Faso n'évoque même pas cette question (Voir chapitre 11, art. 134).

Il faut noter quelques exceptions :

- Djibouti, C.T., art. 271 **:** « *Un règlement intérieur est obligatoire dans tout établissement public ou privé employant au moins 20 salariés et dans les entreprises agricoles au moins cinquante travailleurs* ».
- Guinée, C.T. art. 118 : « *L'élaboration d'un règlement intérieur est obligatoire dans toutes les entreprises et tous les établissements employant habituellement au moins vingt-cinq salariés* ».
- Algérie, Loi sur les relations de travail, art. 75 : « *Dans les organismes employeurs occupant vingt travailleurs et plus, l'employeur est tenu*

d'élaborer un règlement intérieur et de le soumettre pour avis aux organes de participation ou, à défaut, aux représentants des travailleurs avant sa mise en œuvre » (Voir encore, article 104 du Código Sustantivo del Trabajo colombien ; art. 444 de la CLT brésilienne ; art. 62 L.T. mozambicaine.).

B. Procédure

L'employeur élabore seul le règlement intérieur. Il doit être établi en trois exemplaires au moins. Comme le prévoyait déjà le CTTOM, les représentants du personnel (Comité permanent de concertation économique et sociale ou délégués du personnel) doivent recevoir communication du règlement intérieur préalablement à sa mise en œuvre. Les représentants du personnel peuvent formuler leurs observations sans que le Code du travail soit précis sur ce point. Le règlement est ensuite transmis à l'inspecteur du travail en trois exemplaires au moins (le premier pour visa, les deux autres pour dépôt). Il est accompagné de l'avis des représentants du personnel. L'inspecteur peut dans le délai d'un mois exiger le retrait ou la modification des dispositions du règlement intérieur qui seraient contraires aux lois, règlements et conventions collectives en vigueur. Il est à noter que l'inspecteur du travail ne peut modifier le règlement que pour illégalité. L'inspecteur du travail adresse enfin au Tribunal de travail compétent une copie du règlement définitif.

Les modifications du règlement intérieur doivent suivre la même procédure.

Néanmoins, qu'en sera-t-il du défaut de visa de l'inspection du travail ? En toute logique, la sanction devra être obligatoirement la nullité de cet acte conformément à l'adage « *Quod nullum est, nullum effecum producit* ».

C. Publicité

L'article 9 de l'arrêté du 14 janvier 1982 énonce que la date de la mise en vigueur du règlement intérieur doit être postérieure à trois jours à l'accomplissement des mesures d'affichage.

La publicité est assurée par l'affichage du règlement intérieur. Cet affichage doit se faire à une place convenable, aisément accessible, dans les lieux où le travail s'effectue, ainsi que dans les locaux où se fait l'embauche. Le CTTOM précisait que l'employeur n'était pas obligé d'afficher le règlement intérieur dans les chantiers, campements et installations temporaires.

De plus, il doit être maintenu en état de lisibilité permanente. Sous le régime du CTTOM, l'employeur pouvait être tenu de traduire le règlement intérieur dans les langues locales.

Article 146 : *Constitue une sanction disciplinaire, toute mesure prise dans le cadre disciplinaire par l'employeur à la suite d'un agissement jugé fautif du travailleur.*
Il est interdit à l'employeur :
- *d'infliger une sanction pécuniaire ;*
- *d'infliger toute sanction impactant le salaire, en dehors des cas de mise à pied disciplinaire prévus par la présente loi ;*
- *d'infliger une sanction de rétrogradation ;*
- *de sanctionner doublement un travailleur pour une même faute.*

Observations

I. La sanction disciplinaire

L'ancien article 111 a été amélioré avec notamment la définition donnée de la sanction disciplinaire. Le législateur semble s'être inspiré ici de ce que le juge avait décidé auparavant.

Voir en ce sens C.A. Libreville, 2ème Chambre sociale, 22 juin 2010, rôle n° 013/09-10, Répertoire n° 151/09-10 : « *Attendu que la sanction disciplinaire s'entend comme toute mesure, autre que les observations verbales, prise à la suite d'un agissement du salarié considéré par l'employeur comme fautif; que cette mesure soit de nature à affecter immédiatement ou non la présence du salarié dans l'entreprise, sa fonction, sa carrière ou sa rémunération* ».

Dans le cas d'espèce, à la suite de faits considérés comme fautifs par lui, l'employeur avait décidé de muter une salariée dans un autre service. Le même employeur contestait cette qualification de sanction. Affectée à un poste subalterne de simple employée, il y a donc eu rétrogradation même si la salariée a conservé l'intégralité de ses émoluments.

En droit comparé français, l'article L. 1331-1 du Code du travail dispose : « *constitue une sanction toute mesure autre que les observations verbales prise par l'employeur à la suite d'un agissement du salarié considéré par l'employeur comme fautif, que cette mesure soit de nature à affecter immédiatement ou non la présence du salarié dans l'entreprise, sa fonction, sa carrière ou sa rémunération* ».

La réalité de la faute ne justifie pas obligatoirement la sanction (Voir en ce sens, C.A. Libreville 28 avril 2009, Rôle n° 32/07-08. La réalité des motifs invoqués par l'employeur ne suffit pas à exclure le caractère abusif du congédiement).

II. L'application d'une sanction licite

De l'article 146 du présent code, on peut déduire un certain nombre d'exclusions. Parmi celles-ci, il y a les observations verbales.

- En revanche, un simple avertissement écrit, qui est un simple rappel à l'ordre, constitue une sanction disciplinaire (Voir en ce sens en droit comparé français, Soc, 30 janvier 2013, 11-2389).
- Une demande d'explication écrite constitue une sanction disciplinaire. La sanction peut également être une mise à pied disciplinaire, c'est-à-dire une suspension temporaire de travail non rémunérée. Il peut encore s'agir d'une mutation, qui consiste en l'affectation à un poste équivalent. Il y a également la rétrogradation qui consiste quant à elle en l'affectation sur un poste requérant une qualification inférieure avec, par conséquent, une diminution de la rémunération.
- La sanction disciplinaire ultime est le licenciement pour motif disciplinaire. Le règlement intérieur, lorsqu'il y en a un, prévoit l'échelle et la nature des sanctions. En droit comparé français, il ne peut être prononcé à l'encontre du salarié une sanction qui n'est pas prévue par le règlement intérieur lorsqu'il s'agit d'un blâme, d'un avertissement, d'une mise à pied disciplinaire, d'une mutation disciplinaire, d'une rétrogradation. Toutefois, cette restriction ne s'applique pas au licenciement disciplinaire qui est possible même lorsqu'il n'est pas.

III. L'existence d'une faute du salarié

La faute disciplinaire n'est pas définie par le Code du travail (contrairement à la sanction disciplinaire). En droit comparé, djiboutien, « *il n'existe pas davantage une énumération exhaustive des faits punissables dans le Code du travail* » (I. Said Wais, *op. cit.*, p. 102). En droit français, cette faute consiste en une violation des obligations professionnelles du salarié (Voir, Soc, 4 juillet 2000, n° 97-44.846 et 98-44.959). Cette définition prétorienne qui peut paraître particulièrement large fait néanmoins l'objet d'un encadrement certain. Il doit s'agir en effet d'un comportement relevant de la sphère professionnelle. A contrario, n'est pas une faute ce qui relève de la vie personnelle.

En droit comparé français, pour certains faits particulièrement graves, la jurisprudence admettait qu'ils puissent être qualifiés de fautes disciplinaires, justifiant ainsi une sanction qui pouvait aller jusqu'au licenciement. Exemple : Conduite en état d'ivresse hors du temps et du lieu de travail d'un chauffeur de poids lourds ; un salarié d'une crèche ayant commis des coups et blessures ; un salarié utilisant les services de la Banque où il travaillait pour commettre une escroquerie ; etc.

Elle est depuis revenue sur ces solutions contestables. Désormais les faits relevant de la vie privée même s'ils sont graves ne peuvent plus être sanctionnés sur le terrain disciplinaire. Cela ne veut pas dire que l'employeur est démuni et ne peut rien faire. Il ne pourra pas procéder à un licenciement disciplinaire, mais plutôt à un licenciement personnel non disciplinaire fondé sur le trouble objectif causé à l'entreprise (Ch. mixte, 18 mai 2007, 05-40.803).

Toutefois, il est parfois difficile d'établir une séparation nette entre ce qui relève de la vie privée ou non. Voir en ce sens, le licenciement pour faute d'un steward qui a soustrait le portefeuille d'une personne séjournant dans un hôtel :

« 2°/ en tout état de cause, qu'un motif tiré de la vie personnelle du salarié ne peut justifier un licenciement disciplinaire, sauf s'il se rattache à la vie professionnelle du salarié ou constitue un manquement de l'intéressé à une obligation découlant de son contrat de travail ; qu'en retenant que les faits reprochés avaient été commis dans un hôtel situé à Istanbul, partenaire commercial de la société Air France, qui y avait réservé à ses frais des chambres pour les membres de l'équipe navigante dans laquelle le salarié était affecté, lors d'une escale avant de reprendre leurs fonctions, que l'hôtel avait signalé les faits à Air France et identifié leur auteur comme étant un salarié de cette société, circonstances qui étaient inopérantes pour décider que les faits, commis en dehors du temps et du lieu de travail, se rattachaient à la vie professionnelle du salarié, la cour d'appel a privé sa décision de base légale au regard des articles 9 du Code civil, L. 1235-3, L. 1234-1, L. 1234-5, L. 1234-9, L. 1331-1 du Code du travail ;

3°/ et en tout état de cause, qu'un motif tiré de la vie personnelle du salarié ne peut justifier un licenciement disciplinaire, sauf s'il se rattache à la vie professionnelle du salarié ou constitue un manquement de l'intéressé à une obligation découlant de son contrat de travail ; qu'en ayant retenu que le contrat de travail imposait au salarié une obligation de loyauté à l'égard de l'employeur et que le règlement intérieur prévoyait dans la rubrique « attitude générale » une obligation de discipline, de conscience professionnelle, de bonne tenue et de discrétion, circonstances inopérantes pour caractériser en quoi le salarié, E... membre du personnel commercial naviguant, était tenu d'une obligation particulière de loyauté et avait manqué à celle-ci en prenant le portefeuille d'un client de l'hôtel oublié au comptoir de celui-ci, fait commis en dehors du temps et du lieu d'exécution du travail, la cour d'appel a privé sa décision de base légale au regard des articles 9 du Code civil L. 1235-3, L. 1234-1, L. 1234-5, L. 1234-9, L. 1331-1 du Code du travail ;

Mais attendu que la cour d'appel a relevé que les faits de vol visés dans la lettre de licenciement, dont le salarié ne contestait pas la matérialité, avaient été commis pendant le temps d'une escale dans un hôtel partenaire commercial de la société Air France, qui y avait réservé à ses frais les chambres, que c'est à la société Air France que l'hôtel avait signalé le vol et que la victime n'avait pas porté plainte en raison de l'intervention de la société, de sorte que les faits reprochés se rattachaient à la vie professionnelle du salarié ; que la cour d'appel a, sans méconnaître les termes du litige, légalement justifié sa décision ; que le moyen n'est pas fondé (...) » (Cass. Soc., 8 juillet 2020, n° 18-18317).

Toujours en droit comparé français, dans certaines situations, rares il faut le reconnaître, la loi indique que certains comportements sont nécessairement constitutifs d'une faute. C'est le cas du harcèlement moral. Il appartient alors à l'employeur d'apprécier une faute disciplinaire sous le contrôle a posteriori du juge.

IV. Limites au pouvoir disciplinaire

En matière de sanction disciplinaire, il y a l'application du principe « non bis in idem », mais surtout l'interdiction d'infliger des sanctions pécuniaires aux salariés remonte déjà au CTTOM. Elle semble être un principe général de droit du travail dans de nombreux pays.

La sanction pécuniaire peut s'entendre comme toute mesure, affectant directement ou indirectement la rémunération, prise par l'employeur en raison d'une faute du salarié. Comme le relevait un auteur commentant la même disposition en droit congolais, la prohibition des amendes « *risque de se heurter rapidement à l'imprécision de la formule utilisée qui pourrait permettre aux employeurs de réduire la rémunération du salarié à l'occasion de ses comportements fautifs* », in P. N'gaka, *Le droit du travail au Congo-Brazzaville*, L'Harmattan, 2006, p. 114. La prohibition des amendes ne s'oppose pas en effet à la diminution de rémunération licite.

La diminution de salaire est licite dès lors qu'il y a absence totale de travail. C'est ce qu'a rappelé à maintes reprises le juge français par exemple. (Voir notamment, Cass. Soc., 22 mai 2024, 22-19.849 ; Crim. 25 novembre 2008, 07-87.650, *Bull. Crim.*, n° 239 ; Cass. Soc., 11 juill. 1989, *Bull. civ.* V, n° 516 ; *D.* 1989. IR. 235).

Par contre s'il y a mauvaise exécution du travail ou refus d'exécuter une tâche, l'employeur ne peut pas réduire le salaire (Cass. Soc., 17 avr. 1991, *Bull. civ.* V, n° 198 ; Dr. soc. 1991. 469, note Mazeaud ; 2 déc. 1992, *Bull. civ.* V, n° 577).

La réduction des primes obéit à un régime différent. Toute suppression ou réduction de primes décidée par l'employeur en raison d'une exécution du contrat de travail qu'il juge fautive doit être analysée comme une sanction pécuniaire prohibée. Il reste néanmoins possible de faire varier le montant des primes en fonction des absences à la double condition que tous les salariés soient à la même enseigne et que le motif des absences ne soit pas pris en compte.

Le droit brésilien admet l'amende comme sanction disciplinaire pour des athlètes professionnels, conformément à la Loi 9 615/98, et dans la limite de 40 % du salaire.

En droit comparé angolais, dans la loi n° 12/23 du 11 décembre 2023, des changements introduisent des mesures disciplinaires innovantes, notamment la rétrogradation temporaire et la suspension du travail avec perte de salaire. Ces nouveaux outils permettent aux employeurs de gérer plus efficacement les performances et le comportement des employés, en veillant au maintien de la discipline sur le lieu de travail. La rétrogradation temporaire permet de réajuster la position de l'employé dans l'entreprise pendant une période définie, en incitant à l'amélioration des performances. D'autre part, la suspension du travail avec perte de salaire est une mesure plus stricte visant à punir les infractions graves, en veillant à ce que l'environnement de travail conserve son intégrité et sa productivité.

En droit comparé français, s'agissant des sanctions discriminatoires, l'article L. 1132-1 du Code du travail interdit de manière générale les discriminations, visant aussi les sanctions prises par l'employeur dans le cadre de son pouvoir de direction. Pour autant, cela n'est pas incompatible avec la possibilité reconnue à l'employeur d'individualiser les sanctions.

Voir en ce sens Soc, 6 juin 2012, n° 10-28.199 : « *Le fait de sanctionner différemment des salariés ne constitue pas en soi une discrimination au sens de la loi* ».

Article 147 : *Les auteurs d'infractions aux dispositions du présent chapitre sont passibles d'une amende de six cent mille (600 000) à un million deux cent mille (1 200 000) francs CFA.*

CHAPITRE VI : DE LA CONVENTION ET DES ACCORDS COLLECTIFS DU TRAVAIL

Observations

Les relations de travail se déclinent à la fois sous un angle individuel et sous un angle collectif. Alors que la compréhension des relations individuelles est a priori aisée, il n'en va pas de même des relations collectives. Tout salarié sait en effet qu'il est lié à l'employeur par un contrat de travail, et que celui-ci est source à la fois de droits et d'obligations. A l'inverse, rares sont les salariés qui savent quelle est la convention collective qui les régit, ni même s'il en existe une. Malgré les revendications des partenaires sociaux, la négociation collective tient encore une place marginale dans la production des normes au Gabon. Certes, un tronc commun des conventions collectives a été élaboré en 1982, mais force est de constater que le nombre de conventions collectives reste modeste, et surtout celles-ci sont de plus en plus datées. Au regard de cette réalité, des questions se posent.

La première interrogation porte sur la nature même du droit à la négociation collective. Il y a lieu de noter qu'alors que le droit de travailler et d'obtenir un emploi est au cœur de la relation individuelle, et a une valeur constitutionnelle, il n'en va pas de même a priori du droit à la négociation collective, malgré l'omniprésence de l'expression dialogue social dans les débats et interventions (A. Emane, « Le dialogue social au Gabon, entre affirmations et perspectives », *op. cit.*). La Constitution gabonaise est en effet muette sur ce sujet contrairement à ce que l'on peut observer dans des pays comme la France (Préambule de la Constitution de 1946) ou encore le Brésil (Constitution de 1988). La Charte africaine des droits de l'homme n'est pas plus prolixe, contrairement à ce que l'on observe en Europe avec la Charte des droits sociaux fondamentaux des travailleurs (§ 12, al. 1) ou encore la Charte des droits fondamentaux de l'Union Européenne (art. 28). Les conventions 98 et 154 de l'OIT sur la négociation collective ratifiées toutes les deux par le Gabon sont les seuls textes pouvant servir de référence ici.

La deuxième interrogation renvoie aux acteurs de la négociation collective. Le code réserve en effet une exclusivité en la matière pour les syndicats et les groupements professionnels. Pour autant, tous ces acteurs ne peuvent pas apporter les mêmes garanties s'agissant de leur connaissance du droit et des moyens pour participer à la création des normes. Comment faire pour dépasser ces faiblesses que l'on relève chez les partenaires sociaux ? De plus, sur quelles bases peut-on organiser les règles de représentation de ces acteurs puisque le législateur a voulu reproduire une fois de plus les normes et les pratiques en vigueur en France ?

La dernière question est celle du domaine de la négociation collective. Même si d'aucuns sont enclins à considérer que la norme collective doit être créatrice de droit au même titre que la loi, il n'en demeure pas moins qu'elle ne peut intervenir que dans des domaines expressément prévus par le législateur. Le Tronc commun des négociations collectives ne statue du reste nullement sur ce sujet. Qu'en est-il alors de l'autonomie et de la liberté que revendiquent les partenaires sociaux ? Peuvent-ils aller au-delà des dispositions de la loi ? L'expérience de l'Accord portant trêve sociale en 2003 montre qu'en la matière tout est permis, même s'il est permis de se demander comment se situe alors la convention collective dans la hiérarchie des normes.

Malgré ce qui peut apparaître comme des faiblesses de la négociation collective, il n'en demeure pas moins que le Gabon n'est pas à l'écart du processus de contractualisation des relations de travail que l'on relève dans le monde entier. Il est lié ici à un triple phénomène :

- L'avènement de multiples partenaires sociaux au début des années 1990 a marqué un tournant pour la négociation collective. Alors que régnait jusque-là un monopole de la représentation syndicale par la COSYGA, de nouveaux acteurs sont apparus. Conscients de leur pouvoir et du rôle majeur qui est le leur, ces acteurs n'ont eu de cesse de demander à participer à la production des normes régissant les relations de travail.
- La perte de confiance dans le droit étatique qui est illustrée par le procès récurrent de l'ineffectivité de ce droit jugé trop abstrait, pas assez effectif et surtout inefficient. Ce procès n'est pas une exclusivité gabonaise puisqu'on le retrouve dans l'ensemble des pays africains, et même au-delà du continent.
- Le souci pour l'exécutif et le législateur d'associer les partenaires sociaux à la production des normes régissant les relations de travail sous la pression des discours dénonçant un droit étatique qui serait trop rigide. Parallèlement à cette dénonciation, on relève par ailleurs une ode à une plus grande flexibilité du droit du travail, par l'octroi d'une place plus importante au contrat dans la production des normes. Les Etats sont ainsi sommés de choisir entre la loi et le contrat qu'il soit individuel ou collectif.

Section 1 : De la convention collective

Observations

I. L'avènement des conventions collectives

Alors que les conventions collectives ont été introduites en Afrique occidentale par le décret du 20 mars 1937 qui étendait la législation métropolitaine sur les conventions collectives, il a fallu attendre un décret du 16 janvier 1947 et l'arrêté gubernatorial du 31 août 1951 pour qu'il en soit de même en Afrique équatoriale française. Par ailleurs, les premières conventions collectives qui étaient étendues en A.O.F. et en A.E.F. ne concernaient que les seuls travailleurs européens. Progressivement, les travailleurs africains finirent par en bénéficier, même si elles avaient un champ d'application moins vaste. Elles se trouvaient limitées à une localité, à un territoire et ne pouvaient concerner qu'une catégorie professionnelle.

L'article 68 CTTOM énonce que, « *la convention est un accord relatif aux conditions de travail conclu, entre d'une part, les représentants d'un ou plusieurs syndicats ou groupements professionnels de travailleurs et, d'autre part, une ou plusieurs organisations syndicales d'employeurs ou un ou plusieurs employeurs pris individuellement* ». Par la suite, les différentes législations d'Afrique francophone ont repris cette formulation. Le législateur gabonais en a fait de même en reprenant les parties à la convention telles qu'elles étaient prévues il y a un demi-siècle. La seule innovation que l'on relève date de 1978 lorsque les garanties collectives ont été rajoutées dans le champ des conventions collectives.

II. Une forte inspiration française

En droit français, « *la convention collective a d'abord été une invention de la pratique. Tandis qu'un ouvrier ne peut négocier sur un pied d'égalité avec son patron, un syndicat est susceptible de le faire en recourant au besoin à la grève. Très tôt les syndicats ont ainsi cherché à conclure avec les employeurs des accords qui garantissent un certain nombre de droits aux ouvriers qu'ils représentaient* » (G. Auzero, D. Baugard, E. Dockès, *op. cit.*, n° 1325). S'agissant de sa nature juridique, la convention collective n'est pas un contrat collectif au sens que lui donne le droit civil du fait de l'effet relatif des conventions : un contrat ne peut en effet lier que les cocontractants. De même, il ne peut pas s'agir du contrat type que l'on connaît en droit anglais avec la solution de l'*incorporation*. Au Royaume-Uni, la convention collective n'a pas de force juridique propre. L'Etat n'intervenant pas dans les relations de travail, les employés et les salariés sont simplement censés se référer aux dispositions du contrat type.

Le choix opéré en France comme dans d'autres pays européens et aux Etats-Unis est que l'Etat intervienne à la fois directement et indirectement dans les relations de travail. Il le fait directement en imposant des règles d'ordre public dans la législation du travail, et indirectement en donnant force juridique aux conventions collectives. Le succès de ce choix est conditionné par la présence de syndicats forts permettant de garantir un véritable droit à la négociation collective comme on le voit dans les pays scandinaves (B. Johann Mulder, « La participation des travailleurs en Norvège et en Suède », *Revue de droit comparé du travail et de la sécurité sociale* [En ligne], 3, | 2018, mis en ligne le 01 novembre 2021. URL : http://journals.openedition.org/rdctss/1883) ou même aux États-Unis (M.A. Hennebert, M. J. Dupuis, « L'évolution de la négociation collective en Amérique du Nord et ses effets sur le métier et les compétences du négociateur syndical », *Négociations*, vol. 25, no. 1, 2016, pp. 55-71).

Au Gabon, force est de constater que l'ensemble de ces conditions est loin d'être réuni. Quid alors de la réalité d'un véritable droit de la négociation collective ? Le nombre de dispositions du Code du travail qui renvoient à une réponse conventionnelle qui ne vient toujours pas, montre l'ampleur de la tâche en la matière.

III. La spécificité allemande

En Allemagne, l'autonomie des partenaires sociaux (*Tarifautonomie*) est un principe « sacré ». Garantie à l'article 9 de la Loi fondamentale (*Grundgesetz für die Bundesrepublik Deutschland*), elle octroie aux partenaires sociaux la prérogative de négocier de façon autonome et indépendante les conventions collectives. L'Etat ne peut intervenir que si l'autonomie collective ne fonctionne pas. Cette atteinte à l'article 9-III de la Loi fondamentale doit être justifiée et proportionnée. En droit allemand, c'est moins de l'ordre public, mais plus un principe de subsidiarité (principe d'intervention et non de résolution de conflits de normes). En Allemagne, la loi ne pourrait pas obliger à négocier, mais tout le système incite à conclure des accords pour qu'il n'y ait pas des grèves par exemple.

Par ailleurs, ce sont surtout des conventions de branche qui sont conclues par les syndicats, ceux-ci n'étant pas présents dans les entreprises. Par contre les conventions de firmes conclues par les syndicats extérieurs à l'entreprise et qui négocient directement avec celle-ci sont assez mal perçues. Elles portent en elles le risque qu'un employeur se retrouve face à un puissant syndicat.

Sous-section 1 : Du tronc commun des conventions collectives

Article 148 : *Le tronc commun des conventions collectives du travail est la convention de base par laquelle les organisations professionnelles des employeurs et des travailleurs les plus représentatives conviennent des dispositions communes à toutes les conventions collectives du travail des diverses branches d'activités.*
Le tronc commun est signé par l'Etat représenté par le Ministère en charge du Travail, garant du respect des dispositions d'ordre public édictées par le Code du Travail et ses textes d'application, et les confédérations syndicales d'employeurs et de travailleurs les plus représentatifs du secteur privé.
Cette matrice sert de base de négociations aux différentes conventions collectives sectorielles qui peuvent la compléter en fonction des spécificités sectorielles.

Observations

Le présent article 148 reprend l'ancien article 120 bis en son alinéa 1. Par contre, la disposition contraignante suivante de l'ancien alinéa 2 semble avoir disparu : *« La modification dans les conventions collectives du travail de branches d'activités d'une disposition commune telle que précisée ci-dessus ne peut intervenir sans la modification préalable de la même disposition dans le tronc commun des conventions collectives du travail »*. Elle se retrouve en fait à l'article 150 alinéa 5 ainsi formulée : *« La modification dans les conventions collectives du travail de branches d'activités d'une disposition commune telle que précisée ci-dessus ne peut intervenir sans la modification préalable de la même disposition dans le tronc commun des conventions collectives du travail »*. Il y a donc la possibilité de passer des conventions qui ne soient plus obligatoirement arrimées à ce tronc commun, même si l'alinéa 1er de l'article 148 l'envisage comme la convention de base.
Cette modification se comprend au regard de la vétusté du Tronc commun des conventions collectives. Ce texte qui date de 1982 n'a jamais fait l'objet d'un toilettage. Qu'en serait-il alors de l'évocation du Tronc commun devant une juridiction ? Le principe de faveur continuerait-il à s'appliquer s'agissant de cette norme ? A priori oui, même si cela ne peut manquer d'étonner du fait de sa vétusté qui ne rime toutefois pas avec caducité.

Article 149 : *Les conventions collectives comprennent obligatoirement les dispositions concernant :*

1) le libre exercice du droit syndical et la liberté d'opinion du travailleur ;
2) les conditions d'accès à chaque catégorie professionnelle ;
3) les modalités d'exécution et les majorations des heures supplémentaires, du travail de nuit et des jours non ouvrables ;
4) la durée de la période d'essai et celle du préavis ;
5) les salaires applicables par catégories professionnelles ;
6) les modalités de désignation, de l'exercice et de la durée du mandat des délégués du personnel, des délégués syndicaux, des membres des comités permanents de concertation économique et sociale, des membres des comités de sécurité et de santé au travail et des membres de toute autre institution venant à exister ;
7) les dispositions relatives à la procédure de révision, modification ou dénonciation de tout ou partie de la convention collective ;
8) les congés payés ;
9) les différentes primes et indemnités ;
10) quand il y a lieu, les modalités de l'organisation et du fonctionnement de l'apprentissage, de la formation, du perfectionnement, de la réinsertion et de la reconversion professionnels dans le cadre du secteur ou de la branche d'activité considérée ;
11) les facilités accordées aux responsables syndicaux, les heures de délégation pour l'activité syndicale, les congés pour les stages et séminaires ainsi que leurs conditions de rémunération ;
12) les éléments essentiels servant à la détermination des classifications professionnelles et du niveau de qualification, et notamment les mentions relatives aux diplômes professionnels ou à leur équivalence ;
13) l'organisation et le fonctionnement des commissions de reclassement.

Observations

Une double interrogation apparaît ici : existe-t-il des clauses qu'une convention collective doit obligatoirement contenir ou alors la liberté contractuelle doit s'imposer ?

Depuis le CTTOM, même si le législateur n'impose pas aux parties d'inclure dans les conventions collectives ordinaires des clauses déterminées, il n'en va pas de même pour les conventions collectives susceptibles d'être étendues. Toutefois, il est surprenant que cet article 149 soit intégralement reproduit à l'article 156 du présent code.
En droit comparé malien, voir la rédaction de l'article L. 79 du Code du travail :

« Les conventions collectives visées par la présente section comprennent obligatoirement des dispositions concernant:

1) - le libre exercice du droit syndical et la liberté d'opinion.
2) - la détermination des classifications des catégories professionnelles.
3) - les salaires applicables par catégorie professionnelle et éventuellement par région.
4) - les modalités d'exécution et les taux des heures supplémentaires.
5) - les modalités d'application du principe: "à travail égal, salaire égal", pour les femmes et les enfants,
6) - les primes d'ancienneté et les indemnités de déplacement.
7) - les conditions d'embauchage et de licenciement et notamment la durée de la période d'essai et celle du préavis.
8) - les délégués du personnel.
9) - les conditions particulières du travail des femmes et des enfants.
10) - les modalités d'organisation et de fonctionnement de la formation dans l'entreprise, dans le cadre de la branche d'activité considérée.
11) - l'organisation et le fonctionnement des commissions paritaires de classement.
12) - la procédure de révision, modification et dénonciation de tout ou partie de la convention collective.
Elles peuvent également contenir, toute autre disposition non contraire à la législation en vigueur ».

Au vu de ce que la pratique donne à voir avec des conventions dans lesquelles les noms des parties en présence n'apparaissent pas, et dont la qualité des signataires n'est même pas précisée, il serait utile que ces mentions soient rendues obligatoires. Des textes réglementaires ou conventionnels peuvent donner en effet un modèle dont toutes les conventions s'inspireraient.

Sous-section 2 : De la nature et de la validité de la convention collective

Article 150 *: La convention collective du travail est un accord écrit relatif aux conditions de travail et aux garanties sociales conclues entre, d'une part, les représentants d'une ou plusieurs organisations professionnelles de travailleurs les plus représentatives et, d'autre part, une ou plusieurs organisations syndicales d'employeurs et, un ou plusieurs employeurs pris individuellement.*
La convention collective peut mentionner les dispositions plus favorables aux travailleurs autres que celles prévues par la réglementation en vigueur. Elle ne peut déroger aux dispositions d'ordre public définies par ladite réglementation.
La convention collective détermine son champ d'application qui peut être national, interprovincial, provincial ou local.

La convention collective sectorielle est signée par les organisations professionnelles des travailleurs les plus représentatives et les employeurs du secteur concerné.
La modification dans les conventions collectives du travail de branches d'activités d'une disposition commune telle que précisée ci-dessus ne peut intervenir sans la modification préalable de la même disposition dans le tronc commun des conventions collectives du travail.
Le Ministre chargé du Travail, après consultation de la commission consultative du travail, peut demander aux organisations professionnelles visées ci-dessus de procéder à la révision ou à la modification du tronc commun des conventions collectives du travail.
De même, une de ces organisations peut, par saisine du Ministre chargé du Travail, en proposer la révision ou la modification. Dans ce cas, elle fera accompagner sa proposition d'un projet de texte sur les dispositions concernées.

Observations

Voir, Convention 98 sur le droit d'organisation et de négociation collective du 1er juillet 1949 (ratifiée le 29 mai 1961), art. 4 : « *Des mesures appropriées aux conditions nationales doivent, si nécessaire, être prises pour encourager et promouvoir le développement et l'utilisation les plus larges de procédures de négociation volontaire de conventions collectives entre les employeurs et les organisations d'employeurs d'une part, et les organisations de travailleurs d'autre part, en vue de régler par ce moyen les conditions d'emploi* ».

Le présent article 150 intègre l'ancien article 119.

D'un point de vue formel, une convention collective est un accord obligatoirement écrit, résultant de la négociation entre syndicats d'employeurs et de salariés et qui complète (supplée également) et adapte les dispositions du Code du travail à des situations particulières. La conséquence qu'on peut en tirer est que l'écrit en est une condition de validité. Pourtant, l'article 107 du code burkinabè n'exige pas un écrit. Il en est de même à l'article 52- 1 du code camerounais. Mais la rédaction de l'article suivant en fait une condition implicite. Voir également Code du travail ivoirien, article 72.1.

La convention comprend un texte de base et des avenants, accords ou annexes provenant de négociations annexes sur des points particuliers. Dans la typologie retenue au Gabon, il y a le Tronc commun des conventions collectives, la convention collective sectorielle, les accords d'établissement de l'article 160, et la convention collective du 1er alinéa de cet article. A l'article 160, il y a pourtant sans davantage d'explications une autre hiérarchie territoriale avec des conventions collectives nationales, interprovinciales, provinciales ou locales.

I. Les parties à la négociation collective

Dans la définition donnée par le code, la convention est un accord conclu entre des représentants de travailleurs et des représentants d'employeurs. Pourtant, le même code évoque les organisations professionnelles de travailleurs. Pourquoi ne pas s'en être tenu aux syndicats, ce qui aurait facilité la compréhension ?

A. Les représentants de travailleurs

Reprenant en cela les dispositions du Code de 1952, le législateur gabonais a prévu que seuls les syndicats et les groupements professionnels pouvaient conclure des conventions collectives (voir observations sous art. 302). Toutefois, une incertitude pèse sur l'expression « groupement professionnel ». Le législateur étant muet sur ce sujet, on ne peut que raisonner par analogie avec le Code de 1952. Dans celui-ci, l'article 28 dispose expressément que les associations professionnelles coutumières ont le pouvoir de conclure des conventions, puisqu'elles sont à certains égards assimilées aux syndicats. Toutefois, par la suite, ces associations ont disparu de la législation gabonaise. Par conséquent, seuls les syndicats peuvent conclure des accords collectifs. De plus, et c'est ce qu'exige l'article 313, il doit s'agir des organisations syndicales les plus représentatives (dont les critères sont énoncés à l'article 317 C.T.).

B. Les représentants des employeurs

Contrairement aux salariés, les employeurs peuvent conclure une convention collective soit groupés en syndicats, soit en groupements, soit à titre individuel. La question du groupement d'employeurs ne se pose pas alors dans les mêmes termes que pour les salariés. Il en va de même de la représentativité pour laquelle le législateur ne pose aucune exigence pour les organisations patronales.

C. La représentativité

Une convention collective doit être négociée entre une organisation professionnelle et des organisations syndicales représentatives de la collectivité de salariés. Pour autant, la question de la représentativité syndicale est loin d'être tranchée au Gabon. A trois reprises en effet, le législateur évoque « les syndicats les plus représentatifs » (articles 148, 160, 403) sans plus de précision.

1. Les confusions terminologiques

La représentativité syndicale est une notion souvent confondue avec la reconnaissance syndicale prévue à l'article 305. Cette disposition énonce les conditions requises pour qu'une organisation puisse revendiquer la qualité de syndicat.

La représentativité se distingue également de la représentation qui découle de l'article 302 de ce code. Les syndicats ont en effet le pouvoir d'agir collectivement à la place de leurs adhérents (G. Borenfreund, « La représentation des salariés et l'idée de représentation », *Droit Social* 1991, p. 686 ; J.M. Verdier, « Sur la relation entre représentation et représentativité syndicales (quelques réflexions, rappels, suggestions) », *Droit Social* 1991, p. 7). En droit commun, « *la représentation est un procédé permettant à une personne, le représentant, de conclure un acte juridique pour le compte d'une autre le représenté, ceci en vertu du pouvoir que lui confère la loi, une décision de justice ou le contrat* » (D. Houtcieff, *Droit des contrats*, Bruylant, 2021, n° 223).

La représentation renvoie dans cette acception au champ d'intervention des syndicats, alors que la représentativité correspond à ce qui fonde la légitimité des organisations syndicales à conclure des conventions collectives. C'est dans le Traité de Versailles de 1919 que ce terme apparaît pour la première fois s'agissant de la participation des syndicats à la Conférence Internationale du Travail. La représentativité va ainsi au-delà de la représentation puisqu'elle permet de défendre des intérêts de personnes qui ne sont pas adhérentes du syndicat, et qu'il ne représente donc pas au sens civiliste du terme. C'est un procédé permettant de doter certains syndicats de prérogatives particulières.

Jean-Pierre Le Crom et Nicole Maggi-Germain expliquent que la représentativité, « *implique une reconnaissance (extérieure à l'organisation) et une sélection (dans un régime de pluralisme syndical). Représenter n'est pas être représentatif. (....) Des organisations professionnelles, dont les membres sont élus par la profession, peuvent représenter les intérêts de leurs adhérents tout en n'étant pas reconnues représentatives pour signer des accords susceptibles d'engager la profession via la procédure d'extension* » (J.P. Le Crom, N. Maggi-Germain, *La construction de la représentativité patronale*, Rapport DARES, 2011, p. 27).

Pour Michel Miné, « *La notion de représentativité se justifie par l'extension des attributions reconnues aux organisations syndicales. (...) Elle a pour fonction d'opérer une sélection et de ne reconnaître certains droits qu'aux organisations syndicales dignes de tenir lieu de porte-parole authentiques des travailleurs. Cette sélection tempère le pluralisme syndical et évite un trop grand émiettement* » (M. Miné, *Le Grand livre du droit du travail en pratique*, Editions Eyrolles, 31ème éd., p. 562). Toutefois, ce propos peut être tempéré au regard de la situation qui prévaut dans des pays comme l'Allemagne ou le Brésil, où la représentativité n'a pas cours.

Par ailleurs, contrairement à ce que l'on entend souvent, il n'y a aucune obligation d'imposer le critère de la représentativité. Dès lors qu'une organisation remplit les conditions imposées par la loi pour jouir de la qualité de syndicat, elle peut avoir vocation à conclure des accords collectifs. Dans les codes de 1962 et de 1978, le législateur ne prévoyait aucune exigence de représentativité. Il se contentait d'indiquer que la convention collective était « *un accord écrit (...) conclu, entre d'une part, les représentants d'un ou plusieurs syndicats ou groupements professionnels de travailleurs et, d'autre part, une ou plusieurs organisations syndicales d'employeurs (...)* » (art. 64, C.T. de 1978. Voir également art. 66 al. 1, C.T. de 1962 ; art. 68, C.T.T.O.M.). S'il est vrai que la France a prévu cette notion de représentativité, ce n'est pas le cas, loin de là dans tous les pays.

2. La représentativité en Afrique

La notion de représentativité se retrouve dans quelques législations en Afrique. Mais seuls quatre pays en déterminent réellement les critères. Algérie, Burkina Faso, Mauritanie, Sénégal.

- Algérie : Loi du 2 juin 1990 sur l'exercice du droit syndical, art. 34 : « *Les organisations syndicales de travailleurs salariés et d'employeurs constituées légalement depuis au moins six mois conformément aux dispositions de la présente loi, sont considérées représentatives conformément aux articles 35 à 37 ci-après* ».

Art.35 (*Loi n° 91-30, Ordonnance n° 96- 12*) : « *Sont considérées représentatives au sein d'un même organisme employeur, les organisations syndicales de travailleurs regroupant au moins 20 % de l'effectif total des travailleurs salariés couverts par les statuts desdites organisations syndicales et/ ou ayant une représentation d'au moins 20 % au sein du comité de participation lorsque ce dernier existe au sein de l'organisme employeur concerné* ».

- Burkina Faso. Code du travail, art. 118 : « *Le ministre chargé du travail publie au début de chaque année la liste des syndicats ou groupements professionnels ayant un caractère représentatif.*

Les éléments d'appréciation de la représentativité de l'organisation syndicale sont les élections professionnelles ».

- Mauritanie. Code du travail, art. 62 : « *Le caractère représentatif d'un syndicat ou d'un groupement professionnel est déterminé par le Ministre du Travail qui réunira tous les éléments d'appréciation et prendra l'avis des Services du Travail intéressés.*

Les éléments d'appréciation comprendront notamment :
- *les effectifs et les résultats des élections des délégués du personnel ;*
- *l'indépendance ;*
- *les cotisations ;*
- *l'expérience du syndicat, l'étendue et la nature de son action* ».

- Sénégal. Code du travail, art. L.85 : « *Le caractère représentatif d'un syndicat ou d'un groupement professionnel est déterminé par le Ministre chargé du Travail qui réunira tous les éléments d'appréciation après avis de l'Inspection du Travail et de la Sécurité sociale du ressort. Les éléments d'appréciation comprendront notamment :*
- *les effectifs et les résultats des élections des délégués du personnel ;*
- *l'indépendance ;*
- *les cotisations ;*
- *l'expérience du syndicat, l'étendue et la nature de son activité* »

3. La représentativité en dehors du continent

L'Allemagne ne connaît pas la représentativité syndicale, le syndicat allemand ne représente que ses adhérents, et c'est pour eux qu'il négocie des accords. C'est ainsi que le 27 juin 2024, les partenaires sociaux de la branche de la chimie allemande, BAVC du côté patronal et IG BCE du côté syndical, sont parvenus à un accord sur une nouvelle convention collective pour les 585 000 salariés de la branche. Celle-ci est conclue pour une durée de 20 mois et arrivera à expiration fin février 2026. Dans cette convention, il y a notamment l'attribution de jours de congés aux salariés syndiqués. Les partenaires sociaux ont décidé de récompenser davantage l'engagement syndical en accordant des jours de congés rémunérés supplémentaires aux salariés syndiqués. Il faut savoir qu'en Allemagne, l'extension des conventions collectives n'est pas systématique. Ainsi, la convention collective de la chimie n'est pas étendue et ses dispositions ne s'appliquent, en principe, qu'aux entreprises et aux salariés adhérant aux organisations patronales et syndicales signataires. En pratique, toutefois, les entreprises liées par la convention collective appliquent ses dispositions à tous leurs salariés. Les salariés non adhérents au syndicat bénéficient ainsi des avantages conventionnels sans payer la cotisation syndicale, qui correspond la plupart du temps à 1 % du salaire brut.

Dans ce pays, plutôt que la représentativité, c'est la notion de capacité conventionnelle qui va dominer. La loi allemande ajoute que pour être capable conventionnellement, il faut être puissant socialement. C'est le fait d'être capable dans la négociation d'exercer une pression ou une contre-pression par rapport aux partenaires sociaux qui est important. De ce fait le modèle syndical allemand est fondé sur le principe du syndicat unitaire au sein de la branche. La Confédération syndicale allemande, le *Deutscher Gewerkschaftsbund* (DGB) en est une parfaite illustration en réunissant huit syndicats unitaires de branche.

La loi sur les conventions collectives reconnaît simplement la capacité à négocier aux seuls « syndicats », la notion de représentativité n'apparaissant jamais. Les syndicats doivent seulement avoir la nature « *d'associations pour la sauvegarde et l'amélioration des conditions de travail et des conditions économiques* », reconnues par la Constitution allemande. Le paragraphe 2 de la loi sur les conventions collectives (*Tarifvertraggesetz*) dispose : « *Les partenaires aux conventions collectives sont les syndicats, les employeurs individuels et les associations d'employeurs* ». Au niveau de l'entreprise, il n'existe aucun critère formel de reconnaissance. Pour leur part, les employeurs ont le droit de négocier à titre individuel. Ils peuvent aussi se regrouper en associations. Ainsi, l'article 9 de la Loi fondamentale garantit à chaque citoyen le droit de créer une association, y compris une organisation professionnelle et l'article 2 de la loi TVG définit les parties à la convention. Toutefois, une évolution se dessine depuis quelques années. Le principe « *une entreprise, un syndicat, un accord collectif* » qui était appliqué depuis des décennies d'un commun accord entre le patronat et les grands syndicats, et permettait au syndicat majoritaire de négocier seul les conditions de travail, a été remis en question en 2010. Dans un arrêt du 23 juin de ladite année, la Cour fédérale du travail, statuant sur deux cas, a mis fin au principe qu'une seule convention collective s'applique à une entreprise. Au nom du principe constitutionnel de la liberté d'association, la Cour a donné aux « petits » syndicats, la possibilité d'intervenir dans les discussions au niveau de l'entreprise.

En Belgique, la loi de 1968 sur les conventions collectives détermine les critères de représentativité, au nombre de cinq. Seules les organisations interprofessionnelles implantées sur tout le territoire et comptant au moins

50 000 membres sont reconnues comme représentatives, à condition toutefois d'être représentées dans deux organismes nationaux de concertation. Or, les représentants dans ces deux organismes sont désignés par arrêté royal sans qu'aucune condition ne soit posée. Par conséquent, la représentativité résulte d'une décision du gouvernement.
Seules les organisations représentatives peuvent conclure des accords collectifs, présenter des candidats pour les élections professionnelles, participer à la gestion des organismes de sécurité sociale et disposer de représentants au sein de la délégation syndicale d'entreprise.

Au Brésil, le système syndical privilégie le monopole légal de la représentation syndicale à la base. Chaque syndicat officiel qui est ainsi reconnu par l'Etat comme étant le représentant d'une catégorie professionnelle dans un territoire donné, qui peut être une grande ville ou un ensemble de petites villes, est le seul syndicat pouvant fonctionner comme tel. Ces syndicats, uniques par la force de loi, ont accès à de gros moyens financiers provenant de trois cotisations syndicales obligatoires, également imposées par la loi à tous les travailleurs, qu'ils soient adhérents ou non à « leurs » syndicats. Voir CLT (Consolidaçao das Leis do Trabalho), art. 515 et s.

En Espagne, d'après la loi organique de 1985 sur la liberté syndicale, la représentativité se décline en deux degrés d'une part. La loi distingue en effet les organisations « les plus représentatives » et celles qui sont simplement « représentatives ». La représentativité se décline également en deux niveaux, national et régional, d'autre part. Cependant, quelle que soit la définition retenue, la représentativité est fondée sur un critère strictement électoral, le pourcentage de sièges obtenus aux élections professionnelles.
Selon leur degré de représentativité et selon le niveau auquel elles sont reconnues comme représentatives, les organisations syndicales ne possèdent pas tout à fait les mêmes prérogatives. Cependant, si la conclusion d'accords collectifs et l'organisation des élections professionnelles sont réservées aux syndicats représentatifs, les syndicats minoritaires ont la possibilité de présenter des candidats aux élections professionnelles et de créer des sections syndicales d'entreprise.

Au Royaume-Uni. Le principe est celui de la reconnaissance volontaire du syndicat par l'employeur. Il s'agit en fait d'une reconnaissance d'une capacité à négocier. Peuvent obtenir cette reconnaissance des syndicats qui ont auparavant été accrédités par une autorité administrative.
Une loi adoptée en 1999 a prévu pour la première fois un mécanisme juridique pour obliger les employeurs à reconnaître les syndicats. Dans les entreprises employant plus de vingt salariés, les syndicats titulaires du certificat

d'indépendance, lorsqu'ils n'ont pas été reconnus volontairement par l'employeur, peuvent s'adresser au Comité central d'arbitrage (CAC), organisme collégial nommé selon la même procédure que le responsable de l'accréditation, pour se voir reconnaître la capacité à conduire une négociation collective au nom d'un groupe de salariés défini, qui est l'unité de négociation. L'attestation de reconnaissance est délivrée si plus de 50 % des salariés de l'unité de négociation sont membres du syndicat. Si au moins 10 % en sont membres, le CAC organise un scrutin à bulletins secrets et l'attestation est délivrée si la participation à ce vote est d'au moins 40 % et si le syndicat en cause obtient la majorité des suffrages exprimés.
Un syndicat reconnu volontairement par l'employeur ou titulaire d'une attestation du CAC peut conduire une négociation collective (limitée toutefois aux rémunérations, horaires et congés pour les syndicats bénéficiaires d'une décision du CAC), être destinataires des informations nécessaires, être consulté sur les licenciements économiques, bénéficier d'un crédit d'heures pour ses membres, et nommer un responsable de la sécurité.

Aux Pays-Bas, selon une formule consacrée, la pleine capacité juridique suffit aux syndicats pour conclure des accords collectifs, proposer des listes de candidats pour les élections professionnelles et siéger dans certains organismes de concertation, parmi lesquels le Conseil économique et social.

Aux Etats-Unis, seul un vote majoritaire des travailleurs permet à un syndicat de conclure des accords sur les conditions de travail dans cette seule entreprise. C'est certainement l'une des raisons pour laquelle il n'y a qu'une seule grande centrale (AFL-CIO).

II. Le domaine de la négociation collective

A la lecture de l'article 149 du présent code, la convention collective a pour seuls objets les conditions de travail et les garanties sociales. Les partenaires sociaux ne peuvent donc pas créer des normes en dehors du cadre prévu par la loi. Cette limitation peut susciter des critiques chez ceux, de plus en plus nombreux, qui réclament une redéfinition des rapports entre les normes d'origine étatique et les normes conventionnelles d'une part, et un affranchissement de la tutelle exercée par l'Etat. Voir à ce propos A. Supiot, « Un faux dilemme : la loi ou le contrat », *Droit Social* 2003, pp. 59-71.
Toutefois, la faiblesse des ressources humaines dont souffrent la plupart des syndicats gabonais ne permet pas, pour l'instant, de faire prospérer ce type de revendications (Voir à ce propos, A. Emane, « L'attractivité gabonaise viendra-t-elle de la mer ? L'exemple de la zone franche de l'île Mandji », *Annuaire de droit maritime et océanique (ADMO)*, Nantes, 2004, p. 291).

Dans ce contexte qu'en est-il du contenu des conventions collectives ? Doit-on s'en tenir à une interprétation littérale de l'article 149 ou, doit-on, comme le faisaient déjà les exégètes de la loi de 1952, considérer que la liberté contractuelle doit pouvoir s'exercer ici ?

A. Le contenu de la convention collective

Les conditions de travail et les garanties sociales prévues à l'article 149 se déclinent de manière extrêmement large, le législateur ne les ayant pas précisées. De plus, dans le Tronc commun des conventions collectives, il est reconnu une autonomie aux partenaires sociaux tant de manière implicite qu'explicite à l'article A. 51 qui est intitulé « De la libre négociation ». Pour autant, les parties ne peuvent pas faire figurer dans la convention collective des dispositions autres que celles qui concernent les rapports de travail.

1. Les conditions de travail

Il peut s'agir notamment :

- Des salaires (art. A. 45, Tronc commun C.C.). Entre également dans ce cadre, la fixation d'un mode de rémunération par voie conventionnelle.
- De la durée du travail (art. A. 37, Tronc commun C.C.). Toutefois, l'article 30 al. 2 C.T. indique que la convention collective ne peut pas aller au-delà du maximum prévu par la loi pour la période d'essai. Dans un pays comme la France, la négociation collective participe de plus en plus à la gestion de l'entreprise. C'est ainsi que la réduction du temps de travail est souvent passée par la voie de la convention collective. Le législateur a expressément prévu cette possibilité.

Voir en ce sens dans le Code du travail français les articles L. 3121-11 pour la mise en place des astreintes ; L. 3121-13 et s. pour les équivalences ; L. 3121-41 et s. pour fixer le contingent annuel d'heures supplémentaires ; L. 3121-53 et s. pour la mise en place de forfaits jours ou heures sur l'année.

- De la formation professionnelle (art. A. 15, Tronc commun C.C.)
- De la définition des qualifications (art. A. 16, Tronc commun C.C.).
- Des conditions d'emploi.
- Des absences (art. A. 22, Tronc commun C.C.).
- Des intérims d'emploi (art. A. 27, Tronc commun C.C.).
- De la réglementation de l'engagement à l'essai (art. A. 12, Tronc commun C.C.).

2. Les garanties sociales

Dans les codes de 1952 et de 1962, la convention était un accord relatif aux seules conditions de travail. Depuis 1978, le législateur a étendu le domaine des conventions collectives aux garanties sociales.
La convention collective est un outil permettant de mettre en place une protection sociale complémentaire : versement de salaire entier en cas de maladie, octroi de préretraites, indemnisation du chômage partiel, affiliation à un régime de prévoyance collective. Ce volet peut d'autant plus être développé que la couverture sociale de base des salariés gabonais est loin d'être satisfaisante. Il est à regretter que les syndicats n'y manifestent aucun semblant d'intérêt, faute de compétences en la matière peut-être.

B. Le respect de l'ordre public

Comme tout acte juridique, la convention collective ne peut pas déroger aux dispositions d'ordre public. Toutefois, et comme nombre d'auteurs l'ont déjà montré, en droit du travail, l'ordre public n'empêche pas à la liberté contractuelle de s'exercer.

Voir notamment, F. Canut, *L'ordre public en droit du travail*, L.G.D.J., 2007 ; F. Gaudu, « L'ordre public en droit du travail », in *Etudes offertes à Jacques Ghestin*, L.G.D.J.-Montchrestien, 2001, p. 363 ; N. Mayer, *L'ordre public en droit du travail*, L.G.D.J., 2006 ; J. Pélissier, A. Supiot, A. Jeammaud, *Droit du travail*, P.U.F., 24ème éd., n° 34 : « *Les règles de droit du travail sont, pour la plupart, plus qu'impératives : elles sont d'ordre public. Encore qu'il s'agisse d'un ordre public singulier puisqu'il supporte, le plus souvent, la dérogation (au sens propre du terme) dès lors qu'elle est favorable au salarié, même si ce que l'on nomme le "principe de faveur" n'est plus ce qu'il était et si la renonciation du salarié à ses droits n'est pas frappée d'une nullité de principe* ».

Au-delà de la question des dispositions plus favorables que l'on peut trouver dans les conventions collectives, il convient également de s'arrêter sur la validité des accords dérogatoires.

1. La primauté du droit d'origine étatique

A la lecture des dispositions du Code du travail, le principe posé est celui de la supériorité de la loi ou du règlement sur la convention collective. Les dispositions d'ordre public s'imposant dans l'intérêt général, des intérêts particuliers ne peuvent y déroger. Des sanctions pénales sont même prévues dans certains cas pour sanctionner le non-respect de ces dispositions.

Toutefois, il ne faut pas perdre de vue la distinction qui est faite par le législateur entre les lois d'ordre public et les lois supplétives. S'il est vrai que les conventions collectives ne peuvent pas déroger aux premières (par exemple l'interdiction de rémunérer un salarié en dessous du SMIG, l'entrave à la liberté syndicale, la protection des représentants du personnel contre un éventuel licenciement, la renonciation au droit de grève, etc.), il n'en va pas de même pour les secondes. Elles permettent en effet aux conventions de prévoir des dispositions plus favorables aux salariés par application du principe général de droit du travail qu'est le principe de faveur. Concrètement, le législateur reconnaît aux conventions collectives le pouvoir d'améliorer la situation des salariés. C'est ainsi que dans le Tronc commun des conventions collectives, des dispositions plus favorables pour le salarié régissent les absences. De même, une convention peut prévoir la réintégration de plein droit de tout salarié licencié pour activité syndicale, ou encore un mode de calcul de l'indemnité de licenciement plus favorable au salarié que ce qui est prévu par la loi.

Voir en ce sens, C.S. 8 mars 1982, n° 12 : « *Attendu qu'il convient en outre de préciser que l'indemnité de services rendus prévue par les articles 44 et 45 C.T. est la nouvelle appellation adoptée par le Code du travail de l'ancienne indemnité de licenciement prévue par les conventions collectives ; qu'il ne peut y avoir donc cumul entre ces deux indemnités, mais que le salarié a le choix du mode de calcul de cette indemnité qui lui est le plus favorable ; qu'en l'espèce l'article 5 de la Convention collective de commerce est plus avantageux que l'article 45 du Code du travail* »
Plus que le principe de faveur, ce sont surtout les accords dérogatoires qui peuvent remettre en cause la primauté du droit d'origine étatique.

2. La validité des accords dérogatoires

La question que posent les accords dérogatoires est fort simple, et s'inscrit dans la logique de la flexibilisation du droit du travail. Elle se résume ainsi : les parties peuvent-elles conclure des accords prévoyant des dispositions moins favorables aux salariés ou qui remettent en cause des droits garantis par la loi ? (Voir notamment, P.-H. Antonmattei, « Accord de méthode, génération 2005, la "positive attitude" », *Droit Social*, 2005, 399 ; B. Teyssié, « L'aménagement conventionnel de la norme légale », *JCP*, éd. E, 2004, p. 1188 ; F. Boquillon, *La dérogation en droit du travail*, Th. Strasbourg, 1999 ; M. L. Morin, « La loi et la négociation collective : concurrence ou complémentarité », *Droit Social* 1998, p. 419 s. ; Th. Revet, « L'ordre public dans les relations de travail », in *L'ordre public à la fin du XXe siècle*, Dalloz, Paris, 1996, p. 43 à 63 ; S. Yannakourou, *L'Etat, l'autonomie collective et le travailleur, Etude comparée du droit italien et du droit français de la représentativité syndicale*, LGDJ. Paris, 1995. Préface A. Lyon-Caen ; M. Bonnechère, « Les tendances à la déréglementation et leur incidence sur la théorie des sources en droit du travail, *Droit social* 1990, p. 40).

A priori, et dans la situation du Gabon, il n'est pas possible de conclure des accords remettant en cause des droits garantis par la loi. Pourtant, l'accord portant trêve sociale du 9 septembre 2003 dément cette analyse. Son article 1er disposait en effet que : « *(...) la Trêve sociale s'entend comme la suspension négociée pendant un délai déterminé d'accord parties de tout conflit social* ». Pendant les trois ans de durée de cet accord, les signataires (dont certains ne remplissaient pas les critères de représentativité prévus par la loi) s'engageaient à renoncer à tout conflit social. Dans l'entendement du plus grand nombre, il s'agissait de renoncer à exercer le droit de grève, ce qui ne manquait pas de soulever des interrogations. Certes, contrairement à ce que l'on observe dans plusieurs droits comparés, le droit de grève n'a pas une valeur constitutionnelle au Gabon. Néanmoins, l'article 11 du Code du travail a un caractère impératif, et c'est l'article qui prévoit la nullité de « *toute renonciation, limitation ou cession par voie d'accord ou autre des droits reconnus aux travailleurs* ».

Pourtant, dans quelques entreprises, cette disposition semble être ignorée. Des accords portant trêve sociale sont en effet régulièrement signés et présentés au Tribunal de travail pour homologation. Celle-ci fait-elle perdre aux salariés le bénéfice de l'article 11 ? La réponse est assurément négative du fait du caractère d'ordre public de cette disposition.

En droit comparé français, la réforme de Macron de 2017 a fait de la négociation d'entreprise le socle de la négociation collective, au détriment des branches qui disposent d'une compétence d'attribution. L'ordonnance relative au renforcement de la négociation collective marque la fin du principe de supplétivité des accords d'entreprise, même si dans certains domaines des prérogatives relèvent de la négociation de branche. Elle marque une inversion de la hiérarchie des normes afin de favoriser la négociation au plus près des besoins de l'entreprise, des salariés. Au Brésil, la réforme du droit du travail de 2017 a abouti à la même consécration (A.Umberto de Souza Junior, F. Coelho de Souza, N. Maranhao, P. Texeira de Azevedo Neto, *Reforma trabalhista, Analise comparativa e critica da lei n° 13.467/2017*, Sao Paulo, Editora Rideel, 2017, p. 342, art. 620).

Article 151 *: Les représentants des organisations syndicales visées à l'article précédent peuvent contracter, au nom de l'organisation qu'ils représentent, en vertu :*
- des stipulations statutaires ;

- *d'une délibération spéciale ;*
- *des mandats spéciaux et écrits qui leur sont donnés individuellement par tous les adhérents.*

Article 152 *: La convention collective peut être à durée déterminée ou à durée indéterminée.*
La convention collective à durée déterminée ne peut être supérieure à cinq (5) ans. Si la convention collective à durée déterminée arrivée à expiration se poursuit par la volonté, même tacite des parties, elle continue à produire ses effets comme une convention collective à durée indéterminée.
La convention collective à durée indéterminée peut cesser par la volonté d'une des parties.
La convention collective prévoit dans quelles formes et à quelle période elle peut être dénoncée, renouvelée ou révisée. Elle fixe notamment la durée du préavis qui doit précéder la dénonciation.

Observations

Si la convention à durée déterminée ne soulève guère de difficultés s'agissant de son expiration, il n'en va pas de même pour la convention à durée indéterminée. Dans le contexte gabonais, le fait que les conventions collectives actuellement en vigueur soient à durée indéterminée est un facteur de blocage pour le dialogue social et la dynamisation du droit du travail. La plupart des conventions collectives sont antérieures à 1990, lorsque le Gabon connaissait encore le monopole syndical de la COSYGA. Or, à l'heure actuelle, il est impossible pour les nouvelles centrales de revenir sur des conventions collectives à durée indéterminée qui ne peuvent être dénoncées que par leurs signataires.
L'une des lacunes du droit gabonais est que le législateur n'ait pas jugé utile de statuer ni sur la révision des conventions et accords collectifs ni sur leur dénonciation, laissant à leurs seuls signataires le soin de le faire. Pourtant, eu égard au contexte social gabonais avec une faiblesse des corps intermédiaires, il ne serait en rien choquant que la loi prévît les conditions de validité des clauses de révision ou l'exigence que les signataires de la convention fixassent les conditions de dénonciation de celle-ci.

Article 153 *: La convention collective entre en vigueur à compter de sa signature. Elle doit faire l'objet d'un dépôt par l'organisation syndicale d'employeurs concernée auprès de la Direction Générale du Travail et d'une publication au Journal Officiel dans les huit (8) jours qui suivent la signature.*

Les frais d'insertion sont à la charge des organisations syndicales d'employeur concernés par la convention collective.
Lorsque l'employeur est lié par les clauses de la convention collective de travail, ces clauses s'appliquent aux contrats de travail conclus avec lui.
Les dispositions d'une convention collective s'imposent à toutes entreprises comprises dans son champ d'application, sauf dispositions plus favorables pour les travailleurs, au rapport né des contrats individuels ou d'équipe.
La convention collective s'applique à toutes les catégories professionnelles de la branche d'activité couverte.

Observations

Un accord signé doit être respecté. La convention s'impose à ceux qui l'ont signée.

Parmi ceux-ci, il y a l'employeur. Il est engagé soit parce qu'il a signé personnellement la convention, soit parce qu'il est membre du groupement patronal signataire. La convention collective s'appliquant aux contrats de travail, les clauses de ceux-ci sont remplacées de plein droit par les dispositions de la convention dès son adoption. La sanction est la nullité des dispositions du contrat de travail contraires à la convention.

1° Sur le caractère *erga omnes* de la convention de branche

Les accords conclus au sein d'une branche s'imposent à toutes les entreprises relevant de ce secteur d'activité. Le risque ici est de retrouver les inconvénients de la loi avec la construction d'un droit par des acteurs qui seraient trop éloignés de la réalité des entreprises, et notamment les plus petites d'entre elles. Toutefois, il est souvent impossible pour ces entreprises de disposer de négociateurs spécialisés aussi bien en droit du travail qu'en économie et qu'ils soient au fait de tous les aspects de la conjoncture nationale et internationale. Le niveau des branches permet de mettre face à face de véritables experts, maîtrisant tous les aspects de leurs dossiers, et d'éviter également les risques de « dumping social ». Toutes les entreprises de la même branche auront par exemple les mêmes rémunérations pour les mêmes qualifications.

2° Sur la détermination de la convention collective applicable à l'entreprise exerçant plusieurs activités

Voir C.S. 8 mai 1978, n° 38 : « *Attendu que les établissements B. exercent plusieurs activités économiques dans des branches différentes ; Attendu en droit, que le problème à résoudre est la détermination de la Convention collective applicable à une entreprise qui exerce ses activités dans des domaines différents ; Attendu que cette détermination se fait au regard de la branche d'activité à laquelle l'agent a été effectivement employé ; que M. ayant servi comme peintre aux établissements B., c'est à bon droit que le premier juge a estimé que la Convention collective dans son cas est celle des entreprises du bâtiment et des Travaux Publics (...)* ».

3° L'entrée en vigueur de la convention collective

S'il est vrai que la signature est une condition de validité de la convention, doit-on considérer qu'elle marque également le point de départ de son application contrairement à ce que l'on observait jusque-là ? Les articles 67 al. 2 du code de 1978 et 122 al. 2 du code de 1994 étaient en effet sans ambiguïté : « *Les conventions sont applicables, sauf stipulation contraire, à partir du jour qui suit leur dépôt dans les conditions et aux lieux qui seront indiqués par le décret susvisé. Elles font l'objet d'une publication sans frais au Journal officiel* ». Toutefois, dans la mouture de 2021, il semble que l'accomplissement des formalités de dépôt et de publication prévues au premier alinéa de l'article 153 ne conditionne pas l'entrée en vigueur de la convention. Le dépôt comme toute opération de publicité est en effet prescrit dans l'intérêt des tiers. Seuls ceux-ci peuvent alors contester l'application de la convention. On peut aussi imaginer que, comme en droit français, les parties décident de subordonner l'entrée en vigueur de l'accord à son dépôt (Cass. Soc., 22 avril 1985, n° 84-11.024) ; 18 juin 2006, 04-40.493, RJS 1/07, n° 125 ; 23 février 2018, n° 15-26.260, RJS 5/18, n° 318).

Article 154 *: Pendant toute la période de négociation des conventions collectives, tous les travailleurs prenant part aux travaux seront rémunérés comme s'ils n'avaient pas quitté leur poste habituel de travail.*
Le temps de négociation des conventions collectives est rémunéré comme temps de travail effectif.

Sous-section 3 : Des conventions collectives susceptibles d'être étendues et de la procédure d'extension

Observations

Les conventions susceptibles d'extension diffèrent des conventions ordinaires de par leur objet. Elles portent en effet nécessairement sur la réglementation des conditions de travail dans une branche d'activité déterminée, alors que les conventions ordinaires ne concernent qu'une profession ou une catégorie professionnelle déterminée. Le décret d'extension rend obligatoires, les dispositions de la convention collective dans toutes les catégories professionnelles de la branche d'activité concernée, et les entreprises entrant dans son champ d'application professionnel et territorial, même si les responsables de ces entreprises ne sont pas adhérents aux organisations patronales signataires (Voir par exemple, Décret n°202/PR du 25 juin 1965 portant extension du barème des salaires hiérarchiques de base de la convention collective du commerce, JO. Août 1965, n° 17).

<u>Article 155</u> *: A la demande de l'une des organisations syndicales d'employeurs ou de travailleurs intéressés les plus représentatives, le Ministre en charge du Travail convoque, dans un délai maximum de trois (3) mois, la réunion d'une commission mixte. Il peut également le faire de sa propre initiative.*

Cette commission dont la composition est fixée par arrêté du Ministre en charge du Travail comprend en nombre égal des représentants des organisations syndicales des travailleurs, d'une part, et des employeurs, d'autre part. Elle est présidée par le Ministre en charge du Travail ou son représentant.

Des conventions annexes peuvent être conclues pour chacune des principales catégories professionnelles.

Elles contiennent les conditions de travail particulières à ces catégories et sont discutées par les représentants des centrales syndicales.

<u>Article 156</u> *: La convention collective susceptible d'extension comprend obligatoirement les dispositions concernant :*

1) le libre exercice du droit syndical et la liberté d'opinion du travailleur ;

2) les conditions d'accès à chaque catégorie professionnelle ;

3) les modalités d'exécution et les majorations des heures supplémentaires, du travail de nuit et des jours non ouvrables ;

4) la durée de la période d'essai et celle du préavis ;

5) les salaires applicables par catégories professionnelles ;

6) les modalités de désignation, de l'exercice et de la durée du mandat des délégués du personnel, des délégués syndicaux, des membres des comités permanents de concertation économique et sociale, des membres des comités de sécurité et de santé au travail et des membres de toute autre institution venant à exister ;

7) les dispositions relatives à la procédure de révision, modification ou dénonciation de tout ou partie de la convention collective ;

8) les congés payés ;

9) les différentes primes et indemnités ainsi que leurs taux ;

10) quand il y a lieu, les modalités de l'organisation et du fonctionnement de l'apprentissage, de la formation, du perfectionnement, de la réinsertion et de la reconversion professionnels dans le cadre du secteur ou de la branche d'activité considérée ;
11) les facilités accordées aux responsables syndicaux, les heures de délégation pour l'activité syndicale, les congés pour les stages et séminaires ainsi que leurs conditions de rémunération ;
12) les éléments essentiels servant à la détermination des classifications professionnelles et du niveau de qualification, et notamment les mentions relatives aux diplômes professionnels ou à leur équivalence ;
13) l'organisation et le fonctionnement des commissions de reclassement.

Observations

Cet article 156 est la reprise in extenso de l'article 149.

Article 157 *: La convention collective visée à la présente section peut éventuellement contenir les dispositions concernant :*
1) les conditions générales de la rémunération au rendement, chaque fois qu'un tel mode de rémunération est reconnu possible ;
2) les conditions d'emploi et de rémunération du personnel à temps partiel, intermittent ou saisonnier ;
3) l'organisation, la gestion et le financement des services sociaux, médico-sociaux et des loisirs ;
4) les conditions particulières de travail par roulement ;
5) les congés exceptionnels et éducatifs, les congés éducation ouvrière, éducation physique et sportive ;
6) les conditions d'emploi du personnel journalier, temporaire, des élèves et étudiants pendant la durée des vacances scolaires ;
7) le régime complémentaire de retraite du personnel ;
8) toute autre matière concernant les conditions d'emploi et les relations professionnelles que les parties à la négociation considèrent appropriées.

Article 158 *: Dans le cas où une convention collective nationale a été conclue dans la branche d'activité intéressée, les conventions collectives interprovinciales et locales adaptent cette convention ou certaines de ses dispositions aux conditions particulières de travail dans la province ou la localité. Elles peuvent prévoir des dispositions nouvelles et des clauses plus favorables aux travailleurs.*

Observations

I. Rappel du principe de faveur et de la hiérarchie des conventions.

Entre les différentes conventions, il y a également une hiérarchie. La Convention nationale a une valeur juridique supérieure aux autres conventions. Elle peut être adaptée en fonction des conditions de travail au plan local. De même, les conventions inférieures peuvent prévoir des clauses plus favorables aux travailleurs. Pour autant, le législateur gabonais ne semble pas avoir retenu ici la possibilité des accords dérogatoires prévoyant des dispositions moins favorables que celles des lois ou des conventions.

II. Le risque de confusion sémantique

L'article 158 illustre à dessein les limites ou les ambiguïtés du présent Code du travail. Au regard du Titre du Chapitre qui nous occupe et de sa subdivision, il y a d'une part la convention collective et d'autre part l'accord collectif. Quid alors de cette catégorie juridique sui generis qu'est la convention collective nationale ? Quel en est du reste le régime juridique, ainsi que son articulation avec le Tronc commun des conventions collectives ? La même interrogation vaut pour la convention collective interprovinciale ou locale. En existe-t-il des traductions dans la pratique courante ?

Le législateur évoque par exemple à l'article 150 « la convention sectorielle » ou encore « la convention collective de branches d'activités » comme si ces expressions étaient synonymes. Pourtant, à l'Annexe du Décret n° 1498/PR/MTEPS du 29 décembre 2011 réglementant les dérogations relatives à la limite d'âge de départ à la retraite dans certains secteurs d'activité et de certains personnels régis par le Code du travail, on retrouve la composition des secteurs d'activités comprenant des branches d'activité.

- Secteur primaire : Agriculture.
- Secteur secondaire : exploitation forestière ; pêche ; élevage ; bâtiment et travaux publics ; énergie et mines, carrières et matériaux ; industries alimentaires, boulangerie-pâtisserie, boucherie-charcuterie, abattoir, conditionnement des volailles, poissonnerie ; industries chimiques ; industrie de l'habillement ; métallurgie ; sidérurgie ; miroiterie ; production de papier.
- Secteur tertiaire : hôtellerie, restaurants, débits de boissons, cafétérias et assimilés, entreprises de propreté et autres prestations ; commerce ; assurances ; banques et établissements financiers ; transports et aconage,

manutention ferroviaire, manutention portuaire, transport urbain de voyageurs.

En droit comparé français dont il est d'usage de s'inspirer, selon l'INSEE, « *une branche (ou branche d'activité) regroupe des unités de production homogènes, c'est-à-dire qui fabriquent des produits (ou produisent des services) qui appartiennent au même item de la nomenclature d'activité économique considérée* ». Dans cette acception la branche regroupe des secteurs d'activité. En France on dénombre aujourd'hui 250 branches professionnelles, alors même que la loi du 8 août 2016 qui visait à les réduire avait fixé un objectif de 200 branches à atteindre en trois ans.

Article 159 : *Un arrêté du Ministre en charge du Travail, pris après avis de la commission consultative du travail, peut, à défaut ou en attendant l'établissement d'une convention collective, réglementer les conditions de travail pour une profession déterminée en s'inspirant des conventions collectives existantes.*

Section 2 : Des accords collectifs d'établissement

Observations

I. Le périmètre de l'accord d'établissement

La formulation de cette section conduit inévitablement à se poser la question du champ de l'accord collectif. Alors que le Titre du Chapitre VI renvoie aux accords collectifs sans autre précision, la présente section concerne les accords collectifs d'établissement. Les errements sémantiques évoqués auparavant persistent ici (Voir observations sous art. 158) puisqu'auparavant il n'est pas question d'accords collectifs. A l'article 53 de ce code on peut lire : « *(...) Les parties, l'accord collectif ou l'accord d'établissement (...)* ». A l'article 400 apparaît « l'accord collectif de travail » ! S'agit-il des mêmes figures juridiques ? Visiblement non ! Pourquoi le législateur n'a-t-il pas alors pris la peine de clarifier tout cela ?

Il en est de même de l'établissement. Sous d'autres cieux, il est question des accords d'entreprise. En fait, le législateur gabonais près de 70 ans plus tard, n'a fait que reprendre le CTTOM y compris dans son ordonnancement puisque les titres des sections sont les mêmes. Pour s'en convaincre, il suffit de prendre connaissance de la rédaction de l'article 80 du Code de 1952 :

« Des accords concernant un ou plusieurs établissements déterminés peuvent être conclus entre, d'une part, un employeur ou un groupement d'employeurs et, d'autre part, des représentants des syndicats les plus représentatifs du personnel de l'établissement ou des établissements intéressés. Les accords d'établissements ont pour objet d'adapter aux conditions particulières de l'établissement ou des établissements considérés les dispositions des conventions collectives fédérales, territoriales, régionales ou locales, et notamment les conditions d'attribution et le mode de calcul de la rémunération au rendement, des primes à la production individuelle et collective et des primes à la productivité. Ils peuvent prévoir des dispositions nouvelles et des clauses plus favorables aux travailleurs. A défaut de conventions collectives fédérales, territoriales, régionales ou locales, les accords d'établissements ne peuvent porter que sur la fixation des salaires et des accessoires de salaires. »

Voir également, article 78 du Code de 1962, article 73 du Code de 1978.

II. La synonymie législative entre établissement et entreprise

Le législateur, qui n'a fait que reprendre le CTTOM, n'a pas donné de définition de l'établissement. Pourtant, cette notion mériterait également quelques clarifications. Dans le présent code, le risque de confusion n'est jamais très loin entre l'établissement dont il est question pour les accords et les délégués du personnel, et l'entreprise dans laquelle sont désignés des délégués syndicaux. C'est encore dans l'entreprise qu'est mis en place un comité permanent de concertation économique et social.

Dans la pratique, il est régulièrement fait usage de l'expression « Accord d'entreprise ».
Voir Convention d'entreprise SEEG ; Convention d'entreprise de la Société Gabon Telecom S.A., Convention d'entreprise SGS, etc.

En droit comparé français, la notion d'établissement correspond en principe à l'entreprise si cette dernière est une structure concentrée. Toutefois, quand l'entreprise prend une forme déconcentrée, à savoir qu'elle est constituée de centres d'activité différents au niveau géographique et structurel, il faut envisager les élections des représentants du personnel dans le cadre de ces centres qui forment des établissements distincts. Est-ce la même acception qui est retenue au Gabon ? Nul ne le sait, même si à la lecture de l'alinéa 1er de l'article 160, on serait tenté de penser que dans ce contexte établissement et entreprise seraient synonymes.

Article 160 *: Des accords concernant un ou plusieurs établissements déterminés peuvent être conclus entre, d'une part, un employeur ou un groupement d'employeurs et, d'autre part, des représentants des syndicats les plus représentatifs du personnel de l'établissement ou des établissements intéressés.*

Les accords d'établissement ont pour objet d'adapter aux conditions particulières de l'établissement ou des établissements considérés, les dispositions des conventions collectives nationales, interprovinciales, provinciales ou locales, et notamment les conditions d'attribution et le mode de calcul de la rémunération au rendement, des primes à la production individuelle et collective, et des primes à la productivité.

Ils peuvent prévoir des dispositions nouvelles et des clauses plus favorables aux travailleurs.

A défaut de conventions collectives nationales, interprovinciales, provinciales ou locales, les accords d'établissement ne peuvent porter que sur la définition des catégories professionnelles, la fixation des salaires et des accessoires de salaires.

Les dispositions des articles 152 et 153 ci-dessus s'appliquent aux accords prévus au présent article.

Observations

L'objet des accords d'établissement est plus limité que celui des conventions collectives puisqu'elles doivent adapter les dispositions de ces dernières à un établissement ou à un service. Elles ne peuvent porter que sur les matières expressément prévues à l'alinéa 2 de l'article 130 C.T. : fixation des salaires et accessoires des salaires. De plus, elles ne peuvent pas faire l'objet d'une extension.

Le législateur demeure silencieux sur le régime juridique de l'accord d'établissement. L'homologation n'est pas une obligation légale de validité ou d'entrée en vigueur dudit accord. C'est un usage dont le défaut n'empêche nullement l'application des termes de l'accord entre les parties. Toutefois, en cas de violation, la partie lésée peut saisir le tribunal (art. 161 C.T.).

Article 161 *: Les syndicats liés par un accord d'établissement peuvent, en cas de violation de ces conventions, ester en justice pour la défense de leurs intérêts ou de ceux de leurs membres.*

Section 3 : Des conventions collectives dans les services et établissements publics

Article 162 *: Conformément aux dispositions du présent chapitre, des conventions collectives peuvent être conclues entre les services, entreprises ou établissements publics et les représentants du personnel non régi par un statut particulier.*

Article 163 *: Sauf dispositions contraires, la convention collective nationale, conclue conformément aux dispositions de l'article 158, est applicable aux services, entreprises et établissements publics qui, en raison de la nature de leurs activités, se trouvent placés dans son champ d'application.*

Section 4 : De l'exécution de la convention collective

Article 164 *: La convention collective et les accords collectifs d'établissement s'imposent aux parties.*

Article 165 *: Les syndicats liés par une convention collective ou par un accord collectif d'établissement peuvent, en cas de violation de ces conventions, ester en justice pour la défense de leurs intérêts.*
Cette faculté est ouverte aux membres d'organisations professionnelles.

Article 166 *: Les groupes professionnels liés par une convention collective ou un accord collectif d'établissement peuvent, devant toute juridiction, exercer en faveur de leurs membres, les actions nées de la violation de ces conventions ou accords.*
Les membres intéressés peuvent se joindre à l'instance ainsi engagée ou s'y opposer.

CHAPITRE VII : DU CAUTIONNEMENT

Article 167 *: Tout cautionnement en numéraire ou en titre fait par un travailleur entre les mains de son employeur est consigné par ce dernier moyennant récépissé.*
L'inspecteur du travail du ressort doit être tenu informé de ce dépôt par écrit.
Un arrêté du Ministre en charge du Travail détermine les modalités de retrait des fonds objet de dépôt ainsi que la liste des caisses publiques ou banques dépositaires du cautionnement visé ci-dessus.

Observations

Voir ce qu'il en est en droit comparé ivoirien avec le Décret n° 96-196 du 7 mars 1996 relatif aux conditions de constitution d'une garantie financière ou cautionnement :

« *Art.1.- Lorsqu'il est appelé par ses fonctions soit à détenir des sommes d'argent ou des marchandises, soit à assumer certaines responsabilités susceptibles d'engager financièrement l'entreprise, l'employeur peut exiger du travailleur à titre de garantie, le versement d'un cautionnement au moment de la conclusion du contrat de travail ou pendant son exécution.*

Art.2.- La garantie financière ou cautionnement prévu à l'article 13.5 du Code du Travail peut être constituée en numéraires ou en titres. Elle peut être retenue par l'organisme qui en reçoit le dépôt pour faciliter un prêt octroyé par cet organisme au travailleur concerné.

Art.3.- Dès sa réception, l'employeur qui exige une garantie financière doit :
- *délivrer un récépissé au travailleur et le mentionner au registre d'employeur prévu à l'article 93.2 du Code du Travail ;*
- *dans un délai maximum de huit jours après cette réception, effectuer le dépôt de la garantie, au nom du travailleur, soit dans une institution d'épargne, soit dans une banque et faire également mention du dépôt au registre d'employeur ;*
- *transmettre une copie du certificat dudit dépôt, à l'Inspecteur du Travail et des Lois Sociales de son ressort pour information.*

Art.4.- Bénéficient du privilège sur la garantie financière, l'employeur et les tiers qui formeraient des saisies-arrêts entre les mains dudit employeur, au détriment du travailleur concerné. Est nulle de plein droit, toute saisie-arrêt opérée directement entre les mains des établissements où le dépôt de la garantie a été effectué.

Art.5.- Le retrait de la garantie financière, en partie ou en totalité est effectuée :

- *soit, sur la double signature du travailleur et de l'employeur ou de leurs mandataires ;*
- *soit sur la seule signature du travailleur ou de l'employeur, porteur d'une décision judiciaire l'habilitant au retrait*

Art.6.- La restitution au travailleur, en partie ou en totalité, de la garantie financière doit être mentionnée sur le registre d'employeur, à la date où elle a lieu avec indication de son motif.

Art.7.- En cas de règlement judiciaire ou de faillite de l'entreprise, et s'il y a lieu l'autorisation de retrait et de restitution de la garantie financière, en partie ou en totalité, est donnée par le juge ou le syndic sur justification de sa qualité, par la production de l'extrait du jugement déclaratif de faillite ou celle de l'annonce légale de publication de ce jugement.

Art.8.- Le décès de l'employeur ne permet à lui seul, ni le retrait, ni la restitution de la garantie financière au profit du travailleur, sauf en cas de changement d'emploi dudit travailleur ne nécessitant plus cette garantie ou dans le cas de cessation du contrat de travail, avec le consentement du travailleur concerné

Art.9.- En cas de décès du travailleur, ses ayants droit peuvent obtenir la restitution de la garantie financière à laquelle ils peuvent prétendre, dans la limite des droits qui leur sont réservés par la réglementation en vigueur ».

Article 168 : Les sommes objet du cautionnement constituent un privilège au profit de l'employeur à l'égard des tiers et sont insaisissables.

TITRE III : DES CONDITIONS GÉNÉRALES DU TRAVAIL

Observations

Dans le CTTOM les salaires faisaient l'objet d'un titre à part (Titre IV), et il en est de même dans le premier code gabonais post-indépendance (Titre V). C'est à partir de 1978 que les salaires sont désormais contenus dans un Chapitre intégré dans le Titre consacré aux conditions générales du travail. Cet ordonnancement a été repris en 1994 et en 2021.

CHAPITRE I : DU SALAIRE

Observations

Ordonnance n°43/PR/76 du 26 juillet 1976 instituant la Commission Gouvernementale des Salaires

Article 3. – « *La Commission gouvernementale des salaires exerce une mission d'arbitrage à partir des propositions qui résultent des négociations intervenues au sein des Commissions paritaires.*
Les Connaissions paritaires instituées par les Conventions collectives de chaque corps de métiers, soumettront les résultats de leurs négociations à la Commission gouvernementale qui pourra les entériner ou les modifier.
La Commission gouvernementale est consultée en matière de fixation du SMIG.
Elle doit dans ses travaux tenir compte des nécessités de l'équilibre général de l'économie et des impératifs du développement du pays, ceci dans le cadre de la lutte contre les différents facteurs générateurs d'inflation.
Les salaires hiérarchisés ne seront donc définitifs qu'après sa décision ».

Article 169 : *Le salaire est une somme d'argent versée à un travailleur en contrepartie du travail qu'il effectue pour un employeur. Il est constitué d'une rémunération fixe à laquelle peuvent s'ajouter des commissions, des indemnités et des avantages en nature.*

Observations

Cet article 169 constitue une réelle innovation. Jusque-là en effet, le législateur ne donnait pas une définition au salaire. Malgré cet effort, la complexité de la rémunération ne s'estompe pas pour autant. De quoi la rémunération est-elle le nom, pourrait-on se demander ?

Section 1 : De la détermination du salaire

Dans les relations de travail, la fixation de la rémunération est, en principe, laissée à l'appréciation des parties, même si dans les faits, le salarié est rarement en mesure de négocier le prix de sa prestation. C'est le contrat qui fixe le salaire soit totalement, soit partiellement. Il peut même arriver que le contrat de travail ne prévoie rien, si ce n'est la qualification et le coefficient auquel le travailleur a été embauché.

Durant les discussions parlementaires sur la loi de 1952, il avait été décidé que « *la détermination du salaire est laissée au domaine des conventions collectives, -l'administration n'intervenant que pour fixer le salaire minimum garanti et les cas dans lesquels certains accessoires de salaires- logement, nourriture, indemnité de dépaysement ou d'éloignement – doivent être assurés par l'employeur* » (Rapport n° 4301 de la Commission des T.O.-M de l'Assemblée nationale, 2ème lecture). C'est la même solution qui perdure : la convention collective détermine alors le salaire en faisant correspondre une valeur en argent à la position de la classification : application de la valeur du point ou de l'indice.

La convention peut suppléer également le contrat de travail en rajoutant des éléments de rémunération au salaire de base prévu dans le contrat. La convention collective peut encore intervenir dans la détermination du salaire en fixant des minimas ou des coefficients hiérarchiques afférents aux différentes qualifications professionnelles.

Néanmoins, au-delà de ces sources conventionnelles, pour éviter des abus conduisant à une exploitation des travailleurs, les pouvoirs publics obligent au respect des minimas salariaux qu'ils fixent d'autorité. C'est la fonction dévolue au Salaire minimum interprofessionnel garanti (SMIG).

Le salaire ainsi déterminé se compose des éléments suivants qui ne sont d'ailleurs pas prévus expressément par le Code du travail :

- Le salaire de base tel qu'il apparaît sur le bulletin de paie. Une clause du contrat peut d'ailleurs rendre ce salaire variable.
- Une partie du salaire peut être versée en nature ou provenir des avantages en nature. Dans certaines professions, le logement, la nourriture et l'éclairage peuvent être fournis par l'employeur.
- Les accessoires de salaire comme les primes (qu'elles soient ou non obligatoires), les pourboires dans certaines professions, les indemnités (sauf lorsqu'elles ont le caractère de remboursement des frais).
- Les majorations diverses (heures supplémentaires par exemple) ou rémunérations supplémentaires au salarié auteur d'une invention. Il se pose alors la question de la propriété de l'invention du salarié dans le cadre de son contrat de travail qui comporte une mission inventive. En droit comparé français, « *L'invention faite par le salarié dans l'exécution du contrat de travail comportant une mission inventive appartient à*

l'employeur ». Tel est le principe rappelé clairement, dans un attendu de principe, par la chambre sociale le 21 septembre 2011 (n° 09-69.927).

En droit comparé algérien, l'article 81 de la loi sur les relations de travail dispose : « *Par salaire, au sens de la présente loi, il faut entendre : le salaire de base, tel qu'il résulte de la classification professionnelle de l'organisme employeur ; les indemnités versées en raison de l'ancienneté du travailleur, des heures supplémentaires effectuées ou en raison de conditions particulières de travail et, notamment, de travail posté, de nuisance et d'astreinte, y compris le travail de nuit et l'indemnité de zone ; les primes liées à la productivité et aux résultats du travail* ». Ibid. Bénin, Code du travail, art. 207.

Le droit comparé australien a posé en 2022 comme principe l'interdiction du secret sur le salaire. Les salariés ont donc le droit, depuis le 7 décembre 2022, de partager, s'ils le souhaitent, des informations concernant leur salaire ou leurs conditions d'emploi permettant de calculer celui-ci. Ils ne peuvent pas être contraints de donner ces informations le cas échéant. Ils peuvent également interroger, en la matière, d'autres salariés du même employeur ou d'un employeur différent. Ces droits s'appliquent également au terme de la relation de travail. De même, depuis le 7 juin 2023, les clauses de confidentialité dans les contrats ont été supprimées.

Article 170 *: A travail d'égale valeur, la rémunération est égale pour tous les travailleurs, quels que soient leur origine, leur opinion, leur sexe et leur âge. L'employeur prend en compte un objectif de suppression des écarts de rémunération entre les femmes et les hommes.*
L'égalité de rémunération entre hommes et femmes, pour un travail de valeur égale et de même nature, se réfère aux taux de rémunération fixés sans discrimination fondée sur le sexe.

Observations

Si l'on en croit différentes opinions, la discrimination salariale femmes – hommes serait la plus ancienne (Y. De Curraize, R. Hugounenq « Inégalités de salaires entre femmes et hommes et discrimination », *Revue de l'OFCE*, vol. n° 90, n° 3, 2004, pp. 193-224 ; M.T. Lanquetin, « Chronique juridique des inégalités de salaires entre les femmes et les hommes », *Travail, genre et sociétés*, vol. 15, n° 1, 2006, pp. 69-82 ; H. Sanborn, « Pay differences between men and women », *ILR Review*, Vol. 17, n°4, 1964, p. 534-550). De nombreuses raisons sont souvent évoquées pour l'expliquer malgré sa condamnation par la loi. Parmi celles-ci, il y a les périodes d'interruption d'activité que les femmes peuvent connaître. L'écart de rémunération a tendance en effet à s'accroître entre salariés en fonction du nombre de maternités, les femmes qui ont eu le plus d'enfants étant les plus discriminées. Toutefois, une différence de traitement entre les hommes et les femmes peut être justifiée en raison de la nature des activités professionnelles concernées, si les mesures prises sont légitimes et proportionnées.

I. L'égalité de rémunération hommes –femmes : L'apport de la Convention n° 100 de l'OIT

L'article 170 reprend globalement les dispositions de la Convention n° 100 de l'OIT sur l'égalité de rémunération du 29 juillet 1951 et ratifiée par le Gabon le 13 juin 1961. Cette convention précise dans son article 1er ce qu'est la rémunération d'une part et l'égalité en la matière d'autre part :
« *a) Le terme rémunération comprend le salaire ou traitement ordinaire, de base ou minimum, et tous autres avantages, payés directement ou indirectement, en espèces ou en nature, par l'employeur au travailleur en raison de l'emploi de ce dernier.*
b) l'expression égalité de rémunération entre la main-d'œuvre masculine et la main-d'œuvre féminine pour un travail de valeur égale se réfère aux taux de rémunération fixés sans discrimination fondée sur le sexe ».

Toutefois, l'article 3-3 de la Convention n° 100 pose des limites à ce principe : « *Les différences entre les taux de rémunération qui correspondent, sans considération de sexe, à des différences résultant d'une telle évaluation objective dans les travaux à effectuer ne devront pas être considérées comme contraires au principe de l'égalité de rémunération entre la main-d'œuvre masculine et la main-d'œuvre féminine pour un travail de valeur égale* ». De même, les allocations qui sont versées aux femmes du fait de la maternité ne peuvent pas être considérées comme contraires au principe d'égalité salariale.

En droit comparé français, l'égalité de rémunération entre les salariés des deux sexes permet aux hommes d'obtenir le bénéfice d'un avantage prévu pour les femmes s'il n'est pas lié à des circonstances qui les concernent spécifiquement. C'est ainsi qu'une prime de crèche prévue par un accord collectif au bénéfice des mères a dû être également versée aux pères de famille remplissant les mêmes conditions (Cass. Soc., 22 juin 1994, *RJS*, 8-9/94, n° 100 ; 9 avril 1996, Bull. civ., V, n ° 144 ; 27 février 1991, *Bull. civ.*, V, n° 101).

II. La nature de l'obligation d'égalité salariale

A la lecture de la Convention n° 100 de l'OIT et de l'article 170 du Code du travail, la tentation est grande de considérer l'obligation du chef d'entreprise en la matière comme une obligation de moyens. Le texte de l'OIT n'emploie pas en effet de formules impératives. De plus, la limite posée à l'article 3-3 ne conduit nullement à déceler une obligation de résultat dans cette convention. Il en va de même a priori pour l'article 170, dont la violation est régie par l'article 233 qui dispose : « *Sont passibles d'une amende de cinq cent mille (500 000) francs CFA à un million (1 000 000) de francs CFA et, en cas de récidive, d'une amende d'un million (1 000 000) à deux millions (2 000 000) de francs CFA et d'un emprisonnement de deux (2) à six (6) mois ou de l'une de ces deux peines seulement* »

Force est de constater qu'aucun texte ne précise jusqu'à présent les éléments caractérisant cette infraction, même s'il est prévu l'hypothèse de la récidive. Mais, au regard de la pratique observable, il est permis de douter de l'application de ces dispositions.

En droit comparé français, la loi du 23 mars 2006 relative à l'égalité salariale entre les femmes et les hommes a fixé une véritable obligation de résultat en la matière qui est effective depuis le 31 mars 2010. L'article L. 2242-5 du Code du travail dispose ainsi que :

« *L'employeur engage chaque année une négociation sur les objectifs d'égalité professionnelle entre les femmes et les hommes dans l'entreprise, ainsi que sur les mesures permettant de les atteindre. Cette négociation s'appuie sur les éléments figurant dans le rapport de situation comparée prévu par l'article L. 2323-57, complété éventuellement par des indicateurs tenant compte de la situation particulière de l'entreprise. Cette négociation porte notamment sur les conditions d'accès à l'emploi, à la formation professionnelle et à la promotion professionnelle, les conditions de travail et d'emploi et en particulier celles des salariés à temps partiel, et l'articulation entre la vie professionnelle et les responsabilités familiales. Cette négociation porte également sur l'application de l'article L. 241-1 du code de la sécurité sociale et sur les conditions dans lesquelles l'employeur peut prendre en charge tout ou partie du supplément de cotisations.*
Lorsqu'un accord comportant de tels objectifs et mesures est signé dans l'entreprise, la périodicité de la négociation est portée à trois ans. »

III. Le travail de valeur égale

L'alinéa 1er de l'article 140 du précédent code affirmait que : « *A conditions égales de travail, de qualification et de rendement, le salaire de base est égal pour tous les travailleurs, quels que soient leur origine, leur opinion, leur sexe et leur âge* ». Cette formulation a fait l'objet de critiques de la part des instances de l'OIT. En 2020, la Commission d'experts pour l'application des conventions et recommandations (CEACR) relevait ce qui suit : « La commission rappelle que, depuis de très nombreuses années, elle souligne la nécessité de modifier l'article 140 du Code du travail dont les dispositions sont trop restrictives par rapport à celles de la convention et ne permettent pas de comparer des travaux de nature différente ou comportant des facteurs différents (qualifications/compétences requises, responsabilités, efforts, conditions de travail), mais qui pourraient être, dans l'ensemble, de *valeur* égale. La commission rappelle que l'article 140 conditionne l'application de l'égalité de rémunération à l'existence de «conditions égales de travail, de qualification et de rendement», d'une part, et à un travail de «*valeur* égale et de même nature», d'autre part. La commission note l'indication du gouvernement dans son rapport selon laquelle l'actualisation du Code du travail est en cours et qu'il s'agit d'un projet prioritaire. Il indique que l'article 140 sera modifié et qu'il devient, dans le projet de Code du travail (…) » (Observation CEACR - adoptée en 2020, publiée 109ème session CIT, 2021, *Convention n° 100 sur l'égalité de rémunération, 1951 ; Ratifiée par le Gabon en 1961).* Les experts concluent en ces termes : « *La commission prie donc instamment le gouvernement de prendre les mesures nécessaires pour que le futur Code du travail donne pleine expression et plein effet au principe de l'égalité de rémunération entre hommes et femmes pour un travail de valeur égale, sans limitations contraires à la convention, et de fournir des informations sur tout progrès réalisé en ce sens* ».

La modification de l'alinéa 1er de l'ancien article 140 même si elle satisfait certainement la CEACR, ne renseigne pas suffisamment sur les conditions dans lesquels l'égalité de rémunération sera appliquée. Il faudrait pour cela que le législateur ou le pouvoir réglementaire détermine comme on le voit en droit comparé français les critères du travail de valeur égale. L'article L. 3221-4 du Code du travail dispose en sens que : « *Sont considérés comme ayant une valeur égale, les travaux qui exigent des salariés un ensemble comparable de connaissances professionnelles consacrées par un titre, un diplôme ou une pratique professionnelle, de capacités découlant de l'expérience acquise, de responsabilités et de charge physique ou nerveuse* ». Par le passé, le juge français a eu à rappeler que : « l'égalité de rémunération est à appliquer à des personnes qui effectuent un travail de valeur égale dans des fonctions différentes » (Cass. Soc., 22 octobre 2014, n° 13-18.362, *Lexbase Hebdo*, éd.

Sociale, note G. Auzero ; 6 juillet 2010, 09-40.021, *Lexbase Hebdo*, éd. Sociale, note G. Auzero : « *Aux termes de l'article L. 3221-2 du Code du travail, l'employeur est tenu d'assurer pour un même travail ou un travail de valeur égale, l'égalité de rémunération entre les femmes et les hommes ; selon l'article L. 3221-4 du même code, sont considérés comme ayant une valeur égale les travaux qui exigent des salariés un ensemble comparable de connaissances professionnelles consacrées par un titre, un diplôme ou une pratique professionnelle, de capacités découlant de l'expérience acquise, de responsabilités et de charge physique ou nerveuse.*
Doit en conséquence être approuvé l'arrêt qui, après avoir caractérisé l'exécution par les salariés d'un travail de valeur égale en relevant entre les fonctions exercées d'une part, par la salariée, et d'autre part, par les collègues masculins, membres comme elle du comité de direction, avec lesquels elle se comparait, une identité de niveau hiérarchique, de classification, de responsabilités, leur importance équivalente dans le fonctionnement de l'entreprise, chacune d'elles exigeant en outre des capacités comparables et représentant une charge nerveuse du même ordre, en déduit que la salariée qui, pour une ancienneté plus importante et un niveau d'études similaire, percevait une rémunération inférieure à celles de ses collègues masculins, avait été victime d'une inégalité de traitement dès lors que l'employeur ne rapportait pas la preuve d'éléments étrangers à toute discrimination, justifiant cette inégalité »).

Article 171 *: Tout contrat de travail imposant au travailleur un changement effectif de résidence entraîne obligation pour l'employeur de lui fournir un logement adéquat en rapport avec sa situation de famille, ou de lui verser une indemnité de logement compensatrice conséquente.*

Observations

Tout salarié qui est obligé de changer de résidence à cause de son embauche doit bénéficier d'un logement. Toutefois, si cette obligation est aisée à satisfaire lorsqu'il s'agit des cadres, il en va tout autrement pour les salariés. Néanmoins, de nombreuses dispositions conventionnelles prévoient le versement d'une indemnité destinée à couvrir les dépenses de logement.

I. L'obligation de loger le personnel

L'obligation de loger le personnel qui n'existait pas en droit métropolitain est directement issue de l'article 92 du CTTOM qui dispose : « *Dans le cas où le travailleur permanent, qui n'est pas originaire du lieu d'emploi et n'y a pas sa résidence habituelle, ne peut, par ses propres moyens, se procurer un logement suffisant pour lui et sa famille, l'employeur est tenu de le lui assurer dans les conditions prévues au présent titre* ». L'idée qui dominait en 1952 était d'éviter que ne se constituent des bidonvilles considérés comme des fléaux qu'il fallait éradiquer. De même, il était également imposé à l'employeur une obligation de fournir de la nourriture au travailleur.

Contrairement au code de 1952, la loi de 2021 n'exige pas que le travailleur soit permanent, c'est-à-dire qu'il n'ait pas été embauché à titre précaire ou occasionnel. On peut donc en conclure que tout travailleur au sens du Code du travail peut bénéficier des dispositions de l'article 141 C.T. En fait, cet article ne concerne que les seuls travailleurs qui ont été obligés de changer de résidence à la suite de leur embauche. Dans les faits, les salariés étrangers sont prioritairement visés ici. Voir par exemple Tribunal de 1ère instance de Libreville, 3 juin 2004, n° 229-03-04 : « *Attendu en l'espèce qu'aucune preuve n'a été fournie pouvant amener le Tribunal à dire la Société X. comptable des loyers de son salarié, cette charge ne saurait lui incomber, qu'il convient de rejeter cette demande* ». Cette solution est critiquable dans la mesure où l'article 141 prévoit que l'employeur doit verser une indemnité de logement compensatrice pour le salarié qui a changé de résidence. Or, en l'espèce, le salarié a été recruté au Cameroun. Peut-être que la veuve aurait dû demander le versement de cette indemnité, et non pas le remboursement des frais de logement. Le juge ne statuant que sur les points dont il est saisi, on peut comprendre ainsi cette décision.

Néanmoins, le salarié gabonais qui change de ville du fait de son embauche doit pouvoir bénéficier de cet avantage.
Voir, C.A. judiciaire de Port-Gentil, Ch. Soc., 30 juin 2008, n° 87/07-08 : « *Attendu par ailleurs que le travailleur qui exécute le contrat de travail en dehors du lieu de recrutement a droit au logement (...)* ». Dans le cas contraire, il s'agirait d'une réelle discrimination.

Les Conventions d'établissements peuvent déroger à cet article en prévoyant des dispositions plus favorables. La fourniture d'un logement ou le versement d'une indemnité de logement ont fini par être étendus à l'ensemble des salariés. C'est ainsi que la convention d'une entreprise du secteur pétrolier énonce que : « *Les agents recrutés au lieu d'emploi sont tenus de se loger par leurs propres moyens. Une indemnité de logement révisable et calculée en fonction de leur situation familiale d'état civil leur sera attribuée dès leur engagement définitif* ». La même convention rappelle toutefois que, « *L'entreprise est tenue de loger les travailleurs recrutés hors du lieu d'emploi en fonction de leur situation d'état civil dans une villa du type SNI* ».

De même, sans violer l'égalité de rémunération, la convention collective peut réserver le bénéfice du logement à une catégorie du personnel.
Voir en ce sens, l'article A. 62 de la Convention collective des banques : « *Une indemnité de logement est accordée aux cadres, à compter de la Classe V qui ne sont pas logés par l'employeur.*
Son montant payable mensuellement est laissé à la libre négociation des parties concernées ».

En droit comparé camerounais, voir l'arrêt n° 5 du 16 novembre 1978, Aff. Société Guinness-Cameroun / Mbadieu Jacques, in Tchakoua, *op. cit.*, p. 263 : L'obligation de logement mise à la charge de l'employeur par la loi, se traduit, en cas d'inexécution, par l'allocation de dommages-intérêts.

II. La jouissance

Des questions annexes peuvent apparaître :

- Quid de la notion de logement suffisant ? Les besoins des salariés ne sont pas en effet les mêmes. Sous le régime du CTTOM, les arrêtés gubernatoriaux fixaient les caractéristiques du logement et allaient jusqu'à préciser les règles d'hygiène. Qu'en est-il aujourd'hui ?
- Quid de la notion de famille ? Dans quel sens doit-elle être entendue ? Curieusement le législateur est resté silencieux sur ce point. En 1952, pendant les travaux en commission, il avait été décidé de limiter la famille au conjoint et aux enfants mineurs vivant avec le salarié (Séance du 1er février 1952, J.O., déb. Parl., pp.305 à 307)

Article 172 : *Dans le cas où le travailleur ne peut, par ses propres moyens, obtenir pour lui et sa famille un ravitaillement régulier en denrées alimentaires de première nécessité, l'employeur est tenu de le lui assurer.*
Une indemnité dite de déplacement est allouée à tout travailleur astreint par ses obligations professionnelles à un déplacement occasionnel ou temporaire, quel que soit son origine ou son lieu de recrutement.
Le taux de cette indemnité est fixé dans le cadre des conventions collectives, ou des accords d'établissements.
L'indemnité de déplacement est distincte de l'indemnité de transport.

Observations

I. L'obligation de denrées alimentaires

Prévue à l'article 93 du CTTOM, l'obligation de fournir des denrées alimentaires à la charge de l'employeur a de nombreuses similitudes avec l'obligation de logement, même si elle est plus large que cette dernière. Tous les salariés peuvent en effet bénéficier de cette prestation, peu importe le lieu où ils ont été recrutés. L'obligation n'existe que si « *le travailleur ne peut se procurer un ravitaillement régulier en denrées alimentaires de première nécessité* ».

Sur la composition de la ration des vivres, voir par exemple, arrêté n° 259 du 8 février 1954 réglementant l'attribution de la ration journalière. Ce texte fixe le remboursement éventuel de la ration fournie à trois fois le SMIG horaire par jour.

II. L'indemnité de déplacement et l'indemnité de transport

L'indemnité de déplacement et l'indemnité de transport se confondent souvent. Pourtant, elles sont de nature différente. La première est d'origine légale et a pour objet d'indemniser le travailleur des frais occasionnés par son déplacement hors de son lieu de travail. S'agissant de la seconde qui est d'origine conventionnelle (même si des décrets viennent la réglementer également), elle a pour objet d'indemniser les déplacements de son domicile à son lieu de travail habituel. Si la première n'est réservée qu'aux salariés qui remplissent les conditions prévues par la loi, il n'en va pas de même de la seconde dont tous les salariés peuvent bénéficier.

L'indemnité de déplacement est reprise aussi bien dans le Tronc commun des conventions collectives (art. A. 48,1), que dans les conventions de branche (Convention collective des banques, art. A. 59) ou dans les conventions d'entreprises. Elle a pour objet d'indemniser le travailleur pour ses déplacements périodiques du lieu de sa résidence habituelle au lieu d'emploi. La question qui se pose souvent est celle de savoir si cette indemnité de déplacement ne se confond pas avec l'indemnité de transport. En 1952 ce débat était déjà d'actualité : « *S'agissait-il d'une indemnité de transport destinée à rembourser au travailleur les frais de transport qu'il engage tous les jours de sa résidence à son lieu de travail ? S'agissait-il d'une indemnité destinée à compenser les frais engagés pour aller exercer ses fonctions dans un nouveau lieu de travail, mais dans le cadre de la même entreprise ?* »

(Gonidec, op. cit., n° 546). La jurisprudence a progressivement opté pour la seconde interprétation. L'indemnité de déplacement a donc uniquement pour but de rembourser au travailleur les frais occasionnés par son affectation à un lieu de travail différent du lieu habituel. Le montant de cette indemnité est fixé chaque année par convention collective ou, à défaut, par arrêté du Ministre chargé du travail.

L'indemnité de transport est prévue par le décret n° 173/PR du 16 février 1982 pour « les salariés soumis aux dispositions du Code du travail ». Le décret énonce que, « *le taux minimum mensuel de la prime de transport est fixé comme suit : travailleurs dont le déplacement nécessite 4 voyages par jour : 5000 francs ; travailleurs dont le déplacement nécessite deux voyages par jour : 2500 francs* ». Sont par ailleurs exclus du bénéfice de cette indemnité, « *les travailleurs dont le transport est intégralement assuré ou remboursé par l'employeur, ou dont le logement est assuré par l'employeur de telle sorte qu'ils ne supportent aucun frais pour se rendre à leur lieu de travail* ».

Article 173 : *Toutefois, lorsque la situation économique et financière de l'entreprise, dûment constatée par un audit externe certifié par un expert judiciaire le justifie, le principe de rémunération à la tâche est admis au moyen d'un accord librement passé entre les parties contractantes.*
Cet accord est signé sous le contrôle de l'inspecteur du travail du ressort pour une durée qui ne saurait excéder six (6) mois, renouvelable une fois.

Observations

Le salarié peut être rémunéré soit au temps, soit à la pièce ou à la tâche. La rémunération au temps est celle qui est fixée par référence à une durée de travail journalier, hebdomadaire, mensuelle ou annuelle. C'est le mode de rémunération le plus répandu au Gabon, et le plus sécurisant pour le travailleur.
La rémunération à la pièce ou à la tâche varie elle, en fonction de la quantité de production réalisée par un individu ou par une équipe dans un laps de temps donné. Il n'est pas certain qu'elle soit adaptée à toutes les activités. L'employeur ne peut recourir à ce mode de rémunération que si la convention collective le permet. Toutefois, de manière exceptionnelle et pour une durée de six mois, la rémunération à la pièce ou à la tache peut être tolérée.

Article 174 : *La rémunération d'un travail à la tâche ou à la pièce doit être calculée de telle sorte qu'elle procure au travailleur un salaire indexé sur les standards de ceux fixés dans son segment d'activité.*

Article 175 *: Les taux minima de salaire ainsi que les conditions de rémunération du travail à la tâche ou à la pièce doivent être affichés aux bureaux des employeurs et sur les lieux de travail.*

Article 176 *: Le salaire de base du travailleur sous contrat de mission est au moins égal à celui prévu pour sa catégorie dans la grille salariale interne de l'entreprise utilisatrice.*

Article 177 *: Outre le salaire de base visé à l'article 176 ci-dessus, le travailleur sous contrat de mission bénéficie de primes et indemnités attachées au poste de travail occupé au sein de l'entreprise utilisatrice.*

Article 178 *: Lorsque la rémunération des services est constituée en partie ou en totalité par des commissions, primes, prestations diverses ou indemnités représentatives de ces prestations, dans la mesure où celles-ci ne constituent pas un remboursement de frais, il en est tenu compte pour le calcul des allocations ou indemnités de toute autre nature dues au travailleur par l'employeur, ainsi que des dommages-intérêts. Le montant à prendre en considération à ce titre est la moyenne mensuelle des éléments visés au paragraphe précédent.*
Ce calcul s'effectue sur une période courant pour compter du jour de l'entrée en service du travailleur dans la limite des douze mois ayant précédé le départ en congé ou la cessation de travail.

Section 2 : Du salaire minimum interprofessionnel garanti

Article 179 *: Le salaire minimum interprofessionnel garanti, en abrégé SMIG, constitue le minimum absolu en dessous duquel il est interdit de rémunérer un travailleur. Il est fixé par décret pris sur proposition du Ministre en charge du Travail après consultation des organisations d'employeurs et de travailleurs les plus représentatives.*

Observations

I. Le salaire minimum avant l'Indépendance

Durant la période coloniale, outre le régime du travail forcé, l'absence de moyens de recours pour le travailleur contre l'employeur ont conduit les

pouvoirs publics à intervenir dans les relations de travail, pour faire face à l'arbitraire patronal en matière salariale. Au lendemain de la Première Guerre mondiale, les autorités ont commencé à fixer d'autorité le salaire des travailleurs.
Voir pour l'AEF, arrêté du Gouverneur général, 11 février 1923, art. 9.
Pour l'AOF, arrêté du Gouverneur général, 22 mars 1926, article 18. Les salaires ne pouvaient être inférieurs au minimum fixé par arrêté du Gouverneur général. Il faut attendre la loi du 11 février 1956 pour que le SMIG soit institué en Métropole. Ce mécanisme sera repris par tous les Etats africains francophones.

II. Le caractère d'ordre public du SMIG

L'article 179 pose comme principe qu'aucun employeur sur le territoire gabonais ne peut verser à un travailleur une rémunération inférieure au niveau du SMIG. Des peines d'amende, voire d'emprisonnement en cas de récidive, sont prévues par le Code du travail. Le SMIG a pour fonction de garantir le pouvoir d'achat des salariés ayant les rémunérations les plus faibles, face aux fluctuations du coût de la vie. Le SMIG doit donc évoluer avec les variations de l'inflation, mais cela ne se produit que rarement. On observe ainsi sa stagnation pendant de nombreuses années. De ce fait, le SMIG doit plutôt être envisagé comme une garantie mensuelle de rémunération.

Pour déterminer l'assiette du SMIG, il faut prendre en compte toutes les sommes qui s'imputent sur le salaire, ce qui est le cas des avantages en nature et des majorations diverses. Par contre, sont exclues les sommes versées au titre des remboursements des frais, de même que les sommes qui ne constituent pas la contrepartie directe du travail (primes d'assiduité, primes d'ancienneté, les indemnités liées aux conditions de travail comme la pénibilité, les primes versées en fin d'année).

III. La liberté contractuelle

Si aucun travailleur au Gabon ne peut être rémunéré en dessous du niveau du SMIG, la loi ne fixe pas un plafond pour ce qui est de la rémunération. L'employeur et le salarié ont donc l'entière liberté de s'accorder sur le montant de la rémunération.

IV. La garantie d'un salaire minimum

Le Gabon comme l'ensemble des pays francophones a repris la législation de 1952 en choisissant une rémunération minimale au taux horaire (Voir également Brésil, Etats-Unis, Canada, Corée du Sud, Hongrie).

D'autres pays ont retenu soit une base journalière (Japon, Mexique), soit une base hebdomadaire (Nouvelle-Zélande, Pays-Bas), soit une base mensuelle (Espagne, Portugal, Luxembourg, Pologne). Les pays lusophones comme l'Angola (art. 168, LGT), le Mozambique (art. 108-5 L.T.) prévoient également des minimums salariaux.

Aujourd'hui le SMIG est toujours la norme alors même que la France a mis en place le SMIC (salaire minimum interprofessionnel de croissance) depuis la loi du 2 janvier 1970. SMIG et SMIC ne doivent pas être confondus. Le premier est un salaire minimum qui est en principe indexé sur l'inflation (le SMIG devrait être relevé en fonction de la hausse de l'inflation), alors que le SMIC est indexé sur la croissance économique. L'un doit évoluer en fonction de l'inflation et l'autre en fonction de la croissance. Toutefois, en France, il subsiste le relèvement automatique du SMIC en fonction de l'indice national des prix à la consommation. Lorsque cet indice affiche une hausse d'au moins 2 %, le SMIC est relevé dans la même proportion à compter du premier jour qui suit la publication de l'indice entraînant le relèvement.

La fixation du SMIG relève du pouvoir du seul gouvernement.
Voir illustrations et périodicités de la fixation du SMIG : Décret n° 422/PR du 29 décembre 1964 fixant les taux du salaire minimum interprofessionnel, J.O. 15/01/1965 ; Décret n°00120/PR/MTAS du 11 mars 1967 fixant les taux du salaire minimum interprofessionnel garanti, J.O. avril 1967 ; Décret n° 373/PR-MTAS du 5 juillet 1968 portant réajustement du salaire minimum interprofessionnel garanti des salaires de base des catégories des conventions collectives ainsi que des salaires de base des gens de maison, personnel de bars, hôtels et restaurants, J.O. août 1968 ; Décret n°87/PR-MTPS du 5 février 1974, relatif au relèvement du salaire minimum interprofessionnel garanti, J.O. février 1974 ; Décret n° 172/PR/MTE 16 février 1982 portant réajustement du salaire minimum interprofessionnel garanti (SMIG), J.O. mars 1982 ; Décret n° 173/PR/MTE 16 février 1982 portant revalorisation de la prime de transport, J.O. mars 1982 ; Décret n°1036/PR/MTE du 19 juin 1985 portant réajustement du salaire minimum interprofessionnel garanti (SMIG) ; Décret n° 000855/PR/MTE du 9 novembre 2006 fixant le salaire minimum interprofessionnel garanti en République gabonaise.

En droit comparé algérien, la fixation du salaire minimum relève également du pouvoir réglementaire après consultation des associations syndicales de travailleurs et d'employeurs les plus représentatives. Cf. art. 87 de la loi sur les relations de travail.

Il est nécessaire de rappeler que nombreux sont les pays où le législateur ne fixe pas le salaire minimum. C'est le cas en Afrique des pays anglophones comme l'Afrique du Sud, le Ghana, le Kenya ou la Tanzanie. En Europe, on peut citer notamment le cas de la Suisse, de la Finlande, de l'Autriche, de l'Italie, de la Suède, de la Belgique, etc. L'Allemagne ne s'y est rangée que depuis 2015.

Aux États-Unis, il existe un salaire minimum fédéral servant de niveau plancher, mais où chaque État est libre de fixer un salaire minimum supérieur à celui-ci.

Section 3 : Du revenu minimum mensuel

Article 180 : *Le revenu minimum mensuel, en abrégé RMM, est fixé par décret pris sur proposition conjointe du Ministre en charge du Travail et du Ministre en charge du Budget après consultation des organisations d'employeurs et de travailleurs les plus représentatives.*
Il est reconnu à tout travailleur dont le salaire brut mensuel est inférieur au montant fixé par le décret mentionné à l'alinéa ci-dessus.
Toutefois, en raison du caractère spécifique de certaines activités, un décret pris sur proposition du Ministre en charge du Travail détermine, en tant que de besoin, des dérogations aux alinéas ci-dessus, dans certains secteurs d'activités, ainsi que les modalités d'application.

Section 4 : Du mode de paiement du salaire

Article 181 : *Le salaire doit être payé directement au travailleur intéressé en monnaie ayant cours légal, nonobstant toute stipulation contraire.*
Le paiement sous forme de billets à ordre, de coupons ou sous toute autre forme censée représenter la monnaie ayant cours légal est interdit.
La paie est faite pendant les heures de travail, sur le lieu de travail ou au bureau de l'employeur lorsqu'il est voisin du lieu de travail, en espèce, par chèque ou par virement bancaire ou tout autre moyen de paiement électronique.

Le travailleur ayant opté pour le paiement par virement bancaire ou tout autre moyen de paiement électronique doit fournir à l'employeur les informations nécessaires pour procéder au paiement de son salaire.

Observations

Les dispositions réglementant le paiement du salaire ont pour souci premier de protéger les travailleurs. Il en va ainsi de l'obligation de payer le salarié en espèces que l'on retrouve d'abord dans le CTTOM (art. 99) avant qu'elle ne soit reprise par les législations gabonaises successives. Cette obligation se justifiait aisément par la volonté de lutter contre l'alcoolisme. Il aurait été tentant à un employeur tenant par ailleurs un commerce ou un économat de rémunérer en nature le salarié. L'autre objectif était également d'éviter le gaspillage immédiat du salaire par le travailleur.

I. La forme du paiement du salaire

Le principe posé par le Code du travail est que l'employeur rémunère le salarié en espèces. Ce paiement ne peut se faire qu'en francs CFA, ce qui ne fait pas obstacle au paiement par chèque ou par virement. Il en découle l'interdiction de tout ou partie du paiement en nature. Toutefois, par exception à cette règle, des prestations en nature qui font partie intégrante de la rémunération peuvent être servies au travailleur.

L'obligation de verser au salarié sa rémunération en espèces est également prévue par la Convention n° 95 de l'OIT sur la protection du salaire (ratifiée par le Gabon le 14 octobre 1960) en son article 3-1 : 1 : « *Les salaires payables en espèces seront payés exclusivement en monnaie ayant cours légal, et le paiement sous forme de billets à ordre, de bons, de coupons ou sous toute autre forme censée représenter la monnaie ayant cours légal sera interdit* ».

Pour Gonidec, « *Le législateur a ainsi entendu protéger le travailleur contre les abus du patron qui pourrait être tenté de reprendre d'une main ce qu'il lui donne de l'autre* » (Gonidec, *op. cit*, n° 552). L'obligation de verser une rémunération en espèces se retrouve également dans l'ensemble des législations africaines et au-delà du continent.
Voir tous les codes des Etats francophones, mais également Ghana, *Labour Act*, art. 67.

Par contre, en droit angolais, le législateur a prévu expressément que le salaire pouvait être constitué d'une partie en espèces et, avec l'accord du salarié, d'une autre en nature (LGT, art. 242). Ce qui peut paraître comme une exception n'en est pas une à proprement parler puisqu'en droit gabonais, la rémunération en nature n'est pas totalement absente. L'article 142 C.T. évoque par exemple la fourniture de denrées alimentaires. Le logement peut également être un élément de la rémunération que le droit de la sécurité sociale intègre d'ailleurs dans l'assiette des cotisations. On peut encore citer l'ensemble des avantages en nature que le travailleur peut recevoir en contrepartie de sa prestation.

II. Le lieu et le moment du paiement

Le lieu du paiement est déterminé selon les règles du droit commun. Celui-ci prévoit en effet que la dette est quérable et non portable. Le paiement ne peut se faire, sauf cas de force majeure, qu'au lieu du travail ou au bureau de l'employeur.
Dans le présent code les prohibitions de paiement dans des débits de boissons n'existent plus, par contre le dernier alinéa de l'article 181 prévoit désormais le paiement par virements bancaires.
Le moment du paiement n'est pas davantage laissé à la discrétion des parties. Il ne peut s'effectuer que pendant les heures de travail. Le salaire ne peut donc pas être versé le jour où le travailleur a droit au repos.
En droit comparé français, les parties disposent de la liberté d'indiquer le lieu du paiement du salaire qui peut être soit le domicile du débiteur à savoir l'employeur, soit un lieu indiqué par la convention collective ou le contrat de travail.

Article 182 : *A l'exception des professions pour lesquelles des usages établis prévoient une périodicité de paiement différente et qui seront déterminées par arrêté du Ministre en charge du Travail, le salaire doit être payé à intervalles réguliers ne pouvant excéder quinze jours pour les travailleurs à salaire horaire ou journalier, et un mois pour les travailleurs à salaire mensuel.*
Toutefois, le travailleur journalier rémunéré au salaire horaire ou journalier, engagé pour une occupation de courte durée n'excédant pas une semaine, est payé chaque jour ou à la fin de la semaine.
Les paiements mensuels doivent être effectués au plus tard cinq jours après la fin du mois de travail qui donne droit au salaire.
Pour tout travail à la pièce ou au rendement dont l'exécution doit durer plus d'une quinzaine de jours, les dates de paiement peuvent être fixées de gré à gré, mais le travailleur doit recevoir chaque quinzaine des acomptes correspondant au moins à cinquante pour cent (50 %) du salaire et être intégralement payé dans la quinzaine qui suit la livraison de l'ouvrage.

Les commissions acquises au cours d'un trimestre doivent être payées dans les trois mois suivant la fin de ce trimestre.
En cas de résiliation ou de rupture de contrat, les salaires et les indemnités doivent être payés dès la cessation de service.
Toutefois, en cas de litige, l'employeur peut obtenir du président du tribunal l'immobilisation provisoire entre ses mains de tout ou partie de la fraction saisissable des sommes dues.
Les travailleurs absents le jour de la paie peuvent retirer leur salaire aux heures normales d'ouverture de la caisse, conformément au règlement intérieur de l'entreprise, exception faite des employés ayant opté pour le paiement par virement bancaire. Le paiement de leurs salaires doit intervenir au plus tard le même jour que les autres employés payés par le même moyen.

Observations

Le principe en la matière et qui remonte au CTTOM, est que le salaire doit être payé à intervalles réguliers. Ce principe est d'ordre public et l'inspecteur du travail est chargé d'en assurer le contrôle. L'employeur n'est pas tenu de verser la rémunération à la fin du mois. Il a jusqu'à cinq jours après la fin de celui-ci pour le faire.

<u>Article 183</u> *: Le paiement du salaire doit être constaté par une pièce dressée ou certifiée, d'une part, par l'employeur ou son représentant et, d'autre part, par le travailleur ou s'il est illettré, par deux témoins. Ces pièces sont conservées par l'employeur dans les mêmes conditions que les pièces comptables et doivent être présentées à toute réquisition de l'inspecteur du travail ou du tribunal.*
Les employeurs sont tenus de délivrer au travailleur, au moment du paiement, un bulletin individuel de paie. Mention est faite par l'employeur du paiement du salaire sur le double du bulletin de paie.
La contexture du bulletin individuel de paie est fixée par arrêté du Ministre en charge du Travail.
N'est pas opposable au travailleur, la mention « pour solde de tout compte » ou toute mention équivalente souscrite par lui, soit au cours de l'exécution, soit après la résiliation de son contrat de travail, et par laquelle le travailleur renonce à tout ou partie des droits qu'il tient de son contrat de travail.
L'acceptation sans protestation ni réserve par le travailleur d'un bulletin de paie ne peut valoir renonciation de sa part au paiement de tout ou partie du salaire, des indemnités et des accessoires du salaire qui lui sont dus en vertu des dispositions légales ou contractuelles.

Observations

Lorsqu'il verse sa rémunération au travailleur, l'employeur est tenu de lui remettre également un bulletin de paie. Ce document permet de constater que l'employeur a rempli son obligation. L'employeur est également obligé de tenir un livre de paie dans lequel, il reproduit les mentions contenues dans le bulletin de paie.
Le travailleur peut réclamer à l'amiable ou en justice des sommes qu'il estime dues, même après avoir accepté le bulletin de paie.

I. Le bulletin de paie

L'employeur est tenu de délivrer aux salariés, au moment de la paie, un bulletin individuel de salaire.

A. Le contenu du bulletin de paie

Aucune forme n'est exigée par la loi, mais il doit contenir un certain nombre de mentions obligatoires dont la liste limitative a été fixée par l'arrêté n° 2471 du 24 décembre 1953. Le bulletin de salaire comprend, le nom et l'adresse de l'employeur et ceux du travailleur. Il mentionne également la date du paiement et la période afférente. Il précise en outre :

- L'emploi et la classification professionnelle du travailleur
- Le numéro d'affiliation à la caisse ;
- La période et le nombre d'heures de travail ;
- La nature et le montant des primes
- Le taux de rémunération convenu ;
- Le montant de la rémunération brute et ses différentes composantes (salaire proprement dit, heures supplémentaires, primes, indemnités)

B. Les effets de la remise du bulletin de paie

Ce qui était contenu dans une instruction ministérielle du 28 juillet 1953 (20 CT/T/10) demeure encore valable aujourd'hui : « *Le but essentiel du bulletin de paie est de renseigner le travailleur sur les éléments constitutifs de sa rémunération, de faciliter la tâche du juge en cas de différend et de fournir des éléments certains pour la détermination et le contrôle des taux de salaire* ». De ce fait, l'acceptation sans protestation ni réserve du bulletin par le travailleur ne peut valoir renonciation de sa part au paiement de tout ou partie du salaire, des indemnités et des accessoires du salaire qui lui sont dus, en vertu des dispositions légales ou conventionnelles.

Voir en ce sens C.S., 25 mai 1981, n° 42 : « *Attendu que B a versé aux débats les bulletins de paie en sa possession afférents aux salaires de septembre et d'octobre 1978 et à la liquidation de son préavis et de l'indemnité de licenciement que ces bulletins ne comportent pas la signature du travailleur ; que leur détention ne saurait emporter preuve du paiement ni même présomption de paiement ; Attendu (...) que l'article 99 in fine du Code du Travail (ancien) dispose qu'en cas de contestation sur le paiement du salaire, le non-paiement sera présumé de manière irréfragable, sauf le cas de force majeure, si l'employeur n'est pas en mesure de produire le registre de paiement dûment émargé ou le double du bulletin de salaire (...) ; qu'il suit de là que la société P n'ayant produit ni devant le premier juge, ni en cause d'appel, le registre de paiement des salaires dûment émargé ou le double émargé des bulletins de salaire, le non-paiement est présumé (...)* ».

II. Le livre de paie

Le livre de paie a été instauré en Métropole par une loi du 27 mai 1941.
Dans le CTTOM, le livre de paie, encore appelé registre des paiements, comporte les mêmes mentions que le bulletin de paie, mais également une comptabilité des absences pour faciliter l'établissement des salaires et le calcul des congés. Seules les personnes employant un personnel domestique en étaient dispensées. A l'heure actuelle, le livre de paie se présente sous la forme d'un registre coté et paraphé reproduisant les mentions du bulletin de paie.

En droit comparé français, la loi du 02 juillet 1998 a remplacé l'obligation de tenir un livre de paie par celle de conserver pendant 5 ans, un double des bulletins remis aux salariés. Les doubles des bulletins doivent être conservés sur les lieux de travail.

III. Le reçu pour solde de tout compte

Lors de la résiliation du contrat de travail, il est remis au salarié un solde de tout compte. Ce document indique la somme qui reste à payer par un débiteur après qu'il ait réglé les acomptes prévus au contrat. En ce qui concerne un employeur, il s'agit de la somme qu'il lui reste à verser à un travailleur au moment du départ de celui-ci. Le reçu pour solde de tout compte comprend ainsi l'inventaire des sommes versées au salarié lors de la rupture de son contrat de travail : démission, licenciement, séparation d'un commun accord, etc.

L'intérêt du reçu pour solde de tout compte est très limité vu qu'il n'a aucune valeur libératoire pour l'employeur. Du fait de la règle établie par l'article 11 de ce code, le travailleur ne peut se voir opposer une renonciation aux droits qu'il tient de son contrat de travail et des dispositions législatives et réglementaires. Toutefois, le reçu de solde de tout compte demeure un document opposable à l'employeur. A son égard, il s'agit d'un compte arrêté au sens du Code de procédure civile.

Article 184 : *En cas de contestation sur le paiement du salaire, le non-paiement est présumé de manière irréfragable, sauf en cas de force majeure si l'employeur n'est pas en mesure de produire le double du bulletin de salaire dûment émargé ou le double émargé du bulletin de paie afférent au paiement du salaire contesté, la copie déchargée du chèque remis à l'employé ou l'attestation de virement bancaire ou encore le relevé du paiement par voie électronique.*

Observations

Reprise de l'ancien, article 154

La présomption légale de non-paiement du salaire est une présomption quasi irréfragable. Elle ne peut être renversée que par l'aveu du salarié ou le serment décisoire. Voir en ce sens différentes jurisprudences.

- C.A. Judiciaire de Libreville, 1ère Chambre sociale, 16 janvier 2007, n° 65/06,07 : « *Attendu que Dame L. sollicite le reliquat des salaires des mois de novembre, décembre 2002 et janvier 2003 ; Attendu que, conformément à l'article 154 du Code du travail, l'employeur n'a nullement rapporté la preuve dudit paiement ; Que le non-paiement est ainsi présumé ; Qu'il échet dans ces conditions de condamner le P. à payer à Dame L. la somme de 250 000 F au titre du reliquat des salaires de novembre, décembre 2002 et janvier 2003* ».

- C.A. Judiciaire de Libreville, 1ère Ch. Soc, 19 février 2008, n° 073/07-08 : « *Attendu que conformément aux dispositions de l'article 54 du Code du travail, l'employeur ne rapporte pas par la production de la fiche de paie ou d'un registre de paie qu'il s'est acquitté de sa dette salariale susmentionnée ; Qu'en l'absence desdites pièces, la cour condamne la Société L. à lui verser la somme de 150 000 francs CFA au titre du rappel de l'indemnité de transport, et 168 750 francs au titre du rappel de la prime de panier ; Attendu qu'en vertu des articles A.49 et 50 de la convention collective qui prévoit respectivement la prime de production et celle d'assiduité ; Attendu que Sieur T. déclare n'avoir pas perçu lesdites primes pendant son affectation à MAKOKOU ; Que conformément aux dispositions de l'article 54 du Code du travail, il y a lieu de lui allouer la somme de 300 000 francs CFA au titre de la prime de production sur trois mois, 15 000 francs pour la prime d'assiduité sur deux mois* ».

- C.A. Judiciaire de Libreville, Ch. Soc., 27 juin 2000, n° 086/99-00 : « *Mais attendu que Sieur B. a réclamé ses salaires ; que l'article 154 du Code du travail stipule bien qu'en cas de contestation sur le paiement de salaire, le non-paiement sera présumé de manière irréfragable sauf cas de force majeure si l'employeur n'est en mesure de produire le registre de paie dûment émargé ou le double émargé du bulletin de paie afférent au paiement du salaire contesté ; Attendu que l'employeur qui soutient avoir payé à Sieur B. des salaires, n'en rapporte pas la preuve comme l'exige l'article cité supra du Code du travail ; qu'il convient de le condamner à payer ces salaires* ».

- C.A. judiciaire de Libreville, 1ère Ch. Soc., 29 avril 2008, n° 111/07-08 : « *Attendu que Monsieur S. sollicite le rappel de ses salaires sur la période du 1er janvier 2003 au 21 mai 2003 ; Attendu que non seulement la société S. n'élève aucune contestation sur ce point, mais surtout conformément aux dispositions de l'article 154 du Code du travail elle n'apporte aucun bulletin ou un registre de paie pour s'exonérer de cette dette salariale ; Qu'il y a lieu de condamner la société S. à lui verser ladite somme* ».

- Tribunal de 1ère instance de Libreville, Ch. Soc., n° 10/2008-2009/GECA/TBL : « *Attendu qu'il ressort des conditions générales d'engagement entre la société I. et Monsieur F., précisément à l'article 3 de ce document qu'une prime d'intéressement doit lui être allouée ; Attendu que des sommes ont été retenues sur le paiement de cette prime ainsi qu'il appert de la pièce n° 37 versée au dossier ; Qu'il appartient à l'employeur de rapporter la preuve dudit paiement Que ne l'ayant pas fait, il sera condamné à verser au requérant la somme de 9 839 355 F CFA à ce titre* ».

- Tribunal du Travail de Libreville, 27 janvier 2022, répertoire n° 129/2021-2022 : « *Attendu qu'en l'espèce Sieur P. prétend que lors de la dissolution de l'ARTEF et la création de l'ARCEP, son salaire a été amputé de 952 816 CFA passant ainsi de 2 804 816 CFA ; Qu'il sollicite de ce fait la somme de douze millions trois cent quatre-vingt-six mille six cent huit (12 386 608) CFA au titre du différentiel des treize mois de salaires mensuels ; Attendu qu'au regard des pièces versées au débat, il ressort que sieur P. précédemment assistant du directeur de la sécurité et des affaires générales au sein de l'ARTEL avait été nommé chef de service logistique au sein de la nouvelle structure ARCEP ; que c'est dans ce cadre qu'il lui a été alloué un salaire correspondant à sa nouvelle fonction ; Qu'il ne s'agît nullement d'une baisse de salaire comme le prétend le requérant, il convient de le débouter de cette demande* ». Le salarié avait en fait accepté d'être intégré dans un plan social, et a ensuite été repris par la nouvelle structure. On est donc en présence d'une nouvelle relation de travail, et on ne peut pas parler de baisse de salaire ici. Il a été fait application tout simplement de l'article 95 du Code du travail.

Section 5 : Des privilèges et garanties de la créance de salaire

Observations

Du fait de son caractère vital pour le travailleur qui lui permet de subvenir à ses besoins, et à ceux de tous les siens, le législateur a instauré des règles pour garantir le paiement du salaire. Certaines sont destinées à protéger le travailleur contre les créanciers de son employeur devenu insolvable, alors que d'autres sont relatives aux saisies que les créanciers du salarié peuvent pratiquer entre les mains de l'employeur ou aux cessions que le salarié a pu consentir à ses créanciers.
Pour le droit des entreprises en difficulté, les salaires sont une créance privilégiée. Le paiement des salaires passe donc avant celui d'autres créanciers.

I. Les sommes garanties

Il s'agit essentiellement des sommes dues en exécution du contrat de travail. Toutes les sommes ayant la nature de salaire sont dues, de même que les indemnités pour licenciement injustifié.

La garantie est d'abord instituée à l'égard de l'employeur qui ne peut pas effectuer des retenues sur la rémunération du travailleur. Lorsque l'employeur est défaillant, le salarié bénéficie également de la garantie de recevoir sa rémunération. C'est ainsi que le droit des procédures collectives prévoit qu'en cas de règlement judiciaire, les sommes dues au salarié doivent être payées au plus tard dix jours après le jugement d'ouverture de la procédure et sur simple demande du Juge-Commissaire (cf. Acte uniforme OHADA portant organisation des procédures collectives d'apurement du passif, art. 95 et s.). Dans cette situation les salariés sont des privilégiés de premier rang (art. 157).

Néanmoins, le législateur gabonais est resté muet sur la limite des sommes en question. Jusqu'où peut-on remonter, existe-t-il un plafond ?

En droit comparé français par exemple, les sommes à payer au salarié sont dues dans la limite des six derniers mois. Par ailleurs un super-privilège est prévu sur les soixante derniers jours de travail. Le paiement de ces sommes passe avant tous les privilèges simples.

Lorsqu'il s'agit de sommes dues aux entrepreneurs de travaux ayant un caractère public, les sommes dues aux ouvriers pour rémunération de toute nature sont payées de préférence à celles dues aux autres fournisseurs (art. 185 C.T.).

Les mêmes garanties sont dues pour les salariés engagés sous contrats de mission. L'article 4 du décret n°00845/PR/MTEPS du 20 octobre 2008, fixant les conditions de délivrance de l'agrément pour l'ouverture des agences d'emploi privées en République Gabonaise, dispose : « *La caution de garantie financière visée à l'article 3 ci-dessus sert, le cas échéant, à assurer le paiement des salaires et de leurs accessoires, les cotisations obligatoires dues aux organismes de Prévoyance Sociale et les remboursements de prestations sociales non acquittées dans les délais prescrits.*
Son montant est égal à la moyenne trimestrielle de la masse salariale annuelle estimée. Dans tous les cas, ce montant ne peut être inférieur à quatre millions de francs CFA (4 000 000 F. CFA) ».
De ce point de vue, le salarié engagé sous contrat de mission paraît donc mieux protégé.

A l'heure actuelle, il n'existe pas comme on peut le voir dans d'autres pays, une garantie générale des salaires concernant les sommes dues en exécution du contrat de travail. En droit comparé français, cette garantie ne se limite pas qu'aux salaires, elle couvre également toutes sortes de créances nées de l'exécution du contrat de travail, dommages et intérêts compris jusqu'aux cotisations aux organismes de protection sociale obligatoire.

II. L'insaisissabilité partielle du salaire

La saisie des rémunérations est régie, entre autres par les dispositions suivantes de l'Acte Uniforme Portant Organisation des Procédures Simplifiées de Recouvrement et des Voies d'Exécution (AUPSRVE) :

« *Art. 173 : Tout créancier muni d'un titre exécutoire constatant une créance liquide et exigible peut faire procéder à la saisie des rémunérations dues par un employeur à son débiteur.*
Art. 174 : La saisie des sommes dues à titre de rémunération, quel qu'en soit le montant, à toutes les personnes salariées ou travaillant, à quelque titre ou en quelque lieu que ce soit, pour un ou plusieurs employeurs, ne peut être pratiquée qu'après une tentative de conciliation devant la juridiction compétente du domicile du débiteur.
Art. 175 : Les rémunérations ne peuvent faire l'objet d'une saisie conservatoire.
Art. 176 : Il est tenu au greffe de chaque juridiction un registre coté et paraphé par le président de la juridiction sur lequel sont mentionnés tous les actes de nature quelconque, décisions et formalités auxquels donnent lieu les cessions et saisies sur les rémunérations du travail.
Art. 177 : Les rémunérations ne peuvent être cédées ou saisies que dans les proportions déterminées par chaque État-partie. L'assiette servant au calcul de la partie saisissable de la rémunération est constituée par le traitement ou salaire brut global avec tous les accessoires, déduction faite :
- des taxes et prélèvements légaux obligatoires retenus à la source ;
- des indemnités représentatives de frais ;
- des prestations, majorations et suppléments pour charge de famille ;
- des indemnités déclarées insaisissables par les lois et règlements de chaque État-partie.
Le total des sommes saisies ou volontairement cédées ne peut, en aucun cas, fût-ce pour dettes alimentaires, excéder un seuil fixé par chaque État-partie ».

A cause de sa nature alimentaire, le salaire est protégé contre la saisie des créanciers, et du fait de cette même nature, l'insaisissabilité du salaire n'est pas opposable à ceux à qui le salarié doit des aliments soit à cause d'une pension alimentaire ou encore de la contribution aux charges du mariage. C'est ce que prévoit l'article 732 du Code de procédure civile (Ce recours au droit national est prévu par l'article 177 de l'AUPSRVE). La saisie du salaire peut même être globale comme en dispose l'article 731 du Code de procédure civile : « *Les cessions ou saisies-arrêts faites pour le paiement de pensions alimentaires ne sont pas cantonnées à la quotité disponible du salaire, mais pourront être prélevées intégralement sur la portion non saisissable de la rémunération* ».

En dehors de ces hypothèses, le salaire ne peut être saisi que partiellement. Cette solution a pour but d'empêcher que le travailleur ne se retrouve complètement démuni. Seule une fraction du salaire est donc saisissable ou cessible. Les articles 729 et s. du Code de procédure civile indiquent que le salaire ne peut être saisi que comme suit :

- 5 % jusqu'à 25 000 francs par mois ;
- 10 % de 25 001 à 50 000 francs par mois ;
- 20 % de 50 001 à 75 000 francs par mois ;
- 25 % 75 001 à 100 000 francs par mois ;
- 30 % de 100 001 à 150 000 francs par mois.

En ce qui concerne les prêts accordés en vue de la construction, l'amélioration de l'habitat ou l'équipement familial, l'article 730 du Code de procédure civile prévoit que les remboursements pourront s'effectuer par voie de cession volontaire en relevant les quotités cessibles comme suit :

- 30 % pour la tranche de 0 à 50 000 F.
- 60 % pour la tranche de 50 001 à 100 000 F.
- 75 % pour la tranche de 100 001 à 150 000 F.
- 100 % au-delà de 150 000 F.

En droit comparé congolais, le législateur a prévu un mécanisme voisin de celui que l'on connaît en droit gabonais (Voir, P. Ngaka, *Le droit du travail au Congo-Brazzaville*, L'Harmattan, 2006, p. 144). En droit comparé français, c'est le pouvoir réglementaire qui détermine les sommes qui peuvent être prélevées sur le salaire mensuel, le salarié devant conserver une somme égale à un minimum qui correspond au revenu de solidarité active.

Article 185 *: Les sommes dues aux entrepreneurs de tous les travaux ayant le caractère de travaux publics ne peuvent être frappées de saisie-attribution ni d'opposition au préjudice des travailleurs auxquels les salaires sont dus.*
Les sommes dues aux travailleurs pour rémunération de toute nature sont payées de préférence à celles dues aux fournisseurs.

Article 186 *: Un salaire est acquis ou dû lorsque le travailleur peut en exiger le paiement, conformément à la législation et à la réglementation en vigueur.*
Le privilège des salaires s'étend sur tous les éléments de l'actif de l'employeur débiteur.

Article 187 *: En cas de règlement judiciaire ou de liquidation des biens, les salaires sont payés conformément aux dispositions de l'acte uniforme OHADA relatif aux procédures collectives d'apurement du passif.*
Le travailleur logé par l'employeur avant le règlement judiciaire ou la liquidation des biens continue à être logé jusqu'à la date du paiement de sa

dernière créance ou jusqu'à la date de départ du moyen de transport mis à sa disposition, lorsqu'il bénéficie du voyage.

Observations

Les sommes dues aux travailleurs pour salaire sont payées de préférence à celles de tous les autres créanciers. Les rémunérations garanties doivent être payées, nonobstant l'existence de toute autre créance privilégiée, y compris celle du Trésor, ce qui en renforce l'efficacité. Toutefois, ce super-privilège ne porte que sur la fraction incessible et insaisissable du salaire. De plus, le législateur est demeuré muet sur un certain nombre d'éléments pourtant importants comme le plafond du salaire retenu, les salaires couverts (salaires, échus et antérieurs à l'ouverture de la procédure ou non) (Voir également, D. A. Coulibaly, *Sûretés réelles et procédures collectives*, L'Harmattan, 2021, p. 23 et s.).

Section 6 : De la prescription de l'action en paiement du salaire

Article 188 *: L'action des travailleurs pour le paiement des salaires, indemnités, primes, commissions et prestations diverses ou indemnités représentatives de ces prestations est ouverte dans la limite de la réclamation des droits dus au titre des cinq dernières années qui courent à compter de la date d'exigibilité de ses droits.*

On entend par date d'exigibilité, la date à partir de laquelle le paiement du droit réclamé aurait dû s'effectuer.

Les délais de prescription sont interrompus par la réclamation écrite formulée par le travailleur auprès de son employeur ou régulièrement enregistrée à l'inspection du travail ou au tribunal du ressort.

Le travailleur peut déférer le serment à l'employeur qui oppose la prescription. Le refus par l'employeur d'affirmer sous serment qu'il a payé équivaut à la preuve du non-paiement.

Article 189 *: L'employeur ne peut restreindre, de quelque manière que ce soit, la liberté du travailleur de disposer de son salaire à son gré.*

Observations

Cet article pose le principe de la libre disposition du salaire. Le travailleur fait de son salaire l'usage qui lui plait. De ce fait, l'employeur ne peut pas effectuer des retenues sur ce salaire même dans l'intérêt du travailleur.

Voir également Bénin, Code du travail, art. 220 al. 4.

Dérogent à ce principe, les prélèvements obligatoires comme les impôts, les cotisations de sécurité sociale ou encore la loi n° 1/73 du 4 juin 1973 portant obligation aux employeurs de prélever pour le compte du Parti démocratique gabonais les cotisations dues par les salariés, et toutes les autres retenues d'origine réglementaire ou conventionnelle. On peut y ajouter le cas de la cession volontaire du salarié, c'est-à-dire une convention par laquelle il transmet la créance qu'il a sur l'employeur, soit à l'employeur lui-même ou à une autre personne. Cette cession doit être inscrite devant le tribunal compétent ou à défaut l'Inspection du travail.

Article 190 *: Les modalités d'application du présent article en ce qui concerne les saisies-attribution sont définies conformément aux dispositions des textes en vigueur.*

Article 191 *: Les dispositions d'une convention ou d'un contrat autorisant tous les autres prélèvements sont nulles de plein droit.*
Les sommes retenues au travailleur en contravention des dispositions ci-dessus portent intérêt à son profit au taux légal depuis la date où elles auraient dû être payées et peuvent être réclamées par lui jusqu'à prescription, le cours en étant suspendu pendant la durée du contrat.

Observations

Parmi les conventions autorisant un prélèvement, il y a la cession des traitements et salaires qui est régie par l'AUPSRVE. Voir les articles suivants :

« *Art. 205 : La cession des traitements et salaires ne peut être consentie, quel qu'en soit le montant, que par déclaration du cédant en personne, au greffe de la juridiction de son domicile ou du lieu où il demeure. La déclaration doit indiquer le montant et la cause de la dette pour le paiement de laquelle la cession est consentie ainsi que le montant de la retenue devant être opérée à chaque paiement de la rémunération.*
Art. 206 : Après que la juridiction compétente a vérifié que la cession reste dans les limites de la quotité saisissable, compte tenu éventuellement des retenues déjà effectuées sur le salaire du cédant, le greffier mentionne la déclaration sur le registre prévu par l'article 176 ci-dessus et la notifie à l'employeur en indiquant :
- le montant mensuel du salaire du cédant,
- le montant de la quotité cessible ainsi que le montant des retenues effectuées pour chaque salaire au titre de la cession consentie. La déclaration est remise ou notifiée au cessionnaire.

Art. 207 : L'employeur verse directement au cessionnaire le montant des retenues sur production d'une copie de la déclaration de cession. En cas de refus, l'employeur peut être contraint au paiement des sommes régulièrement cédées dans les conditions prévues par l'article 189 ci-dessus.
Art. 208 : En cas de survenance d'une saisie, le cessionnaire est, de droit, réputé saisissant pour les sommes qui lui restent dues, et entre en concours avec les autres créanciers saisissants ».

CHAPITRE II : DES ÉCONOMATS

Ce Chapitre est une innovation par rapport aux législations antérieures. Jusque-là, en effet, les économats étaient une section contenue dans le Chapitre sur le salaire. En droit comparé togolais, l'économat relève des œuvres sociales de l'entreprise (C.T., art. 139 et s.). L'économat est une structure que l'on ne retrouve plus aujourd'hui qu'en dehors des centres urbains. Par le passé, sa fonction était de permettre aux travailleurs de se procurer facilement certains biens de consommation. L'employeur organisait donc une activité commerciale pour satisfaire les besoins des salariés en ce sens. Avec le développement des commerces dans les villes, la présence des économats se justifiait de moins en moins. C'est la raison pour laquelle on ne les retrouve plus aujourd'hui que dans certains chantiers forestiers.

Le législateur gabonais est resté là encore fidèle au Code de 1952, en reprenant intégralement la rédaction de l'article 110 du CTTOM. Pourtant, les économats étaient interdits en Métropole depuis une loi du 25 mars 1910 (à l'exception de la SNCF) à cause de certains abus, et notamment le risque réel que le travailleur ne soit obligé de se fournir qu'à l'économat. Même lorsque cette obligation n'existe pas, les facilités de paiement que peut proposer l'employeur sont une incitation extrêmement forte sans être illicite. De plus, l'obligation de vendre les marchandises au comptant n'est pas en effet absolue.

Du point de vue du droit de la consommation, il y a une obligation à afficher lisiblement le prix de vente des marchandises. Le CTTOM prévoyait même une amende pénale en cas de défaut d'affichage. Sur la nature des marchandises à vendre, force est de constater que l'interdiction de vendre des boissons alcoolisées est peu respectée. La question qui peut se poser est celle de savoir en effet si l'économat est assimilé au lieu de travail. En cas de réponse positive, il conviendrait alors d'en tirer les conséquences qui s'imposent, y compris en droit de la sécurité sociale avec la législation sur les accidents du travail notamment.

En droit comparé togolais, en dehors de l'économat, le Code du travail prévoit d'autres services sociaux à l'article 141 : « *Des services sociaux, notamment des mutuelles, des coopératives, des cantines, des crèches, des cafétérias, des terrains de loisirs, sans que cette énumération soit limitative, pourront être créés au niveau des entreprises dans des conditions fixées par arrêté du ministre chargé du travail après avis du Conseil National du Travail* ».

Article 192 *: Est considéré comme économat, toute organisation de l'entreprise qui pratique directement la vente ou la cession de marchandises aux travailleurs de l'entreprise pour leurs besoins personnels normaux.*

Les économats sont admis sous la quadruple condition que :

- *les travailleurs ne soient pas obligés de s'y ravitailler ;*
- *la vente des marchandises y soit faite de préférence au comptant et sans bénéfice ;*
- *la gestion soit entièrement autonome sous la responsabilité de l'entreprise et portée, au moins une fois par trimestre, à la connaissance des délégués du personnel et soumise à tout moment au contrôle du comité permanent de concertation économique et sociale ;*
- *les prestations en nature servent à l'usage personnel du travailleur et de sa famille et soient conformes à leurs intérêts.*

Le prix des marchandises mises en vente doit être affiché lisiblement et la valeur attribuée à ces marchandises doit être juste et raisonnable.

La vente des alcools et spiritueux est interdite sur les lieux de travail.

En l'absence d'économat, toute autre forme de commerce dans l'entreprise est interdite. Toutefois, l'économat peut aussi être constitué sous forme de coopérative ouvrière.

Article 193 *: L'ouverture d'un économat dans les conditions prévues à l'article 192 ci-dessus est subordonnée à l'autorisation du Ministre en charge du Travail.*

L'employeur est tenu, dans ce cas, d'assurer l'installation de l'économat et de faciliter son fonctionnement.

Lorsque la fourniture d'une ration journalière de vivres dans les conditions prévues à l'article 172 n'est pas obligatoire et s'il n'existe pas, à proximité du lieu de travail, un commerce de détail, le Ministre en charge du Travail peut, après enquête de l'inspecteur du travail du ressort, prescrire la création d'un économat et la mise en vente des denrées alimentaires de première nécessité.

Le fonctionnement et la comptabilité de l'économat sont contrôlés par l'inspecteur du travail du ressort qui, en cas d'abus constaté, applique les sanctions prévues par la présente loi.

Le Ministre en charge du Travail peut ordonner la fermeture provisoire ou définitive de ou des économats de l'entreprise, sur rapport de l'inspecteur du travail du ressort.

Article 194 *: Les dispositions du présent chapitre sont complétées par voie réglementaire ou dans le cadre des conventions collectives sectorielles.*

CHAPITRE III : DE LA DURÉE DU TRAVAIL

La durée normale de travail, telle qu'elle est définie par l'Organisation Internationale du Travail (OIT), est « *la durée que les travailleurs sont censés consacrer au travail durant une brève période de référence d'un jour ou d'une semaine, et qui est définie par la législation, les conventions collectives, les sentences arbitrales ou encore les règlements et coutumes des établissements* » (E. Hoffmann, et A. Mata-Greenwood, « La masure du temps de travail : une autre approche de classification de l'emploi du temps », *Bulletin des statistiques du travail 1998-3*, BIT, Genève ; Ibid., « Statistics on working time arrangements: An overview of issues and some experiences », *Statistical Journal of the United Nations ECE 18-1*, Genève, 2001; A. Mata-Greenwood, A. « Integrated framework for the measurement of working time », *STAT,* Document de travail no. 92-2, BIT, Genève, 1992 ; A. Mata-Greenwood, A. 2001. « Nombre d'heures de travail : les données dont nous avons besoin, les données à notre disposition », BIT, *Bulletin des statistiques du travail*, 2001-1, Genève ; T. Mizunoya, « An International Comparison of Unpaid Overtime Work Among Industrialized Countries », *Bulletin des statistiques du travail 2002-3*, BIT, Genève).

La durée de travail connaît une triple limitation qui s'impose à la liberté contractuelle. Le législateur peut en effet contraindre à des durées journalières, hebdomadaires et annuelles du travail. Au Gabon, le choix qui a été fait est celui de fixer une durée hebdomadaire du travail à quarante heures (soit deux mille quatre cents heures par an). Cette durée n'a pas varié depuis le CTTOM de 1952, qui reprenait lui-même ce qui était prévu à la Convention C47 de l'OIT sur la réduction de la durée du travail à quarante heures.

C'est à partir de cette durée légale qu'est calculée la rémunération du travailleur. Cette durée légale ne doit toutefois pas être entendue comme un minimum ou comme un maximum. Un salarié peut travailler moins de quarante heures par semaine : il est alors lié à son employeur par un contrat à temps partiel. Sa durée de travail s'exprimera en pourcentage de la durée légale de travail. Un salarié qui effectue trente heures de travail a un temps partiel de 75 %. On peut également travailler plus de quarante heures. Toutefois, les heures effectuées au-delà de cette limite sont considérées comme des heures supplémentaires. La durée légale doit donc simplement être entendue comme une durée de référence à partir de laquelle sont calculés soit les heures supplémentaires, soit le pourcentage de temps partiel qu'effectue un travailleur.

Quid alors du contrat sans précision sur la durée du travail, comme en Angleterre avec le contrat « zero hour » (J. Freyssinet, « Les contrats « zéro heure » : un idéal de flexibilité ? », *Chronique Internationale de l'IRES*, vol. 155, no. 3, 2016, pp. 123-131) ?

Section 1 : Des dispositions générales

Article 195 : *La durée du travail est le temps pendant lequel le travailleur exerce son activité au service de l'employeur. Dans tous les établissements publics ou privés, d'enseignement ou de bienfaisance, la durée légale du travail ne peut excéder quarante heures par semaine.*
On entend par durée du travail effectif, le temps pendant lequel le travailleur est à la disposition de l'employeur et se conforme à ses directives, sans pouvoir vaquer à ses occupations personnelles.

Observations

Pour calculer la durée du travail, il convient de prendre en compte la notion de temps effectif de travail. Pour Gonidec, « *L'expression "travail effectif" implique que les interruptions de travail dites "coupures" sont déduites du temps de présence du travailleur dans l'établissement* », in Gonidec, *op. cit.*, n° 469. D'après la résolution concernant les statistiques des heures de travail adoptée lors de la 10e Conférence internationale des statisticiens du travail en 1962, « *les heures réellement effectuées sont celles que les travailleurs consacrent à leur travail durant une période de référence spécifiée* ». Plus prosaïquement, le temps de travail effectif est celui pendant lequel le travailleur est à la disposition de l'employeur et doit se conformer à ses prescriptions sans vaquer à ses occupations personnelles.

Article 196 : *La répartition journalière de la semaine de quarante (40) heures peut être fixée librement en fonction des secteurs d'activités.*
Lorsque l'activité normale de l'entreprise impose l'exécution des heures de travail sur une plage horaire en dehors des heures de jour, les heures ainsi effectuées sont rémunérées au taux normal.
Dans toutes les entreprises agricoles et assimilées, les heures de travail sont basées sur deux mille quatre cents (2400) heures pour l'année. Dans cette limite, la durée du travail est fixée dans le cadre des conventions collectives sectorielles.
Les heures effectuées au-delà de la durée légale du travail ou de la durée considérée comme équivalente constituent des heures supplémentaires et

donnent lieu à majoration de salaire, selon les taux et modalités fixés par les textes réglementaires, les conventions et accords collectifs.
Des textes réglementaires et des conventions collectives fixent également des régimes particuliers de travail dans des secteurs spécifiques.
La définition des heures perdues et leurs modalités de récupération sont complétées par voie réglementaire.

Décret n°0028/PR/MEFPTFP du 29 janvier 2021 fixant les modalités de répartition journalière de la durée hebdomadaire du travail en République Gabonaise
Art.1.- Le présent décret fixe les modalités de répartition journalière de la durée hebdomadaire du travail en République Gabonaise.
Art.2.- La durée légale de travail est fixée à quarante heures par semaine. Elle se répartit sur cinq jours, du lundi au vendredi, sur toute l'étendue du territoire national pour les secteurs public, parapublic et privé.
Art.3.- La répartition de la durée légale du travail prévue à l'article 2 ci-dessus ne s'applique pas aux établissements à feux continus et à ceux dont les implications sociales et économiques nécessitent une répartition différente, notamment dans les secteurs relevant des activités ci-après :
- *commerce de détail ;*
- *transport ;*
- *activités et opérations connexes de manutention portuaire ;*
- *hôtellerie ;*
- *restauration ;*
- *débits de boisson ;*
- *gardiennage ;*
- *sécurité ;*
- *ramassage d'ordures ;*
- *établissements hospitaliers, cliniques, cabinets médicaux, laboratoires ;*
- *gens de maison ;*
- *professions libérales ;*
- *professions de presse.*

Cette liste peut être complétée par voie d'arrêté du Ministre en charge du Travail.

Art.4.- La répartition journalière de huit heures de travail, dans le secteur public, parapublic et privé, est régie en mode continu de 7h30 à 16h30, avec une heure de pause observée entre 12h30 et 13h30 non comprise dans les huit heures de travail journalier.

Observations

I. L'occultation du temps de travail comme critère du contrat de travail

A la lecture des articles 21 et suivants du présent code, la loi n'impose aucun contenu au contrat de travail. Le seul impératif relatif au temps est la détermination de la durée du contrat qui doit être ou non déterminée. De ce fait, au vu des évolutions enregistrées dans différentes parties du monde, il peut se poser au Gabon la question du contrat sans référence au temps de travail. La flexibilité réclamée par le patronat gabonais peut toucher comme on l'a vu sous d'autres cieux à des éléments tels que le temps de travail pour l'adapter aux besoins de l'entreprise.

C'est ce que l'on a relevé en France par exemple avec l'annualisation ou la forfaitisation du temps de travail. La loi du 22 mars 2012, dite de simplification du droit privé, accorde en effet au salarié le droit de s'opposer, au moyen de son contrat de travail, à une nouvelle répartition du temps de travail prévue par accord collectif.

Le Royaume-Uni est allé encore plus loin en ce sens en créant un contrat ultraflexbile, le « Zero hour contract » dans lequel, le salarié est appelé uniquement quand le patron a besoin de lui, et où seules les heures travaillées seront rémunérées.

L'Ukraine a repris cette nouvelle forme de contrat depuis le 10 août 2022.
Ses principales caractéristiques sont les suivantes :
– le contrat de travail doit être conclu par écrit ;
– le salarié effectue un travail sans être lié, au préalable, par un horaire de travail ;
– les jours de la semaine et les heures journalières de travail pendant lesquels le travail peut être effectué doivent figurer dans le contrat de travail. La semaine de travail doit être de six jours au plus et la durée maximale hebdomadaire de travail de 40 heures ;
– le moment exact de l'exécution du travail est déterminé par l'employeur ;
– le délai de prévenance est fixé dans le contrat de travail ;
– le salarié peut refuser de travailler si le travail doit être effectué dans une période autre que celle prévue dans le contrat de travail et que le délai de prévenance comme fixé dans le contrat de travail n'est pas respecté par l'employeur (Loi n° 5161 modifiant certains actes législatifs de l'Ukraine sur la réglementation de certaines formes atypiques d'emploi - août 2022)

II. La réduction du temps de travail

La réduction du temps de travail peut s'opérer soit par le nombre d'heures par semaine ou par le nombre de jours.

Dans le premier cas, il y a l'exemple du Chili avec la *Ley n° 21561* ou *ley de las 40 horas* d'avril 2023. Elle prévoit principalement une réduction progressive du temps de travail, sans réduction du salaire.
Un an après son entrée en vigueur, soit le 1er mai 2024, la semaine de travail a été réduite de 45 à 44 heures. Elle le sera à 42 heures en 2026 et à 40 heures en 2028. Ailleurs en Amérique du Sud, la durée de travail est encore une des plus élevées au monde (notamment 48 heures pour l'Argentine, la Bolivie, le Paraguay et le Pérou, et 44 heures pour le Brésil).

Dans le second cas, c'est l'expérimentation de la semaine de quatre jours qui prévaut.

La semaine test de quatre jours de travail a déjà été expérimentée dans de nombreux pays tels que le Japon, la Nouvelle-Zélande, le Danemark, mais aussi l'Espagne. L'expérience menée en 2018 en Nouvelle- Zélande avait permis d'augmenter l'engagement des salariés de 40 %, la conciliation vie professionnelle-vie privée de 44 % et une meilleure organisation de 29 %. Celle organisée au Japon au sein de Microsoft en 2019 avait donné lieu à une augmentation de 39 % de la productivité. Toutefois, le passage à la semaine de travail de quatre jours peut aussi présenter des inconvénients. L'analyse de l'expérience en Nouvelle-Zélande avait révélé que les pressions et contrôles managériaux sur la productivité avaient été renforcés. (*Forum économique Mondial / The Guardian / 4 Day Global Week* - juin 2022).

Le Royaume-Uni avait lancé en juin 2022 et pour une durée de six mois, une expérimentation de la semaine de travail de quatre jours sans réduction de salaire. Ce test grandeur nature a été largement plébiscité. Avec la participation de plus de 3300 salariés dans 70 entreprises britanniques volontaires, allant de la crêperie locale aux grandes entreprises du secteur financier, il s'agit du plus grand projet pilote jamais réalisé concernant la semaine de travail de quatre jours. Selon une enquête réalisée en 2021, plus de 80 % des Britanniques se disaient favorables à une semaine de travail de quatre jours. L'expérience était basée sur le modèle du 100-80-100 : un salaire de 100 % pour 80 % du temps de travail normal des salariés concernés en contrepartie d'un engagement à maintenir une productivité de 100 %.

Article 197 *: Les conventions collectives déterminent, selon les contraintes de chaque secteur d'activité, les dérogations relatives à la durée légale de travail ainsi que les modalités liées à la rémunération des heures supplémentaires.*

Décret n°0028/PR/MEFPTFP du 29 janvier 2021 fixant les modalités de répartition journalière de la durée hebdomadaire du travail en République Gabonaise
Art.5.- La répartition journalière de huit heures de travail, dans le secteur privé et pour les secteurs spécifiques, peut être fixée dans les conventions collectives, les accords d'établissement ou le règlement intérieur.
Art.8.- Des accords sectoriels ou d'établissement complètent en tant que de besoin certaines modalités pratiques nécessaires à l'application du présent décret.

Section 2 : Des dérogations à la durée légale du travail

L'alinéa 3 de l'article 196 énonce que des dérogations à la durée légale du travail pourront être prévues par voie réglementaire. Le décret n° 726 du 29 juin 1998 a repris en ce sens, les dispositions contenues à l'arrêté G.G.A.E.F. n° 3436 du 27 octobre 1953.

Sont concernées, les dérogations suivantes :
« 1) Les dérogations permanentes particulières aux activités à fonctionnement continu non susceptible d'interruption.
2°) Les dérogations ayant pour objet la récupération des heures perdues. La perte des heures doit découler d'une interruption collective du travail résultant de causes accidentelles ou de force majeure, de journées de fêtes légales, religieuses, coutumières non payées et d'événements locaux.
3°) Les dérogations permanentes ayant pour but de permettre l'exécution de travaux préparatoires ou complémentaires. La durée de travail effectif journalier peut être prolongée au-delà des limites fixées pour permettre l'exécution de travaux préparatoires ou complémentaires. C'est le cas du travail fourni par les mécaniciens, électriciens et chauffeurs employés au service de l'éclairage par exemple. C'est également le cas des travaux de chargement ou de déchargement des camions, bateaux, avions lorsque la dérogation est nécessaire et suffisante pour achever l'opération dans les délais de rigueur. Les prolongations horaires varient de 1 heure à 3 heures maximum en fonction des secteurs d'activités.
4°) Les dérogations diverses.
5°) Les prolongations temporaires de la durée du travail en vue du maintien ou de l'accroissement de la production ou en vue de l'exécution de travaux urgents ou exceptionnels ».

Voir également dans le secteur pétrolier et les activités connexes :

- Arrêtés n° 0208 MTE du 4 avril 2007 instituant un régime spécial de dérogations à la durée légale du travail sur site d'exploration et de production des hydrocarbures et activités connexes en République Gabonaise ;
- Arrêté n° 000062 PM/MTEPS du 20 mai 2008, portant mise en place d'un tronc commun pour l'application de l'arrêté n° 0000208/MTE du 4 avril 2007 instituant un régime spécial de dérogations à la durée légale du travail sur site d'exploration et de production des hydrocarbures et activités connexes en République Gabonaise.

Ces textes prévoient des dérogations portant la journée du travail à 12 heures maximum sur site ou encore une moyenne de 42 heures par semaine sur une période de 12 semaines. Les heures supplémentaires ne commencent à courir alors qu'à partir de la 42ème heure.

En droit comparé angolais, l'article 148 de la LGT prévoit que la durée journalière du travail peut être portée jusqu'à 9 heures lorsque la semaine de travail est répartie sur cinq jours. Elle peut atteindre 10 heures lorsque l'employeur adopte des horaires variables et prévoit des périodes de récupération.

Par ailleurs, le nouveau régime d'horaires de travail flexibles issu de la réforme de la LGT de 2023 constitue une avancée importante pour les travailleurs ayant des responsabilités familiales. Il permet aux employés d'adapter leurs horaires de travail aux besoins de la vie familiale, favorisant ainsi un meilleur équilibre entre vie professionnelle et vie privée. Cette mesure est particulièrement bénéfique pour les parents qui ont besoin de flexibilité pour s'occuper de leurs enfants, assister aux engagements scolaires ou gérer d'autres responsabilités familiales. Le gouvernement angolais reconnaît l'importance de l'équilibre entre vie professionnelle et vie privée et, avec cette mesure, démontre son soutien aux familles qui travaillent.

Sous-section 1 : De la durée du travail à temps partiel

Article 198 *: Les horaires de travail à temps partiel peuvent être pratiqués à l'initiative du chef d'entreprise ou à la demande des travailleurs.*
Sont considérés comme horaires à temps partiel, les horaires inférieurs d'au moins trois cinquièmes (3/5) à la durée légale du travail ou à la durée équivalente fixée conventionnellement pour la branche.

Sous-section 2 : De la durée équivalente à la durée du travail

Article 199 : *Une durée équivalente à la durée légale du travail peut être instituée dans les professions et pour des emplois déterminés en fonction des secteurs d'activités.*
On entend par durée équivalente de travail, une durée de présence supérieure à la durée légale de travail et considérée comme équivalente à celle-ci selon la nature particulière des travaux ou leur caractère intermittent.

Observations

En droit comparé français, l'article L.3121-13 du Code du travail énonce que : « *Le régime d'équivalence constitue un mode spécifique de détermination du temps de travail effectif et de sa rémunération pour des professions et des emplois déterminés comportant des périodes d'inaction* ».
Une fois de plus, le législateur gabonais ne s'est pas montré particulièrement précis sur le régime qu'il mettait en place. Contrairement à ce que l'on observe en droit comparé français, rien n'est dit à l'alinéa 1er sur l'institution de ce régime. Comment le met-on en place ? Par voie réglementaire, conventionnelle ? De même, quid des professions ou des secteurs d'activités concernés ?
L'on aurait pu s'inspirer du droit français où l'équivalence s'applique exclusivement aux activités et emplois visés par les textes réglementaires et conventionnels (elle ne s'applique pas aux salariés à temps partiel).

Sous-section 3 : De la durée du travail sous forme de cycle ou de rotation

Article 200 : *La durée légale de travail peut être organisée sous forme de cycle ou rotation de travail dès lors que la répartition à l'intérieur d'un cycle ou d'une rotation se répète à l'identique d'un cycle ou d'une rotation à l'autre.*
Ces cycles ou rotations de travail peuvent être mis en place dans les entreprises à feu continu.
Lorsque cette possibilité est prévue, la durée maximale du cycle ou de la rotation doit être précisée.
Lorsque sont organisés des cycles ou rotations de travail, seules sont considérées comme heures supplémentaires celles qui dépassent la durée hebdomadaire moyenne calculée sur la durée du cycle ou de la rotation.

Les heures supplémentaires effectuées dans le cadre du régime de travail en cycle ou en rotation donnent lieu à rémunération.
Les heures de repos dominical et de jours fériés travaillés pendant ces cycles ou rotations de travail donnent lieu à récupération dans le cadre du repos compensateur. Des dérogations à la durée du travail en fonction des secteurs d'activités ou encore les modalités particulières du travail par cycle ou rotation sont fixées par des textes réglementaires et les conventions collectives sectorielles.

Observations

Voir, Arrêté 000062 PM/MTEPS du 20 mai 2008, portant mise en place d'un tronc commun pour l'application de l'arrêté n° 0000208/MTE du 4 avril 2007 instituant un régime spécial de dérogations à la durée légale du travail sur site d'exploration et de production des hydrocarbures et activités connexes en République Gabonaise, articles 12 et 13.

Voir également l'article 8 de l'Arrêté 000062 PM/MTEPS du 20 mai 2008 :

« *Une journée de travail sur site donne droit à une journée de récupération rémunérée au taux normal à la fin du séjour sur site.*
Pour un régime de rotation de 28/28, le travailleur aura droit à vingt-huit jours de repos compensateur auxquels s'ajoutent quatre jours de repos hebdomadaire, soit trente-deux jours calendaires de repos effectif.
La durée de ce repos effectif se décompte ainsi qu'il suit :
- *les quatre premiers jours de récupération correspondent au repos hebdomadaire,*
- *les quatre derniers jours des vingt-huit jours de récupération sont rachetés aux taux majorés et rémunérés comme des heures supplémentaires comme prévu par les conventions collectives, les accords d'établissement, et à défaut par les lois et règlements en vigueur, selon que l'employé aura travaillé de jour, de nuit ou jour férié.*

Pour un cycle de rotation de 14/14, le travailleur aura droit à quatorze jours de repos compensateur, auxquels s'ajoutent deux jours de repos hebdomadaire, soit seize jours calendaires de repos effectif. La durée de ce repos effectif se décompose ainsi qu'il suit :
- *les deux premiers jours de récupération correspondent au repos hebdomadaire,*
- *les deux derniers jours des quatorze jours de récupération sont rachetés et rémunérés comme des heures supplémentaires aux taux majorés comme prévu par les conventions collectives, les accords d'établissement, et à défaut, par les lois et règlements en vigueur, selon que l'employé aura travaillé de jour, de nuit ou de jour férié* ».

__Article 201__ *: L'exécution des heures supplémentaires est subordonnée à une notification des délégués du personnel et à l'information de l'inspecteur du travail du ressort.*
L'inspecteur du travail est chargé de veiller au respect de l'amplitude journalière, des seuils des heures supplémentaires et à leur rémunération.

CHAPITRE IV : DU TRAVAIL DE NUIT

Article 202 *: On entend par travail de nuit, le travail effectué entre vingt-et-une (21) heures et six (6) heures du matin.*
Le travail de nuit ne peut excéder huit (8) heures consécutives.
Les taux de rémunération du travail de nuit sont fixés dans les conventions collectives sectorielles et ne concernent pas les entreprises dont le temps normal de travail s'effectue la nuit.

Observations

I. La problématique du travail de nuit

La problématique du travail de nuit renvoie à la fois à la rémunération des activités effectuées durant cette période d'une part, et aux interdictions liées au genre ou à l'âge du travailleur d'autre part. Si l'interdiction du travail de nuit des enfants est largement admise par la plupart des pays, il n'en va plus de même du travail de nuit des femmes. Au nom de l'égalité des sexes, la tendance est à la suppression de cette interdiction.

C'est ce qui s'est produit notamment au Botswana où, l'article 116 de *l'Employment Act* prévoyant cette interdiction a été abrogée. Au sein de l'Union Européenne, cette interdiction a été remise en cause par la Cour de Justice de l'Union Européenne (C.J.C.E., 25 juillet 1991, arrêt C-345/89, Stoeckel, *rec. de jurisp. de la C.J.C.E.*, pp. I.4062 à I.4068). Les juges européens ont en effet considéré qu'une interdiction du travail de nuit des femmes était discriminatoire et contraire au principe d'égalité professionnelle édicté par la Directive 76/207 du 9 février 1976 relative à la mise en œuvre du principe d'égalité de traitement entre hommes et femmes en ce qui concerne l'accès à l'emploi, à la formation et à la promotion professionnelle et les conditions de travail. Au niveau de l'O.I.T, la révision de la Convention 89 du Bureau International du Travail en 1990 lève l'interdiction du travail de nuit pour les femmes dans l'industrie.

En principe, les femmes et les enfants ne peuvent pas travailler entre 21 heures et 6 heures. Toutefois, cette interdiction n'est pas absolue, surtout pour les femmes. Elle ne concerne que les établissements industriels. Rien n'interdit, en effet, d'employer une femme la nuit dans une activité de service, et les illustrations sont nombreuses en ce sens. Il faut d'ailleurs noter que, même dans les établissements industriels, c'est le travail manuel qui est vraiment interdit. Une femme qui occupe une fonction de responsabilité n'impliquant pas un travail manuel peut donc travailler la nuit.

II. La diversité des horaires de nuit dans les droits africains

- 19h et 5h : R.D. Congo, C.T., art. 124 al. 1 ; Rwanda, C.T., art. 60.
- 20h et 5h : Congo, C.T.,art. 106.
- 20h à 6h : Guinée, C.T., art. 146 ; Tanzanie, *Employment Act*, art. 20 (2).
- 21h à 6h : Maroc, C.T., art. 172, al. 4.
- 21h à 5h : Algérie, Loi sur les relations de travail, art. 26 ; Bénin, C.T., art. 154 al. 1 ; Mali, C.T., art. L. 141.
- 22h à 5h : Burundi, art. 117 ; Djibouti, C.T., art. 95 ; Madagascar, C.T., art. 83 ; Mauritanie, C.T., art. 7 ; R.C.A, C.T., art. 250 ; Sénégal, C.T., art. L. 140.
- 22h à 6h : Cameroun, C.T., art. 81 ; Ghana, *Labour Act*, art. 55.

Article 203 *: Avant l'introduction des horaires de travail de nuit, l'employeur doit consulter les représentants des travailleurs intéressés sur les modalités de mise en œuvre desdits horaires.*

Article 204 *: Les enfants de moins de dix-huit (18) ans ne peuvent être employés pendant la nuit dans aucun établissement industriel, public ou privé, ni aucune dépendance d'un de ces établissements, à l'exception des établissements où les seuls employés sont les membres d'une même famille, et des apprentis en raison du caractère particulier de certaines activités.*

Observations

Demande directe (CEACR) - adoptée 2023, publiée 112ème session CIT (2024)
Convention (n° 6) sur le travail de nuit des enfants (industrie), 1919 - ***Gabon*** *(Ratification: 1960)*
Article 2, paragraphe 1 de la convention. Interdiction d'employer des enfants de moins de 18 ans pendant la nuit dans les établissements industriels. La commission note que l'article 204 du Code du travail prévoit que les enfants de moins de 18 ans ne peuvent être employés pendant la nuit dans aucun établissement industriel, public ou privé, ni aucune dépendance d'un de ces établissements, à l'exception des établissements où les seuls employés sont les membres d'une même famille, et des apprentis en raison du caractère

particulier de certaines activités. La commission rappelle que l'exception à l'interdiction d'employer des enfants de moins de 18 ans pendant la nuit dans les établissements industriels ne s'applique qu'aux établissements dans lesquels sont seuls employés les membres d'une même famille, et non pas aux apprentis. *La commission prie le gouvernement de fournir des informations sur les mesures prises ou envisagées pour modifier l'article 204 du Code du travail afin d'assurer la conformité de la loi avec l'article 2, paragraphe 1, de la convention.*

Article 205 *: Les dispositions de l'article 201 ci-dessus ne s'appliquent pas :*

- *en cas de force majeure lorsque, dans une entreprise, se produit une interruption d'exploitation impossible à prévoir et n'ayant pas un caractère périodique ;*
- *dans le cas où le travail s'applique à des matières premières lorsque cela est nécessaire ;*
- *dans le cas où le travail s'applique à des matières en élaboration qui seraient susceptibles d'altération très rapide, lorsque cela est nécessaire pour sauver ces matières d'une perte inévitable ;*
- *dans le cas des enfants ayant plus de seize (16) ans employés dans les industries suivantes à des travaux qui doivent, en raison de leur nature, nécessairement être continués jour et nuit, à savoir notamment :*
  - *usines de fer et d'acier pour les travaux où l'on fait l'emploi des fours à réverbère ou à régénération, et galvanisation de la tôle et du fil de fer, excepté les ateliers de décapage ;*
  - *papeteries et imprimeries ;*
  - *verreries ;*
  - *sucreries où l'on traite le sucre brut ;*
  - *réduction du minerai d'or.*

Observations

Demande directe (CEACR) - adoptée 2023, publiée 112ème session CIT (2024), Convention (n° 6) sur le travail de nuit des enfants (industrie), 1919 - ***Gabon*** *(Ratification: 1960)*

Article 2, paragraphe 2. Exceptions en matière d'interdiction du travail de nuit pour les jeunes. La commission note que, en vertu de l'article 205 du Code du travail, l'interdiction du travail de nuit des enfants ne s'applique pas dans le cas des enfants ayant plus de 16 ans employés dans les industries suivantes à des travaux qui doivent, en raison de leur nature, nécessairement être continués jour et nuit, à savoir notamment: 1) les usines de fer et d'acier pour les travaux où l'on fait l'emploi des fours à réverbère ou à régénération, et la galvanisation de la tôle et du fil de fer, excepté les ateliers de décapage ; 2) les papeteries et imprimeries ; 3) les verreries ; 4) les sucreries où l'on traite le sucre brut ; et 5) les réductions du minerai d'or. L'article 205 prévoit également une dérogation, sans fixer un âge minimum : 1) dans le cas où le travail s'applique à des matières premières lorsque cela est nécessaire ; et 2) dans le cas où le travail s'applique à des matières en élaboration qui seraient susceptibles d'altération très rapide, lorsque cela est nécessaire pour sauver ces matières d'une perte inévitable. La commission prie le gouvernement de fournir des informations sur l'application dans la pratique de l'article 205 du Code du travail, notamment en précisant les cas où des dérogations sont appliquées pour : i) le travail des matières premières ; et ii) le travail de matières en élaboration qui seraient susceptibles d'altération très rapide. Elle le prie également d'indiquer les mesures prises ou envisagées pour s'assurer qu'aucun enfant de moins de 16 ans ne soit engagé dans des travaux de nuit.

Article 4. Cas de force majeure. L'article 205 du Code du travail dispose que l'interdiction du travail de nuit des enfants ne s'applique pas en cas de force majeure lorsque, dans une entreprise, se produit une interruption d'exploitation impossible à prévoir et n'ayant pas un caractère périodique. La commission note que cette disposition ne précise pas d'âge minimum applicable pour permettre une dérogation en cas de force majeure. La commission prie le gouvernement de fournir des informations sur les mesures prises ou envisagées pour s'assurer qu'aucun enfant de moins de 16 ans ne soit amené à travailler de nuit dans les cas de force majeure.

Article 206 *: Le travail de nuit des enfants dans l'industrie est réglementé par décret pris sur proposition du Ministre en charge du Travail après consultation des organisations d'employeurs et de travailleurs les plus représentatives.*
Le repos compensateur journalier des enfants doit avoir une durée de douze (12) heures consécutives au minimum.

Observations

Demande directe (CEACR) - adoptée 2023, publiée 112ème session CIT (2024), Convention (n° 6) sur le travail de nuit des enfants (industrie), 1919 - ***Gabon*** *(Ratification: 1960)*
Article 3, paragraphe 1. Heures pendant lesquelles le travail est considéré comme travail de nuit. La commission note que, selon l'article 202 du Code du travail, le travail de nuit est défini comme tout travail effectué entre 21 heures du soir et 6 heures du matin. La commission note également que l'article 206, alinéa 2, du Code du travail prévoit que le repos compensateur

journalier des enfants doit avoir une durée de douze heures consécutives au minimum.

Application de la convention dans la pratique. La commission note l'indication du gouvernement selon laquelle dans la pratique, les enfants de 18 ans ne peuvent être employés pendant la nuit dans aucun établissement industriel, public ou privé. La commission note également que, en vertu de l'article 206 du Code du travail, le travail de nuit des enfants dans l'industrie est réglementé par décret pris sur proposition du ministre en charge du travail après consultation des organisations d'employeurs et de travailleurs les plus représentatives. Le gouvernement indique que de nouveaux textes réglementaires doivent donc être pris pour donner effet aux dispositions de la convention. *La commission prie le gouvernement de fournir des informations sur les mesures prises en vue de l'adoption de textes réglementaires, en vertu de l'article 206 du Code du travail, pour donner effet aux dispositions de la convention.*

CHAPITRE V : DE LA PROTECTION DE LA FEMME EN ÉTAT DE MATERNITÉ

Observations

Dans la précédente législation, le Chapitre IV du Titre III était intitulé « Du travail des femmes et des enfants ». Cette formulation paraissait plus satisfaisante que l'actuelle. Pourquoi cantonner la protection spécifique de la femme au seul état de maternité ? Pourtant, en droit positif gabonais, nombre de textes organisant la protection des femmes existent.

I. La protection de la femme en droit gabonais

Si l'on dépasse les déclarations d'usage ou les entreprises de communication gouvernementale telle que l'institution de la Décennie de la Femme Gabonaise en 2015 décrétée par Ali Bongo et qui visait « la promotion de la gent féminine dans sa globalité au Gabon et notamment la défense des droits des femmes gabonaises dans tous les domaines d'activité », il y a une réelle protection de la femme qui touche tant à son emploi qu'aux mesures visant à la favoriser.

Le souci de protéger l'emploi des femmes se retrouve par exemple au Décret n° 01494/PR/MTEPS du 29 décembre 2011 déterminant les règles d'hygiène et de sécurité sur les lieux de travail, en son article 224, al. 3 :

« *Les travailleurs affectés aux activités les mettant en contact avec les substances dangereuses doivent être suffisamment informés des risques qu'ils courent et des mesures d'hygiène et de sécurité à prendre.*
Ils doivent faire l'objet d'examens médicaux appropriés d'embauche et de surveillance.
Il est interdit d'affecter les femmes et les enfants de moins de dix-huit ans à ces activités sans autorisation délivrée par le médecin du travail de l'entreprise. »

Il en est de même de la loi n° 006/2021 du 6 septembre 2021 portant élimination des violences faites aux femmes. Cette législation prévoit, entre autres, un statut protecteur pour la femme avec une section portant expressément sur les droits liés au travail :

« *Article 27 : La personne victime de violences employée d'une entreprise ou agent public a droit, sur sa demande, et après avis conforme du médecin du travail, à la réorganisation de son temps de travail, à une mutation géographique, ou à une affectation dans un autre établissement.*

Article 28 : Toutes absences ou tout non-respect des horaires de travail justifiés par l'état physique ou psychologique de la personne victime de violences ne pourront donner lieu à licenciement que sur autorisation de l'inspection du travail.
L'employeur doit être informé dans un délai de soixante-douze heures.
La personne salariée ou l'agent public victime des violences, commises soit par l'employeur, soit au sein de l'entreprise, peut bénéficier, si son état physique ou psychologique justifie les absences visées à l'alinéa 1er ci-dessus, et après avis conforme du médecin du travail, d'indemnités journalières pour incapacité de travail dans les conditions et modalités fixées par voie réglementaire.

Article 29 : Le médecin du travail est habilité à proposer des mesures individuelles telles que les mutations ou les transformations de poste visant à prendre en compte. »

Cette législation adoptée avant le Code du travail aurait pu être directement intégrée dans celui-ci, si l'on avait eu vraiment à cœur de faire œuvre de codification. Pour un gouvernement qui se gargarisait de prendre en compte la situation des femmes, il est curieux qu'elles ne soient envisagées qu'en grossesse, comme si la question des inégalités ne concernait que les femmes enceintes. A cet égard l'article 213 est emblématique de ce procédé. Certes, il évoque bien in fine une liste de travaux interdits aux femmes enceintes, mais qu'en est-il des autres femmes ?

II. La protection de la femme en droit comparé

En droit mozambicain, l'article 13 de la L.T. prévoit des droits spéciaux pour les femmes :
« *2- Il est interdit aux employeurs d'employer des femmes dans des emplois qui nuisent à leur santé ou à leur fonction de reproduction.*
3- Les femmes qui travaillent doivent être respectées et tout acte portant atteinte à leur dignité est puni par la loi.
4- Un employé qui commet des actes sur le lieu de travail portant atteinte à la dignité d'une travailleuse peut faire l'objet d'une procédure disciplinaire.
5-Il est interdit aux employeurs de licencier, de pénaliser ou de nuire de quelque manière que ce soit aux travailleuses pour des motifs de discrimination ou d'exclusion. »

Au Brésil, le Parlement a adopté, le 21 septembre 2022, une loi amendant la CLT qui prévoit de nouvelles mesures visant à promouvoir l'insertion et le maintien des femmes sur le marché du travail, ainsi qu'à prévenir et à combattre le harcèlement sexuel et d'autres formes de violence sur le lieu de travail.

Les principales nouveautés sont les suivantes :

- Programme « Emploi + Femmes ». Ce nouveau programme vise à l'insertion et au maintien des femmes sur le marché du travail à travers, notamment, la mise en place par l'employeur :

  - de régimes de travail flexibles : télétravail, temps partiel, banque d'heures, prise de congés payés anticipée, horaires de travail flexibles, etc. ;
  - de mesures en faveur de l'évolution professionnelle des femmes dans des domaines stratégiques : suspension du contrat de travail de deux à cinq mois à des fins de qualification professionnelle donnant droit à une indemnité de l'assurance chômage, priorité aux femmes victimes de violence familiale pour suivre des formations dans les secteurs de la science, des technologies, du développement et de l'innovation ;
  - de mesures favorisant le retour des femmes au travail au terme de leur congé de maternité : suspension du contrat de travail de la salariée afin d'établir des liens avec l'enfant et faciliter le retour au travail de son conjoint, etc. ;
  - d'un label « Emploi + Femmes » attestant des bonnes pratiques en matière de promotion de l'employabilité des femmes ;
  - de mesures de prévention et de lutte contre le harcèlement sexuel et les autres formes de violence au travail ;
  - du respect de l'égalité de rémunération entre les femmes et les hommes exerçant la même fonction.

En outre, le Système national de l'emploi (équivalent de Pôle emploi en France) prévoit également la mise en œuvre d'initiatives visant à améliorer l'employabilité des femmes, en particulier pour celles qui ont un enfant de cinq ans au plus, un enfant handicapé ou encore pour celles qui sont mères célibataires.

- Label « Emploi + Femmes ». Ce nouveau label permet de distinguer les entreprises qui notamment :
  - encouragent l'embauche, l'occupation de postes de direction et l'évolution professionnelle des femmes, en particulier dans des domaines où elles sont peu nombreuses tels que la science, la technologie, le développement et l'innovation ;
  - promeuvent une culture de l'égalité entre les femmes et les hommes et la répartition égale des responsabilités parentales ;
  - mettent en place des formules souples de travail ;

- mettent en place des garderies pour répondre aux besoins de leurs salariés.

Les microentreprises et les petites entreprises qui obtiendront ce label bénéficieront d'incitations fiscales.

- Prévention et lutte contre le harcèlement sexuel et les autres formes de violence au travail. En vertu de la législation sur la santé et la sécurité au travail, les entreprises brésiliennes sont tenues de classer les niveaux de risques encourus en matière de santé et de sécurité au travail en fonction de l'activité. Doivent mettre en place une Commission interne de prévention des accidents et du harcèlement (CIPA), les entreprises avec un niveau de risque classé 3 ou 4 d'au moins 20 salariés, celles de risque de niveau 2 d'au moins 51 salariés et celles de niveau de risque 1 d'au moins 81 salariés.

Dans nombre de pays africains, le droit a prévu des listes de travaux interdits aux femmes. Voir en ce sens :

- Angola, Decreto Presidencial n.° 29/17, *Lista de Trabalhos Proibidos e condicionados às mulheres.*
- Bénin, Arrêté interministériel n° 132/MFPTRA/MSP/DC/SGMT/SST du 7 novembre 2000 fixant la nature des travaux et les catégories d'entreprises interdites aux femmes, aux femmes enceintes, et aux jeunes gens et à l'âge limite auquel s'applique l'interdiction.
- Burkina Faso Décret n° 2010-356/PRES/PM/MTSS/MS du 25 juin 2020 portant détermination de la nature des travaux dangereux interdits aux femmes et aux femmes enceintes.
- Côte d'Ivoire, Décret du 7 mars 2018 relatif aux travaux interdits aux femmes et aux femmes enceintes.
- Guinée, Arrêté n° 1392/MASE/DNTLS/90 du 15 mai 1990 relatif au travail des femmes et des femmes enceintes.
- Mali Décret n° 966178/P-RM du 13 juin 1996 portant application du Code du travail,
    - Art.D.189-1 : « Dans les établissements industriels et commerciaux, les femmes ne peuvent être employées à un travail effectif de plus de dix heures par jour, coupées par un ou plusieurs repos dont la durée ne peut être inférieure à une heure. »
    - Art.D.189-2 et s.
- Maroc Décret n° 2-106183 du 16 novembre 2010 fixant la liste des travaux auxquels il est interdit d'occuper certaines catégories de personnes.
- Niger, art. 177 et s. du Décret n° 2017-682/PRN/MET/PS du 10 août 2017 fixant les modalités d'application du Code du travail.

Dans certains pays, ces interdictions sont directement inscrites dans le Code du travail : Cap Vert, art. 270, C.T. ; Guinée Bissau, art. 155, C.T. ; Lesotho, art. 132, Labour Code ; Libye, art. 24 de la loi n° 12 du 28 janvier 2010 sur les relations de travail ; Mozambique, São Tomé, art. 137 de la Loi n° 6/92 du 11 juin 1992.

__Article 207__ : *La femme a les mêmes droits et les mêmes obligations en matière de législation du travail, sous réserve des dispositions particulières prévues par la présente loi.*
Aucun employeur ne peut licencier ou prendre toute autre mesure de représailles contre une femme au motif de sa grossesse ou de son accouchement.
Tout licenciement d'une femme enceinte, dont l'état a été constaté médicalement ou dont la grossesse est apparente, ou tout licenciement intervenu dans les quinze (15) mois suivant la date de l'accouchement est subordonnée à l'autorisation de l'inspecteur du travail du ressort.

Observations

Le législateur n'a fait que reprendre l'ancien article 170.

Par contre le dernier alinéa qui prévoyait « *L'inspecteur du travail saisi est tenu de faire connaître sa réponse dans un délai qui ne peut excéder un mois. Passé ce délai, l'autorisation est réputée accordée.* » a disparu. Doit-on alors considérer qu'il n'y a plus de délai pour cette réponse ?

Voir à ce propos, C.A. Libreville 30 janvier 2007 : « *Attendu qu'il est constant que dès l'annonce de sa grossesse à la hiérarchie, dame A. s'est vue proposée un poste à la bibliothèque imaginaire ou encore en projet ; toute attitude contraire aux dispositions de l'article 5 du Code du travail (...) Attendu davantage qu'aucun employeur ne peut, au sens de l'article 170 du code de travail, licencier ou prendre toute autre mesure de représailles contre une salariée, au motif de sa grossesse ou de son accouchement* ».

Toutefois, au lendemain d'une crise sanitaire comme on l'a connue avec la COVID, cette disposition tient-elle toujours ?

Voir la décision du juge constitutionnel colombien dans T-279/21 du 20 août 2021 :

« Les défendeurs, pour leur part, ont allégué que la résiliation de la relation contractuelle avait eu lieu dans le respect des exigences légales applicables. Ils ont également affirmé que ces décisions constituaient des mesures de protection de l'emploi formel et qu'elles étaient justifiées, car elles étaient fondées sur la nécessité de faire face aux difficultés économiques et opérationnelles causées par les mesures sanitaires mises en œuvre par le gouvernement national pour contenir la propagation de la pandémie causée par le virus SARS-CoV-2. Protection spéciale et assistance aux femmes enceintes et allaitantes. 2°. La crise sanitaire causée par la pandémie de SRAS-CoV-2 et les mesures gouvernementales visant à contenir ses effets sur le marché du travail. Dans trois actions de tutelle, la protection demandée a été REFUSÉE et dans une, l'action de tutelle a été déclarée irrecevable ».

Section 1 : Du congé de maternité

Article 208 *: La femme enceinte a l'obligation de déclarer son état de grossesse au cours du premier trimestre de celle-ci.*
La femme enceinte a le droit, du fait de sa grossesse, de suspendre son contrat de travail pendant quatorze (14) semaines consécutives, dont six (6) semaines avant la date présumée et huit (8) semaines après la date effective de l'accouchement.
Pendant le congé prénatal, il est interdit à l'employeur d'utiliser les services d'une femme enceinte, sauf accord écrit expressément passé entre les parties à l'initiative de l'employée et dont copie est adressée à l'inspecteur du travail du ressort.
Pendant le congé postnatal, il est interdit à l'employeur d'utiliser les services d'une employée sauf accord écrit expressément passé entre les parties à l'initiative de l'employée.
Si l'accouchement a lieu après la date prévue, le congé prénatal est prolongé jusqu'à la date d'accouchement sans que le congé postnatal ne soit réduit.
Cette interruption de service, non suspensive de l'ancienneté, n'est pas considérée comme une cause de rupture du contrat et peut être prolongée de trois semaines en cas de maladie dûment constatée par un médecin et résultant de la grossesse ou des couches.
En cas de naissances multiples, la période pendant laquelle l'employée peut suspendre son contrat de travail, postérieurement à l'accouchement, est prolongée de trois semaines.
Pendant cette période, l'employeur ne peut lui donner congé.

Observations

Voir, C183 - Convention (n° 183) sur la protection de la maternité, 2000. Le Gabon ne l'a pas ratifiée. Elle fixe la durée du congé de maternité à 14 semaines. La recommandation n° 191 sur la protection de la maternité préconise quant à elle une durée de 18 semaines au moins comme le Gabon, quatorze semaines ou plus : Afrique du Sud, Algérie, Bénin, Burkina Faso, Cameroun, Centrafrique, Comores, Congo, Côte d'Ivoire, Djibouti, Guinée, Madagascar, Mali, Mauritanie, Maroc, Niger, RDC, Sénégal, Seychelles, Somalie, Tchad, Togo, Zimbabwe.

De douze à treize semaines : Angola, Botswana, Burundi, Egypte, Eswatini, Guinée Equatoriale, Ethiopie, Gambie, Ghana, Kenya, Lesotho, Maurice, Namibie, Nigeria, Rwanda, Tanzanie, Zambie.
Moins de douze semaines : Erythrée, Guinée Bissau, Lybie, Malawi (une fois tous les trois ans), Mozambique, Sao-Tomé, Soudan, Ouganda, Tunisie.

En Angola, la nouvelle LGT introduit un congé de maternité supplémentaire, accordé pour une période de quatre semaines, qui est facultatif et non rémunéré. Ce congé supplémentaire donne aux mères plus de temps pour récupérer après l'accouchement et pour s'occuper de leur nouveau-né, reconnaissant ainsi l'importance des premiers moments de vie du bébé et du bien-être de la mère. Bien que non rémunéré, ce congé représente un pas en avant dans la protection de la maternité et la promotion de la santé et du bien-être de la mère et de l'enfant.

Section 2 : De la protection de la femme pendant son état de grossesse

Article 209 *: Pendant sa grossesse et trois mois après la date de la reprise du travail, une femme, employée habituellement à un travail reconnu comme dangereux pour la santé ou un travail de nuit qui produit un certificat médical contradictoire attestant qu'un changement dans la nature de son travail est nécessaire dans l'intérêt de sa santé ou de celle de son enfant, a le droit d'être transférée sans réduction de salaire à un autre travail non préjudiciable à son état.*
Dans ce cas, le transfert dans un autre poste de travail est subordonné à l'accord de l'intéressée et ne peut excéder quinze mois après son accouchement, au terme duquel elle retrouve son emploi initial.
Si pendant la grossesse et durant les trois mois qui suivent l'accouchement, ce transfert n'est pas possible, le contrat est suspendu. Pendant cette période, la femme a droit au versement par l'employeur d'une indemnité équivalente à la

moitié du salaire qu'elle percevait avant la suspension et au maintien de son ancienneté. A la fin de cette période, elle retrouve son emploi initial.

Observations

Reprise de l'ancien article 172 al. 1er.
Pendant la grossesse, l'employeur doit éviter que la femme ne soit exposée à certains risques (produits chimiques, produits bactériologiques, rayonnements ionisants). Il peut par exemple affecter la femme enceinte à un poste compatible avec son état de santé. Ce changement d'affectation ne doit pas avoir d'incidence sur sa rémunération (Voir en ce sens : A. Guillon, « Grossesse et travail, le cadre réglementaire », *Travail et Sécurité*, n° 765, octobre 2015, p. 52).

Article 210 *: La femme en état de grossesse médicalement constaté ou ayant accouché, qui travaille de nuit est affectée sur sa demande à un poste de jour pendant la durée de sa grossesse et pendant la période du congé postnatal.*
Elle est également affectée à un poste de jour pendant la durée de sa grossesse lorsque le médecin du travail constate par écrit que le poste de nuit est incompatible avec son état. Cette période peut être prolongée pendant le congé postnatal et après son retour de ce congé pour une durée n'excédant pas un (1) mois lorsque le médecin du travail constate par écrit que le poste de nuit est incompatible avec son état.
L'affectation à un nouveau poste n'entraîne aucune diminution de la rémunération.
Lorsque l'employeur est dans l'impossibilité de proposer un autre emploi à la femme en état de grossesse travaillant de nuit, il lui fait connaître par écrit, ainsi qu'au médecin du travail, les motifs qui s'opposent à cette affectation.
Le contrat de travail de la femme enceinte est alors suspendu jusqu'à la date du début du congé légal.
Pendant son congé de maternité, la femme a droit aux soins médicaux gratuits et à la totalité du salaire qu'elle percevait au moment de la suspension du contrat de travail, prestations qui incombent à l'organisme en charge de la sécurité sociale. Elle conserve le droit aux prestations en nature.
Le délai de trois (3) mois ci-dessus est un minimum obligatoire pour les parties contractantes, les conventions collectives sectorielles peuvent prévoir des dispositions plus favorables.

Section 3 : Des heures d'allaitement et de congé

Article 211 *: Pendant une période de douze (12) mois, à compter de la date de reprise du travail, la mère a droit à des repos pour allaitement.*
Ces repos sont pris à raison de :
-deux heures par jour pendant les six (6) premiers mois ;
-une heure par jour pendant les (6) derniers mois.
Ces repos font partie de la durée de travail et doivent être rémunérés comme tels.
Pendant cette période, la mère peut quitter définitivement son travail après l'exécution d'un préavis d'un mois et sans avoir, de ce fait, à payer une quelconque indemnité pour rupture de contrat.

Observations

Reprise de l'ancien article 174
Dans le mémorandum des syndicats, le dernier alinéa de cette disposition avait été critiqué. L'ancien article 174 donnait en effet le droit à la salariée durant cette période de quitter son travail sans avoir à effectuer un préavis. Pour tempérer cette critique, on peut répondre que de nouveaux modes de rupture existent maintenant, et peuvent permettre de se dispenser de l'exécution d'un préavis.

Article 212 *: Lorsqu'une femme sollicite l'octroi de ses congés annuels immédiatement après le congé postnatal, l'employeur est tenu d'accéder à sa demande conformément aux dispositions en vigueur en la matière.*

Article 213 *: Des décrets pris sur proposition conjointe du Ministre en charge du Travail et du Ministre en charge de la Santé, après consultation des organisations d'employeurs et de travailleurs les plus représentatives, fixent la nature des travaux interdits aux femmes enceintes.*

CHAPITRE VI : DE LA PROTECTION DE L'ENFANT AU TRAVAIL

Observations

C182 Convention sur les pires formes de travail des enfants, 17/06/1999, ratifiée le 28/03/2001

« (...)
Considérant la nécessité d'adopter de nouveaux instruments visant l'interdiction et l'élimination des pires formes de travail des enfants en tant que priorité majeure de l'action nationale et internationale, notamment de la coopération et de l'assistance internationales, pour compléter la convention et la recommandation concernant l'âge minimum d'admission à l'emploi, 1973, qui demeurent des instruments fondamentaux en ce qui concerne le travail des enfants ;
Considérant que l'élimination effective des pires formes de travail des enfants exige une action d'ensemble immédiate, qui tienne compte de l'importance d'une éducation de base gratuite et de la nécessité de soustraire de toutes ces formes de travail les enfants concernés et d'assurer leur réadaptation et leur intégration sociale, tout en prenant en considération les besoins de leurs familles ;
(...)

Article 1
Tout Membre qui ratifie la présente convention doit prendre des mesures immédiates et efficaces pour assurer l'interdiction et l'élimination des pires formes de travail des enfants, et ce, de toute urgence.

Article 2
Aux fins de la présente convention, le terme enfant s'applique à l'ensemble des personnes de moins de 18 ans.

Article 3
Aux fins de la présente convention, l'expression "les pires formes de travail des enfants" comprend :
a) toutes les formes d'esclavage ou pratiques analogues, telles que la vente et la traite des enfants, la servitude pour dettes et le servage ainsi que le travail forcé ou obligatoire, y compris le recrutement forcé ou obligatoire des enfants en vue de leur utilisation dans des conflits armés ;
b) l'utilisation, le recrutement ou l'offre d'un enfant à des fins de prostitution, de production de matériel pornographique ou de spectacles pornographiques ;

c) l'utilisation, le recrutement ou l'offre d'un enfant aux fins d'activités illicites, notamment pour la production et le trafic de stupéfiants, tels que les définissent les conventions internationales pertinentes ;
d) les travaux qui, par leur nature ou les conditions dans lesquelles ils s'exercent, sont susceptibles de nuire à la santé, à la sécurité ou à la moralité de l'enfant.

Article 4
1. Les types de travail visés à l'article 3 d) doivent être déterminés par la législation nationale ou l'autorité compétente, après consultation des organisations d'employeurs et de travailleurs intéressées, en prenant en considération les normes internationales pertinentes, et en particulier les paragraphes 3 et 4 de la recommandation sur les pires formes de travail des enfants, 1999.
2. L'autorité compétente, après consultation des organisations d'employeurs et de travailleurs intéressées, doit localiser les types de travail ainsi déterminés.
3. La liste des types de travail déterminés conformément au paragraphe 1 du présent article doit être périodiquement examinée et, au besoin, révisée en consultation avec les organisations d'employeurs et de travailleurs intéressées.

Article 5
Tout Membre doit, après consultation des organisations d'employeurs et de travailleurs, établir ou désigner des mécanismes appropriés pour surveiller l'application des dispositions donnant effet à la présente convention.

Article 6
1. Tout Membre doit élaborer et mettre en œuvre des programmes d'action en vue d'éliminer en priorité les pires formes de travail des enfants.
2. Ces programmes d'action doivent être élaborés et mis en œuvre en consultation avec les institutions publiques compétentes et les organisations d'employeurs et de travailleurs, le cas échéant en prenant en considération les vues d'autres groupes intéressés.

Article 7
1. Tout Membre doit prendre toutes les mesures nécessaires pour assurer la mise en œuvre effective et le respect des dispositions donnant effet à la présente convention, y compris par l'établissement et l'application de sanctions pénales ou, le cas échéant, d'autres sanctions.
2. Tout Membre doit, en tenant compte de l'importance de l'éducation en vue de l'élimination du travail des enfants, prendre des mesures efficaces dans un délai déterminé pour :
a) empêcher que des enfants ne soient engagés dans les pires formes de travail des enfants ;
b) prévoir l'aide directe nécessaire et appropriée pour soustraire les enfants des pires formes de travail des enfants et assurer leur réadaptation et leur intégration sociale ;
c) assurer l'accès à l'éducation de base gratuite et, lorsque cela est possible et approprié, à la formation professionnelle pour tous les enfants qui auront été soustraits des pires formes de travail des enfants ;

d) identifier les enfants particulièrement exposés à des risques et entrer en contact direct avec eux ;
e) tenir compte de la situation particulière des filles.
3. Tout Membre doit désigner l'autorité compétente chargée de la mise en œuvre des dispositions donnant effet à la présente convention.

Article 8
Les Membres doivent prendre des mesures appropriées afin de s'entraider pour donner effet aux dispositions de la présente convention par une coopération et/ou une assistance internationale renforcées, y compris par des mesures de soutien au développement économique et social, aux programmes d'éradication de la pauvreté et à l'éducation universelle. »

Article 214 *: Aucun mineur de moins de seize (16) ans ne peut être employé dans une entreprise, sauf dérogation édictée par décret pris sur proposition conjointe du Ministre en charge du Travail, du Ministre en charge de la Santé et du Ministre en charge de l'Education.*
Tout enfant, avant l'âge de seize (16) ans, ne peut être employé à des travaux considérés comme pires formes de travail des enfants, particulièrement des travaux qui, par leur nature ou les conditions dans lesquelles ils s'exercent, sont susceptibles de nuire à sa santé, à sa sécurité ou à sa moralité. Il s'agit notamment des travaux :
-qui l'exposent à des sévices physiques, psychologiques ou sexuels ;
-qui s'effectuent avec des machines, du matériel ou des outils dangereux, ou qui comportent des manipulations ou le port de lourdes charges ;
-qui s'effectuent sous terre, sous l'eau, à des hauteurs dangereuses ou dans des espaces confinés ;
-qui s'effectuent dans un milieu malsain pouvant, par exemple, exposer l'enfant à des substances, des agents ou de procédés dangereux, ou à des conditions de température, de bruits ou de vibrations préjudiciables à la santé.
Il s'agit aussi de toutes formes d'esclavage ou pratiques analogues, telles que la vente et la traite des enfants, la servitude pour dettes et le servage ainsi que le travail forcé ou obligatoire, y compris le recrutement forcé ou obligatoire des enfants en vue de leur utilisation dans des conflits armés.
Un décret pris sur proposition conjointe du Ministre chargé du Travail et du Ministre chargé de la Santé, après consultation des organisations professionnelles d'employeurs et de travailleurs les plus représentatives, fixe la nature des travaux et des catégories d'entreprise interdites aux enfants ainsi que l'âge limite auquel s'applique l'interdiction.

Observations

Observation (CEACR) - adoptée 2023, publiée 112ème session CIT (2024), *Convention (n° 138) sur l'âge minimum, 1973 - Gabon (Ratification: 2010).*

« *Article 9, paragraphe 3. Tenue des registres.* La commission note que, en vertu de l'article 295 du Code du travail, l'employeur doit tenir à jour, au lieu d'exploitation, un registre dit « registre d'employeur» qui contient la liste complète de ses effectifs à jour. Les informations devant figurer dans le registre d'employeur sont fixées par voie réglementaire. La commission note, d'après le rapport du gouvernement en application de la convention (no 123) sur l'âge minimum (travaux souterrains), 1965, qu'une commission de rédaction des textes d'application du nouveau Code du travail est en train d'actualiser l'arrêté général no 3018 du 29 septembre 1953 qui fixe le modèle du registre d'employeur. La commission rappelle que, en vertu de *l'article 9, paragraphe 3*, de la convention, la législation nationale ou l'autorité compétente devra prescrire les registres ou autres documents que l'employeur devra tenir et conserver à disposition, et ces registres ou documents devront indiquer le nom et l'âge, ou la date de naissance, dûment attestés, dans la mesure du possible, des personnes occupées par lui ou travaillant pour lui, dont l'âge est inférieur à 18 ans. *La commission prie donc à nouveau le gouvernement de prendre les mesures nécessaires, dans un proche avenir, afin de rendre l'arrêté général no 3018 conforme aux exigences de l'article 9, paragraphe 3, de la convention, en prévoyant que l'employeur tienne et conserve à disposition les registres »*.

L'article 214 a un périmètre plus restreint que l'ancien article 177 ainsi rédigée : « *Compte tenu de circonstances et tâches qui peuvent leur être imposées, les enfants ne peuvent être employés dans aucune entreprise avant l'âge de seize ans, sauf dérogation édictée par décret pris sur proposition du Ministre chargé du Travail, du Ministre chargé de la Santé et du Ministre chargé de l'Education »*.

I. L'encadrement du travail des enfants par l'OIT

Depuis l'adoption de la Convention 182 de l'OIT sur l'interdiction des pires formes de travail des enfants, la lutte contre le travail des enfants est un objectif affiché par les pouvoirs publics. Pourtant, il y a souvent un risque de confusion qu'il importe d'écarter. Les textes internationaux interdisent non pas le travail des enfants en tant que tel, mais les situations qui peuvent mettre en danger son intégrité physique ou encore l'empêcher de suivre une scolarité normale. Le travail a une fonction d'apprentissage que l'on ne saurait ignorer en effet. Dans le milieu rural, il serait incongru d'interdire le travail des enfants sachant qu'au-delà de l'aide qu'ils apportent, c'est un moyen pour les enfants de se familiariser et d'apprendre des tâches qu'ils accompliront eux aussi par la suite. De même, pour que l'enseignement ne soit pas que théorique, les stages qui ne sont rien d'autre que du travail, commencent de plus en plus tôt dans le cursus scolaire. C'est ce qui a conduit le législateur à interdire aux enfants l'accès à certaines tâches d'une part, et à fixer un âge minimum avant lequel ils ne peuvent pas travailler, mais où ils sont soumis à une obligation de scolarisation.

Le Gabon a ratifié le 25 octobre 2010, la Convention C138 sur l'âge minimum dont l'article 2 dispose :

« *3. L'âge minimum spécifié conformément au paragraphe 1 du présent article ne devra pas être inférieur à l'âge auquel cesse la scolarité obligatoire, ni en tout cas à quinze ans.*
4. Nonobstant les dispositions du paragraphe 3 du présent article, tout Membre dont l'économie et les institutions scolaires ne sont pas suffisamment développées pourra, après consultation des organisations d'employeurs et de travailleurs intéressées, s'il en existe, spécifier, en une première étape, un âge minimum de quatorze ans.
5. Tout Membre qui aura spécifié un âge minimum de quatorze ans en vertu du paragraphe précédent devra, dans les rapports qu'il est tenu de présenter au titre de l'article 22 de la Constitution de l'Organisation internationale du Travail, déclarer :
a) soit que le motif de sa décision persiste ;
b) soit qu'il renonce à se prévaloir du paragraphe 4 ci-dessus à partir d'une date déterminée.

L'Article 3 de la même convention précise :

«*1. L'âge minimum d'admission à tout type d'emploi ou de travail qui, par sa nature ou les conditions dans lesquelles il s'exerce, est susceptible de compromettre la santé, la sécurité ou la moralité des adolescents ne devra pas être inférieur à dix-huit ans. Les types d'emploi ou de travail visés au paragraphe 1 ci-dessus seront déterminés par la législation nationale ou l'autorité compétente, après consultation des organisations d'employeurs et de travailleurs intéressées, s'il en existe* ».

Ces différentes dispositions ainsi que celles que l'on retrouvait dans d'autres conventions de l'OIT ont été intégrées dans la Convention 182.

Voir notamment : C5, Convention sur l'âge minimum (industrie) ; C7, Convention sur l'âge minimum (travail maritime) ; C10, Convention sur l'âge minimum (agriculture), C15 Convention sur l'âge minimum (soutiers et chauffeurs) ; C33, Convention sur l'âge minimum (travaux non industriels) ; C58, Convention (révisée) sur l'âge minimum (travail maritime) ; C059 Convention (révisée) de l'âge minimum (industrie) ; C60 Convention (révisée) sur l'âge minimum (travaux non industriels) ; C112, Convention sur l'âge minimum (pêcheurs) ; C123, Convention sur l'âge minimum (travaux souterrains).

II. Les autres instruments

En dehors des normes OIT, l'interdiction du travail des enfants se retrouve également dans d'autres instruments internationaux.

- La Convention internationale des droits de l'enfant dont l'article 32 dispose :

« *1. Les Etats parties reconnaissent le droit de l'enfant d'être protégé contre l'exploitation économique et de n'être astreint à aucun travail comportant des risques ou susceptible de compromettre son éducation ou de nuire à sa santé ou à son développement physique, mental, spirituel, moral ou social.*
2. Les Etats parties prennent des mesures législatives, administratives, sociales et éducatives pour assurer l'application du présent article. A cette fin, et compte tenu des dispositions pertinentes des autres instruments internationaux, les Etats parties, en particulier :
a) Fixent un âge minimum ou des âges minimums d'admission à l'emploi ;
b) Prévoient une réglementation appropriée des horaires de travail et des conditions d'emploi ;
c) Prévoient des peines ou autres sanctions appropriées pour assurer l'application effective du présent article ».

Enfin, la Charte Africaine sur les droits et le bien-être de l'enfant prévoit en son article 15 : « *(...) L'enfant est protégé de toute forme d'exploitation économique et de l'exercice d'un travail qui comporte probablement des dangers ou qui risque de perturber l'éducation de l'enfant ou de compromettre sa santé ou son développement physique, mental, spirituel, moral et social* ».

- La Loi n° 09/2004 du 24 septembre 2004 relative à la prévention et à la lutte contre le trafic des enfants. Ce texte définit le « trafic des enfants » comme comprenant « toutes les formes de déplacement forcé, de marchandage, d'échange telles que la vente, la traite ainsi que la servitude pour dettes des enfants » ainsi que « le recrutement, l'offre et le placement à titre onéreux ou gracieux des enfants à des fins domestiques ou lucratives au sein des familles ». Il organise des mesures de prévention, notamment des campagnes de sensibilisation, un suivi médico-psychologique des victimes et la création de centres d'accueil, de même qu'il crée un Conseil de prévention et de lutte contre le trafic des enfants composé de membres désignés par différents ministres, dont un médecin. Enfin, la loi du 24 septembre 2004 précise les modalités des contrôles, enquêtes et perquisitions pour établir les infractions et fixe les peines pénales applicables.

Article 215 *: L'inspecteur du travail du ressort peut requérir l'examen médical approfondi d'aptitude à l'emploi des enfants jusqu'à l'âge de vingt-et-un (21) ans.*
Nonobstant le champ d'application défini à l'article premier de la présente loi, l'inspecteur du travail peut exiger la production des pièces d'état civil de tout enfant dont il a de fortes présomptions de penser qu'il est employé à une activité correspondant aux pires formes de travail de l'enfant, l'interroger avec ou sans témoins, dans le cadre du secteur moderne ou du secteur informel et, le cas échéant, de le faire appréhender par les forces de sécurité. Enfin, il est tenu de dénoncer tout fait constitutif d'exploitation des enfants à des fins de travail dans le cadre du secteur moderne ou du secteur informel.
L'enfant ne peut être maintenu dans un emploi reconnu au-dessus de ses forces et doit être affecté à un emploi convenable. Si cela n'est pas possible, le contrat doit être résilié avec paiement des indemnités de rupture.

CHAPITRE VII : DU TRAVAIL DES PERSONNES VIVANT AVEC UN HANDICAP

Observations

Le travailleur handicapé est une catégorie juridique qui ne doit rien au CTTOM qui ne l'évoque pas du tout. En droit positif gabonais, c'est l'article A11-2 du Tronc commun des conventions collectives de 1982 qui évoque pour la première fois la prise en compte des travailleurs vivant avec un handicap physique : « *Lorsque le poste de travail le permet et à compétence égale, l'employeur s'attache à favoriser l'embauche des personnes physiquement handicapées* ». Le législateur ne le fera qu'en 1994.

En France métropolitaine, il a fallu attendre la loi n° 57-1223 du 23 novembre 1957 sur le reclassement des travailleurs handicapés pour que soient mis en place le premier mécanisme de reconnaissance de la qualité de travailleur handicapé, et un processus favorisant l'orientation professionnelle fondée sur des mesures de réadaptation, rééducation et formation professionnelle. La loi n° 75-534 du 30 juin 1975 d'orientation en faveur des personnes handicapées a ensuite confié ces missions aux commissions techniques d'orientation et de reclassement professionnel (COTOREP) mises en place dans chaque département, alors que la loi n° 87-517 du 10 juillet 1987 marque une étape importante en créant une obligation de résultat à la charge de tout établissement d'au moins vingt salariés d'employer 6 % de travailleurs handicapés. Toujours en France, la loi n° 2005-102 du 11 février 2005 pour l'égalité des droits et des chances, la participation et la citoyenneté des personnes handicapées fait de l'insertion professionnelle des personnes handicapées une question sociétale.

Article 216 : *Est considérée comme travailleur vivant avec un handicap, toute personne dont les possibilités d'obtenir ou de conserver un emploi sont effectivement réduites par suite de l'altération d'une ou plusieurs fonctions physiques ou psychiques.*
A qualification professionnelle égale, toute discrimination fondée sur le handicap physique, mental ou psychique d'une personne à l'embauche, pendant la durée de son contrat de travail ou à la cessation de celui-ci, est strictement interdite.

Observations

I. La définition du travailleur handicapé

Le dernier alinéa de cet article 216 reprend l'ancien article 179 alinéa 2 qui s'inspirait lui-même de l'article A11-2 du Tronc commun des conventions collectives. Par contre, l'alinéa 1 est une nouveauté bienvenue, en ce sens que le législateur s'est efforcé de donner une définition du travailleur handicapé, même si elle n'est pas totalement satisfaisante.

Il aurait peut-être dû s'inspirer (ou insérer un renvoi) de la loi n°19/95 du 13 février 1996 portant organisation de la protection sociale des personnes handicapées au Gabon, et en mentionner l'article 2 :

« *Est considérée comme personne handicapée toute personne qui, frappée d'une déficience physique, sensorielle ou mentale, congénitale ou accidentelle, éprouve des difficultés à s'acquitter des fonctions normales exercées par toute personne valide.*
Le handicap est constaté par un médecin agréé qui délivre gratuitement une attestation indiquant la nature du handicap, ainsi que le taux d'invalidité ».

L'intérêt de cette loi c'est qu'elle prend en compte toutes les formes de handicap.

En droit comparé, l'article 12.1 du Code du travail ivoirien dispose : « *Est considérée comme personne en situation de handicap toute personne physique dont l'intégrité physique ou mentale est passagèrement ou définitivement diminuée soit congénitalement, soit sous l'effet d'une maladie ou d'un accident, en sorte que son autonomie, sou aptitude à fréquenter l'école ou à occuper un emploi, s'en trouvent compromises.*
Il s'agit d'une personne présentant l'un ou les deux handicaps suivants :
- *handicap physique ;*
- *handicap intellectuel.* »

Voir également, Bénin, article 32, C.T. : « *Est considérée comme personne handicapée, toute personne dont les possibilités d'obtenir ou de conserver un emploi, sont effectivement réduites par suite d'une insuffisance ou d'une diminution de ses capacités physiques ou mentales.*

La qualité de personne handicapée est constatée par une commission placée sous l'autorité du ministre chargé des affaires sociales. Cette qualité est matérialisée par une carte ».

Dans les législations de Djibouti (C.T., art. 118), de Madagascar (C.T., art. 104) et de la RCA (C.T., art. 264), on retrouve la même formulation.

II. L'application du principe de non-discrimination

Le principe de non-discrimination vaut pour tous les salariés. Pour autant, le législateur est demeuré muet s'agissant de la sanction qui s'attache à la violation du présent article. Dans les pénalités de l'article 233, il n'est nullement fait mention en effet de l'article 216, pas plus que des articles 217 et 218 d'ailleurs. Pourtant, dans la même configuration, l'ancien article 195 avait prévu des sanctions en cas de violation de l'ancien article 179 : « *Sera passible d'une amende de 30 000 à 300 000 francs et, en cas de récidive, d'une amende de 60 000 francs et puni d'un emprisonnement de deux à six mois ou de l'une de ces deux peines seulement :*
-toute personne qui aura exigé ou accepté du travailleur une rémunération quelconque à titre d'intermédiaire dans le paiement des salaires, indemnités, allocations et frais de toute nature ;
-les auteurs d'infractions aux dispositions des articles 140 à 153, 160 à 172, 177 nouveau, 179, 183 à 188 du présent Code.
Les auteurs d'infractions aux dispositions de l'article 177, nouvel alinéa 3 concernant les pires formes de travail des enfants seront passibles d'une amende de 5 000 000 de francs et d'un emprisonnement de 5 ans exclu du bénéfice de sursis. En cas de récidive, chacune de ces peines sera doublée. »

Article 217 : *L'employeur qui dispose de travailleurs vivant avec un handicap doit créer, sur les lieux de son entreprise, un accès facile et un environnement de travail propice, de façon à rendre l'exécution du travail par la personne vivant avec un handicap aussi facile que pour une personne sans handicap.*

Observations

Cet article reprend dans une rédaction légèrement modifiée l'ancien article 180. Néanmoins, cette modification ne peut manquer de surprendre, voire de choquer : comment l'employeur « dispose » de travailleurs ? Serait-ce des choses ? Il aurait été plus judicieux comme on l'a fait à maintes reprises de conserver l'ancienne rédaction.

Article 218 *: Les chefs d'entreprise sont tenus de réserver un quota d'emplois aux personnes vivant avec un handicap possédant la qualification professionnelle requise.*
Le taux de ce quota est fixé à un quarantième de l'effectif total de l'entreprise ou de l'établissement.
Tout employeur disposant de quarante travailleurs ou plus doit déclarer chaque année, par écrit auprès de l'inspecteur du travail du ressort, l'effectif global de ses employés et le nombre d'employés vivant avec un handicap tout en mentionnant leur handicap.

Article 219 *: En cas de licenciement pour motif économique, l'employeur s'efforcera, autant que possible, de maintenir l'emploi du travailleur vivant avec un handicap.*

CHAPITRE VIII : DU REPOS HEBDOMADAIRE ET DES JOURS FÉRIÉS

Article 220 : *Le repos hebdomadaire est obligatoire. Il est au minimum de vingt-quatre (24) heures consécutives par semaine. Il a lieu en principe le dimanche.*
Il peut être fait dérogation à l'obligation de repos hebdomadaire notamment pour des activités caractérisées par la nécessité d'assurer une continuité du service ou par des périodes d'intervention fractionnée.
Il peut être également fait dérogation à l'obligation de repos hebdomadaire, pour les travaux urgents et les mesures de sauvetage en vue de prévenir des accidents imminents ou réparer des accidents survenus.
Les conventions collectives adaptent les modalités d'application de ces dispositions selon les nécessités de la profession ou du secteur d'activité.

Observations

I. Le principe du repos hebdomadaire

Le principe du repos hebdomadaire est posé par la Convention C14 de l'OIT (ratifiée par le Gabon). Elle dispose en son article 2 :
« *1. Tout le personnel occupé dans tout établissement industriel, public ou privé, ou dans ses dépendances, devra, sous réserve des exceptions prévues dans les articles ci-après, jouir, au cours de chaque période de sept jours, d'un repos comprenant au minimum vingt-quatre heures consécutives.*
2. Ce repos sera accordé autant que possible en même temps à tout le personnel de chaque établissement.
3. Il coïncidera, autant que possible, avec les jours consacrés par la tradition ou les usages du pays ou de la région ».

L'article 120 du CTTOM avait repris le même principe. Toutefois, le Code de 1952 prévoyait nombre de dérogations que l'on retrouve toujours en droit gabonais.

Le principe du repos hebdomadaire est d'ordre public dans tous les pays du monde. Il s'impose ainsi à toutes les entreprises, quels que soient leur secteur d'activité, leur forme ou leur objet. De ce fait, tous les travailleurs sont concernés, y compris les travailleurs domestiques. Le repos a lieu en principe le dimanche. Dans les faits, le salarié peut être occupé au maximum six jours sur sept par semaine. L'employeur ne peut pas l'obliger à travailler le jour de repos vu qu'il a droit à vingt-quatre heures consécutives de repos par semaine. La durée totale du repos est du reste de trente-cinq heures, puisqu'aux vingt-quatre heures que prévoit la loi, il faut ajouter le repos quotidien de onze heures consécutives de la veille ou du lendemain travaillé. Par ailleurs, le salarié ne doit pas travailler le jour de repos. N'étant pas sous les ordres de l'employeur, l'accident dont il pourrait être victime ne serait pas un accident du travail.

Si l'employeur ne peut pas contester le droit au repos hebdomadaire, par contre le jour de ce repos peut varier en fonction de la nature de l'activité.

II. Les dérogations au repos dominical

Les dérogations au repos dominical sont contenues au décret n° 273 du 5 décembre 1962, reprenant lui-même les dispositions du CTTOM. Ces dérogations sont de trois ordres : dérogations de plein droit, dérogations facultatives de caractère temporaire, et dérogations facultatives de caractère occasionnel.

A. Les dérogations de plein droit

Certains établissements doivent fonctionner sans interruption. Ce peut être pour des raisons techniques (distribution d'énergie et d'eau), ou pour tenir compte des besoins du public (hôtels, hôpitaux, restaurants, entreprises de transport, musées). Les entreprises exerçant dans ces activités sont autorisées de plein droit à accorder le repos hebdomadaire un autre jour que le dimanche. De même, elles ont la faculté d'utiliser le repos par roulement. Toutefois, cela ne dispense pas l'employeur de respecter la règle de six jours de travail sur sept par semaine, et de vingt-quatre heures consécutives de repos.

En droit comparé français, ces dérogations de plein droit peuvent être instituées sur une base conventionnelle.

B. Les dérogations facultatives de caractère temporaire

Des dérogations facultatives sont accordées sur demande, et elles sont subordonnées à une autorisation du Ministre en charge du travail. Celle-ci est accordée pour une année. Ces dérogations sont prévues pour les établissements qui ne peuvent pas mettre tout le personnel en repos simultanément le dimanche, sans porter préjudice au public ou gêner le fonctionnement normal de l'établissement.

Les modalités du repos sont diverses. Il peut s'agir par exemple d'un autre jour que le dimanche, ou alors du dimanche à la mi-journée au lundi à la mi-journée lorsque l'établissement n'ouvre que le dimanche matin.

C. Les dérogations facultatives de caractère occasionnel

Des dérogations facultatives peuvent être accordées en cas de travaux urgents. Il en est de même pour les établissements de commerce ou de détail où le repos a lieu normalement le dimanche. Ce repos peut être supprimé certains dimanches de fête. Le salarié privé de repos dominical doit bénéficier d'un repos compensateur et d'une majoration de salaire pour ce jour de travail exceptionnel.

Voir en ce sens, Algérie, Loi sur les relations de travail, art. 36 : « *Le travailleur qui a travaillé un jour de repos légal a droit à un repos compensateur d'égale durée et bénéficie du droit de majoration des heures supplémentaires conformément aux dispositions de la présente loi* ».

III. Les dérogations au repos hebdomadaire

Des dérogations au principe du repos hebdomadaire peuvent être accordées, les unes avec repos compensateur, les autres sans repos compensateur.
Les dérogations avec repos compensateur concernent certaines catégories de travailleurs. C'est le cas notamment :

- Des gardiens et des concierges ;
- Des personnes employées à la conduite de générateurs et de machines motrices ;

Les dérogations sans repos compensateur concernent notamment :

- Les travaux urgents dont l'exécution immédiate est nécessaire pour organiser des mesures de sauvetage, pour prévenir des accidents imminents ou réparer des accidents survenus au matériel, aux installations, aux bâtiments de l'établissement.
- Le surcroît extraordinaire de travail.
- Les travaux de chargement et de déchargement dans les ports.

Article 221 *: Un décret pris sur proposition du Ministre en charge du Travail fixe la liste des jours fériés et les modalités de rémunération ou de récupération des heures de travail effectuées ces jours.*

Observations

Les textes régissant les jours fériés sont clairs. Ceux-ci sont obligatoirement chômés en raison de l'interdiction légale de travailler qui s'y attache. Ils donnent droit pour le salarié au versement d'une indemnité compensatrice qui est égale au salaire, et calculée sur la base de l'horaire normal de travail. Mais, cette indemnité n'est pas due lorsque la fête légale intervient le jour du repos hebdomadaire. A contrario, lorsque le salarié est obligé de travailler un jour chômé, il doit recevoir non seulement l'indemnité compensatrice, mais également le salaire correspondant à la journée de travail.

Le décret n° 727/PR/MTEFP du 29 juin 1998 fixe le régime des jours fériés :

- 1er janvier : Nouvel An ;
- L'Ai Fityri (fin du ramadan) ;
- Pâques et lundi de Pâques ;
- 17 avril : journée nationale de la femme ;
- 1er mai : fête du Travail ;
- Pentecôte et lundi de Pentecôte ;
- L'Aïd-El-Kébir (Fête du Mouton) ;
- 15 août (Assomption) ;
- 16-17 août : Anniversaire de l'Indépendance ;
- 1er novembre : Toussaint ;
- 25 décembre : Noël.

CHAPITRE IX : DES CONGÉS

Observations

Le droit au congé est non seulement présent dans l'ensemble des législations du monde, mais il y a également un caractère d'ordre public. La convention C52 de l'OIT (ratifiée par le Gabon le 13 juin 1961), le consacre également en son article 2-1. « *Toute personne à laquelle s'applique la présente convention a droit, après un an de service continu, à un congé annuel payé comprenant au moins six jours ouvrables* ».

Avant le CTTOM, le droit aux congés payés n'était prévu que par quelques conventions collectives, la loi du 20 juin 1936 instituant lesdits congés en métropole n'ayant pas été étendue aux colonies. Dans ce contexte, le droit au congé était plutôt une prime à l'assiduité.

En A.O.F. par exemple, pour les travailleurs engagés à titre permanent, il était prévu un congé de quinze jours par année de présence chez le même employeur, à la condition que le travailleur ait fourni au moins deux-cent-quarante jours de travail dans l'année. Pendant cette période de congé, le travailleur avait droit à une indemnité calculée sur la base du salaire : une demi-mensualité.

Le droit aux congés payés est ensuite intégré dans les différents codes du travail depuis 1962 (art. 121 et s. du Code de 1962, art. 125 et s. du Code de 1978). Toutefois, contrairement à ce que l'on peut relever ailleurs, il n'y a pas de justification de ce droit dans le Code du travail. Cela aurait été pourtant utile pour comprendre un certain nombre de dispositions liées à ce droit. L'idée qui domine ici est en effet d'assurer au salarié une période de repos sans perte de gain. C'est ce qu'ont parfaitement exprimé les législateurs angolais et camerounais.

Angola, LGT, art. 202 : « *Le droit aux vacances est destiné à permettre aux travailleurs de récupérer physiquement et psychologiquement de l'usure causée par le travail et à leur permettre une pleine disponibilité personnelle, l'intégration dans la vie familiale et la participation sociale et culturelle* ».

São Tomé, C.T., art. 189-2 : « *Le droit aux vacances doit être réalisé de manière à permettre au travailleur de récupérer physiquement et psychologiquement et à assurer des conditions minimales de disponibilité personnelle, d'intégration dans la vie familiale et de participation sociale et culturelle* ».

Cameroun, C.T., art. 92-5 : « *Le congé étant alloué au travailleur dans le but de lui permettre de se reposer, l'octroi d'une indemnité compensatrice en lieu et place du congé est formellement interdit dans tous les autres cas* ».

Article 222 : *Sauf dispositions contractuelles plus favorables, le travailleur acquiert droit au congé à la charge de l'employeur, à raison de deux (2) jours ouvrables par mois de service effectif. Les travailleurs âgés de moins de dix-huit (18) ans ont droit à deux jours et demi (2,5) ouvrables.*
Les dispositions ci-dessus s'appliquent également au travailleur à temps partiel.
Le congé principal peut être fractionné par l'employeur avec l'accord du travailleur à compter du droit de jouissance acquis au terme d'une présence effective de douze (12) mois dans l'entreprise. Le fractionnement ne s'applique que pour ceux dépassant au moins six jours ouvrables.
Les conventions collectives sectorielles déterminent les modalités pratiques d'application de ces dispositions, et notamment le fractionnement du congé principal.

Observations

Reprise de l'ancien article 185.

Pour chaque mois travaillé, le salarié bénéficie de deux jours de congés, ces jours correspondent à des périodes de travail. Les dimanches et les jours fériés sont donc exclus. Par contre, le samedi fait partie des jours ouvrables. Dès son embauche, le salarié acquiert des droits à congé. Au terme d'une année, il pourra ensuite s'arrêter de travailler pendant la période qui correspond au total du nombre de jours de congés obtenus. Toutefois, certaines périodes pendant lesquelles le salarié n'a pas travaillé peuvent être assimilées à des périodes de service (maladie, accident du travail, certains congés exceptionnels dans la limite d'un certain nombre de jours, etc.).

I. Calcul de la durée des congés

Pour le bénéfice du droit aux congés, plusieurs éléments sont à prendre en compte : la durée minimale des congés, la période de référence et le service effectif.

A. La durée minimale

La durée minimale du congé est aujourd'hui de deux jours ouvrables par mois de travail (Voir en ce sens, C.A. Port-Gentil, 10 décembre 2007, n° 37 07-08 : « *Attendu que tout travailleur acquiert droit au congé à la charge de l'employeur, à raison de deux jours ouvrables par mois de service effectif* » ; CA Judiciaire de Port-Gentil, Chambre sociale, 26 novembre 2007).

Cette durée a évolué depuis le CTTOM. L'article 21 de celui-ci la fixait, selon les cas, à : cinq jours de congé par mois de service effectif ; un jour et demi ouvrable de congé par mois de service effectif ; un jour ouvrable de congé par mois de service effectif. Au lendemain de l'indépendance, le Code du travail de 1962 indiquait que cette durée minimale était d'un jour et demi (art. 121). C'est le Code de 1978 qui a porté cette durée aux deux jours actuels (art. 125). Cette durée est d'ordre public. Néanmoins, l'article 42. 1 du Tronc commun des conventions collectives dispose que : « *(...) des accords collectifs d'établissement ou d'entreprise pourront prévoir des dispositions ou des clauses plus favorables aux travailleurs* ». Des conventions d'entreprises dans le secteur pétrolier par exemple prévoient une durée minimale des congés payés fixée à 2 jours et demi ouvrés pour toutes les catégories professionnelles.

En droit français, la notion de jours ouvrables a été précisée depuis un arrêt de la Cour supérieure d'arbitrage du 8 février 1939, « *les jours ouvrables s'opposent aux jours qui sont légalement fériés et à l'occasion desquels l'entreprise intéressée donne congé à son personnel* » (D.H. 1939, p. 249).

D'un pays africain à l'autre, la durée minimale des congés payés varie, et s'exprime soit mensuellement soit annuellement si l'on excepte la législation sud-africaine qui prévoit entre autres, une heure pour toutes les 17 heures travaillées (B.C.E.A., 3.2.1.)

Pour le calcul mensuel, la durée peut être de 2 jours et demi (Algérie, Loi sur les relations de travail, art. 41 ; Burkina Faso, C.T., art. 151 al. 1) ; 2 jours (Bénin, C.T., art.158 ; RCA, C.T., art. 281 ; Sénégal, C.T., art. L. 148 ; Tchad, C.T., art. 212) ; 1 jour et demi (Cameroun, C.T., art. 89-1) ; 1,25 jour (Botswana, Employment Act, art. 99-2). La législation angolaise prévoit que les salariés sous CDD bénéficient de trois jours par mois de travail (LGT, art. 139-1). Au Mozambique, pour l'article 108-3 prévoit que : « *La durée de la période de vacances pour les travailleurs ayant un contrat à durée déterminée de moins d'un an et de plus de trois mois correspond à un jour par mois de service effectif* ».

Pour le calcul annuel, en Afrique du Sud, la durée est de 21 jours (B.C.E.A., 3.2.1.), en Angola de 22 jours (LGT, art. 137-1), au Congo de 26 jours (C.T., art. 119 al. 1), au Ghana, de 15 jours (Labour Act, art. 20).

En Guinée-Equatoriale l'article 83-1 de la LGT dispose :
« *Le travailleur a le droit et l'obligation de jouir de trente jours de congés payés pour chaque année de travail ininterrompu.*
L'employeur et le travailleur peuvent convenir de fragmenter les congés reconnus dans la présente loi en un maximum de deux périodes par an. Ils ne peuvent être accumulés pendant plus de deux ans ».

Au Mozambique, aux termes de l'article 108-1 de la L.T., « *Les travailleurs ont droit à 12 jours de congés payés au cours de leur première année d'emploi permanent et à 30 jours les années suivantes* ».

B. La durée maximale des congés

Le Code du travail est silencieux sur la durée maximale des congés. Le Tronc commun des conventions collectives ainsi que les différentes conventions d'établissement font montre du même mutisme. De ce fait, dans la pratique des entreprises gabonaises, on relève, du fait de la possibilité des cumuls, des congés pouvant s'étendre sur plusieurs mois, ce qui ne peut manquer de s'interroger sur les conséquences d'une telle absence d'un salarié. La solution serait de légaliser le fractionnement des congés, ce qui serait dans l'intérêt du salarié et de l'employeur, même si la question du fractionnement de l'allocation de congés payés se poserait également (Voir en ce sens, *Memento thématique de droit social*, Fidafrica, 2008, n° 623).

Ailleurs en Afrique, le législateur a fixé des périodes maximales pour les congés, ce qui paraît plus logique. C'est le cas notamment en Algérie (Loi sur les relations de travail, art. 41) et en R.C.A. (C.T., art. 281) où cette durée a été fixée à trente jours calendaires. Au Mozambique, l'article 110-3 de la LT indique : « *Sous peine de déchéance, il n'est pas possible d'anticiper plus de 30 jours de vacances, ni de cumuler plus de 60 jours de vacances au cours d'une même année* ».

En droit français, l'article L. 3141-3 du Code du travail dispose que la durée du congé ne peut excéder trente jours ouvrables. En droit brésilien, la même durée est retenue à condition toutefois que le salarié n'ait pas eu plus de cinq absences (cf. CLT, art. 130).

II. La notion de service effectif

Le Code du travail est également muet sur la notion de service effectif qui détermine pourtant la durée des congés payés. Historiquement, cette notion est d'abord issue d'une loi métropolitaine du 31 juillet 1942 incorporée au Code du travail qui évoquait le travail effectif. Celui-ci succédait lui-même au terme service continu que l'on retrouvait dans la loi de 1936, et dans de nombreuses conventions collectives. C'est cette notion que le CTTOM a reprise.

Il est à noter que la base de calcul du congé est, en droit gabonais, le mois de travail effectif. Celui-ci correspond selon l'article 223 du Code du travail à quatre semaines ou 24 jours de travail. Cette référence mensuelle peut conduire à des situations paradoxales. Un salarié à temps partiel, et son collègue employé à temps plein peuvent tous les deux bénéficier de deux jours ouvrables de congé par mois de service, alors qu'ils ne font pas le même nombre d'heures. Ce cas de figure peut se présenter dans les deux situations suivantes.

- Un salarié est employé 4 heures par jour. A la fin du mois, il a travaillé le même nombre de jours que celui qui travaille 8 heures par jour. C'est d'ailleurs la solution qui est retenue en droit français où, la jurisprudence considère comme journée de travail effectif, toute journée durant laquelle le travail convenu a été fourni (Cass. Soc., 16 décembre 1981, n° 42 472).
- Un salarié ne travaille que trois jours par semaine. Le législateur ayant prévu la conjonction de coordination « ou » pour déterminer la période mensuelle de travail, le salarié peut arguer du fait qu'il a bien accompli 4 semaines de travail. Il faut bien comprendre que c'est la semaine qui est retenue comme module et non pas les 40 heures. Ce qui est donc important, c'est le fait d'avoir travaillé pendant la semaine civile et non pas le nombre d'heures accomplies.

Le calcul de la période de congés payés se fait sur la base de la période où le travailleur a été au service de l'employeur. Toutefois, l'article 223 du Code du travail assimile certaines absences à une période de service effectif. C'est le cas, « *des permissions exceptionnelles qui auraient été accordées au travailleur à l'occasion d'événements familiaux* », dans la limite de 10 jours par an. Il en est de même pour les absences pour accidents du travail ou maladies professionnelles, les congés de maternité, les maladies domestiques dûment constatées par un médecin dans la limite de 6 mois, l'appel sous les drapeaux ou le service militaire dans la limite du préavis (Voir également : Burkina Faso, C.T., art. 151, al. 6 ; Cameroun, C.T., art. 89-3 ; Congo, C.T., art. 119, al. 2 ; Mali, C.T., art. L. 146 ; R.C.A., C.T., art. 283 et 284 ; Sénégal, C.T., art. 149, al. 2).

III. La période de référence

La loi fixe la période de référence pour calculer le droit au congé à un an sans plus de précision. Il en est ainsi également dans nombre d'autres législations en Afrique.

Voir en ce sens : Bénin, C.T., art. 160, al. 1 ; Congo, C.T., art. 120 ; Sénégal ; Cameroun, C.T., art. 92-1. En droit algérien cette période de référence est datée. Cf. Loi sur les relations de travail, art. 40 : « *Le droit à congé annuel repose sur le travail effectué au cours d'une période de référence qui s'étend du 1er juillet de l'année précédente le congé au 30 juin de l'année du congé. Pour les travailleurs nouvellement recrutés, le point de départ de la période de référence est la date de recrutement* ».

En droit français, la période de référence va du 1er juin de l'année précédente au 31 mai de l'année en cours (C.T., art. R. 3141-3).

De manière exceptionnelle, certaines législations africaines laissent aux conventions collectives la possibilité de prévoir des périodes de référence supérieures à la période légale. C'est le cas notamment au Burkina Faso où cette période peut aller jusqu'à 30 mois (C.T., art. 158, al 2) ; au Cameroun (C.T., art. 92-1) et au Congo (C.T., art.120, al. 3), 2 ans maximum.

IV. Le choix de la période des congés

Si dans la loi du 27 mars 1956 modifiant le régime des congés annuels payés et applicable en AEF, l'article 2 prévoyait que la période des congés devait se situer entre le 1er mai et le 31 octobre, les codes gabonais depuis 1962 n'ont pas retenu cette disposition. Les congés peuvent donc être pris à tout moment dans l'année, et la période choisie résulte en principe d'un accord entre le salarié et son employeur. Pour autant, qu'en est-il en cas de désaccord, sachant que celui-ci peut également résulter d'une pluralité de demandes que l'employeur n'est pas à même de satisfaire ? Il n'est pas en effet possible que tous les salariés prennent leurs congés au même moment.

Malgré le mutisme du législateur sur ce point, il est logique que, du fait du pouvoir dont il dispose dans la conduite de l'entreprise, ce soit à l'employeur que revienne la décision finale en fonction des nécessités de service. C'est également à lui qu'il revient d'établir des critères pour l'ordre du départ en congés en cas de demandes multiples. Toutefois, les nécessités de service ne doivent pas être un prétexte pour empêcher au salarié de jouir de ses congés. C'est en ce sens que le Tronc commun des conventions collectives tempère le risque d'absolutisme patronal, en prévoyant que l'employeur ne pourra avancer ou limiter le départ en congé que dans la limite de 6 mois (art. 42. 4). Pour ce qui est de la gestion des demandes multiples pour la même période, c'est encore à l'employeur qu'il revient de décider. La loi et le Tronc commun des conventions collectives étant silencieux sur ce point, certains accords d'établissement ont prévu qu'il reviendrait à l'employeur d'établir un planning des congés annuels (Voir par exemple, Convention d'établissement Gabon Telecom, art 12.5, al. 8). Par ailleurs des accords d'entreprise précisent parfois que « *lorsque deux conjoints travaillent dans l'entreprise, l'employeur s'efforcera de faire coïncider leurs congés compte tenu des nécessités de service* » (art. 45.6, Convention d'entreprise SOGARA).

Le choix de la date du départ en congé fait l'objet d'un traitement variable en fonction des pays africains. La majorité d'entre eux n'évoque pas cette question. Quelques pays se distinguent toutefois.

En Angola, l'article 206 de la LGT dispose :

« *1- Chaque centre de travail doit organiser un plan de vacances pour tous les employés, en indiquant les dates de début et de fin de la période de vacances respective.*
2- La planification des congés doit se faire, dans la mesure du possible, par accord entre l'employeur et le travailleur ou, si l'accord est impossible, par décision de l'employeur.
3- Lors de l'organisation du plan de congé, l'employeur, qui tient compte des besoins de fonctionnement du poste de travail, doit également prendre en considération les aspects pertinents des intérêts des travailleurs.
4- Le plan de vacances est affiché dans les centres de travail au plus tard le 31 janvier de chaque année et reste affiché tant que des employés prennent des vacances au cours de la même année.
5- L'employeur peut autoriser l'échange du début ou de la fin des périodes de vacances entre travailleurs de la même catégorie professionnelle ».

Au Mozambique, le plan de vacances est régi par l'article 109 de la LT en ces termes :

« *1- L'employeur, en coordination avec le syndicat, doit établir le plan de vacances.*

2- L'employeur peut autoriser l'échange du début ou de la fin des périodes de vacances entre travailleurs de la même catégorie professionnelle.
3- Si la nature et l'organisation du travail, ainsi que les conditions de production, l'exigent ou le permettent, l'employeur, après consultation préalable de l'organe syndical, peut prévoir que tous les travailleurs prennent leurs vacances en même temps.
4- Les conjoints qui travaillent pour le même employeur, même s'ils travaillent dans des établissements différents, doivent pouvoir prendre leurs vacances en même temps.
5- Les travailleurs ont droit à des vacances ininterrompues.
6- L'employeur, en accord avec le travailleur, peut fractionner le congé en périodes d'au moins six jours, sous peine d'indemniser le travailleur pour tout préjudice prouvé subi du fait de la prise du congé dans l'intervalle ».

La législation béninoise va dans le même sens, en insistant toutefois sur la nécessité de prendre en compte « dans la mesure du possible, les désirs du salarié » (C.T., art. 161). Au Mali, le Code du travail indique que l'employeur peut reporter ou anticiper la date du départ en congé jusqu'à 3 mois maximum (art. L. 150). Dans les pays anglophones, ce sont les accords collectifs qui règlent cette question (Sur le report des congés, voir les observations sous art. 124).

__Article 223__ *: Sont réputés jours ouvrables pour la détermination du congé, tous les jours autres que le dimanche et ceux qui, en vertu de la loi, des règlements, des conventions collectives et des usages, sont fériés et chômés.*
Sont assimilées à un mois de travail effectif pour le calcul de la durée du congé, les périodes équivalentes à quatre (4) semaines ou vingt-quatre (24) jours de travail.
La durée du congé est augmentée en considération de l'ancienneté dans l'entreprise. Elle est fixée par les règlements en vigueur ou les conventions collectives sans pour autant excéder le plafond de deux (2) mois maximum.
La mère de famille a droit à un (1) jour de congé supplémentaire par an pour chaque enfant à charge de moins de seize (16) ans.
Pour le calcul de la durée du congé acquis, ne sont pas déduites les absences pour accidents du travail ou maladies professionnelles, les périodes de repos de la femme en congé de maternité prévues à l'article 208 ci-dessus et, dans une limite de six (6) mois, les absences pour maladies dûment constatées par un médecin.
Dans la limite de dix (10) jours, ne peuvent être déduites de la durée du congé acquis, les permissions exceptionnelles qui ont été accordées au travailleur à l'occasion d'événements familiaux.

Par contre, les congés spéciaux accordés en sus des jours fériés peuvent être déduits s'ils n'ont pas fait l'objet d'une récupération.

Observations

La durée des congés peut être augmentée pour des raisons tenant à la loi (ancienneté, mères de famille, apprentis et jeunes travailleurs), aux conventions collectives (ancienneté, mères de famille) ou même au contrat (cas des travailleurs expatriés surtout).

I. L'ancienneté du salarié

Cette possibilité se trouve déjà à l'article 21 du CTTOM, puis dans la loi du 27 mars 1956 qui prévoit que le supplément de congé pour ancienneté du travailleur dans l'entreprise est de deux jours ouvrables après vingt ans de service continus ou non dans la même entreprise, quatre jours après vingt-cinq ans, et six jours après trente ans. Toutefois, ce cumul ne peut pas porter à plus de vingt-quatre jours ouvrables le total exigible.

Le législateur gabonais a repris le principe de l'augmentation de la durée légale de congé pour ancienneté dans l'entreprise, et c'est l'arrêté n° 0031/M.T.E. du 21 novembre 1980 pris en application du Code de travail de 1978, et toujours en vigueur qui en précise la durée : 2 jours ouvrables après 5 ans de services continus dans la même entreprise ; 1 jour ouvrable par année supplémentaire au-delà de 5 ans. Ce sont les mêmes durées qu'ont reprises les différentes conventions d'entreprise ou d'établissement, si l'on excepte la Convention collective de la SOGARA qui est plus généreuse de ce point de vue (cf. art. 45.5).

Si le législateur gabonais n'a fait que reprendre les textes coloniaux s'agissant du principe de l'augmentation du congé pour ancienneté, il n'en va pas de même du plafond de vingt-quatre jours. C'est ce qui conduit parfois à un nombre de jours de congés consécutifs exagéré eu égard aux contraintes d'une entreprise (voir observations sous art. 185). Le législateur gabonais pourrait s'inspirer de ce qui est prévu dans le Code du travail du Bénin. L'article 158, al. 3 de cette législation organise l'augmentation de la durée des congés pour ancienneté dans l'entreprise, « *(...) sans que le cumul de ce supplément avec le congé principal puisse avoir pour effet de porter le total exigible à plus de trente jours ouvrables pour douze mois de service* ».

II. Les mères de famille

- C.T.T.OM, art. 121 al. 6 : un jour supplémentaire par an pour chaque enfant de moins de 14 ans enregistré à l'état civil.
- Loi du 27 mars 1956 : 2jours ouvrables de congés supplémentaires par enfant à charge lorsqu'elle est âgée de moins de 21 ans.
- Code du travail de 1962, art. 121, al. 4 : reprise de la rédaction de l'article 121, al. 6 du C.T.T.O.M.
- Code de 1978, art. 126, al. 4 : « *Les mères de famille ont droit à un jour de congé supplémentaire par an pour chaque enfant à charge de moins de seize ans* ».
- Lorsque la femme est apprentie ou âgée de moins de 21 ans, elle a droit à deux jours supplémentaires par enfant à charge.

La même disposition se retrouve dans la plupart des législations africaines avec des durées variables. Voir notamment :

- Bénin, C.T., art. 158, al. 4 : « *Les femmes salariées ou apprenties, âgées de moins de 21 ans, ont droit à deux jours de congé supplémentaires pour chaque enfant à charge : celles âgées de plus de 21 ans bénéficient du même avantage pour tout enfant à charge à compter du quatrième* ».

- Cameroun, C.T., art. 90-2 : « *La durée du congé est augmentée en faveur des mères salariées, soit de deux jours ouvrables par enfant âgé de six ans à la date de départ en congé, inscrit à l'état civil et vivant au foyer, soit d'un jour seulement si le congé principal se trouve ne pas excéder six jours* ».

- R.C.A., C.T., art. 285 : « *Les mères de famille ont droit à un jour de congé supplémentaire par an pour chaque enfant de moins de quatorze (14) ans à charge* ».

- Sénégal, C.T., art. L. 148, al. 3 : « *Les mères de famille ont droit à un jour de congé supplémentaire par an pour chaque enfant de moins de 14 ans enregistré à l'état civil* ».

III. Les jeunes travailleurs et les apprentis

Prévu à l'art. 1er de la loi du 27 mars 1956 : « *la durée du congé est portée à deux jours ouvrables par mois de travail accompli avant leur dix-huitième année pendant l'année de référence* ». Le législateur gabonais, à l'instar de ce que l'on relève dans tous les pays francophones d'Afrique, a repris ce principe.

Article 224 *: Le droit au congé est acquis après une durée de services égale à douze (12) mois de présence effective.*
En cas de rupture ou d'expiration du contrat avant que le travailleur ait acquis droit au congé, une indemnité calculée sur la base des droits acquis en application de l'article 222 doit être accordée à la place du congé.
En dehors de ce cas, est nulle et de nul effet toute convention prévoyant l'octroi d'une indemnité compensatrice à la place du congé.

Observations

I. L'exercice d'un droit fondamental

Prendre ses congés est un droit fondamental auquel le salarié ne peut renoncer, quel que soit le motif. Dans certains pays comme le Brésil, ce droit a même une valeur constitutionnelle (cf. art. 7°, XVII de la Constitution. Deux questions se posent ici. La première est de savoir si l'on peut transiger sur ce droit, et la seconde porte sur les aménagements s'agissant de la prise de ces congés.

Sur la première question, la réponse est d'emblée négative. Après un an de service, le salarié a droit à ses congés. Voir en ce sens, C.A. Libreville, 1ère Ch. Soc., 4 décembre 2007, n° 34/07-08 : « *Attendu que X. sollicite la somme de 1 338 761 francs au titre de l'indemnité de congés pour le compte de l'année 1997 ;*

Qu'il justifie sa demande par le fait que cette année-là, pour nécessité de service, il fut privé de ses congés bien qu'ayant perçu l'indemnité afférente et qu'à plusieurs reprises, ses réclamations aux fins de bénéficier d'un repos sont demeurées vaines ;

Attendu que la privation de congé dont se prévaut X. n'étant pas contestée par l'employeur, c'est à juste titre que le Premier Juge lui a alloué l'indemnité compensatrice sollicitée d'autant qu'il n'est nullement prouvé qu'elle a été réglée dans le cadre du solde de tout compte (...)».

Est donc nul, un accord entre le salarié et l'employeur dont l'objet serait que le premier cité continuât à travailler pendant la période des congés et reçût une rémunération supplémentaire. Une telle convention est illicite dans la mesure où elle va à l'encontre de l'objectif visé par le législateur. Le but des congés payés n'est pas en effet d'attribuer un gain supplémentaire au salarié, mais de lui assurer une période de repos sans perte de gain.

Voir notamment.

- Guinée Equatoriale, LGT, art 84-3 : « *Tout accord de renonciation au droit au congé annuel est nul et non avenu* ».
- São Tomé, CT, art. 189-3 : « *Le droit aux vacances ne peut faire l'objet d'une renonciation et, sauf dans les cas prévus par le présent code, la prise effective des vacances ne peut être remplacée, même avec l'accord du travailleur, par une compensation économique ou autre* ».
- Côte d'Ivoire, C.T., art. 25.11 : « *En dehors des cas prévus aux articles ci-dessus, est nulle et de nul effet toute convention prévoyant l'octroi d'une indemnité compensatrice en lieu et place du congé* ».
- Maroc, C.T., art. 242 : « *Est considéré nul tout accord portant sur la renonciation préalable au droit au congé annuel payé ou sur l'abandon dudit congé, même contre l'octroi d'une indemnité compensatrice* ».
- Congo RD, C.T., art. 140 : « *L'employeur est tenu d'accorder un congé annuel au travailleur.*
  Le travailleur ne peut renoncer à ce congé ».
- A São Tomé, le salarié bénéficie d'une indemnité de congés en plus de son salaire. Voir, art. 189-5, CT : « *En plus de leur salaire normal, les travailleurs ont droit à un pécule de vacances équivalant au même montant que leur salaire mensuel* ».

Demander le versement des indemnités pour ne pas avoir pris de congés détourne ces indemnités de leur véritable but. Il est en effet difficile d'établir, dans ce cas, le préjudice que subit le salarié. La seule exception en la matière concerne la rupture du contrat de travail.

Voir, C.A. Libreville, 1ère Ch. Soc., 04 décembre 2007 : « *Attendu que le licenciement de X. étant irrégulier en la forme et abusif au fond, il y a lieu de recevoir comme fondées sur la base des articles 55, 64, 65, 69, 70, 74, 75, 185, 187 et 188 du Code du travail les demandes d'indemnités de préavis, de licenciement, de congés et au titre de dommages-intérêts formulés par ce dernier* ».

Voir ce qui en est dit en droit comparé : Bénin, C.T., art. 164 ; Congo, C.T., art. 120 al. 4 et 5 ; Cameroun, C.T., art. 92-5 ; Botswana E.A. art. 99-6 ; Afrique du Sud, BCEA, 3.2.3 ; Sénégal, C.T., L. 151.

II. Les aménagements

Une fois que la date des congés est fixée, le salarié peut en effet demander un report de ceux-ci. Certes, le Code du travail n'a pas envisagé cette hypothèse,

mais on peut très bien imaginer un accord entre l'employeur et le salarié sur ce point. De même, on peut également retenir la possibilité pour le salarié de fractionner ses congés. Dans ce cas, le salarié demande à ne pas bénéficier de la totalité de ses congés, et les répartit sur plusieurs périodes.
Il est surprenant à cet égard que le législateur gabonais n'ait pas repris le principe du fractionnement des congés payés tel que le prévoyait la loi du 27 mars 1956. C'est une solution que l'on retrouve pourtant dans nombre de pays africains :

- Bénin, *C.T., art. 162, al. 1 : « Avec l'accord du salarié, le congé peut être fractionné à condition que le salarié bénéficie d'un repos d'au moins quatorze jours consécutifs, jours de repos hebdomadaire ou jours fériés éventuels compris »*.
- Cameroun, C.T., art. 90- 4 : « *Le congé d'une durée supérieure à douze jours ouvrables peut être fractionné d'accord parties. Dans ce cas, une des fractions doit être au moins de douze jours ouvrables continus* ».
- *Botswana, E.A., art. 99-4 : « Tout solde des congés non pris en vertu du paragraphe (3) peut être accumulé d'année en année, mais ce congé ne peut être cumulé pour plus de 3 ans, immédiatement après la fin de la période au titre de laquelle le congé a été accumulé, et à la fin de cette période de 3 ans tous les congés accumulés avec tous les congés accumulés au titre de la période précédente de 12 mois doivent être pris »*.
- São Tomé, CT, art. 191-5 : « *Le travailleur peut renoncer partiellement à son droit aux vacances, en percevant la rémunération et l'indemnité qui en découle* ».

Article 225 *: L'employeur doit verser au travailleur, durant tout le congé, une allocation au moins égale à la moyenne correspondante des salaires, indemnités, primes et commissions diverses dont le travailleur a bénéficié au cours des douze mois précédant son départ en congé.*
L'indemnité de congés payés du travailleur à temps partiel est déterminée au prorata de son temps de présence effective dans l'entreprise.
Peuvent être exclues de l'allocation de congé, les primes liées au rendement, ou à l'assiduité, les indemnités représentatives des risques ou d'inconvénients professionnels et les indemnités représentatives de frais autres que ceux inhérents au logement.
L'allocation de congé doit être versée intégralement au travailleur avant son départ en congé au prorata du nombre de jours pris.
Pour les travailleurs recrutés hors du lieu d'emploi, la durée du congé est augmentée des délais de route pour se rendre au lieu d'engagement spécifié au contrat et vice versa.

L'action en jouissance du droit au congé se prescrit dans un délai de deux (2) ans à compter de la date d'ouverture du droit à congé, sauf en cas de force majeure ou de faute de l'employeur.
L'allocation de congés payés doit être expressément indiquée sur le bulletin de salaire.

Observations

Reprise de l'ancien article 188 auquel on a retiré le dernier alinéa, ce qui assouplit les obligations de l'employeur.

Les dispositions relatives au bénéfice des congés payés étant d'ordre public, l'employeur ne peut en aucun cas se soustraire à l'exécution de ses obligations en la matière. Celles-ci comprennent d'une part la suspension du contrat de travail en dispensant pendant la période du congé, le salarié de l'exécution de sa prestation de travail, et d'autre part le versement d'une allocation compensatrice de congés payés qui correspond au salaire de base. Pour autant, l'employeur peut exclure de la base de calcul de l'allocation, les primes de rendement ou d'assiduité, les indemnités représentatives de frais, de risques ou d'inconvénients professionnels. La circulaire n° 525/MTSS du 9 décembre 1978 Circulaire n° 525/MTSS du 9 décembre 1978 relative aux modalités d'application des articles 125 à 128 du nouveau Code du travail indique les accessoires qui sont exclus : prime de rendement, prime de risque, prime d'insalubrité, prime de salissure, prime de panier, prime de transport, indemnité d'entretien de véhicule.
En droit angolais l'article 213-2 de la LGT dispose que « *Sauf accord contraire des parties, les indemnités de transport et de nourriture ainsi que toutes les autres indemnités qui ne sont pas destinées à faciliter l'exécution du travail ne sont pas payées pendant les vacances* ».
Voir également, R.C.A., C.T., art. 288 ; Ghana, Labour Act, art. 20 (2).

La loi exige que cette indemnité soit versée intégralement au salarié avant son départ en congé. Il en est de même dans la plupart des législations d'Afrique. Voir notamment : Angola, LGT, art. 213-3 (la loi indique que le paiement soit fait au plus tard 15 jours avant le début des congés) ; Burkina, C.T., art. 162 ; Cameroun, C.T., C.T., art. 93 ; Congo, art. 122 ; Sénégal, C.T., art. L. 153.

Article 226 *: Le congé sabbatique est une modalité de suspension du contrat de travail pendant une période donnée à l'initiative du travailleur. Son bénéfice est subordonné à l'accord de l'employeur. Il ne donne pas droit à rémunération.*

Les conventions collectives ou accords d'établissements déterminent les modalités pratiques du congé sabbatique.

Observations

Nouveauté dans la législation gabonaise, le congé sabbatique n'apparaît que dans deux articles de ce code : deux fois dans le présent article, et une fois à l'article 54-14 parmi les cas de suspension du contrat de travail. De ce que l'on peut retenir de cette dernière disposition, c'est que le congé sabbatique a une durée maximale de deux ans.

Cet article 226 est également une illustration des lacunes de ce code. Que l'on crée un nouveau dispositif, nul ne s'en plaindra, mais encore faut-il que le législateur donne des indications précises sur ce qu'il veut faire exactement. Or, le fait de renvoyer à l'alinéa 2 la détermination des modalités pratiques du congé sabbatique aux conventions collectives ou accords d'établissement ressemble à un leurre lorsque l'on connaît le paysage social gabonais. Comment peut-on en effet imaginer que ce sont les partenaires sociaux dont dispose le Gabon, qui seront en mesure de se saisir d'une question faisant l'objet d'une sous-section avec 3 paragraphes et 8 articles en droit français par exemple (articles L. 3142-28 à L.3142-35 C.T.) ?

Qui a droit à ce congé ? Visiblement tous les salariés ! En droit français l'article L.3142-28 énonce : « *Le salarié a droit à un congé sabbatique pendant lequel son contrat de travail est suspendu.*
Le droit à ce congé est ouvert au salarié justifiant, à la date de départ en congé, d'une ancienneté minimale dans l'entreprise, cumulée, le cas échéant, sur plusieurs périodes non consécutives, ainsi que de six années d'activité professionnelle et n'ayant pas bénéficié depuis une durée minimale, dans la même entreprise, d'un congé sabbatique, d'un congé pour création d'entreprise ou d'un congé spécifique mentionné à l'article L. 6323-17-1 d'une durée d'au moins six mois. L'ancienneté acquise dans toute autre entreprise du même groupe, au sens de l'article L. 2331-1, est prise en compte au titre de l'ancienneté dans l'entreprise ».

Le législateur gabonais semble avoir oublié ici ce que disait Portalis dans son « Discours Préliminaire du premier projet de Code civil » : « (…) En effet, la loi statue sur tous : elle considère les hommes en masse (…) » (in, *Motifs et discours prononcés lors de la publication du Code civil*, Bordeaux : Éditions Confluences, 2004, p. 23). Or, lorsque l'on met en place un dispositif novateur inconnu du plus grand nombre, la logique commande que la loi joue pleinement son rôle en étant une norme qui s'applique au plus grand nombre à condition qu'elle soit le plus lisible possible, ce qui est loin d'être le cas ici.

Ce qu'on attend du législateur c'est d'être également un pédagogue pour que ce qui n'exclut pas des adaptations par des règlements ou des conventions collectives. Si on décide de passer à un autre modèle, c'est tout à fait possible et recevable. Mais dans ce cas, il faut assumer le fait de se passer d'un code, ce qui est le but recherché quand on évoque la flexibilité.

A la lecture de l'article 226, on peut être enclin à penser que celui-ci n'a qu'une fonction cosmétique sans que l'on pense réellement à son application. Ce serait là l'illustration de ce que Ripert a appelé le « déclin du droit » (G. Ripert, *Le déclin du droit*, LGDJ, 1949, n° 8 et s.)

CHAPITRE X : DES VOYAGES ET DES TRANSPORTS

Article 227 *: Lorsque l'exécution du contrat de travail entraîne le déplacement du travailleur du lieu de recrutement au lieu d'emploi, les frais de voyage du travailleur, de son conjoint et de ses enfants mineurs à charge, ainsi que les frais de transport de leurs bagages, sont dus par l'employeur :*

- *du lieu de recrutement au lieu d'emploi ;*
- *du lieu d'emploi au lieu de recrutement et vice versa en cas de congé normal. Le retour au lieu d'emploi n'est dû que si le contrat n'est pas venu à expiration avant la date de fin de congé et si le travailleur, à cette date, est en état de reprendre son service ;*
- *du lieu d'emploi au lieu de recrutement dans les cas suivants :*
  - *expiration du contrat à durée déterminée ;*
  - *rupture du contrat ou de l'engagement à l'essai ;*
  - *rupture du contrat due à un cas de force majeure ;*
  - *résiliation du contrat à la suite d'un accident du travail ou d'une maladie ayant rendu le travailleur inapte à assurer les fonctions pour lesquelles il a été engagé ;*
  - *décès du travailleur ;*
  - *résiliation du contrat du fait de l'employeur ou du travailleur.*

Les conventions collectives fixent les conditions de voyage au titre des congés payés visés à l'article 222 ci-dessus.

Toutefois, les conventions collectives ou les contrats de travail peuvent prévoir une durée minimale de séjour ne pouvant excéder six (6) mois en deçà de laquelle le voyage de la famille n'est pas à la charge de l'employeur.

Observations

Cette disposition, qui avait toute sa pertinence lorsque les entreprises allaient recruter des salariés à l'intérieur du pays, ne semble plus concerner aujourd'hui que les travailleurs expatriés et quelques cadres du secteur minier et pétrolier.

Voir en ce sens.

- C.A. Libreville, Ch. Soc., 13 juin 2000, n° 157/98-99 : « *Attendu effectivement qu'il ressort du bulletin de salaire du mois d'Avril 1987, de la Société Y. que X. est un sujet expatrié ; Attendu au surplus, qu'il résulte des diverses correspondances versées au dossier et échangées entre ses conseils gabonais et togolais que le requérant est bel et bien rentré dans son pays d'origine. Que dans tous les cas de figure, X. a droit aux titres de transport pour lui-même et sa famille* ».

- T.G.I. Libreville, Ch. Soc., 3 juin 2004, n° 239/03-04 : « *Attendu qu'il n'est pas contesté que feu X. avait été recruté au Cameroun ; Qu'en l'application des articles 189 et 190 du Code du travail, le salarié et sa famille notamment son épouse et ses deux enfants ont droit au titre de transport retour au Cameroun* ».

<u>Article 228</u> *: Hormis les cas de rupture prévus à l'article 227 ci-dessus et sous réserve des voies de recours de droit commun qui lui sont ouvertes, l'employeur est tenu d'assurer le retour du travailleur et de sa famille au lieu de recrutement.*

<u>Article 229</u> *: Sauf stipulation contraire, les voyages et transports sont effectués au choix de l'employeur par la voie et les moyens de transport normaux.*

<u>Article 230</u> *: A défaut de convention contraire, le travailleur qui use d'une voie ou de moyens de transport moins rapides ne peut prétendre, de ce fait, à des délais de route plus longs que ceux qu'imposent la voie et les moyens normaux.*

<u>Article 231</u> *: Le travailleur qui a cessé son service peut faire valoir auprès de son employeur ses droits en matière de voyage et de transport dans un délai minimal d'un an à compter du jour de la cessation de travail chez ledit employeur.*
Toutefois, les frais de voyage ne sont payés par l'employeur qu'en cas de déplacement effectif du travailleur.
Le travailleur qui a cessé son activité et qui est dans l'attente du moyen de transport désigné par l'employeur continue à percevoir son salaire dans les mêmes conditions que s'il était resté en service.

Observations

Reprise de l'ancien article 193

Voir en ce sens, C.A. Judiciaire de Port-Gentil, Ch. Soc., 30 juin 2008, n° 87/07-08 : « *Attendu que dans le cas d'espèce, il a été démontré que sieur X. a été embauché à Libreville et que l'exécution de son contrat s'est déroulée à Port-Gentil. Qu'à la rupture de son contrat, son employeur avait l'obligation de mettre un titre de transport à sa disposition conformément aux dispositions susvisées ; Attendu que la transaction signée à l'occasion de son départ n'indique pas qu'il a reçu un titre de transport ».*

Article 232 *: En cas de décès au lieu d'emploi du travailleur déplacé ou d'un membre de sa famille dont le voyage était à la charge de l'employeur, le rapatriement du corps du défunt est à la charge de l'employeur.*

CHAPITRE XI : DES PÉNALITÉS

Article 233 *: Sont passibles d'une amende de cinq cent mille (500 000) francs CFA à un million (1 000 000) de francs CFA et, en cas de récidive, d'une amende d'un million (1 000 000) à deux millions (2 000 000) de francs CFA et d'un emprisonnement de deux (2) à six (6) mois ou de l'une de ces deux peines seulement :*

-toute personne qui a exigé ou accepté du travailleur une rémunération quelconque à titre d'intermédiaire dans le paiement des salaires, indemnités, allocations et frais de toute nature ;

-les auteurs d'infractions aux dispositions des articles 170 à 182, 189 à 208, 214, 215, 219 à 223 de la présente loi ;

-les auteurs de la violation des dispositions relatives à l'égalité professionnelle entre les femmes et les hommes.

Les auteurs d'infractions aux dispositions de l'article 214 concernant les pires formes de travail des enfants sont passibles d'une amende de cinq millions (5 000 000) de francs CFA et d'un emprisonnement de cinq (5) ans exclus du bénéfice de sursis.

En cas de récidive, chacune de ces peines est portée au double.

TITRE IV : DE LA SÉCURITÉ ET DE LA SANTÉ AU TRAVAIL

Observations

L'importance de ce thème tient d'abord au fait que, comme l'a dit Alain Supiot, « Dans la relation de travail, le salarié, à la différence de l'employeur, ne risque pas son patrimoine, il risque sa peau » (A. Supiot, *Critique du droit du travail*, Paris, PUF 1994, p. 68). De ce fait, aux dires de Franck Heas : « *L'hygiène et la sécurité ont toujours été au cœur de la réglementation des relations professionnelles, car le droit du travail est d'abord un droit de protection. La raison en est simple : la subordination amène le salarié à s'engager physiquement dans l'exécution de la prestation. C'est de sa personne et de son corps qu'il s'agit. Même si la sécurité intéresse donc nécessairement l'ordre public, elle est également motivée par des considérations humanistes (protection de la santé humaine) et par des considérations davantage économiques (entretien et renouvellement de la main-d'œuvre sur le marché du travail)* ». (F. Heas, « La prévention des risques au travail, vingt-cinq ans après la Directive-cadre du 12 juin 1989 », *Semaine Sociale Lamy*, 8 décembre 2014, p. 3).

Au-delà des évolutions sémantiques, ce souci est présent dans l'ordre juridique gabonais depuis la période coloniale. Dans le CTTOM, 12 articles sont contenus dans le Titre IV portant sur l'hygiène, la sécurité et le service médical. Même s'ils reprennent les grandes lignes de la législation de 1952, les codes de 1962 (Titre VII) et de 1978 (Titre IV), ils ne consacrent que 9 articles chacun à cette thématique.
Le code de 1994 marque une évolution importante non seulement dans l'intitulé, mais également dans la manière d'aborder les questions relatives à la santé et à la sécurité des travailleurs avec 34 articles.

Malgré sa relative imprécision, la sécurité et la santé au travail ont en effet une portée plus large que l'hygiène et la santé au travail dont il était question jusqu'en 1994. Elle s'impose dans de nombreuses législations dans le monde aujourd'hui et, est désormais considérée comme un droit fondamental sous le double mouvement des actions de l'OIT et de l'Union Européenne.

Le cadre normatif de l'OIT est constitué par les textes suivants :

- Convention 155 de 1981 sur la sécurité et la santé des travailleurs, ratifiée par le Gabon le 15 juillet 2015 (ce qui est normal vu que c'est une convention fondamentale) et son Protocole de 2002 ;
- Convention 161 sur les services de santé au travail, 1985 ;
- Convention 187 sur le cadre promotionnel pour la sécurité et la santé au travail, 2006, pas encore ratifiée par le Gabon, et les principes concernant les systèmes de gestion de la sécurité et la santé au travail ILO OSH 2001).

Deux définitions sont à mettre en avant pour la sécurité et la santé au travail. La première est contenue dans la Convention 155, art 3-e : « *le terme santé, en relation avec le travail, ne vise pas seulement l'absence de maladie ou d'infirmité ; il inclut aussi les éléments physiques et mentaux affectant la santé directement liés à la sécurité et à l'hygiène du travail.* ». La seconde est l'œuvre du Comité mixte OIT/OMS de la santé au travail (5 au 7 avril 1995) : « *la santé au travail s'articule autour de trois objectifs distincts : (i) préservation et promotion de la santé du travailleur et de sa capacité de travail ; (ii) amélioration du milieu de travail et du travail, qui doivent être rendus favorables à la sécurité et la santé, et (iii) élaboration d'une organisation et d'une culture du travail qui développent la santé et la sécurité au travail. Cette culture s'exprime, en pratique, dans les systèmes de gestion, la politique en matière de gestion du personnel, les principes de participation, les politiques de formation, et la gestion de la qualité* ».

S'agissant de l'Union Européenne, c'est surtout la Directive-cadre 89/391/CEE concernant la mise en œuvre de mesures visant à promouvoir l'amélioration de la sécurité et de la santé des travailleurs au travail qu'il faut retenir.

I. La consécration de la sécurité et de la santé au travail

Dans un premier groupe de pays, le droit à la sécurité et à la santé au travail est consacré par la Constitution.
Voir : Algérie, art. 69 : « Le droit à la protection, à la sécurité et à l'hygiène dans le travail est garanti par la loi ».
Voir également, dans les constitutions de l'Angola, art. 76.2 ; Cap Vert, art. 59.4 ; Egypte, art. 13 ; Eswatini, art. 32.4 (a) ; Ethiopie, et. 42.2 ; Ghana, art. 46.1 ; Guinée Bissau, art. 36.10 ; Libéria, art. 8 ; Mozambique, art. 85.2 ; Nigeria, art. 17 (3) (c) ; Ouganda, art. 40.1 (a) ; São Tomé, art. 43 (d) ; Seychelles, art. 35 (d) ; Sierra Leone, art. 8.3 (c)

Dans un deuxième ensemble, c'est la législation du travail qui va statuer sur ce droit : Afrique du Sud, Algérie, Angola, Bénin, Burkina Faso, Cameroun, Cap-Vert, Comores Eswatini, Guinée, Kenya, Maurice, Mozambique, Ouganda, RDC, Rwanda, Seychelles, Tanzanie, Tunisie, Zambie.

Aux dires de Tagum Fombeno, « *Dans les pays francophones, la jurisprudence est encore pauvre, ce qui peut signifier que les salariés hésitent à saisir les tribunaux, peut-être par méconnaissance de leurs droits ou par crainte de représailles* » (H.J. Tagum Fombeno, *Santé et Sécurité au travail en Afrique, Aspects juridiques et pratiques*, L'Harmattan, 2019, p. 27).

Même si nombre d'auteurs mettent en avant le fait que le « *couple santé et sécurité au travail (...) est devenu une exigence sociale et sociétale* » (Tagum Fombeno, op. cit, xi), lorsque l'on aborde les relations de travail, la sécurité et la santé au travail n'est pas forcément le thème le plus connu. La tentation est souvent grande de cantonner cette discussion aux accidents du travail et aux maladies professionnelles (Emane A., « La santé au travail sous l'angle de la protection et de la réparation des risques professionnels : évolution et perspectives », *Revue française des affaires sociales*, 2008, n° 2-3, p. 294 et s.). Pour Philippe Auvergnon, « *Ce domaine, pourtant au cœur de tout droit du travail n'a pas fait l'objet d'un investissement particulier, d'innovations ou d'avancées majeures* » (ss la dir. de P. Auvergnon, *Du droit de la santé et de la sécurité au travail en Afrique subsaharienne*, L'Harmattan, 2014, p. 7). Il poursuit : « *La santé et la sécurité n'ont certes pas été gommées des Codes du travail. Mais de manière générale, les législations s'en sont tenues à quelques affirmations, au mieux quant aux responsabilités de l'employeur ou aux notions de maladie ou d'accident professionnels. Elles ont, pour l'essentiel, effectué des renvois à des normes réglementaires à prendre, parfois effectivement prises* ».

Pourtant, à la lecture du Code du travail, son importance devrait être incontestable. Elle s'illustre d'abord lors de la formation du contrat avec l'obligation d'une visite médicale qui peut empêcher le contrat de voir le jour. Ensuite, pendant l'exécution du contrat, en dehors des obligations classiques qui pèsent sur l'employeur (fournir un travail et verser une rémunération), ce dernier est également tenu de préserver la santé et la sécurité du salarié. De même, et il s'agit là de l'une des originalités de la législation gabonaise, le salarié est lui aussi tenu à des obligations dans ce domaine. Enfin, lorsque le contrat arrive à son terme, les obligations relatives à la sécurité et à la santé au travail peuvent perdurer.

Sur l'évolution sémantique et le passage de l'hygiène à la santé au travail, Tagum Fombeno demeure réservé. Pour cet auteur, « *Le terme hygiène du travail paraît mieux approprié. En effet, l'hygiène du travail envisage les risques pour la santé qui se produisent dans tous les endroits où les gens travaillent, tels que bureaux, commerces, hôpitaux et fermes, et pas seulement dans les endroits que l'on pourrait qualifier comme « industriels* » (H.J. Tagum Fombeno, Santé et Sécurité au travail en Afrique, Aspects juridiques et pratiques, L'Harmattan, 2019, p. 7). Il poursuit : « *L'hygiène peut être définie comme l'ensemble des moyens collectifs ou individuels, des principes et pratiques visant à préserver ou à favoriser la santé. C'est l'ensemble des procédés destinés à donner à l'individu une meilleure santé ainsi que des règles de vie harmonieuses* » (ibid. p. 7).

II. Enjeux

Au regard de ce que l'on observe au Gabon, le droit de la santé et de la sécurité au travail demeure plus marqué par une logique de réparation ou de compensation que de prévention. De nombreux enjeux se détachent à ce sujet.

Il y a d'abord l'enjeu de la protection de la santé du salarié qui est un élément essentiel du contrat du travail. Pour une doctrine autorisée, « *la protection de la santé des travailleurs et l'amélioration de la sécurité au travail ont constitué, dans tous les pays industrialisés, la pierre angulaire du droit du travail (...) Avec le développement du travail industriel et du machinisme au cours des XIXe et XXe siècles s'est accru le risque d'accidents du travail ou de maladies causées par le travail ou les produits utilisés. La protection de la sécurité physique intéressant la défense de la Nation et l'ordre public, l'Etat ne pouvait se désintéresser des conditions de travail* » (G. Auzero, D. Baugard, E. Dockès, *Droit du travail*, Dalloz, 2023, 36ème éd., n° 961). Comment cette protection va être assurée dans un environnement qui se caractérise par la faiblesse des institutions chargées non seulement du contrôle de ce droit (l'opinion publique s'accordant sur ce point), mais également de sa mise en œuvre ?

L'une des conséquences qui en découlent c'est l'incertitude sur la sanction au sens que lui donne Manuela Grevy : « *la sanction serait « tout moyen destiné à assurer le respect et l'exécution effective d'un droit ou d'une obligation* » (M. Grevy, « La sanction civile en droit du travail », Dr. soc., 2001, p. 598. Voir également : G. Cornu, « Vocabulaire juridique », Assoc. H. Capitant, éd. 1987, p. 722. Sur la notion de sanction confrontée au champ du droit répressif non pénal, cf. X. Prétot, « Le droit répressif non pénal », *Dr. soc.* 2000, p. 964, n°spécial sur « Le droit pénal du travail »). Par ailleurs, nombreuses sont les entreprises, notamment les plus petites chez lesquelles les prescriptions en matière de santé et de sécurité au travail sont loin d'être respectées (à défaut d'être connues). Ce volet n'est que rarement intégré dans le management de l'entreprise, mais pour cela il faut connaître ces règles et avoir une politique générale de prévention.

Celle-ci constitue l'enjeu suivant. La tentation est grande ici de se lancer dans des explications culturalistes pour expliquer ou justifier les lacunes en la matière. Si la prévention est assurément le talon d'Achille de la sécurité et de la santé au travail, cela tient à plusieurs raisons, celles de nature économique étant souvent mises en avant. La prévention c'est en effet un coût supplémentaire qui va peser sur l'employeur et renchérir le coût du travail. Pourtant, il y a lieu d'envisager la prévention comme un atout pour l'entreprise. Certes, « *Le respect de la législation en matière de santé et de sécurité au travail reste encore absent des politiques managériales dans de nombreuses entreprises* » (. H.J. Tagum Fombeno, op. cit., xi), mais tout doit être fait pour que cela change. L'enjeu économique est considérable en effet avec des coûts directs (dépenses attribuables aux accidents du travail et aux maladies professionnelles) et des coûts indirects (perte de productivité, coûts d'embauche et de formation de main-d'œuvre, coûts administratifs notamment en temps). Comme le fait remarquer l'Agence Européenne pour la sécurité et la santé au travail : « *Si la sécurité et la santé au travail sont négligées, tout le monde est perdant, depuis les travailleurs jusqu'aux systèmes nationaux de santé. Mais cela signifie aussi que l'amélioration des politiques et pratiques dans ce domaine peut être bénéfique pour tous* » (https://osha.europa.eu/fr/themes/good-osh-is-good-for-business). Il convient donc pour l'ensemble des acteurs de connaître non seulement les règles de prévention de risques professionnels, mais aussi les méthodes et outils de prévention des risques professionnels (identification des risques, classement des risques pour des actions de prévention).

L'autre enjeu que l'on peut signaler est d'ordre conceptuel. Il y a lieu de repenser les catégories juridiques en l'espèce. Quid de la notion de la responsabilité par exemple ? Jusqu'où va la responsabilité de l'employeur et sur quoi porte-t-elle ? S'agit-il de responsabilité civile de l'employeur (conditions de la réparation, effets de la réparation) ou de responsabilité pénale (une responsabilité de principe -responsabilité fondée sur une infraction du Code du travail-, -responsabilité fondée sur une infraction du Code pénal- ; une responsabilité atténuée par la délégation de pouvoirs) ? Mais, pour répondre à cette question, il importe de mener également une réflexion sur des notions au cœur de ces débats, comme le risque ou le danger. Cela doit conduire à revoir le cadre juridique gabonais avec une reformulation des textes législatifs et réglementaires sur la santé et la sécurité au travail.

CHAPITRE I : DES DISPOSITIONS GÉNÉRALES

Observations

I. Le cadre réglementaire

Décret n° 000741/PR/MFPRA/MFBP du 22 septembre 2005 fixant les modalités de répression des infractions en matière de travail, d'emploi, de sécurité et de santé au travail ainsi que de sécurité sociale.

Décret n° 01494/PR/MTEPS du 29 décembre 2011 déterminant les règles d'hygiène et de sécurité sur les lieux de travail.

Décret n° 0568/PR/MTE du 23 novembre 2015 portant attributions et organisation de la Direction Générale de la Sécurité et de la Santé au Travail
Article 2 : La Direction Générale de la Sécurité et de la Santé au Travail, ci-après désignée Direction Générale assure la mise en œuvre de la politique du gouvernement en matière de Sécurité et de Santé au Travail. Elle est notamment chargée :
D'élaborer les textes législatifs et réglementaires en matière de sécurité et de santé au travail, en collaboration avec les autres administrations compétentes et de veiller à leur application ;
- De promouvoir la prévention sur la sécurité et la santé au travail ;
De promouvoir l'ergonomie en matière de travail ;
De veiller à l'identification et à l'évaluation des risques professionnels dans les entreprises ;
D'assurer la collecte, la production et la diffusion des données statistiques en matière d'accidents de travail et maladies professionnelles ;
D'assurer le secrétariat du Comité Technique Consultatif pour la Sécurité et la Santé au Travail ;
D'assurer le secrétariat de la Commission Nationale d'Homologation des machines introduites sur le territoire national ;
D'assurer le secrétariat de la Commission d'Agrément des Services de santé au travail ;
De veiller à l'établissement et à la mise à jour du guide de méthodologie des visites d'inspection en matière de Sécurité et de Santé au Travail ;
De procéder à l'instruction des demandes d'agrément d'ouverture des services de santé d'entreprise ;
De contribuer à la recherche en matière de médecine du travail ;

De veiller à la révision de la liste des maladies professionnelles indemnisables et de tenir à jour la liste des maladies à caractère professionnel en collaboration avec les autres administrations compétentes et l'organisme de Sécurité Sociale concerné ;
D'assurer la formation continue des personnels chargés des questions de sécurité et de santé au travail ;
De veiller à la création et au fonctionnement des comités de sécurité et de santé dans les entreprises ;
De veiller à la création et au fonctionnement des services de Santé au Travail dans les entreprises ;
D'organiser les campagnes d'information, de sensibilisation et de formation des employeurs et des travailleurs sur les questions de sécurité et de santé au travail ;
D'organiser la Journée Mondiale de la Sécurité et de la Santé au Travail ;
De connaître à des fins de conciliation des différends entre les employeurs et les travailleurs en matière de sécurité et de santé au travail.

Article 11 : La Direction de la Sécurité au Travail est notamment chargée :
De participer à l'élaboration des textes législatifs et réglementaires en matière de sécurité au travail ;
De promouvoir la sensibilisation et la prévention en matière de sécurité au travail ;
De mener des enquêtes en matière d'accidents du travail ;
De promouvoir l'ergonomie en matière de travail ;
D'assurer l'identification et l'évaluation des risques professionnels dans les entreprises ;
De veiller à l'établissement des statistiques en matière d'accidents de travail ;
De veiller à l'établissement de la cartographie des risques professionnels par secteur ;
D'assurer le secrétariat de la Commission d'Homologation des machines introduites sur le territoire national ;
D'assurer le secrétariat du Comité Technique Consultatif pour la sécurité et la Santé au Travail ;
De veiller à l'établissement et à la mise à jour du guide de méthodologie des visites d'inspection en matière de Sécurité au Travail ;
De veiller à la création et au fonctionnement des comités de sécurité et de santé dans les entreprises ;
D'assurer la réception des programmes annuels de prévention des risques professionnels en matière de sécurité au travail des entreprises et de veiller à leur mise en œuvre ;
De connaître à des fins de conciliation des différends individuels entre les employeurs et les travailleurs en matière de sécurité et de santé au travail.

Article 15 : La Direction de la Santé au Travail est notamment chargée :
De participer à l'élaboration des textes législatifs et réglementaires en matière de santé au travail ;
De promouvoir la prévention des maladies professionnelles ;
De contribuer à la recherche en matière de médecine du travail ;
D'assurer l'identification et l'évaluation des risques professionnels dans les entreprises ;
De réviser la liste des maladies professionnelles indemnisables et de tenir à jour la liste des maladies à caractère professionnel en collaboration avec les autres administrations compétentes ;
De veiller à la mise en place et au fonctionnement des services médicaux d'entreprises et interentreprises ;
De préparer les sessions de la Commission d'Agrément Interministérielle des Services de Santé au Travail et de leur personnel ;
D'assurer le suivi et l'expertise médicale des travailleurs dont les entreprises ne disposent pas de service médical ;
D'organiser les campagnes d'information, de sensibilisation et de formation des employeurs et des travailleurs en matière de santé au travail ;
D'élaborer et de mettre à jour le guide de méthodologie des visites de contrôle en santé au travail ;
D'établir et d'entretenir des relations avec les services de santé au travail des entreprises ;
D'assurer le secrétariat de la Commission d'Agrément interministérielle des Services de santé au travail ;
D'assurer la réception des programmes annuels de prévention des risques professionnels en matière de santé au travail des entreprises et de veiller à leur mise en œuvre ;
D'instruire les dossiers des différends individuels entre les employeurs et les travailleurs en matière de santé au travail ;
De veiller à l'établissement des statistiques en matière de maladies professionnelles.

Article 16 : La Direction de la Santé au Travail comprend :
Le Service Médecine au Travail ;
Le Service Hygiène et Amélioration des Conditions du Milieu du Travail ;
Le Service de Lutte contre les Maladies Endémiques en Milieu du Travail.

Article 17 : Le Service de Médecine du Travail est notamment chargé : - De veiller à l'application des textes législatifs et réglementaires en matière de médecine du travail ; - D'instruire les demandes d'agréments d'ouverture ou d'extension des services de santé au travail ; - De participer à la révision de la liste des maladies professionnelles indemnisables et la mise à jour de la liste des maladies à caractère professionnel ; - De participer à la recherche en matière de santé au travail ; - De participer à la vulgarisation de la prévention des maladies professionnelles ; - D'établir et mettre à jour le guide de méthodologie des visites de contrôle en Santé au travail ; - D'assurer la formation continue des personnels chargés des questions de santé au travail.

Article 18 : Le Service Hygiène et Amélioration des Conditions du Milieu du Travail est notamment chargé : - De veiller à l'application des textes législatifs et réglementaires en matière d'hygiène et des conditions du milieu du travail ; - De participer à la vulgarisation des normes de salubrité sur les lieux de travail, sur la qualité des logements, sur les aires de restauration et de repos mis à la disposition des travailleurs par les employeurs ; - D'effectuer les mesures d'ambiance du milieu de travail ; - D'établir les fiches des risques professionnels par secteur ; - De participer à la vulgarisation des normes en matière d'ambiance des lieux de travail.

II. L'évaluation des risques

A. La nécessaire clarification

Eviter les atteintes à la sécurité et à la santé du travailleur (accidents et maladies professionnelles) requiert l'intervention, entre autres des acteurs suivants :

- L'employeur et le salarié qui sont les parties au contrat de travail. C'est à l'employeur qu'il revient de recenser d'abord et de classer ensuite les risques selon des critères propres à l'entreprise. Pour sa part, le salarié intervient dans les activités de protection et de prévention des risques professionnels dans l'entreprise, lorsqu'il a été désigné par l'employeur.
- Le comité de sécurité et de santé au travail, le service de prévention des risques professionnels de la CNSS et l'inspecteur du travail pour le contrôle de l'application des règles.
- Le médecin du travail pour la surveillance de l'hygiène et de la sécurité dans l'entreprise.
- L'Etat (voir Décret n° 0568/PR/MTE du 23 novembre 2015 portant attributions et organisation de la Direction Générale de la Sécurité et de la Santé au Travail).

Dans ce Titre IV, il aurait été intéressant que le législateur fît œuvre de pédagogie en précisant certains termes utilisés et qui prêtent à confusion dans un domaine aussi technique. Qu'en est-il du risque et du danger par exemple ?

Le danger, « *c'est la propriété ou capacité intrinsèque d'une substance, d'un équipement, d'une méthode de travail, etc., susceptible de causer un dommage pour la santé des salariés (...) Le danger est présent dans les situations de travail, c'est un élément porteur d'un caractère dangereux indissociable de son existence (la lame de couteau est faite pour couper), tandis que le risque dépend de différents paramètres. Ainsi, un même couteau (danger identique) utilisé par un cuisinier débutant sans protection aux mains générera un risque de coupure plus important que celui encouru par un cuisinier expérimenté qui travaille avec des équipements de protection individuelle.* » (*Différencier les dangers et les risques* (éditions Tissot) (https://www.editions-tissot.fr/droit-travail/content.aspx?idSGML=1c701909-0431-4e0b-94b3-47b2467796b3&codeCategory=BTP&codeSpace=PSI&chapitre=P03C1&pageNumber=3&section=P03C1F020&op=1#:~:text=Danger%20%3A%20c'est%20la%20propri%C3%A9t%C3%A9,l'exposition%20%C3%A0%20un%20danger).

Ce qui caractérise le risque c'est d'être un événement futur donc incertain. Le risque est la probabilité de survenance d'un événement dommageable. C'est une notion qui tient compte à la fois de la probabilité de survenance d'un événement dommageable (vraisemblance) et de la gravité des conséquences possibles de cet événement (Voir B.I.T., *Encyclopédie de Sécurité et de Santé au Travail*, 3ème éd., vol. II, 2004). L'article 3.21 de la norme ISO 45001 définit le risque professionnel comme la combinaison de la probabilité d'un événement ou d'(une) exposition (s) dangereux liés au travail, et de la gravité des traumatismes et pathologies pouvant être causés par l'événement ou les expositions.

La typologie des risques professionnels serait la suivante :

- Les risques professionnels traditionnels ;
    - les risques physiques (liés à l'utilisation des machines, liés à l'environnement de travail ;
    - les risques chimiques (exposition à des substances chimiques ;
    - les risques biologiques (exposition aux agents biologiques comme les virus, les toxines, les bactéries, etc.)
- Les nouveaux risques professionnels ;
    - Les risques psychosociaux (le stress au travail, les violences internes comme le harcèlement moral, les violences externes comme les insultes, menaces, agressions physiques ;
    - les risques liés aux innovations technologiques (risques liés aux rayonnements, risques liés à l'utilisation de nouvelles molécules chimiques,
    - les risques liés aux nanotechnologies)

B. Le modèle inspirant du droit comparé français

Pour mener à bien leurs missions respectives, les acteurs mentionnés auparavant ont recours à des méthodes et à des outils de prévention des risques liés au travail. Comment l'employeur évalue-t-il les risques par exemple ? Quelle méthode utilise-t-il ? Il aurait été judicieux en la matière d'observer la solution française du DUERP, le Document unique sur l'évaluation des risques professionnels (N. Dufour, Matthieu Barrier, *Le document unique sur l'évaluation des risques professionnels : le DUERP de la théorie à la pratique*, Le Mans, Gereson Edition, 2024).

Voir C.T., article L.4121-3-1 :

« *I.-Le document unique d'évaluation des risques professionnels répertorie l'ensemble des risques professionnels auxquels sont exposés les travailleurs et assure la traçabilité collective de ces expositions.*
II.-L'employeur transcrit et met à jour dans le document unique les résultats de l'évaluation des risques pour la santé et la sécurité des travailleurs à laquelle il procède en application de l'article L. 4121-3.
III.-Les résultats de cette évaluation débouchent :
1° Pour les entreprises dont l'effectif est supérieur ou égal à cinquante salariés, sur un programme annuel de prévention des risques professionnels et d'amélioration des conditions de travail qui :
a) Fixe la liste détaillée des mesures devant être prises au cours de l'année à venir, qui comprennent les mesures de prévention des effets de l'exposition aux facteurs de risques professionnels ainsi que, pour chaque mesure, ses conditions d'exécution, des indicateurs de résultat et l'estimation de son coût ;
b) Identifie les ressources de l'entreprise pouvant être mobilisées ;
c) Comprends un calendrier de mise en œuvre ;
2° Pour les entreprises dont l'effectif est inférieur à cinquante salariés, sur la définition d'actions de prévention des risques et de protection des salariés. La liste de ces actions est consignée dans le document unique d'évaluation des risques professionnels et ses mises à jour.
IV.-Les organismes et instances mis en place par la branche peuvent accompagner les entreprises dans l'élaboration et la mise à jour du document unique d'évaluation des risques professionnels prévus au I, dans la définition du programme annuel de prévention des risques professionnels et d'amélioration des conditions de travail prévu au 1° du III ainsi que dans la définition des actions de prévention et de protection prévues au 2° du même III au moyen de méthodes et référentiels adaptés aux risques considérés et d'outils d'aide à la rédaction.
V.-A.-Le document unique d'évaluation des risques professionnels, dans ses versions successives, est conservé par l'employeur et tenu à la disposition des travailleurs, des anciens travailleurs ainsi que de toute personne ou instance pouvant justifier d'un intérêt à y avoir accès. La durée, qui ne peut être inférieure à quarante ans, et les modalités de conservation et de mise à disposition du document ainsi que la liste des personnes et instances sont fixées par décret en Conseil d'Etat.

B.-Pour la mise en œuvre des obligations mentionnées au A du présent V, le document unique d'évaluation des risques professionnels et ses mises à jour font l'objet d'un dépôt dématérialisé sur un portail numérique déployé et administré par un organisme géré par les organisations professionnelles d'employeurs représentatives au niveau national et interprofessionnel. Ce portail garantit la conservation et la mise à disposition du document unique conformément aux dispositions législatives et réglementaires en vigueur. Il préserve la confidentialité des données contenues dans le document unique et en restreint l'accès par l'intermédiaire d'une procédure d'authentification sécurisée réservée aux personnes et instances habilitées à déposer et mettre à jour le document sur le portail ainsi qu'aux personnes et instances justifiant d'un intérêt à y avoir accès.
Sont arrêtés par les organisations professionnelles d'employeurs représentatives au niveau national, interprofessionnelles et agréées par le ministre chargé du travail, selon des modalités et dans des délais déterminés par décret :
1° Le cahier des charges du déploiement et du fonctionnement du portail numérique, sur avis conforme de la Commission nationale de l'informatique et des libertés ;
2° Les statuts de l'organisme gestionnaire du portail numérique.
En l'absence d'agrément des éléments mentionnés aux 1° et 2° du présent B à l'expiration des délais mentionnés au deuxième alinéa, les mesures d'application nécessaires à l'entrée en vigueur du premier alinéa sont déterminées par décret en Conseil d'Etat.
L'obligation de dépôt dématérialisé du document unique prévue au même premier alinéa est applicable :
a) A compter du 1er juillet 2023, aux entreprises dont l'effectif est supérieur ou égal à cent cinquante salariés ;
b) A compter de dates fixées par décret, en fonction des effectifs des entreprises, et au plus tard à compter du 1er juillet 2024 aux entreprises dont l'effectif est inférieur à cent cinquante salariés.
VI.-Le document unique d'évaluation des risques professionnels est transmis par l'employeur à chaque mise à jour au service de prévention et de santé au travail auquel il adhère ».

<u>Article 234</u> *: Le présent titre fixe les règles générales de base en matière de sécurité et de santé au travail sur les lieux de travail en vue de la protection la plus efficace possible de la santé des travailleurs.*

Observations

Cet article doit être rapproché de la législation de sécurité sociale pour établir une complémentarité entre le Code du travail et celui de la sécurité sociale. Le rôle de la sécurité sociale est d'indemniser le risque une fois qu'il s'est réalisé, et que le salarié a donc subi un préjudice. La législation du travail a en amont, pour fonction, de prévenir la survenance de ce risque (ce que montrait déjà le CTTOM). L'ensemble des dispositions qui suivent ont ainsi pour objectif

unique, en imposant des obligations à l'employeur et au salarié (ce qui peut être quelque peu surprenant), d'assurer cette prévention.
Une évolution intéressante est à enregistrer s'agissant des sources du droit. L'article 133 du Code de 1962 prévoyait : « *Les conditions d'hygiène et de sécurité sur le lieu de travail sont réglées par décrets pris après avis du comité technique consultatif, sur proposition du Ministre du Travail (...)* ». Dans le code de 1994, c'est désormais le législateur qui organise l'ensemble de ces mesures. En droit comparé camerounais, cette question relève toujours de la compétence du pouvoir réglementaire (Cf., C.T., art. 95-1).

Voir également Décret n° 01494/PR/MTEPS du 29 décembre 2011 déterminant les règles d'hygiène et de sécurité sur les lieux de travail. A propos de ce texte, on peut se demander pourquoi il porte sur toujours l'hygiène et non pas sur la santé au travail ? A l'article 5 dudit décret, il est écrit : « *Un rapport annuel est présenté aux ministres responsables, après avis du Comité Technique Consultatif pour la Sécurité et la Santé au Travail, sur application des dispositions des textes en vigueur régissant les règles d'hygiène et de sécurité sur les lieux de travail ?* »

Article 235 *: Les dispositions relatives à la sécurité et à la santé au travail s'appliquent à toute société, tout établissement quel que soit son secteur d'activité et quelle que soit sa taille. De même, elles s'appliquent aux apprentis, aux stagiaires et aux membres d'une entreprise familiale.*
Sont également soumis à ces dispositions, les établissements similaires relevant des administrations civiles et militaires, des offices publics et ministériels, des professions libérales, des organisations syndicales et de la société civile ou des associations de quelque nature que ce soit.

L'application des présentes dispositions ne dispense pas les entreprises et établissements cités ci-dessus de l'observation d'autres dispositions concernant la sécurité et la santé au travail, édictées par les textes réglementaires particuliers pris par le Ministre en charge du Travail, après avis du comité technique consultatif pour la sécurité et la santé au travail.

Observations

Voir également :

Décret n° 01494/PR/MTEPS du 29 décembre 2011 déterminant les règles *d'hygiène et de sécurité sur les lieux de travail :*

art 2 : Le présent décret s'applique aux catégories d'établissements, et aux catégories de personnes visées par les dispositions de l'article 197 du Code du travail.
Dans ces établissements, les règles générales d'hygiène et de sécurité sur les lieux de travail sont celles définies par le titre IV du Code du Travail, du présent décret et des arrêtés conjoints pris pour l'application de ces textes.

Avec la rédaction de l'article 235, toutes les entreprises sont soumises aux normes relatives à la santé et à la sécurité au travail.

Section 1 : Des obligations de l'employeur

Observations

Voir en droit comparé français, art. L. 4121-2 C.T. : « *L'employeur met en œuvre les mesures prévues à l'article L. 4121-1 sur le fondement des principes généraux de prévention suivants :*
1° Eviter les risques ;
2° Evaluer les risques qui ne peuvent pas être évités ;
3° Combattre les risques à la source ;
4° Adapter le travail à l'homme, en particulier en ce qui concerne la conception des postes de travail ainsi que le choix des équipements de travail et des méthodes de travail et de production, en vue notamment de limiter le travail monotone et le travail cadencé et de réduire les effets de ceux-ci sur la santé ;
5° Tenir compte de l'état d'évolution de la technique ;
6° Remplacer ce qui est dangereux par ce qui n'est pas dangereux ou par ce qui est moins dangereux ;
7° Planifier la prévention en y intégrant, dans un ensemble cohérent, la technique, l'organisation du travail, les conditions de travail, les relations sociales et l'influence des facteurs ambiants, notamment les risques liés au harcèlement moral et au harcèlement sexuel, tels qu'ils sont définis aux articles L. 1152-1 et L. 1153-1, ainsi que ceux liés aux agissements sexistes définis à l'article L. 1142-2-1 ;
8° Prendre des mesures de protection collective en leur donnant la priorité sur les mesures de protection individuelle ;
9° Donner les instructions appropriées aux travailleurs. »

Article 236 *: L'employeur est responsable de l'application des mesures de prévention pour la sécurité et la santé au travail destinées à assurer la protection des travailleurs qu'il emploie.*

En vue de fournir et de maintenir un milieu de travail sûr et salubre et dans le cadre tracé par la politique nationale de santé au travail, l'employeur doit, en concertation avec les représentants des travailleurs dans l'entreprise, définir, mettre en application et réexaminer périodiquement un programme de prévention des risques présents sur les lieux de travail.
Lorsque plusieurs employeurs exercent simultanément des activités sur un même lieu de travail, ils doivent collaborer pour assurer à l'ensemble des travailleurs la protection la plus efficace possible. Chaque employeur est responsable des dommages causés par le fait de ses activités. Les modalités de cette collaboration sont fixées par arrêté du Ministre en charge du Travail.

Observations

L'obligation qui apparaît en matière de prévention depuis 1994 dans le Code du travail, relevait auparavant de la seule législation de sécurité sociale.
Voir, Code de 1978, art. 138 : « *La prévention et la réparation des accidents du travail et des maladies professionnelles sont assurées dans les conditions définies par la législation en vigueur* ».

Plusieurs questions demeurent en suspens toutefois, notamment celle de l'articulation avec les dispositions du Code de la sécurité sociale, et même avec l'organisation de la CNSS qui comprend une division de la prévention des risques professionnels ? Par ailleurs, qu'en est-il de la réalité de ce programme de prévention en concertation avec les représentants du personnel prévu par le Code du travail ? Quid de la situation prévalant dans les PMI-PME ?

I. La place de la prévention dans les relations de travail

A côté des obligations classiques qui pèsent sur l'employeur (cf. observations sous art. 19), l'article 236 crée une obligation générale de prévention à la charge de l'employeur. Cet article de même que les suivants montrent toute l'importance reconnue désormais à la prévention. D'une simple incitation, elle est devenue aujourd'hui une obligation expressément formulée. Le législateur gabonais s'inscrit dans le même mouvement que son collègue congolais qui considère que : « *La direction de l'entreprise au niveau le plus élevé doit considérer la promotion de la sécurité et l'amélioration des conditions de travail comme une partie essentielle de ses fonctions.* (...) *Tout employeur est tenu d'adopter une politique de prévention des risques professionnels intégrée à la politique économique et financière de l'entreprise. Il doit prendre toutes les dispositions ou mesures nécessaires ou utiles tendant à assurer la prévention des risques professionnels* » (C.T. Congo, art. 132-3). Voir également, Sénégal, C.T., art. L. 169 et L. 175 ; Tchad, C.T., art. 226.

La prévention n'est pas que le fait d'éviter que se produisent des accidents du travail ou que surviennent des maladies professionnelles. Dans l'acception introduite par l'article 198, elle renvoie à la fois à l'évaluation des risques dans les différentes activités de l'entreprise, à l'octroi d'une formation aux personnels en matière de sécurité et à la prise en compte de certains risques spécifiques. A terme, la question de la pénibilité devra se poser pour les salariés exposés à certains facteurs de risques professionnels.

II. L'obligation générale de prévention dans les relations de travail

Depuis le code de 1994, même si elle ne dit pas son nom, il y a bien création d'une obligation générale de prévention lorsqu'on lit les dispositions du Titre IV du Code du travail. Cette obligation que l'on peut rapprocher de l'obligation de sécurité que l'on connaît en droit commun et en droit comparé. Elle consiste à ne pas créer de danger pour la santé et l'intégrité des personnes, et vise à assurer la protection des personnes physiques et est intégrée dans de nombreux contrats. Dans *Vocabulaire juridique*, le Pr Cornu présente l'obligation de sécurité comme une « *obligation accessoire, en général implicite, en vertu de laquelle, dans l'exécution de certains contrats (transports, hôtellerie, jeux forains), supposant l'utilisation de certaines installations (voiture, ascenseurs, manège), le professionnel est tenu envers son client, soit de garantir l'intégrité corporelle de celui-ci (obligation de sécurité de résultat), soit de faire tout son possible pour l'assurer (obligation de moyens)* »(G. Cornu, *Vocabulaire juridique*, PUF Quadrigde, 8ème éd.). Pour Thomas Pasquier, « *Le salarié bénéficie tout au long de l'exécution du contrat d'une protection de son corps et de sa personne. Celle-ci se réalise soit par une indemnisation versée au titre des accidents du travail, soit par la mise en œuvre de la responsabilité contractuelle de l'employeur* » (in, *L'économie du contrat de travail, conception et destin d'un type contractuel*, L.G.D.J., 2010, n° 95). Aux dires de Mme Caroline André, « *L'ensemble des domaines où l'obligation patronale de sécurité rayonne montre ainsi qu'un triple objectif est recherché : l'indemnisation, la prévention et le bien-être au travail. Le non-respect de cette obligation est donc lourd de conséquences puisque la responsabilité du chef d'entreprise peut être recherchée sur différents fondements et que les condamnations sont assez fréquentes* » (in, « L'obligation salariale de sécurité est-elle une obligation de sécurité ? », *JCP*, 2008, S, 1094). Dans cette optique, la question de la nature de cette obligation de prévention est particulièrement importante. La responsabilité ne sera pas engagée dans les mêmes termes selon qu'il s'agit d'une obligation de moyen ou d'une obligation de résultat. Toutefois, du fait de l'absence de jurisprudence à ce propos au Gabon, il n'y a que de simples conjectures à proposer. Par ailleurs, il convient de distinguer la réalisation du risque et la faute commise en matière de prévention.

Lorsque le risque attaché au travail se réalise, la législation de sécurité sociale s'applique. C'est le cas, lorsqu'il y a un accident du travail ou une maladie professionnelle. Par contre, on peut se retrouver devant une situation qui est préjudiciable au salarié en raison d'une faute commise en matière de prévention, mais qui n'est pas indemnisée par le code de la sécurité sociale, dans la mesure où les critères de l'accident ou de la maladie professionnels ne sont pas réunis. Ces hypothèses renvoient aux nombreuses atteintes à l'intégrité psychique du salarié, même si les atteintes à l'intégrité physique ne sont pas totalement à exclure. Parmi celles-ci on peut citer le harcèlement moral, mais également le stress. La responsabilité de l'employeur peut-elle être engagée en pareille circonstance ? Sur le fondement de l'article 198, le salarié peut poursuivre l'employeur qui n'aurait pas respecté une obligation légale du contrat de travail. Le fondement de l'article 6 peut également servir. Jusqu'où va cette prévention, touche-t-elle également à la santé publique sachant que les questions de frontières sont difficiles à résoudre ici ?

Peut-on se retrouver avec des appréciations comme celles que l'on retrouve en droit colombien s'agissant de la résiliation du contrat de travail du salarié s'étant présenté au travail sous l'influence de stupéfiants ou de substances stupéfiantes ?

Cour constitutionnelle, 17 novembre 2016, C-636/16 :
Les requérants soutiennent que l'expression en question, dans la mesure où elle interdit de se présenter au travail sous l'influence de stupéfiants et de drogues et établit que le non-respect de cette interdiction sera considéré comme un motif valable de résiliation du contrat par l'employeur, viole les droits fondamentaux à l'égalité et au travail. Le texte susmentionné, dans la mesure où il ne protège pas les personnes dépendantes des substances susmentionnées, puisque, bien qu'il se réfère aux personnes atteintes d'une maladie commune qui devrait donner lieu à une protection de la part de l'employeur et de l'État, il est passible d'une peine de licenciement. De même, parce qu'il s'agit d'une interdiction générale pour le travailleur, qui n'est pas nécessairement liée à la bonne exécution du travail contractuel. La Cour déclare le texte incriminé EXEMPTE CONDITIONNELLEMENT, étant entendu que l'interdiction qui y est prévue n'est applicable que lorsque la consommation d'alcool, de stupéfiants ou de toute autre drogue énervante affecte directement l'exécution du travail du travailleur.

III. L'obligation de collaboration entre les différents employeurs

Lorsque plusieurs entreprises emploient simultanément des travailleurs sur le même site, une obligation de collaboration est mise à leur charge par la loi. Dans les faits, ces situations concernent d'abord les entreprises qui interviennent sur un même chantier. Chaque entreprise est tenue pour responsable des dommages causés du fait de ses activités. Toutefois, il se peut que des risques spécifiques soient attachés à certaines activités. Les entreprises concernées ont donc l'obligation d'informer les autres, et surtout d'indiquer les règles de sécurité nécessaires. Cette obligation de collaboration ne règle pas totalement la question de la responsabilité de l'employeur. Qu'advient-il lorsque le salarié d'une entreprise est victime d'un accident du travail ou d'une maladie professionnelle, causée par l'usage de procédés techniques dont est responsable une autre entreprise présente sur le chantier ? La législation sur les accidents du travail va-t-elle s'appliquer ou doit-on recourir au droit commun ? A priori, c'est la législation de sécurité sociale qui doit s'appliquer. Toutefois, la rédaction du Code du travail ne conduit pas forcément à cette interprétation. Le législateur a en effet prévu que « *chaque employeur est responsable des dommages causés du fait de ses activités* ». Cette solution, si elle devait être retenue, serait préjudiciable pour le salarié. Elle pourrait en effet être une cause d'exonération de la responsabilité de l'employeur. De plus, elle a l'inconvénient d'introduire un conflit d'interprétation entre le Code de la sécurité sociale et le Code du travail. Il serait plus judicieux de s'inspirer de ce que l'on retrouve par exemple en droit comparé angolais où l'article 137 de la LGT dispose : « *Les employeurs qui exercent simultanément des activités sur le même lieu de travail sont tenus de coopérer à la protection de la sécurité, de l'hygiène et de la santé au travail et à l'application des règles respectives, sans préjudice de la responsabilité de chacun en ce qui concerne la protection de la sécurité, de l'hygiène et de la santé de ses propres travailleurs* ».

IV. Application aux contrats intérimaires et aux contrats de mission

Ordonnance n° 020/20O7/PR du 21 août 2007 portant réglementation de l'activité de mis à disposition du personnel en République Gabonaise
Article 32 : L'entreprise utilisatrices est entièrement responsable de l'application des mesures de prévention pour la sécurité et la Santé au Travail destinées à assurer la protection du travailleur sous contrat de mission.
Toutefois, l'entreprise de mise à disposition du personnel reste responsable des visites médicales d'embauche et des visites médicales périodiques du travailleur.

Décret n° 01494/PR/MTEPS du 29 décembre 2011 déterminant les règles d'hygiène et de sécurité sur les lieux de travail.
Art. 120 : Lorsque les chantiers visés par la présente section exécutent des travaux comportant des risques particuliers, le maître d'ouvrage fait établir par le coordonnateur un plan général de coordination en matière de sécurité et de protection de la santé au travail rédigé dès la phase de conception, d'étude et d'élaboration du projet et tenu à jour pendant toute la durée des travaux.
(...)
Art. 121 : Le Chef de l'entreprise utilisatrice assure la coordination générale des mesures de prévention qu'il prend et de celles que prennent l'ensemble des chefs des entreprises intervenant dans son établissement.
Chaque chef d'entreprise est responsable de l'application des mesures de prévention nécessaires à la protection de son personnel.
(...)
A ce titre, le Chef de l'entreprise utilisatrice est notamment tenu d'informer le chef de l'entreprise extérieure de l'existence de tout danger grave concernant un des salariés de cette entreprise.
Art. 125 : Il est procédé, préalablement à l'exécution de l'opération à une inspection commune des lieux de travail, des installations qui s'y trouvent et des matériels éventuellement mis à disposition de la ou des entreprises extérieures.
Au cours de cette inspection, le Chef de l'entreprise utilisatrice délimite le secteur de l'intervention des entreprises extérieures, matérialise les zones de ce secteur qui peuvent présenter des dangers pour leur personnel et indique les voies de circulation que doivent emprunter ce personnel ainsi que les véhicules et les engins de toute nature appartenant à ces entreprises extérieures.
(...)
Il communique aux chefs des entreprises extérieures ses consignes de sécurité applicables à l'opération qui concerneront les salariés de leurs entreprises à l'occasion de leur travail ou de leurs déplacements.
Les employeurs doivent se communiquer toutes informations nécessaires à la prévention, notamment la description des travaux à effectuer, des matériels utilisés et des modes opératoires ayant une incidence sur l'hygiène et la sécurité.

Article 237 *: Tout employeur qui utilise des procédés de fabrication comportant des risques spéciaux ou susceptibles de provoquer des maladies professionnelles est tenu d'en faire la déclaration avant le commencement desdits travaux par lettre recommandée adressée à l'inspection du travail du ressort.*

La déclaration doit indiquer la nature des risques et les mesures de protection et de prévention prises pour mettre les travailleurs à l'abri des nuisances résultant de leurs activités.
Dans tous les cas, l'inspecteur du travail diligente une enquête en vue de s'assurer que toutes les dispositions ont été prises.

Observations

Voir également, Loi n°11/2001 du 12 décembre 2001 fixant les orientations de la politique de prévention et de protection contre les rayonnements ionisants. Ce texte s'applique à l'ensemble des activités ou pratiques impliquant les sources ou générateurs de rayonnements ionisants. Il met en place des organismes administratifs d'appui technique et de sûreté radiologique afin d'assurer une protection radiologique des travailleurs, des patients, du public, de la nature et de l'environnement contre les effets nocifs de ces rayonnements. La loi de 2001 crée également un Centre national de prévention et de protection contre les rayonnements ionisants en vue de la mise en place de l'infrastructure nationale de radioprotection et de sûreté radiologique (Source O.I.T.).

A l'égard de l'inspection du travail, l'employeur a une obligation d'information. Dans les faits, il doit avertir l'inspection du travail chaque fois qu'il utilise des procédés de fabrication ou des produits dangereux pour la sécurité et la santé du salarié. La difficulté tient ici à la définition des procédés à risques. Cette obligation d'information à l'égard de l'inspection du travail apparaît avec le Code de 1994. Elle va largement au-delà de ce que prévoyait l'article 135 dans le code de 1978 : « *Lorsqu'il existe des conditions de travail dangereuses pour la sécurité ou la santé des travailleurs et non visées par les décrets prévus à l'article 134, l'employeur est mis en demeure par l'inspecteur du travail d'y remédier dans les formes et conditions prévues à l'article 136 ci-dessous* ».

Cette obligation qui est d'ailleurs à rapprocher de celle qui est prévue à l'article 272 C.T. aura des conséquences s'agissant de l'indemnisation des risques professionnels. Pour autant, la mise en œuvre n'est pas aussi évidente qu'elle y paraît. La difficulté tient d'abord à la disparition de l'article 134 du code de 1978. Celui-ci prévoyait en effet que : « *Les conditions d'hygiène et de sécurité sur le lieu de travail sont définies par décrets pris après avis du Comité technique consultatif sur proposition du ministre chargé du Travail. Ces décrets précisent dans quels cas et quelles conditions l'inspecteur du travail devra recourir à la procédure de la mise en demeure* ».

Sous le régime du code de 1994, c'était à l'employeur de déterminer le risque spécial. Le législateur n'a pas cru bon prévoir des pouvoirs spécifiques pour l'inspecteur du travail ou même pour le comité technique consultatif pour la sécurité et la santé. L'article 272 C.T. dispose seulement que, l'Inspecteur du travail, en matière de sécurité et de santé au travail, doit assurer l'exécution et le contrôle des dispositions législatives, réglementaires et conventionnelles. Le comité technique consultatif pour la sécurité et la santé au travail est tenu, aux termes de l'article 290, d'étudier les « *questions intéressant l'hygiène, la sécurité et la médecine du travail* ».

La solution que l'on pourrait retenir, serait de rapprocher l'article 237 de l'article 259 qui énonce que, des arrêtés spéciaux soient pris pour édicter des règles particulières de santé au travail applicables à certaines branches. Dès lors que l'on serait dans une branche citée à l'article 259, l'employeur aurait l'obligation d'informer l'inspection du travail. Par ailleurs, la liste de l'article 259 n'étant pas limitative, d'autres arrêtés peuvent être pris concernant d'autres branches ou entreprises. De ce fait, l'application de l'article 237 serait particulièrement simplifiée.

Voir encore, *Décret n° 01494/PR/MTEPS du 29 décembre 2011 déterminant les règles d'hygiène et de sécurité sur les lieux de travail.*
Art. 204 : Au sens du présent décret, sont notamment considérées comme substances dangereuses :

- *les substances explosives, qu'il s'agisse des explosifs proprement dits ou de toute autre substance susceptible ;*
- *les substances toxiques, nocives ou corrosives quelle que soit la voie de pénétration dans l'organisme ;*
- *les substances émettant des radiations ionisantes, qu'il s'agisse de composés radioactifs, naturels ou artificiels.*

Voir également art. 205 à 225 du même décret, et article L. 177 du Code du travail sénégalais.

<u>Article 238</u> : *L'employeur est tenu de mettre à la disposition des travailleurs un cadre de travail sain et adéquat, et de veiller à ce que les travailleurs disposent de conditions de travail garantissant leur productivité.*
L'employeur est tenu de mettre à la disposition des travailleurs, les installations et l'outillage appropriés aux travaux à effectuer et d'entretenir les locaux de manière à assurer aux travailleurs une protection adéquate contre les accidents du travail et tout dommage à la santé.

L'employeur est tenu de mettre à la disposition des travailleurs, lorsque l'exécution du contrat de travail l'exige, des conditions de vie, de logement et de restauration adéquates et hygiéniques sécurisant leur santé.
L'employeur est également tenu d'assurer aux travailleurs, compte tenu de leurs activités, la fourniture, l'entretien et le renouvellement en temps utile des moyens individuels et collectifs de protection reconnus efficaces.

Observations

L'article 238 met l'accent sur les mesures que l'employeur doit mettre en œuvre pour que l'organisation du travail participe à la prévention dont il a la charge. Toutefois, le législateur a passé sous silence, ce qui relève de l'ambiance de travail. De ce fait, tout est mis au service de la protection de la seule intégrité physique. C'est ainsi qu'il faut entendre à travers les dispositions relatives aux outillages, à l'entretien des locaux ou encore à la fourniture des moyens de protection. A l'inverse, et c'est la principale limite de ce code en la matière, l'intégrité morale est délaissée. Pourtant, qui peut ignorer des phénomènes tels que le harcèlement moral ou le harcèlement sexuel dans le monde du travail ? Les conventions collectives font preuve du même mutisme sur ce point. Ce que l'on peut noter, c'est qu'en l'état actuel, le droit commun de la preuve ne permet pas de pouvoir combattre ce type d'agissements.

Voir également, Tchad, C.T., art. 226, al. 2.

I. Les règles d'hygiène au travail

A. Les mesures de prévention collective

Décret n° 01494/PR/MTEPS du 29 décembre 2011 déterminant les règles d'hygiène et de sécurité sur les lieux de travail.
Art. 3, al. 2 du Décret de 2011 (ensemble de règles sur l'hygiène au travail) : Les locaux doivent être tenus dans un état constant de propreté et présenter les conditions d'hygiène et de salubrité nécessaires à la santé des personnes.

De l'hygiène et de la qualité des locaux et des lieux de travail
Art. 8 : Les locaux et les lieux de travail, ainsi que les mobiliers et les équipements qui s'y trouvent doivent être maintenus en bon état, libres de tout encombrement. Ils doivent être tenus en état constant de propreté.

Art. 9 : Les lieux de travail et les locaux affectés aux travailleurs doivent être à l'abri :

- *- des eaux, en particulier de pluie ou d'inondations ;*
- *de toute émanation ou de toute source d'infection provenant, notamment, de fosses, des fosses d'aisance, de puisards, d'égouts ou d'eaux stagnantes.*

A ce titre, les conduites d'évacuation des eaux résiduaires ou de lavage et les conduites de cabinets d'aisances traversant les locaux de travail doivent être étanches.

Pour les établissements qui déversent leurs eaux résiduaires ou de lavage dans un égout public ou privé, toute communication entre l'égout et l'établissement doit être munie d'un intercepteur hydraulique fréquemment nettoyé.

Art. 11 : Les locaux affectés au travail doivent être aérés.

Ils doivent être munis de fenêtres ou autres ouvertures donnant directement sur l'extérieur et assurant une aération naturelle ou artificielle suffisante.

Art. 12 : A son poste de travail, le travailleur doit disposer, compte tenu de la place occupée notamment par les équipements de travail, les stockages et les mobiliers, d'un espace libre qui lui permette d'évoluer sans risque pour sa sécurité et sa santé.

Chaque poste de travail doit être équipé d'un siège convenable.

Si le travail est incompatible avec la position assise, un nombre suffisant de sièges doit néanmoins être mis à la disposition des salariés, à proximité de leurs postes de travail.

Ces sièges sont distincts de ceux qui sont mis à la disposition du public.

L'aération

Art. 18 : L'atmosphère des lieux de travail doit, notamment, être exempte d'odeurs gênant la respiration, de condensation et de polluants dangereux, insalubres ou gênants sous forme de vapeurs, de gaz ou de poussières.

Art. 22 : Les éviers sont formés de matériaux imperméables et bien joints présentant une pente suffisante dans la direction du tuyau d'écoulement et aménagés de façon à ne laisser se dégager aucune odeur.

Ils doivent être soigneusement lavés ainsi que leur canalisation, au moins deux fois par semaine, au moyen d'une solution désinfectante agréée.

La ventilation (art. 27 à 31) ;

L'éclairage

Art. 32 : Les lieux de travail et les locaux affectés aux travailleurs doivent disposer, autant qu possible, d'une lumière naturelle suffisante au moyen des ouvertures dont la surface totale sera au moins égale à 1/6 de la surface et

doivent être équipés d'un éclairage artificiel ou électrique adéquat, afin de garantir aux travailleurs une bonne vision.
L'éclairage général doit être complété, en cas de besoin, par un éclairage localisé de chaque poste de travail.
Art. 32 à 39 ;

L'ambiance thermique (art. 40 à 44))

Du bruit et des vibrations
Art. 46 : Le niveau d'exposition sonore quotidienne reçu par un travailleur durant toute la durée de sa journée de travail ne doit pas dépasser quatre-vingt-cinq décibels pondérés A, en abrégé dbA.

B. Les équipements et installations spécifiques

Décret n° 01494/PR/MTEPS du 29 décembre 2011 déterminant les règles d'hygiène et de sécurité sur les lieux de travail.

Les vêtements de travail
Art. 147 : L'employeur doit procurer gratuitement, par an et à chaque ayant droit, au moins deux tenues de travail complètes adaptées à la taille et à l'activité de ce dernier, la première étant fournie à l'embauche.
Art. 148 : Les règlements intérieurs précisent, en tant que de besoin, les conditions dans lesquelles les vêtements de travail sont attribués, utilisés et entretenus.
Les vestiaires et sanitaires
Art. 149 : L'employeur doit prévoir des lavabos à eau courante et propre, à raison d'un robinet pour dix travailleurs au moins.
Ces lavabos séparés pour l'usage des travailleurs hommes et des travailleurs femmes, d'accès facile, doivent être installés à proximité des lieux de travail et des locaux où sont pris les repas.
Les planchers, leurs parois et de leurs abords doivent être tenus en état constant de propreté.
Art. 150 : Outre les lavabos, il doit être aménagé une douche pour au moins dix travailleurs lorsque, de par leur nature particulière, les travaux présentent un risque tels que l'exposition à une température excessive et aux poussières, le contact avec des substances nocives, irritantes, infectieuses ou simplement salissantes.
Article 151 : Les lavabos et les douches doivent être pourvus d'objets de toilette appropriés, notamment savon, essuie-mains, brosses, fournis par l'employeur et fréquemment renouvelés.
Les objets personnels tels que les serviettes doivent être placés dans des armoires séparées mises à la disposition des travailleurs.

(...)
Art. 153 : Quel que soit leur nombre, les travailleurs doivent disposer de cabinets d'aisance à siège, à raison d'un cabinet et d'un urinoir pour vingt-cinq hommes et au moins d'un cabinet pour vingt femmes.
Ces installations doivent être pourvues d'un système de chasse d'eau appropriée et de papier hygiénique.

Art. 155 : Les toilettes doivent :
- *être correctement éclairées ;*
- *communiquer avec les locaux de travail par un passage couvert ;*
- *avoir des planchers et des murs de couleur claire ;*
- *être en état constant de propreté.*

Art. 156 : Les eaux-vannes, chargées ou non de matières solides provenant des toilettes, doivent être évacuées selon les règles sanitaires.
Chaque toilette doit être pourvue en quantité suffisante d'eau limpide et hygiénique et du savon.

Voir également art. 157.

Des vestiaires et des casiers
Art. 158 : Des vestiaires sont mis à la disposition du personnel quand tout ou partie de celui-ci est normalement amené à changer son habillement pour l'exécution de son travail.
Ces vestiaires doivent être pourvus d'un nombre suffisant de sièges d'armoires individuelles fermant à clé ou à cadenas.
Ces armoires doivent avoir une hauteur d'au moins 1,80 m, pieds non compris et être munies d'une tringle porte cintre et d'un nombre de cintres suffisant.
Lorsque les vêtements de travail souillés de matières salissantes, malodorantes, pulvérulentes, explosives ou inflammables sont rangés de façon habituelle dans un vestiaire, les armoires individuelles doivent comporter deux compartiments distincts dont l'un est réservé à ces vêtements.
Le Chef d'établissement assure un nettoyage complet des vestiaires dans lesquels sont placées les armoires.

Art. 159 : L'employeur doit mettre à la disposition de son personnel des vestiaires lorsque tout ou partie de celui-ci est normalement amené à se changer.
Les vestiaires doivent être suffisamment spacieux et correctement ventilés. Les vêtements qui y sont déposés doivent pouvoir y sécher.
Leurs planchers et leurs murs doivent être faciles à nettoyer. Ils doivent être maintenus en constant état de propreté.

Des vestiaires séparés doivent être prévus pour les travailleurs, hommes et femmes.
Les vestiaires doivent être pourvus d'un nombre suffisant de sièges, tels des bancs, des chaises, des tabourets et des casiers individuels.

Art. 164 : Les employeurs doivent mettre gratuitement et en quantité suffisante, à la disposition du personnel, de l'eau potable et fraîche pour leur consommation.
Lorsque les travailleurs sont soumis de façon habituelle à certaines conditions pénibles de travail, de température ou de pollution atmosphérique, l'employeur doit mettre à leur disposition au moins une boisson non alcoolisée, chaude ou fraîche, sur avis du médecin de l'entreprise.

Art. 167 : L'employeur met un verre à la disposition de chaque travailleur ou tout autre moyen qui permette d'éviter que plusieurs travailleurs utilisent le même récipient.

Art. 168 : Les règlements intérieurs précisent en tant que de besoin, les modalités de distributions des boissons sur les lieux de travail.

Art. 169 : Il est interdit de laisser les travailleurs prendre leur repas à leur poste de travail ou dans les locaux affectés au travail.
Lorsque les travailleurs sont appelés à prendre habituellement leur repas dans l'enceinte de l'établissement notamment en raison de conditions spéciales résultant de leurs horaires de travail ou de l'éloignement de leur domicile, l'employeur est tenu de leur aménager des réfectoires ou des cantines sous forme de locaux spéciaux complètement séparés des locaux de travail.
Les réfectoires et les cantines sont tenus en parfait état de propreté par les soins de l'employeur et leur aménagement doit répondre à des normes satisfaisantes en matière de confort et d'hygiène.
Ils sont en outre équipés d'un ameublement approprié et d'installations permettant de conserver et de réchauffer éventuellement les aliments.

Des lieux de repos ou d'hébergement ;
Art. 177 : Les locaux de repos doivent :
- *être d'un accès facile ;*
- *être de dimensions suffisantes ;*
- *être équipés d'un nombre de tables et de sièges à dossier tenant compte du nombre des travailleurs ;*
- *être aménagés de façon à assurer la protection des non-fumeurs.*

Art. 179 : Les locaux affectés à l'hébergement doivent être installés, de préférence, dans un lieu calme, sur une aire aménagée, à l'abri des eaux de pluie ou d'inondation et de toute émanation ou de toute source d'infection provenant notamment des fosses, des fosses d'aisance, de puisards, d'égouts ou d'eaux stagnantes.
Les voies d'accès aux différents locaux doivent être praticables en toutes saisons. Ces locaux doivent être séparés pour l'usage des travailleurs hommes et des travailleurs femmes.

Art. 180 : Les locaux affectés à l'hébergement doivent être efficacement isolés de la chaleur excessive due au rayonnement solaire.
Ils doivent être correctement ventilés et disposer de fenêtres.
La température doit y être convenable et être contrôlée par des thermomètres.
La hauteur sous-plafond est au minimum de trois mètres et cinquante centimètres ou de deux mètres et cinquante centimètres pour les locaux climatisés.

Art. 182 : Les locaux affectés à l'hébergement doivent être tenus dans un état constant de propreté et être nettoyés au moins une fois par jour, sous la responsabilité de l'employeur.
Les salariés hébergés doivent disposer, à proximité immédiate de leur logement :
- *de toilettes ;*
- *de lavabos ;*
- *d'un réfectoire ;*
- *de douches.*

II. Les règles de sécurité

Les règles de sécurité au travail se rapportent à l'organisation des lieux de travail d'une part (affichage et signalisation, ambiances physiques de travail, ambiance sonore, ambiance lumineuse, ambiance thermique, incendie sur les lieux de travail,conception des bâtiments, organisation du travail, matériel de lutte contre l'incendie, circulation sur les lieux de travail) aux équipements de protection individuelle d'autre part (mise à disposition des équipements de protection individuelle).

Décret n° 01494/PR/MTEPS du 29 décembre 2011 déterminant les règles d'hygiène et de sécurité sur les lieux de travail.

Article 239 *: Lors de l'embauche ou en cas d'introduction d'un nouveau procédé de travail, l'employeur est tenu de communiquer aux travailleurs toutes les informations concernant les risques que comportent leurs occupations respectives et les mesures à prendre pour les éviter, y compris l'utilisation des systèmes de protection.*
Le travailleur doit recevoir une formation appropriée dans le domaine de la sécurité et de la santé au travail dans le but de l'informer des risques de son travail et des moyens de les prévenir.
En outre, une information permanente est dispensée aux travailleurs en collaboration éventuelle avec les services compétents des ministères en charge du travail et de la sécurité sociale, des organisations syndicales d'employeurs ou de travailleurs les plus représentatives et de tout organisme s'intéressant aux questions de sécurité et de santé au travail.

Observations

Voir dans le même sens l'article L.4121-1 du Code du travail français. :

« *L'employeur prend les mesures nécessaires pour assurer la sécurité et protéger la santé physique et mentale des travailleurs.*
Ces mesures comprennent :
1° Des actions de prévention des risques professionnels, y compris ceux mentionnés à l'article L. 4161-1 ;
2° Des actions d'information et de formation ;
3° La mise en place d'une organisation et de moyens adaptés.
L'employeur veille à l'adaptation de ces mesures pour tenir compte du changement des circonstances et tendre à l'amélioration des situations existantes. »

Article 240 *: Sauf cas de force majeure, l'employeur est tenu de déclarer à l'organisme de sécurité sociale dans un délai de deux jours ouvrables, tout accident de travail ou toute maladie professionnelle contractée dans l'entreprise, conformément à la législation en vigueur.*
Cette déclaration est transmise à l'inspection du travail du ressort par l'employeur dans les quarante-huit (48) heures suivant le dépôt de celle-ci à l'organisme de sécurité sociale.
L'inspecteur du travail est tenu d'ouvrir une enquête en fonction de la nature ou de la gravité de l'accident ou de la maladie, dès réception de la présente déclaration.

Observations

Rappel d'une obligation contenue dans le Code de sécurité sociale et que ne respectent pas souvent à la fois les employeurs et les salariés. Pour saisir la

CNSS encore faut-il que le salarié en informe à temps l'employeur. Or, dans le cas de nombreux accidents, le salarié se comporte comme s'il s'agissait d'un accident de droit commun. La préoccupation essentielle dans ce cas est souvent d'obtenir une indemnisation par l'employeur, sans que l'on sache d'ailleurs sur quel fondement. Cette voie est souvent du reste plus que hasardeuse.

Section 2 : Des obligations du travailleur

Article 241 : *Tout travailleur est tenu de se conformer aux dispositions des lois et règlements relatives à la sécurité et à la santé au travail ainsi qu'aux instructions du règlement intérieur, notamment en ce qui concerne :*

- *l'exécution du travail ;*
- *l'utilisation et le maintien en bon état du matériel, machines et installations mis à sa disposition ;*
- *l'emploi et l'entretien des équipements de protection individuelle qui lui sont fournis.*

Observations

L'une des originalités de la législation gabonaise est, depuis 1994, d'avoir prévu des obligations du salarié en matière de sécurité et de santé au travail. A priori, le salarié a comme obligation l'exécution de sa prestation de travail. Pourtant, nul ne peut contester que pèse sur le salarié dans le cadre de cette exécution une obligation générale de vigilance, obligation générale de prévention ou encore une obligation de concours à la sécurité.
Voir en ce sens, C. André, *L'obligation de sécurité dans l'entreprise*, Th., Cergy-Pontoise, 2004, spéc., p. 193 et s.

De même, le salarié est tenu de respecter les normes édictées par l'employeur dans le règlement intérieur. Or, les « *prescriptions concernant la sécurité et la santé au travail* » font partie de son contenu, aux termes de l'article 145 C.T. Dans ce contexte, quelle est alors l'utilité ou la pertinence de cet article 241 ?

Il se justifie par le fait qu'au-delà du règlement intérieur, d'autres obligations peuvent apparaître. Le salarié doit en effet prendre soin, en fonction de ses possibilités et de son poste de responsabilité, de sa sécurité et de sa santé ainsi que de celles des autres personnes concernées du fait de ses actes ou de ses omissions au travail, conformément à sa formation et aux instructions de l'employeur. Le fait de ne pas respecter ces obligations peut être sanctionné par l'employeur jusqu'au licenciement. C'est le cas par exemple d'un salarié qui refuse le port du casque sur un chantier, ou encore le port d'un gilet de sauvetage sur une embarcation. Chaque salarié doit donc tenir un rôle actif en prévention.

La tentation est grande d'établir un parallèle entre les obligations de l'employeur et celles du salarié et de considérer que ces dernières sont même constitutives d'une obligation de prévention. Le contrat de travail étant un contrat synallagmatique et commutatif, il y a un risque de conclure que l'on est en présence d'obligations symétriques. Or, il n'en est rien. La meilleure illustration en ce sens est celle de la concurrence de responsabilité. Lorsque la faute de l'employeur et celle du salarié ont concouru à la réalisation du fait dommageable à ce dernier, la solution serait-elle le partage des responsabilités ?

En droit européen, l'article 5.3 de la Directive du Conseil du 12 juin 1989, concernant la mise en œuvre de mesures visant à promouvoir l'amélioration de la sécurité et de la santé des travailleurs au travail, dispose que : « *Les obligations des travailleurs dans le domaine de la santé et de la sécurité n'affectent pas le principe de responsabilité de l'employeur* ».
Voir également, OMS, *Hygiène des mains : pourquoi, comment, et quand ?*, Genève, 2009.

Article 242 *: Il est interdit aux travailleurs :*
- *d'empêcher ou de gêner l'application des mesures de sécurité et de santé au travail prescrites sur les lieux de travail ;*
- *de modifier, d'enlever, de détruire ou de retirer les avis ou consignes apposés sur les lieux de travail et les systèmes d'alarme mis en place sur les lieux de travail ;*
- *de faire fonctionner, d'utiliser ou de se livrer en dehors de tout danger immédiat, à toute manœuvre sur les matériels, engins et dispositifs de sécurité.*

Article 243 *: Tous les travailleurs doivent coopérer avec l'employeur dans l'application des mesures de prévention des risques présents sur les lieux de travail.*
De même, ils doivent signaler tout accident ou atteinte à la santé survenant à l'occasion de leur travail ou sur les lieux de l'entreprise.

Observations

L'article 243 consacre l'exigence de bonne foi que l'on retrouve dans tout contrat. Elle est prévue à l'article 1134 al. 3 du Code civil : « *Les conventions doivent être exécutées de bonne foi* ». En matière de sécurité et de santé au travail comme dans d'autres domaines, le salarié est tenu à cette exigence de loyauté. Il l'est lors de la formation du contrat et pendant son exécution. De ce fait, il ne peut pas dissimuler à l'employeur les faits qu'il connaît, et qui peuvent être préjudiciables à sa santé ou à celle de ses collègues.

Le dernier alinéa institue l'équivalent du droit d'alerte que connaît le droit français à l'article 4133-1 al. 1er du Code du travail : « *Le travailleur alerte immédiatement l'employeur s'il estime, de bonne foi, que les produits ou procédés de fabrication utilisés ou mis en œuvre par l'établissement font peser un risque grave sur la santé publique ou l'environnement* ». L'alinéa 2 du même article L. 4133-1 exige que l'alerte soit consignée par écrit, alors que l'alinéa 3 impose à l'employeur d'informer le salarié de la suite qu'il entend donner à celle-ci.

Article 244 *: Le travailleur a le droit de se retirer et signaler immédiatement à son supérieur hiérarchique direct, toute situation dont il a un motif raisonnable de penser qu'elle présente un péril imminent et grave pour sa vie ou sa santé.*
Les travailleurs et leurs représentants sont protégés contre toutes mesures disciplinaires consécutives à des actions effectuées par eux à bon droit en matière de santé et de sécurité au travail.

Observations

Alors que la présente section est consacrée aux obligations des salariés, l'article 244 semble ne pas y être à sa place puisqu'il s'agit plutôt d'une prérogative. La Convention de l'OIT n° 155 sur la sécurité et la santé des travailleurs affirme le droit pour un travailleur de se retirer d'une situation dangereuse dans au moins deux dispositions.

- Article 13 : « *Un travailleur qui s'est retiré d'une situation de travail dont il avait un motif raisonnable de penser qu'elle présentait un péril imminent et grave pour sa vie ou sa santé devra être protégé contre des conséquences injustifiées, conformément aux conditions et à la pratique nationales* ».
- Article 19 : « *Des dispositions pourront être prises au niveau de l'entreprise aux termes desquelles : (...) (f) le travailleur signalera*

immédiatement à son supérieur hiérarchique direct toute situation dont il a un motif raisonnable de penser qu'elle présente un péril imminent et grave pour sa vie ou sa santé et, jusqu'à ce que l'employeur ait pris des mesures pour y remédier, en cas de besoin, celui-ci ne pourra demander aux travailleurs de reprendre le travail dans une situation où persiste un péril imminent et grave pour la vie ou la santé ».

Cette prérogative permet au salarié de prendre l'initiative de suspendre l'exécution de sa prestation de travail lorsqu'il y a notamment une défectuosité du système de protection. Elle ne doit pas toutefois être confondue avec le droit de grève qui emporte également suspension du contrat de trav ail. Refuser d'exécuter un ordre dangereux du fait des conditions climatiques par exemple relève du droit de retrait, alors que s'arrêter de travailler pour réclamer une indemnisation pour le risque pris, renvoie au droit de grève.

I. La situation perçue comme dangereuse, une appréciation subjective

Comment le salarié va alerter l'employeur ? Le législateur n'ayant donné aucune indication à ce sujet, on peut supposer qu'elle se fasse par tout moyen comme l'a admis le juge français (Cass. Soc., 28 mai 2008, n° 07-15.744 ; C.E. 11 juin 1987). Mais au-delà de cette question sur la forme de l'interpellation, il y a le silence de l'article 244 s'agissant du motif raisonnable ou encore du péril imminent et grave. Il reviendra certainement au juge de statuer sur ces points.

En droit comparé français, le juge reconnaît qu'il ne peut s'agir que d'une appréciation purement subjective. C'est au salarié qu'il revient en effet d'apprécier le péril imminent et grave. C'est donc sa propre appréciation de ce danger. La loi n'exige pas en effet l'existence objective d'un danger grave et imminent. C'est ainsi que le seul fait de se sentir concerné par des agressions sur des chauffeurs de bus dans un quartier ne justifie pas que d'autres chauffeurs se retirent de leurs postes de travail (Cass. Soc., 23 avril 2003, arrêt n° 01-44.806).

A. La recherche du motif raisonnable

- Cass. Soc., 9 mai 2000, pourvoi n° 97-44.234, Bull. 2000, n° 175 : « *Vu les articles L. 231-8-1 du Code du travail et 5 du décret n° 65-48 du 8 janvier 1965 ; (...) Attendu, selon l'arrêt attaqué, que M. [X] a été engagé le 23 octobre 1986 par la société Egtab ; qu'au cours du chantier qui a débuté le 11 septembre 1992, il a refusé de procéder sans sécurité et sans protection à la remise en jeu de croisées en bois d'appartements situés aux 1er et 3e étages d'un immeuble ; qu'il a été licencié pour faute grave par lettre du 7 octobre 1992 aux motifs suivants : refus d'exécuter un ordre, refus de se soumettre aux instructions, refus d'exécuter un travail ; Attendu que pour débouter le salarié de ses demandes, la cour d'appel a relevé que "l'exécution des travaux ne nécessitait la mise en place d'aucune protection particulière des salariés" ; Qu'en statuant ainsi, sans rechercher, comme elle y avait été invitée, si le salarié justifiait d'un motif raisonnable de penser que la situation de travail présentait un danger grave et imminent pour sa vie et sa santé et nécessitait une mesure de protection collective destinée à empêcher les chutes de personnes par application de l'article 5 du décret n 65-48 du 8 janvier 1965, la cour d'appel a privé sa décision de base légale* ».

- Cass. Soc., 29 janvier 2013, pourvoi n° 11-20.351 : « *Attendu, enfin, que c'est dans l'exercice de son pouvoir souverain d'appréciation que la cour d'appel a estimé que le salarié ne démontre pas s'être trouvé dans une situation de travail dont il avait un motif raisonnable de penser qu'elle présentait un danger grave ou imminent pour sa vie ou sa santé ;* »

- Cass. Soc., 20 novembre 2014, pourvoi n° 13-22.421 : « *Attendu que pour rejeter la demande d'annulation de cette sanction, l'arrêt retient que l'existence d'un risque ne suffit pas à démontrer qu'existait, au moment des faits, un danger grave et imminent pour la vie ou la santé des agents qui sont intervenus sur place, que le salarié ne verse aux débats aucune pièce établissant la réalité du danger grave et imminent qu'il allègue pour justifier l'exercice prétendu de son droit de retrait , que ce danger ne saurait résulter du défaut de fourniture d'un gilet pare-balles par l'employeur ; Qu'en statuant ainsi, par des motifs inopérants, sans rechercher si le salarié avait un motif raisonnable de penser que la situation de travail présentait un danger grave et imminent pour sa sécurité et pour sa santé justifiant l'exercice de son droit de retrait, la cour d'appel a violé le texte susvisé ;* »

B. L'exercice du pouvoir souverain d'appréciation du juge

Selon une jurisprudence ancienne et constante, dès lors que cette recherche est effectuée, l'appréciation de l'existence d'un danger grave et imminent de nature à justifier l'exercice du droit de retrait relève du pouvoir souverain des juges du fond :

- Cass. Soc., 11 décembre 1986, pourvoi n° 84-42.209, Bulletin 1986 V n° 597 : « *Mais attendu que, par une appréciation souveraine des éléments de la cause, la cour d'appel, qui ne s'est pas contredite, a estimé que la salariée avait un motif raisonnable de penser que le maintien à son poste de travail présentait un danger grave et imminent pour sa santé ; qu'ainsi le moyen ne peut être accueilli ;* »

- Cass. Soc., 20 janvier 1993, pourvoi n° 91-42.028, Bulletin 1993 V n° 22 : « *Attendu que les salariés font grief à l'arrêt attaqué (Aix-en-Provence, 18 décembre 1990) de les avoir déboutés de leur demande d'indemnités pour licenciement sans cause réelle et sérieuse alors que, selon le pourvoi, d'une part, l'appréciation du danger doit être subjective, la croyance, même erronée, du salarié qu'il court un danger, pourvu qu'elle soit raisonnable et sincère, suffisant pour lui permettre de quitter son poste de travail ; qu'en mettant la preuve du danger à la charge des salariés, sans démontrer en quoi ils n'avaient aucun motif raisonnable de penser qu'il y avait danger, la cour d'appel a violé l'article L. 231-8-1 du Code du travail ; alors que, d'autre part, ni le fait que d'autres chantiers ont maintenu leur activité, ni la circonstance que d'autres salariés ont accepté de travailler, ni la nécessité de terminer le chantier en cours ne sauraient priver les salariés d'exercer le droit de retrait , qui est une prérogative individuelle, dès l'instant qu'ils avaient un motif raisonnable de penser qu'ils couraient un danger grave et imminent ; Mais attendu que c'est par une appréciation souveraine des éléments de la cause que la cour d'appel a fait ressortir que les deux salariés n'avaient pas un motif raisonnable de penser que la situation de travail, dans laquelle ils se trouvaient, présentait un danger grave et imminent pour leur vie ou leur santé ; qu'ainsi, abstraction faite de motifs surabondants, voire erronés, elle a légalement justifié sa décision ;* ».

Outre l'existence d'un danger grave et imminent pour l'exercice du droit de retrait par le salarié, le législateur français pose une seconde condition à l'article L. 4132-1 du Code du travail : « *Le droit de retrait est exercé de telle manière qu'elle ne puisse créer pour autrui une nouvelle situation de danger grave et imminent* ».

Ce droit doit s'exercer dans certaines conditions. Il faut que le salarié ait un motif raisonnable de penser que la situation de travail présente un réel danger pour sa sécurité et sa santé. Il convient également de relever que le fait de s'arrêter de travailler ainsi ne crée pas une nouvelle situation de danger pour les autres salariés. Pour autant, il n'a pas le droit d'exécuter autrement sa prestation de travail, pour cela, il faut que l'employeur, qui a le pouvoir de direction, le lui ait indiqué expressément.

II. Effet : La suspension de l'exécution de la prestation de travail

Le deuxième alinéa de l'article 244 Le salarié suspend l'exécution de la prestation de travail et non pas le contrat. L'employeur ne peut donc, en principe, demander au salarié de reprendre son travail si le danger grave et imminent persiste. En droit comparé français, le législateur a été particulièrement clair à ce propos à l'alinéa 3 de l'article L. 4131-1 du Code du travail : « *L'employeur ne peut demander au travailleur qui a fait usage de son droit de retrait de reprendre son activité dans une situation de travail où persiste un danger grave et imminent résultant notamment d'une défectuosité du système de protection* ».
L'importance de l'article 244 tient au fait qu'il crée, pour le salarié, un moyen de contraindre l'employeur à respecter ses obligations en matière de sécurité et de santé au travail, même si certains auteurs considèrent qu'il ne s'agit là que « *d'une exception aux règles gouvernant l'exécution du contrat de travail* » (Voir notamment, J.M. Gasser, « Le droit de retrait dans le secteur privé », *RJS* 6/06, 463). Lorsqu'il exerce cette prérogative, le salarié ne risque aucune sanction. Dans cette hypothèse, l'employeur ne peut pas en principe lui demander de reprendre son travail tant que persiste la situation périlleuse. C'est la solution qui prévaut en droit comparé français (Cass. Soc., 5 juillet 2000). De plus, toujours en droit français, le prononcé d'une sanction contre un salarié qui a légitimement exercé son droit de retrait peut constituer un délit de mise en danger d'autrui (Cass. Crim., 8 oct. 2002, Bull. crim., n° 18).

Pour autant, il n'y a pas d'impunité absolue du salarié comme l'a encore montré un arrêt du Conseil d'Etat de 2024. Voir, C.E., 28 mai 2024, n° 472007, Recueil Lebon – Recueil des décisions du Conseil d'Etat, 2024 : « *Il résulte des articles L. 4121-1 et L. 4131-1 du Code du travail que, dans le cas où l'autorité administrative est saisie d'une demande d'autorisation de licenciement pour faute d'un salarié protégé au motif de l'exercice irrégulier du droit de retrait par le salarié , il lui appartient de rechercher si le salarié justifiait d'un motif raisonnable de penser que la situation de travail présente un danger grave et imminent pour sa vie ou pour sa santé. Lorsque tel est le cas, l'autorité administrative ne peut pas autoriser ce licenciement.*
Si tel n'est pas le cas, il appartient à l'administration de rechercher si le comportement du salarié est constitutif d'une faute d'une gravité suffisante pour justifier que son licenciement soit autorisé ».

Par ailleurs, la Cour de cassation considère que l'employeur peut procéder à une retenue sur la rémunération alors même que le juge ne s'est pas prononcé sur la légitimité de la démarche du travailleur. Pour Elsa Peskine et Cyril Wolmark : «*(...) si le retrait auquel le salarié a procédé ne répond pas aux exigences légales, la retenue sur salaire qui lui est appliquée par l'employeur en raison du service non fait est elle-même légitime et ne présente pas de caractère disciplinaire. (...) l'exercice du droit de retrait peut s'avérer risqué pour le salarié s'il l'exerce à mauvais escient et que «tel qu'il est actuellement institué, le droit de retrait est porteur d'une grave incertitude pour l'intéressé, qui ne peut savoir a priori si sa démarche sera jugée légitime, c'est à dire comme procédant d'une estimation raisonnable de l'imminence et de la gravité du danger auquel il prétend vouloir échapper».* Voir Cass. Soc., 22 mai 2024, n° 22-19.849 : « *En rejetant la demande des syndicats tendant à faire interdiction à l'employeur de pratiquer à l'encontre de tout personnel navigant commercial exerçant son droit de retrait, une retenue sur salaire en l'absence de décision judiciaire déclarant abusif ou non le retrait litigieux, la cour d'appel, qui a procédé à la recherche prétendument omise, a fait une exacte application des textes susvisés* ».

Section 3 : De l'aptitude à l'emploi et de la surveillance médicale

Article 245 *: Aucun travailleur ne doit être admis à un emploi sans avoir subi un examen médical d'aptitude à l'embauche incluant la période d'essai.*
Toutefois, un examen médical complémentaire est exigé dans les cas :
- *des travaux comportant un risque grave soit en raison de la nature des produits et objets manipulés ou utilisés, soit en raison des conditions dans lesquelles le travail est exécuté ;*
- *des femmes enceintes en situation de grossesse déclarée ;*
- *des enfants de moins de seize (16) ans ;*
- *des travailleurs vivant avec un handicap physique ou mental.*

Observations

Décret n° 01494/PR/MTEPS du 29 décembre 2011 déterminant les règles d'hygiène et de sécurité sur les lieux de travail
Art. 224 : Les travailleurs affectés aux activités les mettant en contact avec les substances dangereuses doivent être suffisamment informés des risques qu'ils courent et des mesures d'hygiène et de sécurité à prendre.
Ils doivent faire l'objet d'examens médicaux appropriés d'embauche et de surveillance.
Il est interdit d'affecter les femmes et les enfants de moins de dix-huit ans à ces activités sans autorisation délivrée par le médecin du travail de l'entreprise.
La dernière question que l'on peut se poser c'est : qui doit effectuer cet examen. En droit comparé cela relève de la compétence du médecin du travail. Dans le cas du Gabon, le législateur est resté silencieux.

Demande directe (CEACR) - adoptée 2023, publiée 112ème session CIT (2024)

Article 2, paragraphe 1, de la convention C124. Examen médical pour les personnes âgées de moins de 21 ans en vue du travail souterrain dans les mines.

La commission prend note de l'indication du gouvernement selon laquelle l'article 245 du Code du travail dispose qu'aucun travailleur ne doit être admis à un emploi sans avoir subi un examen médical d'aptitude à l'embauche incluant la période d'essai, et qu'un examen médical complémentaire est exigé, y compris dans les cas: 1) des travaux comportant un risque grave soit en raison de la nature des produits et objets manipulés ou utilisés, soit en raison des conditions dans lesquelles le travail est exécuté; et 2) des enfants de moins de 16 ans. La commission note également qu'en vertu de l'article 246, tout travailleur doit subir des examens médicaux périodiques.

I. La concomitance des articles 20 et 245

La lecture de l'article 245 du Code du travail achève de dissiper les doutes sur l'importance que le droit gabonais semble accorder à la protection de la santé du travailleur. Il faut rapprocher le premier alinéa de cet article à l'article 20 qui se trouve dans le Titre II « Du contrat de travail », et qui dispose que : « *Le contrat de travail est passé librement soit verbalement, soit par écrit sous réserve de la production obligatoire d'un certificat médical attestant que le candidat à l'emploi considéré est indemne de toute maladie contagieuse et physiquement apte à occuper les fonctions auxquelles il est destiné* ».

On peut être frappé par la similarité de ces deux articles. Quid en effet de cette différence faite entre le certificat médical attestant que le futur salarié est « *indemne de toute maladie contagieuse et physiquement apte (...)* » de l'article 19, et « *l'examen médical d'aptitude à l'embauche définitive* » de l'article 207 ? Pour le profane, la subtilité paraît difficile à cerner, d'autant plus qu'il semble que l'on se soit inspiré une fois de plus, des dispositions du droit français, et notamment de l'article R.4624-10 du Code du travail français qui énonce que : « *Le salarié bénéficie d'un examen médical avant l'embauche ou au plus tard avant l'expiration de la période d'essai par le médecin du travail* ». Lorsque l'on considère les articles 20 et 245, il apparaît clairement que leurs finalités sont exactement les mêmes que celles de l'article R.4624-10 du Code français à savoir :

- S'assurer que le salarié est médicalement apte au poste de travail auquel l'employeur envisage de l'affecter ;
- Proposer éventuellement les adaptations du poste ou l'affectation à d'autres postes ;
- Rechercher si le salarié n'est pas atteint d'une affection dangereuse pour les autres travailleurs.

II. La visite médicale condition de validité du contrat

Au-delà de ces subtilités sémantiques, se pose la question des effets de ces deux articles. Il faut noter à ce propos l'existence d'un alinéa 2 qui atténue la portée de l'article 245. La visite médicale ne semble en effet obligatoire que pour certaines activités dangereuses. Doit-on dans ces conditions considérer que le non-respect des obligations qui y sont insérées affecte la validité du contrat de travail lui-même ?

Même si cela n'apparaît pas de manière explicite dans le Code du travail, il est certain que le contrat du travail obéit aux règles du droit commun relatives à la formation du contrat telles qu'elles sont inscrites à l'article 1108 du Code civil gabonais ancien (le consentement non vicié, la capacité de contracter, l'objet certain et la cause illicite). Dès lors que l'employeur et le salarié se sont mis d'accord sur le travail à exécuter d'une part, et la rémunération à verser d'autre part, le contrat est formé. Dans la typologie des contrats, il s'agit d'un contrat consensuel (contrat qui peut être conclu sous une forme quelconque et qui produit des effets dès lors qu'il y a un accord de volontés entre les parties. A l'inverse le contrat solennel est celui dont la validité dépend de l'accomplissement d'une formalité. C'est le cas par exemple du mariage qui n'est valable que s'il est célébré devant un officier d'état civil. Le fait que les deux conjoints soient d'accord ne fait pas d'eux des mariés). En observant la réalité gabonaise et en lisant différentes législations de pays africains (Burkina Faso, Cameroun, Congo, Côte d'Ivoire, Mali, Tchad, ou encore le Labour Act du Ghana, et l'Avant-projet d'Acte OHADA relatif au droit du travail), ou européennes (Code civil allemand, section 620, paragraphe 2 du Code civil ; Code du travail français, art. L.1221-1 ; Contract of Employment Act de 1972, Employment Protection Act de 1978, Employment Right Act de 1993 pour l'Angleterre), l'on est tenté de considérer que le contrat de travail est formé et doit être exécuté dès lors que l'employeur et le salarié se sont mis d'accord.

Les dispositions des articles 20 et 245 deviennent donc sans objet et n'emportent pas de conséquences particulières sur la formation du contrat. Dans les faits, même si la visite médicale n'a pas eu lieu, le contrat est considéré comme formé et doit commencer à produire des effets. C'est du reste la situation que l'on observe parfois en droit français où, excepté pour les catégories de personnels dits « à risque » (travailleurs exposés, femmes enceintes, jeunes, handicapés, mères d'enfants de moins de deux ans...), cette visite peut être repoussée (jusqu'à 12 mois) et n'est pas une cause d'extinction des relations contractuelles. L'article R.4624-10 du Code du travail français se contente de prévoir le bénéfice d'une visite médicale, mais le fait qu'elle n'ait pas lieu n'altère en rien la formation du contrat de travail. Il y aura éventuellement des possibilités par la suite durant l'exécution du contrat pour contraindre l'employeur à satisfaire à cette obligation. Pour autant, peut-on retenir une telle interprétation au regard de la législation gabonaise ?

La réponse doit être négative sans aucune hésitation, à l'instar de ce que l'on observe en droit comparé de la République démocratique du Congo, puisque la visite médicale doit être entendue comme un impératif dont les parties ne peuvent pas s'affranchir avant de commencer l'exécution du contrat. L'article 38 du Code du travail de la RDC dispose en effet que : « *L'exécution du contrat de travail est subordonnée à la constatation de l'aptitude au travail du travailleur* ». La conséquence que l'on en tire est le rejet de la qualification de contrat consensuel au détriment du contrat solennel. La visite médicale est dans cette optique la formalité à accomplir pour reconnaître l'aptitude au travail, indispensable pour que l'exécution du contrat commence. Dans l'absolu, l'exigence de l'aptitude au travail qu'établit la visite médicale peut s'analyser soit comme une condition suspensive qui est, d'après Cornu, « un *événement futur et incertain auquel est subordonnée la naissance d'une obligation* » (Cornu G., *op. cit.*, p. 850) soit comme une condition résolutoire : « *La condition résolutoire est celle qui, lorsqu'elle s'accomplit, opère la révocation de l'obligation, et qui remet les choses au même état que si l'obligation n'avait pas existé* » (art. 1183 Code civil gabonais).

III. L'hypothèse de la condition suspensive

Si l'on retient la qualification de condition suspensive pour les articles 20 et 245, le contrat ne va se former qu'à la production du certificat médical. C'est le fait que le salarié soit apte ou non au travail qui va permettre à celui-ci de commencer à produire des effets de droit. Pourtant, au vu de la situation que l'on connaît au Gabon, il y a à parier que les parties n'attendront pas cette visite pour commencer l'exécution du contrat. On imagine mal par exemple un chef de chantier forestier qui engagerait des coupeurs, et attendrait les résultats de la visite médicale avant de faire travailler ces ouvriers. On relève à ce propos d'importantes disparités en fonction du secteur d'activité et de la taille de l'entreprise. Dans les grandes entreprises du secteur minier ou pétrolier, où la législation est respectée, cette qualification de condition suspensive peut être retenue. D'après nombre de témoignages, la relation de travail ne commencerait pas avant d'avoir satisfait à cette exigence de visite médicale.

IV. L'hypothèse de la condition résolutoire

La rédaction des articles 20 et 245 peut également renvoyer à l'existence d'une condition résolutoire. Dans cette perspective le résultat serait quelque peu différent puisque le contrat est quand même formé dès lors que les parties se sont accordées. Partant de là, le consensualisme n'est pas atteint en tant que tel. Néanmoins, le fait que l'aptitude au travail ne soit pas établie peut être envisagé comme une condition résolutoire. Dans les faits, si la visite révèle une inaptitude, le contrat sera nul. Toutefois, une telle solution peut être source d'insécurité juridique, notamment dans les petites entreprises. On peut parfaitement imaginer un employeur qui dans un premier temps ne se préoccuperait pas du respect des articles 20 et 245, mais qui ensuite passerait par la voie de l'inaptitude pour mettre fin à la relation de travail.

Article 246 : *Tout travailleur doit subir des examens médicaux périodiques. La périodicité est déterminée selon l'exposition aux risques professionnels. Elle est annuelle, sauf pour certains travailleurs exposés à l'amiante, au plomb, aux rayonnements ionisants, aux agents cancérogènes, mutagènes ou toxiques pour la reproduction conformément à la réglementation en vigueur.*

Observations

Si l'on s'en tient aux dispositions de l'article 268 de ce code, le non-respect de cette obligation est sanctionné par une amende d'un à dix millions de francs. Néanmoins, le législateur demeure silencieux sur le lieu où sont effectués ces examens à la charge de l'employeur aux termes de l'article 248 al. 2.

Article 247 : *Le travailleur dont l'activité comporte un risque grave doit, sous la responsabilité de l'employeur, faire l'objet d'une surveillance médicale pendant une période déterminée par le médecin du travail après cessation de l'emploi.*

Observations

Les effets du contrat cessent lorsque les parties décident de mettre fin à la relation de travail. Chacune d'elles est libérée de tous ses engagements. Une exception est toutefois posée par le présent article qui institue une obligation post-contractuelle à la charge de l'employeur.

La responsabilité de l'employeur en ce qui concerne la santé du salarié ne s'arrête pas à la fin du contrat. Le législateur a prévu une surveillance médicale qui est à la charge financière de l'employeur (cf. art. 248, al. 2, C.T.) lorsqu'il s'est agi d'une activité comportant un risque grave. Il y a toutefois une réelle difficulté à appliquer cette disposition en cas de refus du salarié à se soumettre à cette surveillance médicale. De plus, la loi ne dit pas selon quelles modalités cette surveillance s'exerce. Le salarié peut-il engager la responsabilité de l'employeur qui n'aura pas respecté l'article 247 ? Cette hypothèse est tout à fait envisageable s'agissant de la survenance d'une maladie professionnelle. Celle-ci peut avoir pour origine l'activité dans laquelle le salarié exerçait. Pour autant, et on l'a vu ailleurs avec les maladies causées par l'amiante, la pathologie peut se déclarer longtemps après l'exposition au risque. Dans ce cas, la période appropriée évoquée ne va pas s'avérer suffisante. Il y a à craindre alors que l'article 208 ne soit pas d'une grande utilité. La solution serait peut-être de prévoir des périodes pendant lesquelles cette obligation prévaudrait, en tenant compte de la spécificité de certaines maladies. C'est le cas notamment des pathologies liées à l'exposition à l'amiante qui apparaissent longtemps après que le travailleur a cessé son activité.

Article 248 *: Les travailleurs dont les activités nécessitent des aptitudes spéciales susceptibles de mettre leur santé et leur vie en danger ainsi que celle des autres travailleurs ou de toute autre personne, doivent subir des examens médicaux périodiques appropriés, assortis au besoin d'examens complémentaires.*
Les examens prévus à la présente section sont faits à la diligence et à la charge de l'employeur. Ils s'imposent au travailleur.

Observations

Le présent article est à rapprocher du précédent, et semble d'application plus aisée puisqu'il renvoie à la période d'exécution du contrat de travail. Toutefois, il est regrettable que le législateur n'ait pas étendu cette disposition à l'ensemble des salariés. Si la santé au travail a l'importance qu'on lui prête, pourquoi ne pas décider que tous les salariés doivent subir périodiquement des examens médicaux ? De plus, on risque une fois encore de conditionner la mise en œuvre d'une disposition à la production de textes d'application. Il faudra en effet définir ces activités qui « *nécessitent des aptitudes spéciales susceptibles de mettre leur santé et leur vie en danger ainsi que celle des autres travailleurs ou de toute autre personne* ».

Quid de l'application de cet article dans les entreprises qui ne disposent pas de médecin du travail ? L'employeur pourrait demander à ses travailleurs d'effectuer des examens qui ne sont pas en rapport avec l'activité du travail sans avoir recours à un médecin du travail ?

CHAPITRE II : DES CONDITIONS D'HYGIÈNE ET DE SÉCURITÉ

Article 249 *: Les établissements et locaux visés à l'article 235 ci-dessus doivent être tenus dans un état constant de propreté et présenter des conditions d'hygiène et de salubrité nécessaires à la santé des travailleurs.*

Observations

Décret n° 01494/PR/MTEPS du 29 décembre 2011 déterminant les règles d'hygiène et de sécurité sur les lieux de travail, articles 7 à 17.

L'exigence de salubrité qui apparaît ici doit-elle être envisagée au même titre que l'obligation générale de prévention comme une obligation de résultat ? Il faut attendre la publication des décrets prévus par l'article 213 C.T. pour se prononcer sur ce point.
Voir également, Sénégal, C.T., art. L. 175 ; Tchad, C.T., art. 226, al. 3.

Article 250 *: Les établissements et locaux visés à l'article 235 ci-dessus doivent être aménagés de manière à garantir la sécurité sur les lieux de travail.*
Les machines, mécanismes, appareils de transmission, outils et engins doivent être conçus, fabriqués, installés et tenus selon les normes de sécurité.

Observations

Décret n° 01494/PR/MTEPS du 29 décembre 2011 déterminant les règles d'hygiène et de sécurité sur les lieux de travail, articles 51 à 65.

Article 251 *: Des textes réglementaires déterminent les mesures générales d'hygiène et de sécurité sur les lieux de travail.*

CHAPITRE III : DES COMITÉS DE SÉCURITÉ ET DE SANTÉ AU TRAVAIL

Section 1 : Du champ d'application

<u>Article 252</u> *: Les comités de sécurité et de santé au travail, visés dans la présente loi, sont constitués dans les établissements occupant au moins cinquante (50) travailleurs.*
La mise en place d'un comité de sécurité et de santé au travail ne s'impose que si l'effectif d'au moins cinquante (50) travailleurs a été atteint pendant douze (12) mois consécutifs ou au cours des trois années précédentes.

Observations

La sécurité et la santé au travail ne concernent pas que le seul employeur ou les salariés de manière individuelle, mais l'ensemble du personnel de l'entreprise. C'est ce qui a conduit le législateur à créer dans le Code de 1994, une instance technique consultative associant le personnel au maintien et à l'amélioration des conditions de sécurité dans l'entreprise. Toutefois, comme d'autres institutions représentatives du personnel, les comités de sécurité et d'hygiène peinent à se mettre en place : 30 ans après la loi de 1994, on attend toujours leur apparition dans nombre d'entreprises.
Voir également, Tchad, C.T., art. 232.

<u>Article 253</u> *: L'inspecteur du travail du ressort peut imposer la création d'un comité de sécurité et de santé au travail dans les établissements occupant un effectif inférieur, lorsque cette mesure est nécessaire, notamment en raison de la nature des travaux, de l'agencement ou de l'équipement des locaux. Cette décision est susceptible d'un recours auprès de l'autorité hiérarchique.*

Observations

Comme l'ensemble des dispositions relatives au comité de sécurité et de santé au travail, le législateur gabonais s'est inspiré de la loi française. Le code du travail français prévoyait en effet en son article L. 4613-4 (abrogé depuis 2017) que : « *L'inspecteur du travail peut imposer la création d'un comité d'hygiène, de sécurité et des conditions de travail dans les établissements de moins de cinquante salariés lorsque cette mesure est nécessaire, notamment en raison de la nature des travaux, de l'agencement ou de l'équipement des locaux* ».

Article 254 *: Dans un établissement de moins de cinquante (50) travailleurs, les délégués du personnel sont investis des missions dévolues aux membres des comités de sécurité et de santé au travail.*
Toutefois, les établissements de moins de cinquante (50) travailleurs peuvent se regrouper sur le plan professionnel ou interprofessionnel en vue de la constitution d'un comité de sécurité et de santé au travail.

Observations

L'article 254 est une nouvelle illustration du mimétisme avec la France puisqu'il reprend quasiment le Code du travail hexagonal en son article L. 4611-6 (abrogé depuis 2017) : « *Les entreprises de moins de cinquante salariés peuvent se regrouper sur un plan professionnel ou interprofessionnel en vue de constituer un comité d'hygiène, de sécurité et des conditions de travail* ».

Section 2 : Des missions

Article 255 *: Le comité de sécurité et de santé au travail a pour mission :*
- *de participer à la définition de la politique de prévention des risques professionnels de l'entreprise ;*
- *de contribuer à la protection de la sécurité et de la santé des travailleurs de l'établissement et de ceux mis à la disposition de celui-ci par une autre entreprise ;*
- *de donner un avis sur le respect de la réglementation en vigueur ;*
- *d'analyser les risques professionnels et les conditions du milieu de travail ;*
- *de procéder, à intervalles réguliers, à des visites des lieux de travail ;*
- *de procéder à des enquêtes suite à un accident de travail, à une maladie professionnelle ou à caractère professionnel ;*
- *de contribuer à la promotion de la prévention des risques professionnels dans l'établissement, et de susciter toute initiative nécessaire ;*
- *d'établir la liste des produits et substances dangereux utilisés dans l'entreprise ainsi que celle des risques professionnels réels et/ou potentiels, et de faire figurer lesdites listes dans un registre spécial avant de les transmettre à la direction générale de la sécurité et de la santé au travail ;*
- *d'établir au début de chaque année, un programme annuel de prévention des risques professionnels.*

Le comité est consulté avant toute décision d'aménagement modifiant les conditions d'hygiène et de sécurité ou les conditions du milieu de travail et, notamment, avant toute transformation des postes de travail découlant de la

modification de l'outillage, du changement de produit ou de l'organisation du travail.
Tous les membres du comité de sécurité et de santé au travail bénéficient de la protection prévue par la présente loi s'agissant des délégués du personnel, des délégués syndicaux et des membres du comité permanent de concertation économique et sociale dans le cadre de leurs activités, à l'exclusion de l'employeur.

Observations

A rapprocher avec les articles L. 4612-1 à L. 4612-8 du Code du travail français (abrogés depuis 2017). L'article L. 4612-1 (abrogé depuis 2017) du Code français déclinait ainsi les missions du comité d'hygiène :
« *1°) De contribuer à la protection de la santé physique et mentale et de la sécurité des travailleurs de l'établissement et de ceux mis à sa disposition par une entreprise extérieure ;*
2°) De contribuer à l'amélioration des conditions de travail, notamment en vue de faciliter l'accès des femmes à tous les emplois et de répondre aux problèmes liés à la maternité ;
3°) De veiller à l'observation des prescriptions légales prises en ces matières.

Pour autant, la question que l'on peut se poser ici est celle de savoir si le mimétisme est total ou pas. La loi française reconnaît en effet à l'équivalent du comité de sécurité et de santé au travail un véritable droit d'alerte (art. L. 4132-2 à 4). Or, à la lecture du code gabonais cette prérogative n'apparaît pas clairement. Toutefois, on peut considérer que la première mission dévolue au comité étant de contribuer à la protection de la santé des travailleurs, celle-ci passe nécessairement par l'exercice d'un droit d'alerte. Lorsqu'un représentant du personnel au comité constate un danger grave et imminent (soit par lui-même ou parce qu'un salarié le lui a signalé), il doit en informer immédiatement l'employeur. Mais, comme en droit français, le comité ne dispose pas, contrairement au salarié, du pouvoir d'arrêter le travail pour des raisons de sécurité.

- Mission de consultation et d'information

Il est consulté sur les projets de règlements et de consignes élaborés par l'entreprise qui peuvent avoir une incidence sur la santé et la sécurité des travailleurs. Il examine le programme annuel de l'établissement pour la prévention des risques professionnels et de ceux concernant les usagers.

- Mission de veille et d'investigation

Il enquête en cas d'accident du travail, de maladie professionnelle, ou d'accidents répétés ayant révélé un risque grave

Article 256 *: Le comité se prononce sur toute question relevant de sa compétence dont il est saisi par le chef d'entreprise ou d'établissement, les délégués du personnel ou les représentants du personnel au comité.*

Section 3 : De la composition et du fonctionnement

Article 257 *: Le comité de sécurité et de santé au travail comprend :*
- *le chef d'entreprise ou son représentant ;*
- *les représentants du personnel, élus pour un mandat de trois ans renouvelables ;*
- *le responsable du service de sécurité ;*
- *le médecin du travail ou l'infirmier d'entreprise.*

Le mandat des membres du comité de sécurité et de santé au travail n'est pas cumulable avec celui du délégué du personnel et du délégué syndical dans les entreprises de plus de cinquante (50) travailleurs.

Article 258 *: Un arrêté du Ministre en charge du Travail, après avis du comité technique consultatif pour la sécurité et la santé au travail, fixe les dispositions relatives à la composition et au fonctionnement des comités de sécurité et de santé au travail.*

CHAPITRE IV : DES MESURES SPÉCIALES DE SÉCURITÉ ET DE SANTÉ AU TRAVAIL DANS CERTAINES BRANCHES PROFESSIONNELLES

Article 259 *: Des dispositions spécifiques relatives à la sécurité et à la santé au travail dans certaines branches professionnelles sont fixées par arrêté conjoint des Ministres en charge du Travail et de la Santé après avis du comité technique consultatif pour la sécurité et la santé au travail.*
Il s'agit notamment des :

- *exploitations minières ;*
- *exploitations pétrolières ;*
- *exploitations forestières et agricoles ;*
- *transports maritimes et fluviaux ;*
- *transports terrestres et ferroviaires ;*
- *transports aériens ;*
- *bâtiments et génie civil.*

Toutefois, les entreprises appartenant aux branches professionnelles ci-dessus énumérées et toutes autres qui motiveraient la publication de règlements distincts, sont astreintes à l'application des dispositions du présent titre.

CHAPITRE V : DE LA MÉDECINE DU TRAVAIL

Observations

Convention n° 161 sur les services de santé au travail, 1985, ratifiée le 13 juin 1975.

Art. 1er : Aux fins de la présente convention :
(a) l'expression services de santé au travail désigne un service investi de fonctions essentiellement préventives et chargé de conseiller l'employeur, les travailleurs et leurs représentants dans l'entreprise en ce qui concerne :
(i) les exigences requises pour établir et maintenir un milieu de travail sûr et salubre, propre à favoriser une santé physique et mentale optimale en relation avec le travail ;
(ii) l'adaptation du travail aux capacités des travailleurs compte tenu de leur état de santé physique et mentale ;
(b) l'expression représentants des travailleurs dans l'entreprise désigne des personnes reconnues comme telles en vertu de la législation ou de la pratique nationales.

Article 2 : A la lumière des conditions et de la pratique nationales et en consultation avec les organisations d'employeurs et de travailleurs les plus représentatives, lorsqu'elles existent, tout Membre doit définir, mettre en application et réexaminer périodiquement une politique nationale cohérente relative aux services de santé au travail.

Article 3 :
1. Tout Membre s'engage à instituer progressivement des services de santé au travail pour tous les travailleurs, y compris ceux du secteur public et les coopérateurs des coopératives de production, dans toutes les branches d'activité économique et toutes les entreprises; les dispositions prises devraient être adéquates et appropriées aux risques spécifiques prévalant dans les entreprises.
2. Si des services de santé au travail ne peuvent être institués immédiatement pour toutes les entreprises, tout Membre concerné doit, en consultation avec les organisations d'employeurs et de travailleurs les plus représentatives, lorsqu'elles existent, élaborer des plans en vue de leur institution.
3. Tout Membre concerné doit, dans le premier rapport sur l'application de la convention qu'il est tenu de présenter en vertu de l'article 22 de la Constitution de l'Organisation internationale du Travail, indiquer les plans qu'il a élaborés en vertu du paragraphe 2 du présent article et exposer, dans les rapports ultérieurs, tout progrès accompli sur la voie de leur application.

Article 5 : Sans préjudice de la responsabilité de chaque employeur à l'égard de la santé et de la sécurité des travailleurs qu'il emploie, et en tenant dûment compte de la nécessité pour les travailleurs de participer en matière de santé et de sécurité au travail, les services de santé au travail doivent assurer celles des fonctions suivantes qui seront adéquates et appropriées aux risques de l'entreprise pour la santé au travail :
(a) identifier et évaluer les risques d'atteinte à la santé sur les lieux de travail ;
(b) surveiller les facteurs du milieu de travail et les pratiques de travail susceptibles d'affecter la santé des travailleurs, y compris les installations sanitaires, les cantines et le logement, lorsque ces facilités sont fournies par l'employeur ;
(c) donner des conseils sur la planification et l'organisation du travail, y compris la conception des lieux de travail, sur le choix, l'entretien et l'état des machines et des équipements ainsi que sur les substances utilisées dans le travail ;
(d) participer à l'élaboration des programmes d'amélioration des pratiques de travail ainsi qu'aux essais et à l'évaluation des nouveaux équipements quant aux aspects de santé ;
(e) donner des conseils dans les domaines de la santé, de la sécurité et de l'hygiène au travail, de l'ergonomie ainsi qu'en matière d'équipements de protection individuelle et collective ;
(f) surveiller la santé des travailleurs en relation avec le travail ;
(g) promouvoir l'adaptation du travail aux travailleurs ;
(h) contribuer aux mesures de réadaptation professionnelle ;
(i) collaborer à la diffusion de l'information, à la formation et à l'éducation dans les domaines de la santé et de l'hygiène au travail ainsi que de l'ergonomie ;
(j) organiser les premiers secours et les soins d'urgence ;
(k) participer à l'analyse des accidents du travail et des maladies professionnelles.

Article 260 *: La médecine du travail est une spécialité médicale qui a pour objet la détermination d'un ensemble de normes sanitaires et sécuritaires en vue de prévenir les accidents du travail et les maladies professionnelles.*

Observations

Plutôt que de se livrer à une définition de la médecine du travail, le législateur aurait été davantage inspiré de se focaliser sur les attributions du médecin du travail. Hormis le fait qu'il dirige le service de santé au travail comme le

prévoit l'article 263, le législateur n'est pas très disert sur cette fonction pourtant si importante dans la sécurité et la santé au travail.
En principe le rôle du médecin du travail est purement préventif, il n'a donc pas à prescrire. C'est le médecin de l'inaptitude même si cela n'apparaît pas clairement à la lecture de l'article 260. En droit comparé français, ses attributions sont formulées de manière plus précise à l'article 4622-3 du Code du travail : « *Le rôle du médecin du travail est exclusivement préventif. Il consiste à éviter toute altération de la santé des travailleurs du fait de leur travail, notamment en surveillant leurs conditions d'hygiène au travail, les risques de contagion et leur état de santé, ainsi que tout risque manifeste d'atteinte à la sécurité des tiers évoluant dans l'environnement immédiat de travail* ».

Voir également, article R. 4623-1 du Code du travail français :

« *Le médecin du travail est le conseiller de l'employeur, des travailleurs, des représentants du personnel et des services sociaux. Dans le champ de ses missions :*
1° Il participe à la prévention des risques professionnels et à la protection de la santé des travailleurs, notamment par :
a) L'amélioration des conditions de vie et de travail dans l'entreprise ;
b) L'adaptation des postes, des techniques et des rythmes de travail à la santé physique et mentale, notamment en vue de préserver le maintien dans l'emploi des salariés ;
c) La protection des travailleurs contre l'ensemble des nuisances, notamment contre les risques d'accidents du travail ou d'exposition à des agents chimiques dangereux ;
d) L'amélioration de l'hygiène générale de l'établissement et l'hygiène dans les services de restauration ;
e) La prévention et l'éducation sanitaires dans le cadre de l'établissement en rapport avec l'activité professionnelle ;
f) La construction ou les aménagements nouveaux ;
g) Les modifications apportées aux équipements ;
h) La mise en place ou la modification de l'organisation du travail de nuit ;
i) L'accompagnement en cas de réorganisation importante de l'entreprise ;
2° Il conseille l'employeur, notamment en participant à l'évaluation des risques dans le cadre de l'élaboration de la fiche d'entreprise et dans le cadre de son action sur le milieu de travail, réalisées, conformément à sa mission définie à l'article L. 4622-3, au service de la prévention et du maintien dans l'emploi des travailleurs, qu'il conduit avec les autres membres de l'équipe pluridisciplinaire, qu'il anime et coordonne ;
3° Il décide du suivi individuel de l'état de santé des travailleurs, qui a une vocation exclusivement préventive et qu'il réalise avec les personnels de santé

mentionnés au premier alinéa de l'article L. 4624-1, qui exercent dans le cadre de protocoles mentionnés à l'article R. 4623-14 et sous son autorité ;
4° Il contribue à la veille épidémiologique et à la traçabilité.
Dans les services de prévention et de santé au travail interentreprises, l'équipe pluridisciplinaire et, le cas échéant, le service social du travail, se coordonnent avec le service social du travail de l'entreprise ».

Article 261 *: Est médecin du travail, toute personne titulaire d'un doctorat en médecine, spécialisée en médecine du travail.*
Les conditions d'emploi et de rémunération des médecins inspecteurs du travail et médecins du travail sont déterminées par voie réglementaire.

Article 262 *: Hormis ses compétences, le médecin du travail doit avoir des connaissances actualisées de son environnement de travail.*

Article 263 *: Toute entreprise ou tout établissement doit assurer un service de santé au travail. Ce service de santé au travail doit, entre autres, prévoir un service de premiers secours et de soins d'urgence aux travailleurs victimes d'accidents ou de malaises sur les lieux de travail.*
Les textes réglementaires, pris après avis du comité consultatif pour la sécurité et la santé au travail par le Ministre en charge du Travail, déterminent notamment :
- *les conditions dans lesquelles sont effectuées les visites médicales d'embauche, les visites périodiques, les visites de reprises, les visites spontanées, les visites de personnes soumises à une surveillance spéciale, les examens complémentaires, la constitution et la tenue des fiches et dossiers médicaux ;*
- *les conditions d'ouverture et de fonctionnement d'un service médical et sanitaire ;*
- *les catégories d'entreprises qui, en raison de leur effectif, de leur isolement ou des conditions locales, sont tenues d'avoir un service médical et sanitaire ;*
- *les moyens médicaux en personnel, en locaux ou en matériel que ces entreprises doivent mettre à la disposition de leurs travailleurs, les soins, les médicaments et prestations qu'elles doivent fournir gratuitement ;*
- *les conditions dans lesquelles les travailleurs ont droit à la gratuité des soins médicaux et pharmaceutiques ;*
- *les conditions dans lesquelles certaines entreprises peuvent utiliser les services d'un centre médical ou d'un dispensaire du service national de santé ou d'une formation médicale privée ;*

- *les modalités de constitution et de fonctionnement du service médical d'une ou de plusieurs entreprises ;*
- *les conditions dans lesquelles le médecin du travail ou le médecin assurant cette fonction doit effectuer la surveillance de l'hygiène générale de l'entreprise.*

Le service de santé au travail est obligatoirement dirigé par un médecin du travail, sauf habilitation expresse délivrée par les services en charge de la sécurité et de la santé au travail.

Observations

L'article 263 reprend in extenso, l'article 137 du code de 1962 qui reprend lui-même l'art. 137 du CTTOM. Dans les faits, la situation varie en fonction de la taille de l'entreprise et du secteur d'activité. Dans les grandes entreprises du secteur minier et pétrolier, on trouve un dispensaire. Il en est de même dans le secteur forestier où historiquement, les employeurs ont souvent prévu des structures sanitaires qui accueillaient les salariés et leur famille. Par contre, dans les PME-PMI, cette exigence est loin d'être satisfaite.
Voir également, Cameroun, C.T., art. 98-1 ; Congo, C.T., art. 142, al. 1er ; Sénégal, C.T., art. L. 186 ; Tchad, C.T., art. 239, 240 et 241.

Article 264 *: L'évacuation des malades et des blessés sur le centre de soins le plus proche est à la diligence et à la charge de l'employeur.*
Si l'employeur ne dispose pas de moyens appropriés à cette fin, il s'en réfère immédiatement au chef de la circonscription administrative la plus proche.
Les évacuations sanitaires des travailleurs, quelle que soit leur destination, s'effectuent conformément aux textes régissant l'organisme en charge de l'assurance maladie.

CHAPITRE VI : DES MESURES DE CONTRÔLE ET DES PÉNALITÉS

Section 1 : Des mesures de contrôle

<u>Article 265</u> *: Les inspecteurs du travail, les médecins du travail occupant la fonction de directeur général de la sécurité et de la santé au travail ainsi que les agents de contrôle des organismes de sécurité sociale sont chargés de l'application des mesures générales de sécurité et de santé au travail.*

Observations

Malgré la volonté du législateur, l'application des dispositions du Code du travail se heurte à une double difficulté qui ne date pas d'aujourd'hui. Dans les années 1950, le Pr Gonidec disait déjà que : « *Le petit nombre d'inspecteurs du travail ne permet pas d'espérer un contrôle vraiment efficace* » (op. cit., n° 691). Le même constat prévaut toujours. La seconde difficulté tient à la faiblesse des moyens mis à la disposition des inspecteurs du travail en matière de sécurité et de santé au travail. Certes, ils peuvent se faire accompagner comme le prévoyait par exemple le CTTOM (art. 154, c et d) par des médecins et des techniciens. Néanmoins, dans les faits vu le faible nombre des médecins du travail au Gabon, cette hypothèse reste tout à fait théorique. De même qu'en est-il du contrôle technique auquel les inspecteurs du travail doivent se livrer ? Ils doivent en effet vérifier la conformité du matériel aux normes de sécurité. Pour cela, il faudrait qu'existent des organismes agréés pouvant vérifier l'état de conformité des équipements de travail et des moyens de protection aux normes qui leur sont applicables, ce qui est loin d'être le cas au Gabon. De plus, aux dires de nombreux témoignages, la mission de contrôle de l'application du droit en matière de sécurité et de santé au travail serait très mal remplie, du fait de l'insuffisance en ressources financières et en effectifs.

Les inspecteurs du travail ne sont pas les seuls à être compétents sur ce terrain. Voir Code de la sécurité sociale, art. 73 : « 1°) *La Caisse est chargée d'exercer une action de prévention en matière d'accident du travail et de maladies professionnelles. A cet effet, elle recueille pour les diverses catégories d'établissements les renseignements permettant d'établir les statistiques sur la fréquence, les causes et les effets des accidents du travail et des maladies professionnelles. Elle peut aussi prescrire des enquêtes sur place, confiées à des agents habilités par elle et agréés par le Ministre du Travail et de la*

Prévoyance Sociale. Elle réalise enfin des études et des recherches portant sur la prévention des risques professionnels ».

<u>Article 266</u> *: Les infractions aux dispositions des mesures générales de sécurité et de santé au travail sont constatées sur procès-verbal par les inspecteurs du travail.*
Toutefois, avant de dresser le procès-verbal, l'employeur est obligatoirement mis en demeure de se conformer aux prescriptions auxquelles il a contrevenu.
La mise en demeure est portée par écrit sur le registre d'employeur ou fait l'objet, en l'absence de celui-ci, d'une lettre recommandée avec accusé de réception ou par tout autre moyen de preuve.
Datée et signée, la mise en demeure précise l'infraction constatée et fixe le délai à l'expiration duquel l'infraction devrait avoir disparu.
Ce délai, qui ne peut être inférieur aux minima fixés par arrêté du Ministre en charge du Travail, après avis du comité technique consultatif pour la sécurité et la santé au travail, est déterminé par l'inspecteur du travail en tenant compte des circonstances et de l'importance des travaux nécessaires pour mettre fin à l'infraction.

Observations

Les inspecteurs du travail sont chargés de contrôler non seulement l'application des dispositions relatives à la sécurité et à la santé au travail, mais également la conformité du matériel aux normes de sécurité. Ils ont une pleine compétence pour constater les différentes infractions. A ce propos, l'inspecteur du travail peut intervenir même en l'absence d'infraction à une disposition précise. L'employeur peut en effet manquer à son obligation générale de sécurité prévue à l'article 236 C.T., par exemple lorsqu'il existe des conditions de travail dangereuses pour la sécurité ou la santé des travailleurs, et qui n'ont pas été visées par les dispositions réglementaires. En droit, l'employeur n'a commis aucune infraction, mais cela n'empêche pas l'inspecteur d'intervenir.

Toutefois, même avant d'infliger une quelconque sanction, alors même qu'une infraction a été constatée, l'inspecteur du travail doit d'abord adresser à l'employeur une mise en demeure de se conformer aux dispositions réglementaires. La mise en demeure permet du reste à l'inspecteur de remplir sa fonction de conseil. Sur le plan formel, la mise en demeure est obligatoirement écrite. Elle doit également préciser les infractions ou les dangers constatés, tout en fixant les délais dans lesquels ils devraient avoir disparu.

Il semble que ces dispositions soient purement théoriques vu qu'elles ne semblent jamais être appliquées. C'est ce qui ressort de la lecture des rapports annuels de la Commission d'experts pour l'application des conventions et recommandations du B.I.T. (CEACR). Dans celui de 2009, les experts du B.I.T. sont particulièrement sévères. Evoquant les pouvoirs d'injonction des inspecteurs du travail en matière de sécurité et de santé au travail, la CEACR « *(...) prie le gouvernement de fournir des exemples concrets, documents à l'appui, de cas où une mise en demeure a été adressée à l'employeur suite à un constat de risque pour la sécurité ou la santé des travailleurs et où ces mises en demeure ont été suivies d'effet, ainsi que de cas où un procès-verbal a été transmis au tribunal. Elle lui saurait gré d'indiquer la proportion de cas déférés à la justice qui ont donné lieu à une décision (condamnation ou relaxe) et de communiquer copie des décisions ou d'extraits de ces décisions faisant apparaître les motifs de la cause* » (in CEACR, *observation individuelle concernant la Convention (n° 81) sur l'inspection du travail, 1947, Gabon* (ratification : 1972), Publication: 2009, Document n° 062011GAB081 (ilolex).

Notons enfin que le législateur gabonais a marqué une certaine fidélité au CTTOM, en ne prévoyant pas la possibilité d'un recours hiérarchique contre la décision de l'inspecteur. Pourtant, rien n'empêche en principe l'employeur de le faire puisqu'il s'agit d'une décision d'une autorité administrative.

Voir également, Sénégal, C.T., art. L. 225.

Article 267 *: En cas de danger grave et imminent, nonobstant la procédure de mise en demeure, l'inspecteur du travail du ressort prend toutes mesures conservatoires à faire cesser le risque identifié, et saisit le juge des référés pour voir ordonner la fermeture temporaire ou définitive d'un atelier ou chantier, la mise hors service, l'immobilisation, la saisie des matériels, machines, dispositifs ou produits.*

Observations

Demande directe (CEACR) - adoptée 2023, publiée 112ème session CIT (2024), *Convention (n° 81) sur l'inspection du travail, 1947 - Gabon (Ratification: 1972)*
Article 13, paragraphe 2. Pouvoirs des inspecteurs du travail en cas de menace à la santé ou à la sécurité des travailleurs. La commission note qu'en cas de danger grave et imminent, l'article 267 du nouveau Code du travail donne aux inspecteurs la possibilité de prendre toutes mesures conservatoires pour faire cesser le risque identifié, et de saisir le juge des référés pour voir ordonner la fermeture temporaire ou définitive d'un atelier ou chantier, la mise hors

service, l'immobilisation, ou la saisie des matériels, machines, dispositifs ou produits. *La commission prie le gouvernement de fournir des informations sur l'application dans la pratique du nouvel article 267 du Code du travail en indiquant, par exemple, combien de mesures immédiatement exécutoires ont été prises par les inspecteurs du travail dans les cas de danger pour la santé et la sécurité des travailleurs, et dans quels secteurs.*

Les pouvoirs de l'inspecteur du travail en matière de sécurité et de santé au travail sont particulièrement étendus, l'article 267 en est une nouvelle illustration. L'inspecteur a en effet la possibilité de prendre des mesures d'arrêts de travaux ou d'activité en cas de danger grave et imminent. Présence d'une situation. Contrairement à ce que l'on relève en droit français, l'inspecteur ne peut pas prescrire l'arrêt temporaire de travaux ou d'une activité (*C. trav., art. L. 4731-1 et L. 4731-2*). Pour cela, il doit saisir le juge des référés pour ordonner les mesures propres à faire cesser le risque. En droit comparé français (dont le législateur gabonais s'est fortement inspiré), les décisions du juge de référés « *ne peuvent entraîner ni rupture, ni suspension du contrat de travail, ni aucun préjudice à l'encontre des salariés concernés* » (C.T., art. L. 4732-3).

Section 2 : Des pénalités

Article 268 *: Sans préjudice des dommages et intérêts qui peuvent résulter des conséquences dommageables, les chefs d'établissements, directeurs, gérants ou préposés qui ont enfreint les dispositions du Titre IV de la présente loi, sont passibles d'une amende d'un million (1 000 000) de francs CFA à dix millions (10 000 000) de francs CFA.*
Ces peines sont multipliées jusqu'à quatre (4) fois en cas de récidive ou de non-exécution de la mise aux normes notifiée par les services compétents.

Article 269 *: En cas d'accident du travail survenu dans une entreprise où ont été relevés des manquements graves ou répétés aux règles de sécurité et de santé au travail, la juridiction saisie doit, même si elle ne retient pas dans les liens de la prévention la ou les personnes physiques poursuivies sur le fondement des dispositions du Code Pénal ou du Code du Travail, faire obligation à l'entreprise de prendre toutes mesures pour rétablir les conditions normales de sécurité et de santé au travail.*
La juridiction saisie enjoint l'entreprise de présenter, dans un délai qu'elle fixe, un plan de réalisation de ces mesures accompagnées de l'avis motivé des délégués du personnel et du comité de sécurité et de santé au travail.

Après avis de l'inspecteur du travail du ressort, la juridiction homologue le plan présenté et fixe au chef d'entreprise, un délai pour le réaliser. Le contrôle de l'exécution des mesures prescrites est exercé par l'inspecteur du travail du ressort. S'il y a lieu, celui-ci saisit le juge des référés qui peut ordonner la fermeture totale ou partielle de l'établissement pendant le temps nécessaire pour assurer ladite exécution.

Observations

Le législateur reconnaît au juge un rôle important dans la protection de la santé et du bien-être du travailleur. Toutefois, cette disposition peut soulever des difficultés dans son application. L'article 269 évoque des « *manquements graves qui ont été relevés* », ceux-ci ne sont-ils pas déjà sanctionnés par l'article 268 puisqu'il s'agit d'une infraction aux dispositions du Titre IV du Code du travail ? Le seul intérêt de cette intervention du juge c'est la possibilité de fermer l'établissement. Mais, cette mesure ne peut intervenir qu'en cas d'accident du travail. La fonction de prévention que la loi est censée jouer s'estompe alors. Pourtant, il eut été plus judicieux de prévoir que le juge puisse agir à titre préventif.

Article 270 : *Le chef d'entreprise qui, dans les délais prévus, n'a pas présenté ou exécuté le plan homologué par la juridiction en vertu du deuxième alinéa ci-dessus est puni d'une amende de deux millions (2 000 000) à vingt millions (20 000 000) de francs CFA.*
En cas de récidive aux infractions prévues par la présente section, les peines d'amende sont portées au double. Les auteurs peuvent en outre être condamnés à une peine d'emprisonnement de deux mois à un an.
Toutefois, aucune infraction nouvelle ne peut être relevée pour la même cause pendant le délai qui a éventuellement été accordé en vertu des dispositions de l'article précédent.
En cas de récidive, le tribunal correctionnel peut ordonner la fermeture partielle ou totale, temporaire ou définitive de l'établissement.

TITRE V : DES ORGANES ET DES MOYENS D'EXÉCUTION

CHAPITRE I : DES ORGANES ADMINISTRATIFS

Observations

- Convention 150 de l'O.I.T. sur l'administration du travail (ratifiée par le Gabon le 11 octobre 1979) :

Article 1er. « *Aux fins de la présente convention :*

a) les termes administration du travail désignent les activités de l'administration publique dans le domaine de la politique nationale du travail ;

b) les termes système d'administration du travail visent tous les organes de l'administration publique responsables ou chargés de l'administration du travail -- qu'il s'agisse d'administrations ministérielles ou d'institutions publiques, y compris les organismes para-étatiques et les administrations régionales ou locales ou toute autre forme décentralisée d'administration -- ainsi que toute structure institutionnelle établie en vue de coordonner les activités de ces organes et d'assurer la consultation et la participation des employeurs, des travailleurs et de leurs organisations ».

- Convention 144 sur les consultations tripartites relatives aux normes internationales du travail (ratifiée le 6 décembre 1988).

Article 2. « *1. Tout Membre de l'Organisation internationale du Travail qui ratifie la présente convention s'engage à mettre en œuvre des procédures qui assurent des consultations efficaces entre les représentants du gouvernement, des employeurs et des travailleurs sur les questions concernant les activités de l'Organisation internationale du Travail, énoncées à l'article 5, paragraphe 1, ci-dessous* ».

Article 5. « *1. Les procédures visées par la présente convention devront avoir pour objet des consultations sur :*

a) les réponses des gouvernements aux questionnaires sur les points inscrits à l'ordre du jour de la Conférence internationale du Travail et les commentaires des gouvernements sur les projets de textes qui doivent être discutés par la Conférence ;

b) les propositions à présenter à l'autorité ou aux autorités compétentes en relation avec la soumission qui doivent leur être faites des conventions et

recommandations, conformément à l'article 19 de la Constitution de l'Organisation internationale du Travail ;
c) le réexamen, à des intervalles appropriés, de conventions non ratifiées et de recommandations auxquelles il n'a pas encore été donné effet, pour envisager les mesures qui pourraient être prises afin de promouvoir leur mise en œuvre et leur ratification, le cas échéant ;
d) les questions que peuvent poser les rapports à présenter au Bureau international du Travail au titre de l'article 22 de la Constitution de l'Organisation internationale du Travail ;
e) les propositions relatives à la dénonciation de conventions ratifiées.
2. Afin d'assurer un examen adéquat des questions visées au paragraphe 1 du présent article, des consultations auront lieu à des intervalles appropriés fixés d'un commun accord, mais au moins une fois par an ».

Article 271 *: le Ministère du Travail a pour mission d'initier et de faire appliquer la politique générale du gouvernement en matière de travail, d'emploi, de sécurité et de santé au travail ainsi que de sécurité sociale. Il est également chargé de toutes les questions intéressant l'organisation internationale du travail et les autres organes du travail inter-Etats.*
Les attributions, l'organisation et le fonctionnement de ses services et des organes qui lui sont rattachés sont fixés par décret pris sur proposition du Ministre en charge du Travail.

Observations

Si la dénomination de ce ministère varie avec les gouvernements, ses attributions n'ont pas beaucoup varié depuis l'arrêté n° 1625/PR du 8 novembre 1961 (JO. Déc. 1961). Alors qu'au lendemain de l'Indépendance, le rôle du ministère du Travail était surtout de contrôler l'application de la réglementation par les employeurs, par l'intermédiaire des inspecteurs du travail. Progressivement, les missions liées à l'emploi se sont également développées. La recherche des solutions pour favoriser l'insertion sur le marché du travail fait en effet partie d'une des principales missions de ce ministère aujourd'hui.

La rédaction de l'article 271 est assez conforme à ce que prévoit la Convention 150 sur l'administration du travail, notamment sur les points suivants :
- Elaborer tous les projets de lois et de règlements intéressant la condition des travailleurs, la formation et le perfectionnement professionnel ;
- Veiller à l'application de ces lois et règlements ;

- Éclairer de ses conseils et recommandations les employeurs et les travailleurs ;
- Offrir ses services aux employeurs et aux travailleurs ainsi qu'à leurs organisations respectives ;
- Réunir et tenir à jour les données statistiques relatives aux conditions d'emploi et d'emploi ;
- Suivre les relations avec l'OIT et avec les autres Etats en ce qui concerne les questions de travail et d'emploi.

Voir également, Décret n°1376/PR/MTEPS du 20 novembre 2011 portant attributions et organisation du Ministère du Travail, de l'Emploi et de la Prévoyance Sociale

Article 2 : le ministère assure la mise en œuvre de la politique du gouvernement en matière de travail, d'emploi, de prévoyance sociale et de santé au travail, en collaboration avec les autres départements ministériels concernés et en concertation avec les partenaires sociaux.

Article 3 : En matière de travail, le ministère est notamment chargé :

- *d'initier et faire appliquer les textes législatifs et réglementaires,*
- *de définir et mettre en œuvre les orientations d'une politique d'information et de communication,*
- *de réglementer l'accès au marché du travail,*
- *de prévenir et régler les conflits de travail individuels et collectifs,*
- *de suivre les activités des institutions et organisations professionnelles de travailleurs et d'employeurs,*
- *de promouvoir le dialogue social,*
- *de suivre et évaluer, en rapport avec les autres départements ministériels concernés, le volet social des restructurations, des liquidations et des privatisations d'entreprises,*
- *de promouvoir le travail décent et de mettre en œuvre les principes et droits fondamentaux au travail,*
- *d'assurer la tutelle des organismes relevant de sa compétence,*
- *de représenter le Gabon dans les négociations internationales et communautaires et d'assurer le suivi des conclusions,*
- *de mettre en œuvre les actions de coopération traitant des questions de travail,*
- *d'assurer l'application par le Gabon des instruments internationaux et communautaires,*
- *d'initier et de mettre en œuvre les règles relatives aux négociations en vue d'améliorer les relations entre les partenaires sociaux et de prévenir tout différend en milieu de travail, de veiller au bon fonctionnement des organismes concourant à la promotion du dialogue social.*

Section 1 : De l'inspection du travail

I. Une brève histoire de l'inspection du travail au Gabon

Malgré la recommandation n° 59 de l'O.I.T. du 8 juin 1939 demandant que soit créé un service d'inspection du travail dans toutes les colonies, ce sont des inspecteurs des affaires administratives, des administrateurs ou encore des fonctionnaires spécialement commissionnés par le chef du territoire qui font office d'inspecteurs du travail jusqu'en 1944 (cf. R. Lemesle, *Le droit du travail en Afrique francophone*, Paris, EDICEF, 1989, p. 115). Lors de la Conférence de Brazzaville (30 janvier – 8 février 1944), il fut recommandé, en s'inspirant des principes posés par l'O.I.T., la création d'un corps spécialisé de l'Inspection du travail dépendant du Ministère des colonies (A. Emane, « La conférence de Brazzaville ou la rupture avec un ordre social ancien », (in sous la dir. de Y. Le Gall, D. Gaurier, P.Y. Legal, *Du droit du travail aux droits de l'humanité, Etudes offertes à P.J. Hesse*, P.U.F. de Rennes, 2003, p. 293). C'est ce qui fut fait grâce au décret du 17 août 1944 (J.O. 22 août 1944, p. 738). Dans ce texte, il était prévu la création dans chaque territoire d'un Service du travail dépendant directement du Service central du travail du Commissariat aux colonies. L'article 7 du décret de 1944 disposait que ce Service central devait étudier *« les questions se rattachant à la réglementation du travail et de la protection de la main-d'œuvre, ainsi que du contrôle du fonctionnement des services du travail aux colonies »*. Les inspecteurs du travail étaient nommés par décret et rattachés au Service Central du travail. Leur indépendance était garantie par le fait qu'ils échappaient à l'autorité des chefs de territoire. Ils ne recevaient en effet leurs instructions que du Service Central, qui avait seul, la compétence pour leur affectation territoriale.

Le CTTOM n'a pas modifié en tant que telle la réglementation antérieure, même s'il a créé une nouvelle dénomination : « les inspecteurs du travail et des lois sociales ». Ces inspecteurs ont des compétences plus élargies que celles que prévoit le Code du travail métropolitain, comme on peut le relever aux articles 145, 190 et 209.

- Art. 145 C.T.T.O.M. : « *L'inspection du travail et des lois sociales outre-mer est chargée de toutes les questions intéressant la condition des travailleurs, les rapports professionnels, l'emploi des travailleurs : mouvements de main-d'œuvre, orientation et formation professionnelle, placement.*

L'inspection du travail et des lois sociales :

Elabore les règlements de sa compétence ;

Veille à l'application des dispositions édictées en matière de travail et de protection des travailleurs ;

Eclaire de ses conseils et de ses recommandations les employeurs et les travailleurs ;
Coordonne et contrôle les services et organismes concourant à l'application de la législation sociale ;
Procède à toutes études et enquêtes ayant trait aux différends sociaux intéressant les territoires d'outre-mer, à l'exclusion de ceux qui relèvent des services techniques avec lesquels l'inspection du travail et des lois sociales peut toutefois être appelée à collaborer ».

- Art. 190 *: « Tout travailleur ou tout employeur pourra demander à l'inspecteur du travail et des lois sociales, à son délégué ou à son suppléant légal de régler le différend à l'amiable.*
En l'absence ou en cas d'échec de ce règlement amiable, l'action est introduite par déclaration orale ou écrite faite au secrétaire du tribunal du travail. L'inscription est faite sur un registre tenu spécialement à cet effet ; un extrait de cette inscription est délivré à la partie ayant introduit l'action ».

- Art. 209 : « *Tout différend collectif est immédiatement notifié par les parties à l'inspecteur du travail et des lois sociales qui intervient pour aider à son règlement* ».

Le Code de 1962 reprend à son compte les dispositions du C.T.T.O.M., et on y retrouve les tâches qu'avait déjà relevées la doctrine : gestion, contrôle, conciliation (cf. Gonidec, *op. cit.*, n° 274 et s.). A l'heure actuelle, l'Inspection du travail fait partie de l'administration centrale du travail placée auprès du ministère du Travail. Néanmoins, elle bénéficie d'une grande indépendance, garantie par la Convention 81 de l'O.I.T. (ratifiée par le Gabon le 17 juillet 1972). Sa mission principale est de contrôler l'application du droit du travail dans toutes les entreprises. Sa compétence s'étend au secteur informel dès lors que des salariés y sont employés. Au-delà de cette mission principale, l'inspection du travail a également une mission de conciliation et de conseil. Pourtant, comme dans d'autres pays, on observe une crise de l'inspection du travail à cause de la difficulté que cette institution éprouve à réaliser les missions qui sont les siennes. L'O.I.T. s'est d'ailleurs emparée de cette question. Selon D. Weil, « *A la fin de l'année 2006, elle a invité ses pays Membres à adopter une série de politiques visant à renforcer et moderniser les services d'inspection du travail, afin d'assurer la mise en œuvre des politiques fondamentales en la matière* » (in, D. Weil, « Pour une approche stratégique en matière d'inspection du travail », *R.I.T.* vol. 147, n° 4, 2008, p. 380).

II. L'action de L'OIT

Demande directe (CEACR) - adoptée 2023, publiée 112ème session CIT (2024), *Convention (n° 81) sur l'inspection du travail, 1947 - Gabon (Ratification: 1972)*

Législation. La commission prend note de l'adoption de la loi no 022/2021 du 19 novembre 2021 portant Code du Travail. Le gouvernement indique que les dispositions des articles 271 à 288 de ce nouveau Code intègrent presque à l'identique les principales dispositions de la convention. La commission prend note que l'*article 15 (c)* de la convention (obligation de confidentialité) est reflété dans le dernier alinéa de l'article 275 du nouveau Code du travail. En ce qui concerne l'*article 18* de la convention (sanctions suffisamment dissuasives pour violation des dispositions légales et obstruction faite aux inspecteurs du travail dans l'exercice de leurs fonctions), la commission prend également note que le nouveau Code du travail prévoit l'infliction de sanctions dans divers cas de figure, sanctions dont le montant a, dans une large mesure, été substantiellement augmenté par rapport à la version précédente du Code du travail.

Articles 10, 11 et 16. Ressources humaines et matérielles et inspection aussi fréquente et soigneuse que nécessaire. La commission note qu'en réponse à son commentaire précédent, le gouvernement a indiqué: i) qu'en 2017, il y avait 137 inspecteurs et contrôleurs du travail; ii) que l'équipement nécessaire à l'exécution de leurs missions restait une préoccupation; iii) que certains bureaux avaient fait l'objet de détériorations lors des événements post-électoraux d'août 2016; et iv) que l'équipement en moyens roulants demandait à être renouvelé. *La commission prie le gouvernement de continuer à fournir des informations sur le nombre d'inspecteurs et de contrôleurs du travail. Notant que le gouvernement n'a pas communiqué d'informations détaillées sur les moyens matériels mis à la disposition des inspecteurs et contrôleurs (bureaux, téléphones, ordinateurs, facilités de transport, etc.), la commission le prie à nouveau de fournir ces informations, en indiquant en particulier si le nombre d'agents et les moyens matériels mis à leur disposition permettent d'assurer une inspection aussi fréquente et soigneuse que nécessaire des établissements assujettis au contrôle.*

Article 4. Autorité centrale. La commission note que, depuis 2010, il existe une inspection spéciale du travail chargée du secteur pétrolier et une autre chargée du secteur forestier et qu'en réponse à son commentaire précédent, le gouvernement indique avoir récemment procédé à la création de deux nouvelles inspections spéciales: l'une chargée des mines et l'autre de l'agriculture. Le gouvernement indique également que la Direction générale du travail, de la main-d'œuvre et de l'emploi est chargée de coordonner les services d'inspection du travail. La commission prend note de ces informations, qui répondent à sa demande précédente.

- Convention 81 sur l'inspection du travail du 11 juillet 1947 (ratifiée par le Gabon le 17 juillet 1972).

Article 3. « 1. Le système d'inspection du travail sera chargé:
a) d'assurer l'application des dispositions légales relatives aux conditions de travail et à la protection des travailleurs dans l'exercice de leur profession, telles que les dispositions relatives à la durée du travail, aux salaires, à la sécurité, à l'hygiène et au bien-être, à l'emploi des enfants et des adolescents, et à d'autres matières connexes, dans la mesure où les inspecteurs du travail sont chargés d'assurer l'application desdites dispositions;
b) de fournir des informations et des conseils techniques aux employeurs et aux travailleurs sur les moyens les plus efficaces d'observer les dispositions légales;
c) de porter à l'attention de l'autorité compétente les déficiences ou les abus qui ne sont pas spécifiquement couverts par les dispositions légales existantes.
2. Si d'autres fonctions sont confiées aux inspecteurs du travail, celles-ci ne devront pas faire obstacle à l'exercice de leurs fonctions principales ni porter préjudice d'une manière quelconque à l'autorité ou à l'impartialité nécessaires aux inspecteurs dans leurs relations avec les employeurs et les travailleurs ».
Article 4. « 1. Pour autant que cela sera compatible avec la pratique administrative du Membre, l'inspection du travail sera placée sous la surveillance et le contrôle d'une autorité centrale ».
Article 5. « L'autorité compétente devra prendre les mesures appropriées pour favoriser :
a) une coopération effective entre les services d'inspection, d'une part, et d'autres services gouvernementaux et les institutions publiques et privées exerçant des activités analogues, d'autre part;
b) la collaboration entre les fonctionnaires de l'inspection du travail et les employeurs et les travailleurs ou leurs organisations ».

<u>Article 272</u> *: L'inspecteur du travail :*
- *assure l'exécution et le contrôle des dispositions législatives, réglementaires et conventionnelles édictées en matière de travail, d'emploi, de sécurité sociale, de sécurité et de santé au travail ;*
- *traite les plaintes des employeurs et des travailleurs relatives à l'inapplication des dispositions législatives, réglementaires et*

conventionnelles édictées en matière de travail, d'emploi, de sécurité sociale, d'hygiène, de sécurité et de médecine du travail ;
- *éclaire de ses conseils et de ses recommandations les employeurs, les organisations professionnelles d'employeurs ou de travailleurs et les administrations publiques ;*
- *porte à l'attention du Ministre en charge du Travail les déficiences ou les abus qui ne sont pas spécifiquement couverts par les dispositions légales existantes.*

Le Ministre en charge du Travail peut lui donner une délégation générale ou particulière pour exercer le contrôle approprié sur les organismes spécialisés en matière de travail, d'emploi et de sécurité de son ressort territorial.

L'inspecteur du travail est assisté dans ses missions par le contrôleur du travail.

Observations

L'inspecteur du travail au Gabon comme dans l'ensemble des pays francophones d'Afrique a un champ de compétences particulièrement élargi. Ce domaine va par exemple au-delà de ce que l'on peut observer dans un pays comme la France dont les Etats en question s'inspirent bien souvent (Voir, P. Auvergnon, S. Laviolette, M. Oumarou, « Des fonctions et limites des administrations du travail en Afrique subsaharienne: actualité de la convention n° 150 de l'OIT », *R.I.T.*, vol. 150, n° 1-2, 2011, pp. 92-107). Trois missions principales sont dévolues à l'inspection du travail par la loi :
- Contrôler l'application de la législation ;
- Prendre des décisions administratives ;
- Assister et concilier ;

Voir également, Angola, LGT, art. 147 ; Mozambique, L.T., art. 261.

I. Le contrôle

Au niveau international, on évoque deux grands types de système d'inspection du travail. Le premier est dit « généraliste » et l'autre « spécialisé ». Pour Philippe Auvergnon, « *L'approche généraliste affirme une compétence globale de la relation de travail alors qu'une approche spécialisée comporte une intervention uniquement sur certains aspects, le plus souvent sur santé-sécurité* » (P. Auvergnon, « Quel système d'inspection et quelle indépendance des inspecteurs ? », in sous la dir. de P. Auvergnon, *L'effectivité du droit du travail : à quelles conditions ?*, Actes du Séminaire international de droit comparé du travail, des relations professionnelles et de la sécurité sociale, COMPTRASEC, Bordeaux, 2006, pp. 245-246). Le Gabon appartient assurément à la première catégorie. Le champ de contrôle de l'inspection du travail s'avère en effet particulièrement large.

A. L'étendue du contrôle

Le présent article 271 évoque le contrôle de l'application des textes en vigueur dans les entreprises. Il s'agit aussi bien des dispositions du Code du travail, que des lois et règlements non codifiés relatifs au régime du travail ainsi qu'à celle des conventions et accords collectifs de travail ayant fait l'objet d'une extension ou non. Ce contrôle peut s'étendre ainsi aux infractions relatives au Code de la sécurité sociale ou même au Code pénal, dès lors qu'elles sont nées à l'occasion du travail. Le contrôle s'exerce également sur certaines normes, en dehors du champ de compétence légale des services d'Inspection du travail. C'est ce qui conduit l'inspecteur du travail, dans la pratique, à exercer leur contrôle, entre autres en matière de préretraite, de départ volontaire, ou encore de transaction et de protocole d'accord.

Le contrôle de l'inspection du travail et de ses agents s'exerce sur l'ensemble des entreprises industrielles et commerciales, les sociétés civiles, les syndicats, les associations et groupements non agricoles, les établissements hospitaliers publics et privés, etc. Un doute persiste toutefois sur l'extension du contrôle des inspecteurs du travail aux travailleurs non-salariés. La Convention 150 encourage en effet cette extension s'agissant « *des conditions de travail et de vie professionnelle de catégories de travailleurs qui, aux yeux de la loi, ne sont pas des salariés* » (cf. art. 7). A la lecture de la législation gabonaise, et contrairement à ce que l'on observe ailleurs en Afrique, la question du contrôle de l'inspection du travail sur les non-salariés de l'agriculture ne devrait pas se poser. L'inspecteur du travail est en effet obligé par l'article 237 C.T. à diligenter une enquête en vue de s'assurer du respect de toutes les obligations de l'employeur en matière de sécurité et de santé au travail. De même, l'article 235 C.T. prévoit que les entreprises agricoles et forestières sont soumises aux dispositions relatives à la sécurité et à la santé au travail. Celles-ci s'appliquent non seulement à tous les salariés, mais également « aux apprentis, aux stagiaires et aux membres de famille ». Ces derniers, de toute évidence, ne sont pas obligatoirement des salariés.
En ce qui concerne le secteur informel, la loi est silencieuse à ce sujet. En principe, les travailleurs indépendants de ce secteur se retrouvent en dehors du champ de contrôle des inspecteurs du travail. Pourtant, d'après quelques témoignages, « *on signale l'intervention d'inspecteurs du travail, notamment en vue du règlement à l'amiable de litiges individuels, voire de conflits collectifs du travail. (...) il arrive en outre que des inspecteurs participent dans le secteur informel, à des négociations relatives aux rémunérations. Non seulement alors l'administration du travail contribue à la régulation sociale,*

voire économique, mais dit aussi inscrire son action dans une volonté gouvernementale d'organisation du secteur informel » (in P. Auvergnon, S. Laviolette, M. Oumarou, *op. cit.*, p. 99).

B. Le domaine du contrôle

Le contrôle des inspecteurs du travail couvre tous les aspects de la législation du travail au sens large. On peut citer notamment parmi les domaines concernés :

- Relations individuelles de travail (contrat de travail, licenciement) ;
- Relations collectives de travail (mise en place des institutions représentatives du personnel, fonctionnement des institutions représentatives du personnel, entrave aux institutions représentatives du personnel, application des textes conventionnels) ;
- Conditions de travail (rémunération, durée du travail, travail illégal, sécurité et santé au travail) ;
- Application de la politique sociale décidée par le gouvernement.

II. Les décisions administratives

Cette mission n'apparaît pas tellement de manière explicite ici. Pourtant, ce pouvoir de décision de l'inspecteur du travail est incontestable. L'inspecteur du travail doit se prononcer notamment sur :

- Les licenciements économiques (art. 71 C.T.), les licenciements des représentants du personnel (art. 330 C.T.) qu'il peut autoriser ou refuser.
- Les dérogations à la durée maximale du travail (voir observations sous art. 196).
- Le contenu du règlement intérieur dont il peut exiger le retrait d'une clause.
- L'article 300 C.T. prévoit que les inspecteurs puissent, « saisir le juge des référés aux fins d'ordonner la fermeture immédiate de tout bureau ou agence d'emploi privé maintenu ou ouvert au mépris des dispositions législatives et réglementaires ».

Les décisions défavorables de l'inspecteur du travail doivent être motivées. Elles peuvent faire l'objet dans un premier temps d'un recours gracieux auprès de l'inspecteur lui-même, puis hiérarchique auprès du ministre en charge du travail.

III. L'assistance, le conseil et la conciliation

Le rôle de conseil de l'inspection du travail est consacré par la convention OIT 81, qui dispose en son article 3 que *"le système d'inspection du travail sera chargé (...) de fournir des informations et des conseils techniques aux employeurs et aux travailleurs sur les moyens les plus efficaces d'observer les dispositions légales"*.

A. L'assistance et le conseil

Pour Jean-Emmanuel Ray, l'inspecteur du travail apparaît comme « *l'homme qui dit le droit du travail* » (in J.E. Ray, *Droit du travail, droit vivant*, Ed. Liaisons, 2010, n° 52). A ce titre, il informe, et réalise des études et des statistiques.
Le rôle de conseil consiste à adapter la réglementation du travail aux situations concrètes. Il se traduit par la transmission de renseignements aux salariés et employeurs lors de contrôles en entreprise, ou lorsque ces derniers ont sollicité l'inspecteur. Ce conseil prendre une forme écrite, mais rien n'interdit qu'il ne soit qu'oral. Dans les faits, l'inspecteur peut intervenir auprès d'entreprises qui éprouvent des difficultés économiques pour leur proposer diverses solutions (chômage partiel, activité partielle de longue durée). Il peut également apporter son soutien à la négociation collective en suivant celle-ci, ou en intervenant en tant qu'arbitre.

B. La conciliation

Le règlement des conflits individuels et collectifs de travail représenterait dans nombre de pays d'Afrique francophone dont le Gabon, 52 % du temps de travail de l'inspecteur (in P. Auvergnon, S. Laviolette, M. Oumarou, *op. cit.*, p. 93). Ce dernier a compétence pour prévenir les conflits collectifs ou concilier les parties sur leur demande.
Pour les conflits individuels liés à l'exécution du contrat de travail, les parties sont tenues de s'adresser d'abord à l'inspecteur du travail. Ce n'est qu'en cas de non-conciliation constatée par procès-verbal, qu'elles peuvent s'adresser à un juge. Par ailleurs, « *lorsque la totalité des droits du travailleur est soumise à la conciliation et qu'un accord est intervenu, celui-ci ne peut plus introduire une action devant le tribunal de travail* » (in P. N'Ngaka, *op. cit.*, p. 28).

Sur les missions de l'inspecteur du travail, voir également : Côte d'Ivoire, C.T., art. 91-6 et s.

Article 273 *: Les inspecteurs du travail ne peuvent avoir d'intérêt quelconque, direct ou indirect, dans les entreprises placées sous leur contrôle.*

Observations

Les inspecteurs du travail étant des fonctionnaires, ils sont soumis au Statut général de la fonction publique dont l'article 44 dispose : « *il est interdit à tout agent public :*

- *De solliciter ou de recevoir, directement ou par personne interposée, en raison de ses fonctions des dons, promesses, gratifications ou avantages quelconques afin d'accomplir ou de s'abstenir d'accomplir un acte dans sa fonction ;*
- *D'avoir des activités de nature à compromettre son indépendance ou à réduire son indépendance professionnelle (...) ».*

Article 274 *: Les inspecteurs du travail ont, dans leur ressort territorial, l'initiative de leurs tournées et de leurs enquêtes dans le cadre de la législation en vigueur.*

Article 275 *: Avant leur entrée en fonction, les inspecteurs du travail prêtent, devant la Cour d'appel judiciaire, le serment suivant : « Je jure de bien et fidèlement remplir les devoirs de ma charge et de ne révéler, même après avoir quitté mon service, la source de toute plainte, les secrets de fabrication et, en général, les procédés d'exploitation dont je pourrais prendre connaissance dans l'exercice de mes fonctions ».*

Il peut être prêté par écrit lorsque l'intéressé ne réside pas au siège de la Cour d'Appel. Toute violation de ce serment est réprimée conformément à la législation en vigueur.

Les inspecteurs du travail doivent tenir pour confidentielles toutes dénonciations ou toutes constatations par lesquelles ils ont eu connaissance d'un défaut dans l'installation, ou d'une infraction aux dispositions législatives et réglementaires.

Observations

Comme tout fonctionnaire, l'inspecteur est tenu à une obligation de discrétion professionnelle conformément à l'article 45 du Statut général de la fonction publique : « *Sans préjudice des dispositions régissant le secret professionnel, tout agent public a l'obligation de discrétion professionnelle pour tout ce qui concerne les documents, faits et informations dont il a ou a eu connaissance dans l'exercice ou à l'occasion de l'exercice de ses fonctions. Il s'agit de documents, de faits ou d'informations dont la divulgation ne tombe pas sous*

le coup d'une interdiction particulière ou qui n'affectent pas le fonctionnement ou la crédibilité du service.
Toute communication non autorisée d'objets, d'informations sur support électronique ou de documents de service est expressément interdite ».

Article 276 : *Les inspecteurs du travail constatent, par procès-verbal faisant foi jusqu'à l'inscription de faux, les infractions aux dispositions de la législation et de la réglementation du travail, de l'emploi, de la sécurité et de la santé au travail ainsi que de la sécurité sociale.*
A ce titre, ils ont compétence pour :
- *fixer le montant des amendes au bénéfice du trésor public ;*
- *faire citer tout contrevenant devant la juridiction compétente ;*
- *exercer les voies de recours légales et avoir droit à la parole à l'audience devant la juridiction compétente.*

Les modalités d'application du présent article font l'objet d'un décret pris sur proposition conjointe du Ministre en charge du Travail et du Ministre en charge des Finances.

Observations

Voir dans le même sens : Algérie, Loi sur les relations de travail, art. 14, al. 2 : *« Les procès-verbaux des inspecteurs du travail font foi jusqu'à l'inscription en faux »*, Bénin, C.T., art. 274.

Article 277 : *L'inspecteur du travail doit être informé de la suite judiciaire réservée aux procès-verbaux. Lors des poursuites, il peut prendre des réquisitions écrites ou orales.*

Article 278 : *L'inspecteur du travail, muni de sa carte professionnelle, a le pouvoir :*
- *de pénétrer librement et sans avertissement préalable, à toute heure de jour et de nuit, dans les établissements où sont employées les personnes jouissant de la protection légale en matière de travail et de sécurité sociale ;*
- *de pénétrer de jour comme de nuit dans tous les locaux qu'il estime, pour des motifs raisonnables, être assujettis au contrôle de l'inspection du travail ;*
- *de requérir, le cas échéant, les avis et les consultations de médecins et de techniciens, notamment les prescriptions en matière de sécurité et de santé au travail. Les médecins et techniciens sont tenus au secret professionnel*

dans les mêmes conditions et sous les mêmes sanctions que les inspecteurs du travail ;

- de se faire accompagner dans ses visites, des délégués du personnel de l'entreprise visitée, d'un interprète si besoin, ainsi que des médecins, des techniciens visés au tiret précédent.

Tout procès-verbal doit être notifié par la remise d'un exemplaire à la partie intéressée ou à son représentant. A peine de nullité des poursuites à intervenir, cette remise doit être effectuée dans la quinzaine de la constatation de l'infraction, soit par lettre avec accusé de réception, soit par tout autre moyen permettant de donner une date certaine à la notification effectuée.

Un exemplaire du procès-verbal est déposé au parquet, à la Direction Générale du Travail, à la Direction Générale de la Sécurité et de la Santé au Travail ainsi qu'à la régie des recettes.

En plus des avis et consultations des médecins et techniciens visés au tiret 3 de l'alinéa 1er du présent article, les inspecteurs du travail peuvent également requérir toute autre expertise relevant de l'administration publique pour la réalisation de leurs missions.

Un arrêté du Ministre en charge du Travail précise les modalités pratiques de désignation des experts cités aux tirets 3 et 4 de l'alinéa 1er du présent article.

Observations

Voir également, *Décret n° 000741/PR/MTE/MEFBP du 22 septembre 2005 fixant les modalités de répression des infractions en matière de travail, d'emploi, de sécurité et de santé au travail ainsi que de sécurité sociale. Ce texte* contient des dispositions relatives aux compétences des inspecteurs et contrôleurs du travail et aux moyens qui leur sont attribués (Source O.I.T.).

I. Le droit d'entrée et de visite

Les inspecteurs du travail (ainsi que les contrôleurs) ont le droit de visiter tout local où sont employés des travailleurs salariés, des apprentis et des travailleurs à domicile. Ce droit peut être exercé en l'absence de l'employeur. La seule obligation qui pèse sur l'inspecteur est d'informer l'employeur de sa présence, mais il n'est pas tenu d'annoncer son arrivée (Voir Convention 81, art. 12), surtout si sa visite est consécutive à la démarche d'un salarié.

Une fois sur place, l'inspecteur est obligé de se faire accompagner par le délégué du personnel si celui-ci le souhaite. Par contre, rien n'oblige l'employeur à consacrer du temps à l'inspecteur du travail.

Le droit de visite de nuit s'exerce sous certaines conditions. Il faut que le travail de nuit soit organisé dans l'établissement, ou alors que l'inspecteur dispose de sérieux indices lui permettant de supposer l'emploi illégal de certaines catégories de personnels durant cette période. Toutefois, cette discussion a certainement un intérêt purement théorique si l'on s'en tient à ce qui est contenu dans le rapport de la CEACR concernant la Convention 81 en 2004. Les experts du B.I.T. écrivent en effet : « *S'agissant de l'application d'un principe aussi essentiel que celui du remboursement des frais de déplacement des inspecteurs du travail, le gouvernement déclare qu'eu égard à la conjoncture économique défavorable que traverse le pays, aucune mesure n'a encore été prise, reconnaissant ainsi implicitement l'impossible mobilité des inspecteurs, pourtant indispensable à leur fonction principale de contrôle, et la sédentarité dans laquelle ils sont en conséquence cantonnés. Dès lors, les informations fournies par le gouvernement sous les articles 12 et 16 de la convention au sujet, d'une part, du droit effectif de libre entrée de jour comme de nuit dans les établissements couverts et, d'autre part, de la reprise des contrôles envisagée dans tous les entreprises et établissements installés sur le territoire ont donc une portée plus théorique que pratique* ». Vingt ans plus tard, ce tableau n'a, semble-t-il, guère évolué.

L'inspecteur du travail bénéficie de ces prérogatives même pour les ateliers de famille. Quand le local est habité, il faut que l'inspecteur ait reçu l'autorisation d'y entrer. En droit comparé français, le refus d'autorisation doit être justifié, à défaut, il s'agit d'un délit d'obstacle (art. L. 8141-1, L. 8141-2 C.T.).

II. Le droit de communication

- Accès aux documents. L'inspecteur a accès à tous les livres, registres et documents dont la tenue est imposée par la loi ou par une disposition légale relative au travail : règlement intérieur, livre ou registre de paie, documents relatifs à la durée du travail, etc.
- Expédition de documents. Doivent être adressés à l'inspecteur du travail, tous les documents permettant de vérifier le respect de l'application des règles relatives au droit syndical ou justifiant que l'employeur s'est acquitté de ses obligations au regard des dispositions du droit du travail.

III. Le droit d'enquête

L'inspecteur du travail peut interroger l'employeur et le personnel de l'entreprise et leur demander de justifier de leur identité et de leur adresse.

IV. Le droit de prélèvement

L'inspecteur a la possibilité de procéder aux prélèvements portant sur les matières et les produits utilisés par l'entreprise. Pour le faire, il bénéficie du concours de médecins ou de techniciens. Il peut ensuite, en cas de danger grave et imminent, saisir le juge des référés selon la procédure prévue à l'article 267 C.T.

Article 279 : *Pour l'exécution de leurs missions, les inspecteurs du travail peuvent requérir l'assistance de la force publique.*

Article 280 : *Le contrôleur du travail assiste l'inspecteur du travail dans le fonctionnement du service. Sur habilitation expresse, il agit en lieu et place de l'inspecteur du travail pour une tâche ou une mission déterminée.*

Article 281 : *Le contrôleur du travail prête le même serment que l'inspecteur du travail et dans les mêmes conditions.*

Article 282 : *Le médecin du travail ou tout autre spécialiste du milieu du travail peut être placé auprès de l'inspecteur du travail.*
Leurs attributions, leurs rémunérations et les conditions de nomination sont déterminées par décret pris sur proposition conjointe du Ministre en charge de la Santé et du Ministre en charge du Travail.

Observations

La question des moyens humains est récurrente dans toute l'Afrique et même au-delà. David Weil écrivait en 2008 : « *Le nombre d'inspecteurs chargés d'appliquer la législation est insuffisant pour répondre aux défis auxquels est confrontée l'inspection du travail, dont la tâche est encore plus compliquée par l'évolution du monde du travail (...)* » (in D. Weil, *op. cit.*, p. 380). Les critères de l'O.I.T. sont en effet de 1 inspecteur pour 20 000 travailleurs dans les économies en transition et de 1 pour 40 000 dans les pays moins développés (B.I.T., *Stratégies et pratiques pour l'inspection du travail*, Conseil d'administration, 297e session, GB.297/ESP/3, Genève, 2006). Au Gabon, on dénombre environ 250 inspecteurs et contrôleurs du travail.

Ce constat fait pour les inspecteurs est encore plus dramatique pour les médecins inspecteurs du travail. Le nombre des médecins du travail ne doit pas être supérieur à dix aujourd'hui au Gabon. Que le législateur ait prévu de placer un médecin inspecteur du travail auprès de l'inspecteur du travail est assurément louable, pour autant, cela relève encore du simple vœu pieux.

Article 283 *: Les inspecteurs et contrôleurs du travail sont des fonctionnaires dont le statut particulier et les conditions de service leur assurent la stabilité dans leur emploi et les rendent indépendants de toute influence indue.*
Le statut particulier des inspecteurs du travail ainsi que celui des contrôleurs du travail est fixé par la loi.

Observations

L'article 283 reprend la rédaction des articles 6 et 8 des Conventions 81 et 129 de l'O.I.T. Les inspecteurs du travail sont certes des fonctionnaires. A ce titre, ils sont soumis à une hiérarchie. Pour autant, dans le cadre de sa mission, l'inspecteur du travail doit bénéficier d'une réelle indépendance. Celle-ci est, pour reprendre une formule du Conseil économique et social français, « *une condition à l'efficacité de l'inspection du travail, mais aussi à son indispensable crédibilité aux yeux des parties en présence* » (in, M. Fabre, « L'inspection du travail, rapport au CES et avis du CES du 24 janvier 1996 », *Publications du J.O.*, 1996, n° 4299).

L'indépendance des inspecteurs est d'abord assurée par le mode de recrutement. Celui-ci se fait par concours. L'admission à l'École nationale d'administration (ENA) est en effet indispensable pour devenir inspecteur du travail. Ce mode de recrutement correspond à l'esprit de l'art. 7 de la Convention 81 : « *1. Sous réserve des conditions auxquelles la législation nationale soumettrait le recrutement des membres des services publics, les inspecteurs du travail seront recrutés uniquement sur la base de l'aptitude du candidat à remplir les tâches qu'il aura à assumer.*
2. Les moyens de vérifier ces aptitudes seront déterminés par l'autorité compétente.
3. Les inspecteurs du travail doivent recevoir une formation appropriée, pour l'exercice de leurs fonctions ».

D'autres garanties sont prévues par le Statut général de la fonction publique, art. 54 : « *L'agent public ne peut, en aucun cas, faire l'objet de mesures discriminatoires ou être démis de ses fonctions pour avoir dénoncé à l'autorité supérieure des pratiques contraires aux lois, aux règlements ou aux normes et standards d'intégrité et d'honnêteté du service public dont il fait partie* ».

A quoi correspond l'indépendance dans les faits ?

Il s'agit avant tout de mettre l'inspecteur à l'abri des influences extérieures qui pourraient entraver sa mission de contrôle. L'indépendance lui permet donc de contrôler qui il veut, quand il veut. L'indépendance rejoint un autre principe qui guide la pratique des inspecteurs du travail qui est celui de la libre décision. Ce dernier est prévu à l'article 17-2 de la Convention 81 : « *Il est laissé à la libre décision des inspecteurs du travail de donner des avertissements ou des conseils au lieu d'intenter ou de recommander des poursuites* ». Pour autant, comme le rappelait en droit comparé français, le Commissaire du Gouvernement Scanvic, la finalité de l'indépendance de l'inspecteur, « *n'est en aucun cas de donner à un fonctionnaire, tout talentueux et génial soit-il, le droit de travailler comme il veut, quand il veut, en libéral, en fonction de ses humeurs ou de ses états d'âme, sauf à admettre que les inspecteurs du travail ne doivent pas avoir de supérieur hiérarchique, ce qu'aucun texte ne prévoit* » (in C.E., 19 novembre 1994).

Article 284 *: L'inspecteur du travail dispose en permanence des moyens en personnel et en matériel nécessaires au fonctionnement de son service.*
L'inspecteur et le contrôleur du travail bénéficient des prestations gratuites en matière de logement et d'ameublement. Un texte réglementaire précise les modalités d'application du présent alinéa.

Observations

Si l'on en croit les différents rapports de la CEACR, les inspecteurs du travail se plaignent régulièrement de l'insuffisance des dotations en ressources financières et en effectifs.

Voir à ce propos le rapport de la CEACR en 2009 concernant la Convention 81 : « *2. Article 11. Conditions de travail et moyens de transport des inspecteurs du travail. Selon le gouvernement, les conditions de travail des inspecteurs s'améliorent avec lenteur compte tenu de la conjoncture économique défavorable. Les agents de l'administration ont observé un mouvement de grève des mois durant. Le gouvernement aurait tendu une oreille attentive aux problèmes soulevés par cette catégorie d'agents. Certains services d'inspection ont été dotés de moyens de transport dans le cadre du budget de 2006 et certains bureaux ont fait l'objet de travaux de réfection. Le gouvernement indique qu'il reste beaucoup à faire, mais que ces efforts sont appelés à se poursuivre au fil des années. La commission note que, bien que l'insuffisance des moyens matériels (notamment des moyens de transport) à disposition de l'inspection du travail rende difficile l'application de la convention, le gouvernement entend tout mettre en œuvre pour atténuer ces difficultés. Elle prie le gouvernement de fournir des informations détaillées sur la situation géographique des bureaux qui ont été rénovés, les améliorations réalisées, la répartition géographique des véhicules à disposition des services d'inspection, les autres facilités de transport dont ils peuvent disposer pour effectuer leurs déplacements professionnels et le volume et les modalités de remboursement de leurs frais de déplacement, le cas échéant. Le gouvernement est prié de décrire par ailleurs les moyens bureautiques des inspecteurs (téléphones, machines à écrire, photocopieuses, ordinateurs, instruments de mesure, etc.) et des consommables (carburant, registres, papier, etc.), ainsi que les modalités de leur renouvellement, et d'indiquer toute mesure prise ou envisagée en vue d'assurer une amélioration progressive de l'application de la convention dans la pratique ».*

Article 285 *: L'inspecteur et le contrôleur du travail sont titulaires chacun d'une carte professionnelle dont la forme et le contenu sont déterminés par arrêté du Ministre en charge du Travail.*

Article 286 *: Tout inspecteur du travail du ressort est tenu de soumettre à sa hiérarchie un rapport trimestriel faisant ressortir les résultats de ses activités. La Direction Générale du Travail est chargée de publier chaque année, au plus tard à la fin du premier trimestre de la nouvelle année, un rapport annuel portant sur les sujets suivants :*
- *les lois et règlements relevant de la compétence de l'inspection du travail;*
- *le personnel de l'inspection du travail ;*
- *les statistiques des établissements assujettis au contrôle de l'inspection du travail et le nombre des travailleurs employés dans les établissements;*
- *les statistiques des visites d'inspection ;*
- *les statistiques des infractions commises et des sanctions imposées ;*
- *les statistiques des conflits et des accidents du travail ;*
- *les statistiques des maladies professionnelles ainsi que tous autres points se rapportant à ces matières pour autant que ces sujets et ces points relèvent du contrôle de l'inspection du travail.*

Observations

L'effectivité de cet article, semble a priori difficile à démontrer, même si le gouvernement gabonais fait état de ces rapports dans ses correspondances au B.I.T. Toutefois, la CEACR reproche régulièrement aux autorités gabonaises de ne pas lui transmettre des copies de ces publications.

Voir, Demande directe (CEACR) - adoptée 2023, publiée 112ème session CIT (2024), *Convention (n° 81) sur l'inspection du travail, 1947 - Gabon (Ratification: 1972).*

Articles 19, 20 et 21. Rapports annuels sur les activités de l'inspection du travail. La commission note qu'en réponse à son commentaire précédent, le gouvernement indique que les données statistiques permettant d'établir les rapports des services d'inspection du travail ne sont pas collectées. En outre, la commission note que le nouvel article 286 du Code du travail prévoit la publication du rapport annuel au plus tard à la fin du premier trimestre de la nouvelle année, alors que l'article 247 de l'ancien Code prévoyait la publication dans un délai ne devant pas dépasser un mois après la fin de l'année. La commission note par ailleurs avec ***regret*** que le gouvernement n'a fourni aucune information sur les progrès réalisés aux fins de l'élaboration par l'autorité centrale d'un rapport annuel sur les travaux des services d'inspection. Se référant à son observation générale de 2010 sur la convention no 81, la commission rappelle que, lorsqu'il est correctement établi, le rapport annuel constitue une base indispensable à l'évaluation du fonctionnement dans la pratique de l'inspection du travail et, par suite, à la détermination des moyens utiles à l'amélioration de son efficacité. *La commission prie le gouvernement de fournir des informations sur la manière dont il est assuré dans la pratique que les inspecteurs du travail locaux sont tenus de soumettre à l'autorité centrale d'inspection des rapports périodiques sur les résultats de leurs activités d'inspection, conformément à l'article 19 de la convention. En outre, la commission prie le gouvernement de prendre les mesures nécessaires pour que les rapports annuels d'inspection soient publiés et transmis au BIT conformément à l'article 20 de la convention et pour veiller à ce que ces rapports contiennent des informations complètes sur tous les sujets énoncés à l'article 21, alinéas a) à g), de la convention.*

D'après de nombreux témoignages, ces rapports seraient purement virtuels. En se référant à quelques domaines qu'ils devraient couvrir, on peut aisément vérifier leur absence. Il est par exemple impossible d'avoir des statistiques fiables sur les accidents du travail ou sur les maladies professionnelles au Gabon. Comment dans ces conditions rendre efficaces les mesures en faveur de la sécurité et de la santé au travail préconisées par le législateur ?

Article 287 *: Les dispositions du Code pénal qui prévoient et répriment les actes de résistance, les outrages et les violences contre les officiers de police judiciaire sont applicables à ceux qui se rendent coupables de faits de même nature à l'égard de l'inspecteur et du contrôleur du travail.*

Article 288 *: Tout auteur d'infractions aux dispositions de l'article 278 ci-dessus est passible d'une amende d'un million (1 000 000) à cinq millions (5 000 000) de francs CFA.*
En cas de récidive, ces peines sont portées au double.

CHAPITRE II : DES ORGANES CONSULTATIFS

Article 289 : *Il est institué auprès du Ministère du Travail les organes consultatifs ci-après :*
- un comité technique consultatif pour la sécurité et la santé au travail ;
- une commission consultative du travail ;
- une commission nationale d'étude de salaires.
Les attributions, l'organisation et le fonctionnement de ces organes sont fixés par voie réglementaire, après consultation des organisations d'employeurs et de travailleurs les plus représentatives.
Les charges liées au fonctionnement de ces organes font l'objet d'une inscription au budget de l'Etat.

Section 1 : Du comité technique consultatif pour la sécurité et la santé au travail

Article 290 : *Le comité technique consultatif pour la sécurité et la santé au travail est chargé de l'étude des questions intéressant l'hygiène, l'environnement, la sécurité et la médecine du travail.*
Un arrêté pris par le Ministre en charge du Travail fixe la composition et réglemente le fonctionnement de ce comité qui doit comprendre les représentants des travailleurs et les représentants des employeurs désignés par leurs organisations respectives.

Section 2 : De la commission consultative du travail

Article 291 : *La commission consultative du travail a notamment pour missions :*
- d'étudier les questions relatives au travail et à la main-d'œuvre, aux relations professionnelles, à l'emploi, à l'orientation, à la formation et au perfectionnement professionnels ;
- d'examiner toute difficulté née à l'occasion de la négociation des conventions collectives ;
- d'émettre des avis et formuler des propositions et résolutions sur la réglementation relative à ces matières.

Article 292 *: La composition tripartite de la commission consultative du travail, le mode de désignation de ses membres et la périodicité de ses réunions sont fixés par voie réglementaire*

Section 3 : De la commission nationale d'étude des salaires

Article 293 *: La commission nationale d'étude des salaires est chargée de*
- *donner un avis motivé à la commission gouvernementale des salaires sur la fixation du salaire minimum interprofessionnel garanti en abrégé SMIG ; elle peut demander aux administrations intéressées toutes enquêtes et communication de toutes documentations utiles à l'accomplissement de sa mission ;*
- *donner à la demande du Ministre en charge du Travail un avis sur toute difficulté née à l'occasion de la négociation des salaires conventionnels ;*
- *étudier la composition d'un budget type servant à la détermination du SMIG ;*
- *suivre l'évolution du coût de la vie en liaison avec la direction générale des statistiques et des études économiques.*

Elle peut également être consultée sur toute question relative à la détermination et à l'application de la politique nationale des revenus.

Article 294 *: La composition de la commission nationale d'étude des salaires est déterminée par arrêté du Ministre en charge du Travail.*

La commission nationale d'étude des salaires se réunit au moins une fois tous les trois (3) ans sur convocation de son président ou à la demande de la majorité de ses membres.

Le Ministre en charge du Travail en assure la présidence.

Chapitre III : DES MOYENS DE CONTRÔLE

Article 295 *: L'employeur doit tenir constamment à jour, au lieu d'exploitation, un registre dit « registre d'employeur » qui contient la liste complète de ses effectifs à jour. Cette liste peut également être sous format électronique et doit être tenue à la disposition de l'inspection du travail du ressort.*
Les informations devant y figurer sont fixées par voie réglementaire.

CHAPITRE IV

DES SERVICES DE PLACEMENT

Observations

Pour Jean Marie Nyama, « *Le placement consiste, d'une part, à aider les travailleurs à trouver un emploi susceptible de leur convenir et, d'autre part, à faciliter aux employeurs le recrutement de travailleurs dont le profil est adapté aux besoins de leurs entreprises. La formation professionnelle et la qualification du travailleur permettent une meilleure facilitation de ce placement dans les entreprises. Mais l'Etat intervient dans ces opérations de placement afin de contrôler l'observation stricte des conditions légales d'utilisation de cette main-d'œuvre* » (J.M. Nyama, *Droit et contentieux du travail et de la sécurité sociale au Cameroun*, Presses de l'UCAC, 3ème éd., 2017, p. 45).

Article 296 : *Les opérations de placement ou de recrutement sont effectuées par tout organisme public ou privé dûment reconnu par le Ministère du Travail. Ces organismes doivent avoir pour objet exclusif des activités de placement et de recrutement.*
Tout organisme public ou privé en charge des opérations de placement ou de recrutement doit préalablement au démarrage de ses activités, obtenir un agrément délivré par le Ministre en charge du Travail.

Article 297 : *Tout travailleur à la recherche d'un emploi est tenu de se faire enregistrer à l'organisme national de gestion de l'emploi.*
Tout chef d'entreprise ou d'établissement est tenu de notifier à l'organisme national de gestion de l'emploi du ressort, tout emploi vacant dans son entreprise ou son établissement.

Observations

Cet article est loin d'être en phase avec la réalité du recrutement au Gabon. Tout travailleur jouissant de la liberté de s'engager avec l'employeur de son choix une fois qu'il s'est mis d'accord avec lui, le fait qu'il ne se soit pas fait enregistrer auprès d'un service de placement ne saurait constituer une cause d'annulation du contrat de travail qui a ainsi été passé. On peut dès lors s'interroger sur l'utilité d'une telle disposition. Il aurait été plus judicieux de s'inspirer de la rédaction retenue par le législateur malien : « *Toute personne recherchant un emploi peut requérir son inscription auprès de l'office national de la main-d'œuvre et de l'emploi ou d'un bureau de placement payant* » (C.T., art. L. 306, al. 1). L'emploi du verbe pouvoir au lieu de devoir comme dans la législation gabonaise semble davantage correspondre à la réalité du recrutement.

De même, s'agissant de l'employeur, et hormis les situations particulières relatives à l'emploi des travailleurs étrangers ou des handicapés, on ne voit pas trop pourquoi il ne pourrait pas organiser un recrutement interne. C'est la voie choisie par le législateur djiboutien qui dispose à l'article 203 C.T. que : « *Les services compétents en matière de placement sont les services de l'emploi. Toutefois, tout chef d'entreprise, d'établissement ou tout autre employeur dispose de la faculté de recruter directement la main-d'œuvre nationale* ».

L'employeur qui n'aura pas respecté la disposition contenue à l'article 297 sera-t-il sanctionné ? Assurément la réponse sera négative. Aucune disposition législative ou réglementaire n'empêche en effet l'employeur de procéder à un recrutement interne qui peut s'entendre comme une promotion. La solution serait une fois de plus de s'inspirer du Code du travail malien qui prévoit cette exigence pour toute ouverture d'un établissement ou d'un chantier (art. L. 306, al. 2). Voir encore Tchad, C.T., art. 494 : « *L'Office National pour la Promotion de l'Emploi est seul habilité à procéder à des opérations de placement sur l'ensemble du territoire de la République du Tchad.*
Les employeurs comme les salariés ne sont jamais tenus par ces propositions de placement et demeurent libres de conclure directement un contrat de travail qui doit être régularisé ultérieurement ».

L'article 297, en même temps qu'il ignore les fondements de la liberté contractuelle, a pour effet principal d'alourdir davantage les procédures d'embauche, alors que l'on milite pour les simplifier. Il faut en effet imaginer la difficulté, voire l'impossibilité d'appliquer cette disposition dans des secteurs situés loin des centres urbains.

Sur le même modèle que le Gabon, voir Sénégal, C.T., art. L. 228 : « *Tout travailleur à la recherche d'un emploi est tenu de s'inscrire en qualité de demandeur d'emploi auprès du service de l'emploi.*
Tout chef d'établissement est tenu de notifier au service chargé de l'emploi toute place vacante dans son établissement et l'offre d'emploi correspondante ».

Article 298 *: L'ouverture et le fonctionnement des agences d'emplois privées sont régis par les lois et les règlements en matière de création d'entreprise en République Gabonaise.*

Article 299 *: Sous peine des sanctions édictées par les dispositions pertinentes du Code Pénal, les prestations des organismes publics ou privés sont gratuites pour les demandeurs d'emploi.*

Article 300 *: Des textes réglementaires pris par le Ministre en charge du Travail, après avis de la commission consultative du travail, peuvent déterminer et, le cas échéant, limiter en fonction des nécessités économiques, démographiques et sociales, les possibilités d'embauche des entreprises d'une région donnée, d'un secteur d'activité donné ou de l'ensemble des entreprises dans une région déterminée.*
Sans préjudice des sanctions prévues à l'article 301 ci-dessous, l'inspecteur du travail du ressort peut saisir le juge des référés aux fins d'ordonner la fermeture immédiate de tout bureau ou agence d'emploi privé maintenu ou ouvert au mépris des dispositions législatives et réglementaires.

Article 301 *: Les auteurs d'infractions aux chapitres III et IV du présent titre sont passibles d'une amende de cinq cent mille (500 000) à un million (1 000 000) de francs CFA et/ou d'une peine d'emprisonnement de trois (3) à dix-huit (18) mois.*
En cas de récidive, ces peines sont portées au double.

TITRE VI : DES ORGANISMES PROFESSIONNELS

Observations

Convention n° 135 concernant les représentants des travailleurs, 1971 (ratifiée le 13 juin 1975)
art. 3 : Aux fins de la présente convention, les termes *représentants des travailleurs* désignent des personnes reconnues comme telles par la législation ou la pratique nationales, qu'elles soient:
(a) des représentants syndicaux, à savoir des représentants nommés ou élus par des syndicats ou par les membres de syndicats ;
(b) ou des représentants élus, à savoir des représentants librement élus par les travailleurs de l'entreprise, conformément aux dispositions de la législation nationale ou de conventions collectives, et dont les fonctions ne s'étendent pas à des activités qui sont reconnues, dans les pays intéressés, comme relevant des prérogatives des syndicats

CHAPITRE I : DES SYNDICATS PROFESSIONNELS

Observations

Le droit de créer un syndicat est garanti par le Titre préliminaire, art. 1er, 13 de la Constitution : « *Le droit de former des associations, des partis ou formations politiques, des syndicats, des sociétés, des établissements d'intérêt social ainsi que des communautés religieuses est garanti à tous dans les conditions fixées par la loi* ».

Si le syndicalisme est apparu pour la première fois sur le continent africain en 1881 avec la fondation de la branche sud-africaine du syndicat Amalgamated Carpenters and Joiners Union (charpentiers et menuisiers) qui avaient deux sections locales, l'une à Durban et l'autre au Cap. Au Gabon, il faudra attendre de longues années avant que des organisations professionnelles se créent. La loi métropolitaine du 21 mars 1884 sur les syndicats fut en effet étendue aux seules colonies de la Martinique, de la Guadeloupe et de la Réunion ainsi qu'en Algérie (cf. art. 10 de ladite loi). Par la suite, la loi du 1er juillet 1901 sur le contrat d'association ne connut pas un sort différent dans la mesure où elle n'était applicable qu'aux Antilles, à la Réunion et à Saint-Pierre-et-Miquelon. Pendant de nombreuses années, ce sont, au contraire, les articles 291 et s. du Code pénal interdisant de former sans autorisation administrative une association de plus de 20 personnes qui continuaient à s'appliquer.

C'est d'abord en Afrique de l'Ouest que le syndicalisme va se développer. Le décret du 13 mars 1937 (promulgué en A.O.F. par arrêté du 9 avril 1937, J.O.A.O.F., p. 498) y autorise les syndicats. Le retard qu'accuse l'Afrique équatoriale est, semble-t-il, lié au fait que son économie est moins développée et surtout largement rurale. Il faut attendre la Conférence de Brazzaville avec l'adoption d'une recommandation préconisant « *le développement des associations professionnelles comme un moyen efficace d'améliorer la condition du travailleur indigène* », et le décret du 7 août 1944 généralisant l'institution des syndicats en Afrique noire, pour que le syndicalisme naisse réellement au Gabon, malgré les exigences redoutables que pose ce texte. En son article 5, il est précisé que tous les membres chargés de l'administration ou de la direction d'un syndicat doivent savoir parler, lire et écrire le français. Ils doivent également être titulaires au minimum du certificat d'études primaires. Néanmoins, cela n'empêche pas la création, le 2 octobre 1944, du Syndicat des Employés de Libreville (SEL) que l'on peut considérer comme le premier syndicat de l'histoire du Gabon (L.T. Essone-Ndong, *Evolution du mouvement ouvrier au Gabon*, Colloque syndical de Kinshasa, 12-décembre 1983, Libreville, décembre 1983). Quelques mois plus tard, le décret du 18 juin 1945 instituant le Code du travail indigène pour l'Afrique noire vient préciser le rôle des associations professionnelles et des syndicats en matière de conclusion de conventions collectives.

Au début des années 1950, le Gabon détient le record du plus grand nombre de syndicats en AEF (35), alors qu'il compte par ailleurs la population salariée la moins nombreuse (Haut-Commissariat de l'AEF, *Annuaire Statistique de l'Afrique équatoriale française*, Vol. I, 1939-1950, p. 93 et s.). Ces données contredisent nettement les propos de certains auteurs pour qui le syndicalisme aurait eu du mal à se développer en Afrique à cause de prétendues spécificités culturelles. Voir ce qu'en dit par exemple Gonidec, *op. cit.*, n° 364 : « (…) *Pour le travailleur ultramarin, la question est différente. Lorsqu'il accepte, après bien des palabres, la proposition de l'employeur, il a le sentiment d'entrer avec lui en société. L'employeur devient un chef de clan d'une nature spéciale, mais qui ne peut pas assumer dans l'esprit du travailleur le rôle de protecteur, de bienfaiteur, de père, qui est celui de chef de clan. Par suite le travailleur ne le tiendra pas quitte parce qu'il aura perçu son salaire. Il attend de lui qu'il couvre intégralement des soucis de l'existence. (...) Cette psychologie fait que les travailleurs considèrent avec méfiance l'idée de s'unir pour tenir tête au patron. C'est une initiative anarchique, une manifestation de méfiance envers celui qui doit être le chef, le père. Or le syndicalisme est cet instrument de combat, de revendication* ».

Les syndicats qui se développent en AEF et en AOF ne sont en fait que des extensions des centrales françaises. Le Syndicat des Employés de Libreville s'affilie dès sa création à la Confédération française des travailleurs chrétiens (CFTC). Quelques semaines après la création de la SEL, la CGT met en place une section territoriale du Gabon qui devient rapidement majoritaire, puisque selon le BIT, sur les 2000 travailleurs syndiqués que compte le Gabon en 1953, 1700 le sont à la CGT, et les 300 autres à la CFTC. Toutefois, un vent de contestation de la prédominance des centrales françaises commence à souffler à partir des années 1950. D'après l'historien Frederick Cooper, «*(...) de nombreux syndicalistes africains irrités de l'attitude "je-sais-tout" de la CGT, commencèrent à émettre des doutes quant à l'adhésion à la CGT, et ensuite à la Fédération syndicale mondiale (FSM)* » (F. Cooper, *Décolonisation et travail en Afrique, L'Afrique britannique et française 1935-1960*, Karthala – Sephis, Paris, 2004, p. 413). C'est en 1956 que la rupture sera consommée sous la pression des dirigeants du Rassemblement Démocratique Africain, dont notamment Houphouët-Boigny et Ouezzin Coulibaly. La décision est prise alors de créer la Confédération générale des travailleurs africains (CGTA), dont Sékou Touré devient le leader. Toujours dans le cadre de cette revendication d'autonomie, mais cette fois par rapport à la CFTC et à la CGT-FO, l'on assiste également à la naissance de la Confédération africaine des travailleurs chrétiens (CATC) et de l'Organisation africaine de la confédération internationale des syndicats libres (ORAF-CISL).

Dans le cas particulier du Gabon, les liens avec les centrales françaises perdurent après l'indépendance. D'après Christelle Guiboumou, « *à cause de l'insuffisance de leurs moyens financiers et matériels, les organisations syndicales gabonaises sont très souvent obligées de recourir aux organisations françaises pour leur fonctionnement* » (in, *Action syndicale et impact sur la situation socio-économique des populations ouvrières au Gabon de 1960 à nos jours*, Thèse Université des sciences et technologies de Lille, 2007 p. 94). Les grandes centrales que l'on retrouve alors sont l'Union nationale des syndicats CATC (apparentée à la CFDT), la Confédération nationale des travailleurs gabonais (apparentée à la CGT-FO), et la section nationale de la CGTA (apparentée à la CGT).

Au-delà de ces différents constats, lorsque l'on s'arrête sur l'histoire du syndicalisme depuis l'Indépendance, il apparaît que ce sont les questions relatives à l'exercice des droits syndicaux et à celle de la représentativité qui vont se poser avec le plus d'acuité. Une autre question est régulièrement posée depuis 1990, c'est celle de l'inflation syndicale. L'ouverture démocratique a en effet entraîné une prolifération de syndicats. Comme l'a fait remarquer un auteur : « *Cette multiplicité de syndicats, au lieu de constituer une force vis-à-vis des employeurs, peut provoquer des divisions, d'autant plus que l'Etat lui-même peut encourager la multiplication de syndicats afin d'affaiblir le mouvement* » (G. Fonteneau, *Histoire du syndicalisme en Afrique*, Karthala, 2004, p. 100).

Section 1 : De l'objet des syndicats professionnels et de leur constitution

Article 302 : *Le syndicat professionnel est un groupement de personnes exerçant la même profession, des métiers similaires ou des professions connexes et ayant pour objet exclusif l'étude et la défense des droits ainsi que des intérêts matériels, moraux et sociaux tant collectifs qu'individuels de ses membres.*

Observations

Les syndicats que l'on évoque dans le Code du travail sont ceux qui regroupent des travailleurs d'une même profession ou de métiers similaires. Toutefois, dans les faits, le terme syndicat peut désigner des groupements de personnes n'exerçant aucune profession. C'est le cas par exemple des étudiants. Il en va de même des propriétaires d'immeubles.

La particularité du syndicat au sens du Code du travail est que son activité se concentre essentiellement sur des questions liées aux relations de travail. Par ailleurs, cette activité ne se limite pas à ses seuls adhérents. Elle touche à l'ensemble des travailleurs mentionnés dans leur statut.

I. L'exercice d'une profession ou d'un métier identique

Dans le Code de 1962, l'article 4 dispose : « *Les personnes exerçant la même profession, des métiers similaires ou des professions connexes concourant à l'établissement de produits déterminés ou la même profession libérale, ou exerçant leur profession dans une même circonscription administrative, peuvent constituer librement un syndicat professionnel. Tout travailleur ou employeur peut adhérer librement à un syndicat de son choix dans le cadre de sa profession ou de sa région* ». Seize ans plus tard, l'article 173 du Code de 1978 reprend la même rédaction. Dans ces deux législations, l'objet du syndicat est, « *l'étude et la défense des intérêts économiques, industriels, commerciaux, agricoles et artisanaux* ». Il en est de même dans le Code de 1994.

On aurait pu croire que l'ordonnance du 25 février 2010 dont est tirée l'actuelle rédaction de l'article 303 avait modifié cet objet ou qu'il apportait une nouveauté quelconque. Or, il n'en est rien. Il a été simplement substitué à l'adverbe exclusivement l'adjectif exclusif. Seules les personnes qui exercent une profession peuvent créer un syndicat. C'est cet élément professionnel qui permet de distinguer le syndicat de l'association dont les buts sont plus variés. Néanmoins, le législateur n'apporte aucune précision sur ces notions de profession et de métiers similaires ou connexes tirées de l'article 4 du CTTOM, et qui permet de distinguer le syndicat de l'association par exemple.

Sur l'identité de profession, Bernard Teyssié écrit : « *un syndicat peut rassembler des personnes exerçant une même profession, le même type d'activité, quelle que soit la qualité en laquelle elles l'exercent ou la forme de l'entreprise à laquelle elles concourent* » (in *Droit du travail, relations collectives*, Litec, 7ème éd., n° 30). Dans une telle acception, le syndicat peut aller jusqu'à réunir des employeurs et des salariés. La loi ne l'interdit pas du reste. Mais, dans les faits, il est difficile qu'un syndicat fondé sur ce modèle prospère à cause des intérêts divergents entre employeurs et salariés.

La similitude est présentée dans les termes suivants par Gonidec : « *les métiers similaires sont les professions qui, bien que distinctes recourent aux mêmes procédés techniques, ont entre elles une grande analogie : boulangers et pâtissiers, menuisiers et ébénistes (...)* » (in Gonidec, *op. cit.*, n° 372).

La connexité est quant à elle « *établie lorsque les professionnels, bien qu'exerçant des activités sensiblement différentes, concourent à la fabrication d'un même produit – véhicule, automobile, livre – ou à la fourniture de services déterminés* » (B. Teyssié, *op. cit*, n° 30).

Dans un arrêt ancien, le Conseil d'Etat français a considéré qu'un syndicat groupant des ouvriers, des employés de commerce et d'industrie d'une ville est illégal parce qu'il est formé de personnes appartenant à des professions différentes non connexes (C.E., 28 mai 1909, *D.* 1911, III, 37).

En droit comparé camerounais, la loi ne permet pas la création d'un syndicat comprenant en son sein à la fois des travailleurs du public et du privé. De même, elle ne permet pas la création d'un syndicat regroupant des secteurs connexes.

II. L'activité des syndicats

Pour Cornu, le principe de spécialité est une règle qui limite « *la capacité ou la compétence des personnes morales aux actes correspondant aux finalités en vue desquelles elles ont été instituées* » (*Vocabulaire juridique, op. cit.*). Le syndicat ne peut donc agir que dans le cadre que lui impose la loi. L'article 302 C.T. précise que le syndicat a un objet exclusif qui est la défense des intérêts matériels de la profession qu'il représente. De ce fait, et par application du principe de spécialité, nombre d'activités seront interdites aux syndicats, même si les allègements sont courants en la matière.

Le syndicat ne peut pas accomplir des actes de commerce qui sont des achats en vue de revendre pour engranger des profits ni réaliser des bénéfices qu'il distribuerait à ses adhérents. Toutefois, cette interdiction de faire du commerce n'est pas absolue puisque la loi autorise le syndicat à déposer une marque ou un label (art. 318 C.T.).

Le syndicat ne peut pas davantage poursuivre des objectifs essentiellement politiques. Le syndicat n'a pas en principe à prendre part à des débats qui ne concernent pas les droits ou les intérêts des travailleurs. Par contre, rien n'empêche un syndicat d'intervenir dans des débats sur le coût de la vie ou encore la politique de privatisation d'entreprises publiques. De même, il n'est pas interdit à un syndicat d'avoir des opinions politiques et d'agir de ce fait comme un groupe de pression sur le plan politique.

En droit comparé français, la chambre mixte de la Cour de cassation a estimé qu'un syndicat de policiers qui n'était que l'instrument d'un parti politique dont il servait exclusivement les intérêts et les objectifs, ne pouvait se prévaloir de la qualité de syndicat (Ch. mixte 10 avril 1998, *Dr. Soc.* 1998, 565, rapp. J. Merlin ; *D.* 1998, 389, note A. Jeammaud).

S'agissant enfin des activités sociales, elles sont en principe interdites au regard du principe de spécialité. Toutefois, la loi aménage de nombreuses dérogations aux articles 311 et 312 C.T. permettant aux syndicats de développer des activités sociales qui ont une forte connotation économique (acquisition de terrains, caisses de solidarité, subventions apportées à des sociétés coopératives, etc.).

Article 303 : *Tout travailleur ou employeur peut adhérer librement au syndicat professionnel de son choix dans le cadre de la défense des intérêts de sa profession à condition que le syndicat relève de son secteur d'activité.*

Observations

Le Tronc commun des conventions collectives garantit le même principe en son article 6.1 : « *Les parties contractantes reconnaissent la liberté d'opinion ainsi que le droit d'adhérer librement à un syndicat professionnel constitué conformément aux dispositions légales et réglementaires* ».

La libre adhésion à un syndicat est un des volets de la liberté syndicale, celle-ci renvoie également à :

- La liberté des travailleurs et des employeurs, sans distinction d'aucune sorte ni autorisation, de constituer des organisations.
- La liberté de se retirer d'un syndicat.
- La liberté d'action du syndicat.

Le Préambule de la Constitution de l'OIT proclame que la liberté d'association est une condition indispensable d'un progrès continu.

Voir également, Convention 87 Convention sur la liberté syndicale et la protection du droit syndical du 9 juillet 1948 (ratifiée le 14 octobre 1960), art. 11 : « *Tout Membre de l'Organisation internationale du Travail pour lequel la présente convention est en vigueur s'engage à prendre toutes mesures nécessaires et appropriées en vue d'assurer aux travailleurs et aux employeurs le libre exercice du droit syndical* ».

Le principe de la liberté syndicale a une double acception :

- Tout travailleur ou tout employeur est libre d'adhérer ou de ne pas adhérer à un syndicat. Cela suppose également que le salarié peut se retirer à tout moment du syndicat.
- Les membres d'une profession ne sont pas obligés de constituer un syndicat.

Même si l'alinéa 2 de l'article 173 du Code de 1978 prévoyait que tout salarié pouvait adhérer librement au syndicat de son choix, cette possibilité n'était que théorique. A la suite de la fusion imposée en 1969 de la CATC, de la CGTA et de la CNTG qui donnaient naissance à la Fédération syndicale gabonaise (FESYGA), il y avait un monolithisme syndical de fait, légalisé ensuite par l'Ordonnance n° 36/73 du 3 juillet 1973 instituant une centrale unique pour représenter les salariés. Ce syndicat devient d'ailleurs un organisme spécialisé du parti unique de l'époque. L'article 174 al. 1er du Code de 1978 est clair sur cette absence de liberté syndicale : « *Pour être légalement constitué, tout syndicat professionnel de travailleurs ou d'employeurs existant ou venant à exister sur le territoire de la République gabonaise doit être obligatoirement affilié à la Centrale syndicale unique des travailleurs ou à la Centrale syndicale patronale* ». L'une des meilleures illustrations en ce sens était donnée par taxe de solidarité syndicale instituée en 1973 qui était un prélèvement obligatoire au profit de la Confédération syndicale gabonaise (c'est le nom qu'adopte la FESYGA après son congrès de mars 1978). D'un montant de 0,2 % du salaire de base en 1973, elle fut portée à 0,4 % de ce salaire en 1985. Tous les travailleurs se retrouvaient ainsi à financer un syndicat qu'ils n'avaient pas forcément choisi, et en devenaient adhérents sans le vouloir au mépris des principes relatifs à la liberté syndicale.

Article 304 : *Sont interdits, tous actes d'ingérence ou de discrimination de nature à porter atteinte à la liberté syndicale.*
Les organisations de travailleurs et d'employeurs ont le droit d'élaborer leurs statuts et règlements administratifs, d'élire librement leurs représentants, d'organiser leur gestion et leur activité, et de formuler leur programme d'action.

Les autorités publiques doivent s'abstenir de toute intervention de nature à limiter ce droit ou à en entraver l'exercice légal.

Observations

La protection de la liberté syndicale renvoie à deux volets principaux :
- L'interdiction faite à l'employeur de prendre des mesures liées à l'appartenance syndicale du salarié ou à son refus d'une telle appartenance.
- L'interdiction d'employer un quelconque moyen de pression afin de dissuader une affiliation ou une activité syndicale.

I. La protection contre les agissements de l'employeur

Dans les faits nombre de situations sont constitutives d'agissement de l'employeur contre le syndicat. Il peut s'agit notamment :
- De prendre en compte l'exercice ou l'activité syndicale des travailleurs comme critères de leur embauche, de leur emploi ou de la rupture de leur contrat.
- De s'engager à ne recruter des travailleurs que s'ils s'obligent à adhérer à un syndicat (clause union shop).
- De ne recruter que des travailleurs syndiqués (closed shop)

Voir également, C135 Convention concernant les représentants des travailleurs du 23 juillet 1971 (ratifiée le 13 juin 1975).

- Article 1 : « *Les représentants des travailleurs dans l'entreprise doivent bénéficier d'une protection efficace contre toutes mesures qui pourraient leur porter préjudice, y compris le licenciement, et qui seraient motivées par leur qualité ou leurs activités de représentants des travailleurs, leur affiliation syndicale, ou leur participation à des activités syndicales, pour autant qu'ils agissent conformément aux lois, conventions collectives ou autres arrangements conventionnels en vigueur* ».
- Article 2 :
  « *1. Des facilités doivent être accordées, dans l'entreprise, aux représentants des travailleurs, de manière à leur permettre de remplir rapidement et efficacement leurs fonctions.*
  2. A cet égard, il doit être tenu compte des caractéristiques du système de relations professionnelles prévalant dans le pays ainsi que des besoins, de l'importance et des possibilités de l'entreprise intéressée.
  3. L'octroi de telles facilités ne doit pas entraver le fonctionnement efficace de l'entreprise intéressée ».

II. La protection contre les agissements des pouvoirs publics

Convention 87 Convention sur la liberté syndicale et la protection du droit syndical du 9 juillet 1948 (ratifiée le 14 octobre 1960) art. 3 :
« *1. Les organisations de travailleurs et d'employeurs ont le droit d'élaborer leurs statuts et règlements administratifs, d'élire librement leurs représentants, d'organiser leur gestion et leur activité, et de formuler leur programme d'action.*
2. Les autorités publiques doivent s'abstenir de toute intervention de nature à limiter ce droit ou à en entraver l'exercice légal. »
Art. 4 : « Les organisations de travailleurs et d'employeurs ne sont pas sujettes à dissolution ou à suspension par voie administrative ».
Art. 7 : « L'acquisition de la personnalité juridique par les organisations de travailleurs et d'employeurs, leurs fédérations et confédérations, ne peut être subordonnée à des conditions de nature à mettre en cause l'application des dispositions des articles 2, 3 et 4 ci-dessus ».

Voir également, Observations OIT sur l'application de la Convention 135 sur les représentants des travailleurs, 2000 : « *La commission prend note des communications de la Confédération gabonaise des syndicats libres (CGSL) et de la Fédération libre des entreprises énergétiques, minières et assimilés (FLEEMA) concernant l'application de la convention. La commission regrette que le gouvernement n'ait pas fourni ses observations à cet égard. Quant aux allégations concernant le refus de l'entreprise "Dragage" de laisser entrer des syndicalistes de FLEEMA dans les chantiers de carrière pour une prise de contact avec les travailleurs, la commission prie le gouvernement de prendre des mesures en vue de garantir que les syndicalistes de FLEEMA puissent communiquer avec les travailleurs de "Dragage" sur ces chantiers* ».

Article 305 : *Tout syndicat professionnel, fédération ou confédération se crée à l'issue d'une assemblée générale constitutive.*
Les membres du bureau directeur de tout syndicat professionnel doivent déposer aux ministères respectivement en charge du travail et en charge de l'intérieur, une déclaration de constitution. Celle-ci est accompagnée d'un dossier comprenant :
- les statuts et règlements du syndicat ;
- le procès-verbal de l'assemblée générale constitutive ;

- la liste nominative des membres ayant pris part à l'assemblée générale constitutive ;
- la liste nominative portant la signature, la profession et l'adresse des membres du bureau directeur ;
- une carte de séjour ou une autorisation d'emploi en cours de validité pour les membres de nationalité étrangère ;
- un certificat de résidence pour chacun des membres du bureau directeur.

Le dossier comprend également des informations sur le siège du syndicat, à savoir :
- la localisation du siège ;
- le contrat de bail, le cas échéant ;
- la boîte postale ;
- le numéro de téléphone ;
- le numéro du fax ;
- l'adresse e-mail ;
- le relevé d'identité bancaire (RIB).

Les membres du bureau directeur de nationalité étrangère d'un syndicat doivent avoir résidé cinq (5) ans consécutifs au Gabon et avoir exercé pendant cette période une activité professionnelle définie.

Ce dépôt est fait en quatre exemplaires avec accusé de réception.

Une copie du dossier de déclaration est adressée par la direction provinciale du travail du ressort, au gouvernorat et auprès du procureur de la République du ressort avec un avis motivé.

Les ministères en charge du travail et en charge de l'intérieur sont tenus de vérifier la régularité de cette déclaration, y compris le dossier qui l'accompagne et d'informer de leurs conclusions, dans un délai de deux mois, les autorités susvisées ainsi que le syndicat intéressé.

A défaut d'une réponse des ministères en charge du travail et en charge de l'intérieur dans les deux mois matérialisés par un arrêté conjoint, la déclaration de constitution et le dossier y relatifs sont réputés conformes aux lois et règlements en vigueur.

Les modifications apportées aux statuts et les changements survenus dans la composition de la direction du syndicat doivent être portés à la connaissance des mêmes autorités et vérifiés dans les mêmes conditions.

En cas de renouvellement du bureau de l'organisation syndicale, la composition du nouveau bureau obéit aux mêmes termes et conditions et doit être adressée au Ministre en charge du Travail, en vue de la publication de la liste des syndicats, fédérations et confédérations les plus représentatives.

Un fichier des organisations est créé au sein de la direction générale du travail, qui doit être tenu à jour et enregistrer les modifications intervenues dans la vie du syndicat, de la fédération ou de la confédération.

Observations

La création d'un syndicat est assez aisée dans les faits. Il suffit en effet de déposer les statuts et les noms des dirigeants à la Mairie. La seule contrainte qui pèse sur les fondateurs du syndicat est que l'objet de la structure qu'ils créent corresponde à la lettre de l'article 302 C.T., c'est-à-dire la défense des droits et des intérêts matériels des travailleurs de la même profession.

Le non-respect des dispositions du présent article entraîne l'application des sanctions prévues à l'article 325 C.T., à savoir des amendes et des peines d'emprisonnement. Il s'agit toutefois de sanctions pénales. Le législateur demeure silencieux sur les sanctions civiles.

Il demeure également silencieux sur le fait qu'un sujet étranger puisse diriger un syndicat. En droit comparé camerounais, l'article 10-1 du Code du travail dispose : « *Les promoteurs d'un syndicat ainsi que les membres chargés de son administration ou de la direction doivent jouir de leurs droits civiques et ne pas avoir encouru de condamnation emportant les déchéances prévues à l'article 30 alinéas 1, 2 et 3 du Code Pénal. 2) Les étrangers doivent, en outre, avoir résidé pendant cinq ans au moins sur le territoire de la République du Cameroun* ».

Voir également, Demande directe (CEACR) - adoptée 2023, publiée 112ème session CIT (2024), *Convention (n° 87) sur la liberté syndicale et la protection du droit syndical, 1948 - Gabon (Ratification : 1960)*
Droit des organisations d'élire librement leurs représentants. La commission relève qu'en vertu de l'article 305 du nouveau Code du travail, les membres du bureau directeur de nationalité étrangère d'un syndicat doivent avoir résidé cinq ans consécutifs au Gabon et avoir exercé pendant cette période une activité professionnelle définie, alors que la durée de résidence était de 18 mois au titre de l'ancien Code du travail (article 272). La commission rappelle qu'elle a estimé que la législation nationale devrait permettre aux travailleurs étrangers d'accéder aux fonctions de dirigeants syndicaux, tout au moins après une période raisonnable de résidence dans le pays d'accueil. Par exemple, elle a considéré que l'imposition d'une durée de résidence de trois ans pouvait être considérée comme étant raisonnable (voir Étude d'ensemble de 2012 sur les conventions fondamentales, paragr. 103). *Au vu de ce qui précède, la commission prie le gouvernement d'envisager de prendre des mesures en vue de modifier l'article 305 du Code du travail et d'indiquer toute évolution à cet égard.*

<u>Article 306</u> *: Les membres chargés de la direction d'un syndicat et les délégués syndicaux bénéficient d'une protection particulière contre toutes mesures de nature à porter préjudice notamment en raison de leur qualité ou de leur activité de représentant des travailleurs. Leur licenciement est soumis à l'autorisation de l'inspecteur du travail du ressort.*

Observations

L'ancien article 272 était ainsi rédigé : « *Les membres chargés de la direction d'un syndicat doivent jouir de leurs droits civils, être de bonne moralité et ne pas avoir encouru de condamnation comportant la perte des droits civiques ni de condamnation à une peine criminelle. Les membres de nationalité étrangère d'un syndicat doivent avoir résidé 18 mois consécutifs au Gabon et avoir exercé pendant cette période une activité professionnelle définie* ».

Quid alors de cette nouvelle formulation ?

Le souci prioritaire du législateur ici est désormais la protection des responsables syndicaux, ce qui est tout à fait normal au demeurant. Les membres des bureaux des syndicats sont donc des salariés protégés. Bénéficient-ils également des heures de délégation ?
Pour autant, l'obligation de jouir des droits civils et civiques imposée aux dirigeants des syndicats a-t-elle disparu dans le nouvel article 306 ? Cela paraît d'autant plus curieux que cette obligation se retrouve dans la plupart des pays africains.
S'il est acquis que des condamnations pour des délits ou des contraventions de police ne constituent pas un obstacle pour être administrateur ou dirigeant d'un syndicat, qu'en est-il par exemple d'une condamnation criminelle ? Empêche-t-elle d'exercer des fonctions de direction dans un syndicat ?
On peut se dire également que tous ces débats n'ont pas lieu d'être puisque lorsque le législateur veut poser des conditions de ce type, il le fait clairement. C'est ce que l'on peut relever, s'agissant des assesseurs non professionnels du tribunal du travail à l'article 357 al. 3, 4 et 5 de ce code :

« A l'article 357, al. 3,4 et 5 :
« *Les assesseurs et leurs suppléants doivent jouir de leurs droits civils. Ils doivent, en outre, n'avoir subi aucune condamnation d'une peine correctionnelle, à l'exception toutefois :*
-des condamnations pour les délits d'imprudence, hors le cas de délit de fuite concomitant ;
-des condamnations pour infractions autres que les infractions qualifiées de délits à la législation sur les sociétés, mais dont, cependant, la constitution n'est pas subordonnée à la preuve de la mauvaise foi de leurs auteurs et qui ne sont passibles que d'une amende.

Sont déchus de leur mandat, les assesseurs qui sont frappés de l'une des condamnations visées ci-dessus ou qui perdent leurs droits civils ».

Article 307 *: Les mineurs non émancipés, âgés de plus de seize ans, peuvent adhérer aux syndicats de leur choix sauf opposition de leurs représentants légaux.*

Observations

Convention (n° 87) sur la liberté syndicale et la protection du droit syndical, 1948 - Gabon (Ratification: 1960)
Article 2. Droit syndical des mineurs. La commission note que l'article 307 du Code du travail prévoit que les mineurs âgés de plus de 16 ans peuvent adhérer aux syndicats de leur choix sauf opposition de leurs représentants légaux. De l'avis de la commission, cette disposition reste en contradiction avec l'article 2 de la convention. En conséquence, la commission invite le gouvernement à prendre des mesures en vue de modifier l'article 307 du Code du travail afin de permettre aux mineurs d'adhérer librement à un syndicat, dès lors qu'ils ont atteint l'âge minimum d'accès à l'emploi, sans que l'autorisation parentale ou tutélaire soit nécessaire.
Regrettant que l'adoption du nouveau Code du travail n'ait pas été l'occasion d'assurer une plus grande conformité de ses dispositions avec les prescriptions de la convention, la commission espère que le gouvernement fera tout son possible pour prendre les mesures qui s'imposent dans un proche avenir.

Article 308 *: En cas de dissolution volontaire, statutaire ou judiciaire, les biens du syndicat sont dévolus conformément aux statuts ou, à défaut de dispositions statutaires, suivant les règles déterminées par l'assemblée générale ou leur congrès.*

Observations
Il peut être mis fin à l'existence d'un syndicat à la suite :
- d'une dissolution statutaire, par application des dispositions statutaires prévoyant qu'il soit mis fin à l'existence du syndicat ;
- d'une dissolution volontaire, par décision de l'assemblée générale du syndicat ;
- d'une dissolution judiciaire à la suite d'une sanction pénale ou de l'inobservation des dispositions du Code du travail.

I. La dissolution du syndicat en droit gabonais

Dans le Code de 1962, l'article 11 prévoyait déjà les cas de dissolution contenus dans le présent code qui sont : la dissolution volontaire, la dissolution statutaire et la dissolution judiciaire. Un quatrième cas de dissolution est apparu avec l'ordonnance n° 17/PR du 17 avril 1965. Celle-ci instituait en effet la dissolution des syndicats, partis politiques et associations troublant l'ordre public par le Président de la République.

A. Les dissolutions prévues par la loi

La dissolution volontaire résulte de la décision des adhérents de mettre fin à l'existence de celui-ci. La dissolution statutaire intervient lorsqu'il est prévu un terme ou une condition résolutoire dans les statuts. Ces deux dissolutions ne soulèvent aucune difficulté lorsqu'il s'agit de les envisager. Il n'en va pas de même pour la dissolution judiciaire, du fait du mutisme de la loi. Par analogie avec les solutions proposées en droit comparé français, il peut s'agir notamment de l'irrégularité de constitution, de l'irrégularité de fonctionnement, ou encore de l'activité contraire à l'ordre public. Pour autant, dans les faits et en droit, la décision de la dissolution n'est pas aisée à prendre. Si elle intervient, la conséquence est la nullité des actes juridiques accomplis depuis la constitution du syndicat. Mais, si la structure incriminée n'a pas pris le nom de syndicat, elle peut se prévaloir des dispositions de la loi du 1er juillet 1901 et se considérer comme une association non déclarée.

Il est à noter que dans le Code de 1962 le législateur n'a jamais évoqué la dissolution ou la suspension administrative. On peut en déduire que ces deux possibilités n'existent pas en droit gabonais. Une telle interdiction, logique au demeurant, se justifie par la protection de la liberté syndicale.

B. La scission du syndicat

La scission du syndicat ne relève pas tant s'en faut de la simple théorie. Elle soulève de réels problèmes de droit s'agissant notamment de l'affectation du patrimoine, puisque les biens du syndicat ne peuvent pas être répartis entre les adhérents. De plus, il n'est pas toujours certain que les statuts aient obligatoirement prévu cette hypothèse.

La scission est l'éclatement du syndicat à la suite de dissensions internes, et ne doit pas être confondue avec la démission collective suivie de la constitution d'un nouveau syndicat. En droit comparé malien, ce cas de figure s'est déjà produit avec Confédération syndicale des travailleurs du Mali (CSTM) née d'une scission de l'UNTM, à la suite d'une très longue crise en 1997. La solution logique est le partage des biens proportionnellement au nombre des adhérents (Voir en ce sens J. Carbonnier, *Dr. Soc.*, 1949, 138). Pourtant, elle ne se justifie pas en droit. Malgré les départs enregistrés, le patrimoine appartient à la personne morale.

En droit comparé français, cette situation s'est produite à deux reprises. En 1947, il y a eu la scission au sein de la CGT, et en 1964 au sein de la CFTC. Dans le cas de la division entre la CGT et la CGT-FO, la Cour de cassation exigeait un accord unanime s'agissant de l'affectation des biens. De ce fait, les dissidents même majoritaires ne pouvaient que démissionner sans pouvoir prétendre à aucun droit sur le patrimoine (Cass. Soc., 28-29 mai 1959, *JCP* 1959, II, 11 243, note R. Lindon ; *D.* 1960, 145 ; note J. Brèthe de La Gressaye ; *Dr. Soc.* 1960, 17, note Rosenthal ; Cass. Soc., 3 oct. 1962, *Dr. Soc.* 1963, 44, obs. J. Savatier).

Lors de la scission au sein de la CFTC, la Cour de cassation a, suivant en cela la Cour d'appel de Paris, considéré que la CFTC subsistait comme avant 1964, rejetant ainsi les prétentions de la CFDT. Pour autant, elle estimait, cassant en cela l'arrêt d'appel, que la CFDT était la continuatrice de la confédération ancienne, investie comme tel du droit sur le nom, le sigle et le patrimoine (Cass. Soc., 9 mai 1968, *Dr. Soc.* 1969, 285, note J.M. Verdier ; *D.* 1968, 681, note Brèthe de La Gressaye). Finalement une transaction en mars 1971 mit fin au litige. Les locaux restaient à la CFDT, et la CFTC conservait le nom et le sigle.

II. La dissolution du syndicat en droits comparés africains

En droit malien, la dissolution est prévue à l'article L.239, C.T:

« *En cas de dissolution volontaire ou prononcée judiciairement, les biens du syndicat sont dévolus conformément aux statuts ou, à défaut de dispositions statutaires, suivant les règles déterminées par l'assemblée générale.*

En aucun cas, ils ne peuvent être répartis entre les membres adhérents. Les litiges relatifs à la constitution, aux statuts et à la dissolution d'un syndicat relèvent des juridictions civiles ».

La législation ivoirienne ressemble à s'y méprendre à celle du Gabon. Dans le Code du travail ivoirien, il n'y a ni dissolution ni suspension administrative. De même, le législateur ne s'étend pas sur les raisons conduisant à la dissolution judiciaire (art. 51.9 C.T.).

Le législateur congolais est tout aussi lapidaire. Voir en ce sens l'article 192 C.T. : « *En cas de dissolution volontaire, statutaire ou prononcée par la justice, les biens du syndicat sont dévolus conformément aux statuts ou, à défaut de dispositions statutaires, suivant les règles déterminées par l'assemblée générale* ».

Au Cameroun, il est prévu uniquement la dissolution statutaire (art. 15 C.T.).

En République centrafricaine, l'article 21 C.T. dispose : « *La dissolution d'un syndicat ou de l'union de syndicats ne peut être prononcée que par le Tribunal de Grande Instance, soit à la diligence du Ministère Public, soit du Ministre en charge du Travail ou de toute personne morale ou physique intéressée en cas de violation des articles 16, 18,19, 23 et 52 du présent Code* ».

En Algérie, l'article 28 de la loi sur les modalités d'exercice du droit syndical prévoit que, « *la dissolution d'une organisation syndicale peut être volontaire ou prononcée par voie judiciaire* ». L'article 30 de la même loi précise par ailleurs que, « *la dissolution de l'organisation syndicale par voie judiciaire peut être requise auprès des juridictions compétentes lorsqu'elle exerce une activité qui contrevient aux lois en vigueur, autre que celles prévues dans ses statuts* ».

Au Maroc, le Code du travail dispose en son article 426 que, « *lorsqu'une infraction aux dispositions du présent titre ou un manquement à ses statuts justifie la dissolution du syndicat professionnel, celle-ci ne peut être prononcée que par voie judiciaire, sur requête du ministère public* ». Ce texte rajoute que les infractions suivantes peuvent donner lieu à la dissolution d'un syndicat : « *la constitution du syndicat entre personnes n'exerçant pas la même profession ou le même métier, des professions ou métiers similaires ou connexes concourant à la fabrication de produits ou à l'offre de services déterminés (...) ; le non-respect de ses statuts (...) ou le fait d'admettre parmi les personnes chargées de l'administration de ses affaires professionnelles ou de sa direction, des personnes ne remplissant pas les conditions prévues par l'article 416* ».

Section 2 : De la capacité civile des syndicats professionnels

<u>Article 309</u> : *Tout syndicat professionnel jouit, dès l'obtention de l'arrêté conjoint du Ministre en charge du Travail et du Ministre en charge de l'Intérieur, de la personnalité civile qui lui ouvre le droit d'ester en justice et*

celui d'acquérir sans autorisation, à titre gratuit ou onéreux, des biens meubles ou immeubles.
Il peut, devant toutes les juridictions, exercer tous les droits réservés à la partie civile, relativement aux faits portant un préjudice direct ou indirect à l'intérêt collectif de la profession qu'il représente.

Observations

Les syndicats disposent de la personnalité juridique. A ce titre, ils peuvent :
- Ester en justice ;
- Acquérir des biens ;
- Contracter ;
- Affecter comme ils l'entendent leurs ressources ;
- Détenir des marques et des labels.

Le droit d'ester en justice dont dispose tout syndicat est directement lié à sa capacité d'être titulaire de droits et d'obligations. Les domaines dans lesquels les syndicats peuvent intervenir sont nombreux puisqu'ils ont vocation au nom de la défense des intérêts des professions qu'ils représentent, à veiller au respect de la législation du travail. Le syndicat peut ainsi agir dans les cas suivants :

- Atteinte au droit de grève et aux libertés syndicales ;
- Entrave au fonctionnement des institutions représentatives du personnel ;
- Violation à la réglementation en matière de durée du travail ;
- Violation de la réglementation en matière d'hygiène et de sécurité des conditions du travail, etc.

Toutefois, avant même l'indépendance, une jurisprudence ancienne et constante a posé un certain nombre de conditions pour que l'action d'un syndicat soit recevable (Cass. Ch. réunies, 5 avril 1913, Sirey, 1920, I, 49 ; Cass. Soc., 6 février 1953, Sirey 1954, I, 157).

- Le syndicat ne peut agir en justice que pour la défense des intérêts professionnels. Il s'agit d'une exigence qui est liée au principe de spécialité s'appliquant à toutes les personnes morales.
- L'intérêt doit être collectif, c'est-à-dire qu'il doit concerner toute la profession.
- Un préjudice doit avoir été causé, et ce préjudice doit être matériel ou moral.

L'action en justice des syndicats peut être exercée devant toutes les juridictions qu'elles soient civiles ou administratives.

Article 310 *: Tout syndicat professionnel peut affecter une partie de ses ressources à la création de foyers de travailleurs, à l'acquisition de terrains destinés à la culture, à l'éducation physique ou à la satisfaction de tous besoins collectifs.*
Les ressources du syndicat professionnel sont constituées, entre autres, des :
- *cotisations des membres ;*
- *dons et legs ;*
- *revenus de leurs activités ;*
- *subventions éventuelles de l'Etat.*

Observations

Les syndicats disposent d'une grande liberté pour ce qui est de l'utilisation de leurs ressources. Les seules limites qui leur sont imposées sont : l'interdiction de distribuer des bénéfices à leurs membres même sous forme de ristournes (voir article 314 C.T.), et l'affectation de ces ressources à des opérations qui ne correspondent pas à l'objet du syndicat. C'est par exemple le cas du financement d'un parti politique, les activités politiques leur étant interdites.

I. Le financement des syndicats au Gabon

La question du financement des organisations syndicales est totalement absente du Code du travail, pour des raisons qu'il est difficile d'expliquer. Certes, l'article 317 CT. évoque les cotisations comme critère pour déterminer la représentativité. Mais, contrairement à ce que l'on notait par exemple dans le Code de 1978, rien n'est dit sur l'obligation de cotisation qui pèse sur les adhérents. L'article 178 de ce code prévoyait notamment que : « *Tout membre d'un syndicat professionnel peut s'en retirer à tout instant nonobstant toute clause contraire, sans préjudice du droit pour le syndicat de réclamer la cotisation afférente aux six mois qui suivent le retrait de l'adhésion* ». Pourtant, dans la loi du 18 mai 1993 fixant les conditions de constitution et de fonctionnement des organisations syndicales des agents de l'Etat, il est consacré un titre aux ressources des syndicats. L'article 15 de ladite loi dispose que les « *ressources des organisations syndicales de l'Etat sont constituées entre autres par : les cotisations de leurs membres, les dons et legs, les revenus liés à leurs activités* ». L'article 16 prévoit par ailleurs que « *le montant des cotisations des membres et les modalités de leur versement sont librement fixés par les statuts de chaque organisation syndicale des agents de l'Etat* ».
Le législateur n'évoque donc pas la possibilité pour le syndicat de recevoir des subventions de l'Etat. Doit-on en déduire qu'il s'agit d'une quasi-

impossibilité ou alors ces subventions seront assimilées à des dons ou à des legs ?
Pour mémoire, à l'époque du monopole syndical, les ressources de la COSYGA se composaient ainsi (art. 32 des statuts) :

- Les cotisations de ses membres ;
- La taxe de solidarité syndicale ;
- Les subventions accordées par le gouvernement ;
- Les subventions accordées par le PDG ;
- Les subventions accordées par les collectivités locales et établissements publics ;
- Le revenu de ses biens ;
- Le produit des quêtes, souscriptions, collectes et manifestations légalement autorisées ;
- Les dons et legs.

II. Le financement des syndicats en droit comparé

En droit comparé algérien, l'article 49 de la loi sur l'exercice syndical est clair à cet égard : « *Les organisations syndicales de travailleurs salariés les plus représentatives au niveau national, peuvent bénéficier des subventions de l'Etat, dans le cadre de la législation en vigueur et selon des normes et modalités déterminées par voie réglementaire* ».

Dans les pays européens, les cotisations représentent la principale source de financement des syndicats. Toutefois, même si elles sont marginales dans leur financement, des subventions publiques peuvent être versées pour diverses raisons :

- En Belgique, elles le sont au titre de la coopération internationale ;
- En Suède, au titre de l'amélioration des conditions de travail ;
- En Allemagne, de la formation politique ;
- Au Royaume-Uni, de la promotion du partenariat social et de la modernisation des syndicats.

Article 311 : *Le syndicat professionnel peut créer, administrer ou subventionner des œuvres professionnelles telles que les institutions de prévoyance, les caisses de solidarité, les laboratoires, les champs d'expérience, les œuvres d'éducation scientifique, agricole ou sociale, les cours et publications intéressant la profession.*
Il peut créer ou subventionner des économats et des sociétés coopératives de production ou de consommation ou sur disposition particulière, créer en

accord avec les autres syndicats de son secteur, des bureaux d'embauche pour le recrutement des membres de ladite profession.
Les immeubles et objets mobiliers nécessaires aux activités syndicales sont insaisissables.

Observations

Au vu des nombreuses insuffisances de la protection sociale gabonaise, il est surprenant que les syndicats gabonais n'investissent pas le champ des institutions telles que la prévoyance, les caisses de solidarité ou encore les mutuelles. La même remarque vaut d'ailleurs pour les organisations patronales. Le dialogue tant évoqué serait le terrain idéal pour que les organisations syndicales se préoccupent des enjeux de la protection sociale complémentaire avec les outils conventionnels.

Article 312 *: Les syndicats peuvent passer des contrats ou conventions avec toute autre personne physique ou morale.*

Article 313 *: Sont admises à discuter les conventions collectives et les accords collectifs d'établissements, les organisations syndicales les plus représentatives au niveau des branches d'activités constituées conformément au présent titre, quel qu'en soit l'objet.*
Tout contrat ou convention visant les conditions collectives du travail est passé dans les conditions déterminées par les chapitres I et VI du Titre II de la présente loi.

Observations

Sur la notion de représentativité, voir les observations sous art. 150.

Article 314 *: A condition de ne pas distribuer des bénéfices, même sous forme de ristournes à ses membres, le syndicat peut :*
- *acheter pour louer et prêter ou répartir entre ses membres tout ce qui est nécessaire à l'exercice de leur profession, notamment les matières premières, les outils, les instruments, les machines, les engrais, les semences, les plantes, les animaux et les matières alimentaires pour bétail ;*
- *prêter son entremise gratuite pour la vente des produits provenant exclusivement du travail personnel ou des exploitations des syndiqués, faciliter cette vente par expositions, annonces, publications, groupements*

des commandes et d'expédition, sans pouvoir l'opérer sous son nom et sous sa responsabilité.

Article 315 *: Le syndicat peut être consulté sur tous les différends et toutes les questions se rattachant à sa spécialité.*
Dans les affaires contentieuses, les avis du syndicat sont tenus à la disposition des parties qui peuvent en prendre communication et copie.

Section 3 : De la représentativité

Article 316 *: La représentativité syndicale est la capacité pour les organisations syndicales de parler au nom de l'ensemble des travailleurs.*
La reconnaissance de cette capacité permet notamment aux organisations de s'exprimer, de négocier et de signer des accords s'appliquant à l'ensemble des employés d'une entreprise, d'une branche d'activité au niveau local, régional ou national.
Est éligible à la représentativité des syndicats de base, tout syndicat ayant au moins vingt-cinq pour cent (25 %) des effectifs de l'entreprise au niveau de la négociation interne de l'entreprise.
Est éligible à la représentativité au niveau fédéral, toute fédération ayant au moins trente pour cent (30 %) des effectifs des branches auxquelles elles appartiennent au niveau de la négociation au sein de la branche d'activité.
Est éligible au niveau confédéral, toute confédération ayant au moins quarante pour cent (40 %) des effectifs de l'ensemble des fédérations d'un secteur au niveau de la négociation de niveau national ou régional.

Observations

Sur la représentativité, voir les observations sous art. 150.

Article 317 *: La représentativité d'un syndicat professionnel s'apprécie par branche, par secteur d'activité et sur le plan national.*
La représentativité des organisations syndicales est déterminée selon les critères ci-après :
- *le nombre d'adhérents ;*
- *les cotisations ;*
- *l'indépendance de ces organisations les unes des autres, vis-à-vis du gouvernement et des partis politiques ;*
- *le nombre des délégués du personnel élus dans les entreprises ;*

- le résultat des élections professionnelles ;
- le taux de représentativité.
Toute organisation syndicale est tenue d'adresser, après chaque élection professionnelle, la liste de ses adhérents à jour des cotisations au Ministre en charge du travail et à l'employeur afin d'apprécier la représentativité.
La périodicité des élections professionnelles est de 3 ans.
Sont électeurs au sein des entreprises :
- les travailleurs titulaires d'un contrat à durée indéterminée ;
- les travailleurs titulaires d'un contrat à durée déterminée de plus de six mois ;
- les travailleurs saisonniers revenant régulièrement dans l'entreprise et totalisant au moins six mois d'ancienneté ;
- les travailleurs journaliers totalisant un temps de présence supérieur à six mois dans l'entreprise au cours d'une même année ;
- les travailleurs titulaires d'un contrat d'intérim d'une durée supérieure à trois mois.
Un arrêté du Ministre en charge du Travail précise en tant que de besoin, l'ouverture de la période électorale, les conditions de participation ainsi qu'à la sortie des élections, le classement et la liste des organisations professionnelles les plus représentatives au sens des présentes dispositions.

Observations

Trop de questions restent en suspens pour que cette disposition devienne effective. La première d'entre elles portant sur l'organisation des élections professionnelles. Rien ou plutôt pas grand-chose n'est dit sur leur organisation au point que ce sujet est devenu un véritable serpent de mer. Aux dernières nouvelles, leur organisation serait imminente.
Par ailleurs, que recouvre exactement la mention de délégués du personnel élus ? Peut-on être délégué du personnel sans passer par un syndicat ?

Section 4 : Des marques syndicales

Article 318 : *Tout syndicat peut déposer, dans les conditions déterminées par décret pris sur proposition du Ministre en charge du Travail, ses marques ou labels. Il peut dès lors en revendiquer la propriété exclusive.*
Ces marques ou labels peuvent être apposés sur tout produit ou objet de commerce pour en certifier l'origine et les conditions de fabrication. Ils

peuvent être utilisés par tous individus ou entreprises membres du syndicat qui mettent en vente ces produits.
Est nulle et de nul effet, toute convention au terme de laquelle l'usage de la marque syndicale par un employeur est subordonné à l'obligation de ne prendre à son service que les adhérents du syndicat propriétaire de la marque.

Section 5 : Des caisses spéciales de secours mutuels et de retraites

Article 319 : *Tout syndicat peut, en se conformant aux dispositions des textes en vigueur, constituer entre ses membres des caisses spéciales de secours mutuels et de retraites complémentaires.*

Observations

Voir observations sous article 311.
Peut-on imaginer des employeurs et des salariés gérant ensemble des complémentaires ? Rien ne les empêche au regard de cette disposition. Des systèmes par répartition ou par capitalisation peuvent être pensés dans ce cadre.

Ailleurs en Afrique, on retrouve des dispositions similaires. Voir notamment, Congo, C.T., art. 202 : « *Les syndicats peuvent, en se conformant, aux dispositions des lois en vigueur, constituer entre leurs membres des caisses spéciales de secours mutuels et de retraites* ».
Voir également, R.C.A., C.T., art. 45 ; Mali, C.T. , art. L. 248.

Article 320 : *Les fonds de ces caisses spéciales sont insaisissables.*

Article 321 : *Toute personne qui se retire d'un syndicat, conserve le droit d'être membre de sociétés de secours mutuels complémentaires pour vieillesse, à l'actif desquelles elle a contribué par des cotisations ou versements de fonds.*

Section 6 : Des fédérations et confédérations syndicales

Article 322 : La fédération syndicale est une union syndicale horizontale regroupant au moins deux syndicats de base ou professionnels de deux branches d'un même secteur d'activités.
La confédération est un regroupement vertical de fédérations syndicales appartenant au moins à deux secteurs d'activités.
Les syndicats professionnels de travailleurs et d'employeurs ont le droit de constituer des fédérations et des confédérations ainsi que de s'y affilier. Tout syndicat, fédération ou confédération syndicale a le droit de s'affilier à des organisations internationales de travailleurs et d'employeurs.

Observations

L'article 322 n'est pas d'une clarté absolue s'agissant de la détermination de la fédération syndicale. Il introduit en effet la notion de syndicat de base qui n'apparaît nulle part auparavant. On peut se hasarder à considérer qu'il s'agit du syndicat d'un établissement si l'on s'en tient à ce que dit le législateur à l'article 316 sur la représentativité de ce type de syndicat dans l'entreprise. Pourquoi ne pas avoir tout simplement parlé des syndicats d'entreprise plutôt que cette inflation sémantique qui n'apporte rien à la compréhension d'un sujet par ailleurs déjà complexe ? De même, quid de cette insistance sur les syndicats professionnels de travailleurs ? Syndicat de travailleurs ne pouvait-il pas suffire ?

Article 323 : *Les dispositions de l'article 304 sont applicables aux fédérations et confédérations qui doivent faire connaître dans les conditions prévues à l'article 305 ci-dessus le nom et le siège social des syndicats et des fédérations qui les composent.*

Observations

Cette disposition ne manque pas de surprendre. Les articles 303 et 304 concernent en effet les adhésions individuelles alors que l'article 323 concerne des groupes. Les syndicats intègrent donc les fédérations et confédérations dans les mêmes conditions que les travailleurs qui adhèrent à un syndicat. Si le renvoi à 304 peut se comprendre, celui à 303 est plus discutable à moins que l'on ne confonde des personnes physiques et des personnes morales. Ce silence doit être comblé par des textes d'application.

Article 324 *: Les fédérations et les confédérations jouissent de tous les droits conférés aux syndicats professionnels prévus par les sections 2, 4 et 5 du présent chapitre.*

Section 7 : Des pénalités

Article 325 *: Les auteurs d'infractions aux dispositions des articles 300 et 314 sont passibles d'une amende d'un million (1 000 000) à cinq millions (5 000 000) de francs CFA et d'un emprisonnement de un (1) à six (6) mois ou de l'une de ces deux peines seulement.*
En cas de récidive, les peines sont portées au double.
En cas de double récidive, l'emprisonnement est obligatoirement prononcé ainsi que l'interdiction d'exercer toute activité syndicale.

CHAPITRE II : DES DÉLÉGUÉS DU PERSONNEL, DES DÉLÉGUÉS SYNDICAUX ET DES COMITÉS PERMANENTS DE CONCERTATION ÉCONOMIQUE ET SOCIALE

Observations

La représentation des travailleurs dans l'entreprise peut s'organiser par plusieurs canaux. Il peut s'agir d'une représentation élue avec les délégués du personnel ou encore les comités permanents de concertation économique et sociale. Les travailleurs peuvent également être représentés par des délégués syndicaux. En Europe, deux modèles se retrouvent.
Dans le premier unitaire, le syndicat est le seul habilité à représenter les salariés : Estonie, Irlande, Lettonie, Lituanie, Malte, Pologne, République tchèque, Royaume-Uni et Suède.
Dans le second modèle qui est binaire, il y a au sein de l'entreprise une représentation syndicale reconnue et une instance représentative élue par les salariés : Allemagne, Autriche, Belgique, Danemark, Espagne, Finlande, France, Grèce, Hongrie, Italie, Luxembourg, Pays-Bas, Portugal, Slovaquie et Slovénie.

Section 1 : Des délégués du personnel

Observations

Alors que le délégué du personnel a disparu en France avec les ordonnances Macron de 2017, le législateur gabonais a maintenu cette institution qui est un legs du droit français. Ils sont créés en Métropole par la loi du 24 juin 1936 qui n'était pas applicable dans les colonies.

En AOF, dans un premier temps, c'est par la voie conventionnelle que les délégués du personnel sont institués dans les entreprises, avant la promulgation du CTTOM de 1952. Dans celui-ci, le législateur évoque surtout leur élection ainsi que leurs missions dans les cinq articles qui leur sont consacrés. Les Codes de 1962 et 1978 reprennent le même ordonnancement et le même nombre d'articles (5) que celui de la loi de 1952. La véritable innovation apparaît avec le Code de 1994 qui prévoit l'obligation des délégués du personnel pour des entreprises de plus de dix salariés.

L'élection des délégués du personnel est une constante à relever depuis le CTTOM. C'est ce que Raymond Lemesle traduit en ces termes : « *Pour que le délégué puisse exercer sa fonction de la façon la plus authentique possible, il faut que sa désignation revêt un caractère démocratique et donc qu'il soit élu au sein de l'établissement, que son statut soit bien défini et l'exercice de ses fonctions protégé, et que lui-même soit particulièrement protégé contre un licenciement abusif*» (R. Lesmele, *op. cit.*, p 101).

Article 326 *: Il est institué des délégués du personnel dans tous les établissements employant habituellement plus de dix (10) travailleurs.*

Sous-section 1 : De l'élection des délégués du personnel

Article 327 *: Les délégués du personnel sont élus pour une durée de trois (3) ans renouvelables.*
Un arrêté du Ministre en charge du Travail, pris après consultation des organisations d'employeurs et de travailleurs les plus représentatives, fixe :
- *les conditions pour être électeur ou éligible ;*
- *le nombre des délégués et leur répartition sur le plan professionnel ;*
- *les modalités de l'élection qui doit avoir lieu au scrutin secret ;*
- *les conditions dans lesquelles ils sont reçus par l'employeur ou son représentant ;*
- *les conditions de révocation du délégué par le collège de travailleurs qui l'a élu.*

En cas de rupture du contrat de travail d'un délégué du personnel ou de sa mutation dans un autre établissement, le délégué suppléant remplace le titulaire jusqu'à expiration du mandat.
Le délégué du personnel, qui perd son mandat du fait d'une mutation dans un autre établissement, garde le bénéfice de la protection des représentants du personnel dans les mêmes conditions prévues à l'article 330 ci-dessous.
En cas de vacance de siège des délégués titulaire et suppléant, dûment constatée par l'inspecteur du travail du ressort sur saisine de l'employeur ou des travailleurs, des élections partielles sont organisées dans les conditions prévues par les textes en vigueur. Ces élections doivent être organisées au sein de l'établissement ou de l'entreprise dans les deux (2) mois qui suivent la date de départ des délégués.

Observations

Dans le Code de 1962 (art. 161) comme dans le CTTOM (art. 164), la durée du mandat des délégués du personnel était d'un an. C'est à partir du Code de 1978 qu'elle passe à 3 ans. Dans certains pays, la durée du mandat est de deux ans : Togo (C.T. art. 122), Tchad (C.T., art. 382), Burkina Faso (C.T.,

art. 277), Cameroun (C.T., art. 122-3), Tchad (C.T., art. 382), RCA (C.T., art. 58). Au Congo le mandat est d'un an (C.T., art. 173-4).
Dans les faits, les mandats des délégués sont souvent prorogés à cause de la difficulté à organiser des élections. De plus, ce mandat est renouvelable sans aucune limitation.

- Sur les conséquences de l'absence d'élection

Dans un arrêt ancien, les juges ont considéré que c'est à l'employeur qu'incombe l'obligation d'organiser les élections des délégués du personnel, et bien que dans le cas d'espèce, il ne l'ait pas fait, le mandat du délégué du personnel prend fin au terme prévu. Par conséquent, la protection dont il bénéficie prend fin également dans les délais légaux.
Voir C.S., 26 avril 1982, n° 22 : « *Attendu que prétend, en sa qualité de délégué du personnel, avoir été licencié sans autorisation de l'Inspecteur du travail ; qu'en conséquence son licenciement est irrégulier en la forme ;*
Attendu cependant que celui qui allègue une qualité doit la prouver ; que L. ne verse aux débats aucun procès-verbal ni autres documents prouvant sa qualité de délégué du personnel ; que s'il n'est pas contesté qu'il a été délégué du personnel en 1976, comme l'atteste le procès-verbal d'élection, la protection dont il a bénéficié a pris fin six mois après l'expiration de son mandat, soit le 1er juillet 1977 ;
Attendu qu'en l'absence d'élection depuis 1976, bien qu'imputable à l'employeur, ne pourrait avoir pour conséquence de maintenir à L. sa qualité de délégué du personnel ; que c'est à tort que le premier juge a estimé le contraire et qu'il échet d'infirmer également le jugement entrepris sur ce point ».

Voir également, *Ordonnance n° 020/20O7/PR portant réglementation de l'activité de mise à disposition du personnel en République Gabonaise.*
Article 22 : Pour la détermination du nombre de représentants du personnel, et par l'effet des dispositions de l'alinéa 2 de l'article 21 ci-dessus, l'effectif des salariés permanent est augmenté, selon le cas, du nombre moyen des travailleurs sous contrat de mission utilisés au cours de la période de douze mois précédant l'élection desdits représentants.
Dans tous les cas, les travailleurs sous contrat de mission ne sont ni éligibles ni électeurs pour le choix des représentants du personnel de l'entreprise utilisatrice.

Article 328 : *Les contestations relatives à l'électorat, à l'éligibilité des délégués du personnel ainsi qu'à la régularité des opérations électorales sont*

de la compétence de l'inspecteur du travail du ressort qui statue après saisine par la partie la plus diligente dans un délai de trente jours.
La décision de l'inspecteur du travail du ressort ou son silence peuvent faire l'objet d'un recours hiérarchique devant le Ministre en charge du Travail.

Observations

La rédaction de l'article 328 laisse suggérer que l'on est ici devant des préalables à l'engagement d'un contentieux administratif (voir également observations sous art. 330). Le législateur aurait été inspiré de bien le préciser ici. Il est curieux qu'il ait été aussi peu disert dans une matière qui n'est pas à la portée du premier venu. Le dernier alinéa évoque le recours hiérarchique devant le Ministre du Travail. Qu'en sera-t-il après celui-ci ?

La compétence du juge judiciaire ne pouvait-elle pas être retenue ici ? Le législateur aurait pu, comme il le fait si souvent, s'inspirer du droit français où le juge judiciaire statue en dernier ressort sur les questions préélectorales suivantes : répartition par la DREETS, du personnel et des sièges entre les collèges ; l'autorisation accordée par l'inspecteur du travail, de déroger aux conditions légales d'ancienneté pour être électeur ; la répartition des sièges entre les établissements et les collèges en vue de l'élection du Comité social et économique (CSE).
Toujours en France, le juge judiciaire est également compétent pour connaître de toutes les contestations visant l'électorat et la régularité des opérations électorales.

<u>Article 329</u> *: Chaque délégué a un suppléant élu dans les mêmes conditions qui le remplace, en cas d'absence motivée, de décès, de démission, de révocation, de changement de catégorie professionnelle, de résiliation du contrat de travail ou en cas de perte des conditions requises pour l'éligibilité.*

Sous-section 2 : Du statut des délégués du personnel

<u>Article 330</u> *: Sans déroger à la procédure initiale d'entretien préalable, le licenciement d'un délégué du personnel ou de son suppléant envisagé par l'employeur ou son représentant est subordonné à l'autorisation de l'inspecteur du travail du ressort pour lever l'immunité dans les conditions fixées à l'article 70 ci-dessus.*
Tout licenciement effectué sans que cette autorisation n'ait été demandée et accordée est nul et de nul effet.

La même procédure est applicable :

- *aux candidats aux fonctions de délégués du personnel pendant la période comprise entre la date de remise des listes au chef d'établissement et celle du scrutin ;*
- *aux anciens délégués du personnel de l'entreprise pendant une période de six (6) mois consécutive à l'expiration du mandat.*

Toutefois, en cas de faute lourde, l'employeur a un délai de deux jours ouvrables à compter de la date de la connaissance certaine des faits pour prononcer la mise à pied conservatoire de l'intéressé et saisir l'inspecteur du travail de sa demande d'autorisation de licenciement. Si l'autorisation n'est pas accordée, le délégué est réintégré avec paiement des salaires afférents à la période de suspension.

La réponse de l'inspecteur du travail doit intervenir dans un délai d'un mois. Pendant ce temps, le délégué est suspendu et ne doit pas apparaître dans l'entreprise.

Passé ce délai, l'autorisation est réputée accordée, à moins que l'inspecteur du travail ne notifie à l'employeur qu'un délai supplémentaire d'un mois lui est nécessaire pour parachever l'enquête.

La décision de l'inspecteur du travail du ressort peut faire l'objet d'un recours. Les parties disposent d'un délai de cinq jours ouvrables à compter de la date de notification pour intenter un recours hiérarchique contre la décision de l'inspecteur du travail. Elles disposent du même délai, après notification de la décision de l'autorité hiérarchique, pour intenter un recours juridictionnel. Un délai d'un mois est accordé à l'autorité hiérarchique pour se prononcer.

Observations

I. Le licenciement du délégué du personnel

Le non-respect des procédures dans un licenciement d'un représentant du personnel entraîne la nullité dudit licenciement. La conséquence qui en découle logiquement est la poursuite du contrat. Cette sanction n'est pas toujours apparue aussi clairement. Dans le Code de 1978 (art. 197), le législateur se contentait d'affirmer que : « *Tout licenciement d'un délégué du personnel ou de son suppléant envisagé par l'employeur ou son représentant devra être obligatoirement soumis à la décision de l'inspecteur du travail* ». Toutefois, la seule sanction que l'on retrouvait était le licenciement abusif.

Voir en ce sens, C.S. 6 juillet 1981, n° 61 : « *Attendu qu'il est établi que M. a fait l'objet de quatre lettres d'avertissement courant 1979 pour des faits identiques ; que M. ne conteste pas non plus avoir menacé le PDG de la société P. qui a dû faire appel à la police pour rétablir l'ordre ;*

Attendu que ces fautes commises par l'employé étaient suffisamment graves pour justifier son renvoi immédiat ; que néanmoins, M. étant délégué du personnel, l'employeur était tenu en attendant la réponse de l'Inspection du travail saisie le jour des faits, de prononcer à son encontre une mise à pied qu'en le licenciant sur le champ, il a méconnu les dispositions de l'article 197 du Code du travail ; d'où il suit que la demande en paiement de dommages-intérêts formée par M. est fondée en raison de la légèreté blâmable avec laquelle la société P. a usé de son droit de congédiement, s'agissant d'un délégué du personnel qu'il y a lieu de confirmer le jugement entrepris sur ce point ».

C.A. Port-Gentil, 5 janvier 1998 : « *Attendu que l'absence non autorisée et le refus du travailleur pouvaient légitimer le licenciement de X. ;*
Mais attendu que, bien qu'ayant commis une faute pouvant justifier le licenciement d'un travailleur ordinaire, le licenciement de X., délégué du personnel, devait être obtenu après avis de l'Inspection du travail que n'ayant pas respecté les dispositions légales sur les licenciements des délégués du personnel, la S. a procédé à un licenciement abusif »

Le licenciement irrégulier était l'autre sanction qui intervenait, par exemple, lorsque l'employeur passait outre le refus de l'inspecteur du travail d'accorder le licenciement du représentant du personnel.

Voir notamment C.S. 30 mai 1983, n° 58 : « *Attendu que conformément à l'article 197 C.T. et en raison de la qualité de délégué du personnel suppléant du salarié, l'employeur par lettre en date du 20 décembre 1981 a demandé à l'Inspection du travail l'autorisation de licencier dame M. après l'avoir mise à pied provisoirement que par lettre en date du 4 mars 1982, l'Inspecteur du travail après enquête sur les circonstances du licenciement a refusé cette autorisation ;*
Attendu que malgré ce refus, le directeur général a décidé de se séparer de dame M. ; qu'une telle mesure prise malgré la décision de l'Inspection du travail constitue de la part de l'employeur un abus de droit rendant le licenciement manifestement irrégulier ».

Pour autant, malgré les limites posées par la loi, il est exagéré de conclure à l'impossibilité de licencier un délégué du personnel. Voir en ce sens, C.S. 11 janvier 1982, n° 1 : « *Attendu qu'il résulte de la lettre du 3 janvier 1978 par le chef du personnel de la société D. que M. a été désigné comme candidat au poste de délégué du personnel pour l'année 1978 ; que conformément à l'article 164 al. 2 de l'ancien Code du travail, le candidat délégué du personnel bénéficie de la même protection que celle accordée au délégué lui-même et cela pendant la période qui s'étend de la remise des listes au chef*

d'établissement à celle du scrutin ; qu'à défaut de scrutin M. continue à être couvert par cette protection ;
Attendu cependant que l'employeur a bien demandé par lettre du 19 juin 1978 à l'inspecteur du travail l'autorisation de licenciement de M. après avoir mis à pied ce dernier dans l'attente de la réponse ; qu'en outre le salarié reconnaît lui-même dans sa lettre adressée au Président de la République à la page 3 que son employeur a réussi à obtenir l'autorisation de licenciement de la part de l'Inspection du travail ; que le licenciement est donc régulier en la forme ».

Néanmoins, dans un arrêt de 2013, la Cour de cassation estimait que : « *Tout licenciement d'un travailleur protégé, prononcé par l'employeur après l'autorisation de l'inspecteur du travail est légitime* » (Soc., 28 février 2013, arrêt n° 20/2012-2013). Cette décision octroie un rôle extrêmement important à l'inspecteur du travail puisqu'il va juger de l'opportunité du licenciement.

II. Le contentieux du licenciement du délégué

Ce sont les règles du contentieux administratif qui s'imposent lorsqu'il s'agit de contester une décision de l'inspecteur du travail. Les juridictions administratives sont donc compétentes pour connaître de cette contestation.

Sous-section 3 : Des attributions des délégués du personnel

Article 331 *: Les délégués du personnel ont pour missions de :*
- *présenter aux employeurs toutes les réclamations individuelles ou collectives qui n'auraient pas été directement satisfaites concernant les conditions de travail et la protection des travailleurs, l'application des conventions collectives, les classifications professionnelles et les taux de salaires ;*
- *saisir l'inspecteur du travail de toute plainte ou réclamation concernant l'application des prescriptions législatives et réglementaires dont il est chargé d'assurer le contrôle et l'exécution ;*
- *veiller à l'application des prescriptions relatives à l'hygiène, à la sécurité des travailleurs et à la sécurité sociale, et de proposer toutes mesures utiles à ce sujet ;*
- *communiquer à l'employeur toutes suggestions utiles tendant à l'amélioration de l'organisation et du rendement de l'entreprise ;*
- *donner leurs avis sur les conditions des licenciements économiques envisagés par l'employeur.*

Les délégués du personnel bénéficient des heures de délégation qui sont considérées comme temps de travail pour l'accomplissement de leurs fonctions et rémunérées comme tel. Elles ne peuvent excéder quinze (15) heures par mois et ne doivent pas faire l'objet de report.

Observations

Les délégués du personnel connaissent des réclamations tant individuelles que collectives des salariés. Leur mission se cantonne toutefois au contrôle dans le champ géographique et professionnel qui est le leur de la bonne application du droit positif.

Ils disposent d'un crédit de quinze heures par mois. Au Congo, ce crédit est de vingt heures (C.T. art. 179). Ils peuvent pendant ce temps quitter leur poste de travail sans autorisation, circuler hors et dans l'entreprise, prendre contact avec les salariés ou se réunir. La loi n'ayant pas précisé les modalités d'utilisation de ce crédit d'heures, elles doivent résulter d'un accord avec l'employeur.

En droit comparé algérien avec l'article 108 de la loi sur les relations de travail : « *Le temps passé par les délégués du personnel aux réunions convoquées à l'initiative de l'employeur ou acceptées par celui-ci à leur demande, n'est pas pris en compte pour le calcul du crédit d'heures visé à l'article 106 ci-dessus* ».
Sur le report du crédit d'heures, voir Cameroun, C.T., art. 124- 2 : « *Le temps non utilisé ne peut être reporté sur un mois suivant, ni faire l'objet d'une quelconque indemnité* ».

Hormis ce crédit d'heures, le législateur est demeuré muet sur les moyens dont disposent les délégués du personnel dans l'accomplissement de leurs missions. Il suffit par exemple de s'interroger sur le lieu où les délégués du personnel doivent rencontrer les salariés. Contrairement à ce que l'on observe en droit comparé français par exemple, la loi ne dit pas que l'employeur doit mettre un local à la disposition des délégués du personnel. Il en est de même des rencontres avec l'employeur. Le législateur ne fixe aucune périodicité à ces rencontres. L'employeur ne paraît pas être tenu par une quelconque obligation de recevoir collectivement les délégués du personnel. La seule communication dont fait état la loi concerne les « *suggestions utiles tendant à l'amélioration de l'organisation et du rendement de l'entreprise* » ne saurait remplacer un véritable cadre de concertation et d'échanges.

L'on pourrait s'inspirer des dispositions que l'on retrouve dans certains codes du travail en Afrique. Voir notamment.

- Bénin, C.T. art. 110 : « *Les délégués doivent être reçus collectivement par le chef d'établissement ou son représentant au moins une fois par mois* ».
- Côte d'Ivoire, C.T., art. 61.14 : « *Un décret détermine les moyens mis à la disposition des délégués, la durée considérée et rémunérée comme temps de travail dont ils disposent pour l'exercice de leurs fonctions, les conditions dans lesquelles ils sont reçus par l'employeur ou son représentant ainsi que les informations que doit leur fournir l'employeur sur la vie de l'entreprise* ».

Enfin, alors que nombre d'institutions représentatives du personnel n'existent pas dans les faits, il serait plus judicieux de prévoir que les délégués du personnel les suppléassent en cas de carence. On pourrait s'inspirer de la solution qui prévalait par exemple en droit comparé français avec la délégation unique. Dans les entreprises de moins de 200 salariés, l'employeur peut décider la mise en place d'une délégation unique pour le comité permanent de concertation économique et social et les délégués du personnel. Y seraient intégrés également les comités de sécurité et de santé au travail.

Article 332 *: Nonobstant les dispositions ci-dessus, les travailleurs ont la faculté de présenter directement leurs réclamations et suggestions à l'employeur.*

Article 333 *: Les conventions collectives complètent les présentes dispositions.*

Section 2 : Des délégués syndicaux

La présence syndicale dans l'entreprise n'est pas du tout évoquée par le CTTOM, pas plus que dans le droit métropolitain de l'époque. En France, pour que les syndicats soient admis dans les entreprises, il a fallu attendre que la loi du 27 décembre 1968 y étende l'exercice du droit syndical en y instaurant des sections syndicales et des délégués syndicaux. Son article 8 fixe le cadre de nomination du délégué syndical : il est désigné par chaque syndicat représentatif qui a constitué une section syndicale dans l'entreprise. Sa mission est de représenter le syndicat auprès du chef d'entreprise. Représentant de son syndicat plus que représentant des salariés, il est désigné par son organisation et non par les salariés.

Au Gabon, jusqu'en 1994, les différents codes n'abordent pas davantage cette question. Pourtant, la présence syndicale dans l'entreprise est connue en droit positif gabonais depuis l'Ordonnance n° 33/77 du 6 août 1977. Ce texte prévoit que : « *La COSYGA étant un organisme spécialisé du Parti et conformément à cette ordonnance, les dispositions relatives à la protection des délégués du personnel, qu'elles soient législatives, réglementaires ou conventionnelles, s'appliquent de plein droit aux salariés de l'entreprise qui occupent concurremment au sein de la COSYGA l'une des fonctions de dirigeant syndical prévues par les statuts de celle-ci* ». On peut en déduire que dans ses statuts, la COSYGA qui était l'unique syndicat de l'époque avait organisé une représentation dans les entreprises devant laquelle l'employeur devait s'incliner. Parmi les activités de la COSYGA, il y avait la formation des délégués syndicaux. Dans la même ordonnance de 1977, il est fait mention de la protection dont devaient bénéficier également « *les membres des bureaux des comités et des bureaux des sections du Parti démocratique gabonais (...)* ».

Toutefois, le Code 1978 n'évoque pas du tout ces dispositions. Doit-on considérer que cette législation abrogeait l'ordonnance promulguée une année plus tôt ? La réponse est assurément négative puisque quatre ans plus tard, le Tronc commun des conventions collectives rappelait la protection instituée par l'ordonnance de 1977. Avec le retour au pluralisme syndical en 1990, l'ordonnance de 1977 finira par tomber en désuétude.

Le Code de 1994 qui crée le délégué syndical n'est pas d'une grande clarté à cet égard. Il ne consacre que deux articles à cette nouvelle institution sans préciser ni ses missions ni ses moyens. Il convient donc en l'espèce de s'en tenir à ce qui est contenu dans la Convention 135 de l'OIT concernant les représentants des travailleurs. Elle dispose en son article 3-a que les représentants syndicaux sont « *des représentants nommés ou élus par des syndicats ou par les membres de syndicats* ».

Sous-section 1 : De la désignation des délégués syndicaux

Article 334 *: Les syndicats professionnels sont représentés au sein de l'entreprise par des délégués syndicaux. Ces derniers bénéficient de la même protection que les délégués du personnel contre les actes de discrimination antisyndicale.*

Article 335 *: Les délégués syndicaux sont choisis au sein des entreprises par les fédérations et les confédérations syndicales des travailleurs les plus*

représentatives qui en informent par écrit le chef d'entreprise ou son représentant et l'inspecteur du travail du ressort.
La durée du mandat des délégués syndicaux est de trois (3) ans renouvelables.
Le cumul du mandat de délégué syndical et celui de délégué du personnel est interdit.
L'employeur doit recevoir à leur demande les délégués syndicaux lorsque ces derniers lui ont transmis une note indiquant les motifs de leur requête.

Observations

Une confusion peut perdurer dans l'esprit du lecteur non aguerri, entre le dirigeant syndical et le délégué syndical. Le premier occupe une fonction dans l'organigramme de direction d'un syndicat, alors que le second représente le syndicat dans l'entreprise. L'article 335 traite donc de la désignation de ce dernier. D'après le législateur, c'est une compétence exclusive des fédérations ou des confédérations les plus représentatives. Pour rappel aux termes des deux premiers alinéas de l'article 322 : « *La fédération syndicale est une union syndicale horizontale regroupant au moins deux syndicats de base ou professionnels de deux branches d'un même secteur d'activités. La confédération est un regroupement vertical de fédérations syndicales appartenant au moins à deux secteurs d'activités* ».

Eu égard à ce qui précède, un syndicat ne faisant pas partie d'une fédération ou d'une confédération ne pourrait pas désigner de délégués syndicaux. Qu'en est-il alors d'un syndicat tel que l'ONEP dont nul n'ignore la place importante qu'il occupe dans un secteur clé de l'économie nationale ? Cette organisation est, jusqu'à preuve du contraire, un syndicat professionnel. N'appartenant pas à une fédération ou à une confédération, il ne pourrait donc pas désigner de délégués syndicaux. Pourtant, si l'on reprend l'article 334 de ce code, on lit bien que : « *Les syndicats professionnels sont représentés au sein de l'entreprise par des délégués syndicaux (...)* ».

Dans cette optique, l'ONEP aurait le droit d'être représentée dans l'entreprise, même si elle n'est pas membre d'une fédération ou d'une confédération. Et d'ailleurs, en quoi cette appartenance est-elle si pertinente ? Rien ne semble la justifier, et surtout pas la Convention n° 87 sur la liberté syndicale et la protection du droit syndical. En son article 5, elle dispose : « *Les organisations de travailleurs et d'employeurs ont le droit de constituer des fédérations et des confédérations ainsi que celui de s'y affilier, et toute organisation, fédération ou confédération a le droit de s'affilier à des organisations internationales de travailleurs et d'employeurs* ». La norme internationale dit bien que la constitution de fédérations ou de confédérations est un droit et non pas une obligation. De ce fait, un syndicat professionnel ne doit pas être obligé d'intégrer une fédération ou une confédération pour avoir le droit de désigner des délégués syndicaux. L'article 3 de la même convention précédemment citée indique en effet que :

« *1. Les organisations de travailleurs et d'employeurs ont le droit d'élaborer leurs statuts et règlements administratifs, d'élire librement leurs représentants, d'organiser leur gestion et leur activité, et de formuler leur programme d'action.*
2. Les autorités publiques doivent s'abstenir de toute intervention de nature à limiter ce droit ou à en entraver l'exercice légal ».

Au vu ce que l'on observe, il y a assurément une violation de l'article 3-2 de la Convention 87 par le Gabon, en réservant le droit de désigner les délégués syndicaux aux seules fédérations et confédérations syndicales. Le législateur se doit donc de mettre fin à cette discrimination. Pour le faire, il peut s'inspirer de ce qui prévaut en droit comparé français par exemple. Le syndicat qui y procède à la désignation du délégué syndical doit être représentatif au niveau où se fait la désignation, et le choix doit toujours se faire en priorité parmi les candidats (titulaires ou suppléants) aux élections professionnelles qui ont recueilli 10 % sur leur nom au 1er tour (art. L. 2143-3 du Code du travail). Pour pouvoir désigner un délégué syndical central, le syndicat doit être représentatif au niveau de l'entreprise, mais n'a pas à être représentatif dans tous les établissements composant cette entreprise (Cass. Soc., 17 janvier 2018, n° 16-26965).

Dans les établissements, où le syndicat n'est pas représentatif, celui-ci à la possibilité de désigner un représentant de la section syndicale.
En outre, le délégué syndical doit :

- être âgé de dix-huit ans révolus,
- travailler dans l'entreprise depuis un an au moins,
- n'avoir fait l'objet d'aucune interdiction, déchéance ou incapacité relative à ses droits civiques. Ce délai d'un an est réduit à quatre mois en cas de création d'entreprise ou d'ouverture d'établissement (articles L. 2143-1 et L. 2143-2).

Dans le même sens.

- Algérie, art. 40 de la loi n° 91-30 sur les Modalités d'exercice du droit syndical énonce : « *Dans toute entreprise publique ou privée et leurs lieux de travail distincts, lorsqu'elle en comporte, et dans tout établissement public, institution ou administration publique, toute organisation syndicale représentative au sens des articles 34 et 35 de la présente loi, peut créer une structure syndicale conformément à ses statuts, pour assurer la représentation des intérêts matériels et moraux de ses membres* ».

- Côte d'Ivoire, C.T., art. 62-1 : « *Un délégué syndical peut être désigné au sein de l'entreprise ou de l'établissement par toute organisation syndicale régulièrement constituée et représentative des travailleurs conformément aux dispositions de l'article 54,2 alinéa 1 du présent Code. Lorsqu'il existe un collège propre à l'encadrement, les critères de représentativité sont appréciés dans ce seul collège pour toute organisation qui ne présente de candidat que dans celui-ci* ».
- Mali, C.T., art. « *Un comité syndical peut être constitué par tout syndicat représentatif dans chaque entreprise ou établissement employant habituellement 11 salariés* ».

(...) La constitution d'un comité syndical n'est soumise à aucune condition de forme ou de publicité. Toutefois il doit être notifié à l'employeur le nom des membres du comité syndical dès leur désignation ».

- Niger, C.T., art. 223 : « *Dans les entreprises ou établissements employant au moins cinquante (50) salariés, un délégué syndical peut être désigné par toute organisation syndicale régulièrement constituée et appartenant aux organisations les plus représentatives des travailleurs conformément aux dispositions de l'article 185 du présent Code* ».

Au Mozambique, s'agissant des structures représentant les travailleurs, il y a une organisation plutôt originale aux termes de l'article 161, L.T. :

« *1. Les organisations syndicales peuvent être structurées en délégués syndicaux, comités syndicaux ou d'entreprise, syndicats et confédérations générales.*
2. Pour la défense et la poursuite collectives de leurs droits et intérêts, les travailleurs peuvent se regrouper :
a) Délégué syndical - organe de représentation des travailleurs des petites entreprises ;
b) syndicat ou comité d'entreprise - organe de base représentant le syndicat dans l'établissement ou l'entreprise ;
c) syndicat - association de travailleurs pour la promotion et la défense de leurs droits, de leurs intérêts sociaux et professionnels.
3) Dans les entreprises ou les services où il n'existe pas d'organe syndical, l'exercice du droit syndical incombe à l'organe syndical immédiatement supérieur ou au comité des travailleurs élus lors d'une assemblée générale expressément convoquée à cet effet par au moins 20 % de l'ensemble des travailleurs ».

Article 336 *: La désignation d'un délégué syndical peut intervenir dans toute entreprise ou tout établissement lorsque l'effectif d'au moins cinquante (50) travailleurs a été atteint pendant douze (12) mois consécutifs. Les modalités de cette désignation sont déterminées par les statuts des organisations professionnelles.*
Le nombre des délégués syndicaux est déterminé en fonction des effectifs de l'entreprise dans les tranches ci-après :
- de 50 à 100 : deux (2) délégués ;
- de 101 à 150 : trois délégués ;
- de 151 à 200 : quatre délégués ;
- de 201 à 250 : cinq délégués ;
- de 251 et plus : six (6) délégués.

Sous-section 2 : Des attributions des délégués syndicaux

Article 337 *: Les délégués syndicaux ont pour missions :*
- de participer au dialogue social au sein de l'entreprise ;
- d'assurer la communication entre l'entreprise et leurs syndicats ;
- d'afficher et de veiller à la régularité des tableaux d'affichage des informations syndicales ;
- d'assister les organisations syndicales dans la négociation des accords collectifs d'entreprise ou d'établissements et de tout autre accord relatif aux conditions collectives de travail et aux garanties sociales ;
- de veiller au respect de la procédure applicable en matière de déclenchement de conflit collectif de travail ;
- de donner leurs avis sur les conditions des licenciements économiques envisagés par l'employeur.
Les délégués syndicaux bénéficient des heures de délégation qui sont considérées comme temps de travail effectif pour l'accomplissement de leurs fonctions et rémunérées comme tel. Elles ne peuvent excéder quinze (15) heures par mois et ne peuvent faire l'objet de report.

Sous-section 3 : Du statut des délégués syndicaux

Article 338 *: Les dispositions prévues à la sous-section 2 de la section 1 du présent chapitre sont applicables aux délégués syndicaux.*

Article 339 *: Les conventions collectives complètent les présentes dispositions.*

Section 3 : Des comités permanents de concertation économique et sociale

Le comité permanent de concertation économique et sociale est une des rares institutions, au même titre que le délégué syndical qui n'a aucune filiation avec le CTTOM. Ce dernier n'a pas en effet intégré les comités d'entreprise créés en France à partir de 1945.
Cette institution est assez récente en droit gabonais où elle naît de l'ordonnance n° 29/76 du 10 avril 1976. Le décret n° 407/PR du 10 avril 1976 vient préciser la composition et le fonctionnement de ce comité.
Ces comités de concertation sont l'équivalent des comités d'entreprise que l'on retrouve dans de nombreux droits comparés. Toutefois, ce niveau de représentation n'est pas toujours présent que ce soit en Afrique où ailleurs. Au Cameroun ou au Congo, ces comités ou leur équivalent sont absents de la législation. Il en est de même au Royaume-Uni.
A l'heure actuelle, comme les délégués syndicaux, le comité permanent de concertation économique et sociale est plus une structure théorique que réelle.

Sous-section 1 : De la désignation des membres du comité permanent de concertation économique et sociale

Article 340 : *Des comités permanents de concertation économique et sociale sont institués dans toutes les entreprises commerciales, industrielles, forestières, agricoles et minières, quelle qu'en soit la forme juridique, employant habituellement au moins cinquante (50) travailleurs.*
Cette mesure peut être étendue par décret pris sur proposition du Ministre en charge du Travail :
- *aux entreprises comptant moins de cinquante (50) travailleurs ;*
- *aux offices ministériels, aux professions libérales et aux sociétés civiles ;*
- *aux services publics à caractère commercial et industriel, y compris les services exploités en régie.*

Sous-section 2 : Des attributions du comité permanent de concertation économique et sociale

Article 341 *: Le comité permanent de concertation économique et sociale exerce les fonctions ci-après :*

- *étudier, proposer et donner son avis sur toute mesure relative à l'organisation générale du travail, à la productivité, à la rentabilité, à l'amélioration de la qualité de la production, à l'utilisation des installations, à l'introduction des innovations et des machines nouvelles, à l'utilisation rationnelle et efficiente des ressources humaines de l'entreprise, à la discipline et à la condition des travailleurs, à l'exception des questions relatives aux salaires ;*
- *participer, en liaison avec le ministère compétent, à l'élaboration des programmes de formation professionnelle et de perfectionnement du personnel ainsi qu'à toute mesure propre à renforcer la responsabilité des travailleurs dans les tâches dont ils ont la charge ;*
- *contrôler ou assurer la gestion de toutes les œuvres sociales établies dans l'entreprise au bénéfice des travailleurs ou de leurs familles et proposer la création ou la suppression de toute œuvre sociale de l'entreprise.*

Tout travailleur de l'entreprise peut faire au comité permanent de concertation économique et sociale toute suggestion rentrant dans le domaine des fonctions ci-dessus définies par l'intermédiaire, soit des délégués du personnel, soit de l'organisation syndicale à laquelle il appartient.

Article 342 *: Le comité permanent de concertation économique et sociale est, en outre, obligatoirement informé des questions intéressant la gestion, la situation financière et la marche générale de l'entreprise.*

A cet effet, le chef d'entreprise est tenu de faire au moins une fois l'an, un exposé d'ensemble sur la situation et l'activité de l'entreprise ainsi que sur ses projets pour l'exercice suivant. Il est également tenu de communiquer au comité, avant leur présentation à l'assemblée générale des actionnaires, le compte des pertes et profits, le bilan annuel et le rapport des commissaires aux comptes ainsi que tous les autres documents qui sont soumis à l'assemblée générale des actionnaires.

Il peut formuler toutes observations utiles qui seront obligatoirement transmises à l'assemblée générale des actionnaires en même temps que le rapport du conseil d'administration.

Article 343 *: Le président du comité est tenu de rendre compte à la séance suivante de la suite réservée aux propositions qui lui ont été présentées lors de la réunion précédente.*

Article 344 *: Le comité permanent de concertation économique et sociale peut attirer l'attention du chef d'entreprise sur les mérites particuliers des travailleurs de l'entreprise qui se sont distingués par leur ardeur au travail, leurs initiatives et leurs performances.*

Article 345 *: Les membres du comité permanent de concertation économique et sociale sont tenus au secret professionnel, sous peine de sanctions prévues par la législation en vigueur, pour tous les renseignements de nature confidentielle dont ils auront pris connaissance à l'occasion de leurs fonctions.*

Article 346 *: La composition des comités permanents de concertation économique et sociale est fixée par décret pris sur proposition du Ministre en charge du Travail, après consultation des organisations d'employeurs et de travailleurs les plus représentatives.*
La durée du mandat des membres des comités permanents de concertation économique et sociale est de trois ans, renouvelables.

Observations

Voir le Décret n° 739/PR/MTE du 27 août 2007 relatif à la composition et au fonctionnement des comités permanents de concertation économique et sociale.

Art. 2 : Le Comité Permanent de Concertation Économique et Sociale de toute entreprise comprend :
- le Chef d'entreprise ou son représentant, assisté de deux conseillers techniques ;
- les délégués des travailleurs ;
- les délégués des actionnaires.

Article 3 : Chaque Comité Permanent de Concertation Économique et Sociale comprend un nombre égal de délégués titulaires et de délégués suppléants.
Les délégués suppléants n'assistent aux réunions du Comité que lorsqu'ils remplacent les délégués titulaires.

Article 4 : La représentation des travailleurs au sein du Comité Permanent de Concertation Économique et Sociale est assurée par les délégués du personnel élus conformément aux dispositions réglementaires pertinentes selon la répartition suivante :

- de 50 à 100 travailleurs : 2 délégués titulaires et 2 délégués suppléants ;
- de 101 à 250 travailleurs : 3 délégués titulaires et 3 délégués suppléants ;
- de 251 à 500 travailleurs : 4 délégués titulaires et 4 délégués suppléants ;
- de 501 à 750 travailleurs : 5 délégués titulaires et 5 délégués suppléants ;
- de 751 à 1000 travailleurs : 6 délégués titulaires et 6 délégués suppléants.
Au-dessus de 1000 travailleurs, il y a un délégué titulaire et un délégué suppléant par tranche supplémentaire de 250 travailleurs.
Un arrêté du Ministre chargé du Travail détermine, en tant que de besoin, les modalités de désignation des délégués syndicaux au sein des Comités Permanents de Concertation Économique et Sociale.

Article 5 : Les actionnaires sont représentés au Comité Permanent de Concertation Économique et Sociale par les délégués désignés par l'assemblée générale des actionnaires ou far le Conseil d'administration. Leur nombre est égal à celui du total des délégués du personnel et des délégués syndicaux de l'entreprise considérée.

Article 6 : Ne peuvent être membres du Comité Permanent de Concertation Économique et Sociale :
- les personnes condamnées pour indignité nationale, rébellion, incitation à la rébellion ;
- les personnes condamnées pour vol, escroquerie et abus de confiance.

Article 7 : Les contestations relatives à la désignation des membres du Comité Permanent de Concertation Économique et Sociale sont soumises, pour conciliation, à l'Inspecteur du Travail du ressort, sur saisine de l'une des parties.
En cas d'échec de la conciliation, le différend est transmis au Tribunal du Travail qui statue d'urgence dans un délai ne dépassant pas quinze jours.

Article 8 : Le mandat des membres du Comité Permanent de Concertation Économique et Sociale est de deux ans renouvelables.
Les fonctions des membres du Comité Permanent de Concertation Économique et Sociale prennent fin à la suite du décès, ou de tout autre motif de résiliation du contrat de travail, à la révocation d'un membre soit par le collège des délégués qu'il représente, soit par l'assemblée générale des actionnaires ou le Conseil d'administration qui l'a désigné; et pour les délégués syndicaux, à la suite d'une récusation par leur syndicat.
Ces fonctions prennent également fin à la suite des déchéances prévues à l'article 6 ci-dessus survenues en cours de mandat.

Article 10 : Le Comité Permanent de Concertation Économique et Sociale se réunit au moins une fois par an en session ordinaire et, en cas de besoin, en session extraordinaire convoquée à la demande de la majorité de ses membres.

Article 11 : Les sessions du Comité Permanent de Concertation Économique et Sociale sont présidées par le Chef d'entreprise ou son représentant.
Celui-ci arrête l'ordre du jour des réunions qu'il communique aux membres quinze jours au moins avant la date de la session.
Outre le Président, le bureau des sessions du Comité Permanent de Concertation Économique Et Sociale se compose d'un représentant des actionnaires et d'un représentant des travailleurs, dûment désignés par leurs pairs, qui font office de rapporteurs.

Article 15 : Les résolutions et avis du Comité Permanent de Concertation Économique et Sociale sont rendus exécutoires par le Chef d'entreprise qui dispose à cet effet d'un pouvoir d'appréciation.

Article 16 : Le temps consacré aux sessions du Comité Permanent de Concertation Économique et Sociale est considéré comme temps de travail effectif et rémunéré comme tel.

Article 17 : Les délibérations des sessions du Comité Permanent de Concertation Économique et Sociale sont consignées dans les procès-verbaux signés des rapporteurs et du Chef d'entreprise et communiquées aux autres membres du Comité.
Ces procès-verbaux sont également communiqués à l'Inspecteur du Travail du ressort dans un délai d'un mois ouvrable après la clôture de la session.

Article 347 *: Le chef d'entreprise doit mettre à la disposition du comité un local convenable, le matériel et, éventuellement, le personnel indispensable pour ses réunions et son secrétariat.*

Article 348 *: Des sections du comité permanent de concertation économique et sociale sont créées par arrêté du Ministre en charge du Travail, dans les agences de l'entreprise comptant au moins vingt-cinq (25) travailleurs.*
Ces sections composées du chef d'agence, d'un représentant des cadres et de deux représentants des autres travailleurs de l'agence, sont plus spécialement chargées de veiller à la bonne exécution des dispositions qui sont adoptées par le comité permanent de concertation économique et sociale.
Le comité permanent de concertation économique et sociale peut constituer des commissions dont il estime la création nécessaire. Il peut faire appel pour celles-ci à des travailleurs de l'entreprise n'appartenant pas au comité. Ces

commissions sont présidées par un membre titulaire ou suppléant dudit comité.

Section 4 : Des pénalités

<u>Article 350</u> : *Sont passibles d'une amende d'un million (1 000 000) à deux millions (2 000 000) de francs CFA, les auteurs d'infractions aux dispositions des articles 326 et 340 de la présente loi.*
En cas de récidive, l'amende est portée au double et les auteurs sont passibles d'un emprisonnement d'un (1) à six (6) mois ou de l'une de ces deux peines seulement.

TITRE VII : DES DIFFÉRENDS DU TRAVAIL

Observations

Les différends de travail peuvent avoir une dimension individuelle ou collective. Dans le premier cas, il s'agit de litiges portant sur l'exécution du contrat de travail et opposant le travailleur à l'employeur. Pour François Petit, « *La notion de litige individuel (...) désigne de manière générale une contradiction d'intérêts qui se manifeste par l'impossibilité d'obtenir à l'amiable la reconnaissance d'un droit ou d'une prérogative qu'une personne croit avoir et qu'elle envisage, éventuellement, de faire reconnaître par un juge* » (« Les problématiques du règlement amiable des différends sociaux en France », in F. Petit, P. Auvergnon, et al., *Le règlement des différends sociaux*, L'harmattan, Paris, 2007, p. 16).

Dans le second cas, ce sont des conflits mettant aux prises la collectivité des salariés (sans que ce soient nécessairement tous les salariés) et l'employeur. Toutefois, le conflit collectif n'a pas une définition précise en droit. La jurisprudence de la Cour de cassation française présente souvent le conflit collectif comme « *la cessation collective et concertée du travail ayant pour but de faire aboutir des revendications professionnelles* ». Lorsqu'on l'évoque, c'est à la grève que l'on pense spontanément, même si cela peut paraître réducteur. Comme le montre François Petit, « *il est possible d'admettre, que constituent des formes de conflits collectifs, d'une part, des différends s'exprimant par des revendications, sans que les salariés ne cessent le travail, et d'autre part des actions collectives (occupation de locaux, piquets de grève) qui n'ont pas la qualification de grève (et qui sont donc considérés par la jurisprudence comme des actions illicites)* » (Voir F. Petit, *op. cit.*, p. 15).

Les règles de résolution de ces deux types de conflits ne sont pas les mêmes. La résolution des conflits individuels connaît deux phases. La première est administrative et se déroule devant l'inspecteur du travail, alors que la seconde est judiciaire. Les conflits collectifs peuvent être soumis aux trois procédures suivantes : la conciliation organisée sous l'égide de l'inspecteur du travail, la médiation et l'arbitrage. Toutefois, rien n'interdit aux parties de ne pas suivre ces différentes procédures, et de régler leur différend à l'amiable, à condition de respecter les règles du droit commun.

Voir en ce sens, CA Judiciaire de Libreville 1ère Ch. Soc., Arrêt du 10 juin 2008 Rôle n° 72/07-08 Répertoire n° 140/07-08 : « *Attendu que la société S. a sollicité l'irrecevabilité des demandes de S. au motif qu'une transaction est intervenue entre les deux parties ;*
Mais attendu que pour soutenir ses allégations, cette société verse aux débats un spécimen de transaction qui ne mentionne aucune indication comme, le nom du salarié et surtout ne porte aucune signature des personnes incriminées ;
Attendu qu'un tel acte qui ne rapporte pas de preuve de l'adhésion du salarié ne peut avoir des effets, relevant des dispositions des articles 1134 et 2044 du Code civil, en conséquence la transaction invoquée est inexistante ».

Dans le cas où il y aurait atteinte à des droits fondamentaux contenus dans la Constitution, la compétence de la Cour constitutionnelle peut être invoquée. Toute personne physique ou morale a la possibilité de saisir cette juridiction dans cette situation.

Article 351 *: Les différends individuels ou collectifs du travail sont soumis à la procédure instituée au présent titre.*

CHAPITRE I : DU DIFFÉREND INDIVIDUEL

Section 1 : De la procédure de conciliation

La résolution des litiges individuels de travail se déroule obligatoirement en deux temps. Il faut d'abord que les parties saisissent l'inspecteur du travail pour que celui-ci tente une conciliation. Le tribunal du travail ne peut pas prendre en compte la demande d'un salarié ou d'un employeur si ceux-ci n'ont pas d'abord saisi l'inspecteur du travail. Toutefois, le rôle de ce dernier n'est pas de trancher un litige, mais plutôt de rapprocher les parties. L'inspecteur du travail n'a pas à formuler des demandes ou à prendre position pour une partie.

A la suite de cette phase de conciliation, l'inspecteur transmet au tribunal du travail un procès-verbal.

Jusqu'à présent, et cela vaut d'ailleurs pour l'ensemble de la législation du travail et plus largement des lois au Gabon, aucune évaluation n'en a été réalisée. S'agissant de la conciliation qui ne fait que reprendre un procédé qui vient du droit français, la question de sa pertinence n'est jamais posée. Vu qu'aucun outil statistique n'est disponible au Gabon, nul ne sait quels sont les taux de réussite des conciliations devant les inspections du travail. Par comparaison, en France, ce taux avoisine les 8 % (P. Momboisse, « Taux d'appel, de conciliation, délai moyen... Les « bons résultats » des Prud'hommes de Saint-Malo », *Ouest-France*, 31 janvier 2024).

Article 352 : *Tout différend individuel du travail doit être soumis à une procédure de conciliation, à l'initiative de l'une des parties auprès de l'inspecteur du travail du ressort, à défaut, devant le tribunal du travail du ressort.*

Les parties sont tenues de se rendre au jour et à l'heure fixée par la convocation motivée.

Les syndicats peuvent assister leurs membres au cours de la conciliation.

En cas de conciliation partielle ou de non-conciliation à l'inspection du travail, l'inspecteur du travail est tenu de transmettre le dossier au tribunal du travail dans un délai maximum de trois (3) mois. Passé ce délai, les parties peuvent saisir directement le tribunal du travail.

Observations

I. Le préalable de la phase de conciliation obligatoire

Dans le CTTOM, la conciliation préalable à la saisine du tribunal n'était qu'une simple faculté. Aux termes de l'article 190 dudit code, « *tout travailleur ou employeur pourra demander à l'inspecteur du travail et des lois sociales, à son délégué ou à son suppléant légal de régler le différend à l'amiable* ». Le Code de 1962 a repris ce caractère facultatif en son article 181, al. 1 *: « Tout différend peut être soumis à une procédure de conciliation préalable, à l'initiative de l'une des parties devant l'Inspecteur du Travail du ressort ou, en cas d'absence ou d'empêchement, devant ses suppléants légaux* **»**.

C'est devant le juge que se déroulait la conciliation.

Voir, article 191 : « *Lorsque les parties comparaissent devant le Tribunal du Travail, il est procédé à une tentative de conciliation.*

En cas d'accord, un procès-verbal rédigé séance tenante sur le registre des délibérations du tribunal consacre le règlement à l'amiable du litige.

Un extrait du procès-verbal de conciliation signé du président et du secrétaire vaut titre exécutoire ».

Dans le présent code, le principe (même si on peut le critiquer) demeure la tentative de conciliation préalable devant l'inspecteur du travail. L'exception à ce principe est la saisine directe du tribunal du travail sous deux conditions :

- la non-conciliation ou le défaut de conciliation ;
- l'expiration du délai imparti à l'inspecteur pour transmettre le Procès-verbal de non-conciliation au tribunal.

A. La conciliation devant l'Inspecteur du travail sujette à critiques

Sans même remettre en cause la conciliation en tant que telle (en droit comparé malien ou mozambicain par exemple, elle n'est pas obligatoire), la procédure qui a été maintenue dans le présent code suscite de nombreuses critiques émanant aussi bien des plaideurs, que des praticiens du droit. La sagesse recommanderait au législateur de confier l'ensemble de cette procédure au juge.

1. Un stade procédural inutile et chronophage

La critique de la phase de conciliation est résumée en ces termes par Jean-Pierre Sobotchou, ancien président de chambre à la Cour de cassation : « *Ce stade procédural supplémentaire fait perdre un temps précieux défavorable à l'employé. Or, en cette matière, le salaire c'est la survie. On ne peut demander à l'inspection du travail d'aller plus vite, ce service étant déjà fortement sollicité* » (*Cours de droit du travail*, tome 1, document dactylographié, Libreville, 2010, p. 81).

Il y a aussi la dénonciation du refus de la présence de l'avocat par certains inspecteurs du travail, au motif que l'on n'est pas dans une phase contentieuse. Pourtant, le droit est clair de ce point de vue. La mission de l'avocat est de conseiller, d'assister et de représenter son client. La représentation en justice emporte pourvoir et devoir d'accomplir au nom du client des actes. Dans ce cadre, l'avocat agit au nom et pour le compte de son client qui peut même ne pas assister aux audiences. L'assistance consiste en un conseil du client. C'est ce dernier qui accomplit tous les actes de procédure. Devant l'inspecteur du travail, il n'appartient pas à l'avocat de se substituer aux parties, mais seulement de les éclairer et de les conseiller. Une telle mission ne remet nullement en cause ni les attributions de l'inspecteur du travail, ni la manière dont il veut mener la conciliation.

Enfin, la conciliation occupe également des inspecteurs du travail qui ne sont déjà pas nombreux. Or, pour le BIT il s'agit là d'une tâche additionnelle.
Voir, Demande directe (CEACR) - adoptée 2023, publiée 112ème session CIT (2024), *Convention (n° 81) sur l'inspection du travail, 1947 - Gabon (Ratification : 1972)*

Article 3, paragraphes 1 et 2, de la convention. Fonctions additionnelles de l'inspection du travail. La commission note qu'en dépit des engagements du gouvernement à tenir compte des recommandations formulées dans le cadre de l'étude diagnostique du BIT de 2010 et de l'adoption du nouveau Code du travail, les différends individuels du travail doivent toujours être soumis aux inspecteurs du travail et les conseils de prud'hommes n'ont pas été créés. La commission note également qu'en réponse à son commentaire précédent, le gouvernement indique que les inspecteurs du travail parviennent à remplir leurs fonctions de contrôle en entreprise nonobstant leurs activités de conciliation. *En l'absence d'indications précises sur ce dernier point, la commission prie à nouveau le gouvernement de fournir des informations précises sur le temps et les ressources consacrés par les inspecteurs du travail à la conciliation, en comparaison avec les fonctions principales de l'inspection, telles que définies au paragraphe 1 de l'article 3 de la convention.*

2. L'écueil du défaut de comparution à la conciliation

En l'absence de l'inspecteur du travail, la loi dit qu'à défaut, le tribunal du travail du ressort peut être saisi. C'est ce qui se passe de plus en plus souvent, l'employeur ne daignant pas se présenter à l'Inspection du travail. La difficulté est alors d'établir un procès-verbal de non-conciliation du fait de l'absence de l'employeur.

A certains égards le législateur n'a pas simplifié les choses en retirant par exemple l'ancien article 315 qui disposait :
« Si, au jour fixé par la convocation, l'une des parties ne comparaît pas et ne justifie pas d'une excuse valable, le dossier de l'affaire sera transmis au tribunal du travail sans préjudice de la condamnation de la partie défaillante à une amende civile de 50 000 F prononcée par le président du tribunal sur procès-verbal de non-comparution dressé par l'inspecteur du travail et remise contre reçu entre les mains du greffier social qui versera la somme au trésor public ».

Qu'en est-il aujourd'hui lorsqu'une des parties ne comparaît pas ? Curieusement le législateur est silencieux, comme si cela n'avait aucune incidence. Au final, celui qui ne va pas à la conciliation ne risque rien, bien au contraire, il a tout le loisir de faire perdurer la procédure. Pourquoi ne pas s'être inspiré de l'article 410 pour les conflits collectifs, et prévoir des amendes conséquentes pour défaut de comparution ?

Voir en ce sens, C.A. judiciaire de Libreville, Ch. Soc., 27 juin 2000, n° 095/99-00 : « *Attendu qu'en conformité avec les dispositions de l'article 315 alinéa premier du Code du travail, une deuxième convocation n° 512 du 19 septembre 1997 a été adressée à Mme Le Directeur du personnel et des affaires sociales de l'Office Y. qui n'a pas cru devoir se présenter et n'a pu justifier d'aucune excuse valable ; que ces agissements constituent une violation à la disposition citée supra outre celle du deuxième alinéa qui prévoit que : "les parties sont tenues de se rendre, au jour et heure fixés par la convocation motivée, devant l'Inspecteur du travail du ressort". Ainsi l'Office Y. s'est exposé au paiement de l'amende de 50 000 F* ».

La question qui se pose est celle de savoir si la non-comparution a pour conséquence une non-conciliation ? Ou alors doit-on attendre pour saisir le juge, jusqu'à ce que la partie défaillante se présente un jour, au mépris des droits du salarié ? Il est étonnant que le législateur n'ait pas du tout eu en tête cette hypothèse. Si la concertation pour l'adoption du présent code avait été élargie à des avocats et à des juges, nul doute que cette situation aurait été relevée.

A l'issue de la conciliation, l'inspecteur a l'obligation de transmettre un procès-verbal au tribunal. Pourtant, dans certains cas, des inspecteurs omettent de le faire, ce qui ne fait que rallonger du temps pour des personnes dont les droits ont été lésés et qui espèrent une juste et rapide réparation.

Au vu des difficultés auparavant évoquées, il peut être suggéré que la conciliation se déroulât devant le juge comme on le voit dans d'autres pays. Cela permettrait comme le disait le Président Souboutchou « *d'éviter de perdre du temps à l'employé* » (J.P. Souboutchou, *op. cit.*) et surtout de multiplier les manœuvres détestables comme dans le C.A. 12 août 2010, Rôle n° 29/09-10 :

« *L'exception d'irrecevabilité est soulevée par l'avocat de l'employeur qui fait valoir que le procès-verbal de non-conciliation ne contient pas la signature du représentant de l'employeur* ».

Dans le cas d'espèce, le représentant de l'employeur avait bien été reçu en conciliation, mais n'avait pas par la suite signé le P.V. de non-conciliation malgré les relances de l'Inspecteur du travail. Ce cas de figure est assez courant alors que l'employeur a été régulièrement convoqué.
L'article 352 ne faisant pas référence à la carence, cette situation peut perdurer du fait de la mauvaise foi de l'une des parties.

B. La reconnaissance de la seule compétence du juge

Il existe déjà un arsenal juridique pour que le juge se charge de la conciliation, et ce au moins dans deux textes. L'alinéa 1er de l'article 369 qui rappelle l'obligation faite au juge de tenter une nouvelle conciliation : « *Lorsque les parties comparaissent devant le tribunal du travail, il est procédé à une nouvelle tentative de conciliation* ».

Voir également, l'article 233, al. 1er de la Loi organique n° 008/2019 du 04/07/2019 fixant l'organisation, la composition, la compétence et le fonctionnement des juridictions de l'ordre judiciaire : « *Dans l'exercice de ses compétences, le tribunal du travail doit préalablement procéder à la conciliation des parties, nonobstant celle déjà observée devant l'Inspection du Travail* ».

Si, quoi qu'il en soit, le juge doit procéder à une nouvelle tentative de conciliation, pourquoi maintenir le passage par l'inspecteur du travail, celle-ci devient finalement superfétatoire ? En droit, cela ne changera rien puisque la conciliation sera toujours préalable, alors qu'à l'heure actuelle elle l'est doublement.

Il pourrait tout aussi simplement être fait application de l'article 425 du Code de procédure civile qui dispose :
« *Toutes les instances sont dispensées du préliminaire de la conciliation sauf dans les cas où la loi dispose autrement. Néanmoins, en toutes matières, les parties peuvent comparaître volontairement aux fins de conciliation devant le juge compétent. Le demandeur a également la faculté de citer le défendeur en conciliation en observant les délais d'assignation.*
Le juge saisi peut en tout état de la procédure, tenter la conciliation des parties qui pourront être assistées de leur avocat ».

La situation en droit comparé montre que la conciliation devant l'inspecteur du travail est une singularité des pays francophones d'Afrique. En Guinée Equatoriale, la conciliation se déroule devant les délégations du travail (LGT, art. 105 et 106).

II. La situation en droit comparé

A. L'Afrique

Nombre de législateurs ont rendu obligatoire cette phase de conciliation précontentieuse.

- Angola (CL.T., ancien art. 307 – 1°). Cette phase de conciliation se déroulait devant *l'órgão provincial de conciliação de conflitos de trabalho*, une formation du ministère public et présidée d'ailleurs par un magistrat du ministère public assisté de deux assesseurs.
- Burkina Faso, C.T., art. 302 : « *Tout employeur ou tout travailleur doit demander à l'inspecteur du travail ou à son délégué ou à son suppléant légal de régler le différend qui l'oppose à l'autre partie à l'amiable* ».
- Cameroun, C.T., art.139.- 1) : « Tout travailleur ou tout employeur doit demander à l'inspection du travail du lieu de travail de régler le différend à l'amiable ».
- RCA, C.T., art. 346 : « La conciliation est obligatoire devant l'Inspecteur du Travail et des Lois sociales du ressort ».
- Tchad, C.T., art. 420 : « *Tout différend individuel de travail ne peut être soumis au Tribunal du Travail et de la Sécurité Sociale qu'en cas de non-conciliation devant l'Inspecteur ou le Contrôleur du Travail* ».

Pour autant, la conciliation préalable n'est pas obligatoire dans tous les pays africains.

- Le Code congolais est resté fidèle à l'esprit et à la lettre du CTTOM. La saisine de l'inspecteur du travail n'est qu'une simple faculté. Voir, article 240 : « Tout travailleur ou tout employeur pourra demander aux services de l'inspection du travail de régler le différend à l'amiable ». Les parties peuvent donc s'adresser directement au tribunal. Celui-ci organise ensuite une conciliation. Cf., art. 221 et 226 C.T. L'article 228 précise : « *En cas de non-conciliation ou pour la partie contestée de la demande, le Tribunal du Travail doit retenir l'affaire ; il procède immédiatement à son examen, aucun renvoi ne peut être prononcé sauf accord des parties, et à quinzaine au maximum, mais le Tribunal peut toujours, par jugement motivé, prescrire toutes enquêtes, descentes sur les lieux et toutes mesures d'informations quelconques* ».
- Burundi, C.T., art.180 : « *Sans préjudice d'un règlement amiable facultatif toujours possible sous forme de conciliation devant l'Inspection du Travail, si les parties le souhaitent, la saisine directe du tribunal du travail est un droit pour le travailleur et pour l'employeur* ».
- Sénégal, C.T., art L. 241 : « *Tout travailleur ou tout employeur pourra demander à l'Inspecteur du travail et de la Sécurité sociale, à son délégué ou à son suppléant de régler le différend à l'amiable* ».
- Mali, C.T., art. L.190 : « *Tout travailleur ou tout employeur pourra demander à l'inspecteur du travail, à son délégué ou à son suppléant de régler le différend à l'amiable* ».

B. L'Europe et le Brésil

En France, toute phase contentieuse est précédée par une phase de conciliation sous peine de nullité de la procédure. Lors d'une audience non publique, deux conseillers (l'un représentant les employeurs et l'autre les salariés) tentent de concilier les parties. Ils peuvent prendre des mesures provisoires comme la délivrance de certificats de travail, bulletins de salaire, le versement de provisions sur des éléments de la rémunération, etc. Si la conciliation aboutit, l'accord scellé par un procès-verbal a l'autorité de la chose jugée.

En Allemagne, en fonction de l'importance d'un litige individuel, celui-ci pourra être réglé sans implication du tribunal. C'est ainsi que le « conseil d´entreprise » (composé des représentants du personnel), peut intervenir et aider à trouver une solution à l´amiable. En dehors de l'entreprise, tout conflit individuel de travail est d'abord soumis à une procédure de conciliation (*Güteverfahren*) devant le président du tribunal du travail. Les parties peuvent d'ailleurs recourir à une transaction à tout moment de la procédure, et ce même contre l'avis du juge.

En Italie, la tentative de conciliation *(Tentativo di conciliazione)* a été intégralement modifiée par le Décret législatif du 31 mars 1998 n° 80, lequel l'a rendue obligatoire pour pouvoir entreprendre une procédure judiciaire. La tentative de conciliation constitue la condition de recevabilité de la demande en justice. Il en est de même en droit espagnol où la tentative de conciliation doit avoir lieu devant un organisme public mis en place par l'Administration centrale ou l'Administration régionale (Communauté autonome). Un tel organisme est appelé Service de médiation d'arbitrage et de conciliation de la Direction du Travail et de la Sécurité sociale.

En droit brésilien, la phase de conciliation se déroule devant le juge, qui est tenu de tenter une conciliation avant de statuer sur le litige.

Article 353 *: Il est interdit aux inspecteurs et contrôleurs du travail d'encaisser ou de retenir par devers eux, de quelque manière que ce soit, les sommes dues aux travailleurs.*

Observations

Pourquoi cette disposition a été rajoutée ici ? S'agit-il de prendre en compte une situation dénoncée par nombre de salariés ?
Voir, F.S. Long, « Les inspecteurs du travail dans la tourmente », *L'Union*, 10 novembre 2023, https://www.union.sonapresse.com/node/26891 ; G. Ondo Zuey, « Litiges professionnels : Au Gabon, les inspecteurs du travail risquent la prison », *Gabon Review*, 31 octobre 2023, https://www.gabonreview.com/litiges-professionnels-au-gabon-les-inspecteurs-du-travail-risquent-la-prison/

Section 2 : Du règlement amiable et du règlement transactionnel

Article 354 *: La procédure de règlement du différend individuel n'exclut pas la possibilité d'un règlement amiable ou transactionnel.*
Le règlement amiable est l'accord des parties qui met fin à un litige par suite d'une procédure de conciliation directe ou en faisant intervenir un tiers.
Le règlement transactionnel est un mode de règlement d'un conflit, matérialisé par un écrit par lequel les parties terminent une contestation née ou préviennent une contestation à naître, en renonçant chacune à certaines de leurs prétentions ou en se faisant des concessions réciproques.
La transaction doit remplir les conditions de validité suivantes :
- *la résiliation préalable du contrat de travail dans les formes requises par la présente loi ;*

- *l'existence d'un conflit entre les parties ;*
- *la volonté réciproque de régler le différend à l'amiable et de faire des concessions ;*
- *la renonciation à toute réclamation ultérieure portant sur le même objet.*

L'indemnité transactionnelle versée au travailleur ne se confond pas avec les indemnités légales de rupture dues.

En cas de règlement transactionnel du différend, le procès-verbal transactionnel est transmis au tribunal du travail du ressort pour être revêtu de la signature et du sceau du président du tribunal. Il est déposé au rang des minutes et vaut titre exécutoire.

Observations

Il est étonnant que le législateur n'ait pas intégré dans cet article le reçu pour solde de tout compte. Certes, ce relevé des sommes versées par l'employeur au moment où cesse le contrat a d'abord une valeur probatoire. Le reçu solde tous les comptes entre l'employeur et lui. Le salarié reconnaît que ce dernier ne lui doit plus rien, et qu'il est donc rempli de tous ses droits.

I. Le règlement amiable

Le règlement amiable tel qu'il est prévu pose la question de son régime juridique. Quel va en être le texte de référence ? Il n'est pas certain que le droit OHADA qui évoque des modes amiables soit d'une grande utilité. Le règlement amiable y est en effet une catégorie générique dans laquelle on retrouve l'arbitrage, la transaction, la sentence d'accord partie, la médiation ou la conciliation.
En droit comparé français, le Code de procédure civile dispose en son article 1528 que : « *Les parties à un différend peuvent, à leur initiative et dans les conditions prévues par le présent livre, tenter de le résoudre de façon amiable avec l'assistance d'un médiateur, d'un conciliateur de justice ou, dans le cadre d'une procédure participative, de leurs avocats* ».

II. Le règlement transactionnel

Aux termes de l'article 2044 du Code civil gabonais, « *La transaction est un contrat par lequel les parties terminent une contestation née, ou préviennent une contestation à naître. Ce contrat doit être rédigé par écrit.* »

Ce contrat peut être conclu entre un employeur et un salarié en cas de litige.

Pour qu'il soit valable, il faut qu'il s'agisse d'abord d'une contestation née ou à naître. Il faut donc qu'il y ait un litige. Pour reprendre un auteur : « *Plus exactement, il requiert l'expression d'une prétention qui doit se heurter à une résistance* » (D. Le Ninivin, *La juridiction gracieuse dans le nouveau Code de procédure civile*, Litec, 1983, n° 97). Ne sont donc visés ici que les différends susceptibles de faire l'objet d'un procès. C'est ainsi qu'une transaction ne peut pas porter sur un accord par lequel l'employeur s'engage à respecter une décision de justice, l'objet du litige ayant déjà donné lieu à ladite décision, l

Il faut ensuite que ce contrat prévoit des concessions réciproques puisqu'il s'agit d'un contrat synallagmatique. Certes, le juge n'exige pas une équivalence entre les concessions, pour autant, il faut qu'elles existent. C'est ce que rappelle la Cour de cassation gabonaise dans un arrêt des chambres réunies du 22 janvier 2013 (arrêt n° 10/2012-2013, Bull. Cour de cassation n° 04, Janvier-Février-Mars 2014) : « *Attendu que la défenderesse sollicite, en application de l'article 1134 du Code civil gabonais ancien, que soit déclarée irrecevable l'action du demandeur en raison de l'existence d'une convention datée du 11 août 2008, les liant, par laquelle ils ont convenu de mettre fin définitivement au conflit né de leur relation de travail ;*
Mais attendu qu'aux termes des dispositions de l'article 1134 précité, les conventions ne tiennent lieu de loi à ceux qui les ont faites qu'à la condition d'être légalement formées ;
Qu'aux termes de l'article 2044 du même code, la transaction n'est valable que pour autant qu'elle comporte des concessions réciproques ».

L'une des conséquences de la conclusion d'une transaction est l'extinction d'instance.

Voir, Soc., 4 février 2016, arrêt n° 8/2015-2016 : « *Il résulte des dispositions de l'article 308 du code de procédure civile, que la signature d'un accord transactionnel entre les parties, emporte extinction de l'instance, constatée par décision de justice* ».
Voir encore, Soc., 28 avril 2016, arrêt n° 21/2015-2016.

Section 3 : De la composition et des attributions des tribunaux du travail

Observations

S'agissant d'une législation portant sur les relations de travail, et d'une section annonçant les attributions des tribunaux du travail, il est étrange que la question de la compétence de ces juridictions ne soit pas expressément

abordée. La formule lapidaire de l'article 355 est loin d'être satisfaisante. Le législateur aurait pu, tout simplement pour une meilleure compréhension du droit, garder l'ancien article 317 qui disposait :
« Les tribunaux du travail connaissent des différends individuels pouvant s'élever entre les travailleurs et les employeurs à l'occasion de l'exécution du contrat de travail.
Ces tribunaux sont seuls compétents pour se prononcer sur tous les différends individuels relatifs aux conventions collectives et aux arrêtés en tenant lieu. Leur compétence s'étend également au contentieux du régime de sécurité sociale ainsi qu'aux différends entre travailleurs par le fait ou à l'occasion du travail ».
Il aurait pu garder également l'ancien article 318 qui déterminait la compétence *racione loci.*

Pour connaître la compétence des tribunaux du travail, il faut se référer à la Loi organique n° 008/2019 du 04/07/2019 fixant l'organisation, la composition, la compétence et le fonctionnement des juridictions de l'ordre judiciaire.

Aux termes de l'article 225 de celle-ci : « *Il est créé dans chaque chef-lieu de province un tribunal du travail. L'installation effective du tribunal du travail est décidée par le Conseil Supérieur de la Magistrature. Le ressort territorial du tribunal du travail recouvre celui de la province où il a son siège* ».
A l'heure actuelle il n'y a qu'un seul tribunal de travail, celui de Libreville. Dans les autres villes, ce sont des chambres sociales des tribunaux de première instance qui assurent cette compétence.
Voir en ce sens, l'article 246 de la même loi : « *Dans l'attente de la mise en place effective des tribunaux de commerce et des tribunaux du travail dans chaque chef-lieu de province, les compétences de ces juridictions sont exercées par une section du tribunal de première instance du ressort* ».

I. La compétence *racione materiae*

Elle procède de la Loi organique n° 008/2019 du 04/07/2019 fixant l'organisation, la composition, la compétence et le fonctionnement des juridictions de l'ordre judiciaire à l'article 231 :
« *Le Tribunal du travail est compétent pour connaître :*
- *de tout conflit individuel né, à l'occasion de la conclusion, de l'exécution ou de la rupture d'un contrat de travail ;*
- *des différends individuels relatifs aux conventions collectives et aux textes réglementaires en tenant lieu ;*

- *des différends nés à l'occasion du travail, lorsque ceux-ci ont un lien avec l'exécution du contrat de travail ;*
- *des différends entre les employeurs ou leurs représentants et les salariés, apprentis ou stagiaires qu'ils emploient, accueillent ou reçoivent ;*
- *du contentieux du régime de sécurité sociale. Le tribunal du travail connaît également des matières pour lesquelles la loi lui donne expressément compétence* ».

La compétence d'attribution du tribunal du travail est d'ordre public. Aucune convention, ni aucun contrat ne peuvent l'écarter lorsqu'il y a un litige individuel lié à l'exécution du contrat de travail. A l'inverse, dès lors qu'il ne s'agit pas d'un salarié, cette compétence est exclue. Voir en ce sens, **C.S.,** *29 octobre 1984* (absence de lien de subordination, incompétence du tribunal du travail) : « *Attendu que s'il est de jurisprudence constante que le cumul des qualités de salarié et de dirigeant social est possible au Gabon, il appartient néanmoins à la Cour de rechercher dans chaque cas d'espèce l'existence du seul critère distinctif du contrat de travail à savoir le lien de subordination, tel qu'il est défini à l'article 1er du Code du travail ; que la rémunération à elle seule ne suffit pas à conférer à celui qui la reçoit la qualité de salarié dès lors que ce dernier ne se trouve pas dans un rapport de subordination à l'égard de celui qui l'emploie...*

Attendu qu'en l'absence de toute preuve d'un lien de subordination juridique avec la Société Y... et d'un emploi distinctif du mandat social qu'exerçait X..., c'est à bon droit que le premier juge a écarté l'existence d'un contrat de travail et déclaré le Tribunal de Travail incompétent ».

Le tribunal du travail a une compétence exclusive, quels que soient la nature ou le montant du litige en droit du travail et en droit de la sécurité sociale. L'intérêt de cette double compétence est que le juge peut statuer sur des questions relatives à ces volets du droit au cours de la même instance. Dans la plupart des pays d'Afrique francophone, les compétences sont les mêmes. Voir notamment, Tchad, C.T, art. 411, Burkina Faso, C.T., art. 287 ; RCA, C.T., art. 354 ; Congo, C.T., art. 211.

En Allemagne, les tribunaux du travail sont exclusivement compétents pour tous les litiges de droit commun entre employeurs et salariés. Les conflits de sécurité sociale relèvent de juridictions différentes. Ces compétences sont donc d'ordre public. En Espagne, le juge social est compétent pour tous les litiges attribués à l'ordre juridictionnel social, à l'exception de ceux qui dépendent des chambres sociales des tribunaux des communautés autonomes (Pays basque, Catalogne, Galice...). En Italie, le tribunal compétent pour tous les conflits individuels du travail est le tribunal de grande instance, statuant à juge unique. Au Royaume-Uni, le tribunal du travail a la compétence exclusive dans les domaines suivants : bulletin de paie, paiements en garantie, préjudice subi dans le cadre du travail, temps de repos, mise à pied, congé de maternité et parental, licenciement abusif.

En droit brésilien. Aux termes de l'article 114 de la Constitution brésilienne, la justice du travail est compétente dans les matières suivantes :

- les actions découlant de la relation de travail portant sur l'exercice du droit de grève ;
- Les actions sur la représentation syndicale au sein des syndicats, entre les syndicats et les travailleurs, et entre les syndicats et les employeurs ;
- Les conflits de compétence entre les organismes ayant juridiction du travail ;
- Les actions en dommages moraux ou de capitaux propres, découlant de la relation de travail;
- Les actions concernant des sanctions administratives imposées aux employeurs dans le cadre de la relation de travail ;
- Les cotisations sociales.

II. La compétence *racione loci*

La Loi organique n° 008/2019 du 04/07/2019 dispose en son article 234 que : « Le tribunal du travail territorialement compétent est celui du lieu de l'exécution du contrat de travail ou celui du lieu de résidence du salarié, apprenti ou stagiaire ».
Là encore, on se demande bien pourquoi le législateur n'a pas gardé la rédaction de l'ancien article 318 : *« Le tribunal compétent est celui du lieu du travail. Nonobstant toute attribution conventionnelle de juridiction, le travailleur, dont la résidence habituelle est située en un lieu distinct du lieu de travail, aura le choix entre le tribunal de sa résidence et celui du lieu d'emploi* ».

Article 355 *: Les dispositions relatives à la présente section sont régies conformément aux textes en vigueur à l'exception du régime de nomination des assesseurs.*

Article 356 *: Les assesseurs non professionnels sont composés de titulaires et de suppléants. Les assesseurs titulaires sont remplacés, en cas* *d'empêchement, par les assesseurs suppléants dont le nombre est égal à celui des titulaires. Si le tribunal ne peut se constituer du fait de la carence des assesseurs, le président est assisté par deux magistrats professionnels.*

Observations

I. Le modèle échevinal au Gabon et en Afrique francophone

Le modèle d'organisation choisi par le législateur gabonais est l'échevinage. C'est un système d'organisation judiciaire dans lequel les affaires sont entendues et jugées par des juridictions composées à la fois de magistrats professionnels, et de personnes n'appartenant pas à la magistrature professionnelle. Dans le cas d'espèce, les échevins sont nommés par le ministre en charge du travail ou par l'inspecteur du travail en cas de carence. Toutefois, depuis l'entrée en vigueur du présent code, les assesseurs sont toujours des magistrats professionnels du fait de l'impossibilité à lister des organisations représentatives des salariés, les échevins sont choisis par les autorités.
Sur l'absence des assesseurs, la Cour de cassation a censuré une décision d'une cour d'appel qui avait déclaré régulier un jugement rendu alors que le tribunal siégeait avec un juge unique.

Voir, Cour de Cassation du Gabon, 1ère Ch. soc., 3 mars 2004, n° 27/2003-2004 : « *Attendu qu'il est contant que le Tribunal a siégé à un juge que dans l'affaire opposant la Société S. à son employé Z. et cela en violation de la loi ;*
Attendu, en effet, que l'article 319, alinéa 3 du Code du travail 'et non 320 comme visé par erreur dans le moyen) dispose que dans le cas où le Tribunal ne peut se constituer en formation collégiale du fait de la carence des assesseurs, le Président est alors assisté par deux juges professionnels ;
Attendu que la décision critiquée n'a pas été rendue conformément auxdites prescriptions légales ;
Qu'ainsi, en statuant comme elle l'a fait, alors qu'elle était saisie de l'irrégularité de la composition du Tribunal, la Cour d'Appel a manifestement violé la loi ; d'où il suit que son arrêt doit être censuré ».

Le modèle échevinal est également présent dans nombre de pays africains. Voir notamment, Burkina, C.T., art. 293 ; Congo, C.T., art. 215 et 216 ; Cameroun, C.T., art. 133-1; Djibouti, C.T., art. 163 ; Côte d'Ivoire, C.T., art. 81.10 ; RCA, C.T., art 357 ; Tchad, C.T., art. 416 ; Mali, C.T., art. L. 196.

II. La diversité des modèles hors d'Afrique

En dehors du continent, on note une grande diversité des modèles.
En Allemagne les tribunaux de travail (*Arbeitsgerichte*) sont des formations collégiales qui comprennent trois membres : un magistrat professionnel et deux juges non professionnels qui représentent les salariés et les employeurs. Au Royaume-Uni, la première instance judiciaire de règlement des conflits du droit du travail est le tribunal du travail (*employment tribunal*) qui est présidé par un magistrat professionnel. Les deux autres membres sont également choisis par le Président ou le Président Régional (*Regional Chairman*) des tribunaux du travail. L'un est choisi sur la liste établie par le Ministre du Commerce et de l'Industrie, après consultation des organisations d'employeurs. L'autre membre du tribunal est choisi sur la liste établie par le même Ministre après consultation des représentants des salariés.

En France, la formation de jugement du Conseil des prud'hommes est composée de quatre juges élus par les employeurs (2) et les salariés (2).

En Italie, en Espagne, ou encore au Brésil (vara), il est institué un juge unique qui statue sur les conflits de travail.

Article 357 *: Les assesseurs et leurs suppléants sont nommés par arrêté du Ministre en charge du Travail sur présentation des listes établies par les organisations syndicales les plus représentatives ou, en cas de carence de celles-ci, sur présentation des listes établies par l'inspecteur du travail du ressort et comportant un nombre de noms égal à celui des postes à pourvoir.*
Le mandat des assesseurs titulaires et suppléants a une durée de deux (2) ans. Il est renouvelable une (1) fois.
Les assesseurs et leurs suppléants doivent jouir de leurs droits civils. Ils doivent, en outre, n'avoir subi aucune condamnation d'une peine correctionnelle, à l'exception toutefois :
- *des condamnations pour les délits d'imprudence, hors le cas de délit de fuite concomitant ;*
- *des condamnations pour infractions autres que les infractions qualifiées de délits à la législation sur les sociétés, mais dont, cependant, la constitution n'est pas subordonnée à la preuve de la mauvaise foi de leurs auteurs et qui ne sont passibles que d'une amende.*

Sont déchus de leur mandat, les assesseurs qui sont frappés de l'une des condamnations visées ci-dessus ou qui perdent leurs droits civils.

Observations

A l'évidence l'article 357 poursuit un objectif louable qui est de garantir l'échevinage prévu à l'article 356. Toutefois, celui-ci va se heurter à des difficultés liées à la faiblesse des corps intermédiaires au Gabon. La question de la représentativité n'étant toujours pas tranchée, il est à craindre que l'on ne fasse application de ce que propose l'alinéa 1er de cet article 357 en cas de carence des organisations syndicales. La solution que le législateur a trouvée pour faire face à la carence des assesseurs non professionnels est contenue à l'article 356 avec le recours à des magistrats professionnels. Elle a toutefois pour conséquence de remettre en cause l'échevinage.

Article 358 *: Tout assesseur titulaire ou suppléant qui a gravement manqué à ses devoirs dans l'exercice de ses fonctions est convoqué devant le tribunal du travail pour s'expliquer sur les faits qui lui sont reprochés.*
L'initiative de cette convocation appartient au président du tribunal du travail et au procureur de la République.
Dans le délai d'un (1) mois à dater de la convocation, le procès-verbal de la séance de comparution est adressé par le président du tribunal du travail au garde des Sceaux.

Par arrêté du garde des Sceaux, les peines suivantes peuvent être prononcées :
- la censure ;
- la suspension pour un temps qui ne peut excéder six (6) mois ;
- la déchéance.
Tout assesseur contre lequel la déchéance a été prononcée ne peut être désigné à nouveau aux mêmes fonctions.

Article 359 *: Les assesseurs et leurs suppléants prêtent devant les juridictions compétentes le serment suivant : « Je jure de remplir mes devoirs avec zèle et intégrité et de garder le secret des délibérations ».*

Article 360 *: L'exercice des fonctions d'assesseurs donne droit à une indemnité forfaitaire de session dont le montant est fixé par arrêté du Ministre en charge de la Justice, Garde des Sceaux. Cette indemnité est à la charge du budget de l'Etat.*

Article 361 *: Les assesseurs des tribunaux du travail peuvent être récusés :*
- *quand ils ont un intérêt personnel à la contestation ;*
- *quand ils sont parents ou alliés de l'une des parties jusqu'au sixième degré ;*
- *si, dans l'année qui précède la récusation, il y a eu procès pénal ou civil entre eux et l'une des parties ou son conjoint ou allié en ligne directe ;*
- *s'ils ont donné un avis écrit sur la contestation ;*
- *s'ils sont employeurs ou travailleurs de l'une des parties en cause.*

La récusation est formée avant tout débat. Le président statue immédiatement. Si la demande est rejetée, il est passé outre aux débats. Si elle est admise, l'affaire est renvoyée à la prochaine audience où doivent siéger le ou les assesseurs suppléants.

Section 4 : De la procédure devant le tribunal du travail

Article 362 *: La procédure devant le tribunal du travail est gratuite. En outre, pour l'exécution des jugements rendus à leur profit, les travailleurs bénéficient du droit à l'assistance judiciaire.*
Les délibérations ont lieu obligatoirement en présence des assesseurs ayant pris part aux débats.

Article 363 *: Un différend individuel du travail ne peut être soumis au tribunal du travail qu'en cas de non-conciliation devant l'inspecteur du travail ou de saisine directe prévue à l'article 352 ci-dessus.*
L'action en justice est introduite par déclaration orale ou écrite faite soit au greffe du tribunal du travail par le demandeur, soit à l'inspection du travail qui transmet la requête au tribunal du travail et une copie du procès-verbal de conciliation partielle ou de non-conciliation.
Sur demande du requérant, l'inspecteur du travail doit transmettre sans délai au tribunal du travail tout le dossier afférent au litige qui lui a été soumis aux fins de conciliation.
Il est fait inscription de la déclaration introductive de l'action sur un registre tenu spécialement à cet effet au greffe du tribunal du travail. Un récépissé de cette déclaration est délivré au requérant. La date de la requête interrompt la prescription.

Observations

L'alinéa premier de cet article soulève des interrogations s'agissant des litiges nés de l'application de la législation de sécurité sociale. Le salarié qui demande la reconnaissance d'un accident du travail ou la liquidation de ses droits à pension doit-il d'abord s'adresser à l'inspecteur du travail avant de saisir le juge ? Cela signifierait que l'inspecteur du travail serait compétent pour statuer sur un litige opposant la CNSS à un assuré social. Cette interprétation est discutable dans la mesure où l'intervention de l'inspecteur du travail concerne les conflits entre employeurs et salariés. Or, les différends de sécurité sociale opposent d'une part l'organisme de sécurité sociale aux assurés, et d'autre part, l'organisme de sécurité sociale aux employeurs.

Article 364 *: Dans les deux jours francs à dater de la réception de la demande, le président fait citer les parties à comparaître dans un délai qui ne peut excéder une semaine et qui est majoré, s'il y a lieu, des délais de distance fixés par le Code de Procédure Civile. La suite de la procédure non prévue par la présente loi obéit aux règles du Code de Procédure Civile.*

Article 365 *: Les parties sont tenues de se rendre, au jour et à l'heure fixés, devant le tribunal du travail. Elles peuvent se faire assister ou représenter soit par un travailleur ou employeur appartenant à la même branche d'activité, soit par un avocat régulièrement inscrit au barreau, soit par un conseil juridique inscrit, ou encore par un représentant des organisations syndicales auxquelles elles sont adhérentes.*
Les employeurs peuvent, en outre, être représentés par un directeur ou un employé de l'entreprise ou de l'établissement.
Sauf en ce qui concerne les avocats, le mandat des représentants des parties doit être constaté par écrit.

Observations

Cette disposition mentionnant les conseils juridiques fait l'objet d'une divergence d'interprétation de la part des juges ou des avocats. Pourtant, la rédaction de l'article 42 du Code de procédure civile ne souffre d'aucune ambigüité :
« *Les avocats inscrits au barreau du Gabon, ont seuls qualité pour représenter les parties en justice. Toutefois, devant les juridictions au siège desquelles ne sont pas établis au moins deux avocats ; le choix des mandataires est libre. Il en est de même devant les juridictions statuant en matière sociale ou du travail (...)* ».

Article 366 *: L'audience est publique, sauf au stade de la conciliation.*
Le président dirige les débats, interroge et confronte les parties et fait comparaître les témoins cités à la diligence des parties ou par lui-même dans

les formes indiquées à l'article 364 ci-dessus. Il procède à l'audition de toute personne dont il juge la déposition utile au règlement du différend.
Il peut procéder ou faire procéder à tous constats ou expertises et même consulter l'inspecteur du travail pour informer le tribunal.
L'enquête est diligentée suivant les formes habituelles prévues par le Code de Procédure Civile. La police de l'audience et des débats appartient au président. Dans les cas urgents, le président peut ordonner par provision toutes mesures qui sont jugées nécessaires.

Observations

Voir Code de procédure civile.
« *Article 13 : A l'appui de leurs prétentions, les parties ont la charge d'alléguer les faits propres à les fonder ».*
Article 14 : Il est défendu au juge de fonder sa décision sur des faits qui ne sont pas dans le débat ».

Voir en ce sens :

- Tribunal de travail de Libreville, 20 septembre 2023, n° /2022-2023 : « *Mais attendu qu'à l'examen des pièces du dossier, le requérant ne précise ni le montant global qui lui est dû par la société GSEZ, encore moins le montant exact de la provision sollicitée ; Qu'il ne revient pas au juge des référés de pallier les insuffisances des parties ; Que dans ces conditions, une telle demande ne peut prospérer (...°)* ».

- Tribunal du Travail de Libreville, 30 mai 2022, répertoire n° 581/2021-2022 : « *Attendu que Sieur A. sollicite la condamnation de son ex-employeur à lui payer les deux parts des cotisations CNSS prélevées, le rappel des rubriques de rémunération ;*

Attendu que ces demandes telles que présentées sont confuses et imprécises ;
Attendu que le juge statue seulement sur ce qui lui est demandé : qu'il convient de le débouter de ces demandes. »

A la suite d'un accident du travail non déclaré par un employeur qui n'avait jamais d'ailleurs immatriculé le salarié, la demande de ce dernier est la suivante : condamnation de l'ex-employeur à lui payer la somme de 25 000 000 F. CFA au titre de provision pour assurer la continuité de ses soins de santé et de lui accorder le bénéfice des dispositions de l'article 573 du Code de procédure civile pour mieux assurer l'exécution de la décision à intervenir.

Voici ce que répond le Tribunal de travail de Libreville, 8 mars 2023, n° 84/2022-2023 :

« Qu'il ressort des pièces versées au dossier notamment du procès-verbal d'audition et de la transcription datée du 30 septembre 2022, du rapport d'expertise médico-légale dressé le 30 mars 2022, des procès-verbaux de non-conciliation et défaut de comparution dressés respectivement le 7 juillet 2022 et le 9 novembre 2022, que le requérant au moment de son accident du travail était bien dans l'exercice de ses fonctions au sein de la société défenderesse, que ledit accident n'a pu être déclaré auprès d'un organisme d'assurance pour la prise en charge de ce dernier, du fait que son employeur n'a jamais procédé aux formalités relatives à son immatriculation dans une compagnie d'assurance ;
Que cet accident a entraîné la perte des trois premiers doigts de la main droite du requérant ainsi que le blocage des deux derniers, que la société, malgré de nombreuses convocations faites à son encontre pour un règlement amiable de la présente cause aussi bien devant l'Inspecteur du Travail que devant le Tribunal du travail, cette dernière ne s'est jamais présentée ;
Qu'au regard de ce qui précède et au vu de la situation difficile que traverse ce dernier, il convient de faire droit à sa demande avant de ramener le montant sollicité à une juste proportion, soit la somme de 15 000 000 F CFA ».

Article 367 *: Si, au jour fixé par la convocation, le demandeur ne comparaît pas et ne justifie pas d'un cas de force majeure ou d'une excuse valable, la cause est rayée du rôle. Elle ne peut être reprise qu'une seule fois et selon les formes imparties pour la demande primitive à peine de déchéance.*
Si le défendeur ne comparaît pas et ne justifie pas d'un cas de force majeure ou s'il n'a pas présenté ses moyens sous forme de mémoire, défaut est donné contre lui et le tribunal statue sur le mérite de la demande.

Observations

Alors que la loi est silencieuse à ce sujet, dans la pratique observée, le juge dresse un procès-verbal de défaut de conciliation.

Article 368 *: Les mineurs qui ne peuvent être assistés de leur représentant légal peuvent être autorisés par le président à se concilier, à demander ou à se défendre devant le tribunal du travail.*

Article 369 *: Lorsque les parties comparaissent devant le tribunal du travail, il est procédé à une nouvelle tentative de conciliation.*

En cas d'accord, un procès-verbal de conciliation, rédigé séance tenante sur le registre des délibérations du tribunal, consacre le règlement à l'amiable du litige.
L'extrait du procès-verbal de conciliation, signé du président et du greffier, vaut titre exécutoire.

Observations

Voir observations sous article 352.

Article 370 *: En cas de conciliation partielle, l'extrait du procès-verbal, signé du président et du greffier, vaut titre exécutoire pour les points sur lesquels l'accord est intervenu et procès-verbal de non-conciliation pour le surplus de la demande.*

Article 371 *: En cas de non-conciliation ou pour la partie contestée de la demande, le tribunal doit retenir l'affaire. Il procède immédiatement à son examen.*
Aucun renvoi ne peut être prononcé, sauf accord des parties. Mais le tribunal peut toujours, par jugement motivé, prescrire toutes enquêtes, descentes sur les lieux et toutes mesures d'information quelconque y compris la comparution personnelle des parties et la consultation de l'inspecteur du travail qui a instruit l'affaire.

Observations

Une zone d'ombre apparaît dans cette formulation, et dans la pratique elle peut être source d'interprétations divergentes. Si aux termes des articles 369 et 370, le législateur prescrit la production d'un procès-verbal, il n'en est rien dans le cas de la non-conciliation. Le juge n'est tenu à la production d'aucun document. Pire encore, quid alors de la situation ou l'une des parties a fait défaut ? Cette défaillance ne peut pas être assimilée à une non-conciliation pour autant. Il aurait été été plus simple pour le législateur de prévoir la même exigence de procès-verbal pour l'article 371, d'autant plus que l'article 233 ci-dessous de la Loi organique n° 008/2019 du 04/07/2019 fixant l'organisation, la composition, la compétence et le fonctionnement des juridictions de l'ordre judiciaire.

Article 233 : « *Dans l'exercice de ses compétences, le tribunal du travail doit préalablement procéder à la conciliation des parties, nonobstant celle déjà observée devant l'Inspection du Travail.*

En cas de conciliation, les juges dressent procès-verbal signé des parties et du président. Ce procès-verbal est classé au rang des minutes du tribunal et vaut titre exécutoire.
En cas d'échec de la tentative de conciliation, la juridiction saisie procède à l'instruction du dossier pour décision être rendue sur le fond. Dans tous les cas, il doit être fait mention de l'observation de la formalité de conciliation préalable dans la décision ».

L'alinéa 3 évoque l'échec de la tentative de conciliation sans que l'on sache s'il s'agit seulement de la non-conciliation. Le législateur ne s'est pas du tout penché sur le cas de la carence. L'alinéa 3 s'applique-t-il toujours ? Par ailleurs, cette obligation de faire mention de l'observation de la formalité de conciliation soulève la question de la preuve. Comment le juge va-t-il prouver qu'il a satisfait à cette formalité si rien ne l'atteste ? Il serait souhaitable de reprendre pour ce cas de figure la pratique du procès-verbal du défaut de conciliation (voir observations sous article 367).

Article 372 *: Le jugement peut ordonner l'exécution immédiate, nonobstant toutes voies de recours et par provision avec dispense de caution lorsqu'il s'agira de sommes non contestées et reconnues comme étant dues.*
Copie du jugement signé par le président et le greffier doit être remis aux parties sur leur demande. Mention de cette délivrance, de sa date et de son heure est faite par le greffier du tribunal en marge du jugement.
Si, dans un délai de quinze (15) jours après la signification, plus les délais de distance, le défaillant ne fait pas opposition au jugement dans les formes prescrites à l'article 373 ci-dessous, le jugement est exécutoire. Sur opposition, le président convoque à nouveau les parties comme il est dit à l'article 364 ci-dessus. Le nouveau jugement est exécutoire, sauf appel.

Observations

Voir, Tribunal de 1ère instance de Port-Gentil, 29 mai 2008 :
« *Attendu qu'il résulte des dispositions de l'article 335 du Code du travail que l'exécution provisoire et immédiate peut être ordonnée pour des sommes non contestées ; qu'il y a lieu d'ordonner cette exécution* ».

C.A. Port-Gentil, 30 juin 2020, 34/2019-2020 :
« *Attendu qu'en application des dispositions de l'article 338 du Code du travail, « les jugements contradictoires rendus en matière sociale peuvent être frappés d'Appel dans les quinze (15) jours du prononcé de la décision « ;*
Qu'en la cause, le jugement querellé avait été rendu contradictoirement le 13 février 2015 par le Tribunal de Première Instance de Port-Gentil ;

Attendu que sieur OBAME NDONG Patrick avait formé Appel dudit jugement par lettre datée du 17 mars 2015, et reçue au Greffe du Tribunal de céans le 22 mai 2015, conformément au sceau de Monsieur le Greffier en Chef ;
Attendu que, entre la date du prononcé du jugement et la date de réception de l'Appel, il s'était écoulé trois (03) mois après le prononcé de la décision querellée ;
Attendu qu'en vertu de la loi, la voie d'Appel lui était ouverte jusqu'au 28 février 2015, soit quinze (15) jours après le prononcé de la décision ;
Qu'or, ce n'est que le 22 mai 2015 que sieur OBAME NDONG Patrick avait cru bon de former appel de la décision attaquée ;
Qu'au vu de ce qui précède, il convient de déclarer l'Appel formé par sieur OBAME NDONG Patrick irrecevable pour cause de forclusion ; »

Sur le jugement contradictoire ou réputé contradictoire, voir C.A. Port-Gentil, 12 août 2010, rôle n° 29/09-10 : Pour l'employeur « *le jugement aurait dû être réputé contradictoire et non de contradictoire, car la nouvelle date de délibéré n'avait pas été portée à la connaissance des parties* ».

Section 5 : Des voies de recours

Article 373 *: Dans l'exercice de ses compétences, le tribunal du travail statue en premier et dernier ressort lorsque la valeur du litige n'excède pas un million (1 000 000) de francs CFA.*
Les jugements avant dire droit ne sont susceptibles d'appel qu'avec le jugement sur le fond.

Observations

Pour tous les litiges dont l'intérêt en jeu est inférieur ou égal à un million (1 000 000) de francs CFA, le tribunal du travail statue en dernier ressort, c'est-à-dire sans possibilité d'appel. La voie de recours dans ce cas est le pourvoi en cassation. L'appel n'intervient que pour les différends dont la valeur excède un million (1 000 000) de francs CFA.
Voir également, Loi organique n° 008/2019 du 04/07/2019 fixant l'organisation, la composition, la compétence et le fonctionnement des juridictions de l'ordre judiciaire, article 232 : « *Dans l'exercice de ses compétences, le tribunal du travail statue en premier et dernier ressort lorsque la valeur du litige n'excède pas un million de francs CFA* ».

Article 374 *: Le tribunal du travail connaît toutes les demandes reconventionnelles ou en compensation qui, par leur nature, rentrent dans sa compétence.*
Si une demande reconventionnelle est reconnue non fondée et formulée uniquement en vue de rendre le jugement susceptible d'appel, l'auteur de cette demande peut être condamné à des dommages-intérêts envers l'autre partie, même au cas où en appel le jugement en premier ressort n'a été confirmé que partiellement.
Toutes les demandes nées à l'occasion du contrat de travail entre les mêmes parties doivent faire l'objet d'une seule instance, à peine d'être déclarées non recevables, à moins que le demandeur ne justifie que les causes des demandes nouvelles ne sont nées à son profit ou n'ont été connues de lui que postérieurement à l'introduction de la demande initiale.
Sont toutefois recevables, les nouveaux chefs de demande tant que le tribunal du travail ne se sera pas prononcé sur les instances de la demande initiale. Il se prononcera sur le tout par un seul et même jugement.

Article 375 *: Dans les quinze (15) jours du prononcé, pour les jugements contradictoires, dans les quinze (15) jours de la signification, pour les jugements de défaut et les jugements réputés contradictoires, appel peut être interjeté dans les formes prévues au présent article.*
Dans les huit (8) jours de son dépôt, la déclaration d'appel est transmise au greffier de la Cour d'appel avec une expédition du jugement attaqué et le dossier de l'affaire. L'appel est jugé sur pièces. Toutefois, les parties peuvent demander à être entendues.

Observations

I. Le point du départ du délai d'appel en matière sociale

- Soc., 5 juin 2014, arrêt n° 77/2013-2014 : « *Il résulte des dispositions particulières de l'article 338 du Code du travail, que le délai de quinze (15) jours accordé à la partie qui a succombé, pour faire appel, court à compter du prononcé de la décision ; Fait donc une exacte application de cette disposition, une Cour d'appel qui déclare irrecevable le recours enregistré seize (16) jours après le prononcé de la décision et que n'était pas applicable en l'espèce, l'article 63 du code de procédure civile qui stipule que lorsqu'un délai est exprimé en jour, le jour de l'acte de la décision ne compte pas* ».

- Soc., 30 novembre 2014, arrêt n° 2/2014-2015.

II. Sur la motivation de la décision de justice

- Soc., 5 février 2015, arrêt n° 17/2014-2015 : « *Il résulte des dispositions de l'article 372 du code de procédure civile, que toute décision de justice doit être suffisamment motivée à peine de nullité ; Ne viole pas cette disposition, une Cour d'appel qui, pour calculer les indemnités dues à un travailleur licencié, s'appuie sur la grille des emplois et indemnités de l'entreprise* ».
- Soc., 17 janvier 2013, arrêt n° 13/2012-2013 : « *En vertu des dispositions de l'article 372 du code de procédure civile, tout arrêt, jugement ou ordonnance doit être obligatoirement motivé ; Viole cette disposition, une Cour d'appel qui, pour condamner un employeur, se borne à relever qu'il a violé les prescriptions qu'il a édictées à l'article 59 du Code du travail sur le licenciement pour motif économique, sans dire en quoi consistait cette violation* ».

<u>Article 376</u> *: Les décisions rendues en appel ou en dernier ressort par le tribunal sont susceptibles de recours en cassation.*

Observations

I. Sur la déchéance du pourvoi en cassation

- Soc., 28 avril 2016, arrêt n° 19/2015-2016 : « *Il résulte des dispositions combinées des articles 558 et 562 du code de procédure civile, que tout demandeur au pourvoi qui, en matière sociale, dépose son mémoire ampliatif au-delà du délai d'un mois, à compter du dépôt du pourvoi, en est d'office déchu* ».

- Soc., 6 avril 2017, arrêt n° 5/2016-2017.

- Soc., 5 février 2015, arrêt n° 18/2014-2015.

II. Sur la recevabilité du pourvoi

- Soc., 4 février 2016, arrêt n° 6/2015-2016 : « *Il résulte des dispositions de l'article 554 du code de procédure civile, qu'en raison de ce que le demandeur en cassation ne peut faire état que des moyens de droit, le moyen tendant à remettre en cause l'appréciation des faits et des preuves qui, elle, relève du pouvoir souverain des juges du fond, est irrecevable* ».

- Soc., 4 février 2016, arrêt n° 7/2015-2026 : « *En raison de ce qu'elle relève du pouvoir souverain des juges du fond, le moyen qui tend à remettre en cause l'appréciation des faits et des preuves, est irrecevable* ».

- Soc., 18 juin 2015, arrêt n° 45/2014-2015 : « *Aux termes des articles 552 et 554 du code de procédure civile, la requête de pourvoi en cassation doit, entre autres, contenir à peine d'irrecevabilité, la signature de l'Avocat du ou des demandeurs* ».
- Soc., 9 avril 2015, arrêt n° 30/2014-2025 : « *Les moyens de droit dont le demandeur fait état, doivent être suffisamment précis pour permettre à la Cour de cassation d'exercer son contrôle* ».

- Soc., 5 février 2015, arrêt n° 17/2014-2015 : « *Il résulte de la combinaison des dispositions des articles 550, 554 et 558 du code de procédure civile, qu'en raison du pourvoi souverain dont disposent les juges du fond dans l'appréciation des circonstances de la cause, le demandeur en cassation ne peut formuler que des critiques en droit, pour soutenir son pourvoi* ».

- Soc., 14 février 2013, arrêt n° 16/2012-2013 : « *Un demandeur au pourvoi qui, dans sa requête n'énonce pas sommairement pas les moyens de droit dont il entend faire état, viole l'article 554 du code de procédure civile et, partant, expose son recours à l'irrecevabilité ; Les seules mentions, dans la requête de pourvoi en cassation, de violation de la loi, dénaturation des faits, absence de motifs, etc., qui ne précisent pas en quoi la loi aurait été violée ou qu'il y aurait eu dénaturation des faits ou absence de motifs, etc., ne valent pas énonciation sommaire* ».

Article 377 *: L'exécution des décisions définitives rendues en matière sociale est assurée par un huissier commis par la juridiction de jugement ou choisi par la partie intéressée.*
Dans les huit (8) jours de la remise de l'expédition par le greffier, l'huissier notifie à la partie condamnée la décision qu'il est requis d'exécuter.
Cette notification vaut commandement et met en demeure le débiteur de se libérer dans un délai de dix (10) jours. A l'expiration de ce délai, il est procédé à l'exécution forcée de la décision conformément aux règles de droit commun.

CHAPITRE II : DES CONFLITS COLLECTIFS DU TRAVAIL

Article 378 *: Est considéré comme conflit collectif du travail, tout conflit opposant l'employeur à un groupe ou à l'ensemble des travailleurs par le fait ou à l'occasion du travail et qui porte sur les droits ou les intérêts communs à cette collectivité de travailleurs.*
Tout conflit collectif du travail doit être immédiatement porté à la connaissance de l'inspecteur du travail du ressort par la partie la plus diligente.

Observations

Le Code de 1952 (art. 74) et celui de 1962 (art. 72) n'évoquent le conflit collectif qu'à une reprise dans des dispositions relatives au contenu des conventions collectives (Voir également P.F. Gonidec, M. Kirsch, op. cit., p. 374). Ce n'est que dans la législation de 1978 que l'on retrouve à l'alinéa 1er de l'article la définition suivante : « *Est considéré comme différend collectif du travail tout conflit intervenu ou risquant d'intervenir entre l'employeur et une partie du personnel de l'entreprise par le fait ou à l'occasion du travail* ». Le Code de 1994 la modifiera légèrement en remplaçant notamment le différend par conflit en son article 356 : « *Est considéré comme conflit collectif du travail tout conflit opposant l'employeur à un groupe ou à l'ensemble des travailleurs par le fait ou à l'occasion du travail et qui porte sur les droits ou les intérêts communs à cette collectivité de salariés* ».

Les conflits collectifs se révèlent souvent par les grèves à l'initiative des salariés et les lock-out à l'initiative des employeurs, mais ils ne se limitent pas à ces formes d'action. Pour François Petit, « *Le conflit collectif est un fait social, qui peut donner lieu, ou non à l'exercice du droit de grève (...). Les conflits collectifs peuvent donner lieu à des litiges portés à la connaissance des juges, généralement saisis d'un acte illicite commis par l'employeur ou les salariés grévistes. Mais le juge n'est pas compétent pour apprécier les revendications, dès lors qu'aucune règle n'a été violée par l'employeur* » (F. Petit, *op. cit.*, p. 16).

Section 1 : De la grève et du lock-out

La Convention n° 87 sur la liberté syndicale se contente de reconnaître aux syndicats un droit à l'action collective, sans mentionner le terme « grève ». Aucune convention ou recommandation internationale ne porte d'ailleurs sur le droit de grève (Voir, B. Gernigon, A. Odero, H. Guido, *Les principes de l'OIT sur le droit de grève*, B.I.T., Genève, 1998), également absent du Préambule de la Constitution. L'article 47 renvoie cette question au législateur : « *La loi détermine (...) les principes fondamentaux (...) du droit syndical, y compris les conditions d'exercice du droit de grève* ».

La question de savoir s'il s'agit d'un droit fondamental peut, alors, se poser. Elle permet de savoir si le Conseil Constitutionnel peut être saisi en cas d'entrave à l'exercice du droit de grève par exemple, voir sur certaines dispositions du Code du travail qui limiterait ce droit. Paradoxalement, celles-ci ne faisaient pas l'objet de la saisine du Conseil Constitutionnel par l'Organisation Nationale des Employés du Pétrole, la Confédération Gabonaise des Syndicats Libres, le Syndicat National des Etablissements de Crédit et la Confédération Syndicale Gabonaise, tendant au contrôle de constitutionnalité de la loi n° 022/2021. En droit comparé, le législateur mozambicain, tout comme le législateur français, ont fait du droit de grève un droit fondamental.
Voir également, São Tomé avec sa loi sur la grève : Loi n° 4/92, du 28 mai 1992.

I. La période d'occultation de la grève : jusqu'en 1990

Même si le droit de grève est inscrit au Préambule de la Constitution de 1946, ce moyen d'action ne fait l'objet d'aucune mention dans le Code de 1952. Que ce soit en AOF ou en AEF, la grève est perçue par l'administration coloniale comme un outil de lutte politique et non pas de progrès social (B. Diouf, *Les responsabilités à l'occasion des conflits collectifs du travail, une étude du droit sénégalais des conflits collectifs*, Thèse droit, Université de Cergy-Pontoise, p. 16). Du côté des acteurs sociaux africains, la grève est utilisée comme une arme collective, un droit collectif des citoyens. Une illustration en ce sens nous est donnée par la grève générale déclenchée en 1946 par la Section territoriale CGT dont l'augmentation des salaires était la revendication principale certes, mais qui avait également une portée politique certaine (J.E. Etoughé-Efé, *Le chômage au Gabon. Sociologie des chômeurs dans les quartiers populaires de Libreville*, Thèse de Doctorat de sociologie, Université de Nantes, 1998, p. 170).

Au lendemain des indépendances, l'évolution s'est inscrite dans le sens d'une grande discrétion du législateur qui rend difficile l'exercice du droit de grève jusqu'en 1994. Un auteur, pour décrire cette situation, a même évoqué « la neutralisation du droit de grève » (C. Mba-Owono, « De la neutralisation à l'encadrement du droit de grève », Hebdo-Informations, n° 393, 23 janvier 1999). Les codes de 1962 et de 1978 ne définissent pas en effet la grève, ils se contentent d'indiquer qu'elle est interdite avant épuisement des procédures d'arbitrage prévues. L'article 204 du Code de 1962 oblige les parties, en cas de conflit collectif, à saisir l'inspecteur du travail pour un règlement amiable. L'échec de la conciliation conduit le différend devant le Conseil d'arbitrage, puis éventuellement devant le Tribunal de grande instance (art. 208 et 209). Le Code de 1978 reprend les mêmes procédures. Ces restrictions légales n'empêchent pas la survenance des grèves. C'est le cas notamment en avril-mai 1964 dans le contexte particulier post-coup d'Etat (Voir C. Guiboumou, *Action syndicale et impact sur la situation socio-économique des populations ouvrières au Gabon de 1960 à nos jours*, Thèse de doctorat en Sciences économiques, Lille1, 2007, p. 116).

La grève est souvent présentée comme un facteur entravant la paix sociale nécessaire pour attirer les investisseurs. L'unique centrale syndicale de l'époque est du reste chargée d'assurer un consensus social en faisant taire si besoin les conflits sociaux, même si cela n'empêche pas le déclenchement de quelques grèves. Le Secrétaire général de la COSYGA explique la position de son syndicat en ces termes : « *La COSYGA est indiquée comme étant l'organe pouvant préparer une grève. (...) Agir autrement et déclencher des grèves soudaines, c'est abuser injustement des libertés que nous reconnaît la politique de la Rénovation* » (in *L'Echo du travailleur*, 1er trimestre 1983, p. 9).

II. Les retombées de 1990 : après la Conférence nationale

Dans un contexte de retour au pluralisme syndical après la Conférence nationale de 1990, le Code de 1994 consacre pleinement le droit de grève. Outre le fait que son exercice soit rigoureusement encadré, il y a également les nombreuses demandes de sa limitation ou de sa suspension temporaire, au nom des impératifs macroéconomiques ou de la survie des entreprises. La trêve sociale de 2003 en est un parfait exemple.
La demande émanait de l'Exécutif qui était en négociations d'un accord avec le FMI. C'est ce qu'Omar Bongo lui-même annonçait dans le Discours à la Nation du 16 août 2003 : « *(...) il revient aux uns et aux autres de modérer les attitudes, afin d'éviter les ruptures qui ne profitent en réalité à personne. Lorsque surviennent celles-ci, les différents acteurs doivent savoir les*

résoudre en allant vers les autres. Mais en cette période de crise et dans l'intérêt supérieur de la Nation, je redis la nécessité d'une trêve sociale, négociée avec tous, acceptée par tous. Dans ce consensus, il ne faudra voir ni vainqueurs ni vaincus ». L'objet de cette renonciation à certains droits était formulé en ces termes à l'article 1er de l'Accord portant trêve sociale : « *Au sens du présent Protocole d'accord, la Trêve sociale s'entend comme la suspension négociée pendant un délai déterminé d'accord parties de tout conflit social* ».

Sous-section 1 : De la grève

Observations

Selon Gilbert Demez, « *Les approches du droit de grève sont fonction d'un contexte marqué à tous les niveaux par l'individualisation de la relation de travail, l'évolution dans l'organisation du travail et les réformes de la gestion des ressources humaines. Les acteurs sociaux, économiques et politiques, sont confrontés à des tensions entre des requêtes à la négociation collective et la concertation sociale et des aspirations à la productivité, à la flexibilité, étant plus ou moins consentants sur cette dominante que serait la compétitivité* » (G. Demez, « La grève : le rôle des acteurs sociaux et étatiques », *Reflets et perspectives de la vie économique*, De Boeck Université, tome XLII, 2003/4, p. 91).

Article 379 : *La grève est l'arrêt concerté du travail par un groupe de travailleurs en vue de soutenir des revendications professionnelles déjà déterminées auxquelles l'employeur n'a pas donné satisfaction. Elle est une modalité de défense des droits et des intérêts professionnels, économiques et sociaux.*

Observations

Alors qu'en droit comparé français, le Code du travail ne définit pas la grève (mais régit l'exercice du droit de grève), depuis 1994 le législateur gabonais l'a fait. La grève s'entend ainsi d'une cessation de travail qui doit être concertée, et dont l'objet porte sur des revendications professionnelles.

I. L'exercice du droit de grève

Alors que le législateur a bien inscrit à l'article 379 que la grève est « *une modalité de défense des droits et des intérêts professionnels, économiques et sociaux* », on relève de plus en plus dans des accords d'établissement une limitation à ce droit. Ce qui peut paraître étonnant c'est que certains de ces accords sont passés sous la supervision d'inspecteurs du travail. Cela se vérifie notamment dans le secteur portuaire. Au stade de l'homologation, il appartiendra certainement au juge de considérer de telles clauses comme non écrites, puisqu'elles sont en contradiction avec les dispositions d'ordre public de l'article 11 de ce code.

II. La cessation de travail

La cessation s'entend d'une interruption franche du travail, ce qui entraîne la conséquence suivante : la grève ne peut avoir lieu que pendant le temps de travail.

La cessation du travail peut être plus ou moins longue. Le fait qu'elle soit de courte durée n'a pas un caractère illicite. C'est ainsi qu'une répétition de débrayages relève bien de l'exercice normal du droit de grève. Par contre, il faut que la cessation soit totale, ce qui n'est pas le cas d'un ralentissement de la production ou du rythme de travail, ou même une cessation totale liée à une obligation particulière du contrat (par exemple le non-respect d'une obligation d'astreinte). L'article 383 indique que la grève peut avoir une durée déterminée ou être illimitée jusqu'à la satisfaction des besoins.

Il faut rajouter une autre condition s'agissant de cette cessation de travail : elle doit être collective et concertée, ce qui signifie qu'elle doit être le fruit d'une rencontre d'intentions individuelles. Tout salarié, syndiqué ou non, peut exercer son droit de grève. Cela signifie par exemple que le salarié détaché peut tout à fait exercer ce droit dans son entreprise d'accueil, dès lors que les revendications professionnelles émises par les salariés le concernent.

Mais le droit de grève ne peut pas, en principe, être exercé par une seule personne. En droit gabonais va ainsi se poser la question de la grève de l'unique salarié de l'entreprise. En droit comparé français, elle est admise (Cass. Soc., 13 novembre 1996, n° 93-42.247, *RJS* 12/96, n° 1312). Dans les mêmes termes, il y a une interrogation sur la grève nationale au Gabon. Le cas de figure serait le suivant : une grève déclenchée pour la défense des retraites. Est-il possible pour une centrale syndicale gabonaise de lancer un tel mot d'ordre au niveau national ? Quid alors de l'application de l'article 383 dans ce cas de figure ? Qui mènerait la négociation ? C'est ici qu'on se rend compte que le législateur n'a envisagé que la grève qui se déclenche dans un établissement alors que l'article 379 ne la circonscrit pas du tout à ce seul cadre.

Voir également, art. 199, L.T. du Mozambique : « *La grève est considérée comme l'abstention collective et concertée, conformément à la loi, de la fourniture de travail dans le but de persuader l'employeur de satisfaire un intérêt commun et légitime des travailleurs concernés* ».

III. Les revendications professionnelles

La grève est licite dès lors qu'elle a pour objet la satisfaction de revendications professionnelles. Les exemples sont nombreux : augmentation des salaires, amélioration des conditions de travail, opposition à des licenciements, garanties sociales, défense de l'exercice du droit syndical, etc. A cet égard, et même si le législateur gabonais reste muet sur ce sujet, rien n'empêche les salariés de faire une grève pour une revendication qui dépasse le cadre de l'entreprise.

En droit français, le juge considère que « *la capacité de l'employeur à satisfaire les revendications des salariés est sans incidence sur la légitimité de la grève* » (Cass. Soc., 23 octobre 2007, n° 06-17.802 ; E. Dockès, « La finalité des grèves en question », *Dr. Soc.*, 2006, 881).

Par contre, il n'est pas permis de faire grève pour défendre les intérêts professionnels d'autrui. C'est le cas de la grève de solidarité qui « *est interdite lorsqu'elle est dénuée de toute transversalité* » (art. 15, al. 2). Dans les faits, il serait difficile de déclarer illicite même quand il s'agit par exemple de prendre la défense d'un camarade de travail licencié, surtout si cette décision est entachée d'irrégularité ou d'illicéité.

Une question reste en suspens, c'est celle du caractère raisonnable ou non des revendications. En droit comparé, on retrouve deux appréciations divergentes. Pour la Cour de cassation française, « *la capacité de l'employeur à satisfaire les revendications des salariés est sans incidence sur la légitimité de la grève* » (Cass. Soc., 23 oct. 2007, n° 06-17.802 ; Bull. civ. V, n° 169). A l'inverse pour la CJCE, la licéité de la grève suppose des modalités proportionnées. L'action menée doit garantir « *la réalisation de l'objectif poursuivi* » et ne peut porter à une autre liberté fondamentale une atteinte qui excèderait « *ce qui est nécessaire pour atteindre cet objectif* » (CJCE, 11 déc. 2007, aff. C-438/05. – CJCE, 18 déc. 2007, aff. C-341/05).

IV. La typologie des grèves

Même si le législateur ne l'a pas fait, de manière empirique, on peut distinguer les grèves suivantes :

- La grève d'avertissement qui consiste à s'absenter du travail pendant une durée très courte, et même symbolique, afin d'attirer l'attention de l'employeur ou des pouvoirs publics sur une revendication.
- Le débrayage consiste en une interruption limitée du travail, qui précède en général de peu l'heure de sortie.
- La grève surprise consiste en un arrêt du travail sans préavis. Ce type de grève est illicite au Gabon puisque l'article 383 pose l'exigence d'un préavis avant le déclenchement d'une grève.
- La grève sauvage est déclenchée sans mot d'ordre syndical ou de représentants des travailleurs. Elle est illicite puisqu'elle n'obéit pas aux dispositions de l'article 383.
- La grève perlée est caractérisée par un ralentissement des cadences sans que toute activité soit arrêtée. Le risque pour le salarié ici est que soit retenue contre lui une faute contractuelle, dans la mesure où il n'exécute pas correctement sa prestation de travail : la grève se caractérise en effet par une cessation de travail et non par une exécution fautive du contrat. Tout ralentissement des cadences ou de la production est en effet assimilé à une faute.
- La grève du zèle ou du règlement, assez voisine de la grève perlée. Dans ce cas, on ralentit le travail et on applique à la lettre les consignes données. La conséquence est la paralysie rapide de l'activité ou de l'entreprise. Pour autant, le salarié ne commet pas de faute.
- La grève de solidarité a pour but de soutenir des salariés de l'entreprise (solidarité interne), en particulier si l'employeur a agi de façon manifestement abusive à l'égard de ceux pour qui la solidarité est déclenchée. En droit comparé français, une grève de solidarité vis-à-vis de salariés d'une autre entreprise (solidarité externe) est, en général, considérée comme illicite, car la situation de ces derniers n'est pas normalement susceptible d'avoir des retombées pour les salariés de l'entreprise.
- La grève tournante, ou grève cyclique, ou grèves successives, affectent successivement divers ateliers (on dit que c'est une grève horizontale) ou diverses catégories de personnel (on dit que c'est une grève verticale) de l'entreprise. Ce mode de grève est licite, sauf s'il y a, de la part des

grévistes, volonté de désorganiser l'entreprise ou de nuire à sa situation économique.

- La grève thrombose ou bouchon est limitée à un service, un atelier, ou une catégorie professionnelle qui paralyse l'ensemble de l'entreprise.

V. La grève en droit comparé

En Allemagne, la perception de la grève est très différente de celle qui est connue au Gabon, elle-même héritée de la France. La grève en droit allemand est un droit syndical, alors qu'en France c'est un droit individuel s'exerçant collectivement. Certes, au Gabon, contrairement à la France, les syndicats ont avec une représentation de travailleurs, le monopole du déclenchement de la grève (Voir art. 383). Mais, en Allemagne seuls les syndicats ont le droit de grève. Les salariés doivent être appelés par ceux-ci pour faire grève, dans le cas contraire, ils seront sanctionnés (jusqu'au licenciement), cette grève étant considérée comme sauvage.
Quand il y a grève, le contrat de travail est, comme au Gabon, suspendu et non rompu. Néanmoins, un syndicat ne peut appeler à la grève que sur une question faisant l'objet d'une convention collective ou pour conclure une nouvelle convention. C'est ce qu'on appelle une « grève de prévention ». La grève est conçue outre-Rhin comme un moyen d'inciter à négocier. Par contre, le syndicat ne peut pas engager une grève pendant la durée de validité de la convention sur les thèmes qu'elle réglemente expressément. Il y a donc une obligation de paix sociale qui pèse sur les syndicats en Allemagne.
Une illustration grandeur nature est offerte en septembre 2024 par la décision de la direction de l'entreprise Volkswagen, de dénoncer plusieurs accords collectifs, dont celui sur la garantie de l'emploi (garantie à vie en fait), toujours renouvelé depuis 1994 et jusqu'en 2029. Des licenciements économiques sont donc envisageables à partir de 2025, et pour leur part les syndicats peuvent exercer le droit de grève.

En Finlande, on retrouve également l'expression « obligation de paix sociale ». En d'autres termes durant la période contractuelle (durée de validité du contrat entre les parties), c'est-à-dire que les parties doivent s'abstenir de tout arrêt de travail. Même s'il est reconnu, le droit de grève est fortement encadré. Selon la législation en vigueur, si une action revendicative, par exemple une grève, est dirigée contre une convention collective et que celle-ci est en vigueur, elle est considérée illégale. Une action illégale peut faire l'objet d'une amende compensatoire. L'employeur et le conciliateur national doivent être avertis de la grève au moins deux semaines avant le début prévu. Le préavis doit signifier les motifs de la grève, son étendue et la date de début de celle-ci. L'employeur peut faire pression sur le personnel, lorsqu'aucune convention n'est en vigueur, au moyen d'un lock-out, c'est-à-dire en empêchant les salariés d'accéder à leur poste de travail. Les salariés qui participent à des actions syndicales légales ne peuvent faire l'objet d'une discrimination ou d'une sanction quelconque. Si le tribunal du travail déclare l'action syndicale illégale, les syndicats risquent d'être condamnés à payer des amendes (Ministère finlandais de l'Économie et de l'Emploi – février 2024).

Le 8 mai 2024, le Sénat finlandais a approuvé le projet de loi visant à encadrer le droit de grève avec les principales mesures suivantes :

- une durée maximale pour les grèves politiques de 24 heures (les grèves politiques sont celles organisées afin d'influencer un décideur politique) ;
- l'interdiction de lancer une nouvelle grève politique ayant le même objet dans les 12 mois qui suivent une grève politique antérieure ;
- une analyse de la proportionnalité des grèves de solidarité (grèves menées par des salariés qui ne sont pas directement concernés par le conflit principal faisant objet de la revendication, mais qui compatissent et rejoignent la cause) ;
- une durée maximale de deux semaines applicable à tout autre type de grève ;
- l'augmentation du montant des amendes imposées aux organisations syndicales en cas d'action collective considérée illégale ;
- l'application d'une amende pouvant aller jusqu'à 200 € au salarié gréviste lorsqu'il participe à une action collective illégale en ayant connaissance du jugement qui a déclaré l'inégalité de ladite action.

En Colombie, le CST donne les définitions suivantes en son article 429 : « *La grève s'entend comme une suspension collective, temporaire et pacifique du travail, effectuée par les travailleurs d'un établissement ou d'une entreprise à des fins économiques et professionnelles, telle que proposée à leurs employeurs et suivant les procédures en vigueur.*
- *Cessation d'activité : c'est le simple fait d'arrêter l'exécution normale des activités professionnelles pendant la journée de travail.*
- *Un arrêt de travail peut être légal ou illégal, selon les cas. S'il est légal, on parle de grève ; s'il est illégal, il a différentes définitions, comme le débrayage, l'arrêt de travail, le rassemblement, la suspension illégale, etc.*
- *Rassemblement : cessation d'activités au cours de laquelle les membres d'organisations sociales l'utilisent pour faire du prosélytisme ou prononcer des discours devant un groupe concentré de personnes. Il n'est pas défini comme une grève par le CST, même s'il fait partie de l'exercice syndical, dans la mesure où elle n'affecte pas le fonctionnement normal de l'entreprise* ».

Toujours dans ce pays, la Cour suprême de Justice considère elle que : « *Bien qu'ontologiquement la grève soit un moyen coercitif, elle ne peut consister en des manifestations de violence physique et matérielle contre l'employeur, ni en des actes susceptibles d'altérer la stabilité institutionnelle, car son exercice n'est légitime qu'en tant qu'étape du processus de négociation et de résolution pacifique des conflits collectifs de travail, et en ce qui concerne sa titularité, le droit de grève est un droit légal qui appartient à la communauté de travail, associée ou non à un syndicat, et non à des individus considérés individuellement.* » (Sentencia C-858/08, 3/09/2008)

Au Brésil, la grève est régie par la loi 7 783/1989 et est considérée comme « *(...) la suspension collective, temporaire et pacifique, totale ou partielle, de la prestation personnelle de services à un employeur* ». Il s'agit également d'un droit garanti par la Constitution fédérale, dont l'article 9 garantit aux travailleurs le droit de grève comme moyen de défense de leurs intérêts. La grève est un droit des travailleurs et ne peut donc être décidée que si elle est approuvée par les travailleurs eux-mêmes. En outre, comme il s'agit d'un droit social, les grèves ne peuvent être menées que si elles sont dans l'intérêt de la société. Les travailleurs ne peuvent se mettre en grève que s'ils font valoir un droit du travail. Par conséquent, les grèves ne peuvent pas être utilisées comme un instrument pour des revendications politiques ou d'autres idéaux.

Au Mozambique, L.T., art. 201, 3° et 4 : « *Les travailleurs ne devraient pas recourir à la grève sans avoir d'abord essayé de résoudre le conflit collectif par d'autres moyens.*
Pendant la durée des conventions collectives, les travailleurs ne peuvent recourir à la grève qu'en cas de violation grave de leurs droits par l'employeur et seulement après épuisement des moyens de résolution du conflit visés au paragraphe 3 du présent article ».

Article 380 : *L'exercice du droit de grève ne peut justifier la rupture du contrat de travail, sauf faute lourde imputable au travailleur. Il opère la suspension du contrat de travail.*
L'exercice du droit de grève ne peut donner lieu à aucune mesure discriminatoire, notamment en matière de rémunérations et d'avantages sociaux.
Tout licenciement prononcé en absence de faute lourde est nul de plein droit.

Observations

Cet article régit la protection du droit de grève. L'un des effets les plus importants de la grève est la suspension du contrat de travail, ce qui n'entraîne nullement les extinctions de toutes les obligations du salarié. De même durant cette période, doit être prise en compte la situation des salariés non-grévistes dont la liberté du travail ne doit pas être entravée.

I. Les effets de la grève pour les salariés grévistes

A. La suspension du contrat de travail

Le contrat de travail des salariés grévistes est suspendu : cela signifie que le salaire ne leur sera pas versé (puisqu'ils ne fournissent pas le travail).
A l'issue de la grève, le salarié retrouve normalement son emploi comme s'il ne s'était rien passé (même poste, ancienneté ...).
La grève suspend également le pouvoir disciplinaire : l'employeur ne peut pas infliger de sanctions aux grévistes ou prendre des mesures de rétorsion contre eux (par exemple suppression d'une promotion).

Voir sur la discrimination au droit de grève, Cour suprême du Mali, section judiciaire, chambre sociale, 14 juin 2004, arrêt n° 10 : « *En ce que la mesure de suspension décidée le 04 octobre 2001 et la demande de rupture de contrat déposée au tribunal de travail de Kayes par Moolman Mining Yatéla SA ne concerne que Karim COULIBALY et ses 18 camarades du Comité Syndical de Yatéla. Or la grève des 24, 25 et 26 septembre 2001 a été observée par le chef du personnel, le superviseur magasinier, l'assistant comptable et le chef de la sécurité ; mais curieusement qui n'ont pas été frappés par les mêmes mesures ;*
Que cette manière de procéder de l'employeur est une violation des 2, 20 et 21 de la constitution qui garantit le droit de grève, la liberté syndicale et l'égalité de tous les citoyens devant la loi ; cette entorse à la loi fondamentale expose l'arrêt querellé à la censure de la haute juridiction (...) ».

B. Le risque d'abus de droit

Le Code pénal dispose en ce sens en son article 314 sous le Chapitre VIII « Des entraves à la liberté du travail » (Livre IV, Des crimes et délits contre les biens) : « *Sera puni d'un emprisonnement d'un mois à trois ans et pourra l'être, en outre, d'une amende d'un montant maximum de 500 000 francs, quiconque, à l'aide de violences, voies de fait, menaces ou manœuvres frauduleuses, aura amené ou maintenu, tenté d'amener ou de maintenir une cessation concertée du travail* ».

En droit comparé mozambicain, l'article 199 de la LT précise que la grève ne doit pas empêcher l'accès aux installations de l'entreprise ni permettre la violence, la coercition, l'intimidation ou tout autre acte frauduleux dans le but de forcer les autres travailleurs à se joindre à la grève.

Voir également, Sénégal, C.T., art. L. 276 : « *En aucun cas, l'exercice de droit de grève ne peut s'accompagner d'occupation des lieux de travail ou de leurs abords immédiats (...)* ».

De même, la responsabilité des grévistes peut être recherchée en cas d'abus du droit de grève résultant par exemple de la désorganisation de l'entreprise. En droit comparé français, « *Est désorganisée l'entreprise dans laquelle l'accès de tous (salariés, dirigeants, clients et fournisseurs) est rendu impossible par une occupation des lieux et dégradation des biens* » (Cass. Soc., 23 juin 2004, n° 02-31.071). L'abus de droit peut aussi découler de la faute lourde à la suite de certains agissements du salarié pendant la grève (article 382 du présent code). C'est le cas par exemple de la séquestration de l'employeur, de la destruction du matériel de l'entreprise ou encore du fait d'empêcher les autres salariés de travailler.
Voir en ce sens, Côte d'Ivoire, C.T., art. 82.2 : « *Sous réserve des dispositions de l'article 82.18 du présent code, la grève ne rompt pas le contrat de travail, sauf faute lourde imputable au travailleur* ». Voir également, bénin, C.T., art. 264 al. 3, Mali, C.T. ; art. L.231-2 nouveau.

Voir encore, Mozambique, L.T., art. 203 :

«*1- Les grévistes ne doivent pas empêcher l'accès aux locaux de l'entreprise ni recourir à la violence, à la coercition, à l'intimidation ou à toute autre manœuvre frauduleuse pour contraindre les autres travailleurs à se joindre à la grève.*

2- L'employeur ne peut pas obliger un travailleur en pleine grève à reprendre le travail ou le menacer de mesures disciplinaires ».

II. Les effets de la grève pour les non-grévistes

L'employeur doit leur verser leur rémunération dans la mesure où ils sont restés à sa disposition, même s'ils se sont trouvés dans l'impossibilité d'exécuter leur travail. Les salariés non-grévistes empêchés de travailler peuvent également demander réparation pour la perte de leur salaire, même si cette action a peu de chances d'aboutir.

III. Les effets de la grève pour l'entreprise

L'entreprise doit continuer à respecter ses engagements contractuels. Il lui est interdit le recours à l'intérim ou aux CDD pour remplacer les salariés grévistes. En droit comparé français, l'utilisation de la sous-traitance, des heures supplémentaires ou le remplacement de salariés grévistes par des salariés non-grévistes sont autorisés. En Grande-Bretagne, ce sujet a fait l'objet de vifs débats.

Le 21 juillet 2022, est entrée en vigueur une modification de la législation britannique sur le travail temporaire permettant aux entreprises, de tous les secteurs d'activité, subissant des grèves, de remplacer les salariés grévistes par des intérimaires. Ce texte prévoit la suppression de l'interdiction pour les entreprises de travail temporaire de mettre à disposition des intérimaires pour remplacer des salariés grévistes ou menant une action collective, qui était en vigueur depuis les années 70. L'objectif du gouvernement est de réduire l'impact négatif des grèves sur les Britanniques en s'assurant que les entreprises peuvent continuer à maintenir leur activité. Le gouvernement cite, par exemple, le cas des grèves des transports publics ou des écoles qui empêchent les salariés de se rendre à leur travail.

Par ailleurs, le gouvernement a également augmenté le montant des dommages et intérêts auquel un syndicat peut être condamné en cas de grève illégale. Ainsi, depuis le 21 juillet 2022, le plafond applicable à un syndicat comptant au moins 100 000 membres est relevé de 250 000 GBP (soit 192 574 345 CFA) à 1 million GBP (soit 763 400 000 CFA). Pour les organisations de plus petites tailles, les plafonds s'échelonnent de 40 000 (soit 30 536 163 CFA) à 500 000 GBP (soit 381 702 042 CFA) (Voir, *Financial Times / Secrétariat d'État aux Entreprises, à l'Énergie et à la Stratégie industrielle - juin-juillet 2022).*

Toutefois cette législation permettant le recours à des travailleurs temporaires dans le but de remplacer des salariés grévistes a été remise en cause par une décision rendue par la Haute Cour du Royaume-Uni, le 13 juillet 2023.

La Haute Cour a formulé sa décision en deux parties. Elle s'est premièrement penchée sur la contestation de la régularité de la procédure d'adoption des règlements de 2022 en raison de l'absence de consultation préalable. Sur ce point, la Cour a jugé que l'approche du secrétaire d'État était contraire à l'article 12 (2) de la loi de 1973 (« *the Employment Agencies Act* »), lequel prévoit l'obligation de consultation préalable. Par conséquent, la procédure choisie était « injuste au point d'être illégale et irrationnelle ». En outre, la Cour affirme que le contexte économique et politique du pays avait également traversé de profondes transformations dans ce laps de temps. Elle conclut, ainsi, que les règlements de 2022 devraient être annulés et ordonne que le recours aux salariés temporaires afin de remplacer des salariés grévistes soit interdit à partir du 10 août 2023 (Arrêt de la Haute Cour de Justice du Royaume-Uni, *Financial Times*, juillet 2023).

Article 381 *: Sous réserve de la qualification du caractère illicite par le juge, sont illicites :*
- *la grève à caractère politique ;*
- *la grève déclenchée sans respecter le préavis indiqué aux articles 383 et 389 ci-dessous ;*
- *la grève avec violence, voies de fait, menaces, manœuvres dans le but de porter atteinte à l'exercice de l'industrie et à la liberté du travail ;*
- *la grève en violation du service minimum ;*
- *la grève intervenue en cours de négociation collective ;*
- *toute autre grève dont le but est différent de celui défini à l'article 379 ci-dessus.*

Observations

I. L'illicéité de la grève en Afrique

Sénégal. Cour de cassation, Chambre sociale, 28 juillet 2004 : « *Sur le premier moyen pris en ses trois branches tiré du défaut de base légale en ce que la Cour d'appel a, d'une part, écarté l'exception de communication des pièces et, d'autre part, motivé la légitimité des licenciements par le fait que les travailleurs ont occupé .illicitement les locaux de l'entreprise alors que l'exception d'inexécution en riposte au non-paiement des salaires n'est pas constitutive de faute et enfin, accepté le motif de licenciement comme légitime alors qu'il n'est pas établi que les demandeurs au pourvoi ont effectivement pris part à l'occupation;*

Mais attendu que la Cour d'appel qui a relevé que l'exception de communication des pièces ne peut pas prospérer du fait que les requérants ont suffisamment fait état des pièces querellées en première instance, qu'un huissier de justice a constaté que les travailleurs ont occupé la cour de l'usine pour s'opposer à la décision de la direction de la SACEP alors que l'occupation d'une entreprise par les travailleurs est une grève qui, en l'espèce, est illicite pour n'avoir pas respecté la procédure exigée par le Code du Travail, a légalement justifié sa décision ;
Qu'il s'ensuit que le moyen doit être rejeté ».

L'une des conséquences de l'illicéité de la grève peut être le licenciement du salarié pour faute. Voir en ce sens, Soc., 21 mai 2015, *op. cit.* : « *Il résulte de l'article 53, alinéa 2 du Code du travail que le licenciement d'un travailleur est qualifié de légitime, lorsque l'employeur rapporte la preuve du caractère réel et sérieux du ou des motifs allégués ;*

Fait une exacte application de cette disposition, une Cour d'appel qui déclare le licenciement d'un travailleur, légitime, après avoir relevé que sa participation à une grève illégitime était établie par un constat d'huissier ».

Côte d'Ivoire, C.T., art. 82,18 al. 2 : « *Les grèves engagées ou continuées en violation des présentes dispositions peuvent entraîner pour les travailleurs la perte du droit à l'indemnité de préavis et aux dommages-intérêts pour rupture du contrat* ».
L'Afrique du Sud est un peu un cas à part dans la mesure où s'il y a des restrictions au droit de grève, le législateur ne déclare pas en tant que telles des grèves illicites. Voir, Labour Relations Act, art 65 et s. Voir également, Ghana, Labour Act, art. 168.

II. Le contrôle a posteriori par l'OIT

« Rapport de la Commission d'experts pour l'application des conventions et recommandations (articles 19, 22 et 35 de la Constitution) », *Etude d'ensemble sur les conventions fondamentales concernant les droits au travail à la lumière de la Déclaration de l'OIT sur la justice sociale pour une mondialisation équitable, 2008*, O.I.T. Conférence internationale du Travail, 101e session, 2012 extraits.

« *Plusieurs législations nationales considèrent expressément ou tacitement les "grèves politiques" comme illégales. La commission considère que les grèves visant la politique économique et sociale du gouvernement sont légitimes, y compris lorsqu'il s'agit de grèves générales, et qu'elles ne devraient donc pas être assimilées aux grèves purement politiques, lesquelles ne sont pas couvertes par les principes de la convention. Pour elle, les organisations syndicales et les organisations d'employeurs, ayant vocation à défendre des intérêts socio-économiques et professionnels, doivent pouvoir utiliser respectivement la grève ou des actions de protestation pour appuyer leur position dans la recherche de solutions aux problèmes posés par les grandes orientations de politique économique et sociale qui ont des répercussions immédiates pour leurs membres. De plus, notant que le système démocratique est fondamental pour le libre exercice des droits syndicaux, la commission estime que, dans une situation où ils estimeraient ne pas jouir des libertés essentielles pour mener à bien leur mission, les syndicats et les organisations d'employeurs seraient fondés à demander la reconnaissance et l'exercice de ces libertés et que de telles revendications pacifiques devraient être considérées comme entrant dans le cadre d'activités syndicales légitimes, y compris lorsque ces organisations ont recours à la grève.*

En ce qui concerne les grèves dites "de solidarité", la commission considère qu'une interdiction générale de cette forme de grève risquerait d'être abusive – en particulier dans le contexte de la mondialisation marquée par une interdépendance croissante et par l'internationalisation de la production – et que les travailleurs devraient pouvoir exercer de telles actions pour autant que la grève initiale qu'ils soutiennent soit elle-même légale (...).
Enfin, selon la commission, tout arrêt de travail, si bref et limité soit-il, peut généralement être considéré comme une grève et des limitations à cet égard ne se justifieraient que si la grève perdait son caractère pacifique. Les "grèves du zèle" et les "grèves perlées" sont ainsi couvertes par les principes développés. Certains pays continuent cependant à considérer ces formes de grèves comme des pratiques déloyales du travail passibles d'amendes, de destitution des fonctions syndicales et d'autres sanctions ».

Article 383 *: Le déclenchement de la grève doit être précédé d'un préavis déposé par le syndicat le plus représentatif du groupe des travailleurs en conflit ou, en l'absence de syndicat, par les représentants du groupe des travailleurs en conflit. Lorsque le préavis émane des représentants du groupe des travailleurs en conflit, ces derniers doivent justifier du mandat reçu des travailleurs.*
Le préavis doit préciser les motifs du recours à la grève et doit parvenir dix (10) jours francs avant le déclenchement éventuel de la grève à la direction de l'entreprise ou de l'organisme intéressé et à l'inspection du travail du ressort. Il mentionne le champ géographique et l'heure du début ainsi que la durée limitée ou non, de la grève envisagée.
Le préavis ne fait pas obstacle à la négociation en vue du règlement du conflit.

Observations

Malgré la reconnaissance du droit de grève, son exercice nécessite l'intervention d'un syndicat ou d'un groupe de travailleurs représentés d'une part, et l'accomplissement de la formalité du préavis.

I. Le déclenchement de la grève

Le premier alinéa illustre sans le dire les limitations au droit de grève, et interroge sur la nature de ce droit. Au-delà de l'exigence du préavis qui n'est pas propre à la législation gabonaise, il y a surtout le droit à l'initiative de la grève. A la lecture du présent code, on peut difficilement s'accorder sur le fait que, comme en France, il s'agisse d'un droit individuel. Il y a « le syndicat le plus représentatif du groupe des travailleurs en conflit » qui est une formule dont la clarté n'apparaît pas évidente. Doit-on considérer que seuls les syndicats d'entreprise peuvent déclencher une grève ou alors, comme dans le cas du secteur pétrolier, un syndicat tel que l'ONEP ? Cette situation n'a toutefois rien à voir avec ce que l'on observe en Allemagne puisque les syndicats n'ont pas de monopole pour déclencher une grève.

Outre le syndicat, les travailleurs peuvent désigner des représentants qui déposeront le préavis de grève auprès de la direction de l'entreprise ou de l'inspection du travail. Dans ce cas de figure, il est étonnant que le législateur ne se soit pas préoccupé des conditions de mise en place de cette représentation. Comment et dans quelles conditions sont désignés les représentants ? Quid de la régularité des mandats ? A partir de quel nombre de travailleurs le groupe est-il constitué ?

Dans la pratique, on relève que certains employeurs remettent en cause la représentativité de certains syndicats ou représentants du personnel. C'est ainsi que l'ONEP s'est vu exiger par un employeur de produire des actes attestant de la régularité de son bureau. Or, la gouvernance d'un syndicat ne relève pas de la compétence de l'employeur.

II. Le préalable du préavis

Au Gabon, une grève ne peut pas être déclenchée spontanément comme on peut le voir par exemple en France et ailleurs. De plus, alors que l'ancien article 345 prévoyait 5 jours de préavis, pourquoi avoir doublé cette durée que l'on peut interpréter comme une autre limitation du droit de grève ? Dans les discussions qui ont précédé l'adoption du code, aucune explication n'est fournie. Plus curieux encore, les syndicats n'ont même pas contesté cette durée dans leur requête devant le Conseil constitutionnel.

Le législateur gabonais a adopté une conception organique de la grève que l'on retrouve dans la plupart des pays africains. Le déclenchement d'une grève est soumis au dépôt préalable d'un préavis qui doit contenir un certain nombre de mentions obligatoires (lieu, date, heure et durée de la grève), faute de quoi elle est illicite.

La durée du préavis varie d'un pays à l'autre. En Côte d'Ivoire, le préavis est de six jours (C.T., art. 182), au Ghana de sept jours (Labour Act, art. 160), alors qu'en Algérie, il est de huit jours (loi relative à la prévention et à la résolution des conflits collectifs de travail, et à l'exercice du droit de grève, cf. art. 29 et 30).

En Australie, depuis 2022 et la loi *« secure jobs, better pay »*. Les salariés souhaitant mener des actions de grève doivent désormais au préalable participer à une conciliation avant de prendre de telles mesures. De plus, ils doivent respecter un délai de préavis d'au moins 120 heures avant le début de leur action (Gouvernement australien/Département de l'emploi et des relations sur le lieu de travail - octobre 2022).

Quelques illustrations jurisprudentielles du non-respect de la procédure préalable à la grève.

- C.S., 26 avril 1982, n° 22 : «*Attendu que si les salariés ont le droit de se mettre en grève, il reste néanmoins que l'exercice de ce droit est soumis à une procédure préalable de conciliation et d'arbitrage prévue aux articles 204 et suivants C.T. ; que toute grève déclenchée avant épuisement de ladite procédure est interdite et entraîne pour les travailleurs la perte du droit à l'indemnité de préavis et aux dommages-intérêts pour rupture du contrat conformément à l'article 210 de l'ancien Code du travail ; Attendu qu'en l'espèce il ne résulte pas du dossier que la grève a été précédée de la procédure requise par sa licéité ; qu'elle est donc illicite, que la simple participation personnelle d'un salarié à des actions répréhensibles telles que des actes de violence suffise à elle seule à légitimer son licenciement sans qu'il soit nécessaire d'établir que L. était le véritable meneur ou bien l'auteur de violence qui ont accompagné la grève ; Attendu que le moyen tiré du fait que la lettre de licenciement n'indiquait aucun motif ne peut être admis, car d'une part le salarié n'ignorait pas la cause de son licenciement après tous les événements qui s'étaient déroulés début janvier et d'autre part l'obligation de mentionner le motif dans la lettre de licenciement n'a été imposée que par l'article 41 al. 3 du nouveau Code du travail qui n'était pas encore applicable lors des événements de janvier 1978, qui ont justifié le licenciement de L... ; que c'est à tort que le premier juge a considéré le licenciement de L... abusif; qu'il échet d'infirmer le jugement entrepris et de débouter L... de sa demande en dommages-intérêts pour rupture abusive du contrat de travail* ».

- C.S. 26 avril 1982, n° 23 : « *Attendu qu'en l'espèce il ne résulte pas du dossier que la grève a été précédée de la procédure requise par sa licéité ; qu'elle est donc illicite, que la simple participation personnelle d'un salarié à des actions répréhensibles telles que des actes de violence suffit à elle seule à légitimer son licenciement sans qu'il soit nécessaire d'établir que R. était le véritable meneur ou bien l'auteur de violence qui ont accompagné la grève* ».

<u>Article 384</u> *: Pendant la durée du préavis, les parties concernées doivent tout mettre en œuvre pour rechercher le compromis.*

Observations

Cette reprise de l'ancien article 347 suscite bien des interrogations au regard du dernier alinéa de l'article 383. Il y est écrit que : « *le préavis ne fait pas obstacle à la négociation en vue du règlement du conflit* ». Cette formulation n'emporte pas une obligation de négocier. Comment comprendre alors cette obligation de tout mettre en œuvre pour rechercher le compromis ? Doit-on l'entendre comme une obligation de moyens ? Charles Mba-Owono voit dans cet article une obligation de négocier (C. Mba-Owono, *op. cit.*). Quels sont alors les moyens que l'on peut mettre en œuvre ? Le législateur n'apporte aucune précision sur ce point. Au regard de l'alinéa 2 de l'article 393, il faut seulement retenir que, lorsque l'inspecteur du travail ouvre des négociations, cela entraîne la suspension du mouvement de grève. Une telle interprétation va bien entendu dans le sens d'une limitation de droit de grève à n'en point douter.

Pourtant, en s'en tenant au seul article 384, il n'y a aucune restriction. Le fait que le dialogue social soit maintenu ne devrait pas empêcher le syndicat d'exercer le droit de grève. La seule hypothèse dans laquelle, la grève serait sans objet, c'est lorsqu'il y a satisfaction des revendications des travailleurs. Le risque qu'il y aurait avec une interprétation restrictive, c'est d'user de la négociation comme moyen d'annihiler le droit de grève. Dans la pratique, on retrouve dans nombre de procès-verbaux, l'expression « des discussions constructives ». Or, sur un plan purement sémantique, une discussion aussi constructive soit elle ne vaut pas satisfaction des revendications, ce qui est l'objet de la grève.

Ailleurs en Afrique, pendant la durée du préavis, il y a une obligation de négocier ou de recourir à un médiateur. En droit sénégalais, dans l'affaire Bocar Dieng contre Société des pêcheurs de France, la Cour d'appel de Dakar a affirmé dans un arrêt du 7 juin 1967 que, « *Toute grève déclenchée avant la tentative de conciliation ou la décision du ministre de recourir ou non à l'arbitrage est illicite* ».

Le Code ivoirien est plus directif à cet égard. L'article 82.4 dispose : « *Les parties au conflit sont tenues de se rendre à toutes convocations et réunions de concertation et de conciliation organisées par l'autorité compétente* ».

Quelle sanction risquent les parties alors ? Le législateur ivoirien ne le dit pas malheureusement.

<u>Article 385</u> *: Un service minimum obligatoire est requis pour toutes les entreprises lors du déclenchement d'un mouvement de grève.*

Le service minimum vise à éviter des dommages irréversibles et qui pourraient compromettre gravement les intérêts professionnels des parties concernées, ainsi qu'à pourvoir aux besoins dont la non-satisfaction pourrait mettre en danger la santé, la sécurité ou la vie des populations ou constituer une menace pour tout ou partie de l'économie nationale.

En cas de grève dans les entreprises dont l'arrêt total des activités est de nature à porter atteinte à la sécurité et à la santé publique, à l'accès aux soins, à l'accès à l'eau et à l'électricité, à l'équilibre de l'économie nationale, le préavis de grève doit obligatoirement être accompagné des jours et heures d'exécution minimale du service minimum journalier, ainsi que le personnel astreint à cette obligation de service minimum. Il s'agit notamment des entreprises exerçant dans les secteurs suivants :

- *les établissements hospitaliers et d'enseignements ;*
- *les entreprises de fourniture d'électricité et d'approvisionnement en eau potable ;*
- *les entreprises de téléphonie fixe et mobile ; les entreprises de contrôle de la navigation aérienne ;*
- *les entreprises de sécurité et de gardiennage ;*
- *les entreprises de collecte, de ramassage et de traitement des ordures ;*
- *les établissements hôteliers et de restauration ;*
- *les entreprises de prévention et de lutte contre l'incendie ;*
- *les entreprises de manutention portuaire ;*
- *les entreprises d'exploration, de production, de transport, de stockage et de distribution des hydrocarbures et des produits miniers ;*
- *les banques et établissements de crédit ;*
- *les pharmacies ;*
- *les entreprises de pompes funèbres et de thanatopraxie ; -les entreprises de transport ;*
- *les entreprises des nouvelles technologies de l'information et de la communication.*

Ce service minimum doit obligatoirement être de 40 % de l'activité reparti sur la journée en dehors des heures de pause.

Dans les entreprises à cycle continu, ce service minimum doit permettre le maintien minimum des activités de l'entreprise.

Il est interdit aux travailleurs grévistes de faire obstruction au respect de ce service minimum en empêchant les autres travailleurs d'assurer normalement le service minimum sous peine de sanctions prévues par les textes en vigueur.

Il est interdit à l'employeur de recruter du personnel pour remplacer les travailleurs grévistes. Toutefois, en cas de non-respect du service minimum obligatoire dans les conditions prévues par les dispositions en vigueur, l'employeur dont la cessation des activités serait de nature à paralyser l'économie nationale, troubler la paix et la sécurité, peut procéder sur avis de l'administration compétente, à la réquisition du personnel pour garantir le minimum des activités. En aucun cas, le nombre de personnels requis ne saurait excéder le seuil de vingt pour cent (20 %) de l'effectif de l'entreprise.
Pendant l'exécution du service minimum, les travailleurs concernés sont astreints au respect du règlement intérieur de l'entreprise ou de tout autre document relatif à l'organisation technique du travail, à la discipline et aux prescriptions en matière de sécurité et de santé au travail.
Les conventions collectives sectorielles peuvent organiser les modalités pratiques de la mise en œuvre du service minimum en fonction des spécificités.
A l'issue de la grève, le jour et l'heure de la reprise du travail doivent être les mêmes pour l'ensemble des personnels concernés.
Un arrêté du Ministre en charge du Travail complète les présentes dispositions en tant que de besoin.

Observations

Demande directe (CEACR) - adoptée 2023, publiée 112ème session CIT (2024), *Convention (n° 87) sur la liberté syndicale et la protection du droit syndical, 1948 - Gabon (Ratification: 1960)*

Article 3 de la convention. Service minimum négocié. Dans ses commentaires précédents, la commission avait prié le gouvernement d'indiquer les dispositions adoptées relatives aux mécanismes de détermination de la liste des secteurs astreints au service minimum, aux modalités de négociation de ce service minimum et à tout organe indépendant prévu pour le règlement des différends en cas de conflit collectif. Par ailleurs, la commission avait prié le gouvernement d'engager des négociations avec les partenaires sociaux, en vue de déterminer les caractéristiques d'un service minimum en cas de grève dans le secteur de l'éducation. La commission note que le gouvernement se réfère aux dispositions de l'article 385 du nouveau Code du travail qui instaure un service minimum obligatoire pour toutes les entreprises lors du déclenchement d'un mouvement de grève. En cas de grève dans les entreprises dont l'arrêt total des activités est de nature à porter atteinte à la sécurité et à la santé publique, à l'accès aux soins, à l'accès à l'eau et à l'électricité ou à l'équilibre de l'économie nationale, le préavis de grève doit obligatoirement être accompagné des jours et heures d'exécution minimale du service minimum journalier, ainsi que le personnel astreint à cette obligation de service minimum et doit obligatoirement être de 40 pour cent de l'activité répartie sur la journée en dehors des heures de pause. L'article 385 prévoit également que les conventions collectives sectorielles peuvent organiser les modalités pratiques de la mise en œuvre du service minimum en fonction des spécificités.

Tout en observant que le service minimum était auparavant circonscrit à certaines entreprises en raison de leur utilité sociale ou de leur spécificité (article 348 du Code du travail de 1994), et non à l'ensemble des entreprises comme c'est le cas en vertu de l'article 385 nouveau, la commission rappelle que le maintien de services minima en cas de grève ne devrait être possible que dans certaines situations, à savoir: i) dans les services dont l'interruption risquerait de mettre en danger la vie, la sécurité ou la santé de la personne dans une partie ou dans l'ensemble de la population (soit les services essentiels «au sens strict du terme»); ii) dans les services qui ne sont pas essentiels au sens strict du terme, mais où les grèves d'une certaine ampleur et durée pourraient provoquer une crise aiguë menaçant les conditions normales d'existence de la population; ou iii) dans les services publics d'importance primordiale. La commission rappelle également qu'un tel service devrait toutefois à tout le moins répondre à deux conditions: i) il devrait effectivement et exclusivement s'agir d'un service minimum, c'est-à-dire limité aux opérations strictement nécessaires pour que la satisfaction des besoins de base de la population ou des exigences minima du service soit assurée, tout en maintenant l'efficacité des moyens de pression; et ii) étant donné que ce système limite l'un des moyens de pression essentiels dont disposent les travailleurs pour défendre leurs intérêts, leurs organisations devraient pouvoir, si elles le souhaitent, participer à la définition de ce service tout comme les employeurs et les pouvoirs publics (voir Étude d'ensemble de 2012 sur les conventions fondamentales, paragr. 136 et 137). *Au vu de ce qui précède, la commission prie le gouvernement de prendre les mesures nécessaires pour modifier les dispositions de l'article 385 dans le sens indiqué.*

Article 386 *: Les heures ou les journées de travail perdues pour cause de grève ne donnent pas lieu à la rémunération, sauf si la grève résulte du non-paiement à terme du salaire.*

Sous-section 2 : Du lock-out

Article 387 : *Le lock-out est la fermeture provisoire de l'entreprise ou de l'établissement par l'employeur pour la défense de ses intérêts.*
Le lock-out préventif ou défensif dirigé contre une grève est illicite. Les heures ou les journées de travail perdues à cette occasion donnent lieu à rémunération.
Le caractère illicite du lock-out donne au travailleur, la possibilité de rompre le contrat de travail et rend l'employeur responsable de cette rupture.

Observations

Le lock-out, souvent appelé « grève patronale », est la fermeture temporelle de l'entreprise par l'employeur, en raison d'un conflit de travail et pour assurer une pression sur les employés en grève ou qui menacent de faire grève.
La rédaction de l'alinéa 2 de cet article porte à croire qu'a contrario, il y aurait des lock-out licites. Doit-on comprendre que, comme en droit ivoirien (C.T., art. 82.3, al. 2 et 3), « *le lock-out est prohibé et n'est exceptionnellement licite que lorsqu'il est justifié par un impératif de sécurité ou lorsque la procédure de déclenchement de la grève n'a pas été respectée* ». Dans ce cas, l'employeur est dispensé de verser la rémunération habituellement due au salarié (art. 82.3, al. 4 : « *Le lock-out licite entraîne la suspension du contrat de travail et dispense l'employeur de verser au salarié la rémunération habituellement due pour la période concernée* »).

En droit gabonais, pour des impératifs de sécurité, les salariés ayant déclenché une grève illicite, l'employeur serait-il en droit de fermer le lieu de travail ?

Plus complexe est le cas du lock-out préventif. Qui va juger de ce caractère préventif ? L'article 388 répond à cette question dans les termes suivants, non sans avoir préalablement qualifié ce lock-out d'illicite : « *Le caractère illicite du lock-out donne au travailleur, la possibilité de rompre le contrat de travail et rend l'employeur responsable de cette rupture* ». Il n'est donc pas nécessaire de se demander s'il s'agit d'une prise d'acte ou d'un licenciement sans cause réelle et sérieuse, la seconde solution s'imposant de toute évidence.

Section 2 : Des dispositions particulières concernant la grève dans les services publics

Article 388 : *Les dispositions de la présente section s'appliquent aux personnels civils de l'Etat et des collectivités décentralisées, bénéficiaires* *d'un statut de droit privé ainsi qu'aux personnels des sociétés à statut d'entreprise, d'organisme ou d'établissement publics et privés chargés de la gestion d'un service public.*

Article 389 *: Lorsque les personnels visés à l'article ci-dessus font usage du droit de grève, la cessation concertée du travail doit être précédée d'un préavis dans les conditions définies à l'article 383 de la présente loi.*
Toutefois, le préavis doit parvenir à l'autorité investie du pouvoir de direction ou à son représentant dix (10) jours ouvrables avant l'arrêt de travail.

Article 390 *: Dans tous les cas, un service minimum est obligatoirement requis dans les conditions prévues par les dispositions en vigueur.*

Section 3 : De la procédure de règlement des différends collectifs

Sous-section 1 : Des dispositions générales

Article 391 *: Les procédures de règlement des conflits du travail prévues par la présente loi sont gratuites. Sauf dispositions conventionnelles particulières, elles sont obligatoires.*

Article 392 *: Les différends collectifs du travail peuvent être réglés par :*
- la conciliation ;
- la médiation ;
- l'arbitrage.

Sous-section 2 : De la conciliation

Article 393 *: Dans les entreprises privées, l'inspecteur du travail du ressort informé d'un différend collectif par la partie la plus diligente convoque les parties dans les plus brefs délais en vue de procéder à la conciliation.*
L'ouverture des négociations par l'inspecteur du travail entraîne la suspension du mouvement de grève déclenché par les travailleurs, s'il y a lieu.

Les parties sont tenues de se présenter. Elles peuvent aussi se faire représenter ou assister par les organisations professionnelles d'employeurs et de travailleurs.
Lorsqu'une partie ne comparaît pas ou n'est pas représentée, l'inspecteur du travail du ressort la convoque à nouveau dans un délai qui ne peut excéder deux (2) jours.
En cas de conciliation, l'inspecteur du travail dresse un procès-verbal de conciliation signé des parties qui en reçoivent chacune un exemplaire. Le procès-verbal de conciliation a force obligatoire et devient exécutoire au lendemain de son dépôt au greffe du tribunal du travail du ressort.
En cas de conciliation partielle ou de non-conciliation, le conflit est soumis soit à la procédure de médiation, soit à la procédure d'arbitrage.

Observations

Le fait que l'inspecteur du travail puisse intervenir comme conciliateur paraît en contradiction avec les textes de l'OIT. La recommandation de la Conférence internationale du travail n° 81 de 1947 annexée à la Convention n° 81 est claire de ce point de vue : « *les fonctions des inspecteurs du travail ne devraient pas comprendre la fonction d'agir en qualité de conciliateurs ou d'arbitres* ».

L'inspecteur du travail informé d'un conflit collectif convoque les parties dans les plus brefs délais en vue de procéder à la conciliation (art 360-1. C.T). Au sujet du bref délai (Au Sénégal, le bref délai est de 48h aux termes de l'article L. 273 du Code du travail sénégalais), le code de 94 s'aligne dans la droite ligne des prescriptions des codes antérieurs qui, aux termes de leurs articles 204-3 et 239 recommandaient déjà en leurs temps un bref délai pour la convocation des parties. L'exigence d'un bref délai ici se justifie par le souci d'éviter que le conflit ne prenne une ampleur plus grande au risque de paralyser l'économie nationale.

Article 394 *: Dans les administrations, organismes ou établissements visés à l'article 388 ci-dessus, l'autorité de direction ou son représentant convoque les parties concernées dans les plus brefs délais en vue de procéder à la conciliation en présence de l'inspecteur du travail du ressort.*
Les parties doivent comparaître dans un délai qui ne peut excéder deux (2) jours. Elles peuvent se faire assister ou représenter par un avocat, un conseil juridique ou un membre des organisations professionnelles auxquelles elles appartiennent.

Les points d'accord des parties sont portés dans un procès-verbal dressé par l'inspecteur du travail, signé par lui et les parties, lesquelles en reçoivent chacune un exemplaire.
Le procès-verbal de conciliation a force obligatoire et deviens exécutoire le lendemain de son dépôt au greffe du tribunal du travail du ressort.
En cas de conciliation partielle ou de non-conciliation, le conflit est soumis soit à la procédure de médiation, soit à la procédure d'arbitrage prévue par la présente loi.
Le procès-verbal de conciliation partielle ou de non-conciliation est adressé au greffe du tribunal du travail du ressort, au Ministre en charge du Travail et au ministre de tutelle par l'inspecteur du travail du ressort.

Observations

Au terme de la procédure de conciliation, un procès-verbal de conciliation ou de non-conciliation est établi par l'inspecteur du travail et dont une copie est immédiatement délivrée aux parties. La loi exige que le document soit signé par les parties et par l'inspecteur du travail. La question que l'on peut se poser est celle de savoir si l'absence de signature a un effet sur la validité de l'accord de conciliation. En tout état de cause, si le procès-verbal relate un accord entre les parties, il a valeur de convention collective dont il suit le régime. L'accord est immédiatement exécutoire dès son dépôt au greffe du tribunal du travail compétent.

En cas d'échec de total ou partiel de la tentative de conciliation, l'inspecteur du travail doit rédiger un procès-verbal de non-conciliation, qui est en fait un rapport envoyé au greffe du tribunal du ressort énonçant les points sur lesquels il y a eu un accord et ceux sur lesquels persiste un différend, ceci en prévision d'une éventuelle médiation ou d'un arbitrage entre les parties. Pourquoi le législateur n'a pas prévu un délai de transmission du procès-verbal de non-conciliation au tribunal du travail du ressort ?

Au Sénégal, par exemple, le procès-verbal de non-conciliation est envoyé au greffe du tribunal compétent dans un délai de 24h. En France, si les parties s'entendent au cours de la conciliation, il est dressé un procès-verbal de conciliation, aussitôt adressé aux parties et qui produit les effets d'une convention ou d'un accord collectif selon l'article L.2524-5 al 1er du Code du travail.

Sous-section 3 : De la médiation

Observations

La médiation est une procédure intermédiaire entre la conciliation et l'arbitrage. Elle est assez récente en droit gabonais puisqu'on ne la retrouve pas dans les codes de 1962 et de 1978. Dans la médiation, la tierce personne qui intervient n'a pas pour fonction de trancher le litige. Le médiateur est une personne qui fait autorité, et son rôle est de faciliter l'entente des parties en proposant une solution convenable à tous. Il ne s'agit nullement d'une institution collégiale.
La médiation diffère de la conciliation, puisque contrairement à cette dernière, elle ne constitue pas simplement une tentative de rapprochement des parties. Le médiateur fournit des propositions en vue du règlement du différend. Toutefois, ces solutions n'ont pas un caractère obligatoire pour les parties contrairement à ce que l'on observe avec les sentences arbitrales par exemple.

Article 395 *: On entend par médiation, la procédure de règlement des différends collectifs de travail qui consiste à demander l'avis d'un tiers qualifié appelé le médiateur.*
Ce dernier formule une recommandation qui lie les parties qui l'ont acceptée.
La procédure de médiation peut être engagée par les parties au conflit ou par le Ministre en charge du Travail.
Les parties désignent d'un commun accord un médiateur aux fins de favoriser le règlement amiable de leur conflit.

Observations

La procédure de médiation peut être mise en œuvre par le ministre en charge du travail à la demande d'une des parties ou de sa propre initiative. Elle peut intervenir en cas de projet de cessation d'activité par exemple. Plutôt que de recourir à l'inspecteur du travail, un médiateur qui connaît le monde de l'entreprise paraît plus indiqué.

Article 396 *: Le médiateur convoque les parties suivant la procédure édictée par l'article 393 ci-dessus.*

Article 397 *: Le médiateur a les plus larges pouvoirs pour s'informer de la situation économique des entreprises et de la situation des travailleurs concernés par le conflit.*

Il peut procéder à toutes enquêtes auprès des entreprises et des syndicats et requérir des parties la production de tout document ou renseignement d'ordre économique, comptable, financier, statistique ou administratif susceptible de lui être utile pour l'accomplissement de sa mission. Il peut recourir aux offices d'experts et, généralement, à toute personne qualifiée susceptible de l'éclairer.
Les parties remettent au médiateur un mémoire contenant leurs observations. Chaque mémoire est communiqué par la partie qui l'a rédigé à la partie adverse.

Article 398 *: Le médiateur est tenu au secret professionnel des informations dont il a eu connaissance à l'occasion de sa mission.*

Article 399 *: Le médiateur statue en droit sur les conflits relatifs à l'exécution des lois, règlements, conventions ou accords collectifs de travail ou autres accords en vigueur.*
Il statue en équité sur les autres conflits, notamment lorsque le conflit porte sur les salaires ou sur les conditions de travail qui ne sont pas fixées par les dispositions des lois, règlements, conventions ou accords collectifs.

Article 400 *: Le médiateur soumet aux parties, sous forme de recommandations motivées, des propositions en vue du règlement des points du litige, dans un délai de quinze (15) jours francs à compter de sa désignation.*
Ce délai est susceptible d'être prorogé avec l'accord des parties.
Toutefois, lorsque le médiateur constate que le conflit porte sur l'interprétation ou la violation des dispositions législatives, réglementaires ou conventionnelles, il doit recommander aux parties de soumettre le conflit à la juridiction compétente.
A dater de la réception de la proposition de règlement du conflit soumise par le médiateur aux parties, celles-ci ont la faculté, pendant un délai de huit (8) jours, de lui notifier leur rejet motivé par lettre avec accusé de réception.
Au terme du délai de huit (8) jours prévus ci-dessus, le médiateur constate l'accord ou le désaccord des parties. La recommandation du médiateur lie les parties qui ne l'ont pas rejetée dans les conditions déterminées par la législation en vigueur en matière de convention et accord collectif de travail.

Article 401 *: En cas d'échec de la médiation et après l'expiration d'un délai de quarante-huit (48) heures à compter de la constatation du désaccord, le* *médiateur communique au Ministre en charge du Travail le texte de la recommandation, accompagné d'un rapport sur le différend ainsi que les rejets motivés adressés par les parties au médiateur. Le conflit est alors porté devant le conseil d'arbitrage.*

Sous-section 4 : De l'arbitrage

Observations

L'arbitrage suppose, comme la médiation, l'accord des parties. Celles-ci peuvent en effet décider, d'un commun accord, de faire trancher le litige par un arbitre, lequel est un particulier, choisi librement. Les parties sont libres de prévoir le mode de règlement des conflits collectifs de travail susceptibles de naître. Cette disposition est issue du Code de 1994 et constitue une avancée significative dans la mesure où les anciens codes du travail n'avaient pas prévu des dispositions similaires.

Comme la médiation, l'arbitrage suppose toujours l'accord des parties. En effet, celles-ci peuvent décider, d'un commun accord, de faire trancher le litige par un arbitre, lequel est un particulier, « juge privé », choisi librement. Pour autant, l'article 394 institue une obligation d'arbitrage ou de médiation.

Article 402 *: Les parties intéressées peuvent décider de soumettre à l'arbitrage les conflits qui subsisteraient à l'issue d'une procédure de conciliation ou de médiation.*

Article 403 *: Le règlement d'arbitrage est fait par un conseil d'arbitrage composé ainsi qu'il suit :*
-un (1) magistrat de l'ordre judiciaire désigné par le Ministre de la Justice, Garde des Sceaux, Président ;
-un (1) représentant du Ministre en charge du Travail, membre de droit ;
-deux (2) membres titulaires et deux membres suppléants choisis par les syndicats les plus représentatifs d'employeurs ;
-deux (2) membres titulaires et deux (2) membres suppléants choisis par les syndicats les plus représentatifs des travailleurs.
Le secrétariat du conseil d'arbitrage est assuré par le greffier du tribunal du travail du lieu où se règle le conflit.

Article 404 *: Dans les cinq (5) jours ouvrables suivant la convocation par le Ministre en charge du Travail, le conseil d'arbitrage instruit l'affaire dont il est saisi et rend la sentence.*

Les points soumis au conseil d'arbitrage sont ceux qui n'ont pas pu être réglés par la conciliation, tel qu'il résulte du procès-verbal de conciliation partielle ou de non-conciliation, ou par la médiation ainsi qu'il ressort de la recommandation.
Le conseil d'arbitrage dispose des mêmes pouvoirs d'investigation et d'information que le médiateur. Il peut entendre les parties en conflit et se faire communiquer tous documents qu'il juge utiles au règlement de l'affaire.
Les membres du conseil d'arbitrage sont tenus au secret professionnel.
Les pièces établies dans le cadre des procédures de conciliation ou de médiation sont remises au conseil d'arbitrage.

Article 405 *: Le conseil d'arbitrage ne peut statuer sur d'autres objets que ceux qui sont déterminés par le procès-verbal de conciliation partielle ou de non-conciliation ou par la proposition du médiateur ou ceux qui, résultant d'événements postérieurs à ce procès-verbal, sont la conséquence du conflit en cours.*

Article 406 *: La sentence doit être motivée. Elle est immédiatement notifiée aux parties par le Ministre en charge du Travail ou son représentant. Elle est exécutoire, sauf appel ou opposition devant la cour d'appel judiciaire saisie à cet effet par l'une des parties dans les quatre (4) jours de la notification.*
L'arrêt rendu par la cour d'appel peut faire l'objet d'un recours en cassation. Il prend effet au jour de sa notification.

Article 407 *: En cas d'annulation de tout ou partie de l'arrêt de la cour d'appel, l'affaire est renvoyée devant la même Cour d'appel autrement composée.*
En cas de nouveau pourvoi, la juridiction compétente évoque et statue définitivement.

Article 408 *: Les frais occasionnés par les procédures de conciliation, de médiation et d'arbitrage, notamment les frais d'expertise, sont à la charge du budget de l'Etat.*

<u>Article 409</u> *: Tous actes accomplis en exécution des dispositions de la présente section sont dispensés des droits de timbre et d'enregistrement.*

Section 4 : Des pénalités

<u>Article 410</u> *: Les parties en conflit qui ne déferent pas aux convocations qui leur sont adressées à l'occasion des procédures de règlement des différends collectifs prévues au présent chapitre sont passibles d'une amende de cinq cent mille (500 000) francs CFA sur procès-verbal de non-comparution.*

<u>Article 411</u> *: Les modalités d'application du présent chapitre sont déterminées par un arrêté conjoint des Ministres en charge du Travail, de la Justice et du Budget qui fixe la clé de répartition de ladite amende sur proposition du Ministre en charge du Travail.*

TITRE VIII : DES DISPOSITIONS TRANSITOIRES ET FINALES

Article 412 : *Des textes législatifs et réglementaires déterminent, en tant que de besoin, les dispositions de toute nature nécessaires à l'application de la présente loi.*

Article 413 : *La présente loi, qui abroge la loi n°3/94 du 21 novembre 1994 portant Code du Travail en République Gabonaise, ensemble les textes modificatifs subséquents ainsi que toutes dispositions antérieures contraires, est enregistrée, publiée au Journal Officiel et exécutée comme loi de la République.*

TABLE DES MATIERES

Structures éditoriales du groupe L'Harmattan

L'Harmattan Italie
Via degli Artisti, 15
10124 Torino
harmattan.italia@gmail.com

L'Harmattan Hongrie
Kossuth l. u. 14-16.
1053 Budapest
harmattan@harmattan.hu

L'Harmattan Sénégal
10 VDN SICAP AMITIE 3
BP 45034 Dakar-Fann
direction@senharmattan.com

L'Harmattan Cameroun
Tsinga/Derrière polyclinique FECAFOOT
BP 11486 Yaoundé
Jacques.koukam@harmattan.fr

L'Harmattan Burkina Faso
Villa 281, secteur 23 623, rue 14.32
Ouagadougou
zagbie@outlook.fr

L'Harmattan Guinée
Almamya, rue KA 028 OKB Agency
BP 3470 Conakry
harmattanguinee@yahoo.fr

L'Harmattan RDC
185, avenue Nyangwe
Commune de Lingwala - Kinshasa
matangilamusadila@yahoo.fr

L'Harmattan Congo
219, avenue Nelson Mandela
BP 2874 Brazzaville
deunovmikhael@gmail.com

L'Harmattan Mali
Immeuble Mgr Jean Marie Cissé
Aci Hamadallaye
BP 145 Bamako
syllaka@yahoo.fr

L'Harmattan Togo
Djidjole - Maison Amela
face EPP BATOME
02 BP 20680 Lomé
didieramela11@gmail.com

L'Harmattan Côte d'Ivoire
Résidence Karl - Cité des Arts
Abidjan-Cocody
03 BP 1588 Abidjan
harmattan.ivoire@gmail.com

L'Harmattan Bénin
Rue 604, (Immeuble à l'entrée
de la rue UCAO- Cite de Saint-Jean)
Cotonou
stepcorpus@gmail.com

Nos librairies en France

Librairie internationale
16, rue des Écoles
75005 Paris
librairie.internationale@harmattan.fr
01 40 46 79 11
www.librairieharmattan.com

Librairie des savoirs
21, rue des Écoles
75005 Paris
librairie.sh@harmattan.fr
01 46 34 13 71
www.librairieharmattansh.com

www.ingramcontent.com/pod-product-compliance
Lightning Source LLC
LaVergne TN
LVHW011217061026
849535LV00001BA/63
* 9 7 8 2 3 3 6 5 1 7 6 6 7 *